『宅建士　2023年法改正と完全予想模試』収録の予想問題が令和5年度試験でズバリ的中!!しました

コンデックス情報研究所では、長年の過去問題の分析結果にもとづき予想問題を作成しております。その結果、令和5年度試験においても、以下のように予想問題と同じ問題が本試験で多数出題されました。本書はその経験と研究の成果を活かして編集された書籍です。

━━ 的中問題続出!! ━━

本試験問題	問 13-2	完全予想模試③	問 13-3
本試験問題	問 15-2	完全予想模試①	問 15-1
本試験問題	問 19-1	完全予想模試③	問 19-4
本試験問題	問 21-1	完全予想模試①	問 21-1
本試験問題	問 24-1	完全予想模試①	問 24-1
本試験問題	問 37-2	完全予想模試④	問 30-3
本試験問題	問 38-エ	完全予想模試②	問 33-ウ
本試験問題	問 43-4	完全予想模試③	問 37-ア

ズバリ
的中!!

他　多数!!

『宅建士 2024年 法改正と完全予想模試

JN007010

略語一！

建築基準法………………………………………………	建基法
宅地造成及び特定盛土等規制法…………………………	盛土規制法
宅地建物取引業法…………………………………………	宅建業法
宅地建物取引業法の解釈・運用の考え方………………	解釈・運用の考え方
建物の区分所有等に関する法律　……………………	区分所有法
特定住宅瑕疵担保責任の履行の確保等に関する法律……	履行確保法
独立行政法人住宅金融支援機構法 …………………	機構法
都市計画法…………………………………………………	都計法
土地区画整理法……………………………………………	区画法
不当景品類及び不当表示防止法…………………………	景表法
不動産登記法………………………………………………	不登法
不動産の表示に関する公正競争規約…………………	公正競争規約

※解説中、かっこ書で法令名とその条数を記していますが、原則として、最初に出てきた法令名は「同法」「同条」という形で法令名を省略しています。

巻頭特集 これが「宅建業」だ！

> これから学習する「宅建業」を確認しよう！

宅地建物取引業（宅建業）とは、その名のとおり「宅地」や「建物」の「取引」を「業」として行うことです。この業務を営む者が宅地建物取引業者（宅建業者）であり、街の不動産屋さんをイメージすればよいでしょう。詳しくは本書460ページから改めて解説しますが、そもそも行う行為が「宅建業」に当たらない場合、本書第3編で学習する「宅建業法」は適用されません。ここでは宅建業のイメージを持っておきましょう！

1 何でもかんでも、「取引」には含まれない！

宅地建物の「取引」であっても「宅建業」に当たるとは限りません。**宅建業法でいう「取引」**とは、宅地建物（建物の一部を含む）について行う**次の行為**をいいます。

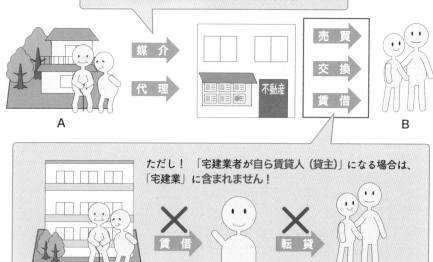

取引

> 「媒介」とは、売主と買主の間に立って、両者の契約を成立させることです。「代理」は顧客の代わりに契約等を行うことなので、ほぼ同じ意味になります。

A　媒介／代理　→　不動産　→　売買／交換／賃貸　→　B

> ただし！「宅建業者が自ら賃貸人（貸主）」になる場合は、「宅建業」に含まれません！

✕ 賃借　✕ 転貸

2 1回こっきり、又は、営利目的でなければ、「宅建業」ではない！

　次に、宅地建物の取引であっても、それを「業」として行わなければ「宅建業」ではありません（＝宅建業法の適用がない）。「業」として行うとは、①不特定多数の者を相手に、②反復又は継続して行うことです。

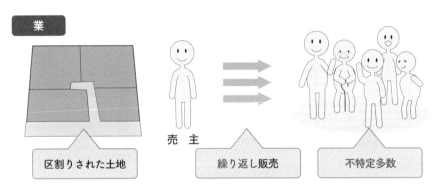

業

区割りされた土地　　売主　　繰り返し販売　　不特定多数

ただし！ ある企業が社員だけを対象にするような場合などは、不特定多数の者を相手方としていないため、「業」には当たりません！

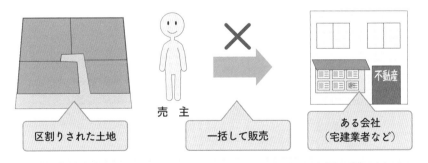

区割りされた土地　　売主　　一括して販売　　ある会社（宅建業者など）

不動産

　なお、不特定多数の者を目的として、かつ、反復性や継続性があれば、目的物の「一部」の売買等であっても、「業」には当たります！

本書の特長と使い方

解説テーマと重要度
各テーマの冒頭では、重要度（Aが最重要）と学習指針が確認できます。

→

第2編 法令上の制限

テーマ 1 都市計画の場所を決めて、計画内容を決める！ 都計法その1 重要度 **A**

都市計画法からは例年2問出題されているが、ここでは、そのうち1問を確実に正解できるよう、頻出項目である「都市計画区域の指定」「区域区分」「用途地域」（の指定）のポイントを解説する。

プラスα
補足説明で知識を強化できます。

→

プラスα
ここで紹介する内容は、同じような選択肢が繰り返し出題されている。出題歴のあるポイントを押さえておこう。

❶ まずは都市計画法の目的と全体構造を把握！

都市計画法（都計法）は、住みやすい街づくりを計画的に進めるための法律である。都計法は、都市計画の内容及びその決定手続、都市計画制限、都市計画事業その他都市計画に関し必要なルールを定めることにより、都市の健全な発展と秩序ある整備を図っているわけだ。

ただし、都計法は特殊な用語が多数出てきて少し複雑だ。そこで、まずは都計法の**全体構造**を把握して、知識を体系的に整理するための幹をしっかりとしたものにしたうえで、枝葉となる個々の条文に関する知識を身につけていくことが重要である。

また、特殊な専門用語は、無理に暗記しようとすると挫折する可能性があるため、その**用語のイメージ**を思い浮かべてから、暗記をするように心がけよう。

プラスα
建基法などは、都計法の規定を前提にし

イラスト
わかりやすいイラストが理解を助けます。

↓

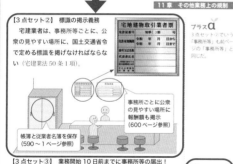

11章　その他業務上の規制

【3点セット②】標識の掲示義務
宅建業者は、事務所等ごとに、公衆の見やすい場所に、国土交通省令で定める標識を掲げなければならない（宅建業法50条1項）。

宅地建物取引業者票

| 免許証番号 | 知事 | 第 | 号 |
| 免許有効期間 | 令和 | 年 月 日から 年 月 日まで |

プラスα
3点セット②でいう「事務所等」も前ページの「事務所等」と同じだ。

事務所ごとに公衆の見やすい場所に報酬額も掲示（600ページ参照）

帳簿と従業者名簿を保存（590～1ページ参照）

【3点セット③】業務開始10日前までに事務所等の届出！
宅建業者は、事務所等について、業務開始10日前までに、所在地、業務内容、業務を行う期間、専任の宅建士の氏名を、免許権者及びその所在地を管轄する都道府県知事に届け出なければならない（宅建業法50条2項、同法施行規則19条3項）。

(2) 契約締結・申込みがない事務所等は「標識」だけ！
宅建業者は、次の場所ごとに〔　　　　　　　　　〕場所に、国土交通省令で定める標識を掲げなければならない（宅建業法50条1項、同法施行規則19条1項）。

「標識の掲示のみ」が必要な場所	契約行為等の有無
①事務所以外で継続的に〔　　〕を行う場所	
②一団の宅地建物の分〔　　〕を行う	契約・予約の締結、契約の申込みの受付を〔　　〕場所
③他の宅建業者が行う一団の宅地建物の譲の代理・媒介を行う	
④展示会などの〔　　　　〕する場所	
⑤宅建業者が行う一団の宅地建物の〔　　〕行う一団の宅地建物の所在場所	契約行為等をするか否かを問わない

593

過去問の出題実績
過去に出題実績のある解説部分には青い下線が引かれています。

←

11章 その他業務上の規制

過 も5-32、#27-44

過 令3(10月)-29、令3(10月)-40、もモ-40、#28-29、#27-44

プラスα
「事務所」が含まれない点、契約・予約の締結、契約の申込みの受付を「しない」場所である点、⑤が追加されている点が、〔　　　〕ある事務所等と異なる。

赤シート
付属の赤シートを使って覚えたい知識を暗記できます。

←

4

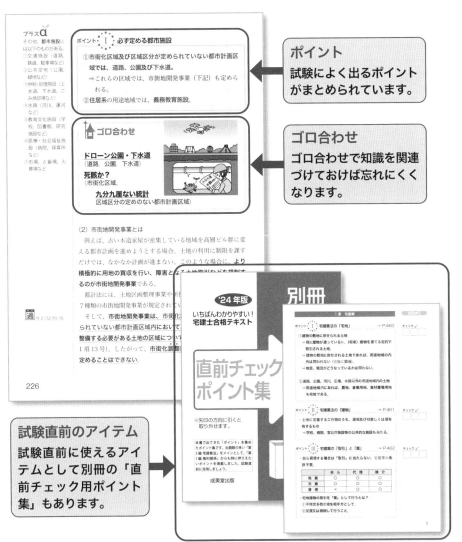

プラスα
その他、都市施設に
は以下のものがある。
●交通施設（道路、
鉄道、駐車場など）
●公共空地（公園、
緑地など）
●供給・処理施設（上
水道、下水道、ご
み焼却場など）
●水路（河川、運河
など）
●教育文化施設（学
校、図書館、研究
施設など）
●医療・社会福祉施
設（病院、保育所
など）
●市場、と畜場、火
葬場など

ポイント I　必ず定める都市施設

①市街化区域及び区域区分が定められていない都市計画区
域では、道路、公園及び下水道。
　⇒これらの区域では、市街地開発事業（下記）も定めら
　れる。
②住居系の用途地域では、義務教育施設。

ゴロ合わせ

ドローン公園・下水道
（道路、公園、下水道）

死骸か？
（市街化区域、

九分九厘ない統計
区域区分の定めのない都市計画区域）

(2) 市街地開発事業とは
　例えば、古い木造家屋が密集している地域を高層ビル群に変
える都市計画を進めようとする場合、土地の利用に制限を課す
だけでは、なかなか計画が進まない。このような場合に、より
積極的に用地の買収を行い、障害となる立地物引越しなどを規制す
るのが市街地開発事業である。
　都計法には、土地区画整理事業や所□□□□□□□□など
7種類の市街地開発事業が規定されてい□□。
　そして、市街地開発事業は、市街化□□□□□□□□□め
られていない都市計画区域内において□□□□□□□□□に
整備する必要がある土地の区域について□□□□□□□□□条
1項13号）。したがって、市街化調整□□□□□□□□□□を
定めることはできない。

過 ○ 2（12月）-15

226

ポイント
試験によく出るポイント
がまとめられています。

ゴロ合わせ
ゴロ合わせで知識を関連
づけておけば忘れにくく
なります。

試験直前のアイテム
試験直前に使えるアイテ
ムとして別冊の「直
前チェック用ポイント
集」もあります。

'24年版
いちばんわかりやすい！
宅建士合格テキスト

別冊

直前チェック
ポイント集

※矢印の方向に引くと
取り外せます。

本書で出てきた「ポイント」を集め
たポイント集です。出題数の多い「第
1編 権利関係」をメインとして、「第
1編 権利関係」からも特に押さえた
いポイントを掲載しました。試験直
前に活用しましょう。

成美堂出版

1章　宅建業

ポイント I　宅建業法の「宅地」 →P.460　チェック✓
①現に建物が建っている、（将来）建物を建てる目的で
取引される土地。
②建物の敷地に供される土地であれば、用途地域の内
外は問われない（宅地に該当）。
③地目、現況がどうなっているかは問わない。

●道路、公園、河川、広場、水路以外の用途地域内の土地
　⇒用途地域内にあれば、農地、倉庫敷地、資材置場用地
　も宅地である。

ポイント II　宅建業法の「建物」 →P.461　チェック✓
・土地に定着する工作物等のうち、屋根及び柱若しくは壁を
　有するもの
　⇒学校、病院、官公庁施設等の公共的な施設も当たる。

ポイント III　宅建業の「取引」と「業」 →P.462　チェック✓
・自ら賃借する場合は「取引」に当たらない。宅建業の免
　許不要。

	自ら	代理	媒介
売買	○	○	○
交換	○	○	○
貸借	×	○	○

・宅地建物の取引を「業」として行うには？
①不特定多数の者を相手方として。
②反復又は継続して行うこと。

MEMO

1

本書は原則として、令和6年3月1日現在の法律に基づいて編集してい
ます。編集時点から令和6年4月1日（令和6年度試験の出題法令基準
日〈予定〉）までに施行される法改正や本書に関する正誤等の最新情報な
どは、下記のアドレスで確認できます。
　　　　http://www.s-henshu.info/tkgt2402/

CONTENTS

CONTENTS

注意）この情報は、例年のものであり、変更される場合があります。受験される方は、事前に必ずご自身で試験実施機関が公表する最新情報を確認してください。

1　試験日　例年 10 月第 3 日曜日（13:00 ～ 15:00 ／ 2 時間）

2　受験資格　年齢・性別・学歴等の制限は一切なく、だれでも受験できます。
　※合格後、登録にあたっては、一定の条件（宅建業法 18 条）があります。

3　試験の基準・内容　試験は、宅地建物取引業に関する実用的な知識を有し、その知識が、次の内容のおおむね全般に及んでいるかどうかを判定することに基準を置くものとされています。

a（土地・建物の知識 2 問）土地の形質・地積・地目・種別、建物の形質・構造・種別に関すること。

b（権利変動 14 問）土地・建物についての権利及び権利の変動に関する法令に関すること。

b（法令上の制限 8 問）土地・建物についての法令上の制限に関すること。

d（税法 2 問）宅地・建物についての税に関する法令に関すること。

e（需給・取引実務 3 問）宅地・建物の需給に関する法令・実務に関すること。

f（不動産の価格の評定 1 問）宅地・建物の価格の評定に関すること。

g（宅建業法 20 問）宅建業法・同法の関係法令に関すること。

　ただし、宅建業法 16 条 3 項の規定による登録講習修了者は、a・e に関する問題（計 5 問)が免除されます。登録講習については、(一財)不動産適正取引推進機構のホームページで実施団体がわかるので、そちらにお問い合わせください。

4　試験方法　50 問 4 肢択一による筆記試験（マークシート）

5　受験手数料　8,200 円

6　試験申込期間　例年 7 月上旬～中旬（郵送）　7 月上旬～末（インターネット）

■ **試験に関する問合わせ先** ■

（一財）不動産適正取引推進機構

〒 105-0001　東京都港区虎ノ門 3 丁目 8 番 21 号　第 33 森ビル 3 階
TEL　03（3435）8181（試験部）
〈ホームページ〉https://www.retio.or.jp/

第1編

権利関係

※上記の各テーマのタイトルは簡略化しています。

民法の学習前に押さえたい いくつかのイメージ！

プロローグ

重要度 A

宅建士試験では例年、問１〜問10までが民法から出題される。民法の範囲は広くて、学習内容も多いが、これから民法の学習を始める前に「債権」と「物権」という用語のイメージを持っておきたい。

❶ 「債権(さいけん)」のイメージを持とう！

　民法の学習を始める前に、民法では当たり前のように出てくる「物権(ぶっけん)」と「債権」という言葉について確認しておきたい。なんとなくはわかるだろうが、特に「債権」は曖昧なまま学習を進めると混乱する可能性がある。

　「債権」とは、**特定の人**が、**特定の人**に、**何かしらの請求をすることができる権利**である。あくまでも"何かしら"の請求ができる権利であり、お金を請求できる権利とは限らない。

　それが10万円の支払を請求できる権利であれば、その債権は**金銭債権**（お金の支払を請求できる債権）と呼ばれるし、お店で買った本を引き渡すよう請求できる権利であれば、この債権は**引渡債権(ひきわたし)**（物の引渡しを請求できる権利）と呼ばれる。

　そして、これらの債権について、**請求を受ける側**から見れば**「債務(さいむ)」**となるのだ。

　また原則として、債権は**「特定の人」**から**「特定の人」**に対してしか請求できない。通常、債権の発生原因は、**特定の人どうしの約束**である**「契約」**に基づくからである。

　例えば、**A**が**B**から本を買ったとする。この**AB**間では、**本の売買契約**がなされたということだ。この本の**買主はA、売主はB**となる（次ページ図参照）。

　Aは**B**に対して本を引き渡せという債権を有し、**B**は**A**にお金を支払えという債権を有することになる。そして、互いに**A**又は**B**という**「特定の人」**に対してしか、これらの請求はできない。

買主Aは、通りすがりの通行人Cに対して「本を引き渡せ！」とは言えない。言っても意味がないことはわかるであろうが、**これが債権**というものなのである。

❷「物権」は、誰にでも主張できる

以上のように、**「債権」**は**「特定の人」**が**「特定の人」**に対して、何らかの請求をできる権利であるが、特定の人が**「物」**に対して有する権利が**「物権」**だ。

物権の代表格は所有権である。**所有権**とは、その物を**使用、収益、処分できる権利**だ。

皆さんがある自転車の所有権を持っていたとしよう。当然、皆さんはその自転車を**使用**できるし、その自転車を誰かに貸すことで**お金を得る**こともできる（＝収益）。

また、その自転車をいつ別の誰かに**売ってしまっても構わない**（＝処分）。

つまり、所有権はその自転車をいつ、どのように扱おうが自由な権利なのだ。

そして、その自転車の**所有権を持っている**ということは、その自転車を購入したお店に対してだけではなく、**誰に対しても主張できる**。相手にはされないと思うが、通りすがりの通行人に対して主張することもできるのだ。

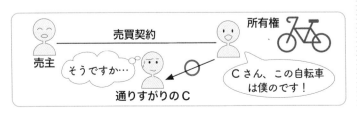

プラスα
民法では、よく**譲渡**という言葉が出てくるが、これは誰かに**売ること**と考えればよい。

プラスα
「物」については民法上、「**土地と建物**」のことを不動産といい、それ以外の物（えんぴつや自転車など）はすべて動産と定義されている。

❸ 契約には、様々な種類がある

「債権」と「物権」の主な発生原因は「契約」だ。契約とは、特定の人どうしの約束であり、それが法律的に保護されるものである。

「契約」の代表例は「売買契約」だろう。ただし、**民法は様々な種類の契約について規定**しており、民法に規定される13種類の契約を典型契約という。

例えば、民法では「**賃貸借契約**」という契約のルールを規定している。**いわゆるレンタル**であり、月にいくらで部屋を借りるというのが賃貸借契約の典型例だ。

しかし、「**月にいくらで借りる**」わけではなく、**無料で借りる**場合もある。これを民法上は「**使用貸借契約**」といい、この使用貸借契約のルールも民法で規定されている。このように民法では、様々な契約についてのルールを規定している。

民法は「**物権**」には「**物権**」の、「**債権**」には「**債権**」のルールを規定しているし、また、「債権」に関するルールのうち、「**売買契約**」には売買契約の、「**賃貸借契約**」には賃貸借契約についてのルールを規定している。それぞれの場面で使われるルール（規定）が異なるのだ。

よって、民法の学習の際には、**今、学習しているものは何の話なのか**ということを意識することが大事である。

❹ 私たちの生活全般のルールを定める民法

そもそも**民法とは何か？**…と問われれば、**私たちの生活全般に関する基本的なルール**を定める法律だ。

皆さんがお店でお弁当を買った場合、これについて法律的な見かたをすれば、皆さんとお店の間に「売買契約」が成立し、この契約に基づき、**買主の皆さんには代金支払債務が発生、売主であるお店には目的物（お弁当）の引渡債務が発生**する。そして、それぞれの**債務が履行**されていく、ということになる。

なお、契約というけれど、契約書など交わさないよ…と思うかもしれない。しかし、**民法で規定される契約の原則としては、契約の成立に書面（契約書）は要求されていない。口約束でも契約が成立するのが原則だ。**

いやいや、普段の買い物では口約束もしないとも思うかもしれないが、目的物を持ってレジに向かえば「これください」という**契約申込みの意思表示**がされ、お店がレジを通せば、**その承諾をした**と解釈される。

では、購入した**お弁当の一部が腐っていたら**どうであろう。このような場合のルールも民法は規定している。

つまり、お弁当の**売買契約が成立**したことで、**お店にはちゃんとしたお弁当を引き渡すべき債務が発生**しており、ちゃんとしたお弁当を引き渡さなかった**お店の債務不履行**となる。そして、契約当事者に債務不履行があった場合、何ができるか（損害賠償請求など）について、民法は規定している。

このように、日常の一場面を切り取ったとしても、実は民法の規定が働いているのだ。

❺ 民法という基本法と特別法

民法は私たち生活全般のルールについて規定する基本法だ。しかし、場面によっては、**民法で定めるルールだけでは物足りない**場合がある。そのような特別な場面において、**基本法である民法に優先して適用されるのが特別法**だ。

例えば、本書の第3編では、**宅地建物取引業法（宅建業法）**を学ぶ。しかし、宅地建物（不動産）の売り買いや賃貸等のルールは、民法でも規定されている。

ところが、宅建業者というプロと一般人との取引をする場合を前提にすると、民法では一般人の保護に欠けるのだ。そこで、このように**民法のルールのみでは物足りない場面**について、**優先して適用される法律を特別法**という。

プラスα
保証契約など、特定の契約では契約の成立に書面が要求される。

プラスα
契約の成立には、「契約の申込み」と「承諾」が必要である。

プラスα
債務不履行とは、正当な事由がないのに、債務者が、**債務の本旨に従った給付をしないこと**だ。「債務の本旨」とは、契約内容から考えて、行うべき履行のことと考えよう。腐ったお弁当を引き渡すことは、行うべきことを行っていないのはわかるであろう。

プラスα
これから学習する民法は、その後に学習する特別法である借地借家法や宅建業法などのベースとなるルールブックである。そんなことも前提として民法の学習に入ろう。

15

取り消す行為自体には、同意不要！ 制限行為能力者制度

重要度 **A**

制限行為能力者制度は、何らかの形で毎年出題されている重要テーマだ。細かい規定が多いものの、試験対策上はここで紹介する内容を押さえていれば正解できる可能性が高い。

❶ そもそも人には3つの能力があり

プラスα

自然人の権利能力は、出生（胎児が母体から全部露出したとき）に始まり、死亡によって終了する。よって、母のお腹の中にいる「胎児」には原則として権利能力は認められないが、民法は、以下の3点については、例外的に胎児にも権利能力を認めている。
①相続
②遺贈
③不法行為に基づく損害賠償請求
②の遺贈とは、遺言により財産を譲渡する行為である。

　民法では、**権利能力、意思能力、行為能力**という3つの能力についての規定がある。

　権利能力とは「権利義務の主体となり得る能力」であり、要するに、**権利を持ったり、義務を負ったり**することのできる能力だ。**権利能力を有するのは、人間（自然人という）と法人だけ**である。

　例えば、飼っている犬（動物）に、自分が住む家の所有権者になってもらうということはできない。「人」ではない以上、権利能力がない、権利を持てないからだ。

　次に、**意思能力とは、自分の行為の結果を判断できる能力**だ。例えば、生まれたばかりの赤ちゃんは出生している以上、「権利能力」は認められるが、「意思能力」は認められない。そして、**意思能力がない状態で行った契約は無効**とされる（民法3条の2）。

　そして、**行為能力とは、単独で有効に法律行為をすることができる能力**をいう。誰の助けも借りずに、自分一人の判断で契約などの法律行為をすることができる能力だ。

❷ 制限行為能力者制度

　買い物をするということを法律的に見ると、お店との**売買契約を結ぶ**ということになる。そして、契約といった法律行為を

行うためには、**ある程度の判断能力**が必要となる。

しかし、認知症の高齢者などは、契約内容を正確に理解することが難しく、詐欺などの被害にあってデタラメな契約を締結させられることも珍しくない。

そこで、判断能力に不安がある人に**何らかの保護者**を付けて、その**保護者の関与なしに行った法律行為は取り消すことができる**とすることで、判断能力に不安がある人を守ろうとする制度を**制限行為能力者制度**という。

どのような者が制限行為能力者となるかは民法で規定されており、**未成年者**、**成年被後見人**、**被保佐人**、**被補助人**の4種類がある。

プラスα
「被」は受ける、こうむるという意味があり、「被補助人」という場合、「補助人」という保護者の保護を受ける者を指す。

プラスα
未成年者以外は、家庭裁判所で認められてはじめて該当することになる。

◆ 4種類の制限行為能力者

①**未成年者**…満18歳に達しない者（＝17歳以下の者）。

②**成年被後見人**…精神上の障害によって、事理を弁識する能力が**欠ける**常況にある者で、家庭裁判所の後見開始の審判を受けた者。
→重度の認知症などで、判断能力がほとんどない人など。

③**被保佐人**…精神上の障害によって、事理を弁識する能力が**著しく不十分**な者で、家庭裁判所で保佐開始の審判を受けた者。
→**簡単なことは判断できる**けれども…という人をイメージ。

④**被補助人**…精神上の障害によって、事理を弁識する能力が**不十分**である者で、家庭裁判所で補助開始の審判を受けた者。
→**基本的には自ら判断できる**けれども、不安があるという人。

❸ 未成年者の保護について

上記のとおり、満18歳未満の者は未成年者とされ、原則として、**未成年者が法定代理人の同意を得ないで行った行為は、取り消すことができる**。

プラスα
法定代理人とは、法律によって保護される者の代理権が与えられた者であり、未成年者の場合は親権者などだ。

プラス α

未成年者の法定代理人は、代理権、同意権、取消権、追認権を持つ。

プラス α

贈与する代わりに面倒を見るといった負担付贈与は、不利益を負う可能性があるので、単独で受けることはできない。「単に」権利を得たり、義務を免れる行為のみだ。

しかし、これには例外があり、以下の行為は、未成年者が単独で行った場合でも、取り消すことはできない。

◆ 例外的に、未成年者が単独で有効に行える法律行為

①単に権利を得るだけ、又は義務を免れるだけの行為
　→単に贈与を受けたり、借金を減額してもらうような行為。未成年者に不利益はないからだ。
②目的を定めて処分を許された財産の処分
　→参考書を買いなさいともらったお金で参考書を買うなど。
③目的を定めないで処分を許された財産の処分
　→親からのお小遣いなどで物を買う行為など。
④法定代理人から営業の許可を受けて行う、その営業に関する行為

❹ 成年被後見人の保護について

成年被後見人が単独でした法律行為は、原則として、取り消すことができる。

そして、成年被後見人は、同意の意味すら理解できない状態なので、法定代理人である成年後見人の同意を得て行為をしていた場合であっても取り消すことができる。

ただし、日用品の購入、その他日常生活に関する行為については、単独で有効にすることができる。

プラス α

成年被後見人に同意を与えたとしても、その同意どおりに行為を行うとは限らない。裏を返せば、成年後見人は、同意権を有していない。同意する意味がないからだ。よって、成年後見人は、代理権、取消権、追認権を持つ。

❺ 被保佐人の保護について

被保佐人は、事理を弁識する能力が著しく不十分な者ではあるが、判断能力を欠いている（全くない）わけではない。そこで、被保佐人は、原則として、単独で有効な法律行為をすることができるとされつつ、民法13条1項に掲げられる重要な財産上の法律行為については、保佐人の同意、又は裁判所の代諾許可

が必要とされている。

　この**重要な財産上の法律行為**については、法定代理人である**保佐人の同意等なくして単独で行った行為を取り消せる**ということだ。

◆ 民法 13 条 1 項に定める行為（被保佐人が単独でできない）

> ①**元本**を**領収**し、又は利用すること。
> ②**借財**又は**保証**をすること。
> ③**不動産**その他**重要な財産**に関する権利の得喪（とくそう）を目的とする行為をすること。
> ④訴訟行為をすること。
> ⑤贈与、和解又は仲裁合意をすること。
> ⑥相続の承認若しくは放棄又は遺産の分割をすること。
> ⑦贈与の申込みを拒絶し、遺贈を放棄し、負担付贈与の申込みを承諾し、又は負担付遺贈を承認すること。
> ⑧新築、改築、増築又は大修繕をすること。
> ⑨民法 602 条に定める期間（土地 5 年、建物 3 年）を超える賃貸借をすること。

❻ 被補助人の保護について

　被補助人は、**基本的に判断能力があるもの**の、**少しあやしい部分がある人**と捉えてよいであろう。

　よって、**被補助人は、原則として、単独で有効な法律行為をすることができるもの**の、**家庭裁判所が「その行為は補助人の同意が必要」と審判で指定**した特定の行為を補助人の同意なしに行ったときは、その行為は取り消すことができる行為となる。

　なお、**本人に一定の判断能力があるため、「保佐人」と「補助人」には代理権が認められていない**。しかし、**家庭裁判所は、特定の法律行為について代理権を与える旨の審判をすることもできる**（民法 876 条の 4 第 1 項など）。ただし、その審判に対しては、**本人の同意**が必要とされている。

プラス**α**
代諾許可とは、保佐人に代わって、**裁判所が被保佐人の取引行為を認める**ことである。

プラス**α**
「元本」を領収してしまうとその「利息」が得られなくなる。

プラス**α**
権利の「得喪」とは、権利を「得る」ことと「喪失」する（失う）ことだ。

プラス**α**
家庭裁判所が指定した特定の行為とは、上の民法 13 条 1 項に定める行為から指定されたものである。

 過 令4-3

令3(10月)-5

・**意思能力がない状態**で行った法律行為は、**無効**！
　➡ これは絶対に**無効**と考えていてよい。

・**未成年者が法定代理人の同意を得ないで行った行為**は、取り消すことができる。
　➡ **例外**として、以下の行為は**取り消せない**。
　　① 単に**権利を得るだけ**か、又は**義務を免れるだけ**の行為
　　② 目的を定めて**処分を許された財産の処分**
　　③ 目的を定めないで**処分を許された財産の処分**
　　④ 法定代理人から**営業の許可を受けて行う、その営業に関する行為**

・**成年被後見人が単独でした法律行為**は、取り消すことができる。
　➡ 成年後見人の同意を得ていても取り消せる！
　➡ 日用品の購入、その他日常生活に関する行為については、取り消せない！

・**被保佐人**は、原則として、単独で有効な法律行為をすることができるが、財産上重要な行為は保佐人の同意、又は裁判所の代諾許可がなければ取り消せる。

・**被補助人**は、原則として、単独で有効な法律行為をすることができるが、家庭裁判所が「その行為は補助人の同意が必要」と審判で指定した特定の行為を補助人の同意なしに行ったときは、その行為を取り消せる。

 令5-8

・制限行為能力者の「取り消す行為」について、法定代理人の同意は不要！　➡ 単独で有効に取り消せる！

・取引の相手方が制限行為能力者であることについて**善意無過失**であっても、取り消せる！

❼ 制限行為能力者と取引をした者の保護

　もし未成年者が「俺は18歳だよ」と嘘をついて契約をした場合であっても、その未成年者を保護すべきであろうか。また、制限行為能力者と取引をした相手方は、後で取引が取り消されるかもしれない…という不安定な立場に立つ。

　そこで、民法は、**制限行為能力者と取引をした相手方も保護**するため、取引の相手方に以下の権利を認めている。

◆ 制限行為能力者の相手方の保護

①制限行為能力者が「**自分は行為能力者である**」と詐術（嘘）を用いた場合、**その行為を取り消せない。**
　➡ ここでの**詐術には、法定代理人等の同意を得たと偽る**ことも含まれる（大判明37.6.16）。
②制限行為能力者と取引をした相手方は、**1か月以上の期間を定めて、その行為を追認するかどうかを催告**できる。

プラスα

②の「追認」とは、取り消せる行為の効力を後で認めて、**取り消さないことと確定させる**ことであり、「催告」とは、一定のことを行うように**催促すること**。つまり、取り消すのか否かをはっきりさせてと言えるのだ。

　上記②の**催告権**については「**誰に**」催告するのか、また、その**返事（確答）がない場合**の処理がポイントとなる。

ポイント Ⅱ 制限行為能力者の相手方の催告権

制限行為能力者	催告の相手方	確答がない場合の処理
未成年者	法定代理人	追認とみなされる
成年被後見人	法定代理人	追認とみなされる
被保佐人	保佐人又は本人	保佐人への催告は：追認 本人への催告は：取消し
被補助人（同意を要する審判あり）	補助人又は本人	補助人への催告は：追認 本人への催告は：取消し
催告時に行為能力者となっていた場合	本人	追認

❶意思能力を有しないときに行った不動産の売買契約は、後見開始の審判を受けているか否かにかかわらず効力を有しない。（令3-10月-5）

答 ○ 本問の記述のとおりである（民法3条の2）。これは後見開始の審判を受けているか否かにかかわらない。

❷18歳の者は成年であるので、その時点で、携帯電話サービスの契約や不動産の賃貸借契約を1人で締結することができる。（令3-10月-5）

答 ○ 本問の記述のとおりである。

❸未成年者Aが、法定代理人Bの同意を得ずに、Cから甲建物を買い受ける契約を締結した場合、本件売買契約締結時にAが未成年者であることにつきCが善意無過失であった場合、Bは、Aの制限行為能力を理由として、本件売買契約を取り消すことはできない。（令5-8改題）

答 × 取引の相手方が制限行為能力者であることを善意無過失で知らなかった場合であっても、制限行為能力を理由に取り消すことができる。

❹未成年者Aが、法定代理人Bの同意を得ずに、Cから甲建物を買い受ける契約を締結した後、AがBの同意を得ずに制限行為能力を理由として本件売買契約を取り消した。Bは、自己が本件売買契約の取消しに同意していないことを理由に、Aの当該取消しの意思表示を取り消すことができる。（令5-8改題）

答 × 制限行為能力を理由とした制限行為能力者の取消行為については、法定代理人の同意を要しない。

❺成年被後見人が第三者との間で建物の贈与を受ける契約をした場合には、成年後見人は、当該法律行為を取り消すことができない。（平26-9）

答 × 成年被後見人が行った法律行為は、日用品の購入その他日常生活に関する行為を除いて取り消すことができる（民法9条）。

❻被補助人が、補助人の同意を得なければならない行為について、同意を得ていないにもかかわらず、詐術を用いて相手方に補助人の同意を得たと信じさせていたときは、被補助人は当該行為を取り消すことができない。（平28-2）

答 ○ 本問の記述のとおりである（民法21条）。

心裡留保・虚偽表示・錯誤・詐欺・強迫　意思表示に問題がある場合

重要度 **A**

1章
民法総則

法律行為を行う人の能力に問題がなかったとしても、行った意思表示に問題がある場合がある。このテーマは、このような場合の処理の話だ。近年は錯誤について繰り返し出題されているので、そろそろ詐欺についても注意しておこう。

❶ その気がないのに意思表示　～心裡留保（しんりりゅうほ）

　テーマ１では、"その人"が単独で契約を結ぶことができるのかという、人の能力に関する規定を見てきた。ここではその人の能力に問題はないものの、だまされて契約（意思表示）をしてしまった場合など、**意思表示に何らかの問題があるケース**の規定を確認していく。

　まずは**心裡留保**というケースだが、意思表示をする者（表意者）が、本心を心の中に隠して（留保して）、相手方にウソの表示をすることである。つまり、**その気もないのに「私の土地を安く売ってあげる」と嘘をつくような場合**だ。

　このような意思表示は、原則として、有効となる（民法93条1項本文）。そんな嘘をつくほうが悪いからだ。

　ただし、**相手方がその意思表示が真意ではないことを知っていたり（悪意）、知ることができたとき（有過失＝注意すればわかった）、その意思表示は、無効**となる（同項但書）。

プラスα

このテーマの内容のうち、近年では錯誤の出題頻度が多い。

プラスα

法律上「善意」「悪意」という場合、ある事実を知っているか否かだけの話を意味する。別に善い行いをしているか否かという話ではない。

売る！
（嘘だけど）

有効

やったー！

ただし、相手方が悪意有過失なら無効

表意者

相手方

❷ 相手と話を合わせて嘘の意思表示　～虚偽表示

　次に虚偽表示（通謀虚偽表示）とは、相手方と話を合わせて、嘘の意思表示をすることをいう。**相手と話を合わせて、見せかけの契約状態をつくる**ことと考えればよいだろう。

プラスα
借金を返済できない場合、債権者に持っている所有物を差し押さえられて、売り払われるかもしれない。それを防ぐため「売ってしまった」状態をつくるのだ。

　このような意思表示は無効である（民法94条1項）。見せかけの契約を有効にする必要がないからだ。

❸ 勘違いで意思表示した場合　～錯誤

令2 (12月)-7

　次に錯誤とは、**勘違いで意思表示をしてしまった場合**であり、**100万円で売るつもりの物を「10万円で売る」と言ってしまった**ようなケースだ。この**錯誤に該当する場合、その意思表示は取り消すことができる**（民法95条1項）。

　しかし、取引の相手方としてみれば、契約が成立したと喜んでいたのに、後で「勘違いでした」と簡単に取り消されても困る。そこで、**錯誤に該当するためには、以下の要件を満たす**必要がある。

◆ 錯誤に該当するための要件

①意思表示に対応する意思を欠く錯誤（**表示の錯誤**）
②表意者が法律行為の基礎とした事情について、その認識が真実に反する錯誤（**動機の錯誤**）があり、**その事情が法律行為の基礎**とされていることが**表示**されていた場合
③**錯誤が法律行為の目的及び取引上の社会通念に照らして重要なもの**である（これを要素の錯誤という）こと

①の**表示の錯誤**とは、うっかり書き間違ったり、言い間違ったりすることだ。そして、②の**動機の錯誤**とは、売るとか買うといった**意思が生まれるきっかけ（動機）に錯誤がある場合**である。例えば、駅ができるため、近い将来に土地が値上がると思って土地を買ったものの駅ができなかったような場合だ。この**動機の錯誤**については、**勘違いした事情（値上がるため買う）が相手方に表示されていない**とならない。

令2 (10月)-6

そして、これら①②の錯誤は、普通に考えた際、**重要な勘違いだよね（取り消せないとかわいそう）…というレベル**のものである必要がある（③の**要素の錯誤**）。

さらに、これら①〜③の錯誤であったとしても、**錯誤が表意者の重大な過失によるものであった場合は、原則として、取り消せない**。ちょっと注意すればわかるよね…という重大な錯誤にまで、**取消しを認めない**ということだ。

ただし、この場合であっても、**相手方が表意者の錯誤を知っていたり、重大な過失によって知らなかったとき、相手方が表意者と同一の錯誤に陥っていたとき**は、そのような相手方を保護することはなく、**表意者は取り消せる**（同条3項）。これらの規定をまとめなおすと、以下のようになる。

ポイント I　錯誤が成立するための要件のポイント

・錯誤は重要なものでなければならない（**要素の錯誤**）
・**動機の錯誤**は、その**動機が表示されていなければならない**。
・**表意者に重大な過失があれば、取り消せない**。

⬇ただし…

①**相手方が錯誤を知っていた**
②**相手方にも重大な過失があった**
③**相手方も表意者と同一の錯誤に陥っていた**
　　という場合は、**表意者に重大な過失があっても取り消せる**。

プラスα
左の要件は、表現を簡略化しているが、この理解で問題は解ける。

令2 (12月)-7、
令2 (10月)-6、
令元 -2

詐欺とは、**だまされて意思表示をした場合**である。例えば、偽物の宝石を本物の宝石であるとだまされて、高額で売りつけられた場合などである。**詐欺によって意思表示をした者は、その意思表示を取り消すことができる**（民法 96 条 1 項）。

では、取引の相手方とは関係のない**第三者にだまされた場合**はどうであろうか。

この点、**第三者が詐欺を行った場合は、取引をしている相手方がその事実を知り、又は知ることができたときに限り**、その**意思表示を取り消すことができる**（同条 2 項）。

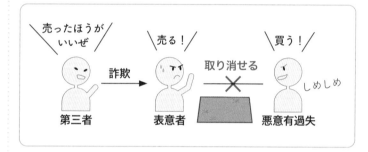

❺ 強迫について

強迫とは、「いうとおりにしないと痛い目にあうぞ」などと、**脅されて強制的に意思表示をさせられた場合**をいう。**強迫による意思表示は、取り消すことができる**（民法 96 条 1 項）。

強迫の場合、表意者を保護すべき要請が強い。そこで、上記の詐欺の場合と異なり、**第三者による強迫が行われた場合であっても、直接の取引の相手方の善意・悪意を問わずに、表意者は取り消すことができる**（同条 2 項参照）。

プラスα
人をだますことを「欺罔（ぎもう）」ともいう。

プラスα
だまされた人よりも、そんなことを知らなかった取引の相手方を保護するということだ。ただし、取引の相手方が詐欺について知っていて、知らんぷりしていた場合などは保護されない。

プラスα
民法 96 条は「詐欺」と「強迫」の両方を兼ねた規定だが、第三者が行った場合について規定する同条 2 項は、「詐欺」についてしか規定していない。

❻ 関係のない第三者が現れた場合は…

　様々な意思表示に問題があるケースの規定を見てきたが、こ
こまでは第三者による詐欺や強迫を除いて、基本的に登場人物
は表意者と取引の相手方の2人であった。

　しかし例えば、Aが錯誤によって、Bに土地を売るという意
思表示をした後、BがCに土地を売ってしまったような場合、
つまり、何らかの問題がある意思表示に関して、**第三者が関係
してきた場合**の処理はどうなるのかという問題がある。

　この点については、ここまで見てきた**それぞれのケースに規
定が準備されており**、まとめると以下のとおりだ。

ポイント II 意思表示の瑕疵（かし）に関する第三者の処理

瑕疵ある意思表示	原則的な効果	第三者が現れた場合の処理
心裡留保	有効	直接の相手方が心裡留保を知っているなどで無効となる場合でも、**善意の第三者には、無効を主張できない。**
虚偽表示	無効	**善意の第三者には、無効を主張できない。** ➡一度善意の第三者が現れると、その後の転得者（てんとくしゃ）にも無効を主張できない。
錯誤	取消し	**善意・無過失の第三者には、取消しを主張できない。**
詐欺	取消し	**善意・無過失の第三者には、取消しを主張できない。**
強迫	取消し	**第三者に、取消しを主張できる。** ➡第三者が強迫の事実について善意無過失であっても主張できる。

　ここでの注意点として、上記の**「心裡留保」**と**「虚偽表示」**
の場合、**第三者が保護されるために、第三者は善意であればよく、
無過失までは求められていない。**

プラスα
意思表示に問題があ
るケースは「意思表
示の瑕疵」とも表現
される。瑕疵とは、
欠陥とか、欠けてい
ることを意味する法
律用語であり、意味
は理解しておこう。

プラスα
「瑕疵」とは、欠陥の
ことと考えればよい。

プラスα
「転得者」とは、第三
者からさらに取引対
象物を譲り受けた者
であり、いわば「第
四者以降の者」であ
る。

過 令元-2

プラスα

詐欺を考えれば理解
しやすいが、第三者
よりも、だまされた
表意者の保護を優先
している。

しかし、「**錯誤**」と「**詐欺**」について、第三者が保護されるた
めには、第三者には**善意無過失**まで求められている。

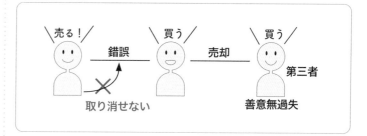

そして、「**強迫**」については、**脅された表意者には何の落ち度
もないので**、そのような事実を知らずに関係してきた**第三者が
いても、常に取り消せる**として表意者を保護している。

プラスα

このように、一度契
約が無効とならない
状態が発生した場合、
その後も無効となら
ないとする考え方（法
律構成）を**絶対的構
成**という。

そして、「**虚偽表示**」のところで「**転得者**」について触れてい
るが、下図のように、**一度、善意の第三者が登場してしまうと**、
さらに転得者が現れた場合は、その**転得者がもともとの虚偽表
示について悪意**であったとしても、もとの表意者は無効を主張
できない以上、**転得者にも無効を主張できない**。これは民法に
規定があるわけではなく、判例により判断されたものだ。

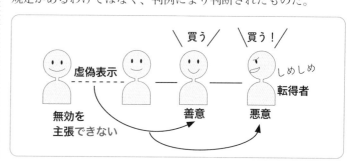

28

❶ A を売主、B を買主として、令和 2 年 7 月 1 日に甲土地の売買契約（以下この問において「本件契約」という。）が締結された場合、本件契約が、A の重大な過失による錯誤に基づくものであり、その錯誤が重要なものであるときは、A は本件契約の無効を主張することができる。（令 2-12 月 -7 改題）

答 ✕　錯誤が成立した場合の効果は**取消し**であり、**無効ではない**（民法 95 条 1 項）。なお、表意者に重大な過失がある場合、**取消しを主張できない**のが原則だが、相手方が錯誤を**知っていた**場合などは取り消すことができる（同条 3 項）。

❷ A は、自己所有の自動車を 100 万円で売却するつもりであったが、重大な過失により B に対し「10 万円で売却する」と言ってしまい、B が過失なく「A は本当に 10 万円で売るつもりだ」と信じて購入を申し込み、AB 間に売買契約が成立した場合、A は錯誤による取消しができる。（令 2-10 月 -6 改題）

答 ✕　**表意者に重大な過失**がある場合、相手方が①錯誤を知っていた、②重大な過失があった、③同一の錯誤に陥っていた、という場合でなければ、表意者は錯誤による取消しを主張できない（民法 95 条 3 項）。

❸ A は、自己所有の時価 100 万円の名匠の絵画を贋作だと思い込み、B に対し「贋作であるので、10 万円で売却する」と言ったところ、B も同様に贋作だと思い込み「贋作なら 10 万円で購入する」と言って、AB 間に売買契約が成立した場合、A は錯誤による取消しができる。（令 2-10 月 -6 改題）

答 ○　本問は 100 万円の絵画を贋作（偽物）と思い込むという、表意者に重大な過失があるケースである。❷の解説のとおり、相手方にも重大な過失があるため、A は錯誤による取消しができる。

❹ A が第三者の詐欺によって B に甲土地を売却し、その後 B が D に甲土地を転売した場合、B が第三者の詐欺の事実を知らず、また知ることができなかったとしても、D が第三者の詐欺の事実を知っていれば、A は詐欺を理由に AB 間の売買契約を取り消すことができる。（平 30-1 改題）

答 ✕　**第三者が詐欺**を行った場合、相手方がその事実を知り、または**知ることができた**ときに限って、取り消すことができる（民法 96 条 2 項）。本問の B は第三者の詐欺の事実を知らず、知ることもできなかった以上、A は意思表示を取り消すことはできない。

代理の基本を確認！
～この先の学習のために～

テーマ
3

重要度 **A**

法律の学習において、代理の基本を理解することは必須だ。その意味でこのテーマの内容は重要度 A だが、ここで紹介する内容がストレートに問われることは少ない。ただし、「双方代理」が許される例外は頻出なので押さえておこう。

❶ 他人に法律行為をしてもらう　〜代理

プラスα

法律行為の効果が A に生じることを「A に効果が帰属する」という。

　代理とは、本人に代わって、**別の誰か（代理人）が、本人の契約締結等の法律行為を行う**ことをいう。「本人の」法律行為を代理人が代わりに行うものなので、**代理人の行為の効果は、本人に生じる**ことが原則だ（民法 99 条 1 項）。

　この**代理が有効に成立**するためには、①代理人が**代理権を有している**こと、②代理人が**相手方に「本人の代理人である」ことを示していなければならない**。この②を顕名というが、相手方としては、誰と取引をしているのかわからないと困るからである。

　そして、**代理人が②の顕名を行わずに代理行為を行った場合、その行為は代理人自身が行ったもの**とみなされる（同法 100 条本文）。相手方とすれば、目の前の代理人と契約等を行っていると思うからだ。

　ただし、この場合でも、**相手方が代理であることを知り、又は、知ることができた場合は、有効な代理行為**となる（同条但書）。

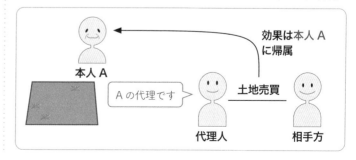

❷ 代理人の意思表示に問題がある場合

代理人の意思表示に問題があり、無効や取消しの原因となる事情がある場合、つまり、**代理人に錯誤があったり、だまされていたような場合**は、原則として、**代理人を基準に判断**される（民法101条）。

例えば、**本人Aの代理人Bが相手方Cにだまされて契約をした場合（詐欺）、本人Aはそのことを知らなくても、代理人Bを基準に判断**されるので、**本人Aは詐欺を理由に取り消せる**ということだ。

> **プラスα**
> 「取消権」は本人が有するものなので、代理人が取り消せるかは、本人が代理人に取消権までの代理権を与えているかで決まる。

❸ 「制限行為能力者」でも代理人となれる！

本人がよしとすれば、**未成年者や被補助人等の制限行為能力者を代理人とすることができる**。代理で行った行為の効果は本人に生ずる以上、制限行為能力者に不利益はないからだ。もちろんこの場合、制限行為能力者が行った代理行為について、**本人は、制限行為能力者が行ったという理由で取り消すことはできない**（民法102条本文）。

ただし、これは「本人がよし」とした場合の話であり、制限行為能力者が他の制限行為能力者の「法定代理人」となる場合については、本人は制限行為能力者が行ったという理由で取り消すことが**できる**（同条但書）。

> **過** 平30-2

> **プラスα**
> **法定代理は、一定の**事由で、**法律上、当然に代理権が発生す**る場合だ。本人が「代理をしてほしい」と依頼するケースではない。

❹ 自分が取引の相手方なのに…代理する⁉

代理人が自分自身を相手方として契約を締結したり（**自己契約**）、売主と買主の**双方の代理人**を同時に引き受けたり（**双方代理**）することは、原則として、**無権代理**行為となる（民法108条1項本文）。

無権代理とは、代理権がない代理行為を指し、原則として、この効果は本人に帰属しない。これらを許してしまうと、代理

> **プラスα**
> 無権代理については35ページを参照。

人が自分の利益を図ってしまうことで、**本人の利益が不当に害されうる**からだ。

過 令2（12月）-2、平30-2

　しかし、自己契約と双方代理の禁止が**本人の利益保護**であるとすれば、**本人が許諾している場合**や、**既に契約自体は成立していて、後は目的物を引き渡すだけ、所有権の移転登記をするだけといった、債務の履行についてのみの代理行為**であれば**認められる**（同項但書）。

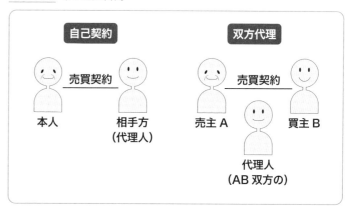

❺ 利益相反行為

　代理人と本人との利益が相反する行為を利益相反行為といい、このような行為は、**無権代理**行為とみなされる（民法108条2項本文）。ただし、本人があらかじめ**許諾**した行為については、この限りでない（同項但書）。

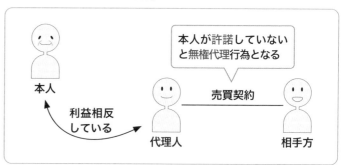

6 復代理（ふくだいり）

　代理人は、代理行為をさらに他人へ依頼することもできる。**この代理人から代理行為を依頼された者を復代理人**という。

　復代理であっても、もともとは本人のために行う代理行為の代理なので、**復代理人が行った代理行為は、本人に帰属**する。この復代理のポイントをまとめると以下のようになる。

ポイント I 復代理が認められる場合と代理人の責任

	任意代理	法定代理
復代理が認められる場合	①本人の許諾がある ②やむを得ない事由がある	代理人は自己の責任で復代理人を選べる
「代理人」の責任	本人に対して債務不履行に基づく責任（85 ページ参照）を負う	原則：**全責任を負う** 例外：**やむを得ない事由**で復代理人を選任した場合、**選任・監督に過失がある場合**のみ責任を負う

過 平 29-1

プラスα
任意代理とは、**本人の依頼によって始まる代理**であり、**法定代理は法律の規定で始まる代理**だ。

7 代理権の消滅

　いつ代理権が消滅するのかは、以下の表で覚えておこう。

◆ 代理権の消滅

	任意代理	法定代理
本　人	①死亡 ②破産手続開始の決定	死亡
代理人	①死亡 ②破産手続開始の決定 ③後見開始の審判を受けた	①死亡 ②破産手続開始の決定 ③後見開始の審判を受けた

プラスα
任意代理は、本人からの依頼で代理をする場合であり、報酬が支払われるのが通常だ。本人が破産すると無報酬となりかねないので代理権は消滅する。
代理人側に生じた事由では、**すべて代理権は消滅する**と覚えていればよい。

❶AがBに対して、A所有の甲土地を売却する代理権を令和2年7月1日に授与した
場合において、BがCの代理人も引き受け、AC双方の代理人として甲土地に係る
AC間の売買契約を締結した場合、Aに損害が発生しなければ、Bの代理行為は無権
代理とはみなされない。（令2-12月-2改題）

答　✕　双方代理が行われた場合、代理行為が**債務の履行**のみである場合か、本
人があらかじめ**許諾**した行為を除き、**無権代理**行為とみなされる（民法108条1項）。

❷Aが、所有する甲土地の売却に関する代理権をBに授与し、BがCとの間で、Aを
売主、Cを買主とする甲土地の売買契約を締結した場合において、AがBに代理権
を授与するより前にBが補助開始の審判を受けていた場合、Bは有効に代理権を取
得することができない。（平30-2改題）

答　✕　代理人は制限行為能力者であっても、本人がよしとすれば、有効に代理権
を取得することができる（民法102条本文）。

❸Aが、所有する甲土地の売却に関する代理権をBに授与し、BがCとの間で、Aを売主、
Cを買主とする甲土地の売買契約を締結した場合において、AがBに代理権を授与
した後にBが後見開始の審判を受け、その後に本件契約が締結された場合、Bによ
る本件契約の締結は無権代理行為となる。（平30-2改題）

答　〇　本問の記述のとおりである（民法111条1項2号）。

❹Aが、所有する甲土地の売却に関する代理権をBに授与し、BがCとの間で、Aを売主、
Cを買主とする甲土地の売買契約を締結した場合において、BがCの代理人にもなっ
て本件契約を成立させた場合、Aの許諾の有無にかかわらず、本件契約は代理権を
有しないものがした行為となる。（平30-2改題）

答　✕　双方代理が行われた場合、Aの**許諾**があれば、無権代理行為とは**ならない**
（民法108条1項但書）。

❺委任による代理人は、本人の許諾を得たときのほか、やむを得ない事由があるとき
にも、復代理人を選任することができる。（平29-1）

答　〇　委任による代理人とは、任意代理人のことである。任意代理においては、
本人の**許諾**を得たとき、又は**やむを得ない**事由があるときに限り、復代理人を選
任することができる（民法104条）。

34

テーマ **4**

代理権の濫用と無権代理・表見代理　基本を押さえれば OK

重要度 **A**

代理は論点が多く、民法に詳しい人ほど、いざ学習しようと思っても腰が引けてしまうかもしれない。しかし、宅建士試験で問われる内容はごく基本的な内容ばかりだ。よって、手を拡げすぎず、基本的な内容を押さえて試験にのぞもう。

❶ 表面的にはちゃんとした代理だが（代理権の濫用^{らんよう}）

　代理人が本人ではなく、**自己又は第三者の利益を図る目的で、代理権の範囲内の行為**をした場合を**代理権の濫用**という。

　表面的にはちゃんとした代理行為だが、代理人の**内心だけは違っていた**…という場合だ。この場合、表面的には代理の要件を満たしているため、**代理行為の効果は**、原則として、**本人に帰属**する。

　ただし、**相手方がその目的を知っているか、又は知ることができたときは、無権代理行為**とみなされる（民法 107 条）。

> 相手方が代理人の意図を知らなければ、そのまま本人に効果を帰属させるが、**知っていた場合まで、本人に効果は帰属させない**ということだ。

プラス**α**

「濫用」とは、みだりに用いることを意味する。

過 令3 (12月)-5、令2 (12月)-2

❷ 無権代理の効果は、本人に帰属しない

　無権代理とは、代理権がないのに代理人として行為をした場合をいう。当然のことながら、自分の知らないうちに代理行為をされて、その効果が自分に帰属しては困る。よって、**無権代理行為の効果は**、原則として、**本人に帰属しない**。

　ただし、無権代理行為とはいえ、本人が「それも悪くないな…」と感じる場合もありうる。そこで、**本人が追認した場合は、契約時に遡って有効な法律行為**となる。

なお、この**本人の追認は、無権代理人に対して行っても、取**引の相手方に対して行ってもよい。

❸ 無権代理の「相手方」の保護も考える

無権代理が行われた場合、原則として、その効果は本人に帰属しない。しかし、無権代理だったから知りません…と言われても、取引の相手方は困る。

そこで、民法は**無権代理の相手方を保護**するため、いくつかの規定を置いている。

ポイント **I** **無権代理が行われた場合の相手方の手段**

プラスα
催告権は、相手方が無権代理であることを知っていても行うことができる。

	内　容	主観的要件
催告権	相当の期間を定めて、**本人に追認するかどうかを催告**できる権利。 ➡定めた期間内に**返事がない場合**は、追認拒絶とみなされる。	無権代理について、**善意は不要。**
取消権	無権代理人との間で行った法律行為を**取り消す**ことができる権利。 ➡**本人が追認**した場合は、有効に確定するので、取り消せない。	無権代理について、**善意が必要。**
無権代理人への責任追及	無権代理人に対して、**契約の履行**、又は、**損害賠償**のいずれかを選択して請求できる権利。 ➡**両方の請求はできない。** ➡**無権代理人が制限行為能力者である場合はできない。**	①無権代理について、**善意が必要。** ②無権代理について、**過失がある**場合、無権代理人が悪意ならば可能。

36

❹　無権代理と相続

　無権代理については「無権代理と相続」という有名な論点がある。以下の2つのパターンは理解しておこう。

（1）無権代理人が、本人を単独で相続した場合

　無権代理人が、本人の唯一の相続人だった場合、無権代理人は、本人の追認拒絶権を行使して履行を拒絶できるだろうか。

　この場合に判例は、**自ら無権代理行為を行った者が**、相続という偶然の事情によって得た**追認拒絶権を行使することは、信義則に反する**として、**その行使を**認めなかった。

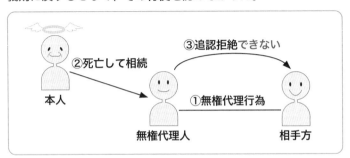

（2）本人が、無権代理人を単独で相続した場合

　この場合、**本人が追認拒絶権を行使しても、信義則に反する**ことにはならない。しかし、**無権代理人の地位（責任）も相続しているので、相手方からの無権代理人の責任（履行又は損害賠償請求）の追及は拒むことができない。**

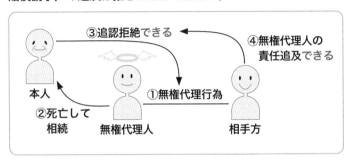

プラスα

信義則とは、相手方の信頼を裏切らないよう、誠意を持った**行動をすべき**という民法の原則である（民法1条2項）。

プラスα

無権代理人の責任は追及されるので、結論は変わらないと思うかもしれないが、前ページのように、無権代理人の責任追及の要件を満たすとは限らない。

❺ 表見代理
ひょうけん

代理権のない者が行った代理行為であるにもかかわらず、**代理権があるように見え**、そう見えることに**何らかの責任が本人にあるとき**は、**本当に代理権があるものとして扱おう**という制度を**表見代理**という。

本当は無権代理行為だが、代理権があると信じた相手方を保護するために、一定の要件で**有効な代理と同じように扱い、効果を本人に帰属**させる制度だ。民法は、**表見代理として次の3つのパターン**を定めている。

表見代理
→ ①代理権授与表示による表見代理
→ ②権限外の行為の表見代理
→ ③代理権消滅後の表見代理

過 令3 (12月)-5

①**代理権授与表示による表見代理**とは、**代理権を与えていないにもかかわらず、本人が他人に代理権を与えたかのような表示をした場合である**（民法109条1項）。

②**権限外の行為の表見代理**とは、**与えられた代理権の範囲を超えて、代理人が行為をした場合**だ（同法110条）。

過 令3 (12月)-5

③**代理権消滅後の表見代理**とは、**一度は本当に与えられていた代理権が消滅**したにもかかわらず、代理人と称する者が、代理権が存続しているように装って行為をした場合である（同法112条1項）。

ここでのポイントは、**①〜③のどの表見代理が成立**するためにも、**取引の相手方には、善意無過失**であることが要求されることだ。

相手方としてみれば、**注意をしていても無権代理と気が付かなかった**という状況、また、**本人の何らかの落ち度（帰責性）**と引換えに、本人に効果を帰属させるのである。

プラスα
責任を負わされても
やむを得ない事情を
帰責性という。

❶ A が B の代理人として第三者の利益を図る目的で代理権の範囲内の行為をした場合、相手方 C がその目的を知っていたとしても、AC 間の法律行為の効果は B に帰属する。なお、追認はないものとする。（令 3-12 月 -5 改題）

答　✕　代理権の濫用が行われた場合、相手方がその目的を知り、又は知ることができたときは、その行為は**無権代理**行為とみなされる（民法 107 条）。C は目的を知っていたので、AC 間の法律行為の効果は B に帰属**しない**。

❷ B が自己又は第三者の利益を図る目的で、A の代理人として甲土地を D に売却した場合、D がその目的を知り、又は知ることができたときは、B の代理行為は無権代理とみなされる。（令 2-12 月 -2）

答　○　本問の記述のとおりである（民法 107 条）。

❸ B が A に代理権を与えていないにもかかわらず代理権を与えた旨を C に表示し、A が当該代理権の範囲内の行為をした場合、C が A に代理権がないことを知っていたとしても、B はその責任を負わなければならない。（令 3-12 月 -5）

答　✕　本問は代理権授与表示による表見代理に関する内容だが、**どの表見代理であっても、成立するためには相手方が善意無過失**でなければならない（民法 109 条）。

❹ A が B から何ら代理権を与えられていないにもかかわらず B の代理人と詐称して C との間で法律行為をし、C が A に B の代理権があると信じた場合であっても、原則としてその法律行為の効果は B に帰属しない。（令 3-12 月 -5）

答　○　代理権授与表示による表見代理が成立するためには、**本人が代理権を与えたかのような表示**を行っていなければならない。本問は A が勝手に B の代理人と詐称しており、本人 B に帰責性はないので、法律行為の効果は B に帰属**しない**（民法 109 条）。

❺ B が A に与えた代理権が消滅した後に A が行った代理権の範囲内の行為について、相手方 C が過失によって代理権消滅の事実を知らなかった場合でも、B はその責任を負わなければならない。（令 3-12 月 -5）

答　✕　本問は代理権消滅後の表見代理に関する内容だが、**どの表見代理であっても、成立するためには相手方が善意無過失**でなければならない（民法 112 条）。

取得時効の成立要件が頻出！ 時効の基礎とポイント

テーマ 5　重要度 A

時効については「取得時効の成立要件」にまつわる知識が頻出だ。その他の知識も含めて難しい話ではないので、ここで紹介するポイントを押さえておけば、出題されても対応できるだろう。

❶ まずは時効の基本を確認（時効総論）

（1）「取得時効」と「消滅時効」

　時効とは、**ある状態が一定の期間続く**ことで、本当は違っていたけれども、**本当にその状態にしてしまおう**とする制度だ。

プラスα

「占有」とは、ひとまず物等を持っている状態と考えておこう。

　これには、一定期間の占有の継続で**権利を取得する取得時効**と、権利を行使しないで**放置しておくことで権利が消滅する消滅時効**とがある。

（2）「時効の援用」と「起算日（点）」

　上の図を見ると、時効による権利の取得や消滅という効果は、期間の経過のみで生じると思うかもしれないが、そうではない。

　時効というものは、期間の経過に加えて、**当事者の時効の利益を受ける意思表示**である援用が行われることで確定的にその**効力は生じる**（民法 145 条）。

時効による権利の取得や、債務の消滅をよしとしない人もいる。そのため、時効による効果の発生には当事者の**援用**が要求されるのだ。

また、**時効期間が進行を開始する日を起算日（起算点）**とい
うが、**時効が完成**すると、その**効力はこの起算日に遡って生じ
る**(民法144条)。**取得時効**であれば、時効による権利の取得者は、
起算日から権利を持っていたことになるし、**消滅時効**の場合は、
起算日から権利が存在しなかったことになる。

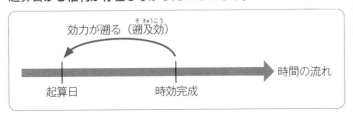

(3)「時効利益の放棄」

**「時効利益の放棄」は、時効による利益を受けないという意思
表示**である。これも援用と同様に、時効による利益を受ける者
の道義心を尊重したものだ。

ただし、時効の利益は、**時効完成前にあらかじめ放棄するこ
とはできない**（民法146条)。事前の放棄を認めると、債権者が
債務者の弱みにつけ込んで、あらかじめ時効利益の放棄を強要
する可能性があるからだ。

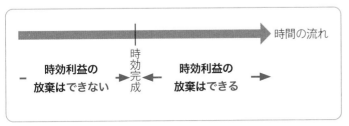

上記のとおり、**時効利益の放棄は、必ず時効完成後にしなけ
ればならない**。そしてさらに、**時効の完成を知ったうえでなさ
れなければならない**。

ただし、判例は、**時効完成後にその事実を知らずに債務者が
債務を承認**した場合については、債権者の期待を保護すべく、
信義則上、その債務について時効を援用することは許されない
とした（最大判昭41.4.20)。

平30-4

プラスα
このようにしなけれ
ば、例えば、時効に
より権利を失う者は、
時効期間中の使用利
益の返還を請求でき
ることになってしま
う。

プラスα
時効の援用ができる
者（援用権者）は、
当事者のみだ。ただ
し、「消滅時効」の援
用権者には、保証人、
物上保証人、第三取
得者その他権利の消
滅について正当な利
益を有する者が含ま
れる。

（4）「時効の完成猶予」と「更新」

　時効制度は、長い間継続した事実状態を尊重して、その状態の権利関係を法的にも認める制度である。

　ただし、民法は、**時効期間の進行をストップ**させる**「時効の完成猶予」**と、時効期間を**リセット**させる**「更新」**という制度も規定している（民法 147 条等）。リセットということは、時効期間がゼロに戻るということだ。

ポイント **I** 時効の基本知識

①時効の援用

　時効期間が満了したうえで、時効の利益を受けるという意思表示（援用）をしなければ、時効の利益を受けられない。

②時効完成の効力は、どの時点で生じるか？

　➡起算日に遡って生じる。

③時効の利益は、いつでも放棄できるか？

　➡時効完成後であればできる。

　➡時効完成前の放棄はできない。

❷ 取得時効

（1）所有権の取得時効

　そもそもの話として、権利であれば何でも時効取得できるわけではない。時効によって取得できる権利は、**所有権、地上権、永小作権、地役権、不動産賃借権**などがあるが、まずは**「所有権」**の時効取得を念頭に学習を進める。宅建士試験対策としては、土地所有権を時効取得する例をイメージしておけばよい。

　先に所有権の**取得時効が完成するための要件**のポイントをまとめると、次ページのようになる。

プラスα
地上権、永小作権、地役権については 50 ページ以降の「物権」で確認する。

ポイント Ⅱ　所有権の取得時効の要件（民法162条等）

①他人の物を、②所有の意思を持って、③平穏かつ公然に、④一定期間、⑤占有した者は、その物の所有権を取得する。

↓

①他人の物 → **自分の物を時効取得することもできる。**

②所有の意思
→ 「自分の物」とのつもりで占有すること。自主占有ともいう。逆に「自分の物ではない（借りているだけ）」という認識で占有することを他主占有という。
→ 「所有の意思」は、占有取得原因で外形的、客観的に決まる（最判昭45.6.18）。例えば、売買での取得ならば、自分の物のつもりだよね（所有の意思あり）…と判断する。

③平穏かつ公然…こそこそ隠れたりせずに、ということ。

④一定期間とは、**占有の開始時に善意・無過失 → 10年間**
　　　　　　　　　占有の開始時に有過失・悪意 → 20年間

↓

善意無過失は、占有開始時点で判断する。占有開始時に善意無過失であれば、その後に自分のものでないことがわかり、悪意となっても、10年間で取得時効が完成する。

⑤占有
→ 自ら占有するだけではなく、**他人に賃貸した場合**など、**代理人を介した間接的な占有でもよい**（民法181条）。
→ **占有を奪われた**場合でも、**占有回収の訴えを提起して占有を回復**したときは、現実に占有をしてなかった間も**占有を継続**していたと擬制される（最判昭44.12.2）。

(2) 取得時効と登記の問題

　物権で学習するが、**不動産（土地・建物）の所有権を売主等以外の第三者に主張（対抗）**するためには、**登記が必要**となる（民法177条）。

プラスα
本当は自分の物だが、昔のことなので権利書などを紛失し、その証明ができない場合もある。

令4-10

令2 (10月)-10

令4-10

令4-10

プラスα
本登記がないと、本当にその人が所有者かがわからないからだ。

なお、売主は自分で不動産を売っている以上、買主が所有権者であることは当然わかる。なので、**売主等の当事者に所有権を対抗**するために、**登記は不要**だ。

プラスα

そもそもBは取得時効が完成するまで、登記したくてもできない。所有権者になっていないからだ。なお、右の事例でCの登記後、Bが再度の取得時効をすると、Bは登記なくCに対抗できる。

よって例えば、**A の土地を B が取得時効した後、元の権利者 A が土地を C に売却**した場合、**B は土地所有権を C に対抗するためには登記が必要**となる。取得時効が完成しただけでは、完全にその物を取得できないということだ。

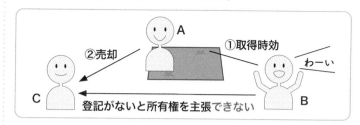

②売却　①取得時効　わーい
登記がないと所有権を主張できない

過 令5-6、令4-10、令3(12月)-6、令元-1

ところが判例は、**A から C への売却が B の取得時効完成前である場合、B は登記なくして C に所有権の取得を対抗できると**した（最判昭 41.11.22）。

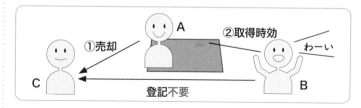

①売却　②取得時効　わーい
登記不要

所有権取得の順序は「A → C → B」だ。これは「C → B」と売買が行われた場合（C が売主）と同視できると考えるとよい。

ポイント III 取得時効と登記の結論

① A が B の**取得時効の完成前**に、**C に土地を譲渡**した場合
　➡**登記がなくても B が勝つ**（最判昭 41.11.22）。
② A が B の**取得時効の完成後**に、**C に土地を譲渡**した場合
　➡**先に登記した者が勝つ**（民法 177 条）。

プラスα

②について、詳しくは物権で解説するが、**不動産が二重に譲渡**された場合、先に登記をしたほうが勝つ。

（3）占有の承継について

　占有は売買や相続によって**承継**される。そして例えば、「祖父
→父→自分」と土地を相続した場合、**占有については、自身の
占有期間だけを主張することも**、それに加えて、**前の占有者、
つまり父や祖父が占有していた期間も合わせた形で主張するこ
とも認められる**（民法187条1項）。

過 令2 (10月)-10

プラスα
左の場合、Aは祖父
と父の占有期間も合
算できる。

　この場合、過去の占有も含めたほうが有利に思えるかもしれ
ないが、そうともいえない。**前の占有者の占有期間を合わせて
占有期間を主張**する場合は、**前の占有者の瑕疵（欠陥）をも引
き継ぐからだ**（同条2項）。

　つまり、前述のとおり、取得時効に必要な占有期間が20年と
なるか10年となるかは、**占有開始時に善意無過失かどうかで決
まる**ので、「自分」の占有が善意無過失で始まっていたとしても、
祖父の占有が悪意や有過失で始まっていれば、その**悪意なども
引き継ぐ**ことになって、この場合に取得時効が完成するために
は、合計**20年間**の占有期間が必要となる。

❸　消滅時効

　消滅時効は、実際にあった権利であったとしても、**しばらく
行使しないことで消滅**してしまう制度だ（民法166条）。
　消滅時効については、**「どの時点から」「何年間」権利を行使
していないと消滅してしまうのか**が出題されるので、これはポ
イントでまとめておく。

プラスα
消滅時効は、「眠る権
利に保護なし」とい
う制度といわれる。

消滅時効の起算点と必要な期間については、原則規定だけではなく、各権利についての規定がある。重要なものをまとめたのが次のポイントだ。

ポイント IV 消滅時効の起算点と期間

プラスα

①を主観的起算点、②を客観的起算点ともいう。一般的な権利は、右①②の期間の経過で消滅する。しかし、③～⑥のように、特定の権利には個別の規定がある。

 令2 (10月)-10

プラスα

⑤について、主観的起算点は消滅時効の原則と同じだが、「生命又は身体」の重要性から、客観的起算点は「10年間」から「20年間」に延長されている。

【原則】（民法 166 条 1 項）

①権利を持つ者が、**権利を行使できることを知ってから5年間**その権利を行使しないとき

②権利を持つ者が、**権利を行使できる時から 10 年間**その権利を行使しないとき

【その他、押さえておきたい権利の消滅時効の期間】

③<u>所有権は、消滅時効の対象とならない</u>（同条 2 項）

④**債権や地上権、永小作権、地役権**などの所有権以外の財産権は、**権利を行使できる時から 20 年間**その権利を行使しないとき

⑤**人の生命又は身体の侵害による損害賠償請求権**（同法 167 条）

・権利を持つ者が、**権利を行使できることを知ってから5年間**その権利を行使しないとき

・権利を持つ者が、**権利を行使できる時から 20 年間**その権利を行使しないとき

⑥**不法行為による損害賠償請求権**

・被害者又はその法定代理人が**損害及び加害者を知った時から3年間**（**人の生命又は身体を害する不法行為は5年間となる**）

・**不法行為の時から 20 年間**

46

❹「時効の完成猶予」と「更新」

42ページで触れたように、一定の期間、時効の完成が**猶予（ス
トップ）**されることを時効の完成猶予、それまで進行していた
時効期間の経過が**ゼロになることを時効の更新**という。

これらについては、何があると猶予され、また、更新がされ
るのかという点が問われる。押さえておきたいものをまとめた
のが以下のポイントだ。

ポイント V 押さえておきたい時効の完成猶予と更新事由

①**裁判上の請求**（民法147条）

　裁判中は時効の完成が猶予され、その**訴え（請求）を認
める判決によって、時効が更新**される。

　➡**裁判が途中で取り下げられる**など、判決等で**権利が確
定せずに終了**したときは、その**終了時から6か月間は、
時効の完成が猶予**される。

②**強制執行・担保権実行**（同法148条）

　これらの**手続中は時効完成が猶予**され、**手続終了によっ
て時効が更新**される。

③**仮差押え・仮処分**（同法149条）

　これらの**手続終了後の6か月間は、時効完成が猶予**され
る。

④**催告**（同法150条）

　催告から6か月間は、時効完成が猶予される。

⑤**権利について協議を行う旨の合意**（同法151条）

　原則として、**合意から1年間は、時効完成が猶予**される。

⑥**権利の承認**

　権利の承認時に時効は更新される。

プラスα
裁判上の請求とは、
単に口頭などで請求
するのではなく、訴
訟を提起して請求す
ること。

過 令2（12月）-6、
令元-9

プラスα
催告とは、裁判「外」
で請求すること。

❶ A は B に対し、自己所有の甲土地を売却し、代金と引換えに B に甲土地を引き渡し
たが、その後に C に対しても甲土地を売却し、代金と引換えに C に甲土地の所有権
登記を移転した。その後、B が甲土地を D に賃貸し、引き渡したときは、B は甲土
地の占有を失うので、甲土地の所有権を時効取得することはできない。(令 4-10 改題)

答 ✕ 占有権は、代理人によって取得することができる（民法 181 条）。B が甲
土地を D に賃貸し、引き渡しても、B は甲土地の占有を**失わない**。

❷ A は B に対し、自己所有の甲土地を売却し、代金と引換えに B に甲土地を引き渡し
たが、その後に C に対しても甲土地を売却し、代金と引換えに C に甲土地の所有
権登記を移転した。B が、時効の完成前に甲土地の占有を E に奪われたとしても、
E に対して占有回収の訴えを提起して占有を回復した場合には、E に占有を奪われ
ていた期間も時効期間に算入される。(令 4-10 改題)

答 ◯ 本問の記述のとおりである（民法 203 条但書、最判昭 44.12.2）。

❸ A は B に対し、自己所有の甲土地を売却し、代金と引換えに B に甲土地を引き渡し
たが、その後に C に対しても甲土地を売却し、代金と引換えに C に甲土地の所有
権登記を移転した。B が、甲土地の引渡しを受けた時点で所有の意思を有していた
としても、AC 間の売買及び C に対する登記の移転を知ったときは、その時点で所
有の意思が認められなくなるので、B は甲土地を時効により取得することはできな
い。(令 4-10 改題)

答 ✕ 「所有の意思」は、占有取得原因である事実によって外形的、客観的に決ま
る（最判昭 45.6.18）。B は売買で甲土地を取得した以上、所有の意思はなくならない。

❹ A は B に対し、自己所有の甲土地を売却し、代金と引換えに B に甲土地を引き渡し
たが、その後に C に対しても甲土地を売却し、代金と引換えに C に甲土地の所有
権登記を移転した。B が甲土地の所有権を時効取得した場合、B は登記を備えなけ
れば、その所有権を時効完成時において所有者であった C に対抗することはできな
い。(令 4-10 改題)

答 ✕ 時効取得者は、時効完成前の第三者に対し、登記がなくても、時効で所有
権を取得したことを主張することができる（最判昭 41.11.22）。

❺ 第三者のなした登記後に時効が完成して不動産の所有権を取得した者は、当該第三
者に対して、登記を備えなくても、時効取得をもって対抗することができる。(令
3-12 月 -6)

答 ◯ 本問の記述のとおりである（最判昭 41.11.22）。

過去問題を
チェック！

❻裁判上の請求をした場合、裁判が終了するまでの間は時効が完成しないが、当該請求を途中で取り下げて権利が確定することなく当該請求が終了した場合には、その終了した時から新たに時効の進行が始まる。(令2-12月-5)

　答　✕　裁判上の請求をした場合、**裁判中**は時効の完成が**猶予される**が（＝時効は完成**しない**）、確定判決等によって権利が確定することなく終了したときは、その終了時から6か月を経過するまでの間は、時効の完成が**猶予される**(民法147条1項1号)。

❼権利の承認があったときは、その時から新たに時効の進行が始まるが、権利の承認をするには、相手方の権利についての処分につき行為能力の制限を受けていないことを要しない。(令2-12月-5)

　答　◯　本問の記述のとおりである（民法152条）。

❽Aが甲土地を所有している場合、Aが甲土地を使用しないで20年以上放置していたとしても、Aの有する甲土地の所有権が消滅時効にかかることはない。(令2-10月-10改題)

　答　◯　所有権は、消滅時効にかかることが**ない**（民法166条2項参照）。

❾Aが甲土地を所有している場合、Bが甲土地を所有の意思をもって平穏かつ公然に17年間占有した後、CがBを相続し甲土地を所有の意思をもって平穏かつ公然に3年間占有した場合、Cは甲土地の所有権を時効取得することができる。(令2-10月-10改題)

　答　◯　占有は、相続によって承継され、占有者の承継人は、自己の占有のみ、又は自己の占有に前の占有者の占有を併せて主張することができる（民法187条1項）。よって、Cは併せて20年間の占有継続を主張し、甲土地の所有権を時効取得することができる。

❿Aが甲土地を所有している場合、Dが、所有者と称するEから、Eが無権利者であることについて善意無過失で甲土地を買い受け、所有の意思をもって平穏かつ公然に3年間占有した後、甲土地がAの所有であることに気付いた場合、そのままさらに7年間甲土地の占有を継続したとしても、Dは、甲土地の所有権を時効取得することはできない。(令2-10月-10改題)

　答　✕　時効取得に関する善意無過失は、**占有開始**時の状態で判断される。よって、甲土地の占有開始時にEが無権利者であることにつき善意無過失であったDは、**10年間**の占有を継続することで、甲土地の所有権を時効取得することが**できる**。

契約当事者に対しては 登記不要！　不動産の物権変動

重要度 **A**

ここから物権の話に入る。不動産の物権変動について、自らの権利を主張するためには、原則として登記が必要だ。しかし、登記が不要となる場合もあるため、どの場合に登記が必要であり、不要となるかという点が頻出だ。

❶ 物権といっても色々とある（物権の概観）

プラスα
物権の種類は、学習を進めていけば、自然に覚えていく。

　この 2 章からは物権について見ていくが、物権とはいっても様々な種類がある。物権の概観を示すと下図のとおりだ。これらは無理に覚える必要はないが、自分がどの権利の学習をしているのかは意識してほしい。

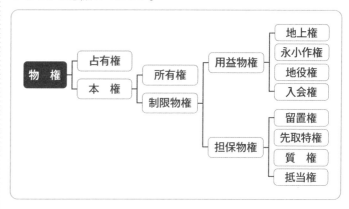

　上図のうち「本権」「制限物権」「用益物権」「担保物権」は、具体的にそのような権利があるわけではない。同じ性質を持っている権利の総称だ。

　「所有権」は使用・収益・処分ができる完全な物権といわれるが、**「制限物権」は何かしらの制限がある物権**である。この「制限物権」のうち、**目的物の使用に特化した物権が「用益物権」**であり、**債権の担保に特化した物権が「担保物権」**である。

プラスα
例えば、「地上権」は土地を利用できる権利だが、土地自体を売り払うこと（処分）はできないという制限がある。

❷ 物権は意思表示のみで移転する（意思主義）

　物権の設定及び移転は、原則として、**当事者の意思表示のみによって、その効力を生じる**（民法176条）。つまり、当事者の合意さえあれば、契約書や届出を**要せず物権変動**（物権の発生・変更・消滅）の効力が生じる。

　ただし、これは**あくまでも契約当事者間**の話であり、移転した物権を**契約当事者「以外」の第三者に主張できるのか**は別問題だ。これを**対抗要件の問題（対抗関係）**という。

プラスα
口約束だけでも契約成立するということだ。

2章
物
権

❸ 「不動産」物権変動と登記

　不動産の物権変動も当事者の意思表示のみで効力を生じる。売主と買主の間の「売る」「買う」という意思表示のみで、不動産の所有権は移転するということだ。

　ただし、民法177条は、**不動産に関する物権の得喪及び変更は、登記をしなければ、第三者に対抗できない**と定めており、この場合の登記のことを**対抗要件**と呼ぶ。

プラスα
物権変動の当事者とは、契約当事者（売主や買主）や、物権の相続人と考えよう。

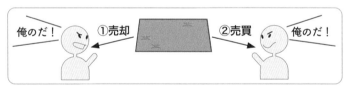

俺のだ！　①売却　②売買　俺のだ！

　上図のように、**不動産が二重に売買された場合（二重譲渡という）、先に登記を得た者が保護**される。登記をしなければ取得した権利を**第三者に対抗できない**反面、先に登記をした者は、その権利を契約当事者以外の第三者にも対抗できるからだ。

 平28-3

　また、後で不動産を取得した者は、**二重譲渡について悪意でもよい。**腑に落ちないかもしれないが、誰かと売買契約を結んだ後で、より高額で購入してくれる買主に売ることも許される。ただし、単なる悪意にとどまらず、**第一譲受人を害する目的で**第二譲受人となったような**背信的悪意者**は、**民法177条の第三者に含まれず、登記なく権利を主張できる**。

プラスα
登記が遅れてしまった者は、売主に損害賠償請求をすることなどで処理される。

 平28-3

令3 (12月)-9、
令元-1、平28-3

プラスα

④は、二重譲渡の第二譲受人が、第一譲受人の登記申請を妨害したような場合である。

ポイント Ⅰ 登記なく不動産物権変動を対抗できる者

①無権利者

②不法占有者

③背信的悪意者

④詐欺又は強迫によって**登記の申請を妨げた第三者**（不登法5条1項）

⑤他人のために登記を申請する義務を負う第三者（同条2項）

> 上記に加えて…

⑥物権変動の当事者

➡「A→B→C→D」と所有権が移転した場合のAとDも当事者の関係と**なる**。

　上記①②について、**何の権利もなく他人の不動産に居座っている無権利者や不法占有者**に対しては、さすがに**登記がなくても自らの権利を主張できる**。前ページで見た③の背信的悪意者と同じく、ここまで悪質な者に対抗するためまでには、登記を求めないということだ。

令3 (12月)-9、
令元-1

　また、**⑥について**、ある土地を売主Aが買主Bに売却した場合、Bは土地所有権を**売主Aに対しては、登記がなくても対抗できる**。売主であるAは、Bにこの土地の所有権があることを知っているのは当然だからだ。

❹「取消しと登記」の問題

　登記に関してはいくつかの論点があり、その1つに**「取消しと登記」**という問題がある。この場合、該当するケースに第三者保護規定があるか、また、第三者が利害関係を持った時期が取消前か取消後かで取扱いが異なる。

52

(1) 詐欺・錯誤による取消しと第三者

　AがBにだまされて、A所有の甲土地をBに売った後、Bがさらにりに甲土地を売った場合を想定しよう。

　CがAの「取消前」に現れた第三者であれば、Cは民法96条3項によって、**善意無過失であれば保護**される。

　これに対して、**Cが「取消後」に現れた第三者**の場合、AとCの関係は民法177条によって処理され、**先に登記したほうが確定的に所有権を得ることになる**（判例）。これは、Aの取消しによるBからAへの所有権の復帰と、BからCへの所有権の移転が、Bを中心とした二重譲渡の関係（対抗関係）と類似しているとみるからだ。

 令元-2、平28-3

 令元-2

プラスα
根拠条文は異なるが、「錯誤」についても同じ処理となる。

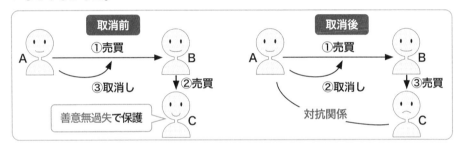

(2) 制限行為能力者・強迫による取消しと第三者

　制限行為能力者による取消しや、**強迫による取消し**の場合は、民法96条3項のような善意の**第三者保護規定が存在しない**。そのため、**取消前の第三者は、たとえ登記を得ていた場合でも保護されることはない**。常に表意者が優先する。これは制限行為能力者や強迫を受けた者の保護のためだ。

　しかし、**取消後に現れた第三者**の場合には、詐欺や錯誤の場合と同様に、二重譲渡類似の関係（対抗関係）となり、**先に登記をしたほうが優先する**。また、第三者は善意悪意を問わず保護されるのも同じだ。

腑に落ちないかもしれないが、取り消した後に登記を戻すことができたにもかかわらず、放置していた分、保護の必要性が減ったと考えると理解しやすい。

❺「解除と登記」の問題

プラス α
解除については、89
ページを参照。

解除とは、契約が成立した後に、当事者の一方が契約の効果を消滅させて、はじめから契約がなかった状態にするものである。そして、この解除についても取消しと同じような問題が生じる。Aが甲土地をBに売り、BがCに転売したが、その後、Aが売買契約を解除した場合で考えてみよう。

（1）解除前の第三者

　民法545条1項但書は、解除権の行使によって第三者の権利を害することはできないと定めている。そして、解除前に現れた第三者については、この条文が適用される。

プラス α
保護要件とは、保護
されるために求めら
れる要件だ。

　なお、この条文によって保護されるためには、善意・悪意は問わないが、保護要件として登記を得ていなければならないとするのが判例だ。

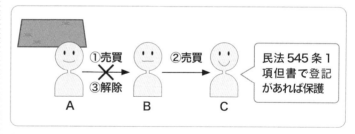

（2）解除後の第三者

　解除後に現れた第三者については、やはり詐欺・錯誤のところで説明した二重譲渡類似の関係と考えればよい。つまり、対抗関係となり、先に登記をしたほうが保護されるのだ。

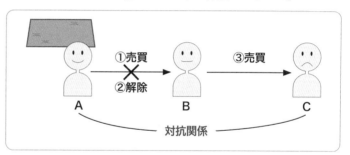

結局のところ、**解除**がされた場合は、**解除前**だろうが、**解除後**だろうが、**第三者は登記をしないと保護されない**。

プラスα

この他、「不動産賃借権と登記」の問題もあるが、それは賃借権契約のテーマで解説する。

❻ 「取得時効と登記」の問題

これは44ページで触れた話である。AがBの所有する甲土地を占有し、時効期間が満了して時効を援用した場合の問題だ。Bが第三者Cに甲土地を譲渡した場合、BのCへの譲渡が、<u>Aの取得時効完成前</u>であれば、AはCに対して、**登記なしに所有権の取得を対抗できる**。

対して、BのCへの譲渡が、A**の取得時効完成後**の場合には、AとCは**対抗関係**に立ち、民法177条の問題として処理される。つまり、AとCのどちらか**先に登記**をしたほうが優先する。

過 令5-6、令元-1、平27-4

ポイント **Ⅱ** 「○○と登記」の問題の処理まとめ

項　目	「○○前」の第三者	「○○後」の第三者
詐欺・錯誤の取消し	第三者が**善意無過失**であれば保護される。	**先に登記**をしたほうが保護される（二重譲渡類似の関係）。
制限行為能力者・強迫による取消し	第三者保護規定が**ない**ため、第三者が保護されることは**ない**。	**先に登記**をしたほうが保護される（二重譲渡類似の関係）。
解　除	・保護要件として**登記**があれば保護される。 ・**善意・悪意は問われない**。	**先に登記**をしたほうが保護される（二重譲渡類似の関係）。
取得時効	時効取得した者が、**登記なくして**、保護される。	**先に登記**をしたほうが保護される（二重譲渡類似の関係）。

❶不動産の所有権がAからB、BからC、CからDと転々譲渡された場合、Aは、D
と対抗関係にある第三者に該当する。（令3-12月-6）

　答　✕　所有権が「A→B→C→D」と移転する場合、AとDは当事者の関係であり、
Dは対抗関係にある第三者には該当しない。

❷A所有の甲土地について、Bが所有の意思をもって平穏にかつ公然と時効取得に必
要な期間占有を継続した場合において、AがCに対して甲土地を売却し、Cが所有
権移転登記を備えた後にBの取得時効が完成した場合には、Bは登記を備えていな
くても、甲土地の所有権の時効取得をCに対抗することができる。（令5-6改題）

　答　〇　時効取得者Bは登記なくしてCに甲土地の所有権を対抗できる。
「A→C→B」と所有権が移転したケースと考えればよい。

❸AがBに対してA所有の甲建物を令和3年7月1日に①売却した場合と②賃貸し
た場合について、甲建物をDが不法占拠している場合、①ではBは甲建物の所有
権移転登記を備えていなければ所有権をDに対抗できず、②ではBは甲建物につ
き賃借権の登記を備えていれば賃借権をDに対抗することができる。（令3-12月
-9改題）

　答　✕　不法占拠者は第三者に当たらないので、①の場合、登記を備えなくてもD
に対抗することができる。なお、②は正しい記述である。

❹AがBに甲土地を売却し、Bが所有権移転登記を備えた場合において、AがBとの
売買契約をBの詐欺を理由に取り消した後、CがBから甲土地を買い受けて所有権
移転登記を備えた場合、AC間の関係は対抗問題となり、Aは、いわゆる背信的悪
意者ではないCに対して、登記なくして甲土地の返還を請求することができない。
（令元-2改題）

　答　〇　本問の記述のとおりである。

❺AがBに甲土地を売却し、Bが所有権移転登記を備えた場合において、AがBとの
売買契約をBの詐欺を理由に取り消す前に、Bの詐欺について悪意のCが、Bから
甲土地を買い受けて所有権移転登記を備えていた場合、AはCに対して、甲土地の
返還を請求することができる。（令元-2改題）

　答　〇　詐欺による意思表示の取消しは、善意無過失の第三者に対抗することがで
きない（民法96条3項）。本問Cは悪意なので、詐欺による取消しを対抗できる。

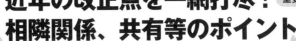

テーマ
2

近年の改正点を一網打尽！
相隣関係、共有等のポイント

重要度 B

2章
物
権

「所有権」にまつわる規定として「相隣関係」「共有」「所有者不明土地・建物」等の規定がある。どれも近年の改正が絡む規定だが、「相隣関係」は令和 5 年度試験で出題された。よって、「共有」は注意しておきたい。

❶ 所有権も絶対ではない（相隣関係）

　本来、土地の所有権者は土地を自由に使えるはずだが、隣人どうしの円満な土地利用のため、自分が所有する土地であっても制限がされることがある。

　そして、**隣り合って接している土地の所有者どうしの関係を相隣関係**といい、民法は相隣関係の規定を置いて、その調整を図っているのだ。

　相隣関係には様々な規定があるが、試験対策上、隣地使用権（民法 209 条）、竹木切除権（同法 233 条）、囲繞地通行権（同法 210 条～ 213 条）、を確認しておく。

（1）お隣さんの土地に入らせて！…という隣地使用権

　隣地使用権は、工事等の何かしらの理由により、お隣さんの土地に立ち入らせてもらえる権利だ。

　令和 3 年の改正前は、立入りを「請求」できる権利であったが、改正後は、**建物の築造や境界に関する測量、枝の切取り**など**一定の目的**があれば、必要な範囲で**隣地を「使用できる」**とされ、**隣地の立入りに隣地所有者の承諾は不要**となった（民法 209 条 1 項本文）。

　ただし、原則として、あらかじめ目的や日時、使用場所や使用方法を隣地所有者等に**通知**しなければならない（同条 3 項）。

　また、あくまでも**「隣地（土地）」の使用に限られ、土地上にある「住家（建物）」への立入りには、居住者の承諾が必要とな**

プラス α
ここは「所有権」についての話の 1 つである。

プラス α
相隣関係は近年に改正法が施行されたが、令和 5 年度試験で出題されたので、念のための確認程度でよい。

過 令5-2

る（同条 1 項但書）。

（2）敷地に入ってきた「枝」と「根っこ」は切り取れる！
   （竹木切除権）

令 5-2

　竹木切除権は、隣地の竹木の枝が境界線を越えて、自分の敷地に入ってきたとき、その竹木の所有者に、その**枝を切除させることを請求**でき（民法 233 条 1 項）、**それでも竹木の所有者が枝を切ってくれないような場合は、一定の要件で自ら切除できる**（同条 3 項）権利だ。

　なお、竹木の「枝」ではなく、**「根」が境界線を越えて侵入**してきた場合は、特に催告等をすることなく、**そのまま自ら切り取ることができる**（同条 4 項）。

プラス**α**
袋地を囲んでいる土地を囲繞地という。

令 2（10月）-1

（3）囲まれた土地から外に出るには（囲繞地通行権）
　ある**土地**が、他の所有者の土地等に**囲まれており（袋地）**、公道に接していない場合、袋地の所有者が**公道まで他の所有者の土地を通行できる権利を囲繞地通行権**という（民法 210 条）。

　この場合、**償金を支払うことは要しない**（同法 213 条）。

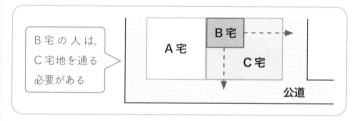

B 宅の人は、C 宅地を通る必要がある

A 宅　B 宅　C 宅　公道

　囲繞地通行権は、袋地の所有権の一内容として**当然に発生**する権利であり、袋地の所有権を取得した者は、その登記がなくても、囲繞地の所有者に対して主張**できる**（最判昭 47.4.14）。

令 5-2

　また、通行の場所及び方法は、隣地通行権を有する者のために必要であり、かつ、**他の土地のために損害が最も少ないものを選ばなければならない**（民法 211 条 1 項）。**自由に通る道を選択できない**ということだ。そして、隣地通行権者は、必要があれば通路を開設することもできる（同条 2 項）。

② 数人で 1 つの物を所有する（共有）

共有とは、1 つの物を複数人で所有している状態のことだ。共有には、その**権利割合を示す「持分」**という概念があり、例えば、ある物を 2 人が共同で購入し、その費用負担が等しい場合は、その物に対してそれぞれ 2 分の 1 の持分割合で共有することになる（民法 250 条）。

ここで注意したいことは、持分の割合が決まっているからといって、**各共有者は共有物の「一部だけ」を使用できるというものではなく、その持分に応じて、共有物の全部を使用できる**点だ（同法 249 条 1 項）。

> 1 つの家を AB の 2 人で共有する場合、キッチンは A のみ、トイレは B のみが使用するというわけにはいかない。AB はそれぞれ家の**全部**を使用できるのだ。

共有は、1 つの物を皆で取得し、皆で管理していくものである。1 人 1 人の費用や管理の負担が分散でき、さらに共有物の**全部**を使用できるお得な制度だが、意見がまとまらずに揉めごとは起こりやすい。そこで、民法はいくつものルールを規定しているが、これはポイントでまとめてしまおう。

ポイント Ⅰ 共有物に関する重要規定

【共有物の管理等についての規定】

①**保存行為**（民法 252 条 5 項）
共有目的物の**現状を維持**する行為。壁や窓の修理等。**各共有者が単独で行える。**
➡ **不法占拠者への明渡請求、損害賠償請求は保存行為であり、単独で行うことができる。**
➡ **ただし、自己の持分を越える損害賠償請求はできない。**

②**管理行為**（同条 1 項前段）
共有物を利用して収益を図ったり、共有物の**形状又は効用の著しい変更を伴わない程度**の**改良**を加える行為。

プラスα
ここも「所有権」についての話の 1 つだ。共有についても近年に改正があり、まだ出題されていない。

プラスα
共有物の各共有者の**持分が不明**である場合、その**持分は平等**と推定される（民法 250 条）。

令 2（12 月）-10

共有物の持分が全体の過半数を超える**場合**に行える。

過 令2 (12月)-10

③**変更行為**（同法 251 条 1 項）

　共有物に大きな変更を加える行為。大規模修繕や共有物の売却など。**共有者全員の同意が必要。**

　➡**各共有者の「持分のみ」の売却は、単独でできる！他の共有者の同意は不要。**

プラスα

右の改正点は、参考程度に目を通しておけばよい。

【令和 5 年 4 月 1 日施行の改正点】（同法 252 条 2 項等）

　他の共有者に②の管理行為の同意を求めようとしても…

　　・存在を知ることができない、所在が不明な共有者

　　・共有物の管理に関する賛否を求めても、一定期間内に賛否を明らかにしない共有者

　　　　　　　　　　➡がいる場合…

　この者を**除いた**共有者の持分の過半数で共有物の管理ができることを裁判所によって決定できる。

　　・共有者は、その**持分の過半数**をもって共有物の**管理者を選任**でき、この管理者によって共有物の管理に関する行為を行うことが可能。

【共有の解消（共有物分割）について】（同法 256 条 1 項）

・**各共有者は、いつでも共有物分割の提案ができる。**

・共有者**全員の合意**で**共有物分割禁止特約**の設定も可能。

　➡**共有物分割禁止特約の禁止期間は最長 5 年。**

　　更新は可能だが、更新後の禁止期間も**最長 5 年。**

・共有物の**分割方法は、共有者全員の合意**があれば、どのような方法も自由だが、協議が成立しない場合、裁判所に、以下の方法から決定してもらえる（同法 258 条）。

　　　　　　　　　　↓

・**裁判による共有物分割の方法**

　①現物分割…共有物を分割して、各共有者が取得。

　②賠償分割…共有物は一部の共有者が取得し、他の共有者に代償金を支払う。

　③代金分割…共有物を金銭に換え、持分の割合に従って、その金銭を各共有者が取得。

過 令2 (12月)-4、平29-3

・**共有者の 1 人が死亡**したり、**持分を放棄**した場合、その**持分は他の共有者に帰属する。**

❸ 新設された所有者不明土地・建物等の規定

　近年、所有者が不明となったり、高齢化社会を背景に空き家となって管理が行き届いていない住宅が増え、火災や倒壊の危険、衛生上の問題などが懸案となっている。

　そこで、令和5年4月1日より、裁判所の権限によって、**所有者が不明**であったり、**所在がわからない**不動産（所有者不明不動産）、また、**管理が行き届いていない**不動産について、専門の**管理人を選任**し、その**管理を命ずる**ことができるとする規定が創設された（民法264条の2〜264条の14）。

　これらの不動産の**管理人**は、**利害関係人の請求**によって、**裁判所が選任**し、**管理人**には、当該不動産の**保存行為、利用行為、改良行為**という**基本的権限**が認められる。家庭裁判所の許可があれば、この**範囲外の行為**も認められる。

　なお、**管理人は善良な管理者の注意をもって、その権限を行使**しなければならず、**正当な事由**があるとき、**裁判所の許可**を得て、**辞任もできる**。また、管理人は、管理対象財産から裁判所が定める額の**費用の前払及び報酬を受けることができる**。

プラスα

新しい制度なので出題可能性は未知数だ。概要くらいは把握しておこう。

《例》

所有者不明土地管理制度の活用例

　所有者不明土地の樹木に倒壊のおそれがあるので、**隣地所有者が裁判所に所有者不明土地管理人の選任を請求**し、その**管理人を相手方**として、**妨害排除請求又は妨害予防請求**を行う。

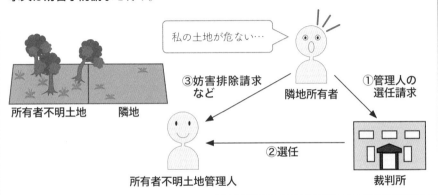

私の土地が危ない…

所有者不明土地　隣地

③妨害排除請求など

隣地所有者

①管理人の選任請求

②選任

所有者不明土地管理人

裁判所

> 過去問題を
> チェック！

❶土地の所有者は、境界標の調査又は境界に関する測量等の一定の目的のために必要な範囲内で隣地を使用することができる場合であっても、住家については、その家の居住者の承諾がなければ、当該住家に立ち入ることはできない。（令5-2）

　答　○　土地の所有者は、境界標の調査又は境界に関する測量等の**一定の目的**のために必要な範囲内で**隣地**を使用することが**できる**（民法209条1項2号）。ただし、**住家**については、その家の**居住者の承諾**がなければ、住家に立ち入ることはできない（同項柱書但書）。

❷土地の所有者は、隣地の竹木の枝が境界線を越える場合、その竹木の所有者にその枝を切除させることができるが、その枝を切除するよう催告したにもかかわらず相当の期間内に切除しなかったときであっても、自らその枝を切り取ることはできない。（令5-2）

　答　×　土地の所有者は、隣地の竹木の枝が境界線を越える場合、その竹木の所有者に枝を切除させることができるが（民法233条1項）、**切除するよう催告**したにもかかわらず**相当の期間内に切除しないとき**には、**自らその枝を切り取ることができる**（同条3項1号）。

❸他の土地に囲まれて公道に通じない土地の所有者は、公道に出るためにその土地を囲んでいる他の土地を自由に選んで通行することができる。（令5-2）

　答　×　袋地の所有者は、公道に出るために囲繞地を通行できるが（民法210条1項）、他の土地のために損害が**最も少ないもの**を選ばなければならず（同法211条1項）、**自由に選んで通行できない**。

❹共有物の保存行為については、各共有者が単独ですることができる。（令2-12月-10）

　答　○　本問の記述のとおりである（民法252条5項）。

❺共有者の一人が死亡して相続人がないときは、その持分は国庫に帰属する。（令2-12月-10）

　答　×　共有者の1人が、その持分を放棄したとき、又は死亡して相続人がないときは、その持分は、**他の共有者に帰属する**（民法255条）。

テーマ 3 他の科目のためにも理解　地上権、地役権のポイント　重要度 C

「地上権」と「地役権」は「用益物権」の1つである（50ページの図参照）。出題頻度は低いが、他のテーマや他の科目を学習していても、これらは普通に出てくる権利であり、基本的な理解はしておくべきである。

❶ 地上権はさらっと確認しておけばよい

　他人の所有する「土地」に対して、**工作物を設置**したり、**竹木を所有する目的**で設定する権利が**地上権**だ（民法 265 条）。要するに、**何らかの建物や設備等を設ける**ため、**土地を使用する権利**のことである。

　地上権は、**土地の地下や空中**に限定して設定することもでき（同法 269 条の 2）、これは通常の地上権と区別して「**区分地上権**」と呼ばれる。

　地上権に類似する権利には「土地賃借権」があるが（同法 601 条）、賃借権の対象は「土地」に限られない。

　また、賃借権は「債権」であるのに対し、**地上権は「物権」**である点が異なり、この点を意識しておこう。

◆「地上権」と「土地賃借権」の比較

①特約がない限り、土地所有者の**修繕義務はない。**
　➡**賃貸人は、対象物の修繕義務がある**（民法 606 条 1 項）。

②**地上権は**物権であり、**自由に譲渡できる。**
　➡賃借権の譲渡は、賃貸人の**同意**が必要（同法 612 条 1 項）。

③物権には、物権であることから当然に認められる**「物権的請求権」**（妨害の排除や予防等ができる）という権利がある。
　➡対抗要件を備えた不動産賃借権は、妨害排除請求権を行使できる（同法 605 条の 4 第 1 号）。

プラス α
「工作物」「竹木」といわれると何だ？と思うかもしれないが「建物や設備」「樹木（木）」と考えてよい。

プラス α
例えば、ある土地の下に地下鉄を通したい場合、「地下〇m〜〇mの範囲」などと地下や空中の範囲を設定して契約する。

 過 令4-8

 過 令4-8

 過 令4-8

❷ 「土地に利益」を与える地役権

　地役権とは、一定の目的で、**「土地の利益」**のために**「他人の土地」を使用**したり、**他人の土地に一定の制限**を付けたりする用益物権の１つだ（民法 280 条）。

　例えば、A が所有する甲土地から広い道路へ出るためには、B が所有する乙土地を経由すれば近道だ。しかし、勝手に立ち入るわけにはいかないし、B の土地を買ったり借りるのも現実的ではない。このような場合、AB の契約によって、**甲土地に対して「乙土地を通ってよい」という利益を与える権利**を設定することができ、この権利が**「地役権」**である。このような通行に関する地役権を「通行地役権」という。どのような便益を与えるかは、当事者間の設定行為で定める。

乙土地を通れないと遠回り

甲土地 A

乙土地 B

道路

　なお、地役権によって、**利益を受ける土地（甲土地）を「要役地」**といい、反対に、地役権によって何らかの**制限を受ける土地（乙土地）を「承役地」**という。

　地役権は、あくまで**「要役地（土地）」の便益**のために設定する権利なので、**甲土地の所有者が変われば、地役権者も新所有者に変わる。土地にくっついていく**ということだ。

ポイント Ⅰ 　地役権のポイント

①**地役権は、継続的に行使され、かつ、外形上認識すること**ができるものに限り、**時効取得ができる**（民法 283 条）。

②**地役権は、要役地の所有権登記を備えれば、第三者に対抗することができる**（大判大 13.3.17）。地役権は要役地に附属するものというイメージだ。

プラス**α**

用益物権には、他に永小作権と入会権があるが、永小作権は農業等をするために他人の土地を使う権利、入会権は、一定地域の住民が、特定の森林や漁場などを共同で利用する権利である。

プラス**α**

その他、ホテルの敷地（土地）のため、隣の土地に「高い建物を建てない」といった制限を付けることもでき、「眺望地役権」と呼ばれる。

過 令 2 (12 月)-9、平 25-3

過去問題を
チェック！

❶ A が B 所有の甲土地を建物所有目的でなく利用するための権原が、①地上権である場合と②賃借権である場合（A も B も対抗要件を備えているものとする）において、①でも②でも、特約がなくても、B は A に対して、甲土地の使用及び収益に必要な修繕をする義務を負う。（令 4-8 改題）

答 ✕ 地上権における土地所有者は、地上権者の土地使用を認容する義務を負うにすぎないので、特約がない限り、地上権者に対し土地を修繕する義務を**負わない**。一方、賃借権は、賃貸人が、賃借人が土地使用できるようにする積極的な義務を負うので、特約がなくても、賃借人に対し修繕する義務を**負う**（民法 606 条 1 項本文）。

❷ 地役権は、継続的に行使されるもの、又は外形上認識することができるものに限り、時効取得することができる。（令 2 -12 月-9）

答 ✕ 地役権は、**継続的に行使され、かつ、外形上認識**することができるものに限り、時効取得ができる（民法 283 条）。「又は」**ではない**。なお、通行地役権を前提に、「継続的に行使」という要件を満たすためには、**要役地の所有者自身が通路を開設しなければならない**とした判例がある（最判昭 33.2.14）。平成 25 年度の問 3 で出題された判例でもあるので、コメントしておく。

❸ 地役権者は、設定行為で定めた目的に従い、承役地を要役地の便益に供する権利を有する。（令 2-12 月-9）

答 ○ 本問の記述のとおりである（民法 280 条）。

❹ 要役地の所有権とともに地役権を取得した者が、所有権の取得を承役地の所有者に対抗し得るときは、地役権の取得についても承役地の所有者に対抗することができる。（令 2-12 月-9）

答 ○ 地役権は、設定行為に別段の定めがあるときを除き、要役地の所有権に従たるものとして、その所有権とともに移転し、又は要役地について存する他の権利の目的となる（民法 281 条 1 項本文）。そのため、**要役地の所有権を取得した者**は、原則として地役権を取得し、**要役地について所有権移転登記をして第三者対抗要件を備えれば**、**地役権の取得も第三者に対抗することができる**（大判大 13.3.17）。

そろそろ出題 !? 担保物権総論と各種担保物権

重要度 **B**

この3章からは「担保物権」に入る。まずは各種担保物権に共通する話を確認した後、留置権、先取特権、質権をざっと確認する。このテーマの内容は近年出題されていないが、担保物権の基礎は理解しておきたい。

❶ 人質ならぬ「モノジチ」（担保物権総論）

　担保物権とは、物権の一種であり、**ある財産の価値を把握し、**これを**担保として利用する権利**である。

　債務者が支払を滞った際、あらかじめ設定していた担保物権を実行することで、債務者の財産を強制的に金銭に換えて、その金銭で返済に充てるということができる権利だ。要するに、担保物権は「人質」ならぬ「モノジチ」のような機能があるといえる。

　そして民法には、それぞれの担保物権の性質や効果の違いに応じて、**留置権**（295条以下）、**先取特権**（303条以下）、**質権**（342条以下）、そして**抵当権**（369条以下）の4つの担保物権が規定されている。

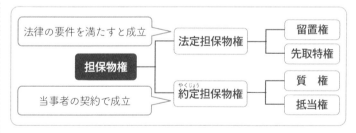

　上図のうち「**法定担保物権**」は、**法律で規定する一定の条件**が揃えば**自動的に発生**する担保物権であり、当事者間の契約などは**不要**である。

　一方、「**約定担保物権**」は、**当事者間の設定契約によって発生**する権利であり、契約などがない限り発生**しない**。

❷ 担保物権の4つの性質

　必ずしもすべての担保物権が有するわけではないが、原則として、担保物権は次の4つの性質を有する。この先の学習のためにも内容は理解しておくこと。

(1) 付従性

　担保物権は、被担保債権を回収するために存在する権利である。よって、弁済等によって**被担保債権が**消滅すれば、**担保物権も消滅**する。この性質を**担保物権の付従性**という。

(2) 随伴性

　担保物権は、被担保債権を回収するために存在する権利である以上、担保物権と被担保債権はセットでなければならない。よって、**被担保債権が譲渡**されれば、**担保物権もそれについていく**こととなる。このような性質を**担保物権の随伴性**という。

　例えば、AがBに対して有する金銭債権を担保するため、AがBの財産に担保物権である抵当権を有している場合、Aが被担保債権をCに譲渡すると、それに伴って抵当権もAからCに移る。

プラスα
被担保債権とは、担保物権で担保される債権のこと。

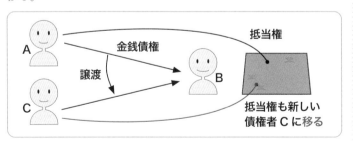

(3) 不可分性

　担保物権は、被担保債権の一部を弁済してもらったからといって、その分だけ、担保物権の効力が減ずることは**ない**。つまり、担保物権は、**被担保債権のすべてを回収するまで、財産すべてに効力が及ぶ**。このような性質を**担保物権の不可分性**という。

67

（4）物上代位性

例えば、AがBに対して1,000万円の貸金債権を有していて、その貸金債権を担保するために、Bの家に担保物権である抵当権を有しているとする。その後、Bの家が火災で焼失し、Bは火災保険金を受領できる状態になったとしよう。

この場合、Bの家に有していた担保物権の効力を、Bが受領できる火災保険金に及ぼすことができる。

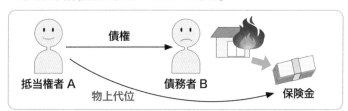

つまり、**担保物権の目的物が滅失**したり、**売却**されてしまった場合などにおいて、担保物権の**設定者であるBが**、その**目的物に代わって受け取るべき金銭等**に対しても、**担保物権の効力が及ぶ**。このような性質を**担保物権の物上代位性**という。

この物上代位は、**目的物の売却、賃貸、滅失又は損傷**によって債務者が受けるべき金銭その他の物に対して行使することができるが、**担保権者は、それらの払渡し又は引渡しの前に差押えをしなければならない**（民法304条1項）。

❸ 担保物権の2つの「効力」

以上の担保物権の「性質」という話に加えて、担保物権の**「効力」**という話もある。この効力について、担保物権には、大きく**（1）優先弁済的効力**と、**（2）留置的効力**という2種類の効力がある。

（1）優先弁済的効力

優先弁済的効力とは、**他の（一般）債権者に先立って**、担保物権の目的物から、**優先的に債権を回収**することができる効力だ。要するに、何の担保も付けていない債権よりも、担保物権を付けている債権者が優先するという話だ。

(2) 留置的効力

留置的効力とは、**担保物権の目的物を留置して（手元に置き留める）**、弁済を促していく効力をいう。

例えば、自動車整備会社 A が、B から自動車の修理を依頼され、自動車を預かったとする。A は修理後、B に対して修理代金を請求できるが、B が代金を支払う前に自動車の返却を求めた場合、A は「**修理代金を支払うまでは返さない（留置する）**」といえるということだ。

これらの性質と効力をまとめると、以下のようになる。

ポイント Ⅰ 担保物権の性質と効力（原則）

性質と効力	留置権	先取特権	質　権	抵当権
付従性	○	○	○	○
随伴性	○	○	○	○
不可分性	○	○	○	○
物上代位性	×	○	○	○
優先弁済的効力	×	○	○	○
留置的効力	○	×	○	×

【覚え方】（基本的には、すべての担保物権が有する）
①留置権でないもの：➡ 物上代位性、優先弁済的効力
②留置的効力がない：➡ 先取特権、抵当権

なお、**「確定前の根抵当権」**には、**付従性と随伴性は認められない**（83 ページ参照）。また判例は、**将来発生する可能性のある段階での債権**を担保する**抵当権の設定も有効**としており、この場合、付従性が緩和されている（最判昭 33.5.9）。

次ページより、具体的な担保物権である「留置権」「先取特権」「質権」の内容を確認していく。

プラスα

この他、**不動産質権**については、**目的物の使用・収益ができる**という**収益的効力**がある（民法 356 条）。

3章 担保物権

プラスα

左の表は、個別の担保物権の確認後に戻ってくるとわかりやすい。

プラスα

担保物権については、とにかく 74 ページからの**「抵当権」**が**重要**だ。それ以外のものは、ほとんど出題されないので、ざっと理解しておけばよい。たまに出題されることはあるが、そのために時間を費やすことは効率的ではない。

❹ 留置権の基本

　他人の物の占有者は、その物に関して生じた債権を有するとき、その債権の弁済を受けるまで、その物を留置することができる（民法295条1項）。これを留置権というが、前述したとおり、**「支払うまでは返さない」** という権利である。

　留置権は、目的物を債権者の手元にとどめる（留置する）ことで、その物から生ずる債権の弁済を間接的に強制するものであり、当然のことながら、**留置的効力はあるが、被担保債権についての優先弁済的効力と物上代位性がない。**

　そして、留置権については、以下の2つの判例は押さえておこう。

◆ 押さえておきたい留置権の判例

①**「費用償還」請求権**のために、**不動産賃貸借契約の目的物の留置権**は認められるか？　➡認められる。
②**「造作買取」請求権**のために、**不動産賃貸借契約の目的物の留置権**は認められるか？　➡認められない。

　①の**「費用償還」（ひようしょうかん）請求権**とは、他人の物の占有者が、その物に対して、修理費など何かしらの**費用をかけた**場合、その物の所有者等にその**費用を請求できる**権利だ。

　そして、賃貸借契約において、**賃借人が借りている不動産（部屋等）に費用をかけた**場合、賃貸人に対する**費用償還請求権が認められる**が、これを支払うまで、**賃借物を返還しない！**…と言えるということだ。

　②の**「造作買取」（ぞうさくかいとり）請求権**とは、やはり賃貸借契約において、賃借人が借りている不動産に**「造作」（エアコン等）**を設置した場合、**賃貸人に買い取れ！**…と言える権利である。

　そして、この造作買取請求権を行使した場合、これを**支払うまで、賃借物を返還しない！**…と言えない。

❺　先取特権の基本

　先取特権は、法律の定める一定の債権を有する者が、債務者の財産から優先弁済を受けることのできる**法定担保物権である**（民法303条）。

　先取特権は、**①債務者の総財産を目的**とする**一般の先取特権**と、**②債務者の特定の財産（動産又は不動産）を目的**とする**特別の先取特権**の2つがある。

　要するに、**法律で規定される一定の債権**について、債務者が**弁済をしない場合**、①の**一般の先取特権**であれば、**債務者の総財産を担保**として、②の**特別の先取特権**であれば、**特定の財産を担保**として、その**財産を換価**して、**弁済を受ける**というわけだ。

　先取特権の担保となる財産は、債務者の下にある財産が前提となるので、留置的効力は**有しない**。

　なお、②の**特別の先取特権**には、**動産先取特権**と**不動産先取特権**がある。担保となる財産が「動産」か「不動産」かという違いだ。

◆ 先取特権の全体像

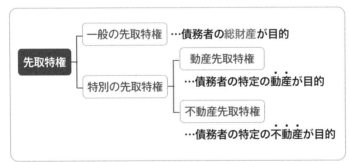

「留置権」「先取特権」「質権」は細かい規定が数多くあるが、ほとんど出題されていない。ただし、他テーマで出てくることもあり、意味がわかる程度にはしておこう。

プラスα

総財産が担保とはなるが、まずは**不動産以外の財産から弁済を受けよ**といった順序の規定はある（民法335条1項）。

プラスα

一般先取特権は、①共益費用、②雇用関係、③葬式費用、④日用品の供給、によって生じた債権が被担保債権となる（民法306条）。①の共益費用とは、強制執行の費用など、ある債権者が、他の債権者との共同の利益のために支出した費用のことだ。

❻ 質権の基本

　質権とは、債権の担保として債務者又は第三者から受け取った物を占有し、かつ、その物について他の債権者に先立って自己の債権の弁済を受ける権利を有する担保物権である（民法342条）。

　つまり、契約に基づき、**債務者に担保とする財産を提出**させ、**弁済するまで返さない、弁済しないなら売っぱらう…**という、**まさに「モノジチ」**という担保物権だ。

　そして、質権は、担保の目的物によって**動産質、不動産質、権利質**に分けられる。何を債権者に差し出すかで異なるということだ。余力があれば、質権に関する以下の知識を押さえておこう。

◆ 質権で押さえておきたい知識

①**「動産」質権者**は、**質物を占有**していなければ、**質権を第三者に対抗できない**（民法352条）。

　➡これは「対抗できるか否か」の話であり、**目的物を任意に設定者に返還**した場合も、**質権は失われない**（大判大5.12.25）。

　➡**質権を対抗できない**ということは、**目的動産を奪われた場合**、奪った者に対しても**「質権に基づく」**返還請求ができない。

　➡この場合、質権者は**占有回収の訴え**によってのみ、その質物を回復できる（民法353条）。

②**「不動産」質権**は、**登記が対抗要件**となる（同法177条）。

　➡また、不動産質権は、原則として、**質権者に目的物の使用収益権がある**（同法356条）。

③質権者は、自己の責任（債務者の同意なく）で、受領した質物に対して、**さらに質権を設定できる**（同法348条）。

　➡転質したことで発生した損失については、不可抗力であっても**全責任**を負う。

72

❶ 先取特権も質権も、債権者と債務者との間の契約により成立する。（平 21-5）

　答　✕　先取特権は、法律の規定により当然に成立する**法定担保物権**であり（民法 303 条）、契約により成立**しない**。なお、質権は、当事者間の契約で成立する**約定担保物権**である（同法 342 条）。

❷ 建物の建築工事の費用について、当該工事の施工を行った者が先取特権を行使するためには、あらかじめ、債務者である建築主との間で、先取特権の行使について合意しておく必要がある。（平 19-7）

　答　✕　先取特権は、法律の規定により当然に成立する**法定担保物権**であり（民法 303 条）、当事者間であらかじめ合意しておかなくても、一定の要件で成立**する**。

❸ 抵当権者も先取特権者も、その目的物が火災により焼失して債務者が火災保険金請求権を取得した場合には、その火災保険金請求権に物上代位することができる。（平 21-5）

　答　◯　先取特権も抵当権も物上代位性を**有する**（民法 304 条 1 項、372 条）。

❹ Aは、A所有の甲土地にBから借り入れた 3,000 万円の担保として抵当権を設定した。甲土地上の建物が火災によって焼失してしまったが、当該建物に火災保険が付されていた場合、Bは、甲土地の抵当権に基づき、この火災保険契約に基づく損害保険金を請求することができる。（平 28-4 改題）

　答　✕　本問では「甲土地」に抵当権を設定しており、その土地上の「建物」には抵当権が設定されていない。よって、建物の損害保険金に対して、「甲土地」の抵当権に基づいて物上代位することは**できない**。

❺ Aの抵当権設定登記があるB所有の建物が火災によって焼失してしまった場合、Aは、当該建物に掛けられた火災保険契約に基づく損害保険金請求権に物上代位することができる。（平 24-7）

　答　◯　抵当権は物上代位性を**有する**（民法 304 条 1 項、372 条）。

❻ Aが、Bに賃貸している建物の賃料債権の先取特権について、Bがその建物内のB所有の動産をDに売却したときは、Aは、その代金債権に対して、払渡し前に差押えをしないで、先取特権を行使することができる。（平 12-3 改題）

　答　✕　物上代位を行う場合、担保権者は、それらの払渡し又は引渡しの前に**差押え**をしなければならない（民法 304 条 1 項）。

抵当権の「やさしい問題」から攻略！ 抵当権その１

担保物権ではとにかく「抵当権」が重要だ。宅建士試験において、抵当権は「やさしい問題」と「面倒な問題」の２パターンが出題されているといえるが、まずは「やさしい問題」の話から入ろう。

❶ 目的物を使いながら担保に出す！

抵当権とは、**債務者又は第三者が占有を移転せずに債務の担保に供した不動産**について、他の債権者に先立って自己の債権の弁済を受けることができる権利である（民法369条1項）。

抵当権の設定者は、債務者自身ではなく**第三者**でもよく、この場合の第三者を**物上保証人**という。

プラスα
抵当権は「不動産」に関する物権であり、登記が対抗要件となる（民法177条）。よって、同一不動産に数個の抵当権が設定されたとき、その抵当権の順位は、登記の前後による（同法373条）。

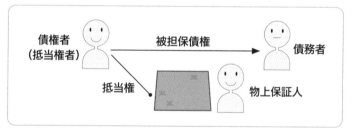

抵当権は、抵当権者と抵当権設定者（債務者・第三者）との合意によって成立するが、目的物の**占有を移転しない**。つまり、債務者等の**抵当権設定者**は、その不動産を使いながら、担保とすることができるのだ。

過 平29-10

プラスα
抵当権については、存続期間の限度（規定）はない。

不動産購入時のローンにおいて、抵当権が設定される。債務者は、その土地や家屋を日常的に使いながらローンを返済できるのだ。

過 令4-8

なお民法上、**抵当権の目的となるのは、不動産所有権、地上権、永小作権**である（民法369条）。「**賃借権**」に抵当権は設定できない。

❷ 抵当権の支配（効力）は、どこまで及ぶか

　抵当権が実行された場合、担保として設定していた土地や建物が競売にかけられ、その代金から弁済を受ける。これは、担保として設定していた土地や建物に抵当権の効力が及ぶということだ。

　ただし通常、土地や建物には付随する物がある。畳であったり、庭に木を植えていた場合などだ。そこで、**抵当権の効力はどこまで（どの物まで）及ぶのか**が問題となる。

ポイント **Ⅰ　抵当権の効力が及ぶもの**

項　目	内容等
①付加一体物	抵当不動産に**付加して一体**となっている物（民法 370 条）。土地に対する**立木**や、建物に対する**雨戸**など。
②抵当権の設定当時からある従物	従物とは、主物に附属するが、**独立性のある物**のこと（同法 87 条 1 項）。建物に取り付けられた**畳**、**エアコン**など。 ➡**抵当権を設定した後に持ち込まれた従物、従たる権利には、効力が及ばない。** ➡**抵当権の登記の対抗力は、従物についても生ずる**（最判昭 44.3.28）。
③抵当不動産の果実	**被担保債権について不履行があったときは、その後に生じた抵当不動産の天然果実及び法定果実に及ぶ**（民法 371 条）。

　上記②の従物には「**従たる権利**」も含まれる。例えば、建物に抵当権を設定した場合の「**借地権**」だ。

❸ 被担保債権の範囲

　今度は**目的物**が売り払われて**お金に変わった**として、そのお金によって、**被担保債権のどの部分まで優先弁済を受けられるか**という話だ。

プラス**α**

「土地」と「建物」は別個の不動産なので、**「土地」に設定した抵当権の効力**は、その土地上の「**建物**」には及ばない。逆も然りだ。

プラス**α**

独立性は、取り外せるか否かと考えればよい。

プラス**α**

果実とは、元のモノ（元物）から発生する利益。樹木の果物（天然果実）や、建物の賃料（法定果実）。

過 平 28-3、平 27-6

◆ 抵当権の被担保債権の範囲

過 平29-10

> ①**被担保債権の範囲**は、原則として、**元本、利息、損害金**。
>
> ⬇ただし、
>
> ②**後順位の抵当権者**がいる場合、**利息**その他の定期金を請求する権利は、**満期となった最後の2年分**（配当日から遡って2年間分という意味）のみ（民法375条1項）。

❹ 目的物が形を変えても追及できる！（物上代位）

これは68ページでも触れた話だが、抵当権には物上代位ができ、**目的物の売却、賃貸、滅失又は損傷**によって債務者が受けるべき金銭その他の物に対して行使することができる。

なお、上記のとおり、**「賃料」**についても物上代位はできるが、**「転貸賃料」**債権に対する物上代位は、原則として否定されている（最決平12.4.14）。

また、**抵当権者は、それらの払渡し又は引渡しの前に差押え**をしなければならない点は注意しておこう（民法304条1項）。

❺ 物権である以上、物権的請求権も使用できる

「物権」については、条文の規定がないものの、物権であるという性質から、当然に**物権的請求権**というものが認められると解されている。

物権的請求権には、侵害の内容に応じて「物権的**返還請求権**」「物権的**妨害排除請求権**」「物権的**妨害予防請求権**」の3つがあり、**抵当権も物権**である以上、**これらの物権的請求権が認められる**。

前ページで、抵当権の効力は、土地上の立木などの付加一体物に及ぶと述べたが、判例は、**抵当不動産である山林上の立木が伐採され、搬出**された事案において、**抵当権に基づく妨害排除請求権の行使を認めている**（大判昭6.10.21）。

プラスα

判例は「債権譲渡」は「払渡し又は引渡し」に含まれないとして、物上代位しようとする債権が譲渡されてしまった場合でも、自ら目的債権を差し押さえて物上代位権を行使することができるとした（最判平10.1.30）。

76

❻ 目的物の第三取得者の保護

　抵当権が付された不動産の所有権等を第三者が買い受けた場合、原則として、その第三者は抵当権付きの不動産を購入したことになるが、抵当権を消す2つの制度がある。

ポイント Ⅱ　代価弁済と抵当権消滅請求

①代価弁済（民法378条）
<u>抵当権者の請求に応じて</u>、**抵当目的物の第三取得者が**、抵当権者に**代価を弁済**したときは、抵当権はその第三者のために消滅する。なお、債務者の同意は**不要**だ。

②抵当権消滅請求（同法379条）
第三取得者が、抵当権者に一定金額を支払うことで抵当権を消滅させてほしいと**請求し**、**抵当権者が承諾**したときは、抵当権は消滅する。
　➡ <u>主たる債務者、保証人及びこれらの者の承継人は</u>、**抵当権消滅請求はできない**（同法380条）。自らの債務を弁済すればよいからだ。

❼ 一括競売という便利な制度

　抵当権の実行に関して、**一括競売**という規定がある（民法389条1項）。例えば、抵当権が設定された土地だけではなく、本来は抵当権の対象外である土地上の建物までも一緒に競売にかけるケースだ。もちろん、<u>一括競売で土地と建物がセットでお金に換わったとしても、抵当権者は土地分のお金しか優先弁済に充てることはできない</u>（同項但書）。

◆ 一括競売の要件

①**更地**に**抵当権が設定**されたこと
②**抵当権設定後に建物が建てられた**こと
◎一括競売を行うかは、抵当権者の<u>自由</u>であり、上記要件を満たせば、一括競売しなければならない**わけではない**。

プラス**α**
抵当権の登記がされ、第三者に抵当権を対抗できる場合が前提だ。

 令4-4、平27-6

プラス**α**
①②を利用せずに、第三取得者が債務を（第三者）弁済する手段もある（民法478条）。

 令4-4、平27-6

プラス**α**
更地とは、土地上に建物がない土地のこと。更地のほうが土地としての価値が高いのが一般的だ。

 平27-6

 令4-4

❶A所有の甲土地にBのCに対する債務を担保するためにCの抵当権（以下この問において「本件抵当権」という。）が設定され、その旨の登記がなされた場合において、Aから甲土地を買い受けたDが、Cの請求に応じてその代価を弁済したときは、本件抵当権はDのために消滅する。（令4-4改題）

答 **○** 本問の記述のとおりである（民法378条）。

❷A所有の甲土地にBのCに対する債務を担保するためにCの抵当権（以下この問において「本件抵当権」という。）が設定され、その旨の登記がなされた場合において、BがAから甲土地を買い受けた場合、Bは抵当不動産の第三取得者として、本件抵当権について、Cに対して抵当権消滅請求をすることができる。（令4-4改題）

答 **×** 主たる債務者、保証人及びこれらの者の承継人は、抵当権消滅請求ができない（民法380条）。

❸抵当不動産の被担保債権の主債務者は、抵当権消滅請求をすることはできないが、その債務について連帯保証をした者は、抵当権消滅請求をすることができる。（平27-6）

答 **×** 上記❷の解説参照。

❹A所有の甲土地にBのCに対する債務を担保するためにCの抵当権（以下この問において「本件抵当権」という。）が設定され、その旨の登記がなされた場合において、本件抵当権設定登記後に、甲土地上に乙建物が築造された場合、Cが本件抵当権の実行として競売を申し立てるときには、甲土地とともに乙建物の競売も申し立てなければならない。（令4-4改題）

答 **×** 一括競売を行うか否かは、抵当権者の**自由**である（民法389条1項）。

❺AがB所有の甲土地を建物所有目的でなく利用するための権原が、地上権である場合と賃借権である場合において、地上権では、Aは当該権原を目的とする抵当権を設定することができるが、賃借権では、Aは当該権原を目的とする抵当権を設定することはできない。（令4-8改題）

答 **○** 本問の記述のとおりである（民法369条2項）。

❻賃借地上の建物が抵当権の目的となっているときは、一定の場合を除き、敷地の賃借権にも抵当権の効力が及ぶ。（平27-6）

答 **○** 本問の記述のとおりである（最判昭40.5.4）。

抵当権の「面倒な問題」の処理方法 抵当権その2

テーマ 3

ここでは「抵当権の処分」「法定地上権」「根抵当権」という、抵当権における「面倒な問題」を確認する。ただし、「抵当権の処分」については令和5年度試験で出題されたので、令和6年度の試験対策としては無視する選択もありだ。

❶ 抵当権の処分　～処分がなかった場合がミソ～

　1つの不動産に対して、複数の抵当権を設定することができる。例えば、AがBCDEの4人に対して500万円ずつの債務を負っており、Aの所有する時価1,200万円の甲土地に対して、Bに1番抵当権、Cに2番抵当権、Dに3番抵当権を設定するような場合だ。Eは担保を持たない一般債権者である。

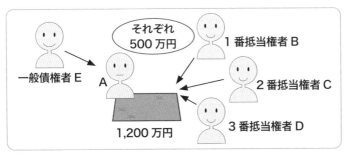

　この場合に抵当権が実行されると、**代価1,200万円**について順位が高い抵当権者の債権から優先的に弁済されていき、**Bは500万円、Cは500万円、Dは残った200万円の弁済を受ける**ことになる。そして、**Eは**甲土地の代価から弁済を**受けることができない。**

　そして、ここで**抵当権の処分**という話がある。この例でいえば、**抵当権者BCDは自らの抵当権を譲渡・放棄**したり、**順位を譲渡・放棄**することなどができるのだ（民法376条）。

　上記の例を前提に、それぞれの処分方法と受けられる弁済額の結論をまとめると、次ページのようになる。

プラス α

抵当権の処分については、5年に1度くらいの頻度で計算を要する問題1問分が出題される。直近では**令和5年度試験で出題された**ので、令和6年度試験は無視してもよい。

プラス α

抵当権の順位は、各抵当権者の合意によって変更できるが、利害関係を有する者があるときは、その承諾が必要となる（民法374条1項）。

◆ 抵当権の処分方法

過 平 27-7

①抵当権の譲渡

抵当権者（B）が、一般債権者（E）に抵当権を譲渡する。**Bが一般債権者**となり、**EがBの地位を受け継ぐ**。

⬇

結論　B：0円　　　C：500万円
　　　D：200万円　E：500万円

過 平 27-7

プラスα
②～④の計算の基礎となるのは処分が「なかった場合」だ。

②抵当権の放棄

抵当権者（B）が、一般債権者（E）に抵当権を放棄する。**放棄がなかった場合に放棄者Bが受ける配当額**を、それぞれの**被担保債権額の割合で分配**。

⬇

結論　B：250万円　C：500万円
　　　D：200万円　E：250万円

過 令元 -10、平 27-7

③抵当権の順位の譲渡

1番抵当権者（B）が、3番抵当権者（D）に抵当権の順位を譲渡する。

順位の譲渡がなかった場合に、譲渡者Bと譲受人Dの優先弁済を受ける額の合計（700万円）から、まず**譲受人Dが配当を受け**、**残りを譲渡人B**が受ける。

⬇

結論　B：200万円　C：500万円
　　　D：500万円　E：0円

過 平 5-10、平 27-7

④抵当権の順位の放棄

1番抵当権者（B）が、3番抵当権者（D）に抵当権の順位を放棄する。

順位の放棄がなかった場合に、BとDが受ける額の合計（700万円）から、それぞれの**被担保債権額の割合で分配**。

⬇

結論　B：350万円　C：500万円
　　　D：350万円　E：0円

ポイント · ⌗ Ⅰ ⌗ **抵当権の処分方法のポイント**

・「順位の」と付かない場合、**抵当権者**➡**一般債権者**の話。

①**抵当権の譲渡**は、当事者が**入れ替わる**と考える。

⬇

以降の計算の基礎額は、**処分がなかった場合**となる。
(先に処分がなかった場合の受領額を出す)

⬇

②**抵当権の放棄**
放棄者が受けるはずだった額について、当事者の被担保
債権額で按分。

③**抵当権の順位の譲渡**
当事者が受けるはずだった額の合計について、順位の譲
受人➡譲渡人の順で受ける。

④**抵当権の順位の放棄**
当事者が受けるはずだった額の合計について、当事者の
被担保債権額で按分。

プラスα
①の「入れ替わり」
は正確な言い回しで
はないが、こう理解
すればよい。

簡潔にまとめると上記となり、後はこれを覚えれば
対応できる。この先は過去問を用いて覚える、慣れ
るしかない。

❷ **法定地上権は、形式的に要件を当てはめよ！**

　土地と建物が同一所有者に属する場合で、その**どちらかに抵
当権が設定・実行**されると、**土地と建物の所有者が異なる**こと
となる。

　この場合、もともとの土地建物は同じ人が所有していたため、

建物に借地権などの土地利用権がない。よって、抵当権実行後の建物所有者は、土地所有者から「この土地から出ていけ」と言われてしまいかねない。

そこで、この場合に、**法律上当然に地上権という土地を利用できる権利を発生**させるのが**法定地上権**だ（民法388条）。

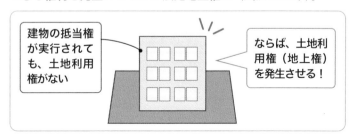

◆ 法定地上権の成立要件

 平30-6

プラスα

法定地上権はややこしい事例が多いが、宅建士試験では、右の成立要件（特に①②）を形式的に当てはめれば正解できる可能性が高い。

①抵当権設定当時、土地建物が**同一所有者**
　➡別人所有ならば、土地利用権があるはずだ。
　➡実質的に同一所有者だが、**登記名義が異なっていた場合でも、この要件を満たす（法定地上権が成立）**。
②抵当権設定当時、土地上に**建物が存在**
③土地又は建物の一方又は双方に抵当権が設定
④競売によって土地建物の所有権が別の人に帰属

---

❸ 抵当権に負ける「建物」賃借権の保護

建物に抵当権が設定され、**その登記がされた後、その建物が賃借**されたとする。この場合、抵当権の登記がされている以上、賃借人はそれを知ることができるたし、抵当権が実行されても「賃借しているから勘弁して！」とは言えないのが原則だ。

しかし、それでは賃借人の住む場所がなくなってしまう可能性があり酷だ。そこで、このような**建物賃借人を保護**すべく、**抵当権に負けてしまう建物賃借権**であっても、一定の要件で、競売による買受人が建物を買い受けた時から**6か月間を経過するまでは、建物を引き渡さなくてもよい**（民法395条1項）。

 令4-4、令3（12月）-10

82

❹ 根抵当権の概要は理解しておこう

　設定行為で定めることで、**一定の範囲に属する不特定の債権**に対して、**極度額（担保する債務の限度額）の限度**において抵当権を設定できる（民法398条の2第1項）。これを**根抵当権**という。

　融資と返済が定期的に行われている当事者間で普通の抵当権を利用すると、その都度、登記が必要となり、手間もコストもかかる。

　このような場合、当事者間で**極度額と被担保債権の範囲を定めた根抵当権を設定**し、そこで定められた債権については、**極度額を限度にすべて担保**することができるのだ。

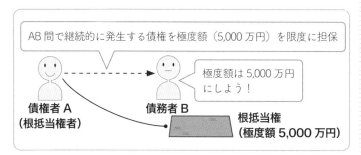

AB間で継続的に発生する債権を極度額（5,000万円）を限度に担保

極度額は5,000万円にしよう！

債権者A（根抵当権者）　債務者B　根抵当権（極度額5,000万円）

◆ 根抵当権の概要

- ・根抵当権者と設定者の**合意**で成立（普通抵当権と同じ）。
- ・設定契約で、①**極度額**、②**債権の範囲**、③**債務者**を定める。
- ・担保される**元本債権が定まる**ことを**元本の確定**という。
  - ➡**確定後に生じた債権**は、当該根抵当権では担保**されない**。
- ・元本の確定前であれば、根抵当権者と設定者との合意で、債権の範囲、債務者、元本確定期日の変更ができる。
- ・元本の確定前は、債務者の**弁済で一度被担保債権がなくなっても、根抵当権は当然に消滅しない**（付従性の緩和）。
- ・元本の確定前に、**根抵当権者から債権を取得**しても、その債権について**根抵当権を行使できない**（随伴性の否定）。

プラス**α**

根抵当権も出題頻度が低い。正面から出題されたのは平成26年が最後であり、概要を理解しておく程度でよい。

プラス**α**

要するに、一定の債権、一定額（極度額）までという範囲を決めて、まとめて抵当権を付けるものだ。

過 平26-4

プラス**α**

根抵当権は継続的な取引を前提とし、状況は変化しうるためだ。

❶ 債務者 A が所有する甲土地には、債権者 B が一番抵当権（債権額 1,000 万円）、債権者 C が二番抵当権（債権額 1,200 万円）、債権者 D が三番抵当権（債権額 2,000 万円）をそれぞれ有しているが、B が D の利益のため、A の承諾を得て抵当権の順位を放棄した。甲土地の競売に基づく売却代金が 2,400 万円であった場合、B の受ける配当額として、民法の規定によれば、正しいものはどれか。（令 5-10）

1　0 円　　　2　200 万円　　　3　400 万円　　　4　800 万円

答　**3**　B から D の「抵当権の順位の放棄」なので、まずは処分が**なかった**場合の弁済額を出すと、B：**1,000 万円**、（C：**1,200 万円**）、D：**200 万円**である。そして、この場合の当事者（B と D）が受けるはずだった額の**合計**である **1,200 万円**を、当事者（B と D）の被担保債権額で**按分**する。被担保債権額は B（1,000 万円）：D（2,000 万円）＝ 1：2 なので、B の受ける配当額は、**1,200 万円 × 3 分の 1 ＝ 400 万円**となる。

❷ A が所有する甲土地上に B が乙建物を建築して所有権を登記していたところ、A が B から乙建物を買い取り、その後、A が甲土地に C のために抵当権を設定し登記した。A が甲土地に抵当権を設定登記した後、乙建物を D に譲渡した場合、甲土地の抵当権が実行されると、乙建物のために法定地上権が成立する。（平 30-6 改題）

答　**○**　法定地上権の成立には、①抵当権設定当時に、土地上に**建物が存在**、②抵当権設定当時に、土地建物が同一人所有であることが必要である（民法 388 条前段）。抵当権設定当時に土地建物が同一人所有であれば、その後に土地建物の所有者が変わったとしても、法定地上権は**成立する**（大連判大 12.12.14）。

❸ A 所有の甲土地に B の C に対する債務を担保するために C の抵当権が設定され、その旨の登記がなされた場合、C に対抗することができない賃貸借により甲土地を競売手続の開始前から使用する E は、甲土地の競売における買受人 F の買受けの時から 6 か月を経過するまでは、甲土地を F に引き渡すことを要しない。（令 4-4 改題）

答　**×**　抵当権に負ける賃借権の保護は、建物賃借権のみである（民法 395 条 1 項）。

❹ 抵当権を設定する場合には、被担保債権を特定しなければならないが、根抵当権を設定する場合には、BC 間のあらゆる範囲の不特定の債権を極度額の限度で被担保債権とすることができる。（平 26-4）

答　**×**　根抵当権は設定契約で①**極度額**、②**債権の範囲**、③**債務者**を定めなければならず、あらゆる範囲の不特定の債権を担保する根抵当権（包括根抵当）は設定できない（民法 398 条の 2 第 1 項参照）。

基礎的な理解で十分対応！ 債務不履行と損害賠償請求

重要度 A

この4章からは「債権総論」に入る。売買契約、賃借権契約といった個別の契約の話ではなく、債権全般にかかわる話だ。まずは債務不履行とその損害賠償請求についてだが、ここで解説する基礎的な理解で試験には対応できる。

4章 債権総論

❶「遅れた」ことの判断時期に注意（履行遅滞）

　債務不履行とは、債務者が契約で発生した**義務を果たさない**ことであり、債務の本旨に従った履行をしないことである。

　債務不履行には、**履行遅滞**（遅れること）、**履行不能**、**不完全履行**（履行したが一部が腐っていて不完全など）の3種類があるが、不完全履行は気にしないでよい。

　まず、**履行遅滞**とは、正当な理由なく、**履行期日までに債務者が債務を履行しない**ことである。履行遅滞となれば、**債務不履行として損害賠償請求等が可能**となるため、いつ履行遅滞となるのかの時期が重要となる。

プラスα

債務不履行に基づく損害賠償請求を行うためには、原則として、**債務者の帰責事由**が必要となる。

◆ 主な債務と履行遅滞に陥る時期

債務の種類	履行遅滞に陥る時期
確定期限がある債務	原則：**期限到来時**（民法412条1項） 例外：取立債務や債権者の協力を必要とする債務は、債権者が必要な協力又はその提供をして履行を催告しなければ、遅滞とならない。
不確定期限がある債務	・**期限到来後、債務者が債権者から履行の請求を受けた時、又は、 ・期限到来を債務者が知った時、のいずれか早い時**（同条2項）
期限の定めがない債務	履行の請求を受けた時（同条3項）
不法行為に基づく損害賠償請求権（同法709条）	不法行為の時（最判昭37.9.4） ➡早めに履行遅滞として、被害者を救済する。

プラスα

「確定期限」は、「○月○日に履行」と決まっている期限で、「不確定期限」は、到来することは確実だが、いつ到来するか確定していない期限のこと。「私が死んだら土地をあげる」といった場合だ。

 令2（12月）-4

なお、**相手方に同時履行の抗弁権がある場合**、相手は債務を履行していなくとも**債務不履行にはならない**。同時履行の抗弁権とは、「**あなたが履行するまで、私も履行しない**」と抗弁（反論）できる権利だ。

② 履行できなければ、しょうがない（履行不能）

債務の履行が、契約その他の債務の発生原因及び取引上の社会通念に照らして**不能であるときは、債権者は、その債務の履行を請求できない**（民法412条の2第1項）。履行できない場合に「履行せよ！」と言っても意味がないのだ。

なお、債務者の履行「遅滞」中、当事者双方の責めに帰することができない事由で債務の履行が不能となったとき、その履行不能は、債務者の責めに帰すべき事由によるものとみなされる（同法413条の2第1項）。

③ 損害賠償の方法は決まっている！

履行遅滞であれ、履行不能であれ、債務不履行があると、債権者は、損害の賠償を請求できる。

ただし、契約その他の債務の発生原因及び取引上の社会通念に照らして**債務者に帰責事由がない場合、債務者は債務不履行に基づく損害賠償責任を負わない**（民法415条）。

そして、**損害賠償の方法**については、**別段の意思表示がないときは、金銭での賠償**となる（同法417条）。

なお、**金銭債務について債務不履行があった場合、債務者は、不可抗力をもって抗弁ができない**（同法419条3項）。**いかなる理由**があったとしても、**言い訳できない**ということである。

④ どこまで請求できるのかという問題

損害賠償請求ができるとしても、どこまで請求できるのかと

プラスα
「土星の売買契約」といったように、契約時にそもそも履行不能である場合（原始的不能）も履行不能に含む。

過 令2（12月）-4

プラスα
債務不履行について、債務者に責任がない場合は、損害賠償責任を負わないということだ。

いう問題がある。まとめると以下のとおりだ。

ポイント Ⅰ 損害賠償請求の範囲（民法416条）

①**原則：通常生ずべき損害**（通常人であれば誰でも予見できる損害）の範囲。

↓

②**特別の事情**で生じた損害でも、**当事者（債務者）**がその事情を**予見すべき**であったときは、損害賠償請求ができる。

プラスα
「予見すべき」場合なので、普通は想像できる場合は、特別損害まで請求できる。

❺ 債権者にも落ち度（過失）があった場合

損害賠償請求ができる場合に、**「債権者」にも落ち度（過失）**があったとき、民法418条は、**裁判所はこれを考慮して、損害賠償の責任及びその額を定める**と規定する。

ここは「定める」と断定的に規定しているため、債権者に過失がある場合、**裁判所は必ず考慮**しなければならない。

また、「責任及びその額」なので、**裁判所は「額」のみならず、債務者の責任そのものを否定（免責）することもできる。**

プラスα
債権者の過失を考慮することを過失相殺という。

❻ 裁判所だけ増減可能（損害賠償額の予定）

あらかじめ債務不履行が発生した場合を想定して、債務者の賠償額を当事者間の契約で定めることを損害賠償額の予定という（民法420条1項）。ポイントは以下のとおりだ。

ポイント Ⅱ 損害賠償額の予定（民法420条等）

①**特約のない限り、債務者は損害が発生しなかったとか、損害が予定額より少ないとの主張はできない。**
→逆に**債権者も、損害が予定額より多いと主張できない。**
②この予定があっても、**履行の請求や解除はできる。**
③裁判所が、その**額を増減することはできる。**

❶債務の履行について不確定期限があるときは、債務者は、その期限が到来したこと
を知らなくても、期限到来後に履行の請求を受けた時から遅滞の責任を負う。（令
2-12月-4）

答 〇 債務の履行について**不確定期限**があるときは、期限到来後、債務者が債
権者から**履行の請求**を受けた時、又は、債務者がこれを**知った時**、の**いずれか早
い時**から遅滞の責任を負う（民法412条2項）。

❷債務者がその債務について遅滞の責任を負っている間に、当事者双方の責めに帰す
ることができない事由によってその債務の履行が不能となったときは、その履行不
能は債務者の責めに帰すべき事由によるものとみなされる。（令2-12月-4）

答 〇 本問の記述のとおりである（民法413条の2第1項）。

❸契約に基づく債務の履行が契約の成立時に不能であったとしても、その不能が債務
者の責めに帰することができない事由によるものでない限り、債権者は、履行不能
によって生じた損害について、債務不履行による損害の賠償を請求することができ
る。（令2-12月-4）

答 〇 本問の記述のとおりである（民法412条の2第2項）。

❹両当事者が損害の賠償につき特段の合意をしていない場合において、債務の不履行
に関して債権者に過失があったときでも、債務者から過失相殺する旨の主張がなけ
れば、裁判所は、損害賠償の責任及びその額を定めるに当たり、債権者の過失を考
慮することはできない。（平22-6改題）

答 × 債務不履行に基づく損害賠償請求において「債権者」にも過失がある場合、
裁判所はこれを考慮して、損害賠償の**責任及びその額**を定め**なければならない**（民
法418条）。

❺両当事者が損害の賠償につき特段の合意をしていない場合において、債権者は、債
務の不履行によって通常生ずべき損害のうち、契約締結当時、両当事者がその損害
発生を予見していたものに限り、賠償請求できる。（平22-6改題）

答 × 通常生ずべき損害は、当事者の予見の有無に**関係なく**、損害賠償請求が
できる（民法416条1項）。

「解除の効果」が繰り返し出題！ 契約の解除、危険負担

テーマ **2**　　重要度 **B**

「債権総論」の話ではないのだが、前テーマで債務不履行を確認した流れで「契約の解除」と「危険負担」を確認する。ともに出題頻度は低いが、「契約の解除」は他テーマの理解の前提にもなるので理解しておくこと。

❶ 解除は、全員から全員に意思表示！

　契約の解除とは、一度は有効に成立した**契約を後で消滅**させることだ。法律の規定で認められる解除権を法定解除権、当事者間の契約によって解除権が留保（準備）されている場合の解除権を約定解除権という。

　解除権の行使は、相手方に対する意思表示によってなされ、**相手方に到達**して効力が生じた後は、**撤回できない**（民法540条）。「解除する」と言った後に「やっぱりやめた」と言われても、相手方の立場が不安定になるからだ。

　また、**契約当事者の一方が複数人**いるときは、**解除の意思表示は、全員から又は全員に対して行わなければならない**（同法544条1項）。またこの場合、**当事者の1人について解除権が消滅したときは、他の者についても消滅する**（同条2項）。

> プラス**α**
> 解除の意思表示を行う場合、特に理由を示す必要はない。

> プラス**α**
> できるだけ契約は維持させようという意図がある。

❷ 軽微な不履行では解除できない（催告解除）

　当事者の一方がその債務を履行しない場合、その相手方は**相当の期間を定めて履行の催告**をし、その**期間内に履行がない**ときは、**契約の解除ができる**（民法541条本文）。

　ただし、相当期間が経過した時の**債務不履行**が契約及び取引上の社会通念に照らして**軽微**であるときは、**解除できない**（同条但書）。

　なお、履行の**催告に相当の期間を定めなかった**としても、催告から解除までに**相当の期間が経過**しさえすれば、その解除は

> プラス**α**
> 債務不履行に基づく「損害賠償請求」には、債務者の帰責事由が必要だ。

有効となる（大判昭 2.2.2）。

　そして、**契約の解除について、債務者の帰責事由は不要**である。債務不履行があった場合、当事者を契約の拘束力から解放させるための制度であり、懲罰ではないからだ。

> 相手方に同時履行の抗弁権がある場合、自らの債務を履行して、その抗弁権を奪わないと解除できない（最判昭 29.7.27）。

❸ 催告の意味がなければ不要（無催告解除）

　前ページのように、解除は催告を行ったうえで行うのが原則だ。しかし、**催告の意味がない場合**にまで、解除の前提として催告を行うのは無駄である。そこで、以下の場合には、**無催告（催告なしでの）解除**が認められる。

◆ 無催告解除の要件（民法 542 条）

解除の範囲	要　件
全部解除（1 項）	1 号：債務の全部が**履行不能** 2 号：債務者が債務の全部の**履行を拒絶**する意思を**明確に表示** 3 号：債務の**一部**が**履行不能**又は債務者が債務の**一部**の履行を拒絶する意思を明確に表示し、残り部分のみでは契約の目的を達成できない場合 4 号：契約の性質又は当事者の意思表示により、**特定の日時又は一定の期間内に履行しなければ契約の目的を達成できない場合**に、債務者が履行をしないでその時期を経過した場合 5 号：その他、債務者がその債務の履行をせず、債権者が催告をしても契約をした目的を達するのに足りる履行がされる見込みがないことが明らか
一部解除（2 項）	1 号：債務の一部が**履行不能** 2 号：債務者が債務の一部の**履行を拒絶**する意思を**明確に表示**

プラス**α**
履行不能なのに「履行せよ！」との催告は無意味だ。

プラス**α**
4 号のケースを「**定期行為**」という。例えば、結婚式用に購入したウエディングドレスは、結婚式後に履行されても意味はない。
ただし、債権者がそれでもよいと考えれば、解除をせずに履行を請求することもできる。

❹ 何もなかった状態に戻す（解除の効果）

契約が解除されると、**契約は遡及的に消滅**する。遡って契約が行われなかった状態に戻るのだ。よって、当事者は**原状回復義務を負う**（民法545条1項本文）。

解除により当事者双方が原状回復義務を負う場合、**これらは同時履行の関係に立つ**。つまり、相手が返還しない場合、自分も返還しない**といえる**ということだ。

また、解除により**金銭や物を返還**するときは、その受領の時以後**に生じた果実も返還**しなければならない（同条2項、3項）。

さらに、**解除権を行使しても、別途、損害賠償請求をすることもできる**（同条4項）。

厳密に考えると、解除によって契約ははじめからなかったことになるため、「契約」が履行されなかった場合の話である債務不履行も何もないはずだが、ここは損害賠償を認めるべきという要請に基づいている。

なお、解除権の行使により、解除前の第三者の権利を害することはできない（同条1項但書）。よって、**解除前の第三者は善意・悪意を問わず保護される**。いわゆる「**解除前の第三者**」の事例だ。ただし、**この第三者が保護されるための要件として、対抗要件（登記）を備えていることが必要**である（最判昭33.6.14）。

他方、不動産の売買契約を解除した者と「**解除後**」に出現した**第三者**との関係は、民法177条の**対抗関係であり、先に登記**した者が権利を主張することができる（最判昭35.11.29）。

ポイント I　契約の解除のポイント

①**契約の解除**をするには、**帰責事由は不要！**
　➡**損害賠償請求**をするためには**必要**である点と区別！

②**債務不履行が軽微**であるときは、**解除できない！**

③**相手方に同時履行の抗弁権がある**場合、自分の債務を履行しないと**解除できない！**

プラスα
原状回復義務とは、元通りの状態に戻す義務のことだ。

プラスα
いわゆる「解除前の第三者」「解除後の第三者」については、54ページを参照。

④債務が履行不能であったり、**債務者が履行をしない意思を明確に表示**したような場合は、**無催告解除ができる！**

⑤解除がされると、**当事者は原状回復義務**を負う。
　➡原状回復義務も同時履行の関係に立つ！
　➡原状回復義務により金銭や物を返還するときは、その受領の時以後に生じた果実も返還する！

❺ 誰も悪くない履行不能時の処理（危険負担）

危険負担とは、売買契約の成立後に、**誰の責任でもなく一方の債務が履行不能**となった場合、その**リスクをどちらの当事者が負担**するか、という問題を指す概念である。

①建物の売買契約
③代金の支払請求
売主　買主
②落雷による火災で焼失（履行不能）
自身の債務の履行を拒むことができる

　上の図の例で考えよう。売買契約の成立によって、売主は建物の引渡債務を、買主は代金の支払債務を負う。しかし、契約成立後の落雷で建物が焼失してしまい、**建物を引き渡すという売主の債務は、履行不能**となった。

　この場合、その**リスクを「売主」が負う**のであれば、売主は**代金請求できない**ことになり、**「買主」が負う**のであれば、**代金を支払わなければならない**こととなる。

　この場合に民法では、**当事者双方に責めのない事由**によって**債務が不履行**になった場合、**その債務の相手方**は、**自身の債務の履行を拒める**と規定している（民法536条1項）。

　「その債務」とは、履行不能となった債務（上図では建物の引渡債務）を指すので、その相手方（**買主**）が支払を拒めるということだ。

プラスα
買主は契約の解除はできるが、売主に帰責事由がないので、損害賠償請求はできない。

プラスα
右の条文操作はわかりづらいが、**常識的な結論**になっていると覚えていれば判断できるだろう。

92

過去問題を
チェック！

❶Aが、Bに建物を3,000万円で売却した場合において、Bが代金を支払った後Aが引渡しをしないうちに、Aの過失で建物が焼失した場合、Bは、Aに対し契約を解除して、代金の返還、その利息の支払い、引渡し不能による損害賠償の各請求をすることができる。(平10-8改題)

答 ○ Aの全部履行不能があり、Bは**無催告**での解除が**できる**（民法542条1項1号）。また、解除に伴う原状回復では、代金の返還、利息の支払も請求**できる**（同法545条1項、2項）。また、解除を行ったとしても、損害賠償請求は**可能**である（同条4項）。

❷Aが、Bに建物を3,000万円で売却した場合において、Aが定められた履行期に引渡しをしない場合、Bは、3,000万円の提供をしないで、Aに対して履行の催告をしたうえ契約を解除できる。(平10-8改題)

答 × 相手方に同時履行の抗弁権がある場合、自らの債務は履行して、その抗弁権を奪っておかなければ解除**できない**（最判昭29.7.27）。

❸売主Aは、買主Bとの間で甲土地の売買契約を締結し、代金の3分の2の支払と引換えに所有権移転登記手続と引渡しを行った。その後、Bが残代金を支払わないので、Aは適法に甲土地の売買契約を解除した。この場合において、Bは、甲土地を現状有姿の状態でAに返還し、かつ、移転登記を抹消すれば、引渡しを受けていた間に甲土地を貸駐車場として収益を上げていたときでも、Aに対してその利益を償還すべき義務はない。(平21-8改題)

答 × 解除に伴う原状回復義務により金銭や物を返還するときは、その**受領の時以後**に生じた**果実**も返還しなければならない（民法545条2項、3項）。よって、Bは甲土地であげた収益もAに対して償還**しなければならない**。

❹売主Aは、買主Bとの間で甲土地の売買契約を締結し、代金の3分の2の支払と引換えに所有権移転登記手続と引渡しを行った。その後、Bが残代金を支払わないので、Aは適法に甲土地の売買契約を解除した。この場合において、Bは、自らの債務不履行で解除されたので、Bの原状回復義務を先に履行しなければならず、Aの受領済み代金返還義務との同時履行の抗弁権を主張することはできない。(平21-8改題)

答 × 解除に伴う原状回復義務を当事者双方が負う場合、**同時履行の関係**となる。よって、債務不履行があったBであっても、同時履行の抗弁権を主張**できる**。

連帯債務は「相対効」の原則と3つの例外を押さえよ！

重要度 A

「連帯債務」と「連帯債権」は、「連帯債務」について学習しておけば対応できるはずだ。そして、連帯債務者の1人に生じた事由が、他の連帯債務者へどのように影響するか、しないのかという点が頻出である。

プラスα
物の引渡債務などは、分割できない。

❶「全員」に「全額」を請求できる！

　連帯「**債務**」は、債務が性質上可分（金銭債権のように分割できるもの）である場合に、その**債務を複数人が連帯責任で負う**ものだ。

　また逆に連帯「**債権**」は、ある**債権を複数人が有する**ものである。

　連帯「**債権**」について、**それぞれの債権者は、債権の全部又は一部の履行を請求することができる**（民法432条）。

　そして**連帯「債務」**について、同法436条は「**債権者は、その連帯債務者の1人に対し、又は同時に若しくは順次にすべての連帯債務者に対し、全部又は一部の履行を請求することができる**」と規定している。

　つまり、**連帯債務の債権者は、連帯債務の債務者全員に対して、同時に全部の請求をすることができる**。

もちろん、債務者の全員が全額の弁済をしてしまった場合、後で調整される。「求償権」の話だ。

プラスα
「全員」に「同時」に「全部」の請求ができるくらいなので、全員に対して順次に全額の請求もできる。

❷ 原則は「影響なし」（対内的効力）

前ページの話は、連帯債権者・債務者間の話ではなく、それぞれの相手方に対して、どんな請求ができるのかという話であった。

これに対して、**連帯債権者や連帯債務者の 1 人に何らかの事由が生じた場合、連帯している他の者にどう影響**するのかという「**対内的効力**」の話がある。

これは<u>原則</u>として、**連帯債権者・連帯債務者の 1 人について生じた事由は、他の者に対してその効力を生じない**（民法 435 条の 2 本文、441 条本文）。**これを相対効の原則**という。

例えば、**連帯債務者の 1 人に法律行為の無効又は取消しの原因があっても、他の連帯債務者の債務はその効力を妨げられない**（同法 437 条）。

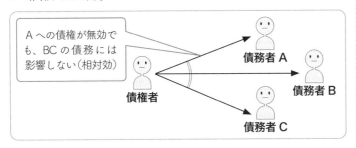

A への債権が無効でも、BC の債務には影響しない（相対効）

債権者　債務者 A　債務者 B　債務者 C

ただし、この原則には**例外（絶対効）**がある。「連帯債務」の絶対効のポイントを示したうえで、解説を行おう。

ポイント Ⅰ 連帯債務の絶対効となる場合

①**更改**（民法 438 条）
　連帯債務者の 1 人と債権者の更改で、債権はすべて消滅。

②**混同**（同法 440 条）
　連帯債務者の 1 人と債権者との間に混同があれば、連帯債務は、弁済されたものとみなされる（＝他の債務者の債務も消滅）。

プラスα
対「外」的効力の話ということだ。

過 令 3 (10 月)-2

プラスα
相対効は、「相対的効力」ともいい、逆に 1 人に生じた事由が他の連帯者に影響を及ぼす場合を絶対効（絶対的効力）という。

過 令 3 (10 月)-2

③**相殺**（民法439条）
　・連帯債務者の1人が**相殺をすると、債権はすべて消滅。**
　・**連帯債務者**が相殺できるのに**相殺をしない場合、他の**
　　連帯債務者は、その**相殺をしない連帯債務者の負担部**
　　分の限度で、債務の**履行を拒む**ことができる。

　①**の更改**とは、**新しい債務を成立**させることによって、**旧債**
務を消滅させる契約のことだ。

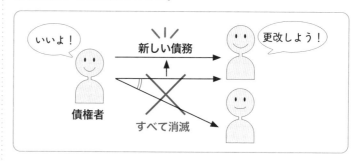

　次に②**の混同**とは、債務者が相続で債権者の地位を相続した
場合など、「**債権者＝債務者**」となった結果、債務が消滅する場
合だ。

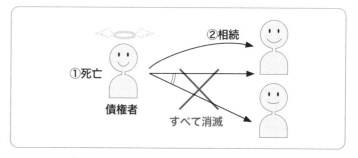

　そして、③**の相殺**は、債務者も債権者に対して債権を有して
いた場合、互いに支払いあうのではなく、**互いに弁済したとい**
うことにして、対当額で消滅させるものだ。
　連帯債務者の1人が、債権者に対して相殺した場合、他の連
帯債務者の債務も消滅するが、問題は**相殺できるのにしない連**
帯債務者がいた場合である。

この場合、**他の連帯債務者は、債権者から履行の請求**を受けた際、相殺できる連帯債務者の**負担部分**を限度に、**履行を拒める**。

この相殺することができるのに、**相殺をしない連帯債務者がいるケース**について、改正前の民法では、他の連帯債務者が相殺をしない連帯債務者の相殺を一定範囲で援用できた。しかし、現在では**履行を拒めるという効果のみ**となっているので注意しておこう。

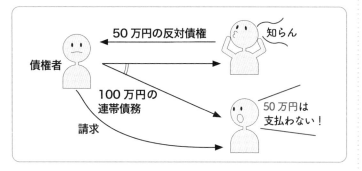

上のケースは**履行を拒める**だけで、連帯債務は消滅**しない**。とはいえ、1人の連帯債務者の事由が他の連帯債務者に影響はしている。

なお、**連帯「債権」の絶対効**については、①〜③に加えて、**免除が追加**されると考えておけばよい（民法433条）。

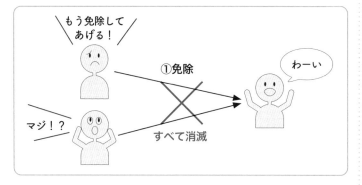

プラスα

これらの事由「以外」は、相対効なので、連帯債務者の1人に何かしらの事由が生じたとしても、何の**影響も受けない**と考えよう。

❶ 債務者 A、B、C の 3 名が、令和 3 年 7 月 1 日に、内部的な負担部分の割合は等しいものとして合意した上で、債権者 D に対して 300 万円の連帯債務を負った場合において、D が A に対して裁判上の請求を行ったとしても、特段の合意がなければ、B と C が D に対して負う債務の消滅時効の完成には影響しない。（令 3-10 月 -2 改題）

答 〇 連帯債務者の 1 人について生じた事由は、原則として、他の連帯債務者に効力を**生じない**（相対効の原則、民法 441 条）。本問の「裁判上の請求」は絶対効の例外事由に**当たらず**、D の A に対する裁判上の請求は、B と C に対して効力を**生じず**、B と C が D に対して負う債務の消滅時効の完成に影響**しない**。

❷ 債務者 A、B、C の 3 名が、令和 3 年 7 月 1 日に、内部的な負担部分の割合は等しいものとして合意した上で、債権者 D に対して 300 万円の連帯債務を負った場合において、B が D に対して 300 万円の債権を有している場合、B が相殺を援用しない間に 300 万円の支払の請求を受けた C は、B の D に対する債権で相殺する旨の意思表示をすることができる。（令 3-10 月 -2 改題）

答 ✕ 連帯債務者の 1 人が相殺できるのに相殺を援用しない間は、その連帯債務者の**負担部分**の限度において、他の連帯債務者は、債権者に対して**債務の履行**を拒むことができる（民法 439 条 2 項）。他の連帯債務者の債権で相殺できる**わけではない**。

❸ 債務者 A、B、C の 3 名が、令和 3 年 7 月 1 日に、内部的な負担部分の割合は等しいものとして合意した上で、債権者 D に対して 300 万円の連帯債務を負った場合において、D が C に対して債務を免除した場合でも、特段の合意がなければ、D は A に対しても B に対しても、弁済期が到来した 300 万円全額の支払を請求することができる。（令 3-10 月 -2 改題）

答 〇 「免除」は絶対効の例外事由に**当たらず**、D の C に対する債務の免除は、特段の合意がなければ、A と B に対して効力を**生じず**、D は A と B に対して、弁済期が到来した 300 万円全額の支払を請求することが**できる**。

❹ 債務者 A、B、C の 3 名が、令和 3 年 7 月 1 日に、内部的な負担部分の割合は等しいものとして合意した上で、債権者 D に対して 300 万円の連帯債務を負った場合において、A と D との間に更改があったときは、300 万円の債権は、全ての連帯債務者の利益のために消滅する。（令 3-10 月 -2 改題）

答 〇 本問の記述のとおりである（民法 438 条）。

細かい規定に振り回されるな！ 保証と連帯保証

重要度 **B**

「保証」「連帯保証」については、どこからでも出題されそうな細かい規定が多い。しかし、過去問を見る限り、さほど出題頻度は高くなく、基本的な事項を押さえておけば対応できる。基本的な事項のみの学習が効率的だ。

❶ 契約は書面か電磁的記録で！（保証契約）

保証契約は、保証人となった者が、主たる債務者が債務を履行しないとき、代わりにその債務の履行をする責任を負うものだ（民法446条1項）。イメージはできるであろう。

軽い気持ちで保証人になると重い負担を負いかねないので、慎重を期させるため、**保証契約は、書面か電磁的記録で行われないと効力を生じない**（保証契約の様式性、同条2項、3項）。その他、保証の性質についてのポイントは、以下のものだ。

過 令2(10月)-2

プラスα
電磁的記録とはコンピュータで処理される記録のことだ。

ポイント Ⅰ 保証債務の主な性質

①**別個独立性**…保証契約は、主債務とは別個の契約。「債権者」と「保証人」で締結される。
➡保証契約の締結後に**主債務の内容が加重**されても、**保証人の負担は加重されない**（民法448条2項）。

②**付従性**
・主債務が消滅すれば、保証債務も**消滅**する。
・主債務に比べて保証債務の内容や態様が重いことは、許されない（同法448条）。
・主たる債務者に生じた事由の効力は、保証の内容を重くするもの以外は、保証人に及ぶ。
➡**保証人は、主たる債務者が主張できる抗弁**をもって、**債権者に対抗することができる**（同法457条2項）。
➡**主たる債務者**が、債権者に対して**相殺権、取消権又は解除権**を有するときは、これらの権利行使で**主たる債**

過 令2(10月)-2

プラスα
主債務者への債権が移転すると、保証人に対する債権も移転するという随伴性もある。

務者が債務を免れるべき限度において、**保証人は、債権者に対して債務の履行を拒むことができる**(同条3項)。

➡逆に保証人に生じた事由の効力は、原則として、主たる債務者に及ばない。

③**保証人には、催告の抗弁権、検索の抗弁権がある**（同法452条、453条）。

「催告の抗弁権」とは、債権者が主たる債務者よりも先に、保証人に対して履行の請求をしてきた際、保証人が**「まずは主債務者に請求せよ！」**と言える権利である。

また、**「検索の抗弁権」**とは、債権者の履行の請求に対して、保証人が主たる債務者に「弁済をする資力」があり、かつ、「執行が容易」であることを証明することで、**「主債務者は財産があるから、まずその財産に執行して！」**と言える権利だ。

❷ 保証人の事前求償権と弁済通知義務

保証人が弁済等を行った場合、求償の問題が生じうる。

この点、細かい規定はさておき、保証人が「保証人になってくれ」と**委託を受けて保証人となった場合と、そうでない場合**とで、**弁済前（事前）に求償できるか**等の違いがある。

◆ 保証人の事前求償権の有無など（民法460条、463条）

①**事前求償権の有無**
　委託を受けた保証人　➡あり
　委託を受けない保証人　➡なし

②**自発的に弁済する場合の主たる債務者等への通知義務**
　委託を受けた保証人　➡あり
　委託を受けない保証人　➡なし

❸ 連帯保証

　連帯保証は、保証人が主たる債務者と連帯して債務を負担することをいうが、通常の保証と比べて、保証の担保的機能が強化されている。

ポイント・　II　**連帯保証のポイント**

①**連帯保証人には、分別の利益がない。**
　➡数人の連帯保証人がいても、**それぞれの保証人が、主たる債務全額の保証債務を負担する。**

②**連帯保証には、催告の抗弁権・検索の抗弁権がない。**

 令2 (10月)-2

③**主たる債務者について生じた事由**の効力は、原則として、**すべて連帯保証人に及ぶ。**
　➡ただし、時効利益の放棄は、相対効である。

 令2 (10月)-7、
平30-4

④**連帯保証人について生じた事由**の効力は、**連帯債務**の規定が準用される。
　➡つまり、**更改、混同、相殺**について絶対効となる。

❹ 根保証契約

　根保証契約とは、一定の範囲に属する不特定の債務を主たる債務とする**保証契約**のことだ。83 ページで見た「根抵当権」の保証バージョンと考えれば、イメージしやすい。

　根保証契約には、法人が保証人となるパターンと、個人が保証人となるパターンがあるが、**個人が保証人**となる場合、**極度額（根保証の上限額）の定めがなければ無効となる**（民法465条の2第2項）。これも保証人を保護する趣旨だ。

 令2 (10月)-2

令和 2 年 7 月 1 日に下記ケース①及びケース②の保証契約を締結した場合において、
次の問に答えよ。
　（ケース①）個人 A が金融機関 B から事業資金として 1,000 万円を借り入れ、C が
　　B との間で当該債務に係る保証契約を締結した場合
　（ケース②）個人 A が建物所有者 D と居住目的の建物賃貸借契約を締結し、E が D
　　との間で当該賃貸借契約に基づく A の一切の債務に係る保証契約を締結した場合

❶ ケース①の保証契約は、口頭による合意でも有効であるが、ケース②の保証契約は、
　書面でしなければ効力を生じない。（令 2-10 月 -2 改題）

　答　**×**　**ケース①は通常の保証契約であり、ケース②は根保証契約であるが、ど**
　ちらのケースでも**保証契約は書面か電磁的記録でしなければ効力を生じない**（民
　法 446 条 2 項、3 項）。

❷ ケース①及びケース②の保証契約がいずれも連帯保証契約である場合、B が C に債
　務の履行を請求したときは C は催告の抗弁を主張することができるが、D が E に債
　務の履行を請求したときは E は催告の抗弁を主張することができない。（令 2-10 月
　-2 改題）

　答　**×**　連帯保証人は、催告の抗弁権及び検索の抗弁権を**有しない**（民法 454 条）。
　これは、ケース①及び②の保証契約も同様である。

❸ 主たる債務の目的が保証契約の締結後に加重されたときは、保証人の負担も加重さ
　れ、主たる債務者が時効の利益を放棄すれば、その効力は連帯保証人に及ぶ。（令
　2-10 月 -7）

　答　**×**　主たる債務の目的が保証契約の締結後に加重されたとき、保証人の負担は
　加重**されない**（民法 448 条 2 項）。また、時効利益の放棄の効力は、連帯保証人に
　は**及ばない**。

❹ 委託を受けた保証人は、履行の請求を受けた場合だけでなく、履行の請求を受けず
　に自発的に債務の消滅行為をする場合であっても、あらかじめ主たる債務者に通知
　をしなければ、同人に対する求償が制限されることがある。（令 2-10 月 -7）

　答　**○**　本問の記述のとおりである（民法 463 条 1 項）。

出題ポイントは、ほぼ３つ！ 債権譲渡

テーマ **5**

重要度 **B**

「債権譲渡」については、出題ポイントが限られている。「将来の債権の譲渡」「債務者及び第三者に対する対抗要件」「譲渡制限特約がある場合の処理」だ。過去に出題された箇所を押さえておけば、対応できるだろう。

❶ 債権の譲渡は原則として自由！

債権譲渡とは、債権者が契約によって、**持っている債権を別の誰かに移転**することである。債務者にとっては、債権者が交替することになり、**元の債権者を譲渡人、新しい債権者を譲受人**という。

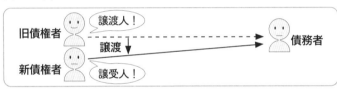

債権は、原則として、自由に譲渡ができるし（民法 466 条 1 項）、譲渡の意思表示時点では**まだ発生していない将来の取引に関する債権であっても、譲渡できる**（同法 466 条の 6）。

令 3（10 月）-6、平 28-5

❷ 債権譲渡の対抗要件は２種類あり！

上記のとおり、債権の譲渡は原則として自由だ。しかし、債権がむやみに譲渡されると、債務者は誰に弁済すべきかわからない。

そこで、債権を譲り受けた者は、**自分が新しい債権者であることを債務者に主張する**ためには、**対抗要件が必要**になる。

そして、この**債権譲渡の対抗要件**には、**債務者に対して必要**とされるもの（民法 467 条 1 項）、**債権の譲受人（第三者）に対して必要**とされるもの（同条 2 項）の 2 種類がある。

（1）「債務者」に対する対抗要件

　債権譲渡は、**譲渡人が譲渡したことを債務者に通知**するか、又は**債務者が譲渡を承諾**しなければ、**債権の譲受人（新しい債権者）は、債権譲渡を債務者に対抗できない**（民法 467 条 1 項）。

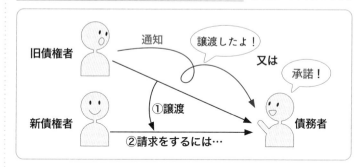

（2）「第三者」に対する対抗要件（その 1）

　例えば、A の B に対する債権が、A から CD へと二重に譲渡された場合の話だ。C と D は互いに債権を譲り受けてはいるので、C は D に、D は C に「私が債権者だ！」と主張できなければならない。そしてこの場合、**通知・承諾は、確定日付のある証書によってなされることが必要**となる（民法 467 条 2 項）。

　確定日付のある証書とは、内容証明郵便や公正証書などのことだが、この証書には、郵便局長や公証人が日付を記載するため、譲渡の日付を偽ることができない。

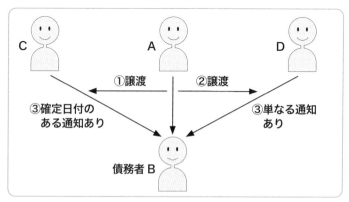

　上記の例で C のみが確定日付のある通知・承諾を備えていれば、C が債務者 B に 100 万円を請求できる。

（3）「第三者」に対する対抗要件（その2）

　前ページの債権の二重譲渡が行われた例で、**CもDも確定日付のある通知・承諾を備えているときは、どうなるか。**

　この点、**確定日付のある通知が債務者に到達した日時**、又は、**確定日付のある債務者の承諾の日時の先後**によって、**優劣が決定される。**

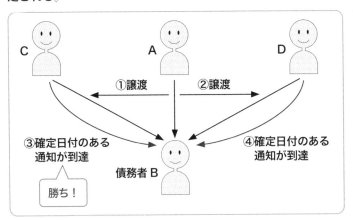

①譲渡　②譲渡

③確定日付のある通知が到達　④確定日付のある通知が到達

債務者B

勝ち！

❸ 債権譲渡における債務者の抗弁

　債務者は、譲渡人が債権譲渡の**通知をした時**又は債務者が債権譲渡を**承諾した時までに、譲渡人（元の債権者）に対して主張することができた事由を譲受人（新しい債権者）に対して対抗できる**（民法468条1項）。

　例えば、債権が譲渡される前に、元の債権者に対して同時履行の抗弁権があったり、そもそも弁済していて債務が消滅しているなどの事由があれば、**その後に債権が譲渡**されたとしても、**これらの事由を債権の譲受人（新しい債権者）に対しても主張できる**ということだ。

　これに関連して、**債務者は、対抗要件具備時より前に取得した譲渡人に対する債権による相殺をもって、譲受人に対抗することができる**（同法469条1項）。「もう相殺したから支払わない！」と言えるということだ。

プラスα
確定日付の「日付」を基準にしてしまうと、1つ目の通知が届いく弁済した後に、それよりも日付の早い2つ目の通知が届いてしまいかねない。

4章
債権総論

105

❹ 譲渡の制限があっても原則有効

　債権譲渡については、債権者と債務者の間で、**譲渡を禁止・制限する特約（譲渡制限の意思表示）**を結ぶことができる。

　しかし、債権の譲渡は原則として自由であるがゆえ、この**譲渡制限の意思表示がある場合**であっても、**債権譲渡が行われると、原則として、有効**となる（民法466条2項）。

　この場合、**債務者は**、その債権の全額に相当する金銭を債務の履行地の供託所に**供託することができる**（同法466条の2第1項）。

　ただし、**譲受人や第三者が譲渡制限について悪意又は重過失**であれば、**債務者は弁済を請求されても履行を拒む**ことができ、かつ、譲渡人に対する弁済その他の債務を消滅させる事由をもってその第三者に対抗することができる（同法466条3項）。

過 令3 (10月)-6

過 令3 (10月)-6、平30-7、平28-5

ポイント Ⅰ　債権譲渡のポイント

・債権譲渡の意思表示時点で発生していない将来の債権も譲渡できる？　➡できる！

・「債務者」への対抗要件は？
　➡①譲渡人による債務者への通知か、
　　②債務者の承諾（譲渡人・譲受人どちらに対してもよい）

・「第三者」への対抗要件は？
　➡①譲渡人による債務者への確定日付による通知か、
　　②債務者の確定日付による承諾

・債権に譲渡制限の意思表示がある場合に債権譲渡が行われても、原則として、有効
　➡ただし、譲受人や第三者が譲渡制限について悪意又は重過失の場合、債務者は弁済を請求されても履行を拒むことができ、かつ、譲渡人に対する弁済その他の債務を消滅させる事由をもってその第三者に対抗することができる。

過去問題を
チェック！

❶ 譲渡制限の意思表示がされた債権が譲渡された場合、当該債権譲渡の効力は妨げられないが、債務者は、その債権の全額に相当する金銭を供託することができる。（令3-10月-6）

　答 ○ 譲渡制限の意思表示がされた債権が譲渡された場合でも、当該債権譲渡の効力は**妨げられない**（民法466条2項）。この場合、債務者はその債権の全額に相当する金銭を債務の履行地の供託所に供託することが**できる**（同法466条の2第1項）。

❷ 譲渡禁止特約のある債権の譲渡を受けた第三者が、その特約の存在を知らなかったとしても、知らなかったことにつき重大な過失があれば、当該債権を取得することはできない。（平30-7）

　答 ○ 本問の記述のとおりである（民法466条3項）。

❸ 債権が譲渡された場合、その意思表示の時に債権が現に発生していないときは、譲受人は、その後に発生した債権を取得できない。（令3-10月-6）

　答 ✕ 債権が譲渡された場合、その意思表示の時に債権が現に発生していない将来債権であっても譲渡**できる**（民法466条の6第1項）。

❹ 譲渡制限の意思表示がされた債権の譲受人が、その意思表示がされていたことを知っていたときは、債務者は、その債務の履行を拒むことができ、かつ、譲渡人に対する弁済その他の債務を消滅させる事由をもって譲受人に対抗することができる。（令3-10月-6）

　答 ○ 本問の記述のとおりである（民法466条3項）。

❺ 債権の譲渡は、譲渡人が債務者に通知し、又は債務者が承諾をしなければ、債務者その他の第三者に対抗することができず、その譲渡の通知又は承諾は、確定日付のある証書によってしなければ、債務者以外の第三者に対抗することができない。（令3-10月-6）

　答 ○ 本問の記述のとおりである（民法467条1項、2項）。

❻ Aが、Bに対する債権をCに譲渡した場合において、AがBに債権譲渡の通知を発送し、その通知がBに到達していなかった場合には、Bが承諾をしても、BはCに対して当該債権に係る債務の弁済を拒否することができる。（平28-5改題）

　答 ✕ 債権譲渡の対抗要件は、譲渡人による債務者への通知か、債務者の承諾である（民法467条1項）。債務者Bが承諾をすると、Cは債務者への対抗要件を備えるので、Bは債務の弁済を拒否することは**できない**。

債権の消滅は「弁済」と「相殺」を理解すればOK！

テーマ 6

重要度 B

このテーマでは、債権（債務）の消滅事由を確認する。「弁済」があれば債権債務は消滅するが、「相殺」については、他のテーマでも出てくる手段なので、使われる用語は理解しておくこと。

❶ 他人が弁済できる場合（第三者弁済）

弁済とは、債務の本旨に従って、債務の内容である給付を実現することだ。弁済があれば、債権債務は消滅するが、弁済については、**第三者弁済**という規定がある。つまり、**債務の弁済は、原則として、誰でもすることができ、他人の債務を第三者が弁済することもできる**（民法474条１項）。

ただし、**他人では弁済できない例外が３つある**（同条２〜４項）。①債務の性質が許さないとき、②当事者（債権者・債務者）が禁止等の意思表示をしたとき、③当事者の意思に反して弁済をする場合において、その第三者に弁済をする正当な利益がないときの３つだ。③のポイントは以下のとおりである。

ポイント Ⅰ 第三者弁済の可否（当事者の意思に反する場合）

- ・債権者又は債務者の**意思に反していても、正当な利益が「あれば」、第三者弁済できるか？**
  - ➡**できる！**
  - ➡**正当な利益がある者とは、物上保証人や抵当不動産の第三取得者など。**
- ・債権者又は債務者の**意思に反していて、かつ、正当な利益が「ない」場合は、第三者弁済できるか？**
  - ➡原則として、**できない**（一定の例外はある）。
  - ➡正当な利益が「ない」者とは、単に債務者の親族や友人であるにすぎない者など。

プラスα
債務の本旨とは、その債務は「○○を求められているよね」という内容を実現することである。

プラスα
①は、有名歌手Aに歌ってもらう契約をしたのに、別人のBに履行されても困るというケース、②は、損害賠償請求などにおいて、「その人」に弁済してもらわないと気がすまない！…というケースである。

プラスα
「正当な利益がない」場合の第三者弁済は、できる場合（例外）がある、という程度の理解でよい。

❷ 受領権限のない者が弁済を受けた場合

弁済があれば、債権債務は消滅するとしても、当然のことながら、**受領権限がない者への弁済は無効**だ。この場合、債権債務は消滅しない。

ただし、受領権限がない者への弁済でも、何かしらの理由で**債権者が利益を受けた**場合は、その利益を受けた限度で、その**弁済は有効**となる（民法479条）。

また、本当は受領権限などないのに、取引上の社会通念に照らして、**受領権者としての外観を有する者に対してした弁済**は、**弁済者が善意無過失であれば、有効**になる（同法478条）。

過 令元-7

> 普通に考えて、**受領権限があると思っちゃうよね…**という人への弁済は、**弁済者の善意無過失を前提に有効**となるのだ。

この「取引上の社会通念に照らして受領権者としての外観を有するもの」の例としては、**債権者と詐称**したり、**債権者の相続人や代理人と詐称**して債権の弁済を受ける者が該当する。

過 令元-7

❸ 債権者に乗り移る!?（弁済による代位）

第三者がした弁済は、もともとは債務者がすべきものだ。よって、**弁済をした第三者は**、本来の債務者に対して、**自分の支払った分について請求できる**。これは、保証人や連帯保証人などが主たる債務者に代わって弁済した場合も同様である。

この権利を**求償権**というが、この求償権の行使を確実なものにするために**弁済による代位**という制度がある。

弁済による代位とは、**弁済者が、債権者の権利に代位できる**ことを意味する。つまり、**弁済者が債権者に乗り移ってしまう**ように、弁済者が本来の債務者に対して、債権を取り立てることができるようになり、債権者が持っていた担保権も移転し、弁済者が行使できるようになる。

❹ 相殺 ～用語の意味を理解する～

（1）自働債権（じどう）と受働債権（じゅどう）

相殺は、同一当事者間で債権が対立している場合に、対当額で両者の債権を消滅させる制度である。

例えば、**AがBに対して100万円の金銭債権**を持っていて、**BもAに50万円の金銭債権**を持っている場合、お互いに現実にお金を振り込むなどして弁済をするよりも、**50万円の部分について弁済したことにする**ものだ。

「相殺する！」と言い出す側の債権を自働債権、相殺を受ける側の債権を受働債権という。

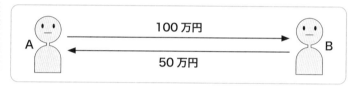

Aが「相殺する」と言い出す場合は、AのBに対する債権が**自働債権**、BのAに対する貸金債権が**受働債権**となる。

対して、Bが「相殺する」と言い出す場合は、BのAに対する債権が**自働債権**、AのBに対する債権が**受働債権**となる。

（2）相殺できる状態（相殺適状）（そうさいてきじょう）

互いに債権を持っていれば、必ず相殺できるわけではない。**相殺をするには適した（相殺できる）状態にあることが必要**であり、その状態を**相殺適状**という。相殺適状であるためには、4つの要件を備えていなければならない。

◆ 相殺適状の4つの要件

①同一当事者間で**債権が対立**していること
　互いに債権を持っているということである。

②対立する**債権が同種の目的**を有すること
　試験対策上は、**金銭債権どうし**でなければならない、と

プラスα

相殺は、当事者の一方から相手方に対する意思表示によって行う。それに対する**相手方の同意は不要**であり、どちらかが意思表示をすれば、効果が発生するのだ。

プラスα

相殺の意思表示があると、相殺は**相殺適状**の生じた時に遡って効力を生じる。よって、金銭債権の場合、相殺適状時からの利息を支払う必要がなくなる。

いう理解でよい。金銭債権と家屋の引渡債権では、相殺しようにもできない。

③両者の債権がともに弁済期にあること

前ページの例で、Bが50万円分を相殺しようと言い出したものの、実はBの債権の弁済期が到来していない場合、相殺を認めると、Aは弁済期前に弁済することになる。

↓

ただし、**Aが弁済期前に相殺（弁済）してもよい**と考えれば問題はない。よって、**受働債権は必ずしも弁済期になくてもよい**のだ。

④債務の性質が相殺を許さないものでないこと

現実に履行されないと意味がないものである。

なお、相殺を主張する側の債権（自働債権）が、**消滅時効によって消滅**してしまった場合でも、**時効消滅以前に一度でも相殺適状**になっていれば、**相殺ができる。**互いの債権が相殺適状になった時点で、「相殺だね」という暗黙の了解があるからだ。

（3）相殺が禁止される場合

相殺が禁止される場合には、当事者が**相殺禁止**又は**相殺制限の意思表示**をしたときなどであるが、それ以外のケースを押さえておこう。

①受働債権が悪意による不法行為に基づく損害賠償債権、人の生命又は身体の侵害による損害賠償債権であるとき

①悪意による不法行為に基づく損害賠償債権
②人の生命・身体の侵害による損害賠償債権

被害者 A ————————————————→ 不法行為者 B
被害者

たまたま有していた金銭債権
A ←————————————————

Aが相殺を主張することは、できる。
Bが相殺を主張することは、できない。

令5-4、平30-9

4章
債権総論

プラスα
Aが弁済期まで弁済しなくてもよいという利益のことを「期限の利益」という。弁済期まで、Aは50万円を自由に利用できるのだ。

プラスα
一度、相殺適状になってしまえば、その後、一方の債権が時効消滅したとしても、相殺を主張できるということだ。

プラスα
相殺が禁止される場合には、例外があるものもあるが、左の原則を押さえておこう。

②受働債権が差押えを禁じられたものであるとき

　労働者災害補償受給権などは、現実に金銭を受給させたいので、差押えが禁じられている。相殺を認めると、実質的に差押えを認めたことと同じになるからだ。

③受働債権の差押後に取得した債権を自働債権とする相殺

　ただし、**差押前の原因**に基づいて生じた債権を自働債権とする相殺は**できる**。

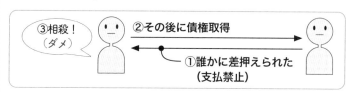

❺　その他、債権の消滅原因

　弁済と相殺のほかにも、債権の消滅原因には、以下のものがある。

消滅原因	内　容
代物弁済	弁済者と債権者が「債務者の負担した給付に代えて**他の給付をする**ことにより**債権を消滅させる**」という契約（代物弁済契約）を結んだ場合に、その弁済者が当該他の**給付をした**ときは、債権が消滅。
供　託	弁済者が、弁済の提供をした場合に、債権者が受け取りを拒否したり、債権者が行方不明などで、**債権者が弁済を受領する**ことができないときなどに、弁済の目的物を債権者のために**供託所に保管させる**ことにより債権が消滅。
更　改	当事者間で**従前の債務**に代えて、一定の要件を満たす**新たな債務を発生させる契約**をすることにより従前の債権債務が消滅。
免　除	「債権を消滅させる」という債権者の一方的意思表示により、債権が消滅。
混　同	同一債権について**債権者の地位と債務者の地位が同一人物に帰属**することにより、債権が消滅。

プラスα

これらが正面から出題される可能性は低いが、他のテーマの問題を解く前提として、意味は理解しておこう。

過去問題を
チェック！

❶ Aを売主、Bを買主として甲建物の売買契約が締結された場合におけるBのAに対する代金債務（以下「本件代金債務」という。）に関して、Bが、本件代金債務につき受領権限のないCに対して弁済した場合、Cに受領権限がないことを知らないことにつきBに過失があれば、Cが受領した代金をAに引き渡したとしても、Bの弁済は有効にならない。（令元-7改題）

答 ✕　受領権限がない者への弁済であっても、債権者が**利益を受けた**場合は、その利益を受けた限度で有効となる（民法479条）。よって、本問では、Cが受領した代金をAに引き渡している以上、Bの弁済は有効**となる**。

❷ Aを売主、Bを買主として甲建物の売買契約が締結された場合におけるBのAに対する代金債務（以下「本件代金債務」という。）に関して、Bが、Aの代理人と称するDに対して本件代金債務を弁済した場合、Dに受領権限がないことにつきBが善意かつ無過失であれば、Bの弁済は有効となる。（令元-7改題）

答 〇　債権者の代理人と詐称して債権の弁済を受ける者は「取引上の社会通念に照らして受領権者としての外観を有するもの」（民法478条）に当たる。よって、Dに受領権限がないことにつきBが善意無過失であれば、Bの弁済は**有効**となる。

❸ Aを売主、Bを買主として甲建物の売買契約が締結された場合におけるBのAに対する代金債務（以下「本件代金債務」という。）に関して、Bが、Aの相続人と称するEに対して本件代金債務を弁済した場合、Eに受領権限がないことにつきBが善意かつ無過失であれば、Bの弁済は有効となる。（令元-7改題）

答 〇　債権者の相続人と称して債権の弁済を受ける者は「取引上の社会通念に照らして受領権者としての外観を有するもの」（民法478条）に当たる。よって、Eに受領権限がないことにつきBが善意無過失であれば、Bの弁済は**有効**となる。

❹ Aは、平成30年10月1日、A所有の甲土地につき、Bとの間で、代金1,000万円、支払期日を同年12月1日とする売買契約を締結した。BがAに対して同年12月31日を支払期日とする貸金債権を有している場合には、Bは同年12月1日に売買代金債務と当該貸金債権を対当額で相殺することができる。（平30-9改題）

答 ✕　相殺をするには、双方の債務が**弁済期**になければならない（民法505条1項本文）。Bが有する債権の弁済期は平成30年12月31日であり、同年12月1日時点では当該債権の弁済期は到来していないから、Bは同年12月1日に相殺することはできない。

テーマ 1 売買契約と贈与契約
契約不適合責任の通知を忘れるな！

重要度 **A**

この 5 章からは「債権各論」に入る。まずは「売買契約」と「贈与契約」について確認するが、「売買契約」の「手付」と「契約不適合責任（担保責任）」については頻出なので、しっかり押さえておこう。

❶ そもそも「契約」が成立するためには

　そもそも契約は、法令に特別の定めがある場合を除いて、**申込みと承諾の合致により成立**する（民法 522 条 1 項）。土地の売買契約であれば、「この土地を○○円で買いませんか」という**申込み**に対して、「買いましょう」という**承諾**があれば成立する。

　そして、**申込みと承諾のいずれも、相手方に到達することで効力を生じる（到達主義）。**

　なお、申込者が撤回する権利を留保したときを除いて、**承諾の期間を定めてした申込みは撤回できない**。また、**承諾の期間を定めないでした申込みも、申込者が承諾の通知を受けるのに相当な期間を経過するまでは撤回できない**（同法 525 条 1 項）。

◆ 契約の性質による分類

・**双務契約と片務契約**
　双務契約は、当事者双方が互いに義務を負い合う契約であり、片務契約は一方だけが義務を負う契約である。
・**有償契約と無償契約**
　有償契約は、契約当事者が互いに対価的な経済的給付をする契約であり、そうでないものを無償契約という。
・**諾成契約と要物契約**
　諾成契約は、契約当事者の意思の合致だけで成立する契約であり、要物契約は、意思の合致に加えて、物の引渡しがなければ成立しない契約である。

令 3 (12 月)-8

令 3 (12 月)-8

プラスα
申込者が申込みの通知を発した後に死亡した場合、相手方が承諾の通知を発するまでにその事実が生じたことを知ったときは、その申込みは、その効力を有しない（民法 526 条）。

❷ 売買契約と手付

　売買契約のイメージは浮かぶと思うが、売買契約を結ぶことで、**売主は売ったものの引渡債務**を負い、**買主は代金債務**を負う（民法555条）。逆にいえば、売主は代金債権を有し、買主は買ったものの引渡債権を有するということだ。

　また、売主は、買主に対し、登記、登録その他の売買の目的である権利の移転についての対抗要件を備えさせる義務を負う（同法560条）。

　そして、売買契約には、手付という制度がある。**手付**とは、契約締結の際に**当事者の一方から相手方に対して交付される金銭その他の有価物**をいい、例えば、Aが所有地をBに500万円で売却する契約を締結し、その際、BからAに50万円の金銭が交付されるような場合、この交付された金銭が手付だ。この手付には、以下の3つの性質がある。

◆ 手付の性質

①証約手付の性質
　　上の例では、AB間の売買契約が成立したという証拠の意味。**すべての手付は、この性質を有する。**

②違約手付の性質（さらに2種類に分かれる）
　　・違約罰としての手付
　　　一方の債務不履行時に**罰として没収**するもの。
　　・損害賠償額の予定としての手付
　　　その手付額が**損害賠償額の予定**とされるもの。

③解約手付の性質
　　相手方の債務不履行がなくとも、その手付の額だけ損をすれば、契約を解除できることを約束した手付。
　　反対の意思を表示しない限り、手付はこの性質も有する。
　　➡**手付解除**する場合、**交付した者はその手付を放棄**する。
　　手付を受領した者は、**受領した手付の返還**をして、**同額の金額を相手方に交付**する。

プラスα
他人の物について売買契約をしてしまう**他人物売買も有効**だ（民法561条）。この場合、売主はその他人から権利を取得して、買主に移転する義務を負うこととなる。

プラスα
損害賠償額の予定については、87ページ参照。

 過 令2（10月）-9

手付を受領した者が手付による解除を行う場合、「倍返し」とも表現されるが、受領した手付はそのまま返却するだけなので、損失は手付金額のみといえる。

　なお、**債務不履行があったわけではなく**、何らかの理由で**手付により解除**を行う場合、**損害賠償請求はできない**。債務不履行を原因としていないからだ。

　また、もう履行をしようとしていたのに、突然「解除！」と言われるのも困る。そこで、**手付による解除ができるのは、相手方が履行に着手するまでの間とされる**（民法557条1項但書）。

❸ 売買契約と担保責任（契約不適合責任）

　売買の目的物が**種類、品質又は数量**に関して**契約内容に適合しない**場合、**買主は、売主に担保責任（契約不適合責任）を追及できる**。売主が買主に移転した「権利」が、契約内容に適合しない場合にも、売主は同様の責任を負う。

　契約不適合責任の内容は、**①追完請求、②代金減額請求、③損害賠償請求、④契約解除**の4つがあるが、ポイントでまとめてしまおう。

ポイント　Ⅰ　**契約不適合責任のポイント（民法562条以下）**

①追完請求権

　⮕具体的な内容は、**目的物の修補、代替物・不足分の引渡し**であり、どの方法によるかは買主が請求する。

　⮕**買主に不相当な負担がなければ**、売主は、**買主が請求した方法と異なる方法で追完できる。**

　⮕**売主に帰責事由は必要ない（契約不適合があれば可能）。**

②代金減額請求権

　⮕買主は**相当の期間を定めて**、上記①の履行の追完の催

116

告をし、その**期間内に履行の追完がないとき**には、不適合の程度に応じて**代金の減額を請求できる**。

➡①の履行の追完が不能、売主が履行の追完を拒絶する意思を明確に表示したときなど、履行の追完の催告をしても見込みがないことが明らかである場合、買主は履行の追完の催告なくして、直ちに代金減額請求ができる。

③損害賠償請求権

契約不適合について**売主に帰責事由があれば、買主は債務不履行責任としての損害賠償請求ができる**。

➡これは債務不履行に基づく損害賠償請求と考えてよい。

➡①の追完請求、②の代金減額請求ができる場合も**可能**。

④買主の契約解除権

これは債務不履行に基づく契約の解除と考えてよい。

よって、**売主の帰責事由は不要**である。

⑤「**買主**」に**帰責事由**がある場合、買主は契約不適合責任の追及ができない。

⑥「**種類**」と「**品質**」に関する責任（＝数量以外）については、買主がその契約不適合を知った時から**1年以内**にその旨を売主に通知しないときには、契約不適合責任を追及できない。

➡ただし、買主に目的物を**引き渡した時**に、**契約不適合について売主が悪意又は重過失の場合を除く**。

⑦契約不適合責任は**任意規定**であり、当事者の**特約によって、責任を加重したり、軽減（排除）できる**。

➡ただし、特約をしたときであっても、**売主が契約不適合を知りながら、それを買主に告げなかった場合**などは、**責任を免れることができない**（民法572条）。

④ 売買契約と買戻し

買戻しとは、売主と買主が**不動産の売買契約の際**に、**買主が支払った代金（もしくは合意額）と契約の費用を売主が返せば**、売買契約を**解除できる旨の特約**を締結するものである。

なお、上記のとおり、買戻しの**特約自体は不動産の売買契約の際**に行うことが必要だが、**特約（買戻し）の期間**については、売買契約時にではなく、**後で定めてもよい**（大判明31.11.30）。

過 令3(12月)-4

プラスα

買戻しの**特約の期間**は10年を超えることができず、これを超えた特約でも、10年に短縮される。

⑤ 贈与契約

贈与契約とは、当事者の一方が無償（タダ）で、ある財産を相手方に与える意思を表示し、相手方がこれを受諾することによって成立する契約である。

贈与する者を**贈与者**、贈与を受ける者を**受贈者**（じゅぞうしゃ）といい、贈与者だけが義務（目的物の引渡義務）を負う片務契約である。

いわば一方当事者の好意によるものであり、契約の拘束力は弱められていて、**書面によらない贈与は、履行の終わった部分を除いて、各当事者がいつでも解除できる**（民法550条1項）。履行していなければ「やっぱりやめた」と言えるということだ。

過 令2(10月)-9

なお、「履行の終わった」について、**不動産の贈与**の場合、不動産の**引渡し又は移転登記のいずれか**が終わっていれば、**履行が終わった**とされる（最判昭40.3.26）。

ちなみに、贈与を受ける代わりに、**受贈者が何らかの負担を負う負担付贈与**というケースもある。この場合の贈与者は、その負担の限度において、**売主と同じく担保責任を負う**（民法551条2項）。

過 令2(10月)-9

> **負担付贈与**の場合、受贈者も何らかの負担を負う以上、**売買契約に近い扱い**となると考えればよい。受贈者が負担を履行しない場合、贈与者は不履行を理由として契約の解除もできる（最判昭53.2.17）。

❶ いずれも宅地建物取引業者ではない売主 A と買主 B との間で令和 3 年 7 月 1 日に締結した売買契約に関し、B が A に対して手付を交付した場合、A は、目的物を引き渡すまではいつでも、手付の倍額を現実に提供して売買契約を解除することができる。（令 3-12 月 -4 題）

答 ✕ 　手付による解除は、**相手方が契約の履行に着手するまでに行わなければならない**（民法 557 条 1 項）。

❷ いずれも宅地建物取引業者ではない売主 A と買主 B との間で令和 3 年 7 月 1 日に締結した売買契約に関し、目的物の引渡しの時点で目的物が品質に関して契約の内容に適合しないことを A が知っていた場合には、当該不適合に関する請求権が消滅時効にかかっていない限り、B は A の担保責任を追及することができる。（令 3-12 月 -4 改題）

答 〇 　売主が種類又は**品質**に関して契約の内容に適合しない目的物を買主に引き渡した場合、買主がその不適合を**知った時から 1 年以内**にその旨を売主に**通知**しないときは、買主は責任を追及できない（民法 566 条本文）。ただし、**売主が引渡時に不適合について悪意・重過失である場合は除かれる**（同条但書）。よって、消滅時効にかかっていない限り、B は A の担保責任を追及することが**できる**。

❸ 事業者ではない A が所有し居住している建物につき AB 間で売買契約を締結するに当たり、A は建物引渡しから 3 か月に限り担保責任を負う旨の特約を付けたが、売買契約締結時点において当該建物の構造耐力上主要な部分に契約に適合しないもの（以下「契約不適合」という。）が存在しており、A はそのことを知っていたが B に告げず、B はそのことを知らなかった。この場合、B が当該契約不適合の存在を建物引渡しから 1 年が経過した時に知ったとしても、B は A に対して担保責任を追及することができる。（令元 -3 改題）

答 〇 　売主は、契約不適合責任を負わない特約をしたときでも、不適合を知りながら告げなかった事実については、責任を免れることができない（民法 572 条）。

❹ 建物の構造耐力上主要な部分の契約不適合については、契約の目的を達成できない場合に限り B は契約不適合を理由に売買契約を解除することができる。（令元 -3 改題）

答 〇 　建物の構造耐力上主要な部分の契約不適合は、「**品質**」に関する契約不適合であるから、買主は売買契約を解除できる（民法 564 条）。なお、契約を解除するに当たり、売主の帰責事由は**不要**である。

債務不履行解除の際は、気遣い不要！ 賃貸借、使用貸借、消費貸借

重要度 A

ここではレンタル系の契約を確認するが、重要なのは「賃借権契約」だ。特に転貸に関する法律関係、賃貸人の地位の移転は頻出であり、転貸時の原賃貸借契約の「債務不履行解除」の際、転借人への気遣い（催告）不要という点は押さえておこう。

❶ レンタル系の契約について

　　このテーマのメインは賃貸借契約についてであるが、その前に民法で規定されている**"レンタル系"の契約**について触れておきたい。

　　他人から物を借りることを前提とする契約を"レンタル系"と表現しているが、これには**賃貸借契約、使用貸借契約、消費貸借契約**がある。

　　賃貸借契約は、**お金を支払って**物を借りる契約、**使用貸借**契約は、**無料で**物を借りる契約だ。もちろん、契約が終了すれば借りた物を返却する。

　　そして、**借りた物を消費**してしまい、**同種の物を返却**するのが**消費貸借**契約である。お金を借りる場合が代表例で、借りたお金は使ってしまい、後で同額のお金を返却するが、借りたお金（物）自体を返すわけではない。

> 消費貸借と使用貸借は、それだけで出題されることがほぼないが「**賃貸借**」との違いを問う形で出題されることがある。

プラスα

民法の条文では、消費貸借契約→使用貸借契約→賃貸借契約という順序で規定されている。

（1）消費貸借契約

　　消費貸借契約には、**要物契約**としての消費貸借契約と、**書面でする**消費貸借契約の2種類がある。

　　要物契約としての消費貸借契約とは、借主が、貸主から**目的**

物を受け取ることで、**はじめて契約が成立**するパターンの消費貸借契約である（民法 587 条）。つまり、契約の成立に、借主が、**現実に目的物の引渡し**を受けることが要求されている。

他方、**書面でする**消費貸借契約は、契約の成立に現実の目的物の引渡しは要求されないが、**契約書面によらなければ成立しない**要式契約である（同法 587 条の 2）。

そして、消費貸借契約については、返還時期を押さえておきたい。当事者が返還時期を定めている場合は、その時が返還時期となるが、**当事者が返還の時期を定めなかったとき、貸主が返還を求める場合、相当の期間を定めて返還を催告しなければならない**（同法 591 条 1 項）。

（2）使用貸借契約

使用貸借契約は、タダで物を借りる契約だ。貸主と借主との合意だけで契約が成立するので、**諾成契約である**（民法 593 条）。

贈与でも同様のことを述べたが、無償の契約なので、契約の拘束力は強くない。**書面による使用貸借契約を除いて、貸主は、借主が借用物を受け取るまで、契約の解除ができる**（同法 593 条の 2）し、**借主はいつでも契約を解除できる**（同法 594 条 3 項）。

また、借主はタダで物を借りている以上、契約や目的物の性質によって定まった用法に従って、その物の使用及び収益をしなければならないし、貸主の承諾を得なければ、第三者に借用物の使用又は収益をさせることができない。**"また貸し"には貸主の承諾が必要**ということだ（同条 1 項、2 項）。

借主がこれらの規定に違反した場合、貸主は、契約の解除ができる（同条 3 項）。

なお、「賃貸借」契約との最大の違いは、借主が賃料を支払うか否かであるが、もう 1 つは、使用貸借の場合、契約の前提に**"その人だからタダで貸す"**という人的関係がある。

よって、**借主が死亡**してしまった場合、**使用貸借契約は相続されることなく終了する**（同法 597 条 3 項）。

プラスα

消費貸借契約の場合、賃貸借や使用貸借と違って、借りた物自体は消費して、なくなっているため、突然返してといわれても、返すことができない場合があるからだ。

令4-6

令4-6

プラスα

契約の本旨に反する使用又は収益によって生じた損害の賠償は、貸主が返還を受けた時から 1 年以内に請求しなければならない（民法 600 条 1 項）。

令3 (10月)-3

令3（10月）-3

「賃貸借」契約では、当事者の一方が死亡しても終了**せず**、その契約は相続人に相続**される**。部屋を借りていたが大家さんが死亡したので出てって…というのも賃借人に酷だ。

❷ 賃貸借契約　～賃貸人と賃借人の義務

賃貸借契約とは、賃貸人が賃借人に目的物を使用収益させることを約束し、これに対して賃借人が使用収益の対価として賃料を支払うことと、引渡しを受けた物を契約が終了したときに返還することを約束する契約をいう（民法601条）。

賃貸借契約については、様々な規定が出題されるが、まずは契約成立によって、賃貸人と賃借人が負う義務から確認する。

プラスα
要するに、賃料を支払って、物を借りる、そして、契約後に返却する契約だ。

（1）「賃貸人」の義務

主な賃貸人の義務のポイントをまとめると、以下のようになる。

ポイント **Ⅰ** **賃貸人の義務のポイント（民法606条等）**

・**使用収益をさせる義務（修繕義務）**

賃貸借契約の締結によって、賃貸人は賃借人に**（ちゃんとした）賃貸目的物を使用収益させる義務**を負う。

➡**ちゃんとした物を貸す義務**があるので、目的物に修繕が必要となれば、**賃貸人は必要な修繕をする義務**を負う。

令5-9

➡**賃借人の責任で修繕が必要**となったとき、**賃貸人に修繕をする義務はない。**

➡修繕は、目的物をちゃんとしたものに保つという**賃貸人の権利でもある**ので、**賃貸人が賃貸物の保存に必要な行為（修繕）をしようとするとき、賃借人はこれを拒めない。**

↓

➡以下の場合、**「賃借人」は自ら修繕**できる。

122

①賃借人が賃貸人に修繕が必要である旨を通知、又は、賃貸人がその旨を知ったにもかかわらず、**賃貸人が相当の期間内に必要な修繕をしない**とき。

②**急迫の事情がある**とき。

過 令5-9

・**費用償還義務**

賃貸人はちゃんとした物を貸す義務がある。よって、**賃借人**が賃借物について、**修繕など賃借物の現状を保存するための費用（必要費）を支出**したとき、賃借人は賃貸人に対し、**直ちにその費用の償還を請求できる。**

⬇さらに、

賃借人が、賃貸物の価値を増加させる**費用（有益費）**を支出したときは、**賃貸借が終了した時に、その価格の増加が現存**する場合に限り、**賃貸人の選択**によって、支出額又は価値の増加額を償還しなければならない。

⬇つまり、

費用償還義務は…

必要費	⇒	**直ちに償還請求できる。**
有益費	⇒	**契約終了後に償還請求できる。**

(2) 「賃借人」の義務

賃借人の義務としては、まずは**賃料の支払義務**がある。

この賃料に関して、**賃借物の一部が滅失等**で**使用及び収益をすることができなくなった**場合に、それが**賃借人の責任でそうなったわけではない**ときは、賃料は、その使用及び収益をすることができなくなった部分の**割合に応じて、当然に減額**される（民法611条1項）。また、**目的物の一部滅失等で、残り部分では賃借の目的を達成できないとき、賃借人は契約を解除できる**（同条2項）。その他の義務としては、賃借物を**善良な管理者の注意**をもって保存し、その性質や契約で定まった用法に従って使用する義務がある。

また、**賃貸人が目的物の保存に必要な行為**をしようとすると

プラスα
賃料は、特約がない限り**後払い**とされる（民法614条）。

プラスα
当然に減額され、請求は不要である。

過 平28-7

5章
債権各論

きは、賃借人はこれを**拒むことができない**（民法606条2項）。ただし、賃借人の意思に反して保存行為をする場合で、その行為により賃借の目的を達することができないときは、賃借人は契約を解除することができる（同法607条）。

過 令2 (10月)-4

そして、賃借人は、**契約の終了時に目的物を返還しなければならないが**、**目的物の通常損耗や経年変化以外の損傷**について、その損傷が**賃借人の帰責事由によらないものであるときを除いて**、**賃貸借の終了時に、原状回復義務を負う**（同法621条）。

過 令4-6、令2 (12月)-6

なお、賃借人が契約の本旨に反する使用・収益によって損害が生じた場合の**損害賠償**について、貸主は返還を受けた時から**1年以内に請求しなければならない**（同法622条、600条1項）。

❸ 賃借権の譲渡、賃貸物の転貸

（1）承諾のない無断転貸等

過 令4-6、令3 (12月)-9、平26-7

賃借人の義務に関して、**賃借人は賃借権を譲渡**したり、**賃借物を転貸**したりするときは、**賃貸人の承諾を得なければならない**（民法612条1項）。賃貸人にしてみれば、誰に貸しているかということは重大なのだ。

プラスα
賃貸人に無断で、また貸し等ができないということだ。

賃借人が承諾なく第三者に賃借物の使用収益をさせたとき、条文上、賃貸人は**契約を解除**することができる（同条2項）。

過 平26-1

ただし、住む場所を失うことは重大なので、判例はこの原則を緩和し、**無断譲渡・転貸が、賃貸人と賃借人の信頼関係を破壊するに至っていない場合には、解除は認められない**としている。

プラスα
条文上は無断転貸等があれば解除できるが、よほどのことがないと解除を認めないということである。

（2）「承諾のある」転貸等

賃借人がちゃんと賃貸人の**承諾を得て、賃借権を第三者に「譲渡」**した場合、**賃借人は賃貸借契約から離脱**する。

これに対して、賃借人がちゃんと**承諾を得て第三者に「転貸」**した場合、賃貸人と賃借人の賃貸借契約は継続する。

では、ここで**賃借人が賃料の支払を怠った**場合、どうなるで

あろうか。

　この場合、**賃貸人 A は、転借人 C に直接賃料を請求すること
ができる**。ただし、この場合、賃貸人 A が転借人 C に請求でき
るのは、**賃貸借契約で定められた賃借人 B の賃料の範囲内**であ
る（民法 613 条 2 項）。またこの場合、**賃料の前払をもって賃
貸人に対抗することはできない**（同条 1 項後段）。

　つまり、賃貸借契約の賃料が月 5 万円、転貸借契約の賃料が
月 6 万円の場合、賃貸人は転借人に **5 万円**しか請求できない。

(3)「承諾のある」転貸等において、賃貸借が終了した場合

　賃借人がちゃんと**承諾を得て第三者に「転貸」**し、賃貸人 A、
賃借人 B、転借人 C の関係になった場合、**転貸借の基礎である
AB 間の賃貸借が終了**すると、AC の関係はどうなるか。これは
AB 間の**賃貸借契約の終了原因で異なる**。

**①賃貸借契約が期間満了で終了、又は、賃借人 B の債務不履行
　で解除された場合**
　**➡賃貸人 A は、転借人 C に対して、賃貸借契約の消滅により、
　　転借権も消滅したと主張できる。**
　➡この場合、**転借人 C への催告は不要**だ（最判昭 37.3.29）。

②賃貸人 A と賃借人 B の合意で賃貸借を解除した場合
　➡賃貸人 A は、転借人 C に賃貸借の消滅を主張できない。
　　その結果、賃貸人 A が賃借人 B の地位を引き継ぐ。
　➡ただし、この合意解除の当時、賃貸人が賃借人の**債務不履
　　行による解除権を有していたとき、賃貸人は合意解除した
　　ことを転借人に対抗できる**（民法 613 条 3 項）。

過 平 28-8

過 令 2 (12 月)-6

過 平 28-8、
平 26-7

過 平 28-8、
平 27-9

過 令 2 (12 月)-6

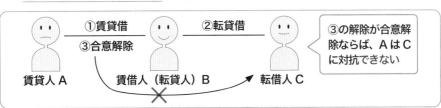

例えば、AがBに建物を賃貸している途中で、Aが建物をC
に売却（譲渡）した場合、賃貸借契約はどうなるか。

まず、**賃貸借契約が対抗要件を有していない**場合、**賃借人B
は賃貸借契約をCに対抗できず**、追い出されることになる。

ただし、**譲渡人Aと譲受人Cの間で、賃貸人の地位も移転
する特約があれば、Cが賃貸人となって賃貸借契約は存続する**。
この特約に関して、賃借人Bの承諾は**不要**だ。賃借人にとっては、
目的物を賃借できることが重要であり、賃貸人が誰であるかは
比較的重要ではないからだ。

また、**新賃貸人となったCがBに賃料を請求**する場合、その
目的物の**対抗要件（登記）を要する**。Bにしてみれば、本当に
賃貸人が変わったのかがわからないからである。

過 令2(10月)-6

他方、**賃貸借契約が対抗要件を有する場合、原則として、賃
貸人の地位はCに移転する**（民法605条の2第1項、2項）。

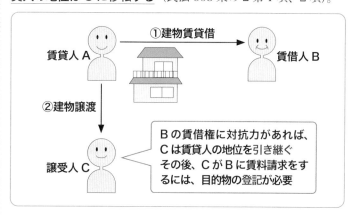

①建物賃貸借
賃貸人A → 賃借人B

②建物譲渡

譲受人C

Bの賃借権に対抗力があれば、
Cは賃貸人の地位を引き継ぐ
その後、CがBに賃料請求をす
るには、目的物の登記が必要

❺ 敷金を返せと言えるのは、目的物の返却後！

敷金とは、**いかなる名目によるかを問わず、賃借人の**賃貸人
に対する**金銭債務を担保する**目的で、**賃借人が賃貸人に交付す
る金銭**をいう。これは次ページのポイントを押さえておこう。

プラスα
敷金は、賃料の未払
や目的物を損傷した
ときのために、賃貸
人が預かるお金のこ
とだ。

ポイント II 敷金に関するポイント（民法622条の2等）

①賃貸借契約中に未払賃料が発生した場合

➡ **賃貸人は、敷金から未払分を充当できる。**

➡ **賃借人から「敷金を充てといて！」と請求できない。**

②敷金の返還時期について特約がない場合、賃貸借契約の終了後、**賃借人が建物を明け渡した後に請求できる。**

➡賃借人は「敷金を返還するまで建物を引き渡さない」とは言えない。**建物を明け渡してはじめて、敷金返還請求権が発生**するからだ。

③賃貸借契約中に賃貸人の地位が移転した場合

➡敷金の権利や義務は、**新賃貸人に承継**される。承継されないと、新賃貸人の担保がなくなるからだ。

 平 28-1

 令 2 (10月)-4

 令 3 (10月)-1、令 2 (10月)-4、平 27-8

5章 債権各論

❻ 賃貸借契約の終了

存続期間の定めのある賃貸借は、その**期間の満了**によって終了する。

存続期間の定めのない賃貸借は、**各当事者はいつでも解約申入れができる**。解約申入れがあると、土地は1年、建物は3か月、動産は1日の期間を経て、賃貸借は終了する。

> 民法上、賃貸借契約の期間は **50年**までとされる。これより長い期間を定めても **50年**となる。

なお、賃貸借契約は債務不履行による解除で終了することもある。この解除の効果は、**将来に向かってのみ生じ**（民法620条）、遡及しない。

プラスα
賃貸物の全部が滅失等で**使用収益できなくなった場合、賃貸借契約は終了する**（民法616条の2）。

プラスα
賃貸借契約の「存続期間」や「終了」については、154ページからの借地借家法で特別の定めがある。

 令 3 (12月)-9

❶Ａを貸主、Ｂを借主として甲建物の賃貸借契約が令和 5 年 7 月 1 日に締結された場合において、甲建物の修繕が必要であることを、Ａが知ったにもかかわらず、Ａが相当の期間内に必要な修繕をしないときは、Ｂは甲建物の修繕をすることができる。（令 5-9 改題）

　答　○　本問の記述のとおりである（民法 607 条の 2 第 1 号）。

❷Ａを貸主、Ｂを借主として甲建物の賃貸借契約が令和 5 年 7 月 1 日に締結された場合において、甲建物の修繕が必要であり、ＢがＡに修繕が必要である旨を通知したにもかかわらず、Ａが必要な修繕を直ちにしないときは、Ｂは甲建物の修繕をすることができる。（令 5-9 改題）

　答　×　賃借人が自ら修繕できるのは、修繕の**通知**又は賃貸人が修繕の必要性を**知ってから**、賃貸人が**相当の期間**、**修繕をしない**場合や**急迫の必要**がある場合である（民法 607 条の 2）。必要な修繕を「直ちにしないとき」ではない。

❸賃借人から敷金の返還請求を受けた賃貸人は、賃貸物の返還を受けるまでは、これを拒むことができる。（令 2-10 月 -4）

　答　○　敷金返還請求権は、賃貸物を**明け渡して**はじめて発生する。よって、賃貸人は、賃貸物の返還を受けるまでは、敷金の返還を拒むことが**できる**。

❹賃借人は、賃借物を受け取った後にこれに生じた損傷がある場合、通常の使用及び収益によって生じた損耗も含めてその損傷を原状に復する義務を負う。（令 2-10 月 -4）

　答　×　賃借人は、賃借物を受け取った後にこれに生じた損傷がある場合、通常の使用及び収益によって生じた賃借物の損耗並びに賃借物の経年変化を**除き**、その損傷を原状に復する義務を負う（民法 621 条本文）。

❺賃借人は、未払賃料債務がある場合、賃貸人に対し、敷金をその債務の弁済に充てるよう請求することができる。（令 2-10 月 -4）

　答　×　賃借人は、敷金をもって未払賃料への充当を請求**できない**。これを認めてしまうと、担保でもある敷金がなくなってしまうからだ。

❻賃貸人Ａは、賃借人Ｂとの間の賃貸借契約を合意解除した場合、解除の当時Ｂの債務不履行による解除権を有していたとしても、合意解除したことをもって転借人Ｃに対抗することはできない。（令 2-12 月 -6 改題）

　答　×　適法な転貸借後の賃貸借の合意解除のケースでも、賃貸人が賃借人の債務不履行による解除権を有していたときは合意解除を対抗**できる**（民法 613 条 3 項）。

テーマ 3 4 ページ分で学習終了！「請負」と「委任」

重要度 B

「請負契約」は令和 5 年度に出題されたので、令和 6 年度での出題可能性は低い。ただし、「委任契約」も含めてどのような内容の契約であるかは、他のテーマを学習するうえでの前提理解となるので、紹介する内容は把握しておこう。

5章 債権各論

❶ 請負契約のポイント

　請負とは、当事者の一方がある**仕事を完成**することを約束し、その仕事の結果に対して、**相手方が報酬を与える**契約である。例えば、請負人となる建築業者が、注文者の依頼で建物を建築する契約が請負契約の典型だ。

　請負のポイントをまとめると、以下のようになる。

プラスα

建築し終わった建物を売るならば「売買契約」である。左の例は「建築行為」を依頼するということだ。

ポイント I 請負のポイント（民法 632 条～ 642 条）

・注文者は、請負人の**仕事完成前**であれば、**損害賠償をしたうえで、いつでも請負契約を解除**できる。

・建物の建設請負など、**物の引渡しを必要**とする場合、**報酬は目的物の引渡しと同時に支払う**。

・原則として、**請負人は仕事が完成しないと報酬を請求できない**が、以下の場合は、**未完成でも割合に応じて報酬を請求**できる。
　➡①**注文者の責めに帰することができない事由**で、**仕事の完成が不能**となったとき
　　②請負が仕事の**完成前に解除**され、**既にした仕事**のうち**可分な部分の給付で注文者が利益を受ける**とき

・目的物の**種類・品質に契約不適合**がある場合、**請負人は契約不適合責任を負う**。
　➡**注文者は、不適合を知った時から 1 年以内にその旨を通知しないと、責任追及できない**。

過 令元 -8

プラスα

契約不適合責任は、①履行の追完（修補など）、②報酬減額、③損害賠償請求、④契約の解除だ。

過 令 5-3

過 令5-3

ゴロ合わせ

知ったかぶって、
（不適合を**知った**時から）

い〜ねと通知！
（**1年**以内に**通知**）

➡注文者は、**注文者の供した材料や指図**によって不適合が生じた場合も**責任追及できない**。

⬇ただし、

この場合でも、**請負人が材料又は指図が不適当であることを知りながら告げなかったときは、責任を負う**。

・建物建築請負における**建物所有権（完成物）の帰属**
　①**注文者**が**材料の全部・主要部分、請負代金を提供**
　　➡原始的に、**注文者**に帰属する（大判昭7.5.9）。
　②**請負人**が**材料の全部・主要部分を提供**
　　➡原始的に、**請負人**に帰属し、**引渡し**で注文者に帰属する（大判大3.12.26）。
　③なお、増築で増築部分が既存建物の構成部分となっている場合、増築部分は**既存建物の所有者**に帰属する（最判昭38.5.31）。

過 令5-3

プラスα

仕事の「完成前」でも、請負代金をほぼ完済していれば注文者に帰属する（最判昭44.9.12）。なお、特約がある場合は、それに従う（最判昭46.3.5）。

❷ 委任契約のポイント

委任契約とは、当事者の一方が**法律行為**をすることを**相手方に委託**する契約である。契約締結を他人に依頼する場合などであり、**依頼者を委任者、依頼を受ける者を受任者**という。

委任についてもポイントをまとめるので、これらの内容を押さえておけば対応できるだろう。

委任者・受任者に対しては、様々な義務規定があるが、よく出るのが**死亡による終了**（相続されない）だ。

プラスα

掃除を依頼する場合など、法律行為「**以外**」を依頼する場合を準委任契約といい、委任契約に準じて取り扱われる。

ポイント 委任のポイント（民法644条〜654条）

①**委任者は**、特約がない限り、**報酬支払義務を負わない**。

　➡**委任は、無償**が原則だ！

　➡**報酬を支払う特約**がある場合、**支払時期は後払い**（委任事務終了後）。

　➡**委任者の責めに帰することができない事由**で、**途中で委任が終了した場合でも、受任者は、既にした履行の割合に応じて報酬を請求できる**（同法648条3項1号）。

②**受任者は、善良な管理者の注意**をもって事務を処理しなければならない。➡これは**無報酬であっても同じ！**

①②のように、受任者には重めの義務があるので…

↓

③**事務処理に費用**がかかる場合、その**費用の前払いを請求できる**。

④**当事者（委任者又は受任者）が死亡**した場合、委任契約は、相続人に**相続されない！**

　➡"その人"だからお願いするという**当事者の信頼関係**が委任契約の基礎にあるためだ。

　➡ただし、**委任が終了した場合において、急迫の事情があるとき**、受任者や相続人、法定代理人は、**別の者が委任事務を処理することができるに至るまで、必要な処分**をしなければならない。

↓

このように、**当事者の信頼関係が基礎にある**ので…

↓

⑤**委任者も受任者も、いつでも契約を解除できる！**
信頼関係がなくなったのならば…ということだ。

　➡ただし、**相手方に不利な時期に解除**する場合などは、**損害賠償義務が発生する**。

　➡この場合でも、**やむを得ない事由で解除**したのであれば、**損害賠償義務は生じない**。

プラスα
急迫の事情がある場合は、誰かが引き継ぐまで処分を続けるということだ。

❶Aを注文者、Bを請負人として、A所有の建物に対して独立性を有さずその構成部分となる増築部分の工事請負契約を締結し、Bは3か月間で増築工事を終了させた。Bが材料を提供して増築した部分に契約不適合がある場合、Aは工事が終了した日から1年以内にその旨をBに通知しなければ、契約不適合を理由とした修補をBに対して請求することはできない。(令5-3改題)

答　✕　請負の目的物の品質に関して契約不適合がある場合、注文者が不適合を**知った時**から1年以内にその旨を請負人に**通知**しなければ、契約不適合を理由とした修補（履行の追完）請求ができない（民法637条1項）。「工事が終了した日」から1年以内ではない。

❷Aを注文者、Bを請負人として、A所有の建物に対して独立性を有さずその構成部分となる増築部分の工事請負契約を締結し、Bは3か月間で増築工事を終了させた。増築した部分にAが提供した材料の性質によって契約不適合が生じ、Bが材料が不適当であることを知らずに工事を終了した場合、AはBに対して、Aが提供した材料によって生じた契約不適合を理由とした修補を請求することはできない。(令5-3改題)

答　○　本問の記述のとおりである（民法636条）。

❸Aを注文者、Bを請負人とする請負契約（以下「本件契約」という。）が締結された場合、Bが仕事を完成しない間は、AはいつでもBに対して損害を賠償して本件契約を解除することができる。(令元-8改題)

答　○　本問の記述のとおりである（民法641条）。

❹AがBとの間でB所有建物の清掃に関する準委任契約を締結していた場合、Aの相続人は、Bとの間で特段の合意をしなくても、当該準委任契約に基づく清掃業務を行う義務を負う。(令3-10月-3)

答　✕　（準）委任契約は、当事者の死亡で**終了**するので（民法653条1号、656条）、相続されることは**ない**。

❺AとBとの間で令和2年7月1日に締結された委任契約において、委任者Aが受任者Bに対して報酬を支払うこととされていた場合、Bは、契約の本旨に従い、自己の財産に対するのと同一の注意をもって委任事務を処理しなければならない。(令2-10月-5改題)

答　✕　受任者は、委任の本旨に従い、**善良な管理者**の注意をもって委任事務を処理しなければならない（民法644条）。

損害賠償請求権の存否と額がポイント！ 不法行為

重要度 **A**

不法行為については、一般の不法行為の「損害賠償請求権とその額」に関する知識、具体的には、損害賠償請求権が消滅する場合、減額される場合が頻出である。特殊の不法行為は、ごく基本的な事項を押さえていれば十分である。

5章
債権各論

❶ 一般の不法行為は、損害賠償の知識に集中！

　故意又は過失によって、**他人の権利や利益を侵害**する行為を**不法行為**という。要するに、悪意をもって、又は、うっかりと他人に損害を与える行為だ。

　この不法行為が成立すると、**被害者は加害者に対して損害賠償請求**ができるところ、不法行為が成立するための要件は、以下のものである。

◆ 不法行為の成立要件

> ①**行為者に故意又は過失があること**
> ②**行為者に責任能力がある**こと
> 　幼い子どものような責任無能力者が不法行為をしても責任は問われない。
> 　ただし、保護者の監督不行届きの責任は問われうる。
> ③加害行為に**違法性がある**こと
> 　実は加害行為が正当防衛であった（違法性がない）…といった事情がないことと考えよう。
> ④**損害の発生**
> 　物理的な損害だけではなく、**精神的苦痛も損害**となる。

　損害賠償の方法は、金銭による賠償が原則だが、**他人の名誉を毀損**した者に対しては、**名誉を回復するのに適当な処分（謝**

プラスα
不法行為には、**一般の不法行為**（民法709条）と**特殊の不法行為**（同法714条以下）に分けられる。

プラスα
成立要件が問われる可能性は低いので、読んで理解できればよい。

プラスα
精神的苦痛に対する損害賠償請求を慰謝料請求という。

過 令元-4

罪広告など）を請求することもできる（民法723条）。これは金銭での損害賠償請求と同時に行ってもよい。

なお、名誉権に基づいて、加害者に対し侵害行為の差止めを認めた判例がある（最大判昭61.6.11）。

不法行為については、**損害賠償請求とその額**に関する知識ばかりが問われている。この辺のポイントをまとめたのが以下のものだ。

ポイント I （一般の）不法行為のポイント

① 損害賠償請求権の消滅時効の起算点は？
➡ 被害者又はその法定代理人が、**損害及び加害者を知った時から3年**（民法724条）。

⬇ さらに

➡ 人の**生命**又は**身体**を害する不法行為による損害賠償請求権の消滅時効は、**5年**となる（同法724条の2）。

⬇ ただし

➡ **不法行為**の時から**20年**が経過すると、消滅時効は完成。これは消滅時効の期間のカウントがスタートしていなくても消滅する（証拠もなくなるため）。

② 損害賠償債務は、いつから履行遅滞となるか？
➡ 損害の発生時から！被害者保護のためだ。

③ 不法行為について「被害者」に過失があった場合、過失相殺できるか？
➡ できる。
➡ しかし、裁判所は必ず過失相殺をする必要はない。

⬇ さらに

④ 過失相殺について、減額だけではなく、責任まで免除できるか？
➡ できない。不法行為の場合は「額」だけである。

⑤ 不法行為によって被害者が損害を受けたと同時に、費用の支出を免れるなどの利益も受けた場合、この利益を損害賠償請求額から控除できるか？
➡ できる（損益相殺）。

 令3(10月)-8、令2(12月)-1、平26-8

 令3(10月)-8

令3(10月)-8、平26-8

プラスα
③④に関して、「債務不履行」に基づく損害賠償請求では、債権者に過失があった場合、必ず過失相殺するし、責任の免除もできる。

 令元-4

➡ただし、被害者が受けた**保険金は控除されない**（最判
昭 50.1.31）。これは保険料の対価だからだ。

前ページのポイント①は、「**及び**」という点に注意だ。**自分が
損害を受けたことはわかっていても、加害者がわからない時点
では、消滅時効がスタートしない**。被害者保護のためだ。

なお、ここでいう「**損害**」「**を知った**」とは、知る可能性があっ
ただけでは足りず、**現実の認識が必要**である（最判平 14.1.29）。

過 平 26-8

❷ どちらが賠償しても求償できる（使用者責任）

従業員（被用者）を雇って事業をしている者（使用者）、又は
使用者に代わって事業を監督する者は、**被用者が第三者に与え
た損害**について、**被用者とともに共同で損害を賠償しなければ
ならない**。要するに、**部下が発生させた損害**は、**上司（会社）
も一緒に賠償**しなければならない。これを**使用者責任**という（民
法 715 条）。

プラスα

ここからは「特殊な
不法行為」の話だ。

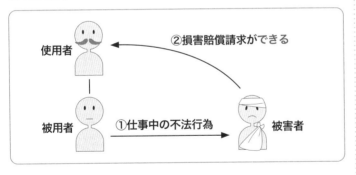

②損害賠償請求ができる

使用者

被用者　①仕事中の不法行為　被害者

使用者責任のポイントは、以下のものである。

ポイント II　使用者責任のポイント

①使用者責任が成立するには、**被用者の行為が一般的不法
行為の成立要件**を満たしていなければならない。
②加害行為は、**事業の執行につき行われたもの**でなければ
ならない。**業務中の行為**ということだ。

プラスα

なお、使用者責任が
成立する場合でも、
使用者が**被用者の選
任・監督につき相当
の注意を払ったか**、
又は相当の注意をし
ても損害が発生した
という場合には、使
用者は使用者責任を
負わない。

→本当に業務中でなくても、**外からそう見えればよい。**
（会社の自動車で帰宅中に交通事故を起こした場合、業務中ではないが、使用者責任が成立する）

③被害者は、使用者にも、被用者にも損害賠償請求できる。

過 平28-7
④使用者・監督者が損害を賠償した場合、直接の加害者である**被用者に求償権を行使できる**（民法715条3項）。
　→損害の公平な分担の見地から、**信義則上相当と認められる限度**でのみ認められる（最判昭51.7.8）。
　　　　　　　　　⬇ 逆に…

過 令2 (12月)-1
⑤被用者が損害を賠償した場合も、**使用者等に対して、相当と認められる額の求償ができる**（最判令2.2.28）。

---

❸ 「所有者」の責任は不可避（土地工作物責任）

　建物の看板や塀の一部が崩れ、通行人がケガをした場合など、**土地の工作物の設置又は保存に瑕疵がある**ことによって、**他人に損害を生じたとき**、その**工作物の占有者は**、被害者に対して**損害を賠償**しなければならない。

過 令3 (10月)-8
　ただし、**占有者が損害の発生を防止**するために**必要な注意を**していたとき、**占有者は免責**され、その**損害は所有者が賠償しなければならない**（民法717条1項）。

過 令3 (10月)-8
　そして、この所有者の責任は、無過失の場合でも責任を負う**無過失責任**である。

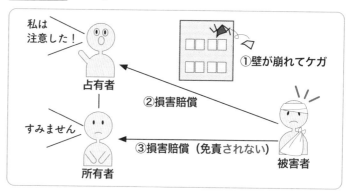

❹ 不法行為にかかわった者は…（共同不法行為）

　数人が行為を行い、その結果、**他人に損害が発生**した場合には、その**数人は連帯してその賠償責任**を負わなければならない（民法 719 条 1 項）。

> 共同不法行為者は、損害賠償債務について、**連帯債務**を負うということだ。全員に全額の請求ができるなどのメリットがある。

　また、一緒に行為した場合だけではなく、**直接の行為者を教唆（そそのかし）した者、幇助（手助け）した者も共同不法行為者**となる。

❺ 当たり前の規定である注文者の責任

　建設会社に家屋の建築を注文したケースを念頭においてみよう。その**注文者は、請負人が仕事について第三者に加えた損害を賠償する責任を負わない**。

　ただし、**注文又は指図**についてその**注文者に過失があった**ときは、**注文者も責任を負う**（民法 716 条）。

> たとえ注文したとはいえ、建設中の事故について、発注者は責任を負わない。でも、発注者の注文内容や指図に過失があれば、責任を負う…という当たり前の規定である。

プラスα
共同行為者のうちの誰が損害を加えたか不明な場合も同じである。

過 令元 -4

❶Aが1人で居住する甲建物の保存に瑕疵があったため、令和3年7月1日に甲建物の壁が崩れて通行人Bがケガをした場合（以下この問において「本件事故」という。）において、本件事故について、AのBに対する不法行為責任が成立する場合、BのAに対する損害賠償請求権は、B又はBの法定代理人が損害又は加害者を知らないときでも、本件事故の時から20年間行使しないときには時効により消滅する。
（令3-10月-8改題）

　答　○　不法行為による損害賠償請求権は、**不法行為**の時から**20年**間行使しない場合には、時効によって消滅する（民法724条2号）。

❷人の生命又は身体を害する不法行為による損害賠償請求権は、被害者又はその法定代理人が損害及び加害者を知った時から5年間行使しない場合、時効によって消滅する。（令2-12月-1）

　答　○　本問の記述のとおりである（民法724条の2）。

❸被害者は、不法行為によって損害を受けると同時に、同一の原因によって損害と同質性のある利益を既に受けた場合でも、その額を加害者の賠償すべき損害額から控除されることはない。（令元-4）

　答　×　不法行為と同一の原因によって損害と同質性のある利益を既に受けた場合には、この利益は損害賠償請求金額から控除**される**（**損益相殺**）。

❹不法行為による損害賠償請求権の期間の制限を定める民法第724条第1号における、被害者が損害を知った時とは、被害者が損害の発生を現実に認識した時をいう。
（平26-8改題）

　答　○　本問の記述のとおりである（最判平14.1.29）。

❺被用者が使用者の事業の執行について第三者に損害を与え、第三者に対してその損害を賠償した場合には、被用者は、損害の公平な分担という見地から相当と認められる額について、使用者に対して求償することができる。（令2-12月-1）

　答　○　本問の記述のとおりである（最判令2.2.28）。

❻第三者が債務者を教唆して、その債務の全部又は一部の履行を不能にさせたとしても、当該第三者が当該債務の債権者に対して、不法行為責任を負うことはない。（令元-4）

　答　×　共同不法行為者は、連帯して損害を賠償する責任を負い（民法719条1項）、行為者を教唆した者は、共同行為者と**みなされる**（同条2項）。

「誰が」「どれだけ」相続するかをマスターする

民法では、725条からいわゆる親族法、882条からいわゆる相続法が規定されている。親族法はほとんど出題されないので、6章では相続法のポイントを確認していく。まずは法定相続人と法定相続分の話だ。

❶ 誰が相続人となるのか（ステップⅠ・法定相続人）

　相続とは、人（被相続人）が死亡した場合、その人が生前に有していた財産や負債が相続人に引き継がれることをいう。**死亡した人のことを「被相続人」、財産を引き継ぐ人を「相続人」**という。

　まず被相続人が死亡した場合、**相続の手続は、被相続人の遺言（書）があるかないかで異なってくる。**遺言とは、被相続人が自分の死後について、誰に、どの財産を相続させるのか等を定めておく生前の意思表示だ。

　遺言があれば、原則として、相続は遺言どおりに執行されていくが、遺言がない場合、**誰が相続人となるのか、**また、**その相続分を確定しなければならない。**これらは民法で定められており、それが**「法定相続人」**であり、**「法定相続分」**である。

　そこで、**ステップⅠ**として、**誰が相続人となるのか**を確認していくが、まとめると以下のようになる。

ポイント Ⅰ　法定相続人の範囲

①**配偶者は、常に相続人**となる（民法890条）。
　ただし、**内縁の配偶者は、相続人とならない。**

↓

そのうえで**「配偶者と○○」**という形で、**配偶者と以下の順位が最も高い者だけが相続人**となる。
配偶者がいない場合は、以下の順位の最も高い者だけが

プラスα

相続法については、3年に一度くらいの頻度で法定相続分の計算方法が問われる。これは誰が相続人となるのか（ステップⅠ）、相続人が決まったとして、具体的な相続分はどうなるのかの計算方法（ステップⅡ）を押さえればよい。

プラスα

内縁とは、法律上の婚姻はしていないが、事実上、婚姻している状態。

 令2(10月)-8

6章　相続その他

<u>相続人</u>となる。第1順位と第2順位の者が相続人となる**わけではない。**

⬇

第1順位：被相続人の子（民法887条1項）。
　⇒**孫がいる場合、孫は代襲相続できる**（同条2項）。
　➡**さらに再代襲もできる**（同条3項）。
第2順位：被相続人の直系尊属（同法889条1項1号）。
第3順位：兄弟姉妹（同項2号）。
　⇒**兄弟姉妹の子は代襲相続できる**（同条2項）。
　➡**兄弟姉妹の子に再代襲は認められない。**

<small>だいしゅうそうぞく</small>
代襲相続とは、相続の開始によって、相続人となる地位を有する者が、死亡など一定の事由で相続人となることができない場合、その者の子が代わって相続人となる制度である。

祖父　　　　　　　　　　　父　　　　　私（本人）
②死亡　　　　　①死亡　　　③代襲相続
相続できない

また、法定相続人であっても、何らかの理由で相続人とならない者が出てくるので、併せて押さえておこう。

ポイント Ⅱ 相続人とならない者のポイント

①**相続を放棄した者。**
　➡なお、**相続開始前に相続の放棄はできない。**
②**相続の欠格事由に該当した者。**
　被相続人を故意に死亡させるなどの欠格事由に該当した者は、**法律上当然に相続人になれない**（民法891条）。
③**相続の廃除を受けた者。**
　被相続人に虐待、重大な侮辱を加える、著しい非行があったとき、被相続人は、その推定相続人の廃除を家庭裁判所に請求でき（同法892条）、確定すると相続人となれない。

・**①〜③について代襲相続が「認められない」のは放棄のみ！**

<u>過</u> 令2 (10月)-8

プラスα
尊属とは、自分より年長の者を意味し、直系尊属とは、本人の父母、祖父母という縦の関係にある尊属である。

<u>過</u> 令4-2

プラスα
相続の放棄は、自己のために相続の開始があったことを知った時から3か月以内にしなければならない。つまり、相続開始前にはできない。

❷　相続人が決まれば「相続分」の計算（ステップⅡ）

　誰が相続人となるのかが決まった後は、実際の相続分が問題となる。これが法定相続分の話だ。これは以下のように割合が定められている。

ポイント　Ⅲ　法定相続分

①**配偶者と子**が相続人の場合（民法 900 条 1 号）
　➡**ともに 2 分の 1 ずつ。**
②**配偶者と直系尊属**が相続人の場合（同条 2 号）
　➡**配偶者は 3 分の 2、直系尊属は 3 分の 1。**
③**配偶者と兄弟姉妹**が相続人の場合（同条 3 号）
　➡**配偶者は 4 分の 3、兄弟姉妹が 4 分の 1。**

・**各順位の相続人が 2 人以上いる場合**（同条 4 号本文）
　➡相続分を**人数で均等に分割**した割合となる。

・**被相続人の兄弟に、親の一方とだけ血がつながっている半血の者がいる場合**（同条 4 号但書）
　➡相続分は全血の者の **2 分の 1。**

過　令 3（10 月）-9、
令 2（12 月）-8、
平 29-9

6章
相続その他

ゴロ合わせ

孫悟空さん！
（直系尊属は 3 分の 1）

兄弟がいると良い！
（兄弟姉妹は 4 分の 1）

　法定相続分の計算については、実際の問題で確認してみよう。

法定相続分の計算問題では、必ず図を書こう。それだけで格段に解きやすくなる。

プラスα
法定相続分の計算問題に限らず、**複数の登場人物**が登場する問題では、**簡略図を書くクセ**をつけよう。

> 1 億 2,000 万円の財産を有する A が死亡した。A には、配偶
> 者はなく、子 B、C、D がおり、B には子 E が、C には子 F が
> いる。B は相続を放棄した。また、C は生前の A を強迫して
> 遺言作成を妨害したため、相続人となることができない。この
> 場合における法定相続分に関する次の記述のうち、民法の規定
> によれば、正しいものはどれか。
>
> 1　D が 4,000 万円、E が 4,000 万円、F が 4,000 万円となる。
> 2　D が 1 億 2,000 万円となる。
> 3　D が 6,000 万円、F が 6,000 万円となる。
> 4　D が 6,000 万円、E が 6,000 万円となる。

〔本問の状況〕

```
                                      ×   1 億 2,000 万円
                                      A    の財産
          放棄 ─→  B          C   ←─ 欠格    D
                    │          │
代襲相続がおきない ─→ E        F   ←─ 代襲相続がおきる
```

　本問は B ～ F の相続分が求められれば正解できる。まずはス
テップ I として、**誰が相続人となるのか**の確定だ。

　本問の A には BCD という 3 人の子がいる。**B は相続を放棄
しているので、B は相続人とならない。また、相続の放棄では
代襲相続もできないので、B の子 E も相続人とならない。**

　また、C は「生前の A を強迫して遺言作成を妨害」とあるため、
相続の欠格事由に該当して相続人とならない。**欠格事由に当た
る場合は代襲相続ができるので、C の子 F は相続人となる。**

　そして、A のもう 1 人の子である **D が相続人となる**ことに問
題はない。よって、**本問で相続人となるのは D と F だ。**

　ステップ II として**相続分の計算**だが、代襲相続をする F は、
C の相続分となるので、**D と F の人数で均等に分割**すること と
なり、**D と F ともに 6,000 万円となる。**

プラスα

この時点で、E に相続分が発生している選択肢 1 と 4 は正解とならない。
また、F に相続分が発生していない選択肢 2 も正解とならず、正解は 3 とわかる。

❸ 相続分の最低保証（遺留分）

　相続分については、遺留分という制度がある。**遺留分は「相続人」に一定の割合で保障される相続分**のことであり（民法1042条）、**最低限の取り分**と考えればよい。

　前ページまでの法定相続人と法定相続分は、被相続人の遺言がなかった場合の話だ。遺言があり、特定の子にのみ全財産を相続させる内容だと、他の者は全く相続できなくなる。

　そこで、民法は残された家族等の生活等を考え、相続人には一定の取り分を確保させようとしているのだ。この遺留分のポイントは、以下のとおりである。

ポイント **IV** **遺留分のポイント**

> ①**遺留分の割合**（民法1042条）
> 　**原則**：法定相続分の**2分の1**
> 　**例外**：**直系尊属のみ**が相続人のとき、法定相続分の**3分の1**
>
> ②**兄弟姉妹には、遺留分はなし！**
>
> ③**遺留分を侵害する遺贈**があった場合、**遺留分権利者は、遺贈を受けた者（受遺者）**等に対して、**遺留分侵害額請求**が認められる（同法1046条）。
> 　➡相続開始及び遺留分の侵害を知った日から1年、又は、相続開始から10年で時効消滅する。
>
> ④<u>家庭裁判所の許可があれば、相続開始前でも遺留分は放棄できる</u>（同法1049条1項）。
> 　➡<u>「遺留分」を放棄するだけで、**相続人としての地位は失わない**。</u>

　例えば、**A が死亡し、妻 B と子 C のみが相続人**である場合、**A が子 C に全財産を相続させる旨の遺言**があったとしても、**妻B は法定相続分2分の1に、遺留分2分の1を乗じた4分の1は、相続できる**こととなる。

プラスα
遺言により財産を与えることを遺贈という。

 令4-2

プラスα
一般的には、死亡した者とその兄弟姉妹は一緒に生活していないだろうし、兄弟姉妹の生活費までは保証されていない。

過 令4-2

❶ 被相続人の生前においては、相続人は、家庭裁判所の許可を受けることにより、遺留分を放棄することができる。（令 4-2）

　答　○　相続の開始前における遺留分の放棄は、**家庭裁判所の許可**を受けたときに限り、その効力が生じる（民法 1049 条 1 項）。

❷ 相続人が遺留分の放棄について家庭裁判所の許可を受けると、当該相続人は、被相続人の遺産を相続する権利を失う。（令 4-2）

　答　×　遺留分の放棄は、いわば最低保証を放棄するだけで、相続人となる地位までは**失わない**。

❸ 相続人が被相続人の兄弟姉妹である場合、当該相続人には遺留分がない。（令 4-2）

　答　○　**本問の記述のとおり**である（民法 1042 条 1 項）。

❹ 被相続人の子が相続開始以前に死亡したときは、その者の子がこれを代襲して相続人となるが、さらに代襲者も死亡していたときは、代襲者の子が相続人となることはない。（令 2-10 月 -8）

　答　×　被相続人の子については、いわゆる再代襲が**認められる**（民法 887 条 3 項）。

❺ 被相続人に相続人となる子及びその代襲相続人がおらず、被相続人の直系尊属が相続人となる場合には、被相続人の兄弟姉妹が相続人となることはない。（令 2-10 月 -8）

　答　○　本問の被相続人に配偶者がいるかは不明だが、配偶者がいてもいなくても、本問の場合の相続人は、第 1 順位の被相続人の**直系尊属のみ**である（民法 889 条 1 項）。

❻ 被相続人の兄弟姉妹が相続人となるべき場合であっても、相続開始以前に兄弟姉妹及びその子がいずれも死亡していたときは、その者の子（兄弟姉妹の孫）が相続人となることはない。（令 2-10 月 -8）

　答　○　兄弟姉妹については再代襲が**認められない**（民法 889 条 2 項参照）。よって、兄弟姉妹の孫は相続人と**ならない**。

❼ 家庭裁判所への相続放棄の申述は、被相続人の生前には行うことができない。（令 4-2）

　答　○　**本問の記述のとおり**である（民法 938 条 1 項、915 条）。

その他、相続に関する知識 遺産分割、配偶者居住権など

重要度 B

相続に関して、過去に出題されているその他の知識も確認しておきたい。比較的新しい規定・制度である「相続財産の対抗」と「配偶者居住権」は、今後も出題される可能性があるので意識しておきたい。

6章 相続その他

❶ 自分の持分には、対抗要件不要！

　相続人と具体的な相続分も決まり、実際に財産を相続したとして、次はその**相続財産の所有権を周囲に主張（対抗）できるかという問題**がある。この点については、以下のようになる。

◈ 相続財産を第三者に主張するために対抗要件が必要か？
　（民法 899 条の 2）

令 3（12 月）-6、
平 30-10

・自己の法定相続分　　⇒対抗要件は**不要**。
・法定相続分を超える部分　⇒対抗要件が**必要**。
・この取扱いは、遺産分割による権利の承継であっても**同じ**。

❷ 相続の承認と限定承認

　相続の放棄は前テーマで触れたが、逆に、相続の承認についても民法は規定している。相続の承認とは、開始した相続について、相続人が、無限に被相続人の権利義務を承継する意思の表示をいう（民法 920 条）。

　「無限に」というのは、たとえ被相続人が莫大な借金を抱えていたとしても、これを引き継ぐということだ。このような相続を単純承認というが、これが相続の原則である。

　一度相続を承認すると、原則として、これを撤回することはできない（同法 919 条 1 項）。ただし、詐欺や強迫等の取消し

プラス α

相続の承認をする前でも、相続財産を処分するなどの行為で、自動的に単純承認したものとみなされる（民法921条）。これを**法定単純承認**という。

が認められる原因によって承認してしまった場合は、家庭裁判所への申述により取り消すことができる（同条2項、4項）。

そして、相続の承認には、**限定承認**という方式がある。**相続財産で弁済できる範囲でのみ**、被相続人の**負債をも相続して**、その弁済の責任を負うとするものである（同法922条）。

限定承認をしようとするとき、相続人は、原則として、**自己のために相続の開始があったことを知った時から3か月以内に**、相続財産の目録を作成して、**家庭裁判所に提出し、限定承認をする旨を申述しなければならない**（同法915条1項本文）。

また、**相続人が数人**いるとき、**限定承認は、共同相続人の全員が共同して行わなければならず**（同法923条）、複数の相続人のうちの一部が単純承認をし、残りの者が限定承認をするといったことは**認められない**。

❸ 全員の話し合いで相続分を決める（遺産分割）

プラス α

話し合いがまとまらない場合、家庭裁判所の審判等の裁判上の手続での決定も可能だ（民法907条2項）。

法定相続分は、相続権の基本的な割合を定めたものにすぎず、**相続人全員の協議**によって、これと異なる割合等とすることもできる。これが**遺産分割（協議）**だ（民法906条、907条1項）。

遺産分割協議は、相続開始後に行われるが、**遺産分割の効力は、相続開始時に遡って生ずる**（同法909条本文）。つまり、話し合いがまとまれば、はじめから協議の内容どおりに相続されたこととなる。ただし、第三者を害することはできない。

過 令元 -6

なお、共同相続人は、**成立した遺産分割協議を全員の合意により解除**したうえで、**改めて遺産分割協議を成立させることができる**（最判平2.9.27）。

過 令元 -6

プラス α

相続人で定める分割禁止期間の終期は、相続開始の時から10年を超えることはできない。

また、**被相続人は遺言を残すことによって、5年以内の期間を定めて、自身の死後の遺産分割を禁止することもできる**（同法908条1項）。揉めそうだと考えた際のためだ。

遺産分割の禁止は、残された相続人間での契約でも行うことができ（同条2項）、この場合の禁止期間も**5年**を超えることはできない。期間の更新は可能だ（同条3項本文）。

❹ 令和2年からの新制度（配偶者居住権）

配偶者居住権は、**相続発生時、被相続人（死亡した人）が所有していた建物**に、その**配偶者が居住**していた場合、その後も**配偶者が無償で居住**することが認められる権利だ（民法1028条）。

相続によって、残された財産を分配する場合、配偶者がずっと住んでいた建物の所有権を取得できるとは限らない。また、建物所有権の取得を選ぶことで、預貯金等の財産を取得できず、老後の生活資金を取得できない可能性もある。

そこで、配偶者が建物の「所有権」を相続しなかったとしても、「無償で居住し続ける」という権利を取得することが可能とされているのだ。

配偶者居住権を取得した被相続人の配偶者は、原則として、その**終身の間、無償で居住建物の使用**が認められる（同法1030条本文）。死ぬまで住み続けることが**できる**ということだ。

遺産分割協議等で配偶者居住権の期間を定めることもできるが（同条但書）、**その場合、期間の延長や更新は認められないので、その存続期間が満了すれば、配偶者居住権は消滅する**（同法1036条、597条1項）。また**配偶者が死亡**すると、配偶者居住権は消滅し（同法1036条、597条3項）、**配偶者居住権は相続されない**。

配偶者は、**善管注意義務**をもって、居住建物の使用及び収益をしなければならず（同法1032条1項）、居住建物の**「所有権」を取得することとなった他の相続人等の承諾を得なければ、居住建物の増改築や、第三者へ居住建物を賃貸**することはできない（同条3項）。

過 令3(10月)-4

過 令3(10月)-4

ずっと住んでいた家にそのまま…という制度なのに、他人に貸してしまうのは変だ。なお、**配偶者居住権を第三者に対抗するには、登記が必要である。**

プラスα

配偶者居住権は、遺産分割で定められたときや、遺贈の目的とされたときに生じる（民法1028条1項）。

6章

相続その他

❶共同相続財産につき、相続人の一人から相続財産に属する不動産につき所有権の全部の譲渡を受けて移転登記を備えた第三者に対して、他の共同相続人は、自己の持分を登記なくして対抗することができる。（令3-12月-6）

答 〇 相続人は、自己の持分については、登記がなくても第三者に対抗することができる（民法899条の2、最判昭38.2.22）。

❷相続財産に属する不動産について、遺産分割前に単独の所有権移転登記をした共同相続人から移転登記を受けた第三取得者に対し、他の共同相続人は、自己の持分を登記なくして対抗することができる。（平30-10）

答 〇 本問の記述のとおりである（民法899条の2、最判昭38.2.22）。

❸被相続人は、遺言によって遺産分割を禁止することはできず、共同相続人は、遺産分割協議によって遺産の全部又は一部の分割をすることができる。（令元-6）

答 × 被相続人は、遺言で、相続開始の時から5年を超えない期間を定めて、遺産の分割を禁ずることができる（民法908条1項）。

❹遺産の分割は、共同相続人の遺産分割協議が成立した時から効力を生ずるが、第三者の権利を害することはできない。（令元-6）

答 × 遺産の分割は、相続開始時に遡って効力を生ずるが、第三者の権利を害することはできない（民法909条）。「遺産分割協議が成立した時」ではない。

❺共同相続人は、既に成立している遺産分割協議につき、その全部又は一部を全員の合意により解除した上、改めて遺産分割協議を成立させることができる。（令元-6）

答 〇 本問の記述のとおりである（最判平2.9.27）。

❻被相続人Aの配偶者Bが、A所有の建物に相続開始の時に居住していたため、遺産分割協議によって配偶者居住権を取得した。配偶者居住権の存続期間中にBが死亡した場合、Bの相続人CはBの有していた配偶者居住権を相続する。（令3-10月-4改題）

答 × 配偶者が死亡した場合、配偶者居住権は消滅し（民法1036条、597条3項）、配偶者居住権は相続されない。

触れられていない話は、誤りとまではいえない！判例問題のポイント

重要度 B

民法では毎年 1 問、判決文を読んだうえで選択肢の正誤を答える問題が出題される。ここで出題される判例は少し細かい事案が多く、このような判例の学習までは手が回らないだろう。しかし、この問題は現場で解ける問題なのだ。

❶「触れていない話」＝「誤りとはいえない！」

　民法では平成 20 年度から毎年 1 問、判例を読ませたうえで各選択肢の正誤を答える問題が出題されている。

　この問題の出題パターンは「次の 1 から 4 までの記述のうち、民法の規定及び判例並びに下記判決文によれば、**誤っているものはどれか**。」もしくは「**正しいものはどれか。**」というものである。

　つまり、「**下記判決文**」「**民法の規定**」「**判例**」の 3 つから考えると、**誤っている・正しい選択肢はどれか**という問い方である。

◆ 判決文問題の構造

> 判決文を読めば…
> ⬇
> **正解を導ける！**
> ⬇
> **判決文だけでは正解が導けない場合、「民法」と「判例」の知識が必要**

正解にここまで必要となった問題は、過去に 1 度しかない。

　この問題を解くうえでのポイントは、**判決文を素直に受け取ること、そして、判決文とは直接関係のない選択肢が紛れていることを意識する**ことだ。

　特に**「誤っているもの」を選ぶ場合**では、関係のない選択肢は、**誤っているとまではいえない**ことがポイントだ！

プラス α

このテーマでは実際
の過去問を使って解
説をするので、最後
の過去問題の紹介は
省略する。

❷ 実際に問題を解いてみよう！（誤っているもの）

実際の問題を見たほうが早いので、一緒に検討していこう。

令和5年度　問1

> 次の1から4までの記述のうち、民法の規定、判例及び下記
> 判決文によれば、**誤っているもの**はどれか。
>
> （判決文）
> 　遺産は、相続人が数人あるときは、相続開始から遺産分割までの
> 間、共同相続人の共有に属するものであるから、この間に遺産であ
> る賃貸不動産を使用管理した結果生ずる金銭債権たる賃料債権は、
> 遺産とは別個の財産というべきであって、各共同相続人がその相続
> 分に応じて分割単独債権として確定的に取得するものと解するのが
> 相当である。

遺産という言葉が出てきただけで嫌な気持ちになるかもしれ
ない。あまり出題されない親族・相続法の話だからだ。しかし、
**結局のところ、書かれている内容だけで、各選択肢を判断すれ
ば解ける。**

上記の判決文で言っていることを要約すると、次の2つだ。

◆ 判決文の要旨

> ①**相続人が数人**あるとき、**遺産は相続開始から遺産分割ま
> での間、共同相続人の共有**に属する。
> ②**相続開始から遺産分割までの間に発生した賃料債権**は、
> **遺産とは別個の財産**で、**各共同相続人が相続分に応じて
> 分割単独債権として確定的に取得**する。

ほぼ**判決文そのまま**だ。本問は**誤っているもの**を選ぶ問題な
ので、上記①②と異なる内容の選択肢を「素直に探せば」よい
だけだ。

そして、**上記内容と関係のない話は、誤っているとまではい
えない**…ことも意識しよう。では、各選択肢を見ていく。

選択肢1

> 1　遺産である不動産から、相続開始から遺産分割までの間に生じた賃料債権は、遺産である不動産が遺産分割によって複数の相続人のうちの一人に帰属することとなった場合、当該不動産が帰属することになった相続人が相続開始時にさかのぼって取得する。

判決文の要旨②では、**相続開始から遺産分割までの間に発生した賃料債権**は、**各共同相続人が**相続分に応じて分割単独債権として確定的に**取得**するとある。

しかし、この選択肢1では、遺産分割で**当該不動産が帰属することとなった相続人が取得**するとしているので、**誤っている**。

プラスα

とにかく判決文から素直に考えることがポイントだ。

選択肢2

> 2　相続人が数人あるときは、相続財産は、その共有に属し、各共同相続人は、その相続分に応じて被相続人の権利義務を承継する。

選択肢2の内容は、判決文に近しい内容には触れているものの、直接的には触れていない。よって、この選択肢2が**判決文から誤っているとまではいえない**。

プラスα

選択肢2の内容は、民法898条1項、899条で規定されており、正しい内容だ。

選択肢3

> 3　遺産分割の効力は、相続開始の時にさかのぼって生ずる。ただし、第三者の権利を害することはできない。

遺産分割の効力の発生時期等について、判決文では触れていない。よって、この選択肢3が**判決文から誤っているとまではいえない**。

プラスα

選択肢3の内容は、民法909条で規定されており、正しい内容だ。

選択肢4

> 4　遺産である不動産が遺産分割によって複数の相続人のうちの一人に帰属することとなった場合、当該不動産から遺産分割後に生じた賃料債権は、遺産分割によって当該不動産が帰属した相続人が取得する。

この**選択肢4はヒッカケ**だ。選択肢4では**「遺産分割後」**に生じた賃料債権の話をしており、**判決文のいう「相続開始から**

遺産分割までの間」に発生した賃料債権の話をしていない。よっ
て、判決文が触れていない話であり、この選択肢4が**判決文か
ら誤っているとまではいえない**のだ。

> 本問は少し難しい部類の問題だが、「誤っている」も
> のを選ぶパターンでは、**判決文が触れていない話**は
> 「誤りとまではいえない」ことを意識しよう。

❸ 実際に問題を解いてみよう！（正しいもの）

　では次に、「正しいもの」を選ぶパターンの問題も確認してみ
よう。

令和3年度（12月）　問1

次の1から4までの記述のうち、民法の規定、判例及び下記
判決文によれば、**正しいもの**はどれか。

（判決文）
　私力の行使は、原則として法の禁止するところであるが、法律に
定める手続によつたのでは、権利に対する違法な侵害に対抗して現
状を維持することが不可能又は著しく困難であると認められる緊急
やむを得ない特別の事情が存する場合においてのみ、その必要の限
度を超えない範囲内で、例外的に許されるものと解することを妨げ
ない。

　例えば、物を盗まれた際に、法律の手続によらず、自ら取り
返すような行為を**私力の行使（私的実行）**という。ざっくりと言っ
てしまえば**実力行使**だ。
　この点、判決文によれば、**原則として、禁止**されるが、**特別
の事情**があれば、**必要の限度を超えない範囲内で許される**、と
している。それだけだ。これを前提に本問の各選択肢を見てみよ
う。

プラスα
前ページの問題は相
続の話、この問題は
私的実行（裁判所を
介さずに、自ら権利
行使）という、なか
なか手の回らない
テーマだ。
これは逆にいえば、
現場で解ける問題で
あることを意味する。

1　権利に対する違法な侵害に対抗して法律に定める手続によらずに**自力救済**することは、その必要の限度を超えない範囲内であれば、**事情のいかんにかかわらず許される**。

2　建物賃貸借契約終了後に当該建物内に家財などの残置物がある場合には、賃貸人の権利に対する違法な侵害であり、賃貸人は賃借人の同意の有無にかかわらず、**原則として裁判を行わずに**当該残置物を建物内から**撤去**することができる。

3　建物賃貸借契約の賃借人が賃料を1年分以上滞納した場合には、賃貸人の権利を著しく侵害するため、**原則として裁判を行わずに**、賃貸人は賃借人の同意なく当該建物の鍵とシリンダーを交換して建物内に入れないようにすることができる。

4　裁判を行っていては権利に対する違法な侵害に対抗して現状を維持することが不可能又は著しく困難であると認められる**緊急やむを得ない特別の事情**が存する場合には、その必要の限度を超えない範囲内で例外的に私力の行使が許される。

　キーワードを目立たせているので、すぐに答えがわかるだろう。正解は選択肢4であり、前ページで触れた判決文の要旨そのままだ。

　しかし、**選択肢1**は「自力救済」は「**事情のいかんにかかわらず許される**」としているし、**選択肢2**は「**原則として裁判を行わずに**」「撤去することが**できる**」としている。

　選択肢3も同様に、「**原則として裁判を行わずに**」「入れないようにすることが**できる**」としており、何らかの私力の行使（私的実行）について、**原則と例外が逆**になっているのだ。

　以上より、判決文から素直に考えて、選択肢4が**正しい**と判断することもできるし、選択肢1〜3が**誤っている**と判断することができる。

　このように判決文を読ませる問題は、特別な学習をしていなくても、**現場で素直に判決文と選択肢を見比べれば正解できる**。捨てるにはもったいない問題なのだ。

債務不履行解除で
建物買取ダメ！ 借地借家法（借地）

重要度 A

この7章からは、借地借家法を「借地」と「借家」の話に分けて学習する。まずは「借地」だ。借地では「建物買取請求の可否」と「借地権の対抗力」が頻出であり、対抗力については、判例知識も出題されることを意識しておこう。

❶ 借主の権利を守る法律（借地借家法の概要）

（1）借地権者や建物賃借人の保護が目的！

プラスα

試験では例年、「借地」に関して1問、「借家」に関して1問が出題されている。

借地借家法は、借地契約及び建物の賃貸借契約などに関して特別の定めをする法律であり、**民法の特別法**である。よって、民法と借地借家法で同じ事項についての規定があった場合、特別法である**借地借家法**が優先して適用され、借地借家法の定めのないものは**民法**が適用される。

この借地借家法では、借地権や建物の賃貸借契約の存続期間や更新など、借地権者や建物賃借人が不利にならないよう、これらの者の保護が図られている。

過 令4-11

この趣旨から、**借地権者や建物賃借人に不利になる借地借家法の規定と異なる特約は、原則として、無効となる**（同法9条、16条、21条、30条、37条）。

（2）借地借家法の登場人物

借地借家法では、賃貸人や賃借人といった民法の賃貸借契約で学習した登場人物のほか、次の登場人物が出てくる。

①**借地権設定者**：借地権を設定している者（＝**賃貸人**）
②**借地権者**：建物の所有を目的とする地上権又は土地の賃借権（借地権）を有する者（＝**賃借人、地上権者**）
③**転借地権者**：建物の所有を目的とする土地の賃借権で借地権者が設定しているもの（転借地権）を有する者（＝転借人）

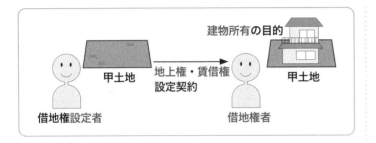

❷ 「一時使用」のためには適用されない！

　借地借家法の借地に関する規定が適用されるのは、**建物の所有を目的とする地上権又は土地の賃借権である**（同法2条1号）。したがって、資材置場として利用するつもり、また、ゴルフ場の経営目的といった、**建物の所有を目的としない地上権・土地の賃借権などについて、同法の適用はない**（同法25条）。

ポイント　Ⅰ　**借地借家法の適用を受ける借地権**

借地借家法の適用を受ける場合	建物の所有を目的とする地上権又は土地の賃借権
借地借家法の適用を受けない場合	①建物の所有を目的としない地上権・土地の賃借権 ②臨時設備の設置その他一時使用のために借地権を設定したことが明らかな場合

過　令3 (10月)-11

❸ 借地権の存続期間は、最低でも30年！

　上記のとおり、借地借家法は、**建物所有を目的**として借地契約を締結するケースを前提としているので、存続期間について1～2年程度の短い期間を想定していない。
　そこで、借地借家法における**借地権の存続期間は最低30年とされ、契約でこれより長い期間を定めたときはその期間とされる**（同法3条）。借地権の存続期間についてまとめると、次ページのようになる。

プラスα
民法の賃貸借の存続期間は、50年を超えることができないとされているだけであり、最短期間の規定はない（民法604条1項）。

> ①契約で **30 年**より「**長い**」期間を定めた場合
>
> →契約で定めた期間
>
> ②契約で **30 年**より「**短い**」期間を定めた場合　→ **30 年**
>
> ③契約期間を定めない場合：　→ **30 年**

令元 -11、
平 30-11、平 29-11

プラスα

要するに、借地権の
存続期間は最低でも
30 年であり、期間の
定めのない借地契約
はあり得ないことに
なる。

---

❹ 借地契約は更新チャンスが多い！（借地契約の更新）

（1）1 回目は 20 年、2 回目以降は 10 年（合意による更新）

　借地契約は、**当事者の合意により更新**ができる。そして、合意による**更新後の借地権の期間**は、次のとおりである。

◆ 合意による更新後の借地権の期間（借地借家法 4 条）

令 3 (12 月)-11、
令 2 (10 月)-11

> ①**最初の更新の場合**：更新日から **20 年**
>
> ②**2 回目以降の更新の場合**：更新日から **10 年**
>
> ただし、**当事者がこれより長い期間を定めたときは、当事者が定めた期間**が更新後の借地権の期間となる（同条但書）。

（2）合意がなくても更新がされる場合（法定更新）

①「建物がある場合に限り」がポイント（請求による更新）

　借地権の存続期間が満了する場合において、**借地権者が契約の更新を請求**したときは、**建物がある場合に限り、従前の契約と同一の条件で契約を更新**したものとみなされる（請求による更新、借地借家法 5 条 1 項本文）。

令 3 (12 月)-11

　ただし、**借地権設定者が、遅滞なく、更新を拒絶する正当の事由がある異議を述べたときは、請求による更新は認められない**（同項但書）。

②使い続けることでの更新（使用継続による更新）

　借地権の**存続期間が満了した後、借地権者が土地の使用を継続するときも、建物がある場合に限り、従前の契約と同一の条件で契約を更新したものとみなされる**（使用継続による更新、借地借家法5条2項）。

　そしてこの場合も、**借地権設定者が、遅滞なく、正当の事由がある異議を述べたときは、更新は認められない**。

③更新後の借地権の期間は、合意による更新と同じ

　これらの請求による更新・使用継続による更新後の借地権の期間は、合意による更新の場合と**同じく、最初の更新が20年、2回目以降の更新が10年である**（借地借家法4条）。

過 令5-11

プラスα
正当の事由の有無は、従前の経過や土地の利用状況などの事情を総合的に考慮して判断される（借地借家法6条）。

ポイント III 法定更新のポイント

	要件	効果	更新されない場合
請求による更新	①借地契約の存続期間が満了する場合であること②**借地権者の請求があること**③**建物がある場合であること**	従前の契約と同一の条件で更新したものとみなされる。	借地権設定者が、遅滞なく、正当の事由のある異議を述べた場合
使用継続による更新	①借地契約の存続期間満了後②**借地権者が使用継続すること**③**建物がある場合であること**		

157

❺ 更新しないなら買い取れ！（建物買取請求権）

　借地契約が更新されないと、借地権者は土地を原状に復して借地権設定者に返還すべきこととなる。しかし、原状回復ということは、建物を取り壊すことを意味するため、社会的な損失が大きい。

　そのため借地借家法では、借地権の存続期間が満了した場合において、**契約の更新がない**ときは、**借地権者は**、借地権設定者に対し、**建物その他借地権者が権原により土地に附属させた物を時価で買い取るべきことを請求できる**としている（同法13条1項）。

　ここでのポイントは、<u>**借地契約が借地権者の債務不履行を理由として解除されたときは、建物買取請求ができない**</u>という点である（最判昭35.2.9）。

過 令5-11、令2（10月）-11、平28-11

❻ 建物が滅失しても、借地権は消滅しない！

（1）建物の再築による期間延長（満了前）

　借地権の存続期間の「満了前」に建物の滅失があった場合に、借地権者が残存期間を超えて存続する建物を築造したときは、建物の築造について借地権設定者の承諾がある場合に限り、借地権は、承諾があった日、又は建物が築造された日のいずれか早い日から20年間存続する（借地借家法7条1項本文）。

過 令4-11

プラスα

建物買取請求権を行使し、建物代金の支払があるまで建物の引渡しを拒絶できる場合も、建物を自己のために利用する限り、敷地の使用につき賃料相当の不当利得が成立する（大判昭18.2.18）。

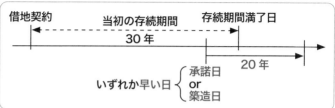

借地権設定者の**承諾がないとき**、建物を再築しても**借地権の期間は延長されない**ぞ！

ポイント **IV** 建物再築による借地権の期間の延長（満了前）

・存続期間「満了前」に建物の滅失があった場合
　①借地権者が**残存期間を超えて存続**する**建物を築造**し、
　②その築造に**借地権設定者の承諾**がある場合

　　　　　　　　　　⬇

借地権は、**承諾があった日、又は建物の築造日のいずれ
か早い日から 20 年間**存続する。

プラスα

残存期間がこれより
長いとき、又は当事
者がこれより長い期
間を定めたときは、
その期間による（借
地借家法 7 条 1 項但
書）。

(2)「更新後」に建物が滅失した場合
①借地権者が建物の再築を望まない場合

　借地契約の**「更新後」に建物の滅失があった場合**において、**建物の再築を望まない借地権者は、地上権の放棄又は土地の賃貸借の解約の申入れができる**（借地借家法 8 条 1 項）。

　この場合、**借地権は、地上権の放棄若しくは消滅の請求又は土地の賃貸借の解約の申入れがあった日から 3 か月を経過することによって消滅する**（同条 3 項）。

②借地権者が建物の再築を望む場合

　他方、**借地契約の「更新後」に建物の滅失があった場合**、借地権者が建物の**再築を希望**し、**残存期間を超えて存続すべき建物を再築**した場合、借地権設定者の**承諾の有無**で借地権の運命が分かれる。

　借地権設定者の**承諾がある場合**は、前述した**建物の再築による借地権の期間の延長と同じく借地権は 20 年延長される**（借地借家法 7 条 1 項本文）。

　これに対して、借地権者が借地権設定者の**承諾を得ないで残存期間を超えて存続すべき建物を築造**したときは、**借地権設定者は、地上権の消滅請求又は土地の賃貸借の解約の申入れをすることができ**（同法 8 条 2 項）、**借地権は、地上権の放棄若しくは消滅請求又は土地の賃貸借の解約の申入れがあった日から 3 か月を経過することによって消滅する**（同条 3 項）。

❼ 借地上の建物登記で対抗できる！（借地権の対抗力）

　借地権は、借地権の登記がなかったとしても、**借地上に登記（所有権保存登記・表示登記）がされている建物を所有**していれば、**第三者に対抗することができる**（借地借家法 10 条 1 項）。**借地権（権利）自体の登記がなくても、その土地上の建物登記があれば、借地権を対抗できる**ということだ。

　また、建物そのものが滅失してしまうと、建物の登記は無効になるが、建物を短期間で再築するのは困難である。そこで、**建物の滅失があっても、借地権者が**、その建物を特定するために必要な事項、その滅失があった日及び建物を新たに築造する旨を土地の上の見やすい場所に掲示すれば、滅失の日から 2 年間に限り借地権を対抗できる（同条 2 項本文）。

　ただし、この**期間の経過後**は、その前に**建物を新たに築造し**、かつ、その**建物につき登記しなければ、借地権を対抗することができない**（同項但書）。

過 令 2 (12 月)-11

プラス**α**

そもそも賃貸人には、賃借権の登記に協力する義務がないため、賃借権の登記の実現が困難である。そこで、借地権者が単独でできる建物の所有権保存登記に対抗力を認めたものだ。

> この**借地権の対抗力**については、**判例に関する出題が大半を占める**。重要な判例のポイントをまとめて紹介しよう。

ポイント Ⅴ 借地権の対抗力

・**借地権の対抗要件は？**
　①**借地権の登記**
　②**借地上の建物の登記**
　③建物が**滅失**したときの**掲示（2 年間に限る）**

・**借地権の対抗力に関する重要判例**
①**長男名義の登記**をした建物を所有していても、その土地の所有権を取得した第三者に対し、**借地権を対抗できない**（最判昭 41.4.27）。**建物の登記名義は借地権者自身のものでなければならない**ということだ。

過 平 30-11

160

②建物の「表示の登記」でもよい（最判昭 50.2.13）。

③登記に軽微な相違があってもよい（最大判昭 40.3.17）。

　➡土地上の建物登記が、建物所在地番の表示において実際と多少相違していても、その登記の表示全体において、当該建物の同一性を認識できる程度の軽微な相違であれば、登記された建物を有する場合に当たる。

④建物の登記による対抗力は、建物登記に所在の地番として記載されている土地についてのみ認められる（最判昭 44.12.23）。

⑤一筆の土地上に登記した建物が 1 棟でもあれば、同一土地上に登記のない建物があっても、土地全部について対抗力が認められる（大判大 3.4.4）。

⑥賃借人だけではなく、「転借人」も賃借人の借地権を援用して転借権を第三者に主張できる（最判昭 39.11.20）。

・建物が滅失してしまったときは、どうなる？
　一定の事項を土地の上の見やすい場所に掲示すれば、滅失日から 2 年間に限り、借地権を対抗できる。

　②の「表示の登記（表題登記）」とは、建物の住所、構造、床面積、新築日といった建物の基本的な情報が登記簿に示されるものである。このほか登記簿には、その不動産の所有者に関する情報も記載されるが、それが保存登記といわれる部分だ。

❽ 借地上の建物を譲渡するには？

　借地上の建物を譲渡した場合、その建物の譲受人は借地権がなければ、建物を収去して（取り去って）、土地を明け渡さなければならない。この事態を避けるためには、借地上の建物の譲渡をする際、借地権の譲渡や転貸をする必要がある。

　よって、借地上の建物を譲渡するときは、民法の原則に従って、**借地権の譲渡又は転貸についての賃貸人の承諾を得る必要がある**（民法612条1項）。

　また、この場合、**第三者（譲受人）が賃借権を取得し、又は転借をしても不利となるおそれがないにもかかわらず、借地権設定者が承諾しないとき、裁判所は、借地権者の申立てにより、借地権設定者の承諾に代わる許可を与えることができる**（借地借家法19条1項前段）。

❾ 特約があっても、地代等の減額請求ができる！

　借地契約がされた後、土地に対する租税その他の公課の増減や、土地の価格の上昇や低下など経済事情の変動により、又は近傍類似の土地の地代等に比較して不相当となることもある。この場合、**契約の条件にかかわらず、当事者は、将来に向かって地代等の額の増減を請求することができる**。

　ただし、**一定の期間地代等を「増額しない」旨の特約がある場合には、その定めに従う**（借地借家法11条1項）。

過 令5-11、
令2（10月)-11、
平29-11

　ここでは、**一定の期間地代等を「減額しない」旨の特約がある場合でも、借地権者は地代等の減額を請求できる**点が出題ポイントだ（最判平16.6.29）。

ポイント VI 借地権の賃料の増減請求

①契約にかかわらず、当事者は**地代等の増減請求ができる**。
　↓
②**「増額しない」**という特約がある場合、増額請求できない。
③**「減額しない」**という特約がある場合、減額請求できる。

❿ 建物の種類等や増改築の制限は、裁判で変更！

　建物の種類、構造、規模又は用途を制限する旨の借地条件が**ある場合**において、事情の変更により、**現在借地権を設定する**とした場合には、**その借地条件と異なる建物の所有を目的とすることが相当であるにもかかわらず、借地条件の変更につき当事者間に協議が調わないとき、裁判所は、当事者の申立てにより、その借地条件を変更することができる**（借地借家法 17 条 1 項）。

　また、**増改築を制限する旨の借地条件がある場合**においても、**土地の通常の利用上相当とすべき増改築につき当事者間に協議が調わないときは、裁判所は、借地権者の申立てにより、その増改築についての借地権設定者の承諾に代わる許可を与えることができる**（同条 2 項）。

⓫ 「更新されない」3 つの借地権（定期借地権）

　借地借家法では、定期借地権という借地権の規定がある。**一定期間のみで終了し、更新なし！建物築造で期間延長なし！**…といった借地権にすることで、一定期間の経過で土地が返されるので、貸す側が安心して土地を貸すことができるようにする制度だ。定期借地権には 3 つの種類がある。

(1) 「事業用」定期借地権は、公正証書で契約！

　借地権の設定を受けた土地に**店舗や工場**などの**事業用建物を建築**する場合には、**事業用定期借地権**というものを設定できる。

　事業用定期借地権は、居住用建物以外の専ら事業の用に供する建物の所有を目的とし、かつ、存続期間を 10 年以上 50 年未満として借地権を設定する場合において、契約の更新及び建物の築造による存続期間の延長がなく、建物買取請求をしないこととする旨を、公正証書により定める借地権である（借地借家法 23 条 1 項、3 項）。

過 令元 -11

プラスα
賃貸アパート事業は、居住用のものなので、これには当たらない。

(2)「一般」定期借地権は、公正証書以外の書面でも可能！

　一般定期借地権は、存続期間を 50 年以上とする代わりに、契約の更新や、建物の再築による存続期間の延長、建物買取請求をしない特約を、公正証書などの書面により定める借地権である（借地借家法 22 条 1 項）。

過 令5-11、
平 29-11

　公正証書「など」の「書面」と書いてあるとおり、書面で契約をしなければならないが、公正証書でなくてもよい。

　また、更新や建物買取請求をしない旨の特約を説明することは、要件とされていないことに注意しよう。

(3) 返すときに建物を買い取ってもらう！
　（建物譲渡特約付借地権）

　建物譲渡特約付借地権は、設定後 30 年以上を経過した日に、土地を返すかわりに、借地権の目的である土地の上の建物を借地権設定者に相当の対価で譲渡する（買い取ってもらう）旨の特約を定める借地権である（借地借家法 24 条 1 項）。この特約は、書面でする必要はない。

ポイント・VII・3 つの定期借地権

項　目	事業用定期借地権	一般定期借地権	建物譲渡特約付借地権
存続期間	10 年以上 50 年未満	50 年以上	30 年以上
更　新	×	×	×
建物買取請求	×	×	―
書面の要否	公正証書が必要	書面が必要	不要
建物の用途の制限	専ら事業用である必要	なし	なし

過去問題を
チェック！

❶ A 所有の甲土地につき平成 29 年 10 月 1 日に B との間で締結された賃貸借契約に
おいて、賃借権の存続期間を 10 年と定めた場合、この契約が居住の用に供する建
物を所有することを目的とするものであるときは存続期間が 30 年となるのに対し、
資材置場として更地で利用することを目的とするものであるときの存続期間は 10
年となる。（平 29-11 改題）

　答　〇　賃借権の存続期間を 10 年と定めたとしても、居住の用に供する**建物所有**
を目的とする土地の賃貸借であれば、借地借家法により存続期間は **30 年**となる（同
法 3 条）。また、建物の所有を目的としない土地の賃貸借には借地借家法は**適用さ
れない**（同法 25 条）ので、資材置場（更地）として利用する目的であれば、存続
期間は **10 年**となる。

❷ 借地権の存続期間を契約で 30 年と定めた場合には、当事者が借地契約を更新する
際、その期間を更新の日から 30 年以下に定めることはできない。（令 3-12 月 -11）

　答　×　借地権の期間について、「**最初の更新**」の場合は、更新日から **20 年**とな
るが、当事者は、これより長い期間とすることも**できる**（借地借家法 4 条）。よって、
30 年以下に定めることは**できる**。

❸ A が B との間の A 所有の甲土地につき建物所有目的で期間を 50 年とする賃貸借契
約に、建物買取請求権を排除する旨の特約が定められていない場合、本件契約が終
了したときは、その終了事由のいかんにかかわらず、B は A に対して B が甲土地上
に所有している建物を時価で買い取るべきことを請求することができる。（令 5-11
改題）

　答　×　借地人の**債務不履行**による土地賃貸借契約の**解除**の場合には、借地人は
建物買取請求権を有しない（最判昭 35.2.9）。

❹ 借地権の存続期間が満了する前に建物の滅失があった場合において、借地権者が借
地権の残存期間を超えて存続すべき建物を築造したときは、その建物を築造するこ
とにつき借地権設定者の承諾がない場合でも、借地権の期間の延長の効果が生ずる。
（令 4-11）

　答　×　借地権設定者の承諾がないときは、建物を再築しても借地権の期間は延長
されない（借地借家法 7 条 1 項本文）。

❺借地権者が借地権の登記をしておらず、当該土地上に所有権の登記がされている建物を所有しているときは、これをもって借地権を第三者に対抗することができるが、建物の表示の登記によっては対抗することができない。（令 2-12 月 -11）

答　✕　借地人が借地上に自己を所有者と記載した表示の登記のある建物を所有する場合は、登記されている建物を有するときに当たる（最判昭 50.2.13）。

❻A が居住用の甲建物を所有する目的で、期間 30 年と定めて B から乙土地を賃借した場合において、A が甲建物を所有していても、登記上の建物の所在地番、床面積等が少しでも実際のものと相違している場合には、建物の同一性が否定されるようなものでなくても、B から乙土地を購入して所有権移転登記を備えた E に対して、A は借地権を対抗することができない。（平 28-11 改題）

答　✕　地上権ないし賃借権の設定された土地の上の建物についてなされた登記が、建物所在地番の表示において実際と多少相違していても、その登記の表示全体において、当該建物の同一性を認識できる程度の軽微な相違であれば、登記された建物を有する場合に当たる（最大判昭 40.3.17）。したがって、本問の A は E に対して借地権を対抗できる。

❼土地の賃借人が登記ある建物を所有している場合であっても、その賃借人から当該土地建物を賃借した転借人が対抗力を備えていなければ、当該転借人は転借権を第三者に対抗することができない。（令 2-12 月 -11）

答　✕　転借人は、賃借人（転貸人）が借地権を対抗しうる第三者に対し、賃借人の借地権を援用して自己の転借権を主張できる（最判昭 39.11.20）。

❽A が B との間の A 所有の甲土地につき建物所有目的で期間を 50 年とする賃貸借契約に、当初の 10 年間は地代を減額しない旨の特約を定めた場合、その期間内は、B は A に対して地代の減額請求をすることはできない。（令 5-11 改題）

答　✕　建物の所有を目的とする土地の賃貸借契約において、一定の期間内は賃料の減額をしない特約が存する場合であっても、契約当事者は、賃料減額請求権の行使ができる（最判平 16.6.29）。

❾A と B との間で、A 所有の甲土地につき建物所有目的で賃貸借契約を締結する場合において、借地権の存続期間を 60 年と定めても、公正証書によらなければ、その期間は 30 年となる。（平 30-11 改題）

答　✕　借地権の存続期間を 30 年より長い期間を定めたときはその期間となる（借地借家法 3 条）。したがって、本肢事例の借地権の存続期間は 60 年である。

借地借家法（借家）では、定期建物賃貸借を重点学習！

重要度 A

ここでは「借家」に関する借地借家法の規定を学習する。特に出題されているのは「法定更新」と「定期建物賃貸借」である。とにかく出題履歴から頻出ポイントに重点を置いて、メリハリのある学習ができるように解説する。

❶ やはり一時使用のためには適用されない！

借地借家法の「借家」に関する規定は、建物の賃貸借に適用され、建物の賃貸借においても、**臨時設備の設置その他一時使用のために借地権を設定したことが明らかな場合には、借地借家法は適用されない**（同法 40 条）。そして、借地借家法が適用されない場合は、一般法である**民法の規定が適用**されることになる。

> **プラスα**
> 一時使用目的の場合に借地借家法が適用されないのは、「借地」と同じだ。なお、建物の「使用貸借」についても適用されない。

7 章

借地借家法

❷ 建物賃借人の権利を守る！

これも借地と同様に、借地借家法は、借地権者や建物の賃借人が不利にならないような規定が定められ、建物の賃借人の保護が図られている。やはりこのような借地借家法の趣旨から、**建物の賃借人に不利な借地借家法の規定と異なる特約は、原則として無効となる**（借地借家法 30 条、37 条）。

❸ 民法との違いが重要（建物賃貸借の存続期間）

借地借家法が適用される建物の賃貸借契約（借家契約）には、存続期間の定めがあるものと、存続期間の定めがないものがある。それぞれを確認していく。

（1）期間の定めのある建物賃貸借

民法の賃貸借の存続期間は 50 年を超えることができない（民

プラスα
「土地賃借権」の場合
も制限はない（156
ページ参照）。

過 令5-12

プラスα
「土地賃借権」の場合、
存続期間の定めがな
いと30年とされた
（156ページ参照）。

法604条1項）のに対して、**借地借家法の建物の賃貸借には、存続期間の制限はない**。

　また、民法では賃貸借の最短期間の制限はないが、**借地借家法では期間を1年未満とする建物の賃貸借は、期間の定めがない建物の賃貸借とみなされる**（同法29条1項）。

（2）「期間の定めのない」ものも可能

　民法、借地借家法のいずれにおいても、**建物の賃貸借を期間の定めのないものとすることができる**。建物賃貸借の存続期間についてまとめたのが以下のものだ。

ポイント I 建物賃貸借の存続期間

		民　法	借地借家法
期間の定めがある賃貸借	最長	50年を超えることはできない	制限なし
	最短	制限なし	期間を1年未満とする建物の賃貸借は、期間の定めがない建物の賃貸借とみなされる。
期間の定めのない賃貸借		制限なし	制限なし

❹ 法定更新により建物賃借人を保護！

（1）建物賃貸借の法定更新

過 令3（12月）-12、
平28-12、平27-11

　建物賃貸借契約について合意による更新がない場合であっても、建物の賃貸借について**期間の定めがある場合、当事者が、期間の満了の1年前から6か月前までの間に、相手方に対して更新をしない旨の通知又は条件を変更しなければ更新をしない旨の通知をしなかったときは、従前の契約と同一の条件で契約を更新したものとみなされる**。そしてこの場合、**更新後の存続期間は定めがないものとされる**（法定更新：借地借家法26条1項）。

なお、当事者は、更新を拒絶することもできるが、**賃貸人が更新拒絶するためには、正当の事由が必要である**（同法28条）。

また、正当の事由の有無は、次の事情を総合的に考慮して判断される。

◆ 正当の事由の有無の判断要素（参考）

①建物の賃貸人及び賃借人（転借人を含む）が建物の使用を必要とする事情
②建物の賃貸借に関する従前の経過
③建物の利用状況及び建物の現況
④建物の賃貸人が建物の明渡しの条件として又は建物の明渡しと引換えに建物の賃借人に対して財産上の給付（立退料）をする旨の申出

なお、**財産上の給付（立退料）の有無は**、正当の事由の有無の判断材料の1つとされるが、**その申出があるだけ**では、**直ちに正当の事由があるとされるわけではない**ことに注意しよう。

（2）期間満了後も使用を継続すれば更新⁉

建物の賃貸借の期間満了後も建物の賃借人が使用を継続する場合において、**建物の賃貸人が、遅滞なく、異議を述べなかったときも、建物賃貸借契約は、従前の契約と同一の条件で、更新されたものとみなされる**（使用継続による法定更新、借地借家法26条2項）。この場合も、**更新後の存続期間は、期間の定めがないものとされる**。

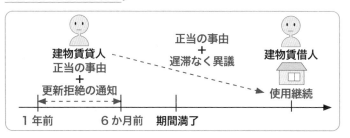

ポイント **II** 期間の定めがある借家契約の更新拒絶と法定更新

期間の定めがある借家契約の法定更新	【更新拒絶の通知期間】 期間の満了の1年前から6か月前まで 【賃貸人からの更新拒絶通知】 ・正当の事由が必要。 　→財産上の給付（立退料）の申出があるだけでは、直ちに正当の事由があるとされない。 【法定更新の効果】 ・従前の契約と同一の条件で、契約更新とみなされる。 ・更新後の存続期間は、期間の定めがないものとされる。
使用継続による法定更新	①期間満了後も建物の賃借人が使用を継続 ②建物の賃借人が遅滞なく、異議を述べなかった 　　　　　　　↓ ・従前の契約と同一の条件で、契約更新とみなされる。

❺ 賃貸人の解約申入れは、6か月待つ！

（1）賃借人からは3か月、賃貸人からは6か月！

　当事者が賃貸借の**期間を定めなかったとき**は、**各当事者は、いつでも解約の申入れができる**（民法617条1項柱書）。

　そして、**「賃借人」が解約の申入れ**をした場合には、民法の原則どおり、**解約申入れの日から3か月を経過すると賃貸借契約は終了する**（同項2号）。

　これに対して、**建物の「賃貸人」から解約の申入れをした場合には、解約の申入れの日から6か月を経過することによって建物の賃貸借契約は終了する**（借地借家法27条1項）。

　したがって、**賃貸人からの解約申入れをした場合に、解約申入れ日から3か月で賃貸借契約が終了する旨の特約は、賃借人に不利な特約であるから無効である**（同法30条）。

　なお、存続期間の定めがある場合と同じく、**賃貸人が解約申入れするためには、正当の事由が必要である**（同法28条）。

過 令3（12月）-12、令3（10月）-12、平29-12、平27-11

（2）使用継続による法定更新

　賃貸人が**正当事由のある解約申入れをした後も建物の賃借人が使用を継続する場合に、建物の賃貸人が遅滞なく、異議を述べなかったときも、建物賃貸借契約は、従前の契約と同一の条件で、更新されたものとみなされる**（使用継続による法定更新、借地借家法27条2項が準用する26条2項）。

ポイント　III　期間の定めのない借家契約の解約申入れと法定更新

期間の定めのない借家契約の解約申入れ	各当事者は、いつでも解約の申入れができる。 ➡「賃借人」が申入れをした場合： 　解約申入日から3か月の経過で賃貸借契約は終了。 ➡「賃貸人」から申入れをした場合： 　解約申入日から6か月の経過で賃貸借契約は終了 ⬇ ・「賃貸人」からの解約申入れをした場合に、解約申入日から3か月で賃貸借契約が終了する旨の特約は無効。 ・賃貸人の解約申入れには、正当の事由が必要。
使用継続による法定更新	①建物の賃貸借の期間満了後も建物の賃借人が使用を継続 ②建物の賃貸人が遅滞なく、異議を述べなかった ⬇ 従前の契約と同一の条件で、更新されたものとみなされる。

❻ 建物賃貸借終了の場合における「転借人」の保護

（1）転借人も同様に保護される！

　建物の賃貸人の承諾を得て、**適法に賃借人から建物を転借した転借人は**、借地借家法により、原則として、**建物賃借人と同様の保護**が与えられる。要するに、ここまでの賃借人と同じ権利が認められるということだ。

　例えば、**法定更新に関して、**賃貸借契約の**期間満了後に、転借人が使用継続**する場合、**賃借人の使用継続とみなされる**（借

地借家法26条3項)。

(2) 建物賃貸借の終了により「転貸借」が受ける影響を整理

　転借人の保護については、転貸借の前提となる「賃貸借」が終了した場合の処理が重要だ。まず、賃貸借が終了する原因として、主に以下の4つの場合が考えられる。

◆ 賃貸借の4つの終了原因

> ①**期間満了**による場合
> ②**解約の申入れ**による場合
> ③**賃借人の債務不履行**で賃貸借契約が**解除**される場合
> ④賃貸人と賃借人が賃貸借契約を**合意解除**する場合

　そして、上記①〜④による賃貸借の終了の場合、転貸借がどうなるかをまとめると、以下のようになる。

ポイント Ⅳ 建物賃貸借終了の場合における転借人の保護

過 令3 (12月)-12、
令3 (10月)-12、
令元 -12、平 29-12

> ①**期間の満了**によって終了
> ②**解約の申入れ**によって終了
> ↓
> **建物の賃貸人は、建物の転借人にその旨の通知をしなければ、その終了を建物の転借人に対抗することができない**（借地借家法34条1項）。
> ↓
> そして、**建物の転貸借は、その通知日から6か月の経過で終了する**（同条2項）。
>
> ③**賃借人の債務不履行で賃貸借契約が解除される場合**
> 　賃貸人は、転借人に解除を対抗できる。そして、<u>原則として、**賃貸人が転借人に対して目的物の返還を請求した時に、賃貸人の承諾のある建物の転貸借は終了する**</u>（最判平9.2.25）。
>
> ④**賃貸人と賃借人が賃貸借契約を合意解除する場合**
> 　賃貸人は、転借人に合意解除を対抗できない。

プラスα
右の④は、最判昭
38.2.21 に基づく。

❼「建物の引渡し」で対抗できる！（対抗要件）

ここも借地と同様の話だが、賃借権の登記は、賃貸人と賃借人の共同申請が必要となるが、賃借権の登記について賃貸人の協力を得ることは実際上困難である。

そこで、**建物の賃貸借は、その登記がなくても、建物の引渡しがあったときは、その後その建物について物権を取得した者に対し、その効力を生ずる**（借地借家法 31 条）。

また判例は、**対抗力を備えた建物の賃借人は、賃料前払いの効果を賃借建物につき所有権を取得した新賃貸人に主張できる**としている（最判昭 38.1.18）。

プラスα
「借地権」は、土地上の建物の登記で対抗力が与えられた。

過 令 4-12、
平 2（10 月）-12、
平 27-11

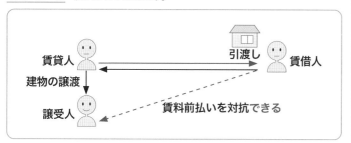

賃貸人　引渡し　賃借人
建物の譲渡
譲受人　賃料前払いを対抗できる

❽ 賃借人の造作買取請求権

（1）「期間満了」と「解約申入れ」のみできる！

建物の賃貸人の同意を得て、建物に付加した畳、建具その他の造作がある場合、建物の賃借人は、建物の賃貸借が期間満了、又は解約申入れによって終了するときに、建物の賃貸人に対し、その造作を時価で買い取るべきことを請求することができる（借地借家法 33 条 1 項前段）。いわゆる造作買取請求権だ。

ただし、**建物の賃借人の債務不履行や背信行為により賃貸借契約が解除された場合には、造作買取請求はできない**（最判昭 31.4.6）。

過 平 27-11

（2）転借人も、造作買取請求ができる！

また、**建物の転借人も、建物の賃貸借が期間満了又は解約申**

過 平 30-12、
平 28-12

入れで終了するときは、造作買取請求ができる（借地借家法 33 条 2 項）。

過 令 3（12 月）-12、
平 27-12

（3）造作買取請求権を排除する特約は有効！

建物の賃借人又は転借人に不利な特約は無効となるが、**造作買取請求を認めない特約は有効である**（借地借家法 37 条）。

造作の買取りをしたくないのならば、賃貸人は、造作付加の同意を拒めば済むからである。

ポイント **V** 造作買取請求権

造作買取請求できる場合	①期間満了で終了するとき ②解約申入れで終了するとき ⬇ 賃貸人の同意を得て建物に付加した造作であれば、時価で買取請求できる。
造作買取請求できない場合	建物の賃借人の債務不履行や背信行為により、賃貸借契約が解除された場合
転借人の造作買取請求	建物賃借人と同じ条件でできる。
造作買取請求権の排除特約	有効

❾ 借賃を「減額しない」特約は無効！

過 平 27-12

建物の借賃が、①土地若しくは建物に対する租税その他の負担の増減により、②土地若しくは建物の価格の上昇若しくは低下その他の経済事情の変動により、又は③近傍同種の建物の借賃に比較して不相当となったときは、契約の条件にかかわらず、当事者は、将来に向かって建物の借賃の額の増減を請求できる。

ただし、一定の期間建物の借賃を「増額しない」旨の特約が

ある場合には、その定めに従う（借地借家法 32 条 1 項）。

　なお、**一定の期間は借賃を「減額しない」旨の特約は、賃借人に不利な特約であるから、無効である**。

令 5-12

ポイント VI 借賃増減額請求

①租税その他の負担の増減により不相当となったとき

②経済事情の変動により不相当となったとき

③近傍同種の建物の借賃に比較して不相当となったとき、

　当事者は**借賃の増減請求ができる。**

⬇

・**「増額しない」という特約**は、**有効**。

・**「減額しない」という特約**は、**無効**。

「賃借人に不利となるか？」という視点をもっていれば、覚えやすい。

❿ 内縁関係にあった者が保護される話 （居住用建物の賃貸借の承継）

　居住の用に供する建物の賃借人が相続人なしに死亡した場合において、**建物の賃借人と事実上夫婦又は養親子と同様の関係にあった同居者があるとき、その同居者は、相続人なしに死亡したことを知った後 1 か月以内に建物の賃貸人に反対の意思表示をしない限り、建物の賃借人の権利義務を承継する**（借地借家法 36 条 1 項）。

令 2 (12 月)-12

　法律上の夫婦等になっていれば、賃借権を相続することができるが、いわゆる内縁関係にあった者には相続権が認められないため、その居住を確保するための規定である。

⓫ 更新がない建物賃貸借（定期建物賃貸借等）

（1）定期建物賃貸借は、書面の交付と説明が必要！

「借地」についても同様の話があったが、「建物賃貸借」についても、「更新がない」という賃貸借契約を結ぶことができる。いわゆる定期建物賃貸借だ。

具体的には、**期間の定めがある建物の賃貸借をする場合**においては、**公正証書による等書面によって契約をするときに限り、契約の更新がないこととする旨を定めることができる**（借地借家法38条1項）。

「書面」での契約は要求されるが、必ずしも「公正証書」でなくてよい。また、「書面」には電磁的記録も含む（同条2項）。

また、定期建物賃貸借をしようとするときは、**建物の賃貸人は、あらかじめ、建物の賃借人に対し、契約の更新がなく、期間の満了によりその建物の賃貸借は終了**することについて、**その旨を記載した書面を交付して説明しなければならず**（同条3項）、**説明をしなかったときは、契約の更新がないこととする旨の定めは無効となる**（同条5項）。

なお、**この書面は、**賃借人が、その契約に係る賃貸借は契約の更新がなく、期間の満了により終了すると認識しているか否かにかかわらず、**契約書とは別個独立の書面であることを要する**（最判平24.9.13）。

（2）定期でも…通知を怠ると終了しない

定期建物賃貸借の期間が1年以上である場合には、建物の賃貸人は、原則として、**期間の満了の1年前から6か月前までの間（通知期間）に建物の賃借人に対し期間の満了により建物の賃貸借が終了する旨の通知をしなければ、その終了を建物の賃借人に対抗できない。**

ただし、**通知期間内に通知をしなかったとしても、改めて通**

令4-12、
令2（12月）-12

プラスα
定期建物賃貸借の目的となる建物の用途に、制限はない。

過 令元-12、
平29-12

プラスα
賃借人の承諾を得ることで、書面の交付に代えて、電磁的方法によることもできる（借地借家法38条4項）。

過 令4-12、
令3（10月）-12、
平28-12

知をすれば通知の日から6か月を経過した後に契約を終了させることができる（借地借家法38条6項）。

（3）定期建物賃貸借でも中途解約できる場合

　居住の用に供する床面積が200m²未満の建物の賃貸借において、転勤、療養、親族の介護その他のやむを得ない事情により、建物の賃借人が建物を自己の生活の本拠として使用することが困難となったときは、建物の賃借人は、建物の賃貸借の解約の申入れをすることができ、解約の申入れの日から1か月を経過することによって終了する（借地借家法38条7項）。

 令4-12、令2 (10月)-12、平30-12

（4）賃借人に不利な特約は無効！

　賃貸人からの賃貸借が終了する旨の通知、又は賃借人からの中途解約の申入れに関する規定に反する特約で、建物の賃借人に不利なものは、無効である（借地借家法38条8項）

 平27-12

（5）定期建物賃貸借では、借賃改定特約が優先！

　定期建物賃貸借の借賃の改定に係る特約がある場合には、借賃増減額請求に関する借地借家法の規定は適用されない（借地借家法38条9項）。

過 令2 (10月)-12

（6）定期建物賃貸借でも造作買取請求はできる！

　定期建物賃貸借でも、賃借人は、造作買取請求ができる（借地借家法33条）。

過 令2 (10月)-12

ポイント Ⅶ 定期建物賃貸借

①定期建物賃貸借の契約には、書面の交付が必要？

➡ **必要**。ただし、公正証書による必要は**必ずしもない**。

➡ 契約書とは**別個独立**の書面であることを要する。

➡ 説明も要するが、説明がないとき、契約の**更新がない**こととする定めは無効。

②**定期建物賃貸借の期間が1年以上である場合の終了**
建物の**賃貸人**は、原則として、**期間の満了の1年前から6か月前までの間に建物の賃借人に対し期間の満了により建物の賃貸借が終了する旨の通知**をしなければならない。
➡通知を怠った場合、終了を賃借人に対抗**できない**。

③**賃借人からの中途解約の申入れはできる？**
居住用建物（200m² 未満）の賃貸借において、転勤、療養、親族の介護その他の**やむを得ない事情**により、建物の賃借人が建物を自己の**生活の本拠**として使用することが**困難**となったときはできる。
➡解約申入日から1か月の経過で終了する。

④**賃貸人からの賃貸借が終了する旨の通知、又は賃借人からの中途解約の申入れに関する規定に反する特約で、建物の賃借人に不利なものは、無効。**

⑤**借賃の改定に特約がある場合、借賃増減額請求に関する借地借家法の規定は適用されない。**

⑥**定期建物賃貸借契約でも造作買取請求はできる。**

⑫ 更新がない建物賃貸借（取壊予定の建物賃貸借）

プラスα
取壊し予定の建物の賃貸借は、ほとんど出題されていないため、一読しておくだけでよい。

建物賃貸借については、もう1つ「更新がない」という特殊な賃貸借がある。それは、法令又は契約により**一定期間の経過後に建物を取り壊すべきことが明らか**な場合において、建物の賃貸借をするときだ。

この場合、建物を取り壊すべき事由を記載した**書面**によって、**建物を取り壊すこととなる時に賃貸借が終了する**旨を定めることができる（借地借家法39条1項、2項）。

❶期間を 1 年未満とする令和 5 年 7 月 1 日に締結された建物の賃貸借契約（定期建
物賃貸借契約及び一時使用目的の建物の賃貸借契約を除く。）は、期間を 1 年とす
るものとみなされる。（令 5-12 改題）

　答　✕　期間を 1 年未満とする建物の賃貸借は、**期間の定めがない建物の賃貸借**
とみなされる（借地借家法 29 条 1 項）。

❷賃貸人 A と賃借人 B との間で締結した一時使用目的ではない建物賃貸借契約に期
間を 2 年とする旨の定めがあり、A も B も更新拒絶の通知をしなかったために本件
契約が借地借家法に基づき更新される場合、更新後の期間について特段の合意がな
ければ、更新後の契約期間は 2 年となる。（令 3-12 月 -12 改題）

　答　✕　建物賃貸借に**期間の定めがある**場合、当事者が期間満了 1 年前から 6 か
月前までの間に、更新しない旨の通知をしなかったときは、従前の契約と同一の条
件で契約を更新したとみなされ、更新後の存続期間は**定めがない**ものとされる（借
地借家法 26 条 1 項）。

❸A は B と、B 所有の甲建物につき、居住を目的として、期間 3 年、賃料月額 20 万
円と定めて賃貸借契約（本件契約）を締結した。この場合、B が A に対し、本件
契約の解約を申し入れる場合、甲建物の明渡しの条件として、一定額以上の財産上
の給付を申し出たときは、B の解約の申入れに正当事由があるとみなされる。（平
28-12 改題）

　答　✕　財産上の給付（立退料）の有無は、正当の事由の有無の判断材料の 1 つと
されるが、それだけで直ちに正当の事由があるとされる**わけではない**（借地借家
法 28 条）。

❹A が所有する甲建物を B に対して 3 年間賃貸する旨の契約をした場合において、A
が B に対し、甲建物の賃貸借契約の期間満了の 1 年前に更新をしない旨の通知を
していれば、AB 間の賃貸借契約は期間満了によって当然に終了し、更新されない。
（平 29-12 改題）

　答　✕　賃貸人が更新拒絶するためには、**正当の事由**が必要であるため（借地借
家法 28 条）、AB 間の賃貸借契約は期間満了によって当然に終了するとは**いえない**。

❺Aを賃貸人、Bを賃借人とする甲建物の賃貸借契約（本件契約）が締結された場合において、甲建物が適法にBからDに転貸されている場合、AがDに対して本件契約が期間満了によって終了する旨の通知をしたときは、建物の転貸借は、その通知がされた日から3か月を経過することによって終了する。（令3-10月-12改題）

答 ✕　建物の転貸借がされている場合に、建物の賃貸借が期間満了で終了するときは、建物の賃貸人は、建物の転借人にその旨の**通知**をしなければ、その終了を建物の転借人に対抗することができず（借地借家法34条1項）、建物の転貸借は、その**通知日から6か月**経過で終了する（同条2項）。通知日から3か月**ではない**。

❻AとBとの間でA所有の甲建物をBに対して、居住の用を目的として、期間2年、賃料月額10万円で賃貸する旨の賃貸借契約を締結し、Bが甲建物の引渡しを受けた場合において、AがCに甲建物を売却したときは、Bは、それまでに契約期間中の賃料全額をAに前払いしていたことを、Cに対抗することができる。（令2-10月-12改題）

答 ◯　本問の記述のとおりである（最判昭38.1.18、借地借家法31条）。

❼BがAの同意を得て建物に付加した造作がある場合であっても、賃貸人Aと賃借人Bとの間で締結した一時使用目的ではない建物賃貸借契約終了時にAに対して借地借家法第33条の規定に基づく造作買取請求権を行使することはできない、という特約は無効である。（令3-12月-12改題）

答 ✕　造作買取請求を認めない特約は**有効**である（借地借家法37条）。

❽令和5年7月1日に締結された建物の賃貸借契約（定期建物賃貸借契約及び一時使用目的の建物の賃貸借契約を除く。）において、当事者間において、一定の期間は建物の賃料を減額しない旨の特約がある場合、現行賃料が不相当になったなどの事情が生じたとしても、この特約は有効である。（令5-12改題）

答 ✕　建物の借賃が、土地若しくは建物に対する租税その他の負担の増減により、土地若しくは建物の価格の上昇若しくは低下その他の経済事情の変動により、又は近傍同種の建物の借賃に比較して不相当となったときは、契約の条件にかかわらず、当事者は、将来に向かって建物の借賃の額の増減を請求することが**できる**。この借賃増減額請求を排除する特約が有効となるのは、一定の期間建物の借賃を**増額**しない旨の特約だけである（借地借家法32条1項）。「減額しない」特約の排除は、賃借人に不利なので**無効**だ。

攻略しやすい
区分所有法のポイント！

重要度 A

区分所有法は出題項目に偏りがあるため、攻略しやすい法令だ。ここで紹介する内容を押さえれば正解できる可能性が高い。特に「規約」「集会」からの出題頻度が高く、「共用部分」「管理者」と併せて押さえておこう！

❶ そもそも区分所有法とは？

　区分所有法（建物の区分所有等に関する法律）は、**分譲マンションなどの区分所有建物に関する権利関係や管理運営方法**について定めた法律である。

　区分所有建物とは、分譲マンションのように独立した各部分から構成されている建物のことであり、通常の建物に比べて所有関係が複雑になるため、各部屋等の区分所有者相互の利害関係を調整する必要性が高い。

　そこで、民法の特別法として区分所有法が制定され、これにより各部分や建物の敷地に関する権利関係の明確化などが図られている。

❷ 区分所有法を理解するための必須用語

　区分所有法を理解するうえでは、基本的な用語の定義を押さえておかねばならない。押さえておくべき用語を確認しよう。

①区分所有者・占有者

　例えば、あるマンションの**「201号室」を所有する権利を区分所有権**といい、**この区分所有権を有する者を区分所有者**という。これに対して、分譲貸しのような形で**マンションを借りて住んでいる者を占有者**という。

8章
区分所有法

181

②専有部分・共用部分

専有部分とは、区分所有権の目的である建物部分をいい（区分所有法2条3項）、マンションの「201号室」などがこれに当たる。

一方、**共用部分**とは、**専有部分以外の建物の部分、専有部分に属しない建物の附属物など**をいう（同条4項）。廊下、階段、エレベーターなどのように、**住民が共同で使用する部分を法定共用部分**といい、これは**区分所有権の目的とならない**。また、本来は専有部分となる建物の部分を**規約**によって共用部分とすることを定めたものを**規約共用部分**という。

共用部分 { 法定共用部分…住民が共同使用（階段等）
規約共用部分…規約で共用部分としたもの

③敷地利用権

敷地利用権とは、**専有部分を使用するための建物の敷地に関する権利**のことをいい（区分所有法2条6項）、具体的には、**敷地の所有権、賃借権、地上権**がこれに当たる。

区分所有者は、**規約に別段の定めがあるときを除き、専有部分とその専有部分に係る敷地利用権とを分離して処分することはできない**（同法22条1項）。

◆ 区分所有建物のイメージ

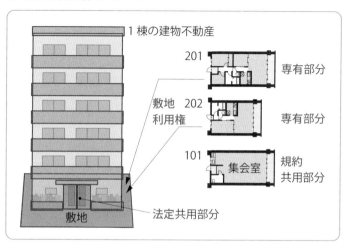

プラスα
「共用部分」は「法定共用部分」と「規約共用部分」の2つに分けられる。

プラスα
区分所有者は次の3つの権利を持つ。
①専有部分の所有権
②共有部分の共有持分
③敷地に関する権利（敷地利用権）

❸ 共用部分の管理等は、決議要件がポイント！

　前ページのとおり、**共用部分**は、**法定共用部分**（基礎及び壁・柱等、建基法2条にいう主要構造部、廊下、階段室、玄関など）のように、**構造上共用**とされる部分と、管理人室、集会室、倉庫などのような**規約で定められる規約共用部分**がある（区分所有法4条1項、2項）。

　共用部分は原則、区分所有者の共有に属するが、その持分は、専有部分の床面積の割合による（同法11条1項、14条1項）。

　また、各共有者は、共用部分をその用方に従って使用することができ（同法13条）、**専有部分が譲渡されると、共用部分の持分もそれに従って移転し**（同法15条1項）、共有者は、この法律に別段の定めがある場合を除いて、その有する**専有部分と分離して持分を処分することができない**（同条2項）。

　そして、**共用部分の管理等**に関しては、決議要件と規約によって別段の定めができるかを押さえておけば対応できる（同法17条1項、18条1項）。これらをまとめたのが以下の表だ。

ポイント Ⅰ　**共用部分の管理等に関する決議要件**

行　為	決議要件	規約による別段の定め
保存行為	各区分所有者が単独でできる。 ➡単独でできるので、集会の決議は不要！	規約により別段の定めができる。
管理行為	区分所有者及び議決権の各過半数による集会の決議で決する。	
形状又は効用の著しい変更を伴わない（軽微）変更行為		
変更行為（軽微変更を除く）	区分所有者及び議決権の各4分の3以上による集会の決議により決する。	区分所有者の定数は、規約で過半数まで減じることができる。

プラスα

専有部分の床面積は、その有する**専有部分**の壁その他の区画の「内側線」で囲まれた部分の水平投影面積による（区分所有法14条3項）。「中心線」ではない。
なお、共用部分の持分の割合について、規約で別段の定めをすることもできる（同条4項）。

令5-13

プラスα

左の表中、区分所有者は、その頭数を意味し、議決権は、規約で別段の定めがない限り、共有部分の持分の割合による（区分所有法38条）。

❹ 管理組合と管理者は、繰り返しの出題あり！

管理組合と管理者については、同じポイントが繰り返し出題されているので、そのポイントを確認する。

管理組合とは、区分所有建物の維持管理と、区分所有者間の権利義務を調整するため、**区分所有者で構成される団体**である。

区分所有者は、全員で、建物並びにその敷地及び附属施設の管理を行うための団体を構成し、区分所有法の定めにより、集会を開き、規約を定め、及び管理者を置くことができ、**区分所有者は当然にこの団体の構成員となる**（同法3条前段）。

そして、この**管理組合の業務執行機関が管理者**である。**区分所有者**は、規約に別段の定めがない限り、**集会の決議（区分所有者及び議決権の各過半数）**によって、管理者を**選任し、又は解任できる**（同法25条1項）。**管理者は、共用部分等の保存、集会決議の実行、規約で定めた行為をする権利を有し、義務を負う**（同法26条1項）。

また、**管理者は、少なくとも毎年1回、集会を招集し、集会において、毎年1回一定の時期に、その事務に関する報告をしなければならない**（同法43条）。

管理者は、規約又は集会の決議により、その職務に関し、区分所有者のために、原告又は被告となることができるが、規約により原告又は被告となったときは、遅滞なく、区分所有者にその旨を通知しなければならない（同法26条4項、5項）。

さらに、**管理者は、規約に特別の定めがあるときは、共用部分を所有できる**（同法27条1項）。これを**管理所有**という。

過 令4-13、
令2(12月)-13、
平27-13

プラスα
管理者は、法人でもよく、区分所有者以外の者からの選任もできる。また、管理者の任期の制限はない。

過 平29-13、
平28-13

過 令4-13

過 令3(12月)-13、
令2(12月)-13

184

　なお、**管理組合は、区分所有者及び議決権の各4分の3以上の多数による集会の決議で法人となることができる**（管理組合法人、同法47条1項）。

ポイント II 「管理組合」と「管理者」のポイント

①区分所有者は、管理組合の構成員となるか？
　➡当然になる。

②管理組合が管理組合法人となる要件は？
　➡区分所有者及び議決権の各4分の3以上の多数による集会の決議

③管理者は、法人でもよいか？　➡よい。

④管理者は、区分所有者「以外」の者からも選任できるか？
　➡できる。

⑤管理者の選任と解任の方法は？
　➡規約による別段の定めがない限り、**集会の決議**による。

⑥管理者が区分所有者のために原告・被告になる要件は？
　➡規約又は集会の決議による。
　➡規約により原告又は被告となったときは、遅滞なく、区分所有者にその旨を通知しなければならない。

⑦管理所有とは？
　➡規約に特別の定めがあるとき、管理者が共用部分を所有できること。

⑧管理者は、集会において、毎年1回一定の時期に、事務に関する報告をしなければならない。
　また、少なくとも毎年1回、集会を招集しなければならない。

❺ 規約の設定、保管、閲覧は頻出ポイント！

　規約に関しては、**規約の設定、保管及び閲覧**が繰り返し出題されており、特に規約の保管（掲示）については、ほぼ同じ内容が複数回出題されているので、ポイントを確認しておこう。

プラスα

規約の効力は、区分所有者だけではなく、**譲受人（特定承継人）にも及ぶ**（区分所有法46条1項）。

①そもそも規約とは

　規約（管理規約）は、区分所有建物の管理及びその使用についての区分所有者相互間で取り決めた自主的なルールである。

　区分所有法は、規約事項について、**建物又はその敷地若しくは附属施設の管理又は使用に関する区分所有者相互間の事項は、この法律に定めるもののほか、規約で定めることができる**（同法30条1項）としている。

②規約の設定・変更・廃止

 平30-13

 令3（12月）-13

　規約の設定及び改廃は、区分所有者及び議決権の各4分の3以上の多数による集会の決議による（区分所有法31条1項前段）。なお、**最初に建物の専有部分の全部を所有する者は、公正証書により、規約共用部分の定めを設定できる**（同法32条）。

> 「最初に建物の専有部分の全部を所有する者」とは、**マンションの分譲業者など**のことだ。

③規約の保管・閲覧

 令2（12月）-13、平30-13

　規約は、原則として、管理者が保管しなければならず（区分所有法33条1項本文）、**保管場所は、建物内の見やすい場所に掲示しなければならない**（同条3項）。

　また、**規約を保管する者は、利害関係人の請求があったときは、正当な理由がある場合を除いて、規約の閲覧を拒むことはできず**（同条2項）、**正当な理由なく規約の閲覧を拒んだ場合には、20万円以下の過料に処される**（同法71条2号）。

ポイント・Ⅲ・規約のポイント

①規約の設定及び改廃の要件は？

➡ 区分所有者及び議決権の各 4 分の 3 以上の多数による集会の決議による。

②公正証書により、規約共用部分の定めを設定できる者は？

➡ 最初に建物の専有部分の全部を所有する者。

③「管理者がある」場合、誰が規約を保管するか？

➡ 管理者。

④「管理者がない」場合、誰が規約を保管するか？

➡ 建物を使用する区分所有者又はその代理人で、規約又は集会の決議で定める者。

⑤規約の保管場所について、どのような義務がある？

➡ 建物内の見やすい場所に掲示しなければならない。

⑥規約の閲覧について

原則：利害関係人の請求があれば、閲覧を拒めない。

例外：正当な理由があれば、拒める。

➡ 正当な理由なく拒むと、過料に処される。

---

⑥ 最も出題頻度が高い「集会」！

　集会は、区分所有法で**最も出題頻度が高い**項目だ。このポイントを確認して区分所有法の学習は終えよう。

①集会の招集は、誰がいつ行うか

　管理者が「**ある**」ときは、集会は、少なくとも毎年 1 回、管理者が招集する（区分所有法 34 条 1 項、2 項）。

　これに対して、**管理者が「ない」ときは、区分所有者の 5 分**

プラスα

管理者がないときは、建物を使用している区分所有者又はその代理人で規約又は集会の決議で定めるものが保管しなければならない（区分所有法 33 条 1 項但書）。

8章

区分所有法

過 令 4 (12 月)-13、平 29-13、平 28-13

の1以上で、議決権の5分の1以上を有する者が、集会を招集できる。ただし、**この定数は規約で減ずることができる**（同条5項）。

②招集の通知

過 平29-13、平27-13

集会の招集の通知は、会日より少なくとも1週間前に、会議の目的たる事項を示して、各区分所有者に発しなければならない。ただし、この期間は、規約で伸縮できる（区分所有法35条1項）。

この通知は、区分所有者が管理者に対して通知を受けるべき場所を通知したときはその場所に、これを通知しなかったときは区分所有者の所有する専有部分が所在する場所にあててすれば足りる（同条3項前段）。

なお、**集会は、区分所有者全員の同意があれば、招集手続を経ないで開くことができる**（同法36条）。

プラスα
建替え決議を目的とする場合、招集通知は当該集会日より少なくとも2か月前に発しなければならない。ただし、この期間は、規約で伸長できる（区分所有法62条4項）。

③専有部分が共有に属する場合の招集の通知方法

専有部分が数人の共有に属するときは、招集の通知は、議決権を行使すべき者（その者がないときは、共有者の1人）**にすれば足りる**（区分所有法35条2項）。

④集会の決議事項・議事・議決権の行使

過 令5-13、令3（10月）-13、令元-13

集会では、招集の通知で、あらかじめ通知した事項についてのみ、決議ができるとされているが（区分所有法37条1項）、区分所有法に集会の決議につき特別の定数が定められている事項以外であれば、**規約で別段の定めをすることができる**（同条2項）。

また、**集会の議事は、区分所有法又は規約に別段の定めがない限り、区分所有者及び議決権の各過半数で決する**（同法39条1項）。

書面又は代理人によって議決権を行使することもでき（同条2項）、区分所有者は、規約又は集会の決議により、書面による

議決権の行使に代えて、電磁的方法によって議決権を行使することもできる（同条 3 項）。

　ただし、**書面又は電磁的方法による決議は、区分所有者全員の承諾があるときに限られ**（同法 45 条 1 項本文）、**区分所有者が 1 人でも反対するときは、集会を開催せずに書面によって決議をすることはできない**。

　なお、**専有部分が数人の共有に属するときは、共有者は、議決権を行使すべき者 1 人を定めなければならず**（同法 40 条）、**各共有者がそれぞれ議決権を行使することはできない**。

 令 3（10 月）-13

⑤占有者の意見陳述権

　区分所有者の承諾を得て専有部分を占有する者（賃借人など）は、会議の目的たる事項につき利害関係を有する場合には、**集会に出席して意見を述べることができる**が（区分所有法 44 条 1 項）、**議決権を行使することはできない**。

 令 3（12 月）-13、令元 -13

⑥議長・議事録

　集会においては、**規約に別段の定めがある場合及び別段の決議をした場合を除いて、管理者又は集会を招集した区分所有者の 1 人が議長となる**（区分所有法 41 条）。

　また、集会の議事について、議長は、書面又は電磁的記録により、議事録を作成しなければならない（同法 42 条 1 項）。この場合、**議事録が書面で作成されているときは、議長及び集会に出席した区分所有者の 2 人がこれに署名しなければならない**（同条 3 項）。

 令元 -13、平 27-13

プラスα
議事録が電磁的記録で作成されているときは、記録された情報は、議長及び集会に出席した区分所有者の 2 人が行う法務省令で定める署名に代わる措置を執らなければならない（区分所有法 42 条 4 項）。

ポイント IV　集会のポイント

①集会の招集は、誰がいつ行うか？
・管理者が「ある」とき　➡毎年 1 回、管理者が招集する。
・管理者が「ない」とき
　➡区分所有者の 5 分の 1 以上で、議決権の 5 分の 1 以上を有する者が招集できる。

②集会の招集通知は、いつ、誰に出す？
　➡会日より少なくとも1週間前に、会議の目的たる事項を示して、**各区分所有者**に発しなければならない。

③集会は、招集手続なくして開くことができる？
　➡**区分所有者全員の同意**があればできる。

④集会の決議事項は？
　原則：あらかじめ**通知した事項**のみ。
　例外：区分所有法に集会決議につき特別の定数が定められている事項**以外**であれば、**規約で別段の定め**が**できる**。

⑤集会の議決の要件は？
　➡区分所有法又は規約に**別段の定めがない**限り、区分所有者及び議決権の各過半数で決する。

⑥議決権は、書面又は代理人によって行使できるか？
　➡**できる**。
　➡**規約又は集会の決議により、電磁的方法でも行使できる**。
　➡ただし、**書面又は電磁的方法による決議は、区分所有者全員の承諾があるときのみ**。

⑦専有部分が共有に属する場合の議決権の行使者は？
　➡共有者は、議決権行使者1人を定めなければならない。

⑧専有部分の**占有者**は、集会で何かできるか？
　➡**会議の目的たる事項に利害関係を有する者は、集会に出席して意見を述べることができる**。

⑨誰が議長となるか？
　➡**規約に別段の定めがある場合及び別段の決議をした場合を除いて、管理者又は集会を招集した区分所有者の1人**。

過去問題を
チェック！

❶管理者は、規約により、その職務に関し、区分所有者のために、原告又は被告となったときは、その旨を各区分所有者に通知しなくてよい。（令4-13）

答 ✕ 管理者は、**規約により**、区分所有者のために原告又は被告となったときは、遅滞なく、区分所有者にその旨を**通知しなければならない**（区分所有法26条4項、5項前段）。

❷集会において、管理者の選任を行う場合、規約に別段の定めがない限り、区分所有者及び議決権の各過半数で決する。（令4-13）

答 ◯ 本問の記述のとおりである（区分所有法25条1項、39条1項）。

❸管理組合（法第3条に規定する区分所有者の団体をいう。）は、区分所有者及び議決権の各4分の3以上の多数による集会の決議で法人となる旨並びにその名称及び事務所を定め、かつ、その主たる事務所の所在地において登記をすることによって法人となる。（令4-13）

答 ◯ 本問の記述のとおりである（区分所有法47条1項）。

❹規約の設定、変更又は廃止を行う場合は、区分所有者の過半数による集会の決議によってなされなければならない。（平30-13）

答 ✕ 規約の設定、変更又は廃止は、**区分所有者及び議決権の各4分の3以上**の多数による集会の決議によってする（区分所有法31条1項前段）。

❺最初に建物の専有部分の全部を所有する者は、公正証書により、共用部分（数個の専有部分に通ずる廊下又は階段室その他構造上区分所有者の全員又はその一部の共用に供されるべき建物の部分）の規約を設定することができる。（令3-12月-13）

答 ✕ 最初に建物の専有部分の全部を所有する者は、公正証書により、**規約共用部分の規約の設定**ができる（区分所有法32条、4条2項）。廊下や階段等の法定共用部分の設定はできない。

❻規約の保管場所は、建物内の見やすい場所に掲示しなければならない。（令2-12月-13）

答 ◯ 本問の記述のとおりである（区分所有法33条3項）。

❼管理者は、少なくとも毎年1回集会を招集しなければならない。（平29-13）

答 ◯ 本問の記述のとおりである（区分所有法34条2項）。

❽管理者がないときは、区分所有者の5分の1以上で議決権の5分の1以上を有するものは、集会を招集することができる。ただし、この定数は、規約で減ずることができる。(令4-13)

答 ○ 本問の記述のとおりである(区分所有法34条5項)。

❾集会の議事は、法又は規約に別段の定めがない限り、区分所有者及び議決権の各4分の3以上の多数で決する。(令元-13)

答 × 集会の議事は、この法律又は規約に別段の定めがない限り、**区分所有者及び議決権の各過半数**で決する(区分所有法39条1項)。

❿専有部分が数人の共有に属するときは、共有者は、集会においてそれぞれ議決権を行使することができる。(令元-13)

答 × 専有部分が数人の共有に属するときは、共有者は、**議決権を行使すべき者1人**を定めなければならない(区分所有法40条)。

⓫区分所有者の承諾を得て専有部分を占有する者は、会議の目的たる事項につき利害関係を有する場合には、集会に出席して議決権を行使することができる。(令元-13)

答 × 本問の者は、集会に出席して**意見**を述べることができるが、議決権を行使することは**できない**(区分所有法44条1項)。

⓬管理者は、集会において、毎年2回一定の時期に、その事務に関する報告をしなければならない。(平28-13)

答 × 管理者は、集会において、**毎年1回**一定の時期に、その事務に関する**報告**をしなければならない(区分所有法43条)。

⓭管理者が選任されていない場合、集会においては、規約に別段の定めがある場合及び別段の決議をした場合を除いて、集会を招集した区分所有者の1人が議長となる。(平27-13)

答 ○ 集会においては、規約に別段の定めがある場合及び別段の決議をした場合を除いて、**管理者**又は**集会を招集した区分所有者の1人**が議長となる(区分所有法41条)。

あえて完璧はねらわない！不登法のポイント！ 重要度 A

不登法は「法」だけではなく、不動産登記令、不登規則、不動産登記事務取扱手続準則といった関係法令も問われ、出題論点も分散している。すべてカバーするのは効率的ではないので、複数回出題されている知識にターゲットを絞ろう。

❶ 登記記録は「表題部」と「権利部」に区分！

（1）登記記録は「一筆の土地」「一棟の建物」ごとに作成

　不動産登記は、その不動産がどのような不動産なのか、現在は誰がどのような権利を有しているのか、といった内容を記録するものである。そして、このような**登記の履歴をまとめて登録したもの**を登記記録という。

　この記録に関して、**土地は所有権者によって区分**され、このような**区分された一単位の土地を一筆の土地**というが、原則として、**登記記録は、一筆の土地又は一棟の建物ごとに1つ作成される**（不登法2条5号）。

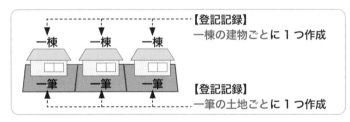

（2）登記記録は「表題部」と「権利部」に区分され、
　　「権利部」はさらに「甲区」と「乙区」に区分

　1つの登記記録は、大きく「表題部」と「権利部」に区分される（不登法2条7号、8号）。**表題部には、土地・建物の物理的状況に関する事項**が記録され（表示に関する登記、同条3号）、**権利部には、権利に関する事項**が記録される（権利に関する登記、同条4号）。

プラスα

念願のマイホームを購入するときに、そのマイホームの権利関係がわかれば、安心して購入できる。不動産の物理的状況や権利関係を明確にして、不動産取引の安全と円滑化を図るのが不動産登記制度だ（不登法1条）。

9章　不登法

そして、**権利部は、さらに「甲区」と「乙区」に区分**され、
甲区には、所有権に関する事項（所有権保存登記など）、**乙区に
は、所有権以外の権利に関する事項**（抵当権設定登記など）**が
記録される**（不登規則4条4項）。

ポイント I 登記記録の概要

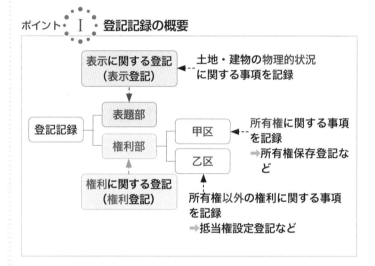

❷ 登記記録は、どのような手順で作成されるか？

（1）表題部所有者は、表題部に所有者として記録されている者

登記の申請があると、まず**登記官が表題部を作成**する。表示
に関する登記のうち、当該不動産について**表題部に最初にされ
る登記を表題登記**という（不登法2条20号）。

この不動産の登記記録の**表題部に所有者として記録されてい
る者を、表題部所有者という**（同条10号）。

（2）甲区に最初に記録される登記は、所有権保存登記！

表題登記がされると、**権利部の甲区に、最初に記録される所
有権保存登記を申請できる**（不登法74条1項、2項）。

**所有権保存登記は、その不動産について最初の所有権者が記
載**されるものだが、この申請は次ページの者が行える。

◆ 所有権保存登記を申請できる者

> ①**表題部所有者又はその相続人その他の一般承継人**
>
> ②**所有権を有することが確定判決によって確認された者**
>
> ③収用によって所有権を取得した者
>
> ④**区分建物の表題部所有者から所有権を取得した者**
>
> （**敷地権付き区分建物の場合：敷地権の登記名義人の承諾**
> **が必要**）

過 令5-14、
令2 (10月)-14、
平28-14

（3）登記記録の見方を理解しよう！

　ここからは、次ページの登記記録の見本を参照しながら読んで欲しい。

①表題部所有者の記録は、権利部の作成で抹消

　表題部の最下段に記録されているのが表題部所有者であり、次ページの見本では、住所、氏名に抹消線が引かれている。このように、**表題部所有者の記録は、権利部の作成で抹消される。**

②現在の所有者が登記名義人

　権利部の甲区には、土地・建物の所有者が誰なのか、つまり、所有権に関する事項が記録される。

　次ページの見本では、順位番号1の権利者である甲野太郎から、順位番号2の権利者である法務五郎へ所有権移転登記がなされており、**現在の所有者が法務五郎**であることが見てとれる。

　この**現在の所有者を登記名義人といい**、見本では、**法務五郎が登記名義人**であることがわかる。

　登記の前後は、登記記録の同一の区にした登記相互間については順位番号、別の区にした登記相互間については受付番号によるとされており（不登規則2条1項）、順位番号や受付番号は、権利の優劣を決める基準になるという意味を持つ。

プラスα

「同一の区にした登記相互間」は、第1順位抵当権設定登記と後順位抵当権設定登記など、「別の区にした登記相互間」は、所有権移転登記と抵当権設定登記などである。

◆ 登記記録の見本

東京都特別区南都町1丁目101

表題部（主である建物の表示）			調整	余白	不動産番号	0000000000000
所在図番号	余白					
所　　在	特別区南都町一丁目101番地		余白			
家屋番号	101番		余白			
①種類	②構造	③床面積 m²	原因及びその日付〔登記の日付〕			
居　　宅	木造かわらぶき2階建	1階80 00 2階70 00	令和1年5月1日新築〔令和1年5月7日〕			
所　有　者	特別区南都町一丁目5番5号　法務五郎　←表題部所有者					

> 権利部が作成されると、表題部所有者は抹消！

権利部（甲区）　（所有権に関する事項）			
順位番号	登記の目的	受付年月日・受付番号	権利者その他の事項
1	所有権保存	平成20年10月15日 第637号←受付番号	所有者　特別区南都町一丁目1番1号　甲野太郎
2	所有権移転	令和1年5月7日 第806号←受付番号	原因　令和1年5月7日売買 所有者　特別区南都町一丁目5 法務五郎←登記名義人

> 現在の所有者＝登記名義人

権利部（乙区）　（所有権以外の権利に関する事項）			
順位番号	登記の目的	受付年月日・受付番号	権利者その他の事項
1	抵当権設定	令和1年5月7日 第807号←受付番号	原因　令和1年5月7日金銭消費貸借同日設定 債権額　金4,000万円 利息　年2・6％（年365日日割計算） 損害金　14・5％（年365日日割計算） 債務者　特別区南都町一丁目5番5号　法務五郎 抵当権者　特別区北都町三丁目3番3号　株式会社南北銀行　（取扱店　南都支店） 共同担保　（あ）2340号

※出典：「登記事項証明書（不動産登記）の見本」法務省（附属建物の表題部、共同担保目録は省略）

ポイント **II** 登記記録の作成のポイント

表題登記	表題部に最初にされる登記
表題部所有者	表題部に所有者として記録される者
所有権保存登記を申請できる者	①表題部所有者又はその相続人その他の一般承継人 ②区分建物の表題部所有者から所有権を取得した者 ➡敷地権付き区分建物の場合は、当該敷地権の登記名義人の承諾が必要
登記名義人	土地・建物の現在の所有者
登記の前後	登記記録の「同一の区」にした登記相互間 ➡順位番号による。 「別の区」にした登記相互間 ➡受付番号による。

❸ 登記ができる権利は、限られている！

登記ができる権利は、一定の権利に**限られる**（不登法3条）。

◆ 登記ができる権利

①所有権　②地上権　③地役権　④先取特権・質権
⑤抵当権　⑥賃借権　⑦配偶者居住権　など

過 令2 (10月)-14、平28-14

❹ 表示に関する登記と権利に関する登記

（1）「表示に関する登記」は職権ででき、申請義務がある！

　そもそも**登記**は、法令に別段の定めがある場合を除き、**当事者の申請又は官庁若しくは公署の嘱託がなければ、することができない**（不登法16条1項）。しかし、**表示に関する登記は、登記官が、職権ですることができる**（同法28条）。

　また、**表示に関する登記**には、原則として**対抗力がなく**、<u>次</u>

過 平30-14

197

表の場合には、**申請義務が課せられる**（同法36条、37条1項、2項、42条、47条1項、51条1項、57条）。

◆ 表示の登記に申請義務が課せられる場合

申請義務が課せられる場合	申請義務者	申請期間
新たに生じた土地、表題登記がない土地の所有権を取得した場合	所有権を取得した者	所有権を取得した日から1か月以内
新築した建物、区分建物以外の建物の所有権を取得した場合		
土地・建物が滅失した場合	**表題部所有者**又は**所有権の登記名義人**	滅失の日から1か月以内
地目、地積の変更があった場合		**変更があった日から1か月以内**
建物の種類、構造、床面積に変更があった場合		

プラス**α**

「地目」とは、土地の用途の種類（田や宅地など）のことで、「地積」とは、土地の面積のこと。

 平30-14

(2)「権利に関する登記」には、原則、申請義務はない！

「権利に関する登記」ができるのは、**当事者の申請又は官庁若しくは公署の嘱託がある場合だけ**であり（不登法16条1項）、**職権によって登記することはできない**（同法28条参照）。

権利に関する登記には、**対抗力がある**反面、原則として、**申請義務は課せられていない**のだ。例えば、登記名義人の氏名、名称、住所についての変更などがあっても、登記名義人に登記申請義務は**ない**（同法64条1項）。

ただし、**相続、遺贈、遺産の分割によって相続分を超えて所有権を取得した場合の所有権の移転登記の申請**は、令和6年4月1日から**申請義務が課せられる**（同法76条の2第1項、2項）。

プラス**α**

権利に関する登記は、権利者の権利を守るためのものである。申請しないと対抗力が得られず、権利者が不利益を負うので、権利の登記には原則として、申請義務がない。

 平30-14

 令5-14、平28-14

なお、**建物が滅失**したとき、表題部所有者又は所有権の登記名義人は、**滅失の日から1か月以内に滅失登記の申請**が必要だ（不登法57条）。

ポイント III 表示に関する登記と権利に関する登記

項　目	表示に関する登記	権利に関する登記
職権による登記	できる	できない
対抗力	ない	ある
主な申請義務	建物の種類、構造、床面積等に変更があった場合 ➡表題部所有者又は所有権の登記名義人は1か月以内に申請しなければならない。	ない

❺ 権利に関する登記は、共同申請が原則、単独申請は例外！

（1）「権利に関する登記」は、共同申請が原則！

　「権利に関する登記」の申請は、法令に別段の定めがある場合を除き、**登記権利者及び登記義務者が共同してしなければならない**（共同申請主義、不登法60条）。

　しかし、権利に関する登記も**単独申請ができる場合**もあり、それは以下のものである（同法63条1項～3項、64条1項、98条2項、107条1項）。

ポイント IV 「権利に関する登記」の共同申請と主な例外

共同申請主義	権利に関する登記は、原則として、登記権利者及び登記義務者の共同申請	
例　外	**単独申請できる登記**	**単独申請できる者**
	相続又は法人の合併による権利の移転の登記	登記権利者
	信託の登記	受託者

プラスα

ここは単独申請が「できる登記」と「できる者」を覚えるのがポイントだ。

プラスα

相続人に対する遺贈による所有権登記も単独申請できる。

 令3（10月）-14

199

❻ 「権利に関する登記」の申請は、様々なものを提供！

（1）登記完了で、登記識別情報が通知

　登記識別情報とは、登記名義人が登記を申請する場合におい
て、登記名義人自らが登記を申請していることを確認するため
に用いられる符号その他の情報であって、**登記名義人を識別で
きるパスワード**のようなものだ（不登法2条14号）。

◆ 登記識別情報は、以下のような英数字

4	2	1	－	B	8	2	－	X	Z	Y	－	6	5	G

令4-14、
令2（10月）-14

　登記識別情報は、申請人自らが登記名義人となる場合におい
て、その**登記が完了したときに、登記官から通知される**。ただし、
**申請人があらかじめ登記識別情報の通知を希望しない旨の申出
をした場合などの場合は通知されない**（同法21条）。

（2）申請時は「登記識別情報」と「登記原因証明情報」を提供

　登記権利者と登記義務者が**共同して権利に関する登記の申請**
をする場合や、**登記名義人が一定の登記の申請**をする場合、**申
請人は、その申請情報と併せて登記義務者（登記名義人）の登
記識別情報を提供しなければならない**。

　ただし、登記識別情報が通知されなかった場合その他の**申請
人が登記識別情報を提供することができないことにつき正当な
理由がある場合には、提供しなくてもよい**（不登法22条）。

　ここでは、**登記申請代理を業とできる代理人**（司法書士など）
**に任せる場合でも、登記識別情報を提供しなければならないこ
と**を押さえておこう（不動産登記事務取扱手続準則42条1項
参照）。

　また、**権利に関する登記を申請する場合**には、**申請人は、法
令に別段の定めがある場合を除き、申請情報と併せて登記原因
を証する情報（登記原因証明情報：売買契約書など）を提供し
なければならない**（不登法61条）。

プラスα
登記識別情報は、登
記名義人本人しか知
りえないものなので
あり、申請者が登記
識別情報を提供した
ときは、申請者が登
記名義人本人である
可能性が高いことか
ら提供が求められて
いる。

令4-14

ポイント V 登記識別情報と登記原因証明情報

①登記識別情報

通知	申請人自らが登記名義人となる登記を完了したときに、登記官から通知される。 ➡申請人があらかじめ通知を希望しない旨の申出をした場合などの場合は通知されない。
提供	・権利に関する登記の共同申請をする場合 ・登記名義人が一定の登記の申請をする場合 ⬇ 申請人は、その申請情報と併せて登記義務者（登記名義人）の登記識別情報を提供しなければならない。 ➡登記申請代理を業とすることができる代理人に任せる場合でも、提供しなければならない。

②登記原因証明情報

提供	権利に関する登記を申請する場合に、申請人は提供しなければならない。

❼ 誰でもできる登記事項証明書の交付請求！

（1）登記事項証明書の交付は、誰でも請求できる！

何人も、登記官に対し、手数料を納付して、**登記記録に記録されている事項の全部又は一部を証明した書面（登記事項証明書）の交付を請求することができる**（不登法 119 条 1 項）。

また、何人も、登記官に対し、手数料を納付して、**登記簿の附属書類のうち政令で定める図面の全部又は一部の写しの交付、閲覧を請求することができる**（同法 121 条 1 項、2 項）。

さらに、**何人も、正当な理由があるときは**、登記官に対し、法務省令で定めるところにより、手数料を納付して、**登記簿の附属書類の全部又は一部の正当な理由があると認められる部分の閲覧を請求できる**（同条 3 項）。図面以外（申請書など）の閲覧には、**正当な理由が必要**と考えよう。

過 平 27-14

プラスα

「何人も」とは「誰でも」という意味である。よって、**登記事項証明書の交付請求に際して利害関係を有することを明らかにする必要はない。**

過 令 5-14、令 2（12 月）-14

ポイント Ⅵ 登記事項証明書・登記簿の附属書類

登記事項証明書の交付申請	何人もできる。利害関係を有することを明らかにする必要はない。
図面の写しの交付・閲覧請求	「政令で定める図面」とは、土地所在図、地積測量図、地役権図面、建物図面及び各階平面図をいう。 ➡附属書類の1つである**申請書は、含まれない**（不動産登記令21条1項）。
附属書類の閲覧請求	正当な理由があるときで、正当な理由があると認められる部分に限られる。 ➡附属書類の1つである**申請書は、ここの話**。

過 令5-14、平27-14

過 令5-14

❽ 登記はオンラインでも申請できる！

プラスα
オンライン申請は一読しておけばよい。

　登記記録は、ハードディスク上に磁気データとして記録されるものである。そのため、**登記の申請は、書面による方法だけでなく、電子計算機（パソコン）を電気通信回線（インターネット）で接続した電子情報処理組織を使用する方法でもすることができる**（オンライン申請、不登法18条1号、2号）。

❾ 土地・建物の「相続」に関する登記は要注意！

（1）所有権の相続人には、相続登記の申請が義務付け！

プラスα
改正不登法（令和6年4月1日施行）によって、不動産の相続に関する登記に関するルールが大幅に見直された。

　権利に関する登記には、申請義務がないのが原則である。しかし、不動産の所有権の登記名義人が死亡した場合における**相続人には、相続登記の申請が義務付けられている**。

　またこれは、相続人に対する**遺贈により所有権を取得した者、相続登記後の遺産分割によって、法定相続分を超える所有権を取得した者も同様**である（不登法76条の2第1項、2項）。

　相続登記の申請期間は、自己のために相続の開始があったこと及び所有権を取得したことを知った日から3年以内、又は遺

産分割の日から3年以内である（同項）。

　そして、相続登記の申請義務の実効性を担保するために、**正当な理由なく、申請期間内に相続登記を申請しなかった者には、10万円以下の過料が科される**（同法164条）。

(2) 相続登記の申請義務者は、特定財産承継遺言又は遺贈によって所有権を取得した者！

　相続登記の申請義務は、登記名義人から特定財産承継遺言又は遺贈によって所有権を取得した者が負い、遺言がない場合には単独相続した者が負う。また、共同相続の場合は、遺言がなければ、申請期間内に遺産分割をした共同相続人が申請義務を負う（不登法76条の2第1項）。

(3) 相続登記の申請義務を免れる場合もある

　第三者（被相続人・相続人の債権者など）**が、債権者代位権に基づき相続人を代位して相続登記をしたときや、嘱託によって相続登記がなされたときなどには、相続人は相続登記の申請義務を免れる**（不登法76条の2第3項、76条の3第5項）。

(4) 相続登記の申請義務の履行を容易にするみなし履行制度！

　相続人申告登記制度（みなし履行制度）**は、登記官に対して、①所有権の登記名義人について相続が開始した旨、及び②自らが所有権の登記名義人である旨を申し出ることにより、申出前になされた遺産分割による所有権の取得を除き、相続登記の申請義務を履行したものとみなされる制度である**（不登法76条の3第1項、2項）。

---

⑩　合筆・分筆の登記ができない場合を押さえよう！

(1) 表題部所有者又は所有権の登記名義人が相互に異なる土地は、合筆の登記ができない！

　合筆とは、次の図のように、数筆の土地を一筆の土地にまと

めることである。

　不登法には、合筆できない土地について数多くの規定があるが、重要なものを押さえておこう（不登法41条）。

◆ 合筆できない主な土地

①地目又は地番区域が相互に異なる土地
②表題部所有者又は所有権の登記名義人が相互に異なる土地
③所有権の登記以外の権利に関する登記がある一定の土地

令元-14

プラスα
②は合筆後の登記名義人を誰にしたらよいのかがわからないからだ。

（2）所有権の登記以外の権利に関する登記がある土地でも、分筆の登記ができる！

　例えば、抵当権設定登記がされている土地でも、分筆後のすべての土地に抵当権を設定すれば特に問題は生じない。そのため、**所有権の登記以外の権利に関する登記がある土地でも、分筆の登記をすることができる**（不登法41条参照）。

令2（12月）-14、令元-14

　なお、**登記官は、一筆の土地の一部が別の地目となり、又は地番区域を異にするに至ったときは、職権で、その土地の分筆の登記をしなければならない**（同法39条2項）。

---

❶❶ **本登記の順位をあらかじめ確保する仮登記！**

　仮登記とは、一定の理由から本登記ができない場合に、とりあえず**本登記の順位だけを確保する登記**である。

（1）仮登記を申請できる2つの場合

　仮登記を申請できるのは、次の2つの場合である（不登法

105条)。

◆ 仮登記を申請できる2つの場合

> ①登記すべき**「権利変動は生じている」**が、登記を申請するために提供すべき情報を提供できないとき（1号仮登記）
> ②登記すべき**「権利変動は生じていない」**が、将来生じる予定の権利変動に基づく請求権を保全しようとするとき（2号仮登記）

(2) 順位保全効のみで、対抗力はないのが仮登記！

　仮登記のままでは対抗力は認められないが、**仮登記に基づく本登記の順位は、仮登記の順位による**（順位保全効、不登法106条)。具体的には、下図のようになる。

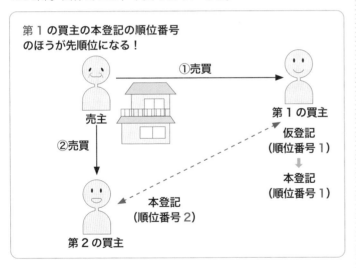

第1の買主の本登記の順位番号のほうが先順位になる！

①売買

売主

第1の買主

仮登記（順位番号1）
↓
本登記（順位番号1）

②売買

本登記（順位番号2）

第2の買主

(3) 仮登記に基づく本登記は、利害関係を有する第三者の承諾があるときに限られる！

　所有権に関する仮登記に基づく本登記は、登記上の利害関係を有する第三者がある場合には、その第三者の承諾があるときに限り、申請できる（不登法109条1項)。

過 令2 (12月)-14

205

❶区分建物の所有権の保存の登記は、表題部所有者から所有権を取得した者も、申請することができる。(令 5-14)

　答 ○　表題部所有者から所有権を取得した者も、区分建物の所有権保存登記を申請することができる（不登法 74 条 2 項）。

❷表示に関する登記は、登記官が、職権ですることができる。(平 30-14)

　答 ○　表示に関する登記は、登記官が、職権ですることができる（不登法 28 条）。

❸所有権の登記名義人は、建物の床面積に変更があったときは、当該変更のあった日から 1 月以内に、変更の登記を申請しなければならない。(平 30-14)

　答 ○　建物の種類、構造、床面積に変更があった場合、所有権の登記名義人は、変更のあった日から 1 か月以内に、変更の登記を申請しなければならない（不登法 51 条 1 項、44 条 1 項）。

❹配偶者居住権は、登記することができる権利に含まれない。(令 2-10 月 -14)

　答 ✕　配偶者居住権は、登記することができる（不登法 3 条 9 号）。

❺登記することができる権利には、抵当権及び賃借権が含まれる。(平 28-14)

　答 ○　抵当権及び賃借権は、登記することができる（不登法 3 条 7 号、8 号）。

❻所有権の移転の登記の申請をする場合において、登記権利者が登記識別情報の通知を希望しない旨の申出をしたときは、当該登記に係る登記識別情報は通知されない。(令 4-14)

　答 ○　本問の記述のとおりである（不登法 21 条）。

❼登記の申請書の閲覧は、請求人に正当な理由があると認められる部分に限り、することができる。(令 2-12 月 -14 改題)

　答 ○　本問の記述のとおりである（不登法 121 条 3 項）。

❽所有権の登記名義人が相互に異なる土地の合筆の登記は、することができない。(令元 -14)

　答 ○　本問の記述のとおりである（不登法 41 条 3 号）。

第2編

法令上の制限

※上記の各テーマのタイトルは簡略化しています。

テーマ 1 都市計画の場所を決めて、計画内容を決める！ 都計法その1

重要度 **A**

都市計画法からは例年2問出題されているが、ここでは、そのうち1問を確実に正解できるよう、頻出項目である「都市計画区域の指定」「区域区分」「用途地域」（の指定）のポイントを解説する。

❶ まずは都市計画法の目的と全体構造を把握！

プラス**α**
ここで紹介する内容は、同じような選択肢が繰り返し出題されている。出題歴のあるポイントを押さえておこう。

都市計画法（都計法）は、**住みやすい街づくりを計画的に進めるための法律**である。都計法は、都市計画の内容及びその決定手続、都市計画制限、都市計画事業その他**都市計画に関し必要なルールを定める**ことにより、都市の健全な発展と秩序ある整備を図っているわけだ。

ただし、都計法は特殊な用語が多数出てきて少し複雑だ。そこで、まずは都計法の**全体構造を把握**して、知識を体系的に整理するための幹をしっかりとしたものにしたうえで、枝葉となる個々の条文に関する知識を身につけていくことが重要である。

プラス**α**
建基法などは、都計法の規定を前提にしている。これらの法律を理解するためにも、都計法の理解が不可欠である。

また、特殊な専門用語は、無理に暗記しようとすると挫折する可能性があるため、その**用語のイメージを思い浮かべてから**、暗記をするように心がけよう。

❷ 街づくりの3つのステップ！

都計法に基づく街づくりは、3つのステップを踏んで行われる。①計画的な街づくりを進める**場所を決める（都市計画区域の指定）**、②都計法が用意する都市計画メニューの中から、**街づくりのプランを選んで決める（都市計画の内容の決定）**、③街づくりの**プランを実行する（都市計画制限、都市計画事業など）**の3つである。

◆ 街づくりの３つのステップ

① 都市計画区域の指定 …計画的な街づくりを進める**場所を決める。**

↓

② 都市計画の内容の決定 …街づくりの**プランを決める。**

↓

③ 都市計画制限等・都市計画事業 …街づくりのプランを実行する。

❸ 街づくりの場所を決める！
（ステップ①：都市計画区域の指定、など）

（1）都市計画区域の指定

　都市計画は、計画的な街づくりをするのに適した場所、すなわち自然的及び社会的条件などに関する現況及び推移を勘案して、一体の都市として総合的に整備し、開発し、及び保全する必要がある区域を**都市計画区域として指定**することからスタートする（都計法５条１項前段）。

　要するに、どこの場所に対して都市計画を立てるのか、まずは、その**場所の指定**を行うのだ。

　この**都市計画区域は**、都市の成長や広がりに応じて指定されるので、**行政区域（市町村、都府県の区域）にとらわれずに、複数の市町村や都府県の区域にまたがって指定することができる**（同項後段）。

　例えば、東京都と埼玉県にまたがった一定の区域に対して、指定することが**できる**ということだ。

　そして、**誰が都市計画区域を指定**するのかについては、**原則として、都府県が指定する。**

　ただし、**都市計画区域が２以上の都府県にまたがって指定される場合には、国土交通大臣が、関係都府県の意見を聴いて、指定する**（同条４項）。つまり、**国土交通大臣が指定**するということである。

プラスα
都計法の学習は、この３つのステップのどこの話なのかを意識しながら学習しよう。

プラスα
北海道と青森県の間は、津軽海峡に隔てられているため、北海道と青森県にまたがって都市計画区域が指定されることはない。そのため「都府県」と規定されている。

 令２(12月)-15

ポイント・**I** 都市計画区域の指定

①都市計画区域は、**行政区域**（市町村、都府県の区域）に**とらわれずに、複数の市町村や都府県の区域にまたがって指定することができる。**

②都市計画区域の指定権者
　・原則：都府県
　・例外：都市計画区域が2以上の都府県にまたがって指定される場合は、国土交通大臣

(2) 都市計画区域内に定められる都市計画

①都市計画区域マスタープラン（参考）

　ここからは**ステップ②の計画内容の決定**の話に入る。地域の実情に応じて、どのような都市計画を選択・適用するのかは、都道府県や市町村の役割であるが、**都市計画を立案（選択・適用）するうえでの指針**となるものが**マスタープラン**だ。

　さらに、都道府県や市町村がこのマスタープランを策定するうえでの指針となるのが、国土交通省による「**都市計画運用指針**」であり、この「都市計画運用指針」を勘案したうえで、**都道府県が「都市計画区域マスタープラン」（広域マスタープラン）を**策定し、その「**都市計画区域マスタープラン**」及び市町村の「**基**

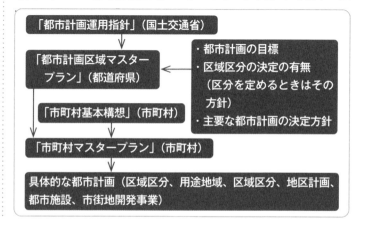

②準都市計画区域

　例えば、農村地帯に高速道路のインターチェンジが建設され、その周辺に無秩序に遊興施設やホテル、商業施設などが建設されると、将来における都市としての開発、整備に支障をきたす。

　そこで、**都道府県は、都市計画区域外の区域のうち、相当数の建築物**その他の工作物（建築物等）**の建築若しくは建設又はこれらの敷地の造成が現に行われ、又は行われると見込まれる区域を含む区域を準都市計画区域として指定できる**（都計法 5 条の 2 第 1 項）。

　都市計画区域が、都市として総合的に整備・開発・保全する必要がある区域を指定するのに対し、**準都市計画区域は、積極的な整備又は開発を行う必要はないものの、そのまま放置すると、将来的に問題があるよね…**という区域に指定できるものと考えよう。都市計画区域の**外**にということだ。

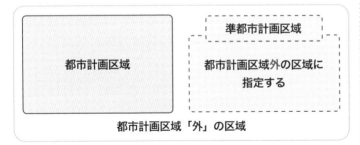

都市計画区域「外」の区域

プラスα

この先、左のイメージ図に知識が追加されていく。突然、色々な用語が出てくるが、都計法を一通り学習した後、戻ってきてほしい。

そして、**準都市計画区域**では、**次の規制**が適用される。

a.) 次の地域等を指定することができる（都計法 8 条 2 項）。
　・用途地域　・特別用途地区　・高度地区
　・特定用途制限地域　・景観地区　・風致地区　など

令 4-15、令 2 (12 月)-15、平 30-16、平 28-16、平 27-16

b.) **3,000m² 以上の開発行為が許可対象となる**（同法 29 条 1 項 1 号）。

c.) 建築の制限（建蔽率・容積率の制限、接道義務等）が適用され、**建築確認制度が適用される**。

d.) **大規模集客施設**の立地が原則として**制限される**。

ポイント **II** 準都市計画区域の指定

①都市計画区域外に指定される。

②準都市計画区域の指定権者 ➡ 都道府県

③準都市計画区域指定の効果

a.) 次の地域等を指定することができる。

・用途地域　　・特別用途地区　　・高度地区

・特定用途制限地域　　など

b.) 開発行為の規制対象となる。

c.) 建築確認制度が適用される。

d.) 大規模集客施設の立地が原則として制限される。

また、**準都市計画区域に定めることができるのは、下表の〇の地域・地区に限られる**（都計法8条2項）。

◆ 準都市計画区域に定めることのできる地域・地区

区域区分	×	高度地区	〇
用途地域	〇	**高度利用地区**	×
特別用途地域	〇	特定街区	×
特定用途制限地域	〇	**防火地域・準防火地域**	×
特例容積率適用地区	×	景観地区	〇
高層住居誘導地区	×	風致地区	〇

プラスα

準都市計画区域に対する規制について、ここでまとめて紹介しているため、見なれない用語もあると思う。都計法の学習がひと通り終わった後で、もう一度、確認しよう。

❹ 都市計画区域内で市街化を進める場所と、市街化を抑える場所を分ける（区域区分）！

都市計画区域内でも、場所によって事情が異なることがある。そこで、**都市計画区域を「市街化区域」と「市街化調整区域」に区分**することがある（次ページ図参照）。これを**区域区分**という。

一方、**どちらにも区分されていない地域を「区域区分が定められていない都市計画区域」**という。それぞれ解説していこう。

（1）区域区分

　都市計画によって、**都市計画区域を、既に市街地となっている区域**やこれから計画的に市街地にしていく区域（市街化区域）**と、市街化を抑える（市街化調整区域）とに区分することを区域区分**という。

　都道府県は、都市計画区域について、無秩序な市街化を防止し、計画的な市街化を図るため必要があるときは、**都市計画に、市街化区域と市街化調整区域との区分を定めることができる**（都計法7条1項本文）。あくまで「**できる**」であり、**必ず定めなければならないわけではない**ことに注意しよう。

（2）市街化区域と市街化調整区域

　市街化区域は、既に市街地を形成している区域及びおおむね10年以内に優先的かつ計画的に市街化を図るべき区域であり（都計法7条2項）、**市街化調整区域は、市街化を抑制すべき区域である**（同条3項）。

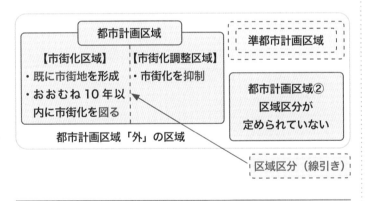

❺　その場所の使い方のルールがある地域地区！

　都計法は、様々な都市計画のメニューを用意しているが、そのうち**地域や地区内における土地利用の規制**がされたところを**地域地区**という。

　この**地域地区には、**基本的な地域地区である**用途地域**と、**用途地域以外**の地域地区がある（都計法8条1項各号）。

都計法には 21 種類の地域地区が規定されているが、すべてを学習するのは効率的ではない。試験対策上は、下図のものを押さえておけば十分である。詳しくは後述する。

◆ 主な地域地区の概観（都市計画メニュー）

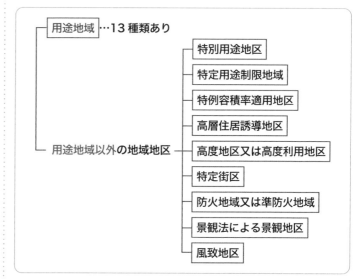

プラスα
「○○地域」や「△△地区」といった名前が付けられていることから、都計法は、これらをひとまとめにして地域地区と呼んでいる。

以上を前提に、地域地区のポイントを確認していこう。

（1）用途地域とは

　用途地域は、地域における住居の環境の保護又は業務の利便の増進を図るために、市街地の類型に応じて**建築を規制するために指定される地域**である。

　例えば、ある地域は閑静な住宅街に、別の地域は飲食店の立ち並ぶ繁華街にしていくというような形で、それぞれの地域が果たすべき役割分担を決める地域のことだ。

　この**用途地域は 13 種類**あり、種類ごとに建築できる建物の用途、容積率、建蔽率などの**建築規制**が定められている。

　そして、**市街化を積極的に進めるべき市街化区域では、少なくとも（＝必ず）用途地域を定める**ものとされている。

過 令4-15、平30-16

214

　一方、**市街化を抑制すべき市街化調整区域には、原則として、用途地域を定めない**ものとされている（都計法 13 条 1 項 7 号後段）。

ポイント　III　用途地域を定めるか否か？

①**市街化区域：必ず用途地域を定める。**

②**市街化調整区域：原則として用途地域を定めない。**

③**準都市計画区域：必要があれば定めることができる。**

④**区域区分が定められていない都市計画区域**

　　：必要があれば定めることができる。

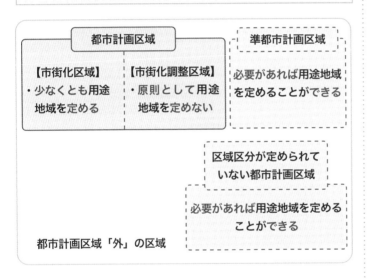

都市計画区域		準都市計画区域
【市街化区域】 ・少なくとも用途地域を定める	【市街化調整区域】 ・原則として用途地域を定めない	必要があれば用途地域を定めることができる

区域区分が定められていない都市計画区域

必要があれば用途地域を定めることができる

都市計画区域「外」の区域

(2) 用途地域の種類と内容

　前記のとおり、都計法には **13 種類の用途地域**が規定されているが、**試験では、これらの用途地域に関する記述が正しいのかが問われる。**

　ここはやっかいなところだが、まずは、**各用途地域に与えられた役割**について、**イラストも用いてイメージできる**ようにしよう。その後、キーワードを正確に押さえておくのがポイントである。

①住居系の用途地域

　都計法は、住居系の用途地域を8種類規定している。

過 令3 (12月)-15、
令2 (10月)-15

プラスα
低層住居専用地域は、一戸建て住宅などの低層住宅を中心とした閑静な住宅街のイメージだ。

【第一種低層住居専用地域・第二種低層住居専用地域】

　　　　　　　　　　　　　　　　　　（都計法9条1項、2項）

（主として）低層住宅に係る良好な住居の環境を保護するため定める地域である。

第一種低層住居専用地域
低層住宅のための地域。一定規模以下のお店や事務所兼用住宅、小中学校などは建てられる。

第二種低層住居専用地域
主に低層住宅のための地域。小中学校などのほか、150m²までの一定のお店などが建てられる。

【第一種中高層住居専用地域・第二種中高層住居専用地域】

　　　　　　　　　　　　　　　　　　（都計法9条3項、4項）

（主として）中高層住宅に係る良好な住居の環境を保護するため定める地域である。

プラスα
中高層住居専用地域は、マンションなどが立ち並ぶ街並みのイメージだ。

第一種中高層住居専用地域
中高層住宅のための地域。病院、大学、500m²までの一定のお店などが建てられる。

第二種中高層住居専用地域
主に中高層住宅のための地域。病院、大学などのほか、1,500m²までの一定のお店などが建てられる。

【第一種住居地域・第二種住居地域】（都計法9条5項、6項）
(主として)住居の環境を保護するため定める地域である。

過 令3(12月)-15、
令2(10月)-15

プラスα
前ページまでの地域
では「専用」とあっ
たが、住居地域は低
層住居、中高層住居、
店舗が混在している
地域において、住居
の環境を保護する地
域と考えるとよい。

第一種住居地域
住居の環境を守るための地域。
用途部分の床面積 **3,000m²** ま
での店舗などは建てられる。

第二種住居地域
主に住居の環境を守るための地
域。店舗、事務所、ホテル、カラ
オケボックスなどは建てられる。

【準住居地域】

過 令元-15

(都計法9条7項)
**道路の沿道としての地域
の特性にふさわしい業務の
利便の増進を図りつつ、こ
れと調和した住居の環境を
保護するため定める地域で
ある。**

準住居地域
道路の沿道で、自動車関連施設（教
習所）などと調和した住居の環境
を保護するための地域。

【田園住居地域】

(都計法9条8項)
農業の利便の増進を図り
つつ、これと調和した**低層
住宅**に係る良好な住居の環
境を保護するための地域で
ある。土地の形質の変更な
どには、一定の場合を除き、
市町村長の許可が必要であ
る。

田園住居地域
農業と調和した低層住宅の環境を
守るための地域。住宅に加え、一
定の農産物の直売所などが建てら
れる。

②商業系の用途地域

【近隣商業地域】

令3(12月)-15

（都計法9条9項）

近隣の住宅地の住民に対する日用品の供給を行うことを主たる内容とする商業その他の業務の利便を増進するため定める地域である。

プラスα
近隣商業地域は、近くの住民が毎日の買い物をする商店街のイメージだ。
また、**商業地域**は、ショッピングモールやオフィスビル、飲食店などが建ち並ぶ**繁華街**のイメージである。

近隣商業地域
周囲の**住民**が**日用品の買物**などをするための地域。

【商業地域】

（都計法9条10項）

主として**商業その他の業務**の利便を増進するため定める地域である。

商業地域
銀行、映画館、飲食店、百貨店などが集まる地域。

③工業系の用途地域

令3(12月)-15

【準工業地域】（都計法9条11項）

主として環境の悪化をもたらすおそれのない、工業の利便を増進するため定める地域である。主に軽工業の町工場やサービス施設等が立地する。

令4-15

【工業地域】（都計法9条12項）

主として工業の利便を増進するため定める地域であり、どんな工場でも建てられるため、大きな工場が立ち並ぶ地域である。

平27-16

【工業専用地域】（都計法9条13項）

工業の利便を増進するため定める地域であり、どんな工場でも建てられる。

ポイント IV 用途地域のまとめ

	地 域	定 義
住居系	第一種低層住居専用地域	低層住宅に係る良好な住居の**環境を保護**するため定める地域
	第二種低層住居専用地域	主として低層住宅に係る良好な住居の**環境を保護**するため定める地域
	第一種中高層住居専用地域	中高層住宅に係る良好な住居の**環境を保護**するため定める地域
	第二種中高層住居専用地域	主として中高層住宅に係る良好な住居の**環境を保護**するため定める地域
	第一種住居地域	住居の**環境を保護**するため定める地域
	第二種住居地域	主として住居の**環境を保護**するため定める地域
	準住居地域	道路の沿道としての地域の特性にふさわしい業務の利便の増進を図りつつ、これと調和した**住居の環境を保護**するため定める地域
	田園住居地域	農業の利便の増進を図りつつ、これと調和した低層住宅に係る良好な住居の**環境を保護**するため定める地域
商業系	近隣商業地域	近隣の住宅地の**住民**に対する**日用品の供給**を行うことを主たる内容とする商業その他の業務の利便を増進するため定める地域
	商業地域	主として**商業**その他の業務の利便を増進するため定める地域
工業系	準工業地域	主として環境の悪化をもたらすおそれのない工業の利便を増進するため定める地域
	工業地域	主として工業の利便を増進するため定める地域
	工業専用地域	工業の利便を増進するため定める地域

プラスα

用途地域に関する都市計画には、**次の事項を必ず定めなければならない**（都計法8条3項2号イ～ハ、建築基準法53条1項4号、55条1項）。

【容積率】
すべての用途地域

【建蔽率】
商業地域以外の用途地域

【建築物の高さの限度】
第一種・第二種住居専用地域、田園住居地域

（3）用途地域「以外」の地域地区

　214 ページの概観で示したとおり、都計法は街づくりの基本プランとなる**用途地域「以外」**にも、様々な地域地区を用意しているので、出題可能性が高いものを紹介する。**用途地域「以外」の地域地区**については、**用途地域内のみ**に定められるもの、**用途地域外にも**定められるもの、**用途地域外のみ**に定められるものがある。

①用途地域「内のみ」定められるもの

過 令元 -15

【**特別用途地区**】（都計法 9 条 14 項）

　特別用途地区は、用途地域内の一定の地区における当該地区の特性にふさわしい土地利用の増進、環境の保護等の特別の目的の実現を図るため当該用途地域の指定を補完して定める地区である。

　特別用途地区は、**用途地域の制限だけでは不十分**な場合に、さらにきめの細かい制限を加えたり、緩和する地区である。

　したがって、**用途地域の指定がない地域に、単独で指定されることはない。**

過 令4-15

　そして、**準都市計画区域に、この特別用途地区を指定することもできる**（同法 8 条 2 項）。準都市計画区域に対して、必要があれば「用途地域」を定めることが**できる**ためである。

過 令3 (12月)-15

都心部にタワーマンションなどの立地を容易にするために指定される地区である。

【**高層住居誘導地区**】（都計法 9 条 17 項）

　高層住居誘導地区は、住居と住居以外の用途とを適正に配分し、利便性の高い高層住宅の建設を誘導するため、第一種住居地域、第二種住居地域、準住居地域、近隣商業地域又は準工業地域で、これらの地域に関する都市計画で容積率が 40/10 又は 50/10 と定められたものの内において、**建築物の容積率の最高限度、建築物の建蔽率の最高限度及び建築物の敷地面積の最低限度を定める地区**である。

【高度地区・高度利用地区】（都計法9条18項、19項）

　住宅街では、建築物の**高さの最高限度を揃えて**住環境を維持することが必要な場合もあり、**都心部**では、建築物の**高さの最低限度を定めて**土地利用の増進を図ることが必要な場合もある。

　このような趣旨から、**高度地区は、用途地域内において市街地の環境を維持し又は土地利用の増進を図るため、建築物の高さの最高限度又は最低限度を定める地区である**。

　一方、土地が細分化され、狭小な敷地に低層建築物が密集している市街地では、いくつもの土地を一つにまとめて一体的な再開発を行い、**高層ビルなどの高い建築物を建てられるように**することが必要な場合もある。

　このような場合に、より**高度な土地利用を図る**ために指定されるのが**高度利用地区**である。**高度利用地区では、用途地域内の市街地における土地の合理的かつ健全な高度利用と都市機能の更新とを図るために、次の制限が定められる**。

◆ 高度利用地区における制限

---

①**建築物の容積率の最高限度及び最低限度**
②**建築物の建蔽率の最高限度**
③**建築物の建築面積の最低限度**
④**壁面の位置の制限**

建物の「高さ」を揃えようとするのが高度地区、より高度な利用の促進をしようとするのが高度利用地区と考えよう。

プラスα
高度地区の定義と高度利用地区の定義を入れ替える出題パターンが頻出である。

 令4-15、
令元-15

 平28-16

過 令4-15

②用途地域「外にも」定められるもの

【特定街区】（都計法9条20項）

　一般的な建築制限は、ひとつひとつの敷地を単位としてバラバラに行うのに対し、**特定街区では、街区を単位**にして、**総合的な建築制限**を行う。そのため、特定街区に指定されるエリアは、整った区画になっていることが多い。

新宿副都心

　例えば、都市計画で街区計画を定め、壁面線の制限を指定して建物を後退させ、スペースを確保すると同時に、建蔽率・容積率及び建物の高さ制限を緩和して高い建物を建て、統一感のある街づくりを行う。特定街区の代表例として、東京都庁を含む西新宿の高層ビル群（新宿副都心）がある。

令元-15

　特定街区では、市街地の整備改善を図るため街区の整備又は造成が行われる地区について、**その街区内における建築物の容積率並びに建築物の高さの最高限度及び壁面の位置の制限を定める。**

【防火地域・準防火地域】（都計法9条21項）

　防火地域又は準防火地域は、市街地における火災の危険を防除するため定める地域である。要するに、火災が起きやすい地域、そして、火災を予防しなければならない地域だ。

　防火地域・準防火地域については建基法で学習するので、ここで深入りする必要はないが、**準都市計画区域には、防火地域・準防火地域を指定することができない**ことだけは押さえておこう（同法8条2項）。

平28-16

③用途地域「外にのみ」定められるもの

【特定用途制限地域】（都計法 9 条 15 項）

　特定用途制限地域は、用途地域が定められていない土地の区域（市街化調整区域を除く。）内において、その良好な環境の形成又は保持のため、当該地域の特性に応じて合理的な土地利用が行われるよう、**制限すべき特定の建築物等の用途の概要を定める地域である。**

　この地域では、用途地域を指定して、全面的に用途（建てられる建築物の種類）の規制するほどではないが、限定された範囲において、周辺環境に影響を与えかねない建築物の建築を制限する。

　そのため、**特定用途制限地域は、用途地域が指定されていない非線引き都市計画区域及び準都市計画区域内の土地に定めることができ、用途地域が指定されている区域に特定用途制限地域を重ねて指定することはできない。**

　例えば、**第一種・第二種低層住居専用地域に特定用途制限地域を指定することはできない。**

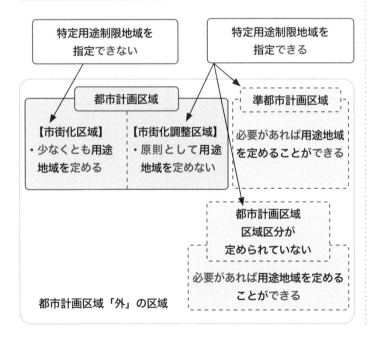

プラスα

特定用途制限地域は、観光地や高速道路のインターチェンジ周辺などに定められることが多い。要するに、**用途地域を定めるほどでもない地域に指定するものなので、用途地域内への指定はできないと考えよう。**

 令 3 (12 月)-15

❶ 都市計画区域は、市町村が、市町村都市計画審議会の意見を聴くとともに、都道府県知事に協議し、その同意を得て指定する。（令2-12月-15）

　　答　✕　都市計画区域を指定するのは、原則として、**都道府県**である（都計法5条1項）。

❷ 準都市計画区域については、都市計画に、特別用途地区を定めることができる。（令4-15）

　　答　〇　準都市計画区域に指定できるのは、**用途地域、特別用途地区、高度地区、特定用途制限地域、景観地区、風致地区**などである（都計法8条2項）。

❸ 市街化区域については、少なくとも用途地域を定めるものとし、市街化調整区域については、原則として用途地域を定めないものとする。（平30-16）

　　答　〇　本問の記述のとおりである（都計法13条1項7号後段）。

❹ 近隣商業地域は、主として商業その他の業務の利便の増進を図りつつ、これと調和した住居の環境を保護するため定める地域とする。（令3-12月-15）

　　答　✕　近隣商業地域は、**近隣の住宅地の住民に対する日用品の供給**を行うことを主たる内容とする商業その他の業務の利便を増進するため定める地域である（都計法9条9項）。

❺ 準住居地域は、道路の沿道としての地域の特性にふさわしい業務の利便の増進を図りつつ、これと調和した住居の環境を保護するため定める地域とされている。（令元-15）

　　答　〇　本問の記述のとおりである（都計法9条7項）。

❻ 高度地区は、用途地域内において市街地の環境を維持し、又は土地利用の増進を図るため、建築物の高さの最高限度又は最低限度を定める地区とされている。（令元-15）

　　答　〇　本問の記述のとおりである（都計法9条18項）。

❼ 第一種低層住居専用地域については、都市計画に特定用途制限地域を定めることができる場合がある。（令3-12月-15）

　　答　✕　**特定用途制限地域は**、市街化調整区域を除く、**用途地域が定められていない土地の区域内**において定めることができる（都計法9条15項）。用途地域である第一種低層住居専用地域に、定めることは**できない**。

「地区計画」が出たら確実に得点せよ！ 都計法その2

テーマ **2**

重要度 **A**

ここでは「都市計画事業」「地区計画」「都市計画の決定手続」などを解説する。このうち「地区計画」は最重要項目の一つであるが、覚える知識は少なく、同内容の問題が繰り返し出題されているので、しっかり押さえること！

❶ 都市計画に基づき街を整備！（都市計画事業）

ここでは、209ページの3つのステップでいう「**③街づくりのプランの実行**」の話をする。

この点、**都市計画事業**というものがある。これは都計法の定めにより、認可又は承認を受けて行われる**都市施設の整備と市街地開発事業**をいい、都市計画で定められた強制力を持つ事業のことである（都計法4条15項）。

（1）都市施設とは

都市施設とは、都市での経済活動などの様々な活動を支え、生活に必要な都市の骨組みを形づくる施設で、都市計画に定めることができるもののことをいう。要するに、**都市というには備えておくべきだよね…という施設**だ。この都市施設には様々なものがあるが、それぞれの都市にとって必要なものを選択し、**都市計画に定める**ことになっている。

そして、試験対策上重要な都市施設は、**道路、公園、下水道**だ。**市街化区域及び区域区分が定められていない都市計画区域には、少なくとも（＝必ず）、これらを定めなければならない。**

 令2（12月)-15

また、**住居系の用途地域**（第一種低層住居専用地域、第二種低層住居専用地域、第一種中高層住居専用地域、第二種中高層住居専用地域、第一種住居地域、第二種住居地域、準住居地域及び田園住居地域）には、義務教育施設を定めなければならない（都計法13条1項11号）。

225

プラス**α**

その他、**都市施設**には以下のものがある。

①交通施設（道路、鉄道、駐車場など）

②公共空地（公園、緑地など）

③供給・処理施設（上水道、下水道、ごみ焼却場など）

④水路（河川、運河など）

⑤教育文化施設（学校、図書館、研究施設など）

⑥医療・社会福祉施設（病院、保育所など）

⑦市場、と畜場、火葬場など

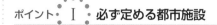

ポイント **I** **必ず定める都市施設**

①**市街化区域及び区域区分が定められていない都市計画区域では、道路、公園及び下水道。**

➡これらの区域では、市街地開発事業（下記）も定められる。

②**住居系の用途地域では、義務教育施設。**

ゴロ合わせ

ドローン公園・下水道
（道路、公園、下水道）

死骸か？
（市街化区域、

九分九厘ない統計
区域区分の定めのない都市計画区域）

（2）市街地開発事業とは

例えば、古い木造家屋が密集している地域を高層ビル群に変える都市計画を進めようとする場合、土地の利用に制限を課すだけでは、なかなか計画が進まない。このような場合に、**より積極的に用地の買収を行い、障害となる土地取引などを規制するのが市街地開発事業**である。

都計法には、土地区画整理事業や新住宅市街地開発事業など、7種類の市街地開発事業が規定されている。

そして、**市街地開発事業は、市街化区域又は区域区分が定められていない都市計画区域内において、一体的に開発し、又は整備する必要がある土地の区域について定められる**（同法 13 条 1 項 13 号）。したがって、**市街化調整区域や準都市計画区域に定めることはできない。**

過 令 2 (12 月)-15

226

(3) 市街地開発事業等予定区域に係る市街地開発事業又は都市
施設に関する都市計画に定める事項

市街地開発事業等予定区域に係る市街地開発事業又は都市施
設に関する都市計画には、**施行予定者**を定める必要がある（都
計法 12 条の 3 第 1 項）。

❷ きめの細かい小さな街づくり！（地区計画）

　用途地域の指定などは、一定のまとまった範囲の区域につい
ての規制であるため、○○町△丁目くらいの小さな地区レベル
で土地利用の規制には向いていない。そのため**都計法は、小さ
な区域で、きめの細かい小さな街づくりである地区計画**という
都市計画のメニューを用意している。この**地区計画は頻出項目**
であり、その中でも**地区計画・地区整備計画**について、都市計
画に定める事項が集中的に出題されている。

（1）地区計画とは

　地区計画は、建築物の建築形態、公共施設その他の施設の配
置等からみて、一体として**それぞれの区域の特性にふさわしい**
態様を備えた**良好な環境の各街区を整備し、開発し、及び保全
するための計画**である（都計法 12 条の 5 第 1 項柱書）。

（2）地区計画を定めることができる区域

　地区計画は、次のいずれかに該当する土地の区域について定
めることができる（都計法 12 条の 5 第 1 項 1 号、2 号）。

◆ 地区計画を定めることができる区域

①**用途地域が定められている土地の区域**
②**一定の要件を満たす用途地域が定められていない土地の
　区域**

過 平 28-16

227

(3) 地区計画について、都市計画に定める事項

　地区計画については、**都市計画に定めなければならない（法的義務）** とされているものと、**定めるよう努める（努力義務）** とされているものがある（都計法12条の4第2項、12条の5第2項）。この区別は定番の出題パターンであり、意識して記憶しておこう。

◆ 都市計画に定める地区計画の事項の義務

 令3(10月)-15、
令2(10月)-15、
平28-16、平27-16

定めなければならない事項	定めるよう努める事項
地区計画の種類、名称、位置及び区域	区域の面積その他の政令で定める事項
地区施設	当該地区計画の目標
地区整備計画	当該区域の整備、開発及び保全に関する方針

　上記の「**地区施設**」とは、主として街区内の居住者等の利用に供される**道路、公園その他の政令で定める施設**や街区における防災上必要な機能を確保するための**避難施設**などのことであり、「**地区整備計画**」とは、建築物等の整備並びに土地の利用に関する計画である。

(4) 地区整備計画について都市計画に定める事項

　地区整備計画には、**建築物の容積率の最高限度又は最低限度、建築物の建蔽率の最高限度、建築物等の高さの最高限度又は最低限度などを定めることができる。** これは「できる」とある以上、定めなければならないわけではない。

　ただし、**市街化調整区域内において定められる地区整備計画**については、**建築物の容積率の最低限度、建築物の建築面積の最低限度及び建築物等の高さの最低限度を定めることはできない**（都計法12条の5第7項）。

　市街化調整区域は、市街化を**抑制**する区域であるから、大きな建築物などが建設できないようにするためである。

プラスα
「市街化区域と市街化調整区域との区分の決定の有無」を地区計画や地区整備計画で定めることはできない。

228

ポイント **II** 地区計画・地区整備計画のポイント

①**地区計画について都市計画に「定める」事項**
- 地区計画の種類　・名称、位置及び区域　・地区施設
- 地区整備計画

②**地区計画について都市計画に定めるよう「努める」事項**
- 区域の面積　・当該地区計画の目標

③**「地区整備計画」について都市計画に定める事項**
- 建築物の容積率の最高限度又は最低限度
- 建築物の建蔽率の最高限度
- 建築物等の高さの最高限度又は最低限度

❸ 都市計画の決定手続

(1) 都市計画の決定権者

　都市計画は、広域的・根幹的な見地から決定すべき都市計画については都道府県が定め、その他については、基本的に市町村が定める（都計法 15 条 1 項）。

(2) 市町村と都道府県の都市計画が抵触する場合

　市町村が定めた都市計画が、都道府県が定めた都市計画と抵触するときは、その限りにおいて、都道府県が定めた都市計画が優先する（都計法 15 条 4 項）。

(3) 都市計画の決定手続

　「**都道府県**」が都市計画を決定する場合は、関係市町村の意見を聴き、都道府県都市計画審議会の議を経て、さらに国の利害に重大な関係があるものについては、国土交通大臣の同意を得て決定する（都計法 18 条 1 項）。

　「市町村」が都市計画を決定する場合は、原則として、都道府県知事への協議の後、市町村都市計画審議会の議を経て決定す

プラス α

要するに、区域区分のような都市計画の大きな枠組みは、都道府県が決め、地区計画のような住民にとって身近なものは、市町村が決めるということだ。

 平 27-16

229

る。都市計画の決定手続は、下の図を参照して、おおまかにイメージしておけばよい。

◆「都道府県」が都市計画を決定する場合の手続の流れ

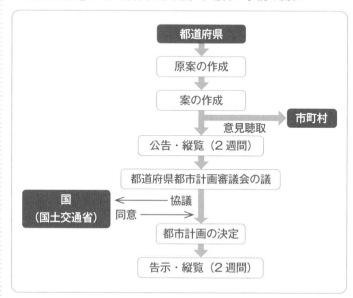

プラスα
「公告」とは、ある事項を広く一般に知らせることである。

プラスα
「告示」とは、公の機関が、必要な事項を公示する行為、又はその形式のことである。

◆「市町村」が都市計画を決定する場合の手続の流れ

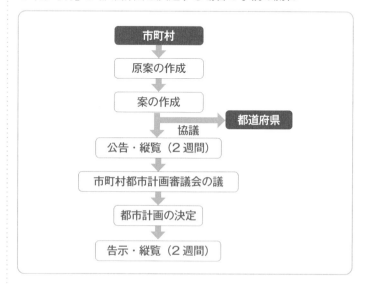

過去問題を
チェック！

❶ 市街化区域及び区域区分が定められていない都市計画区域については、少なくとも
道路、病院及び下水道を定めるものとされている。（令 2-12 月 -15）

答　✕　市街化区域及び区域区分が定められていない都市計画区域については、少
なくとも道路、公園及び下水道を定める（都計法 13 条 1 項 11 号）。**病院は含ま
れていない。**

❷ 地区計画については、都市計画に、地区計画の種類、名称、位置、区域及び面積並
びに建築物の建ぺい率及び容積率の最高限度を定めなければならない。（平 28-16）

答　✕　地区計画については、都市計画に、地区計画等の種類、名称、位置及び
区域を定めるものとされているが（都計法 12 条の 4 第 2 項）、ここに面積は含ま
れていない（**努力義務**）。また、建築物の建蔽率及び容積率の最高限度は、地区整
備計画において定めることができるだけであり、これも努力義務である（同法 12
条の 5 第 7 項 2 号）。

❸ 地区計画については、都市計画に、当該地区計画の目標を定めるよう努めるものと
されている。（令 3-10 月 -15）

答　〇　本問の記述のとおりである（都計法 12 条の 5 第 2 項 2 号）。

❹ 地区計画については、都市計画に、地区施設及び地区整備計画を定めるよう努める
ものとされている。（令 2-10 月 -15）

答　✕　地区施設及び地区整備計画は、地区計画に定めなければならない事項と
されている（都計法 12 条の 5 第 2 項 1 号）。

❺ 地区整備計画においては、市街化区域と市街化調整区域との区分の決定の有無を定
めることができる。（令 3-10 月 -15）

答　✕　市街化区域と市街化調整区域との区分（区域区分）は、地区整備計画で定
めることができない（都計法 12 条の 5 第 7 項各号参照）。区域区分は、都市計画
で定めるものである（同法 7 条 1 項）。

❻ 市町村が定めた都市計画が、都道府県が定めた都市計画と抵触するときは、その限
りにおいて、市町村が定めた都市計画が優先する。（平 27-16）

答　✕　本問の場合、その限りにおいて、都道府県が定めた都市計画が優先する（都
計法 15 条 4 項）。

慣れれば簡単！開発行為の許可の問題 都計法その3

重要度 Ⓐ

ここでは毎年出題されている「開発行為の規制」について解説する。網羅的な学習は効率的ではないので、出題頻度の高い開発許可の要否（許可不要となる例外）に重点を置いた学習をするのがお勧めだ。

❶ 都市計画の邪魔を制限する（都市計画制限）

　都市計画を決定したとしても、まだプランを決めたにすぎず、その計画の邪魔となる工事などを野放しにしておいては、都市計画の実現ができない。

　そこで、このような**都市計画の実現を阻害する行為を規制**するのが**都市計画制限**である。

　都市計画制限には様々なものがあるが、まずは**毎年出題される開発行為の規制**について解説した後で、開発行為の規制以外の規制のうち本試験対策として押さえておかなければならない知識に焦点を絞って解説する。

プラスα

「開発行為の規制」以外の規制は、出題頻度が低い。本書で解説する最低限の知識だけを押さえておけば十分である。

◆ 都市計画制限の全体像

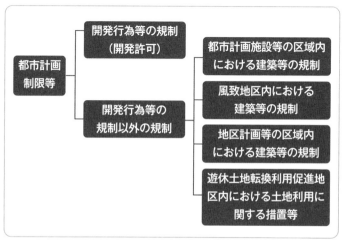

❷ 造成工事は、許可を受けてから（開発許可）

　開発行為の規制の軸となるのが、開発許可制度である。**開発許可制度は、開発行為（土地の造成工事など）をしようとする者は、原則として、あらかじめ都道府県知事などの許可を受けなければならない**という制度だ。

　そして、開発許可の学習は、以下のように①「開発行為」の意義、②開発許可が不要となる場合、③開発許可の手続の３点に分けて整理していくと理解しやすい。

◆ 開発許可制度の問題の全体像（都計法29条1項）

> ①**開発行為をしようとする者は、**
> 　　　　　　　　　➡「開発行為」の意義の問題
> ②**一定の場合を除き、**
> 　　　　　　　➡**許可が不要となる例外**の問題
> ③**あらかじめ、都道府県知事などの許可を受けなければならない。**
> 　　　　　　　➡**開発許可の手続**の問題

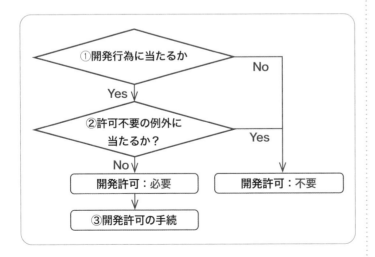

プラスα

「都道府県知事など」とは、都道府県知事以外に、地方自治法に規定されている指定都市・中核市（指定都市等）の区域内では、指定都市等の長をいう。少し細かい知識だが、問題文の注意書き等で出てくるので触れておく。

プラスα

開発許可制度は、**都市計画区域での開発行為**だけではなく、**準都市計画区域や都市計画区域及び準都市計画区域外の区域での1ha以上の開発行為**についても適用される。

❸ そもそも開発行為とは何か？

（1）「開発行為」とは

　開発行為とは、主として建築物の建築又は特定工作物の建設の用に供する目的で行う土地の区画形質の変更をいう（都計法4条12項）。これは覚えなければならない。

　例えば、山林を造成して宅地にしたり、ゴルフコースを建設するために造成工事を行うことだ。

　開発行為に当たるかどうかは、行為の主たる**目的**（主として建築物の建築又は**特定工作物の建設の用に供する目的**）と**行為**（土地の区画形質の変更）の2点から判断される。

　したがって、**主たる目的と行為のいずれかが欠ける場合**には、**そもそも開発行為には当**たらないため、開発許可の要否を考える必要はない。

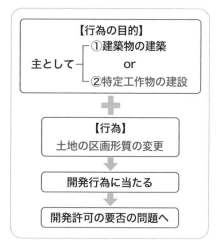

【行為の目的】
主として─①建築物の建築　or　②特定工作物の建設

【行為】
土地の区画形質の変更

開発行為に当たる

開発許可の要否の問題へ

プラスα
開発許可は不要ということだ。

（2）建築物・特定工作物とは

　建築物とは、いわゆる建物のことである（都計法4条10項）。ここにいう建物には、住宅だけでなく事務所・倉庫なども含む。

　また、**特定工作物は**、騒音や悪臭などで**周辺地域の環境に悪影響**をもたらすおそれがある**一定の工作物**のことであり、次の2種類がある（同条11項、同法施行令1条）。

◆ 特定建築物の種類

・第一種特定工作物
　周辺の地域の環境の悪化をもたらすおそれがある工作物

で、政令で定めるもの。

　例：コンクリートやアスファルトプラント

　　　危険物貯蔵処理施設に供する工作物

・**第二種特定工作物**

　大規模な工作物で政令で定めるもの。

　例：**ゴルフコース（規模にかかわらない）**

　　　<u>**1ha（10,000㎡）以上**の**野球場・庭球場・陸上競技場・**</u>

　　　<u>**遊園地・動物園その他の運動・レジャー施設・墓園**</u>

 令元 -16、平 29-
17

(3)「土地の区画形質の変更」とは

　土地の区画形質の変更は、登記簿上行う分合筆や地目変更とは関係なく、**現実に敷地分割や造成を行うこと**であり、宅地造成だけでなく、道路の新設などを伴う土地区画の変更、農地から宅地への変更などを含む広い概念である。

プラスα
単に登記簿上で土地を合筆したり、分筆することは「土地の区画形質の変更」には含まれない。

◆ 土地の区画形質の変更

> ・土地の「**区画**」の変更
> 　**土地の区画を形成する公共施設**（道路・水路など）を**新設・廃止・移動**することにより、**土地の区画を変更**すること。
>
> ・土地の「**形状**」の変更
> 　**土地の盛土・切土**により、**土地の形状を変更**すること。
>
>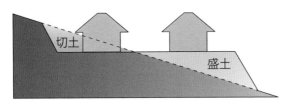
>
> ・土地の「**性質**」の変更
> 　**宅地以外の土地**（農地・山林など）**を宅地にする**こと。

プラスα
「切土」とは、傾斜のある土地を平らな土地にするために、地面を掘り取ること。
「盛土」とは、傾斜のある土地を平らな土地にするために、土砂を盛ること。

ポイント Ⅰ 開発行為の意義

①開発行為とは？

主として建築物の建築又は特定工作物の建設の用に供する目的で行う土地の区画形質の変更

②特定工作物とは？
・第一種特定工作物➡周辺の地域の環境の悪化をもたらすおそれがある工作物
・第二種特定工作物
　➡ゴルフコース（規模要件なし）
　➡1ha（10,000m²）以上の野球場・庭球場・陸上競技場・遊園地・動物園その他の運動・レジャー施設・墓園

❹ 開発許可が不要となる場合

　上記までが、そもそも**「開発行為に当たるか？」（＝当たらなければ許可不要）**という話であった。そして、**「開発行為に当たる」場合**は、あらかじめ都道府県知事などの許可を受けなければならないのが原則だ。

　しかし、**開発行為に当たる行為でも、開発許可が不要となる例外**があるため確認していこう。ここが**開発行為等の規制の中でも最大のポイント**だ。

（1）小規模開発の例外

　小規模な開発行為は、周辺環境などに与える影響などが比較的小さいため、**許可が不要**である。

　ただし、**市街化調整区域**では、その規模にかかわらず、**知事**（指定都市等では市長）**の開発許可を受けなければならない**（都計法29条1項1号、2項、同法施行令19条1項、22条の2）。**市街化調整区域は、市街化を抑制する区域**であるから、小規模

開発についても、立地規制の観点から**開発許可の対象とされているのである。

そしてやっかいなことに、各区域で許可を要する面積要件が異なるが、ここはコツコツと記憶していこう。

◆ 開発許可が必要になる面積（規模要件）

区　域	小規模開発について、許可が必要となる面積
市街化区域	1,000m² 以上
市街化調整区域	すべて許可が必要
区域区分が定められていない都市計画区域	3,000m² 以上
準都市計画区域	
都市計画区域外及び準都市計画区域以外の区域	10,000m² 以上（1ha 以上）

なお、**三大都市圏**（首都圏、近畿圏、中部圏）**の一定区域内にある市街化区域内では、500m² 以上の開発行為について許可が必要**である（同法施行令 19 条 2 項）。

令 3（10 月）-16

(2) 農林漁業用建築物を建築するための開発行為

市街化調整区域、区域区分が定められていない都市計画区域又は準都市計画区域内、都市計画区域及び準都市計画区域外の区域において行う開発行為で、**農業、林業若しくは漁業の用に供する政令で定める建築物**又は**これらの業務を営む者の居住の用に供する建築物の建築の用に供する目的**で行うものについては、**開発許可の必要はない**（都計法 29 条 1 項 2 号、2 項 1 号、同法施行令 20 条）。これらは都市計画と農林漁業との適正な調整という見地から、開発許可の適用除外とされている。

要するに、**市街化区域以外では、許可なく、農林漁業用建築物を建築するための開発行為を行うことができる**ということだ。**市街化区域**は、市街化を進める区域であり、一般に都市計画と

令元 -16

農林漁業の調整を図る必要性が低いので、**開発許可が必要とされている**。

◆ 農林漁業用建築物の例外

区　域	農林漁業用建築物の例外
市街化区域	許可が必要
その他の区域	許可不要

過 令4-16、令3 (10月)-16、令2 (12月)-16、令元 -16、平 29-17

(3) 公益上必要な建築物を建築するために行う開発行為

　駅舎その他の鉄道の施設、図書館、公民館、変電所その他これらに類する公益上必要な建築物のうち、政令で定める建築物の建築の用に供する目的で行う開発行為については、開発許可は不要である（都計法 29 条 1 項 3 号、同法施行令 21 条）。

　これらの開発行為は、**市街化区域及び市街化調整区域を問わ**ず、公益上必要不可欠な施設の整備を目的としているため、**開発許可の適用除外**とされている。

　ただし、この**「公益上必要な建築物」に、社会福祉施設、病院などの医療施設、学校などは含まれない**ことに注意しよう。なお、**公園や博物館は含まれる**。

過 令4-16、令3 (10月)-16

(4) 都市計画事業などの施行として行われる開発行為

　都市計画事業などの施行として行われる一定の開発行為については、開発許可は不要である（都計法 29 条 1 項 4 号〜 8 号）。これは、それぞれの事業の根拠となる個別法の規制を受けるため、開発許可による規制との重複を避けるためである。

> ここにいう「事業」を一つずつ覚えるのは効率が悪いので、「○○事業の施行として行われる開発行為」は開発許可が不要と一括りにして覚えておけば十分である。

(5) その他の開発許可の例外

　**非常災害のため必要な応急措置として行う開発行為について
は、開発許可は不要である**（都計法 29 条 1 項 10 号）。これは、
迅速な災害復旧を実現するためにやむを得ず認められたもので
ある。また、**通常の管理行為、軽易な行為**その他の行為で政令
で定めるものについては、**開発許可は不要である**（同条項 11 号、
同法施行令 22 条）。これらの行為は、都市計画の妨げにはなら
ないからである。

過　令 2（12 月）-16、
平 30-17

ポイント　II　開発許可が不要となる場合のまとめ

	小規模開発の例外	農林漁業用建築物の例外
市街化区域	1,000m² 以上は許可が必要　三大都市圏：500m² 以上	許可が必要
市街化調整区域	すべて許可が必要	許可不要
区域区分が定められていない都市計画区域	3,000m² 以上は許可が必要	
準都市計画区域		
都市計画区域外及び準都市計画区域以外の区域	10,000m² 以上は許可が必要	
市街化区域以外の区域で、農林漁業用建築物等を建築する開発行為		
公益上必要な建築物を建築するために行う開発行為 ・駅舎、鉄道施設、図書館、公民館、変電所、公園、博物館などは該当。 ・福祉施設、病院、学校は含まれない。		
都市計画事業などの施行として行われる開発行為		
・非常災害のため必要な応急措置として行う開発行為 ・通常の管理行為、軽易な行為		

❶ 市街化調整区域において、野球場の建設を目的とした 8,000m² の土地の区画形質の変更を行おうとする者は、あらかじめ、都道府県知事の許可を受けなければならない。（令元 -16）

答 ✕ 8,000m² の野球場は第二種特定工作物には**該当せず**、その建設を目的とする土地の区画形質の変更は「開発行為」に**当たらない**ので、都道府県知事の許可は**不要**である。

❷ 区域区分の定めのない都市計画区域内において、遊園地の建設の用に供する目的で 3,000m² の土地の区画形質の変更を行おうとする者は、あらかじめ、都道府県知事の許可を受けなければならない。（平 29-17）

答 ✕ 3,000m² の遊園地は第二種特定工作物には**該当せず**、その土地の区画形質の変更は「開発行為」に**当たらない**ので、都道府県知事の許可は**不要**である。

❸ 首都圏整備法に規定する既成市街地内にある市街化区域において、住宅の建築を目的とした 800m² の土地の区画形質の変更を行おうとする者は、あらかじめ、都道府県知事の許可を受けなければならない。（令 3 -10 月 -16）

答 ◯ 三大都市圏の市街化区域に関しては、**500m² 以上**の開発行為については、開発許可が**必要**である（都計法 29 条 1 項 1 号、同法施行令 19 条 2 項）。

❹ 市街化区域において、農業を営む者の居住の用に供する建築物の建築を目的とした 1,500m² の土地の区画形質の変更を行おうとする者は、都道府県知事の許可を受けなくてよい。（令元 -16）

答 ✕ 農林漁業用建築物の例外は、市街化区域で行われる**開発行為には適用されない**。都道府県知事の許可が**必要**である（都計法 29 条 1 項 2 号、2 項 1 号参照）。

❺ 市街化調整区域において、医療法に規定する病院の建築を目的とした 1,000m² の土地の区画形質の変更を行おうとする者は、都道府県知事の許可を受けなくてよい。（令元 -16）

答 ✕ 公益上必要な建築物のうち政令で定める一定の建築物の建築の用に供する目的で行う開発行為は、都道府県知事の許可を**要しない**（都計法 29 条 1 項 3 号）。しかし、ここにいう**公益的建築物には、病院は含まれない**（同法施行令 21 条 26 号）。また、**市街化調整区域**で行われる開発行為には、小規模開発の例外は**適用されない**（都計法 29 条 1 項 1 号参照）。よって、都道府県知事の許可が**必要**である。

過去問題を
チェック！

❻ 区域区分が定められていない都市計画区域内において、博物館法に規定する博物館の建築を目的とした 8,000m² の開発行為を行おうとする者は、都道府県知事の許可を受けなくてよい。（令 4-16）

　答　〇　公益上必要な建築物のうち政令で定める一定の建築物の建築の用に供する目的で行う開発行為については、都道府県知事の許可を**要しない**（都計法 29 条 1 項 3 号）。ここにいう**公益的建築物に、博物館は含まれる**（同法施行令 21 条 17 号）。

❼ 市街化区域内において、市街地再開発事業の施行として行う 1ha の開発行為を行おうとする者は、あらかじめ、都道府県知事の許可を受けなければならない。（令 4-16）

　答　×　一定の事業の施行として行う開発行為については、**都道府県知事の許可を要しない**（都計法 29 条 1 項 4 号～ 8 号）。

❽ 区域区分が定められていない都市計画区域において、土地区画整理事業の施行として行う 8,000m² の土地の区画形質の変更を行おうとする者は、あらかじめ、都道府県知事の許可を受けなければならない。（令 3-10 月 -16）

　答　×　一定の事業の施行として行う開発行為については、**都道府県知事の許可を要しない**（都計法 29 条 1 項 4 号～ 8 号）。

❾ 非常災害のため必要な応急措置として開発行為をしようとする者は、当該開発行為が市街化調整区域内において行われるものであっても都道府県知事の許可を受けなくてよい。（平 30-17）

　答　〇　**非常災害のため必要な応急措置**として行う開発行為については、**都道府県知事の許可を要しない**（都計法 29 条 1 項 10 号）。

❿ 市街化区域内において、農業を営む者の居住の用に供する建築物の建築の用に供する目的で 1,000m² の土地の区画形質の変更を行おうとする者は、あらかじめ、都道府県知事の許可を受けなければならない。（平 29-17）

　答　〇　**農林漁業用建築物の例外**は、**市街化区域**で行われる開発行為には適用されない。都道府県知事の許可が必要である（都計法 29 条 1 項 2 号、2 項 1 号参照）。

開発許可の手続は コツコツと学習しよう 都計法その4

重要度 **B**

ここでは 233 ページの開発許可制度の問題の全体像でいう「③開発許可の手続」について確認する。様々な手続や原則と例外があり、コツコツとした学習が必要となるが、比較的、出題頻度は低いので重要度は B だ。

❶ 開発許可の手続の流れ

最初に開発許可の手続の流れの全体像を俯瞰すると、おおむね次のとおりである。この流れに従って解説していく。

プラスα

この先の学習は、右の流れのどこに当たる話なのかを確認しながら進めよう。

事前準備	・公共施設の管理者との協議＋同意 ・公共施設の管理予定者との協議 ・土地の権利者などの相当数の同意
申　請	
審　査	・申請書の記載事項 ・建蔽率等の指定 ・開発登録簿への記載 ・開発審査会への不服申立て
不許可　　許　可	
工事着工	・33 条基準 ・34 条基準 　（市街化調整区域の基準）
変更・廃止・承継の許可等	
工事完了	・許可権者（都道府県知事）
工事完了の届出	・開発登録簿への登録
工事完了の検査	
検査済証の交付	・設置された公共施設の帰属 ・設置された公共施設の管理
工事完了の公告	・開発区域内の建築等の制限 ・開発許可を受けた区域以外の建築等の制限
建築等の制限	

❷ 開発許可の事前準備

　開発行為をしようとする者は、事前に次のような準備をしなければならない。

(1) 公共施設の管理者との協議とその同意

　開発許可を申請しようとする者は、あらかじめ、開発行為に関係がある公共施設の管理者と協議し、その同意を得なければならない（都計法 32 条 1 項）。

 令 5-16

　例えば、工事車両が通行する道路の管理者が市である場合、**市**と**協議**した上でその**同意**を得ておかなければならいということだ。

(2) 公共施設の管理予定者との協議

　開発許可を申請しようとする者は、あらかじめ、開発行為又は開発行為に関する工事により設置される公共施設を管理することとなる者その他政令で定める者と協議しなければならない（都計法 32 条 2 項）。

 令 2 (10 月)-16

　例えば、市が開発行為により設置される公園の管理者となる予定であるならば、市と協議をしておかなければならないということだ。

> 管理者が決まっている場合は管理者と、それが予定の者であればその者と協議するということだ。

公共施設の管理予定者との協議の場合、同意は求められていない。

(3) 土地の権利者などの相当数の同意

　開発区域内の土地を所有していない者でも、開発許可の申請をすることはできる。しかし、その場合、開発行為をしようとする**土地**、開発行為に関する工事をしようとする土地の**区域内の土地**、又はこれらの**土地にある建築物や工作物について、その開発行為の施行や、開発行為に関する工事の実施の妨げとなる権利を有する者の相当数の同意を得ておかなければならない**（都計法 33 条 1 項 14 号）。

地権者等の同意は、全員の同意までは求められていない。

❸ 開発許可の申請

　開発許可の申請は、**国土交通省令で定めるところにより、次の事項を記載した申請書を、許可権者である都道府県知事に提出して行う**（都計法 30 条 1 項）。

◆ 開発許可の申請書の記載事項

プラスα
予定建築物については、用途を記載すれば足り、設備や構造の記載は必要ない。

 令 3 (12 月)-16

> ①開発区域の位置、区域及び規模
> ②開発区域内において予定される建築物又は特定工作物（予定建築物等）の用途
> ③開発行為に関する設計
> ④工事施行者（開発行為に関する工事の請負人又は請負契約によらないで自らその工事を施行する者）
> ⑤その他国土交通省令で定める事項

 平 28-17

　なお、**二以上の都府県にまたがる開発行為**であっても、**許可権者は都道府県知事であるから、それぞれの都道府県知事に申請する。国土交通大臣に申請するわけではない**。

　また、申請書には、次の書面その他国土交通省令で定める図書を添付しなければならない（同条 2 項）。

◆ 開発許可の申請書の添付書類

> ①開発行為に関係がある公共施設の管理者の同意を得たことを証する書面
> ②開発行為又は開発行為に関する工事により設置される公共施設を管理することとなる者その他政令で定める者と協議の経過を示す書面

ポイント・ I ・申請の事前準備・申請のまとめ

・開発許可の申請前に行うこと

　あらかじめ…

　①開発行為に関係がある公共施設の管理者と協議＋同意

　②開発行為又は工事により設置される公共施設を管理す

　　ることとなる者などと協議

　③開発行為をしようとする土地などに工事の妨げとなる

　　権利を有する者の相当数の同意

・開発許可の許可権者

　２以上の都府県にまたがる開発行為でも、都道府県知事

・開発許可の申請書の記載事項（押さえたいもの）

　①予定建築物等の用途

　②開発行為に関する工事の請負人又は請負契約によらな

　　いで自らその工事を施行する者など

・開発許可の申請書の添付書類

　①開発行為に関係がある公共施設の管理者の同意を得た

　　ことを証する書面

　②設置される公共施設を管理することとなる者その他政

　　令で定める者と協議の経過を示す書面

④ 開発許可の審査とその基準

　開発許可の申請があった場合、都道府県知事は、都計法に規定された開発許可基準（開発許可を与えるか否かの基準）に従って、許可又は不許可の処分をする。

　そして、**都道府県知事**は、**開発許可の申請**があった場合、当該申請に係る開発行為が、**開発許可基準に適合**しており、**かつ、その申請手続が都計法などに違反していない**と認めるときは、**開発許可をしなければならない**（都計法33条1項）。

開発許可の許可基準は、次の２つに分けて規定されている。

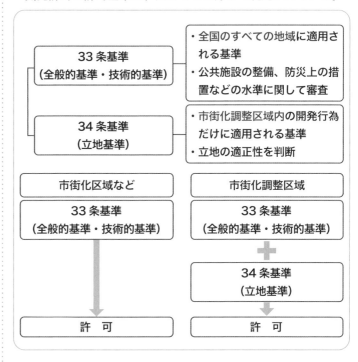

（1）33 条基準（技術的基準）

　33 条基準は、**全国のすべての地域**に適用される基準で、全般的許可基準又は**技術的基準**ともいわれ、**公共施設の整備、防災上の措置**などの水準に関して審査するものである。

　都道府県知事は、開発許可の申請があった場合において、当該申請に係る開発行為が、33 条基準に適合しており、かつ、その申請の手続が都計法などの法令に違反していないときは、開発許可をしなければならない（同法 33 条 1 項柱書）。

（2）34 条基準（立地基準）

　市街化調整区域における開発行為は、一定の開発行為を除き、33 条基準への適合に加えて、**34 条基準（立地基準）として列挙されている基準のいずれかに該当しなければ**、都道府県知事は、許可をすることができない（都計法 34 条 1 項柱書）。

246

そして、**市街化調整区域**において許可できる開発行為は、原則として**都計法34条1号〜13号に規定されている行為に限定**されている。**同条各号以外の開発行為を許可**する場合、次の**3つの要件を満たす必要がある**（同条14号）。

◆ 市街化調整区域における開発許可の要件

①**開発審査会の議を経る**こと。
②**開発区域の周辺における市街化を促進するおそれがない**こと。
③**市街化区域内**において行うことが**困難又は著しく不適当である**こと。

過 令4-16

❺ 許可・不許可の処分

都道府県知事は、開発許可の申請があったときは、遅滞なく、許可又は不許可の処分をしなければならない（都計法35条1項）。そして、**この処分は、文書で申請者に通知しなければならない**（同条2項）。この処分に関する規定をいくつか確認する。

（1）開発許可をする場合の建築物の建蔽率等の指定
　都道府県知事は、用途地域の定められていない土地の区域における開発行為について開発許可をする場合において必要があると認めるときは、当該開発区域内の土地について、**建築物の建蔽率、建築物の高さ、壁面の位置その他建築物の敷地、構造及び設備に関する制限を定めることができる**（都計法41条1項）。

（2）開発登録簿への登録
　都道府県知事は、開発許可をしたときは、当該許可に係る土地について、予定建築物等の用途などの一定の事項を**開発登録簿に登録しなければならない**（都計法47条1項）。

プラスα
用途地域が定められていない区域では、用途地域内であれば課される制限が課されないので、必要な場合に制限を行えることとしたものだ。

(3) 許可・不許可の処分に対する不服申立て

　開発行為の許可または不許可の処分について不服がある者は、**開発審査会**に不服申立て（**審査請求**）をすることができる（都計法50条1項）。

---

❻ 許可の処分から工事完了まで

　開発行為を**許可する処分**がなされると、開発行為に関する**工事に着工**できる。この許可処分から工事完了までの手続のポイントを流れに沿って整理していこう。

　まず、**開発行為を許可する処分を受けた後**に、**開発区域を変更**する場合や、**工事の廃止、相続**などにより**申請内容や開発許可に基づく地位に変動**があった場合には、一定の手続が必要となる。

(1) 開発許可の申請内容の変更

　開発許可を受けた者は、次の事項の変更をしようとする場合には、原則として、**都道府県知事の許可を受けなければならない**（都計法35条の2第1項）。

過 令3(12月)-16、平27-15

許可の処分
↓
工事着工
↓
変更・廃止・承継の許可等
↓
工事完了
↓
工事完了の届出
↓
工事完了の検査
↓
検査済証の交付
↓
工事完了の公告
↓
建築等の制限

《原則》
・開発区域の位置・区域・規模の変更
・予定建築物等の用途の変更
・開発行為に関する設計の変更
・工事施行者の変更
・その他国土交通省令で定める事項

　　　┐
　　　├ 申請書の記載事項の変更
　　　┘

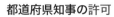

都道府県知事の許可

《例外》

①軽微な変更（例：工事の完了予定日の変更）

過 令5-16、
令3（12月）-16

↓

都道府県知事への届出

②開発許可を要しない開発行為への変更

（例：**小規模開発の例外**が適用される規模に縮小する場合
市街化区域内の開発区域の規模を 100m² に縮小、
開発行為の目的を公益的建築物の建設に変更）

過 平27-15

↓

許可・届出は不要

（2）工事の廃止

　開発許可を受けた者は、開発行為に関する工事を廃止したときは、遅滞なく、国土交通省令で定めるところにより、**都道府県知事に届け出なければならない**（都計法38条）。

過 令3（12月）-16、
平28-17

（3）開発許可に基づく地位の承継

　開発許可を受けた者の相続人その他の一般承継人は、被承継人が有していた当該**許可に基づく地位を承継する**（都計法44条）。

　この場合、**開発許可に基づく地位を承継するために都道府県知事の許可や承認を受ける必要はない。**

　これに対して、**開発許可を受けた者から当該開発区域内の土地の所有権その他当該開発行為に関する工事を施行する権原を取得した者（特定承継人）は、都道府県知事の承認を受けなければ、当該開発許可を受けた者が有していた開発許可に基づく地位を承継することができない**（同法45条）。

過 令2（10月）-16、
平28-16

　なお、「一般承継」とは相続などで、他人の権利義務を包括的に受け継ぐことであり、「特定承継」は売買等により、ある物の個々の権利を受け継ぐことである。

ポイント **II** 申請内容の変更・工事の廃止・地位の承継のまとめ

開発許可申請の内容の変更	原則	開発区域の位置・区域・規模の変更	都道府県知事の許可
		予定建築物等の用途の変更	
		開発行為に関する設計の変更	
		工事施行者の変更	
		国土交通省令で定める事項	
	例外	軽微な変更	都道府県知事への届出
		開発許可を要しない開発行為への変更	許可・届出は不要
工事の廃止			都道府県知事への届出
開発許可に基づく地位の承継	一般承継	・相続人 ・合併後の存続会社	都道府県知事の承認不要
	特定承継	・開発区域内の土地を譲り受けた者 ・開発行為に関する当該開発行為に関する工事を施行する権原を取得した者	都道府県知事の承認

（4）工事完了の検査

　開発許可を**受けた者**は、開発区域の**全部**について開発行為に**関する工事を完了**したときは、国土交通省令で定めるところにより、**都道府県知事に届け出なければならない**（都計法36条1項）。

　そして、**届出を受けた都道府県知事**は、遅滞なく、当該工事が開発許可の内容に適合しているかについて検査し、検査の結果、当該工事が開発許可の内容に適合していると認めたときは、**検査済証**を開発許可を受けた者に交付しなければならない（同条2項）。

さらに、この**検査済証を交付した都道府県知事は、遅滞なく、**国土交通省令で定めるところにより、**当該工事が完了した旨を公告しなければならない**。

令5-16

（5）設置された公共施設の管理

開発許可を受けた開発行為又は開発行為に関する工事により**公共施設が設置**されたときは、その公共施設は、工事完了の**公告の日の翌日**において、原則として、その公共施設の**存する市町村**の管理に属する（都計法39条）。

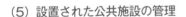令2（10月）-16

---

❼ 開発許可を「受けた土地」の建築等の制限

（1）工事完了公告「前」の建築制等の制限

工事完了公告前の開発区域内は、開発行為としての造成工事等が行われている真っ最中であり、工事の邪魔となるような建築物を建築されては困る。

そこで、**開発許可を受けた開発区域内の土地においては、工事完了の公告があるまでの間、次の3つの例外を除き、建築物を建築し、又は特定工作物を建設することが禁止される**（都計法37条）。

◆ 完了公告「前」に開発区域内で、建築等ができる例外

> ①当該開発行為に関する**工事用**の仮設建築物又は特定工作物を建築し、又は建設するとき。
> ②都道府県知事が**支障なし**と認めたとき。
> ③**開発行為に同意**をしていない権利者が、その権利の行使として建築物を建築し、又は特定工作物を建設するとき。

平27-15

令3（12月）-16、平27-15

上記①と②は、工事の邪魔にはならず、③は開発行為に**同意していない権利者**にまで建築制限を課すのは酷だからである。

(2) 工事完了公告「後」の建築制等の制限

　都道府県知事は、特定の予定建築物等が建築・建設されることを前提に開発許可を与えているにもかかわらず、予定建築物等以外の建築物等を建築されては、話が違うことになる。

過 平30-17、
平27-15

　そこで、**何人(なんぴと)も、開発許可を受けた開発区域内**においては、**工事完了の公告があった後は、次の2つの例外を除き、建築物の新築・改築や特定工作物の新設、予定建築物以外の建築物に用途変更することが禁止される**（都計法42条1項）。

◆ 完了公告「後」に建築等ができる例外

> ①**都道府県知事**が当該開発区域における利便の増進上若しくは開発区域及びその周辺の地域における環境の保全上支障がないと認めて**許可**したとき。
> ②当該開発区域内の土地について**用途地域**等が定められているとき（一定の建築物などの場合）。

　①が例外として認められるのは当然であるが、**②は、用途地域等が定められていれば、用途規制に従った建築行為が期待できる**からである。そして、**必ず用途地域が指定されることとなる市街化区域**の場合には、**常に②の例外に該当することになる**。

ポイント **Ⅲ** 開発許可を受けた土地における建築等の制限

開発許可
原則：建築物等の建築等の禁止 例外：①工事用の仮設建築物等の建築等 　　　②都道府県知事が支障がないと認めた 　　　③同意していない権利者による権利行使

↓

工事完了の公告
原則：建築物等の新築・用途変更等の禁止 例外：①都道府県知事が許可 　　　②用途地域等が定められている

⑧ 開発許可を「受けた土地以外」の建築等の制限

　市街化調整区域は、市街化を**抑制**すべき区域であり、自由に建築物などの建築等が行われるのは望ましくない。例えば、市街化調整区域内の山林を造成して住宅を建築するのであれば、建築のための山林の造成という開発行為を伴うから、開発許可の段階で、市街化調整区域にふさわしくない建築を規制することができる。

　しかし、建築物などを建築する場合、必ず開発行為が行われるとは限らない。土地の区画形質の変更をしなくても建築物などを建築できる状態の土地であれば、いきなり建築物を建築することもありうる。そこで、このような建築行為を規制する必要がある。

　そこで、**何人も、市街化調整区域のうち開発許可を受けた開発区域「以外」の区域内においては、次の例外を除き、都道府県知事の許可を受けなければ、建築物などの新築等や用途変更をすることができない**（都計法43条1項）。

過 令2 (10月)-16、平27-15

プラスα
開発許可の例外とほぼ同じである。

ポイント IV 開発許可を受けた土地以外の建築等の制限

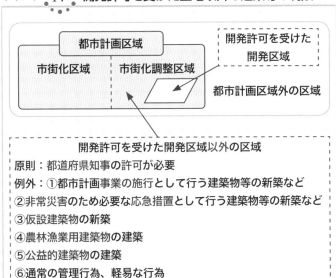

開発許可を受けた開発区域以外の区域
原則：都道府県知事の許可が必要
例外：①都市計画事業の施行として行う建築物等の新築など
　　　②非常災害のため必要な応急措置として行う建築物等の新築など
　　　③仮設建築物の新築
　　　④農林漁業用建築物の建築
　　　⑤公益的建築物の建築
　　　⑥通常の管理行為、軽易な行為

❾ 開発許可以外の都市計画制限・都市計画事業制限

（1）田園住居地域内における建築等の規制

　田園住居地域では、住居としての利用と農地としての利用の均衡を図ることを目的として、地域内の農地（耕作の目的に供される土地）について、**土地の形質の変更、建築物の建築その他工作物の建設又は土石その他の政令で定める物件の堆積を行おうとする者は、一定の場合を除き、市町村長の許可を受けなければならない**（都計法52条1項本文）。

平30-16

（2）市街地開発事業等予定区域の区域内における建築等の規制

　市街地を開発又は整備する事業のことを**市街地開発事業**という。通常、都市計画事業や都市施設に関する都市計画を決定するまでには相当な期間が必要であるが、都市計画の策定期間内に買い占めや、無秩序な開発などの現象が発生するおそれがある。

　そこで、**都道府県が、前もって市街地開発事業等予定区域を定め、次のような規制をすることによって、このような問題を回避**することとされている（都計法12条の2第1項、15条1項7号）。

　市街地開発事業等予定区域に関する都市計画において定められた区域内では、**土地の形質の変更を行い、又は建築物の建築その他工作物の建設を行おうとする者は**、次の例外を除き、**都道府県知事等の許可を受けなければならない**（同法52条の2第1項）。

◆ 市街地開発事業予定区域の規制の例外

> ①一定の通常の管理行為、軽易な行為
> ②非常災害のため必要な応急措置として行う行為
> ③都市計画事業の施行として行う行為又はこれに準ずる一定の行為

プラスα

「市街地開発事業」（都計法12条1項各号）とは、以下のものである。
①土地区画整理事業
②新住宅市街地開発事業
③工業団地造成事業
④市街地再開発事業
⑤新都市基盤整備事業
⑥住宅街区整備事業
⑦密集市街地整備法による防災街区整備事業

(3) 都市計画施設等の区域内における建築等の規制

　都市計画の告示により都市施設や市街地開発事業の都市計画が正式に効力を生ずると、その都市施設の区域内や市街地開発事業の施行区域内では、近い将来において都市施設を実際に整備する工事や、市街地開発事業に関する工事が行われることになる。

　この場合、**将来の事業の障害となるおそれのある建築行為は、原則的に禁止しておくのが望ましい**。そこで、**都市計画施設の区域又は市街地開発事業の施行区域内において建築物の建築をしようとする者は、次の例外を除き**、国土交通省令で定めるところにより、**都道府県知事等の許可を受けなければならない**とされている（都計法 53 条 1 項）。

過 平 29-16

プラスα

土地の形質の変更（造成工事）、工作物の建設は、許可不要である。

◆ 都市計画施設等の区域内での規制の例外

> ①**政令で定める軽易な行為**
> ②**非常災害のため必要な応急措置として行う行為**
> ③**都市計画事業の施行として行う行為**又は**これに準ずる一定の行為**　など

様々な用語が出てくるので、特に初学者は混乱するだろう。本書と問題集を行き来して、焦らず押さえていこう。

（4）都市計画事業の事業地内の制限

　都道府県知事などの認可や承認を受けて決定、告示されると、**都市計画事業は実施段階**に入り、この段階になると、事業の施行として行われる**工事の邪魔になる建築行為などをより厳しく規制**することが必要になる。

　そこで、**都市計画事業などの告示があった後においては、当該事業地内において、都市計画事業の施行の障害となるおそれがある土地の形質の変更若しくは建築物の建築その他工作物の建設を行い、又は政令で定める移動の容易でない物件の設置若しくは堆積を行おうとする者は、都道府県知事等の許可を受けなければならない**（都計法65条1項）。

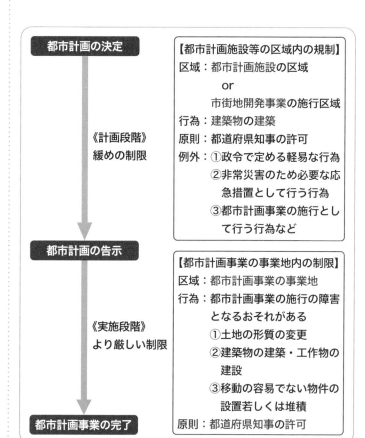

256

(5) 土地建物等の先買い

　都市計画事業の認可・承認の告示後の事業地は、土地収用法に基づき収用されることになるが（都計法69条）、それにもかかわらず土地や建物の譲渡が行われるとすれば、投機目的や事業を妨害する意図などが疑われる。

　そこで、**施行者による都市計画事業の認可等の日の翌日から起算して10日を経過した後に事業地内の土地建物等を有償で譲り渡そうとする者は**、一定の場合を除き、当該土地建物や予定対価など一定の事項を**書面で施行者に届け出なければならないものとされている**（都計法52条の3第2項）。**施行者の「許可」や「承認」ではない点**に注意しよう。

令2（10月）-15、H29-16

(6) 地区計画等の区域内における建築等の規制

　地区整備計画が定められている地区計画の区域では、土地の区画形質の変更、建築物の建築その他政令で定める行為を行おうとする者は、一定の場合を除き、**その行為に着手する日の30日前までに市町村長に届け出なければならない**（都計法58条の2第1項）。

平29-16

(7) 風致地区内における建築等の規制

　風致地区内における建築物の建築、宅地の造成、木竹の伐採その他の行為については、政令で定める基準に従い、**地方公共団体の条例で、都市の風致を維持するため必要な規制をすることができる**（都計法58条1項）。

平30-16

プラスα

風致地区は、都市の風致を維持するために定める地区であり（都計法9条22項）、都市内にありながら公園・庭園・寺院・神社などを中心として緑豊かな環境が残るエリアについて、環境の保護のために指定されることが多い。

❶ 開発許可を申請しようとする者は、あらかじめ、開発行為又は開発行為に関する工事により設置される公共施設を管理することとなる者と協議しなければならない。（令2-10月-16）

> **答 ○** 本問の記述のとおりである（都計法32条2項）。

❷ 開発許可を受けようとする者は、開発行為に関する工事の請負人又は請負契約によらないで自らその工事を施行する者を記載した申請書を都道府県知事に提出しなければならない。（令3-12月-16）

> **答 ○** 本問の記述のとおりである（都計法30条1項4号）。

❸ 二以上の都府県にまたがる開発行為は、国土交通大臣の許可を受けなければならない。（平28-17）

> **答 ✕** 開発行為が2以上の都府県にまたがる場合、**それぞれの都府県知事**の許可を受ける（都計法29条1項）。

❹ 市街化調整区域内における開発行為について、当該開発行為が開発区域の周辺における市街化を促進するおそれがあるかどうかにかかわらず、都道府県知事は、開発審査会の議を経て開発許可をすることができる。（令4-16）

> **答 ✕** 34条基準のいずれにも該当**しない**。市街化調整区域に係る開発行為は、当該開発行為について、都道府県知事が**開発審査会の議**を経て、開発区域の周辺における**市街化を促進するおそれがなく**、かつ、**市街化区域内**において行うことが**困難**又は**著しく不適当**と認める開発行為に該当すると認める場合でなければ、都道府県知事は、開発許可をしてはならない（都計法34条14号）。

❺ 市街化区域内において開発許可を受けた者が、開発区域の規模を100m² に縮小しようとする場合においては、都道府県知事の許可を受けなければならない。（平27-15）

> **答 ✕** 開発許可を受けた者は、申請書の記載事項の**変更**をしようとする場合、原則として、**都道府県知事の許可**を受けなければならない。しかし、開発行為の規模を**許可を要しない規模に変更**する場合は、**都道府県知事の許可を要しない**（都計法35条の2第1項）。

❻開発許可を受けた者から当該開発区域内の土地の所有権を取得した者は、都道府県知事の承認を受けることなく、当該開発許可を受けた者が有していた当該開発許可に基づく地位を承継することができる。(平 28-17)

　答　✕　本問は、開発許可を受けた者からの特定承継が行われた事例である。この場合、都道府県知事の承認を受けなければならない（都計法 45 条）。

❼開発許可を受けた開発区域内において、開発行為に関する工事の完了の公告があるまでの間に、当該開発区域内に土地所有権を有する者のうち、当該開発行為に関して同意をしていない者がその権利の行使として建築物を建築する場合については、都道府県知事が支障がないと認めたときでなければ、当該建築物を建築することはできない。(平 27-15)

　答　✕　開発許可を受けた開発区域内の土地においては、工事完了の公告があるまでの間は、原則として、建築物の建築などをしてはならないが、開発行為に同意をしていない者が、その権利の行使として建築物を建築するときは、都道府県知事が支障がないと認めたときでなくても建築物の建築をすることができる（都計法 37 条）。

❽用途地域等の定めがない土地のうち開発許可を受けた開発区域内においては、開発行為に関する工事完了の公告があった後は、都道府県知事の許可を受けなければ、当該開発許可に係る予定建築物以外の建築物を新築することができない。(平 30-17)

　答　○　本問の記述のとおりである（都計法 42 条 1 項）。本問では、用途地域の定めがない以上、都道府県知事の許可を受けなければ、予定建築物以外の建築物の新築はできない。

❾都市計画事業の施行として行う建築物の新築であっても、市街化調整区域のうち開発許可を受けた開発区域以外の区域内においては、都道府県知事の許可を受けなければ、建築物の新築をすることができない。(令 2-10 月 -16)

　答　✕　何人も、市街化調整区域のうち開発許可を受けた開発区域「以外」の区域内においては、都道府県知事の許可を受けなければ、建築物などの新築等や用途変更をすることができないのが原則である。しかし、都市計画事業の施行として行う建築物の新築などは例外とされている（都計法 43 条 1 項）。

テーマ1 建築確認が必要な「大規模建築物」を押さえよ 建基法その1 重要度 A

建基法は出題論点にバラつきがあるため、出題頻度の高い項目に絞った学習が効率的だ。ここでは建基法の全体像を確認後、出題頻度の高い「建築確認」を学習する。「建築物の規模による基準」が最大のポイントだ。

❶ まずは建基法の全体像を把握せよ！

建基法は、国民の生命・健康・財産の保護のため、**建築物の敷地・設備・構造・用途**について、その**最低の基準**を定めた法律である。建築に関する一般法であるとともに、都計法と連係して都市計画の基本を定める役割も担っている。

遵守すべき基準として、**個々の建築物の構造基準（単体規定）**と、都市計画とリンクしながら、**（準）都市計画区域内の建築物の用途、建蔽率、容積率、高さなどを規制する基準（集団規定）**とが定められている。

また、これらがちゃんと守られるよう、建築主事等が建築計画の法令適合性を確認する仕組み（**建築確認**）や、違反建築物などを取り締まるための制度なども規定されている。

（1）単体規定

建築物が、簡単に倒壊してしまったり、火災により焼失しやすいようでは、国民の生命・健康・財産は守れない。そこで、建基法は、まず個々の建築物が**安全で衛生的**であるように規制をしている。このような**建築物の安全性や衛生面に関するルール**をひとまとめにして「**単体規定**」といい、**全国のすべての建築物に適用**される。

（2）集団規定

例えば、狭い地域に密集して建築物が建てられると、日当た

プラスα
「単体規定」についての具体的な技術基準は、政令や省令などで詳細に定められている。

プラスα
単体規定は、すべての建築物が備えなければならない最低限の基準について、**集団規定**はその地域で守らなければいけない追加ルールであるとイメージしておこう。

りや風通しが悪くなってしまう。そこで、**建基法は、建築物の大きさや高さなどの建築物相互間のルール**を定めている。このような**建築物相互の関係に関するルールをひとまとめにして「集団規定」**といい、原則として、**都市計画区域内及び準都市計画区域内で適用**される。

(3) 建築確認

さらに建基法は、単体規定や集団規定の実効性を担保するために、**建築計画の段階で事前に内容をチェックする建築確認**という制度を設けている。

単体規定	・個々の建築物の安全性・衛生面に関する規定。 ・日本全国のすべての建築物に適用される。
集団規定	・建築物の規模や高さなど、建築物相互の関係に関する規定。 ・原則として、都市計画区域内・準都市計画区域内にある建築物に適用される。

建築計画の事前チェック

建築確認

❷ 建基法が適用されない建築物もある！

なかには建基法が適用されない建築物もある。試験対策として最低限のものだけ押さえておこう。

(1) 国宝・重要文化財など

例えば、法隆寺や姫路城のような国宝の建築材料や構造について、建基法で規制してしまうと、文化財としての価値が失われてしまいかねない。

そこで、**文化財保護法の規定によって国宝、重要文化財などとして指定**され、又は**仮指定**された建築物については、**建基法は適用されない**（建基法3条1項）。

（2）既存不適格建築物

　①建築基準法令などが**施行された時点**において、**既に存在していた建築物**や、②**その時点で既に工事中であった建築物**、③**建築した時点での建築基準法令には適合していたものの、その後の改正**によって建築基準法令に**適合しなくなった建築物を、既存不適格建築物という**。建物の建築後にルールができたり、改正されたことで、結果的に違法建築物となってしまった建築物と考えればよいが、違法とするのも不合理だ。

　そこで、**建基法又はこれに基づく命令若しくは条例の規定の施行又は適用の際、現に存する建築物などが建築基準法法令などに適合せず、又はこれらの規定に適合しない部分を有する場合には、建築基準法法令などの規定は、適用しない**こととされている（建基法3条2項）。よって、**既存不適格建築物は、違法建築物とはならず、速やかに改正後の法令の規定に適合させる必要もない**。

　とはいえ、既存不適格建築物を建て替えたり、増改築する際には、違法な部分を是正する必要がある。

ポイント Ⅰ 建基法が適用されない建築物

①**国宝、重要文化財**などとして指定され、又は仮指定された建築物

②**建基法などの規定の適用などの際、現に存する建築物**（既存不適格建築物）

❸ 建築計画の事前チェック！（建築確認）

　違法建築物の建築を事前に排除するため、**一定の建築物を建築しようとする場合、工事の着手前に、建築計画が法令で定められた建築基準法令**（建築物の敷地、構造、設備及び用途に関する最低の基準）**に適合しているかどうかの確認を受けなければならない**とする制度、又はそのよう確認行為を**建築確認**という。**建築確認の申請義務を負うのは建築主であり、建築主事等**

が確認を行う。

　建築確認については、次の3点に分けて整理すると理解しやすいので、この3点に分けて確認していく。

> (1)　建築確認の要否（必要な場合と不要な場合）
> (2)　建築確認の手続（の流れ）
> (3)　建築物の使用制限

（1）建築確認の要否

①建築物の規模による基準

　規模の大きな建築物では、安全性などのチェックが特に必要だ。そのため、**規模の大きな建築物（大規模建築物）については、全国どこでも建築確認が必要**となる（建基法6条1項1号〜3号、別表第1（い）欄）。

　そして、この**建築確認が必要となる大規模建築物に当たるか否かは頻出**であり、前ページの既存不適格建築物と並んで、このテーマでの**最大のポイント**である。下表は覚えよう。

ポイント ‥ II ‥ 建築確認の要否（建築物の規模）

建築物の種類	規　模	新築	増改築・移転	大規模修繕・模様替え	用途変更
特殊建築物	用途に供する部分の床面積が200m²を超えるもの	必要	10m²を超える場合に必要	必要	必要
木造大規模建築物	・3階以上 ・延べ面積500m²超 ・高さ13m超 ・軒高9m超	必要	10m²を超える場合に必要	必要	不要
木造以外の大規模建築物	・2階以上 ・床面積200m²超				

プラスα

「建築主事」とは、建築確認に関する事務をつかさどる公務員である。これに建築副主事を加えたものが「建築主事等」となる（建基法6条1項柱書）。

プラスα

全国どこでも必要ということは、**都市計画区域であるか否かを問わない**ということだ。

過 令4-17、令2（10月）-17、平30-18、平29-18、平27-17

プラスα

「**特殊建築物**」とは、**不特定多数の人が集まる建築物**である。映画館や劇場、ホテルや旅館、共同住宅、百貨店、飲食店をイメージしておくこと。また、床面積が10m²を超える物品販売業を営む店舗、倉庫、自動車車庫などもこれに当たる（別表第1（い）欄）。
なお、**事務所は特殊建築物に当たらない**。

前ページの表の覚え方としては、①**３つの大規模建築物の定義を覚える**。②**基本的に建築確認は必要**（増改築等は 10m² を越える場合）。③**用途変更については、変更後の用途が特殊建築物に当たる場合にだけ建築確認が必要**と覚えておけばよい。なお、例えば、旅館をホテルに用途変更する場合など、**類似用途相互間での用途変更**については、**建築確認は必要ない**。

②区域により必要となる基準

都市計画区域内や準都市計画区域内は、都市計画に基づき住みやすい街づくりを進める区域であり、建築物の安全性などのチェックが特に必要となる。そのため、**都市計画区域内及び準都市計画区域内では**、原則として、**すべての建築物の新築**と、**床面積の合計が 10m² を超える増改築・移転について建築確認が必要**である（建基法６条２項）。

また、**都市計画区域の中でも**、建築物の火災に対する安全性のチェックを十分にしなければならない**防火地域内・準防火地域内では、建築物の規模にかかわらず、新築・増改築・移転のすべてに建築確認が必要**である。

プラス**α**
防火地域と準防火地域については、312ページを参照。

◆ 区域による建築確認の要否

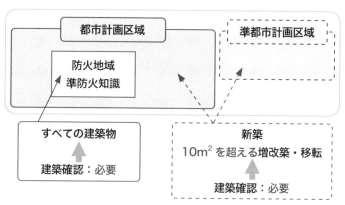

（2）建築確認の手続

①建築確認の申請

　建築主は、建築確認が必要な建築物の建築などをしようとする場合、申請書を提出して**建築主事等の確認を受け、確認済証の交付を受けなければならない**（建基法6条1項柱書）。

　建築主事等は申請書を受理した場合、特殊建築物、大規模建築物に係るものについては、受理した日から35日以内に、都市計画区域内の一般建築物に係るものについては、受理した日から7日以内に、申請に係る建築物の計画が建築基準関係規定に適合するかどうかを審査し、審査の結果に基づいて**建築基準関係規定に適合することを確認**したときは、**申請者に確認済証を交付しなければならない**（同条4項）。

②中間検査

　確認済証の交付を受けて工事を開始したとしても、工程の途中で手抜き工事が行われてしまうと完成後の発見が難しくなる。そこで、**建築主は、建築確認に基づく工事が一定の工程（特定工程）を含む場合、その特定工程に係る工事を終えたときは、その都度、4日以内に建築主事等の検査（中間検査）を申請しなければならない**（建基法7条の3第1項、2項）。

③完了検査

　建築主は、建築確認に基づく工事を完了したときは、4日以内に建築主事等に到達するように、**建築主事等の検査を申請し**なければならず（建基法7条1項、2項）。**この検査の申請を受けた建築主事**又は**検査実施者**は、その申請を受理した日から7日以内に、その工事に係る建築物及びその敷地が建築基準関係規定に適合しているかどうかを検査し、**建築基準関係規定に適合していることを認めたときは、検査実施者は**、その建築物の**建築主に対して検査済証を交付しなければならない**（同条4項、5項）。

プラスα
建築確認や確認済証の交付、中間検査、完了検査、仮使用の認定は、指定確認検査機関という民間機関も行うことができる（建基法6条の2第1項、7条の4第1項、7条の2第1項、7条の6第1項）。

プラスα
まとめると、事前に「建築確認」、一定の場合は途中で「中間検査」、工事の完了後は「完了検査」が必要ということだ。

プラスα
検査実施者とは、建築主事等の委任を受けた都道府県の職員である。

265

④建築物の使用制限

　特殊建築物及び大規模建築物の新築をする場合又はこれらの建築物の増改築・移転、大規模修繕、大規模な模様替えの工事で、一定の工事を含むものをする場合においては、**建築主は、次の仮使用が認められる場合を除き、検査済証の交付を受けた後でなければ、建築物を使用し、又は使用させることはできない**（建基法7条の6第1項）。

◆ 仮使用が認められる場合

①**特定行政庁が、安全上、防火上及び避難上支障がないと認めたとき。**
②**建築主事等又は指定確認検査機関が**、安全上、防火上及び避難上支障がないものとして国土交通大臣が定める基準に適合していることを認めたとき。
③**完了検査の申請が受理された日から7日を経過したとき。**

❹ 違反建築物への使用禁止と制限（違反建築物に対する措置）

　特定行政庁は、建築基準法令の規定などに**違反した建築物又は建築物の敷地**について、建築物の敷地の所有者、占有者などに対して、相当の猶予期限を付けて、使用禁止、使用制限その他の違反を是正するために必要な措置をとることを命ずることができる（建基法9条1項）。

　また、**特定行政庁は、緊急の必要がある場合は、**相当の猶予期限を付けるなどの**事前手続をとることなく、仮に、使用禁止又は使用制限の命令をすることもできる**（同条7項）。

過 令3（10月）-17、平29-18

プラスα
「特定行政庁」とは、建築主事等を置く市町村の区域については当該市町村の長、その他の市町村の区域については都道府県知事をいう（建基法2条35号）。特定行政庁という役所があるわけではない。

プラスα
建築主事等、指定確認検査機関などによる建築確認などの処分について不服がある者は、都道府県や市町村の**建築審査会**に審査請求をすることができる（建基法94条1項）。

過 令元-17

過去問題を
チェック！

❶ 法の改正により、現に存する建築物が改正後の法の規定に適合しなくなった場合には、当該建築物は違反建築物となり、速やかに改正後の法の規定に適合させなければならない。（令 4-17）

答 ✕ 本問のような既存不適格建築物には、建基法は適用されない（同法 3 条 2 項）。したがって、違反建築物となるわけでなく、速やかに改正後の法の規定に適合させる必要もない。

❷ 延べ面積が 500m² を超える建築物について、大規模な修繕をしようとする場合、都市計画区域外であれば建築確認を受ける必要はない。（令 4-17）

答 ✕ 延べ面積が 500m² を超える大規模建築物について大規模な修繕をしようする場合、都市計画区域内であるかを問わず、建築確認を受ける必要がある（建基法 6 条 1 項）。

❸ 都市計画区域外において高さ 12m、階数が 3 階の木造建築物を新築する場合、建築確認が必要である。（平 27-17）

答 〇 階数が 3 階以上の木造建築物は、大規模建築物に当たり、その新築をしようする場合は都市計画区域内であるかを問わず、建築確認を受ける必要がある（建基法 6 条 1 項）。

❹ 事務所の用途に供する建築物をホテル（その用途に供する部分の床面積の合計が 500m²）に用途変更する場合、建築確認は不要である。（平 27-17）

答 ✕ 事務所を特殊建築物であるホテルに用途変更する場合で、その床面積が 200m² を超えるときは、建築確認を受ける必要がある（建基法 87 条 1 項、6 条 1 項 1 号）。

❺ 建築主は、3 階建ての木造の共同住宅を新築する場合において、特定行政庁が、安全上、防火上及び避難上支障がないと認めたときは、検査済証の交付を受ける前においても、仮に、当該共同住宅を使用することができる。（令 3-10 月 -17）

答 〇 特殊建築物や大規模建築物は、原則として、検査済証の交付を受けた後でなければ、使用できない（建基法 7 条の 6 第 1 項本文）。ただし、特定行政庁が、安全上、防火上及び避難上支障がないと認めたときは、仮使用ができる（同条項但書 1 号）。

災害防止と避難に関する単体規定　建基法その2

重要度 **A**

ここでは「単体規定」のうち「災害防止や避難に関する規定」を中心に学習する。単体規定は細かいルールが多いが、それぞれの内容はシンプルだ。出題実績のある規定を押さえておけば得点源にしやすいので、その点で重要度は A である。

❶ まずは敷地から、しっかりと！

　前テーマで触れたように、建築物が簡単に倒壊・焼失するようでは、国民の生命・健康・財産を守ることはできない。そこで、建基法では、**個々の建築物が安全で衛生的**であるように規制をしており、そのようなルールを「単体規定」という。ここでは災害防止に関連する単体規定を確認していく。

　まず、個々の「建築物」が安全・衛生的であるためには、まずはその「敷地」から規制する必要がある。

　そこで、**建築物の敷地は、一定の場合を除き、これに接する道の境より高くなければならず、建築物の地盤面は、これに接する周囲の土地より高くなければならない**（建基法19条1項）。

　また、**建築物の敷地**には、雨水及び汚水を排出し、又は**処理するための適当な下水管などの施設が必要**である（同条3項）。

プラスα

建築物の「敷地」の衛生と安全については、念のため、一読しておけば十分である。

❷ 建築物の強度を確保！（構造耐力に関する規制）

（1）構造耐力

　建築物には、自重（建築物そのものの重さ）、積載荷重（人間＋家具＋設備の重さ）、積雪という垂直方向の力がかかり、また地震力・風圧力という水平方向の力がかかる。

　これらの力に対して、**建築物が垂直方向の力を支え、水平方向の力による変形に対抗することができる力を「構造耐力」**という。

プラスα

構造耐力についても、一読しておく程度でよい。

そして、建基法には、**すべての建築物が十分な構造耐力を備えるように、詳細な技術的な基準**が設けられている（同法20条1項、同法施行令36条〜80条の3）。

(2) 大規模建築物の主要構造部

主要構造部とは、建築物の構造上、重要な役割を果たしている部分をいい、具体的には、**壁・柱・床・梁・屋根・階段**をさす（建基法2条5号）。

ただし、構造上重要でない最下階の床、間仕切り用の壁、基礎、局所的な小階段などは、主要構造部から除外されている。

◆ 主要構造部

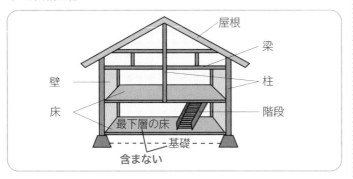

なお、大規模建築物の**主要構造部の一定の部分**に木材、プラスチックその他の**可燃材料を用いた次のいずれかに該当する建築物**は、原則として、その特定主要構造部を**通常火災終了時間**が経過するまでの間当該火災による建築物の**倒壊及び延焼を防止**するために特定主要構造部に必要とされる性能に関して政令で定める**技術的基準に適合する一定のもの**としなければならない。

①地階を除く階数が4以上である建築物

②高さが16mを超える建築物

③一定の用途に供する特殊建築物で、高さが13mを超えるもの

❸ 災害防火と避難に関する規定

　ここから実際に出題される単体規定の確認に入る。まずは避難経路の確保を含め、火災や災害に対応する規定だ。

（1）防火壁と防火床

 令2(10月)-17、
平28-18

　耐火建築物又は準耐火建築物などの建築物を除き、延べ面積が1,000m²を超える建築物は、防火上有効な構造の防火壁又は防火床によって有効に区画し、かつ、各区画の床面積の合計をそれぞれ1,000m²以内としなければならない（建基法26条）。

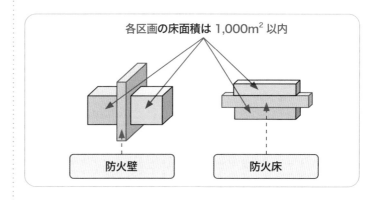

各区画の床面積は 1,000m² 以内

防火壁　　　防火床

（2）避雷設備

 令2(12月)-17

　落雷による電撃から人や建築物を保護するために、**高さ20mを超える建築物には**、周囲の状況によって安全上支障がない場合を除き、**有効に避雷設備を設けなければならない**（建基法33条）。

（3）昇降機（エレベーター）

　建築物に設ける昇降機は、安全な構造で、かつ、その昇降路の周壁及び開口部は、防火上支障がない構造でなければならない（建基法34条1項）。

 令2(10月)-17、
平28-18

　また、**高さ31mを超える建築物には、政令で定めるものを除き、非常用の昇降機を設けなければならない**（同条2項）。

　なお、**高さが30mぴったりの建築物**について、**非常用の昇降機の設置は義務づけられない**という問題が繰り返し出題されているため、意識しておこう。

> 一般的な消防用はしご車の**はしごが届くのが30m**まで、そこから**人が手を伸ばせる範囲は1m**として、それを超える**31mは救助が困難**になるからだ。

(4) 非常用の進入口

過 平30-18

　建築物の高さ31m以下の部分にある3階以上の階には、一定の場合を除き、**非常用の進入口を設けなければならない**（建基法施行令126条の6）。**3階以上が前提で、高さ31m以下のすべての階に設ける必要はない**。また、**非常用の進入口は、火災時に消防隊が突入するための出入口**となるので、ガラス窓のように容易に破壊できるようにしておかなければならない。

(5) 非常用の照明装置

　①映画館、ホテル、百貨店などの**特殊建築物の居室**、②**階数が3以上で、延べ面積が500m²を超える建築物の居室**、③**延べ面積が1,000m²を超える建築物の居室**などで、照明装置の設置を通常要する部分には、次の場合を除き、**非常用の照明装置を設けなければならない**（建基法施行令126条の4）。

◆ 非常用の照明装置義務の例外

過 令元-17

①**一戸建の住宅又は長屋若しくは共同住宅の住戸**
②**病院の病室**、下宿の宿泊室又は寄宿舎の寝室その他これらに類する居室
③**学校等**
④避難階又は避難階の直上階若しくは直下階の居室で避難上支障がないものその他これらに類するものとして国土交通大臣が定めるもの

非常用の照明装置は、災害や事故により停電が発生した場合に、人々のパニックによる混乱を防止し、秩序ある避難行動を可能にするためのものだ。

過 令元 -17

よって、一般的に避難経路が把握できていて、安全に避難できる**一戸建の住宅、共同住宅の住戸、病院の病室などは、例外（設けなくてよい）とされている**。

(6) 敷地内の通路

過 令3 (10 月)-17

階数が 4 以上又は延べ面積が 200m² 以上の建築物の敷地内には、**屋外**に設ける**避難階段**及び出口から道又は公園、広場その他の空地に通ずる幅員が **1.5m 以上の通路**を設けなければならない（建基法施行令 128 条）。

要するに、**一定以上の建築物の敷地内**には、屋外の避難階段「及び」敷地内から敷地外の宅地へ通じる幅 **1.5m 以上**の通路を設けよということだ。

なお、**小規模な住宅**の場合、通路の幅員が多少狭くても避難時に通路に人が滞留する可能性が低いので、**階数が 3 以下で延べ面積が 200m² 未満の建築物の敷地内**では、**幅員 90cm 以上の通路を設ける**こととされている。

(7) 耐火建築物としなければならない特殊建築物

次のいずれかに該当する特殊建築物は、**耐火建築物**としなければならない（建基法 27 条 2 項、別表第一 (い) 欄 (五) 項・(は) 欄 (五) 項、別表第一 (ろ) 欄 (六) 項・(い) 欄 (六) 項）。

過 令2 (12 月)-17

①**倉庫その他これに類する用途に供する一定の建築物で、その用途に供する 3 階以上の部分の床面積の合計が 200m² 以上のもの**
②3 階以上の階に自動車車庫、自動車修理工場その他これらに類する用途に供する建築物

（8）排煙設備の設置

次の用途に供する**特殊建築物で延べ面積が500m²を超える
もの、階数が3以上で延べ面積が500m²を超える一定の建築
物**などには、**排煙設備を設けなければならない**（建基法施行令
126条の2第1項、建基法別表第一（い）欄（一）項〜（四）項）。

> ①**劇場、映画館、演芸場、集会所**など
> ②**病院、患者の収容施設がある診療所、ホテル、旅館、下宿、
> 　共同住宅**など
> ③**学校、体育館**など
> ④**百貨店、マーケット、カフェー、遊技場**など

ただし、**階段、昇降機の昇降路の部分**（乗降ロビー部分含む）
その他これらに類する建築物の部分などは、**排煙設備を設置し
なくてもよい**（同法施行令126条の2第1項3号）。

 令3（12月）-17

（9）2以上の直通階段を設ける場合

**建築物の避難階以外の階が次のいずれかに該当する場合、そ
の階から避難階又は地上に通ずる2以上の直通階段を設けなけ
ればならない**（建基法施行令121条1項）。

> ①**劇場、映画館、演芸場、観覧場、公会堂又は集会場の用
> 途に供する階**でその階に**客席、集会室**その他これらに類
> するものを有するもの
> ②**床面積の合計が1,500m²を超える物品販売業を営む店舗
> の用途に供する階**でその階に売場を有するもの
> ③**6階以上の階**でその階に**居室を有する**もの　など

 令5-17、
令3（12月）-17

災害時に、片方の避
難経路がふさがって
も、もう一方の経路
で避難できるように
するためである。

階段①	居室	居室	居室	居室	居室	階段②
居室	居室	居室	居室	居室		

【防火壁と防火床】

・設置義務のある建築物は？　➡延べ面積が 1,000m² を超える建築物

　　　　　　　　　　　　　　➡各区画の床面積の合計を 1,000m² 以内とする

・例外となる 2 種類の建築物は？　➡耐火建築物又は準耐火建築物

【避雷設備】

・設置義務のある建築物は？　➡高さ 20m を超える建築物

・例外は？　　　　　　　　　➡周囲の状況によって安全上支障がない場合

【非常用昇降機】

・設置義務のある建築物は？　➡高さ 31m を超える建築物

【非常用の進入口】

・設置義務のある建築物は？

　　　　　　　　　　➡建築物の高さ 31m 以下の部分にある 3 階以上の階

　　　　　　　　　　➡高さ 31m 以下にあるすべての階に設ける必要はない

【非常用の照明装置を設置しなくてよい例外（主なもの）】

①一戸建の住宅や共同住宅の住戸、②病院の病室、③学校

【敷地内に通路等の設置義務があるのは】

4 階以上で、延べ面積が 200m² 以上の建築物の敷地内には、**屋外に設ける避難階段及び出口**から道又は公園、広場その他の空地に通ずる幅員が **1.5m 以上**の通路を設ける

【耐火建築物としなければならない特殊建築物】

①倉庫（等）の用途に供する 3 階以上の部分の床面積の合計が **200m² 以上**のもの

② 3 階以上の階に自動車車庫・修理工場その他これらに類する用途に供する建築物

【排煙設備を設置しなければならない建築物（主なもの）】

百貨店、劇場、映画館、病院、学校などの特殊建築物で延べ面積が **500m²** を超えるもの　➡階段には設置不要。

【避難階や地上への 2 以上の直通階段を設ける場合（主なもの）】

劇場、映画館、集会場の用途に供する階で、その階に客席や集会室を有する場合

❶延べ面積が 1,000m² を超える準耐火建築物は、防火上有効な構造の防火壁又は防火床によって有効に区画し、かつ、各区画の床面積の合計をそれぞれ 1,000m² 以内としなければならない。（令 2-10 月 -17）

答 ✕ 建築物が耐火建築物又は準耐火建築物の場合は、防火壁等で区画する必要はない（建基法 26 条 1 項但書 1 号）。

❷高さ 25m の建築物には、周囲の状況によって安全上支障がない場合を除き、有効に避雷設備を設けなければならない。（令 2-12 月 -17）

答 ◯ 高さが 20m を超える建築物には、一定の場合を除き、有効に避雷設備を設けなければならない（建基法 33 条本文）。

❸高さ 30m の建築物には、非常用の昇降機を設けなければならない。（令 2-10 月 -17）

答 ✕ 非常用の昇降機の設置が義務づけられるのは、高さが 31m を超える建築物である（建基法 34 条 2 項）。

❹建築物の高さ 31m 以下の部分にある全ての階には、非常用の進入口を設けなければならない。（平 30-18）

答 ✕ 建築物の高さ 31m 以下の部分にある 3 階以上の階には、一定の場合を除き、非常用の進入口を設けなければならない（建基法施行令 126 条の 6）。すべての階に設ける必要はない。

❺共同住宅の住戸には、非常用の照明装置を設けなければならない。（令元 -17）

答 ✕ 戸建て住宅や共同住宅の住戸については、非常用照明装置の設置は、義務づけられていない（建基法施行令 126 条の 4）。

❻4 階建ての共同住宅の敷地内には、避難階に設けた屋外への出口から道又は公園、広場その他の空地に通ずる幅員が 2m 以上の通路を設けなければならない。（令 3-10 月 -17）

答 ✕ 階数が 4 以上又は延べ面積が 200m² 以上の建築物の敷地内には、屋外に設ける避難階段及び出口から道又は公園、広場その他の空地に通ずる幅員が 1.5m 以上の通路を設けなければならない（建基法施行令 128 条）。2m 以上ではない。

建物の一般構造の単体規定は正解すべし！　建基法その3

ここでは「単体規定」のうち、建築物の一般構造や設備に関する規制について確認する。易しい内容なので、ここで紹介する知識は押さえて試験に臨もう。コツコツと覚えるしかないが、どのような話かのイメージはすること。

❶ その他の一般構造・設備に関する規制

（1）屋上広場等

 平30-18

　屋上広場又は2階以上の階にあるバルコニーその他これに類するものの周囲には、安全上必要な高さが1.1m以上の手すり壁、さく又は金網を設けなければならない（建基法施行令126条1項）。

（2）階段等の手すり等

過 令2 (12月)-17

　階段には、手すりを設けなければならない（建基法施行令25条1項）。ただし、**この規定は、高さ1m以下の階段の部分には適用されない**（同条4項）。

> 「自分の家に手すりはないよ」と思うかもしれないが、2000年の改正で義務化されたものだ。

（3）長屋又は共同住宅の各戸の界壁

　そもそも長屋とは、1つの建物を壁（界壁）で仕切り、それぞれ独立の玄関を有する建物として利用できるようにした建物である。現在では、テラスハウスともいわれているものだ。

過 平29-18

　このような**長屋又は共同住宅の各戸の界壁は、**原則として、**小屋裏又は天井裏に達するものでなければならない**（建基法30条1項柱書、2号）。界壁が天井までしか達していなければ、隣

の音が天井裏経由で響いてしまうし、火災の際、天井裏を伝って、火が燃え広がる可能性があるからである。

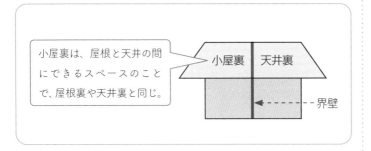

小屋裏は、屋根と天井の間にできるスペースのことで、屋根裏や天井裏と同じ。

小屋裏　天井裏

←‒‒‒‒ 界壁

（4）居室の天井の高さ

居室内の空気容量を確保するため、**居室の天井の高さは、2.1m以上でなければならない**（建基法施行令21条1項）。

 令2（10月）-17

プラスα

居室内の天井で高さが異なる部分がある場合、**その平均が居室の天井の高さとなる**（同条2項）。

 令5-17

（5）石綿その他の物質の飛散又は発散に対する衛生上の措置

建築物は、建築材料の飛散又は発散による衛生上の支障がないよう、一定の基準に適合するものとしなければならない。**特に石綿（アスベスト）とクロルピリホスは、建築材料としての使用自体がほぼ全面的に禁止**されている（建基法28条の2、同法施行令20条の6）。

これに対して、**ホルムアルデヒド**は、**使用面積**の規制がなされているにすぎず（同法施行令20条の7）、使用自体が禁止されている**わけではない**。

 令3（10月）-17

（6）居室の採光及び換気

住宅、学校、病院、診療所、寄宿舎などの**一定の建築物の居室には**、原則として、**採光のための窓その他の開口部を設け、その採光に有効な部分の面積は、居室の床面積に対して、5分の1から10分の1までの間において居室の種類に応じ政令で定める割合以上**としなければならない（建基法28条1項、同法施行令19条1項）。

また、**居室には**、政令で定める技術的基準に従って換気設備

 令3（12月）-17

を設けた場合を除き、**換気のための窓その他の開口部を設け、その換気に有効な部分の面積は、その居室の床面積に対して、20分の1以上としなければならない**（建基法28条2項）。

（7）便所

過 平29-18

　下水道法に規定する処理区域内においては、**便所は、汚水管が公共下水道に連結された水洗便所「以外」の便所としてはならない**（建基法31条1項）。

> 回りくどい規定だが、**処理区域内のトイレは、水洗便所にしなければならない**ということだ。

　なお、ここにいう処理区域とは、公共下水道を通じて下水を終末処理場まで運び、ここで最終的な処理ができるようになっている地域のことである（下水道法2条8号）。

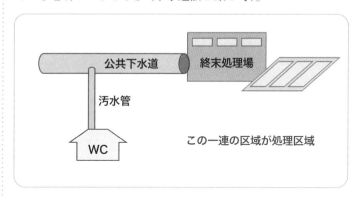

ポイント Ⅰ 一般構造・設備に関する規制のまとめ

規制対象	内 容	
屋上広場又は2階以上の階にあるバルコニー	周囲には、高さが 1.1m 以上の手すり壁、さく又は金網を設けなければならない。	
階段等の手すり	原則…設けなければならない。 例外…高さ 1m 以下の階段の部分は不要。	
長屋・共同住宅の界壁	原則として、小屋裏又は天井裏に達するものでなければならない。	
居室の天井の高さ	2.1m 以上でなければならない。	
建築材料の飛散又は発散に対する措置	・石綿（アスベスト）・クロルピリホス	使用がほぼ全面的禁止
	・ホルムアルデヒド	使用面積の規制
居室の採光及び換気	住宅、学校、病院などの一定の建築物の居室	採光のための開口部が必要 ⬇ 居室の床面積に対して、5分の1から10分の1までの間の政令で定める割合
	居室	換気のための開口部が必要 ⬇ 居室の床面積に対して、20分の1以上
便所 下水道法に規定する処理区域内	汚水管が公共下水道に連結された水洗便所としなければならない。	

❷ 地方公共団体は、条例で制限を追加できる

地方公共団体は、その地方の気候若しくは風土の特殊性又は特殊建築物の用途若しくは規模に因り、**建基法の単体規定又はこれに基く命令の規定のみでは建築物の安全、防火又は衛生の目的を充分に達し難いと認める場合**においては、**条例で**、建築物の敷地、構造又は建築設備に関して安全上、防火上又は衛生上**必要な制限を附加することができる**（建基法 40 条）。

他方、条例で**制限を緩和することは、原則としてできない**ことに注意しよう。

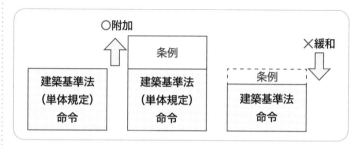

❸ 地方公共団体による災害危険区域の指定

地方公共団体は、条例で、津波、高潮、出水等による危険の著しい区域を災害危険区域として指定することができ（建基法 39 条 1 項）、**この条例により、災害危険区域内における住居の用に供する建築物の建築の禁止その他建築物の建築に関する制限で災害防止上必要なものを定める**（同条 2 項）。

ポイント II 災害危険区域

・津波、高潮、出水等による危険の著しい区域である災害危険区域を指定するのは ➡**地方公共団体が条例により。**

↓

・災害危険区域には、どのような制限を行える？

➡**住居の用に供する建築物の建築の禁止や制限。**

プラスα
市町村は、国土交通大臣の承認を得ることで、条例で区域を限定し、一定の制限を緩和することができる（建基法 41 条）。

プラスα
災害危険区域は、土砂災害、洪水、津波、火山噴火などが起きた場所で、再来性のある被災地に指定されることが多い。

過去問題を
チェック！

❶4階建ての事務所の用途に供する建築物の2階以上の階にあるバルコニーその他これに類するものの周囲には、安全上必要な高さが1.1m以上の手すり壁、さく又は金網を設けなければならない。（平30-18）

答 〇 2階以上の階にあるバルコニー等の周囲には、高さが1.1m以上の手すり壁、さく又は金網を設けなければならない（建基法施行令126条1項）。

❷高さ1m以下の階段の部分には、手すりを設けなくてもよい。（令2-12月-17）

答 〇 本問の記述のとおりである（建基法施行令25条1項、4項）。

❸長屋の各戸の界壁は、原則として、小屋裏又は天井裏に達するものとしなければならない。（平29-18改題）

答 〇 本問の記述のとおりである（建基法30条1項）。

❹居室の内装の仕上げには、ホルムアルデヒドを発散させる建築材料を使用することが認められていない。（令3-10月-17）

答 ✕ 石綿とクロルピリホスは、使用がほぼ全面的に禁止されるが（建基法28条の2等）、ホルムアルデヒドは使用面積の規制のみである（同法施行令20条の7）。

❺換気設備を設けていない居室には、換気のための窓その他の開口部を設け、その換気に有効な部分の面積は、その居室の床面積に対して10分の1以上としなければならない。（令3-12月-17）

答 ✕ 居室には換気のための窓その他の開口部を設け、その換気に有効な部分の面積は、一定の場合を除き、居室の床面積に対して、20分の1以上としなければならない（建基法28条2項）。

❻下水道法に規定する処理区域内においては、便所は、汚水管が公共下水道に連結された水洗便所としなければならない。（平29-18）

答 〇 本問の記述のとおりである（建基法31条1項）。

❼地方公共団体は、条例で、建築物の敷地、構造又は建築設備に関して安全上、防火上又は衛生上必要な制限を附加することができる。（令4-17）

答 〇 本問の記述のとおりである（建基法40条）。

「道路制限」は確実に得点！ 「用途制限」は的を絞れ！

 重要度 Ａ

建基法その4

集団規定は「建築確認」と並ぶ頻出項目だが、中でも「道路規制」「建蔽率の制限」「容積率の制限」「高さ制限」「防火・準防火地域内の制限」からの出題が多い。このテーマでは「道路規制」「用途制限」について学習する。

❶ 「道路」と「敷地・建築物」間のルール

プラスα

例えば、「住宅地では極端に高い建物を配置しない」といった形で、地域の用途に応じた規制をかけるのが集団規定である。

プラスα

特定行政庁がその地方の気候若しくは風土の特殊性又は土地の状況により必要と認めて都道府県都市計画審議会の議を経て指定する区域内においては、6m以上となる。

 令4-18、令3(12月)-18、平30-19、平29-19

　このテーマから建基法の**集団規定**について確認する。集団規定とは、各建築物間や建築物と周辺環境との間のルール、市街地の環境整備などを目的とした規定部分だ。まずは建築物やその敷地と**「道路」**との関係の規定から確認する。

　なお、**集団規定**は、原則として、**都市計画区域及び準都市計画区域内に限り、適用される**（建基法41条の2）。

(1)「既存道路」と「2項道路」

　建基法は6種類の「道路」を定義している。**道路とは、建基法42条1項に規定**されているもののうち、**いずれかに該当する幅員4m以上のもの**とされるが、試験対策上はこのうち**既存道路と2項道路**を押さえておこう。

◆ 既存道路（3号道路）

①都市計画区域若しくは準都市計画区域の指定若しくは変更

又は

②建基法68条の9第1項の規定に基づく条例の制定若しくは改正

により、

③建基法第3章(集団規定)の規定が適用されるに至った際、現に存在する道（幅員4m以上）

わかりにくい定義だが、ここは**建基法（の集団規定）の適用時点で存在した、幅員4m以上の道は、建基法上の道路である**と覚えよう。なお、次の「2項道路」と異なり、特定行政庁の**指定は必要ない**。

◆2項道路（みなし道路）

> ①**都市計画区域若しくは準都市計画区域の指定若しくは変更**
>
> 又は
>
> ②**建基法68条の9第1項の規定に基づく条例の制定若しくは改正**
>
> により、
>
> ③**建基法**第3章(集団規定)の規定が**適用**されるに至った**際、現に建築物が立ち並んでいる幅員4m未満の道で、**
>
> ④**特定行政庁の指定したもの**
>
> ※なお、**特定行政庁は、幅員1.8m未満の道を指定する場合、あらかじめ、建築審査会の同意を得なければならない**。

なお、**2項道路**は、将来幅員を拡張できるようにしておく必要があるため、一定の場合を除いて、**道路の中心線から両側に水平距離2mの線がその道路の境界線とみなされる**（セットバック）。

これにより、道路の境界線とみなされる線より内側には、建築物を建築できなくなり、将来、建築物が建て替えられるのに伴い、道路の幅員を拡張することが期待できる。

プラスα

なお、建基法68条の9は、地方公共団体が条例により「都市計画区域と準都市計画区域」の「**外**」にも一定の条例で建築物の敷地及び構造に関する制限できるというものである。

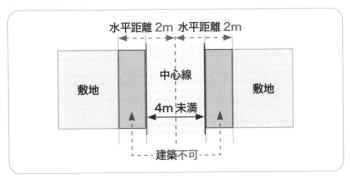

①接道義務

プラスα

接道義務における「道路」には、高速道路のような**自動車専用道路**などは含まれない。避難経路とはならないからである。

　災害時の避難経路や緊急車両の進入路の確保のため、**建築物の敷地は、次のものを除き、道路に 2m 以上接しなければならない。これを接道義務**という（建基法 43 条 1 項、2 項）。

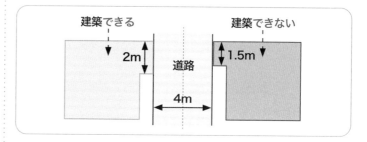

◆　接道義務の例外

> ア 敷地が幅員 4m 以上の道に 2m 以上接する建築物のうち、利用者が少数であるものとしてその用途及び規模に関し国土交通省令で定める基準に適合するもので、**特定行政庁が交通上、安全上、防火上及び衛生上支障がない**と認めるもの
>
> イ **敷地の周囲に広い空地を有する建築物**その他の国土交通省令で定める基準に適合する建築物で、**特定行政庁が交通上、安全上、防火上及び衛生上支障がない**と認めて、**建築審査会の同意を得て許可したもの**

②条例による制限の付加

令 5-18

プラスα

建基法の規定だけでは制限が足りない場合の話だ。

　地方公共団体は、次のいずれかに該当する建築物について、その用途、規模又は位置の特殊性により、接道義務の規定によっては避難又は通行の安全の目的を十分に達成することが困難であると認めるときは、**条例で、その敷地が接しなければならない道路の幅員、その敷地が道路に接する部分の長さその他その敷地又は建築物と道路との関係に関して必要な制限を付加することができる**（建基法 43 条 3 項）。

◆ 敷地・建築物と道路に関し、条例で上乗せ制限できる場合

①特殊建築物
②階数が 3 以上である建築物
③延べ面積 1,000m² を超える建築物
④一戸建て住宅を除く、**敷地が袋地状道路にのみ接する、**
　延べ面積 150m² を超える建築物など

 令 5-18、令元 -18

（3）道路内の建築制限

　当然のことながら、道路内に建築物を建築されては困る。そこで、**建築物又は敷地を造成するための擁壁は、次のものを除き、道路内に、又は道路に突き出して建築し、又は築造してはならない**（建基法 44 条 1 項）。

 令 5-18

◆ 道路内の建築制限の例外

①**地盤面下に設ける建築物**（＝地下街など）
②**公衆便所、巡査派出所**その他これらに類する**公益上必要**な建築物で**特定行政庁**が通行上支障がないと認めて**建築審査会の同意を得て許可したもの**
③**公共用歩廊**（＝アーケード）**その他政令で定める建築物**で**特定行政庁**が安全上、防火上及び衛生上他の建築物の利便を妨げ、その他周囲の環境を害するおそれがないと認めて**許可したもの**、など

 令 2 (10月)-18、
平 27-18

（4）私道の廃止・変更の制限

　私道の変更又は廃止によって、その道路に接する敷地が**接道義務又は条例により付加された制限に抵触**することとなる場合には、特定行政庁は、その**私道の変更又は廃止を禁止し、又は制限**することができる（建基法 45 条 1 項）。

①接道義務

原則：建築物の敷地は、原則として、**道路に2m以上接しなければならない**。

例外：敷地の周囲に広い空地を有する建築物などで、**特定行政庁が建築審査会の同意を得て許可したもの**など

②条例による制限の付加

　地方公共団体は、次のいずれかに該当する建築物について、条例で、その敷地又は建築物と道路との関係に関して必要な制限を付加することができる。

・特殊建築物　　・階数が3以上である建築物

・延べ面積1,000m² を超える建築物

・一戸建て住宅を除く、敷地が袋地状道路にのみ接する延べ面積150m² を超える建築物など

③道路内の建築制限

原則：建築物などは、道路内に、又は道路に突き出して建築してはならない。

例外：地盤面下に設ける建築物や、公衆便所、巡査派出所などの公益上必要な建築物で特定行政庁が通行上支障がないと認めて建築審査会の同意を得て許可したもの

プラスα

特定行政庁は、③の許可をする場合、あらかじめ、建築審査会の同意を得なければならない（建基法44条2項）。

❷ 用途制限

（1）用途制限のポイントその1

　用途制限とは、**それぞれの地域の特性に応じたルール**にそって、**建築物を建築しなければならない**という制限だ。

　用途制限は、どの地域で何を建築できるかについて、建基法48条〜51条と別表第二に詳細な規定が設けられているが、**「○○地域では、△△を建築できる」**といった問題が出る。

　しかし、このすべてを覚えようとすると大変なので、以下で紹介するポイントだけでも押さえて、その後、**291ページ**の一覧表を試験前に眺めておこう。

ポイント　**II**　**用途制限のポイント（教育施設等）**

> **①すべての用途地域で建築できるもの！**
> 　以下の施設はどの用途地域でも必要なものであり、特定行政庁の許可がなくても建築できる。
>
> 　　　　　　　↓
>
> ・宗教施設（<u>神社</u>、**寺院**、**教会**など）
> ・医療福祉施設（**診療所**、**公衆浴場**、**保育所**、<u>幼保連携型認定こども園</u>など）
> ・公益的施設（<u>巡査派出所</u>、**公衆電話ボックス**など）
>
> ※保育所、幼保連携型認定こども園は、**学校には含まれない**ことに注意。
>
> **②工業専用地域**には、**住宅**、**共同住宅**、**老人ホーム**、**図書館**、**博物館**、**美術館**などは、特定行政庁が許可した場合を除き、**建築できない！**
> 　➡石油化学コンビナートなどがある地域に、これらの建築物は向いていない。
>
> **③教育施設（と医療施設）**
> ・**幼稚園**、**小学校**、**中学校**、**高校**
> 　特定行政庁が許可した場合を除き、**工業地域・工業専用地域以外の地域に建築できる！**
> ・**大学**、**高等専門学校**、**専修学校**、**各種学校**、**病院**
> 　特定行政庁が許可した場合を除き、**第一種・第二種低層住居専用地域と田園住居地域、工業地域、工業専用地域には建築できない！**
> 　➡閑静な住宅地では望ましくない（病院は夜間でも救急車の出入りなど）、相応しくないことが理由だ。

過　令4-18、令元-18

プラス**α**
下記③の教育施設と異なり、どこでも建築できる。

ポイント **III** 用途制限のポイント（商業・娯楽施設等）

 平 29-19

①ホテル・旅館

- 特定行政庁が許可した場合を除き、**第一種・第二種低層住居専用地域、第一種・第二種中高層住居専用地域、田園住居地域、工業地域、工業専用地域には建築できない。**
- **床面積の合計が 3,000m² を超える場合は、特定行政庁が許可した場合を除き、第一種住居地域には建築できない。**

 令2 (10月)-18

プラスα
客席部分の床面積の合計が 200m² 以上の場合、特定行政庁が許可した場合を除き、準住居地域には建築できない。

②劇場・映画館・ナイトクラブ

- 特定行政庁が許可した場合を除き、**第一種・第二種低層住居専用地域、第一種・第二種中高層住居専用地域、田園住居地域、第一種・第二種住居地域、工業地域、工業専用地域には建築できない。**

③カラオケボックス・ダンスホール

- 特定行政庁の許可がなくても、**近隣商業地域、商業地域、準工業地域に建築することができる。**
- **床面積の合計が 10,000m² 以下であれば、特定行政庁の許可がなくても、第二種住居地域、準住居地域、工業地域、工業専用地域に建築できる。**

 平 28-19

プラスα
店舗、飲食店には、左以外の用途規制もあるが、左の内容を押さえれば十分だ。

④店舗・飲食店

2 階以下で床面積の合計が 150 m² 以内の場合、特定行政庁の許可があれば、第一種低層住居専用地域、工業専用地域に建築できる。

⑤料理店・キャバレー

特定行政庁の**許可なく建築できるのは、商業地域、準工業地域だけ。**

⑥倉庫業を営む倉庫・自動車修理工場（床面積の合計が 150m² 以内）

特定行政庁の**許可なく建築できるのは、準住居地域、近隣商業地域、商業地域、準工業地域、工業地域、工業専用地域である。**

288

（2）用途制限のポイントその2

　ここまでの内容以外の用途制限について、押さえておきたいものをまとめよう。

①第一種低層住居専用地域内に建築できる「兼用住宅」

　兼用住宅とは、延べ面積の2分の1以上を居住の用に供し、かつ、ア：一定の事務所、イ：日用品の販売を主たる目的とする店舗、ウ：クリーニング取次店などの用途を兼ねる住宅などである（建基法施行令130条の3）。

　そして、**第一種低層住居専用地域では、特定行政庁の許可がなくても、兼用住宅を建築することができる**（同条、別表第二（い）項2号）。

 令元 -18

②卸売市場等の用途に供する特殊建築物の位置

　都市計画区域内においては、卸売市場、火葬場、と畜場、汚物処理場、ごみ焼却場などの特殊建築物は…

 令3（10月）-18

↓

ア：**特定行政庁が**都道府県・市町村都市計画審議会の議を経てその敷地の位置が都市計画上**支障がないと認めて許可した場合、**

イ：**政令で定める規模の範囲内において新築し、若しくは増築する場合**

↓

　…を除き、都市計画において敷地の位置が決定しているものでなければ、新築や増築ができない（建基法51条）。

　つまり、**上記アイの例外に当たる**場合、都市計画において**敷地の位置が決定していない場合**でも、**新築又は増築をすることができる。**

③建築物の敷地が区域・地域・地区の「内外にわたる」場合

　建築物の敷地が、一定の建基法の規定による**建築物の用途に関する禁止又は制限を受ける地域又は地区の内外にわたる場合、**

 平 30-19

その建築物又はその敷地の全部について、敷地の過半の属する地域内の建築物に関する規定が適用される（建基法91条）。

　例えば、一の敷地で、その敷地面積の40％が第二種低層住居専用地域に、**60％が第一種中高層住居**専用地域にある場合は、**第一種中高層住居**専用地域の用途制限に従うことになる。

④特別用途地区内における用途制限の緩和

　特別用途地区内においては、一定のものを除き、その地区の指定の目的のためにする**建築物の建築の制限又は禁止に関して必要な規定は、地方公共団体の条例で定める**（建基法49条1項）。

　この場合、**地方公共団体は、**その地区の指定の目的のために必要と認める場合においては、**国土交通大臣の承認を得て、条例で、用途制限を緩和することができる**（同条2項）。

　なお、**特定用途「制限」地域内**では、建築物の用途の制限は、当該特定用途制限地域に関する都市計画に即し、政令で定める基準に従い、地方公共団体の条例で定めるとされているだけであり、**条例による用途制限の緩和は認められない**（同法49条の2）。特別用途地域と特定用途「制限」地域を混同しないように注意しよう。

過 令2(12月)-18

最後に、これらの知識をまとめた一覧表を紹介しておく。まずはここまでのポイントだけは押さえたうえで、余力があれば、**一覧表の赤字部分**を確認しておけるとよい。

【次ページの表中の「△」について】
※第一種住居地域：床面積の合計が3,000m² 以下のホテル・旅館に限り建築できる。
※第二種住居地域、準住居地域、工業地域、工業専用地域：床面積の合計が10,000m² 以下のカラオケボックス・ダンスホールに限り建築できる。
※第二種低層住居専用地域、田園住居地域、第一種・第二種中高層住居専用地域、工業専用地域：一定の店舗・飲食店に限り、建築できる。

◆ 用途制限のまとめ

〇：建築することができる。　×：特定行政庁の許可がなければ建築することができない。

対象施設	一種低層	二種低層	田園住居	一種中高層	二種中高層	一種住居	二種住居	準住居	近隣商業	商業	準工業	工業	工業専用
宗教施設（神社・寺院・教会）社会福祉施設（診療所・公衆浴場・保育所・幼保連携型認定こども園）公益的施設（巡査派出所・公衆電話ボックス）	〇	〇	〇	〇	〇	〇	〇	〇	〇	〇	〇	〇	〇
住宅・共同住宅・兼用住宅（延べ面積の2分の1以上が居住用・非住居部分の床面積50m² 以下）・老人ホーム・図書館・博物館・美術館	〇	〇	〇	〇	〇	〇	〇	〇	〇	〇	〇	〇	×
教育施設（幼稚園・小学校・中学校・高校）	〇	〇	〇	〇	〇	〇	〇	〇	〇	〇	〇	×	×
教育施設（大学・高専・各種学校）	×	×	×	〇	〇	〇	〇	〇	〇	〇	〇	×	×
医療施設（病院）	×	×	〇	〇	〇	〇	〇	〇	〇	〇	〇	×	×
ホテル・旅館	×	×	×	×	×	△	〇	〇	〇	〇	〇	×	×
劇場・映画館・ナイトクラブ（客席部分の床面積200m² 未満）	×	×	×	×	×	×	×	〇	〇	〇	〇	×	×
劇場・映画館・ナイトクラブ（客節部分の床面積200m² 以上）	×	×	×	×	×	×	×	×	〇	〇	〇	×	×
カラオケボックス・ダンスホール	×	×	×	×	×	×	△	△	〇	〇	〇	△	△
店舗・飲食店（2F 以下 ＋ 床面積の合計150m² 以内）	×	△	△	△	△	〇	〇	〇	〇	〇	〇	〇	△
料理店・キャバレー	×	×	×	×	×	×	×	×	〇	〇	〇	×	×
倉庫業を営む倉庫	×	×	×	×	×	×	×	〇	〇	〇	〇	〇	〇
自動車修理工場（床面積の合計150m² 以内）	×	×	×	×	×	×	×	〇	〇	〇	〇	〇	〇

❶幅員 4m 以上であり、法が施行された時点又は都市計画区域若しくは準都市計画区域に入った時点で現に存在する道は、特定行政庁の指定がない限り、法上の道路とはならない。（平 29-19）

　答 ✕　幅員 **4m** 以上であり、建基法が施行された時点又は都市計画区域若しくは準都市計画区域に入った時点で現に存在する道は、建基法上の道路に**当たる**（既存道路、建基法 42 条 1 項 3 号）。特定行政庁の指定を受ける必要は**ない**。

❷法第 68 条の 9 第 1 項の規定に基づく条例の制定の際、現に建築物が立ち並んでいる道は、法上の道路とみなされる。（令 3-12 月 -18）

　答 ✕　本問はいわゆる 2 項道路についてだが、道路とみなされるためには**特定行政庁の指定が必要**となる（2 項道路、建基法 42 条 2 項）。①の「既存道路」と区別しておこう。

❸法第 3 章の規定が適用されるに至った際、現に建築物が立ち並んでいる幅員 1.8m 未満の道で、あらかじめ、建築審査会の同意を得て特定行政庁が指定したものは、同章の規定における道路とみなされる。（令 4-18）

　答 〇　本問の記述のとおりである（建基法 42 条 6 項）。

❹地方公共団体は、その敷地が袋路状道路にのみ接する一戸建ての住宅について、条例で、その敷地が接しなければならない道路の幅員に関して必要な制限を付加することができる。（令元 -18）

　答 ✕　**一戸建て住宅**について、地方公共団体が、条例により道路に関する制限を付加することは**できない**。

❺公衆便所及び巡査派出所については、特定行政庁の許可を得ないで、道路に突き出して建築することができる。（令 2-10 月 -18）

　答 ✕　公衆便所や巡査派出所など、公益上必要な建築物で**特定行政庁**が建築審査会の同意を得て**許可**したものは、道路内に建築することができる（建基法 44 条 1 項 2 号）。

❻第一種低層住居専用地域内においては、神社、寺院、教会を建築することはできない。（令 4-18）

　答 ✕　神社、寺院、教会は、**すべての用途地域**で建築できる（建基法 48 条 1 項、別表第二（い）項〜（わ）項）。

過去問題を
チェック！

❼ 工業地域内においては、幼保連携型認定こども園を建築することができる。（令元
-18）

答　○　幼保連携型認定こども園や保育所などは、すべての用途地域で建築できる。

❽ 第二種中高層住居専用地域内では、原則として、ホテル又は旅館を建築することが
できる。（平 29-19）

答　×　**第二種中高層住居専用地域内**では、特定行政庁が許可した場合を除き、
ホテルや旅館を建築できない（建基法 48 条 4 項、別表第二（に）項）。

❾ 第一種低層住居専用地域内においては、延べ面積の合計が 60m² であって、居住の
用に供する延べ面積が 40m²、クリーニング取次店の用に供する延べ面積が 20m²
である兼用住宅は、建築してはならない。（令元 -18）

答　×　第一種低層住居専用地域で建築が認められる兼用住宅は、①延べ面積の **2
分の 1 以上を居住の用に供し**、かつ、②一定の事務所、日用品の販売を主目的と
する店舗、理髪店、美容院、**クリーニング取次店**、学習塾などの用途を兼ねるも
のであり、③これらの**用途に供する部分の床面積の合計が 50m² 以下**でなければ
ならない（建基法施行令 130 条の 3）。本問の兼用住宅は、特定行政庁の許可がな
くても、建築できる。

❿ 都市計画区域内のごみ焼却場の用途に供する建築物について、特定行政庁が建築基
準法第 51 条に規定する都市計画審議会の議を経てその敷地の位置が都市計画上支
障がないと認めて許可した場合においては、都市計画においてその敷地の位置が決
定しているものでなくても、新築することができる。（令 3-10 月 -18）

答　○　本問の記述のとおりである（建基法 51 条）。

⓫ 一の敷地で、その敷地面積の 40％が第二種低層住居専用地域に、60％が第一種中
高層住居専用地域にある場合は、原則として、当該敷地内には大学を建築すること
ができない。（平 30-19）

答　×　本問の場合、敷地の過半が属する**第一種中高層**住居専用地域の用途制限
に従うことになるから、特定行政庁の許可がなくても、大学を建築できる（建基法
91 条、48 条 3 項、別表第二（は）項 2 号）。

ほぼ必ず出題される 建蔽率・容積率！ 建基法その5

重要度 Ⓐ

ここでは集団規定のうち、いわゆる形態規定と呼ばれるものを確認する。「建蔽率」と「容積率の制限」は、ほぼ毎年出題されているが、計算問題はないので、細かい数値に振り回されず、制限の原則と特例を押さえておけばよい。

❶ 建蔽率の制限

　形態規制とは、敷地面積に対する建築物のボリュームや高さを制限し、調和のとれた市街地環境の形成を図るものである。

　形態規制には、①建築物の敷地面積の制限、②建蔽率（建築面積の敷地面積に対する割合）の制限、③容積率（建物の延べ面積の敷地面積に対する割合）の制限、④建築物の高さの制限、⑤外壁の後退距離の規制などがあり、それぞれ確認する。

（1）建蔽率とは

　建蔽率は、建築物の「敷地」面積に対する、「建築」面積の割合である（建基法53条1項本文）。下の図を見ればイメージできるだろう。敷地面積が100m²、その敷地上の住宅の面積が50m²ならば、この住宅の建蔽率は**50**％になる。

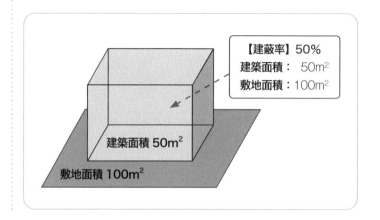

　建築物の建蔽率の限度は、原則的には、**用途地域ごとに、都市計画**に**よってあらかじめ指定されている**が、それぞれの用途地域の建蔽率の限度の数値をすべて覚える必要はない。

　試験対策としては、①**商業地域の原則的な建蔽率の限度が 10 の 8 であること**と、②**用途地域の指定のない区域内の建築物の建蔽率の限度は、特定行政庁**が土地利用の状況等を考慮し当該区域を区分して**都道府県都市計画審議会の議を経て定める**ことだけ覚えておけば十分である。

過 平 29-19

◆ 各地域等での建蔽率の限度

用途地域	建蔽率の限度
第一種・第二種低層住居専用地域 第一種・第二種中高層住居専用地域 田園住居地域 工業専用地域	3/10、4/10、5/10、6/10 のうち 都市計画で定める数値
第一種・第二種住居地域 準住居地域 準工業地域	5/10、6/10、8/10 のうち 都市計画で定める数値
近隣商業地域	6/10、8/10 のうち 都市計画で定める数値
商業地域	**8/10**
工業地域	5/10、6/10 のうち 都市計画で定める数値
用途地域の指定のない区域	3/10、4/10、5/10、6/10、7/10 のうち 特定行政庁が、都道府県都市計画審議会の議を経て定める

(2) 建蔽率の制限の緩和

　建蔽率の制限は、防災性の向上や、都市の日照・通風・採光などのために敷地内に空地を確保するためのものである。よって、**防災上の危険性などが低い建築物**では、次のように**制限が緩和**される。

◆ 建蔽率の制限の緩和

過 令5-18、
令3 (10月)-18、
令2 (12月)-18、
令元-18

①**防火地域内にある防火建築物等**（建基法53条3項1号イ）
　a）**建蔽率の限度が10分の8とされている地域以外にある防火地域内にある**耐火建築物、**又はこれと同等以上の延焼防止性能を有するものとして政令で定める建築物（耐火建築物等）**
　　　⬇
　　都市計画において定められた建蔽率に、10分の1を加えた数値が建蔽率の限度となる。
　b）**建蔽率の限度が10分の8とされている地域にある防火地域内にある**耐火建築物（同条6項1号）
　　　⬇
　　建蔽率の制限は適用されない（敷地面積いっぱい建築できる）。

②**準防火地域内にある耐火・準耐火建築物等**
　準防火地域内にある耐火建築物等、準耐火建築物**又はこれと同等以上の延焼防止性能を有するものとして政令で定める建築物（準耐火建築物等）**（同条3項1号ロ）
　　　⬇
　都市計画において定められた建蔽率に、10分の1を加えた数値が建蔽率の限度となる。

③**特定行政庁が指定した街区の角にある建築物**（同条3項2号）
　街区の角にある敷地又はこれに準ずる敷地で特定行政庁が指定するものの中にある建築物
　　　⬇
　都市計画において定められた建蔽率に、10分の1を加えた数値が建蔽率の限度となる。

　前記の①-a) 又は②及び③の両方に当たる場合、建蔽率は**10 分の 2 緩和される**（同条 3 項）。建蔽率の限度が 10 分の 8 とされている地域以外にある防火地域内の特定行政庁が指定する角地に耐火建築物を建築するような場合が、これに当たる。

プラスα

③は、いわゆる角地は、通風・採光に優れ、また、災害の際の避難経路も 2 方向に確保することができ、火災の際の延焼の危険性も低いからである。

（3）建蔽率の制限の適用除外

　建蔽率の制限は、次のいずれかに該当する建築物については、適用されない（建基法 53 条 6 項）。

◆ 建蔽率制限の適用除外

①建蔽率の限度が 10 分の 8 とされている地域にある防火地域内にある耐火建築物等
②巡査派出所、公衆便所、公共用歩廊その他これらに類するもの
③公園、広場、道路、川その他これらに類するものの内にある建築物で特定行政庁が安全上、防火上及び衛生上支障がないと認めて許可したもの

 平 28-19

（4）建築物の敷地が建蔽率の異なる地域にまたがる場合

　建築物の敷地が建築物の**建蔽率に関する制限**を受ける地域又は区域の **2 以上にわたる場合、その建築物の建蔽率は、各地域又は区域内の建築物の建蔽率の限度にその敷地の当該地域又は区域内にある各部分の面積の敷地面積に対する割合を乗じて得たものの合計以下でなければならない**（建基法 53 条 2 項）。

　要するに、**それぞれの地域の建蔽率の限度に、それぞれの地域に属する敷地の割合をかけて按分**（＝加重平均＝比例配分）**する**ということだ。具体例を載せておくが、近年は建蔽率の計

過 令 3（12 月）-18、平 27-18

297

算問題の出題はほとんどないから、このルールだけを覚えておけばよい。

第一種住居地域
敷地面積：120m²
建 蔽 率：6/10

第二種住居地域
敷地面積：80m²
建 蔽 率：8/10

①この敷地に建築できる建築面積
$$120m² × 6/10 + 80m² × 8/10 = 72m² + 64m² = 136m²$$
②この敷地の建蔽率の限度
$$\frac{120m² × 6/10 + 80m² × 8/10}{120m² + 80m²} = 68.0\%$$

ポイント Ⅰ 建蔽率の制限

①商業地域の原則的な建蔽率の限度：10分の8

②用途地域の指定のない区域内の建築物の建蔽率の限度は、特定行政庁が土地利用の状況等を考慮し当該区域を区分して都道府県都市計画審議会の議を経て定める。

③建蔽率の制限の適用除外
・建蔽率の限度が10分の8とされている地域にある防火地域内にある耐火建築物等
・巡査派出所、公衆便所、公共用歩廊その他これらに類するもの
・公園、広場、道路、川その他これらに類するものの内にある建築物で特定行政庁が安全上、防火上及び衛生上支障がないと認めて許可したもの

④建築物の敷地が建蔽率の異なる地域にまたがる場合
建築物の敷地が建蔽率の異なる地域にまたがる場合には、それぞれの地域の建蔽率の限度に、それぞれの地域に属する敷地の割合をかけて按分（＝加重平均＝比例配分）する

⑤建蔽率の限度の緩和

地　　域	①		②	①・②の両方に該当
	防火地域内にある耐火建築物等	準防火地域内にある耐火・準耐火建築物等	特定行政庁が指定する角地にある建築物	
建蔽率の限度 8/10とされている地域以外	＋1/10	＋1/10	＋1/10	＋2/10
建蔽率の限度 8/10とされている地域	制限なし	＋1/10	＋1/10	制限なし

❷ 容積率の制限

（1）容積率とは？

　建築物の延べ面積の敷地面積に対する割合を容積率という（建基法 52 条 1 項）。建築物が大きくなると、そこに出入りする人や周囲を通行する人や自動車が多くなり、排出されるごみや下水の量も多くなる。そこで、**道路などの公共施設とのバランスを保ち、居住環境を保護するために、用途地域ごとにあらかじめ都市計画で容積率が指定される**（指定容積率）。

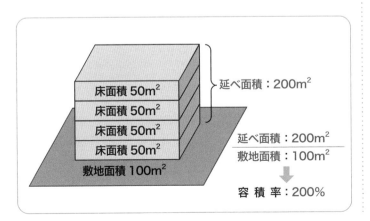

床面積 50m²
床面積 50m²
床面積 50m²
床面積 50m²
敷地面積 100m²

延べ面積：200m²

$$\frac{延べ面積：200m^2}{敷地面積：100m^2}$$
⬇
容積率：200%

（2）容積率の限度

　容積率の限度をどのくらいにするかは、道路や下水道などの公共施設の整備の状況や、住宅地なのか商業地なのかといった地域の実情に合わせて指定する必要がある。

　そこで、**建基法は、次のようなメニューの中から、都市計画で容積率を指定するものとしている**（同法 52 条 1 項）。

　ただし、用途地域ごとの指定容積率を覚える必要は全くない。**都市計画で容積率を指定される**ことだけ覚えておこう。

◆ 容積率の限度（参考）

用途地域	指定容積率
第一種・第二種低層住居専用地域 田園住居地域	5/10、6/10、8/10、10/10、15/10、20/10 のうちから都市計画で定める数値
第一種・第二種中高層住居専用地域 第一種・第二種住居地域 準住居地域 近隣商業地域 準工業地域	10/10、15/10、20/10、30/10、40/10、50/10 のうちから都市計画で定める数値
工業地域 工業専用地域	10/10、15/10、20/10、30/10、40/10 のうちから都市計画で定める数値
商業地域	20/10 〜 130/10（分子が 10 単位で増加）のうちから都市計画で定める数値
用途地域の指定のない区域	5/10、8/10、10/10、20/10、30/10、40/10 のうちから都市計画で定める数値

（3）前面道路の幅員による容積率の制限

　幅員の狭い道路に接して、指定容積率ぎりぎりの大きな建築物を建築されると、その建築物に出入りする多数の人や自動車で道路が混雑し、災害時には避難が困難になるおそれがある。そこで、**前面道路の幅員が 12 m 未満である建築物の容積率は、**

過 平 29-19、平 28-19

当該前面道路の幅員のメートルの数値に、**一定の数値を乗じた
もの以下でなければならない**。その際、**前面道路が2以上ある
ときは、その幅員の最大のものを基準とする**（同条2項）。その
結果、この場合の容積率の限度は、指定容積率と前面道路によ
る制限のうち、小さい方の制限が適用されることになる。

　例えば、第一種中高層住居専用地域で、指定容積率が30/10
の場合、指定容積率である30/10と、幅員の大きい方の前面
道路の幅員6mに住居系用途地域の係数である4/10を乗じた
24/10を比較して、小さい方の24/10がこの建築物の容積率の
限度となる。

プラス**α**

前面道路の幅員の
メートルの数値に乗
じる係数は、住居系：
4/10、それ以外の地
域は6/10であるが、
**容積率の計算問題は
ほとんど出題されな
いから、覚える必要
はない。**

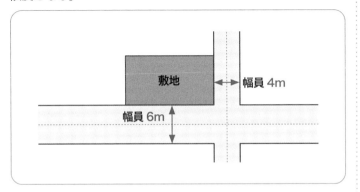

図中：敷地　幅員4m　幅員6m

（4）壁面線の指定がある場合の容積率の制限の緩和

　**道路境界から後退して建物の壁等を建築しなければならない
として指定された線を壁面線という**。街区内における建築物の
位置を整えその環境の向上を図るための規制である

　**前面道路の境界線又はその反対側の境界線からそれぞれ後退
して壁面線の指定がある場合において、**特定行政庁が次の①②
の基準に適合すると認めて**許可した建築物については、当該前
面道路の境界線又はその反対側の境界線は、それぞれ当該壁面
線にあるものとみなされ、当該建築物の敷地のうち前面道路と
壁面線との間の部分の面積は、敷地面積又は敷地の部分の面積
に算入されない**（建基法52条11項）。

 平 30-19

プラス**α**

壁面線は、主として
地区計画や建築協定
の際に活用されてい
る制度である。

◆ 壁面線の指定がある場合の容積率制限の緩和の基準

①当該建築物がある街区内における土地利用の状況等からみて、その街区内において、前面道路と壁面線との間の敷地の部分が当該前面道路と一体的かつ連続的に有効な空地として確保されており、又は確保されることが確実と見込まれること。
②交通上、安全上、防火上及び衛生上支障がないこと。

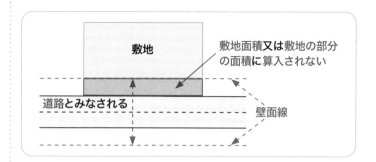

(5) 建築物の敷地が容積率の異なる地域にまたがる場合

　建築物の敷地が建築物の容積率に関する制限を受ける地域又は区域の2以上にわたる場合においては、その建築物の容積率は、各地域又は区域内の建築物の容積率の限度にその敷地の当該地域又は区域内にある各部分の面積の敷地面積に対する割合を乗じて得たものの合計以下でなければならない（建基法52条7項）。

　要するに、建蔽率の場合と同じ考え方で、**建築物の敷地が容積率の異なる地域にまたがる場合には、それぞれの地域の容積率の限度に、それぞれの地域に属する敷地の割合をかけて按分**（＝加重平均＝比例配分）するということだ。

　建蔽率と同じく、近年では容積率の計算問題が出題されることはほとんどないから、このルールだけを覚えておこう。

(6) 建築物の容積率の算定の基礎となる延べ面積の特例

　容積率を制限するのは、規模の大きな建築物が建築されるこ

とによる人の出入りの増加に伴う公共施設の負荷を抑えるためである。

　このような容積率を制限する趣旨から考えると、公共施設への負荷が増大する可能性がない設備については、容積率の制限の射程に入れる必要はない。そこで、**建築物の容積率の算定の基礎となる延べ面積には、次のような建築物の部分の床面積は、算入しないもの**とされている（建基法52条6項）。

> ①政令で定める**昇降機の昇降路の部分**（＝エレベーターホール）
> ②**共同住宅又は老人ホーム等の共用の廊下又は階段の用に供する部分**
> ③住宅又は老人ホーム等に設ける機械室その他これに類する一定の建築物の部分で、特定行政庁が交通上、安全上、防火上及び衛生上支障がないと認めるもの

令2（10月）-18、平27-18

(7) 敷地内に広い空地を有する建築物の容積率等の特例（総合設計制度）

　総合設計制度は、一定の規模以上の敷地で敷地内に一定割合以上の空地を有する建築物について、計画を総合的に判断して、敷地内に歩行者が日常自由に通行又は利用できる空地（公開空地）を設けるなどにより、**市街地の環境の整備改善に資すると**認められる場合に、**特定行政庁の許可により、容積率制限や斜線制限、絶対高さ制限を緩和する制度である**（建基法59条の2第1項、同法施行令136条）。

　この**総合設計制度による緩和の対象には、建蔽率の制限は含まれていない**。

プラスα
「公開空地」とは、一般公衆が自由に出入りできる空地のこと。

令4-18

> 「みんなのために公開空地を提供してくれるなら、その分ビルの容積率や高さの制限をオマケします！」というインセンティブ（動機付け）により空地の確保を促すものである。

プラス **α**

敷地分割が繰り返されて小規模開発が進むと、小規模な敷地に建物が密集してしまう。そこで、用途地域に関する都市計画において、敷地面積の最低限度を、200m²を超えてはならないとされ（建基法53条の2第2項）、この敷地面積の最低限度が定められたときは、建築物の敷地面積は、その最低限度以上でなければならない（同条1項）。

①前面道路の幅員による容積率の制限

・前面道路の幅員が12m未満である建築物の容積率は、当該前面道路の幅員のメートルの数値に、一定の数値を乗じたもの以下でなければならない。

・前面道路が2以上あるときは、その幅員の最大のものを基準とする。

②壁面線の指定がある場合の容積率の制限の緩和

・前面道路の境界線又はその反対側の境界線からそれぞれ後退して壁面線の指定がある。

　　　　　　　　　＋

・特定行政庁が一定の基準に適合すると認めて許可した建築物

　　　　　　　　　↓

・当該前面道路の境界線又はその反対側の境界線は、それぞれ当該壁面線にあるものとみなされる。

・当該建築物の敷地のうち前面道路と壁面線との間の部分の面積は、敷地面積又は敷地の部分の面積に算入されない。

③建築物の容積率の算定の基礎となる延べ面積の特例

・政令で定める昇降機の昇降路の部分

・共同住宅又は老人ホーム等の共用の廊下又は階段の用に供する部分

　　　　　　　　　↓

容積率の算定の基礎となる延べ面積に算入しない。

④総合設計制度

敷地内に一定割合以上の空地を有する建築物について、計画を総合的に判断して、公開空地を設けるなどにより、市街地の環境の整備改善に資すると認められる場合に、特定行政庁の許可により、容積率制限や高さ制限を緩和する制度。

➡建蔽率の制限は、含まれていない。

過 去 問 題 を チ ェ ッ ク！

❶ 都市計画区域又は準都市計画区域内における用途地域の指定のない区域内の建築物の建蔽率の上限値は、原則として、法で定めた数値のうち、特定行政庁が土地利用の状況等を考慮し当該区域を区分して都道府県都市計画審議会の議を経て定めるものとなる。(平 29-19)

答 〇 本問の記述のとおりである（建基法 53 条 1 項 6 号）。

❷ 都市計画により建蔽率の限度が 10 分の 8 と定められている準工業地域においては、防火地域内にある耐火建築物については、法第 53 条第 1 項から第 5 項までの規定に基づく建蔽率に関する制限は適用されない。(令 2-12 月 -18)

答 〇 建蔽率の限度が 10 分の 8 とされている地域にある防火地域内にある耐火建築物等には、建蔽率の制限は適用されない（建基法 53 条 6 項）。

❸ 都市計画において定められた建蔽率の限度が 10 分の 8 とされている地域外で、かつ、防火地域内にある準耐火建築物の建蔽率については、都市計画において定められた建蔽率の数値に 10 分の 1 を加えた数値が限度となる。(令元 -18)

答 ✕ 都市計画において定められた建蔽率の限度が **10 分の 8 とされている地域外**で、**かつ防火地域内**にある耐火建築物等は、都市計画において定められた建蔽率の限度に **10 分の 1** を加えた数値が建蔽率の限度となるが（建基法 53 条 3 項 1 号イ）、準耐火建築物は、ここにいう耐火建築物等に**含まれない**。

❹ 都市計画により建蔽率の限度が 10 分の 6 と定められている近隣商業地域において、準防火地域内にある耐火建築物で、街区の角にある敷地又はこれに準ずる敷地で特定行政庁が指定するものの内にある建築物については、建蔽率の限度が 10 分の 8 となる。(令 3-10 月 -18)

答 〇 ①準防火地域内にある耐火建築物は、都市計画において定められた建蔽率の限度に **10 分の 1** を加えた数値が建蔽率の限度となる（建基法 53 条 3 項 1 号）。また、②街区の角にある敷地又はこれに準ずる敷地で特定行政庁が指定するものの内にある建築物は、都市計画において定められた建蔽率の限度に **10 分の 1** を加えた数値が建蔽率の限度となる（同条項 2 号）。よって、本問の建築物は、①と②を合算して **10 分の 2** の建蔽率の割増を受けることができる、都市計画で定められた近隣商業地域の建蔽率の限度である 10 分の 6 に、10 分の 2 を加えた **10 分の 8** が建蔽率の限度となる。

❺公園内にある建築物で特定行政庁が安全上、防火上及び衛生上支障がないと認めて
許可したものについては、建ぺい率の制限は適用されない。(平 28-19)

答　○　公園、広場、道路、川その他これらに類するものの内にある建築物で特
定行政庁が安全上、防火上及び衛生上支障がないと認めて許可したものについては、
建蔽率の制限は適用されない（建基法 53 条 6 項 3 号）。

❻前面道路の幅員による容積率制限は、前面道路の幅員が 12 m 以上ある場合は適用
されない。(平 28-19)

答　○　前面道路の幅員によって容積率が制限されるのは、前面道路の幅員が **12
m 未満**である場合に限られる（建基法 52 条 2 項）。

❼建築物の前面道路の幅員により制限される容積率について、前面道路が 2 つ以上あ
る場合には、これらの前面道路の幅員の最小の数値（12 m 未満の場合に限る。）を
用いて算定する。(平 29-19)

答　×　前面道路が 2 以上あるときは、その**幅員の最大のもの**（幅員が 12 m 未満
の場合に限る）を用いて算定する（建基法 52 条 2 項）。

❽容積率規制を適用するに当たっては、前面道路の境界線又はその反対側の境界線か
らそれぞれ後退して壁面線の指定がある場合において、特定行政庁が一定の基準に
適合すると認めて許可した建築物については、当該前面道路の境界線又はその反対
側の境界線は、それぞれ当該壁面線にあるものとみなす。(平 30-19)

答　○　前面道路の境界線又はその反対側の境界線からそれぞれ後退して**壁面線
の指定がある場合**において、特定行政庁が一定の基準に適合すると認めて許可し
た建築物については、当該前面道路の境界線又はその反対側の境界線は、それぞ
れ当該壁面線にあるものとみなされ、当該建築物の敷地のうち前面道路と壁面線
との間の部分の面積は、敷地面積又は敷地の部分の面積に算入**されない**（建基法
52 条 11 項）。

高さ・斜線制限はざっくり 理解後、対象地域を押さえよ!

テーマ **6**

重要度 **A**

ここでは集団規定のうち、形態規制（建築物の高さの制限、防火・準防火地域内の制限）と「建築協定」を確認する。これらは 2 年に 1 回以上の頻度で出題されているが、特に高さ等の制限の内容はざっくり理解＋対象地域で対応できる。

❶ 建築物の高さなどの制限

建築物の高さなどの制限には、次のものがあり、それぞれを確認していく。

---

(1) 絶対高さ制限　　(2) 外壁の後退距離の限度

(3) 道路斜線制限　　(4) 隣地斜線制限

(5) 北側斜線制限　　(6) 日影規制

---

(1) 絶対高さ制限

主に**低層住宅**の良好な住環境を保護すべき**用途地域**では、他の用途地域に比べて**日照や風通しを確保**する必要性が高い。そこで、**第一種低層住居専用地域、第二種低層住居専用地域又は田園住居地域内**においては、**建築物の高さは、10 m 又は 12 m のうち当該地域に関する都市計画において定められた建築物の高さの限度を超えてはならない**（建基法 55 条 1 項）。

過 令4-18、平30-19

(2) 外壁の後退距離の限度

主に**低層住宅**に関する良好な住環境を保護すべき**用途地域で**は、建築物間に**一定の空間を確保**して、日照、通風、防火などの面で良好な環境を形成する必要がある。

そこで、**第一種低層住居専用地域、第二種低層住居専用地域又は田園住居地域内**においては、**当該地域に関する都市計画において、建築物の外壁又はこれに代わる柱の面から敷地境界線までの**

過 平28-19

距離（外壁の後退距離）の限度を、政令で定める場合を除き**1.5m又は1m以上でなければならない**（建基法54条1項、2項）。

◆ 外壁の後退距離の限度のイメージ

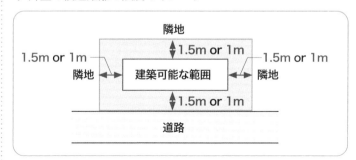

（3）道路斜線制限

道路斜線制限は、敷地の前面道路の反対側の境界線から敷地に向かって、地域ごとに建基法別表に規定された勾配で斜線を引き、その斜線を超えて建築物を建築できないとする制限である（建基法56条1項1号、別表第三）。道路の採光や通風を確保し、圧迫感を和らげるための制限だ。

この**道路斜線制限は、すべての用途地域で適用される**。

 令3（12月）-18

◆ 道路斜線制限のイメージ

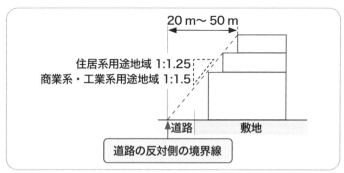

なお、道路の斜線制限を完全に理解するためには、建築に関する理解が必要となるが、本試験ではそこまで踏み込んだ出題がほぼない。道路斜線制限は上図を参照しつつ**「道路の反対側**

プラスα

斜線制限については、細かい知識を問うように感じられる問題も、実は斜線制限がどの地域で適用されるのかで正解できることが多い。

の境界から、一定の勾配で描いた斜線を超えて建物を建ててはダメ！」と覚えておけば十分である。

（4）隣地斜線制限

　隣地斜線制限は、**隣地境界線上の 20 m 又は 31 m より高い部分に、一定の勾配で斜線を描き、その斜線を超えて建築物を建築できない**という建築物の高さの制限である（建基法 56 条 1 項 2 号）。隣地の日照、採光、通風を妨げないために設けられた制限だ。

　第一種・第二種低層住居専用地域、田園住居地域では、絶対高さ制限により、建築物の高さが 10 m 又は 12 m に制限され北側斜線制限や日影規制が厳しいため、隣地斜線による制限を設ける必要が**ない**。

　そのため、**隣地斜線制限は、第一種・第二種低層住居専用地域、田園住居地域以外の用途地域で適用される**。

◆ 隣地斜線制限のイメージ

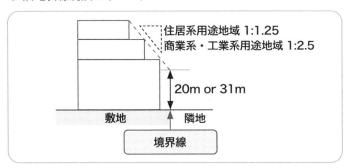

（5）北側斜線制限

　北側斜線制限は、**敷地の北側の隣地境界線の一定の高さから一定の勾配で斜線を描いて、その範囲内で建築物を建てなくてはならない**という建築物の高さの制限である（建基法 56 条 1 項 3 号）。

　家を建てる場合、日当たりを考えて敷地の南側を空けて、建物をできるだけ北に寄せて建てたいと考えるのが人情だろう。

しかし、それを行うと**北側の隣地の日当たりが損なわれてしま
う**。つまり、北隣の敷地の住環境を良好に保つための高さ制限
が北側斜線制限である。

北側斜線制限は、次の用途地域だけに適用される。

①**第一種・第二種低層住居専用地域**
②**第一種・第二種中高層住居専用地域**
③**田園住居地域**

 令2 (12月)-18

プラスα
日影規制の対象とな
る区域には、北側斜
線制限は適用されな
い。

プラスα
右図の数値について、
第一種・第二種低層、
田園地域は「1.25」
と「5 m」、第一種・
第二種中高層地域は
「1.5」と「10 m」と
なる。

◆ 北側斜線制限のイメージ

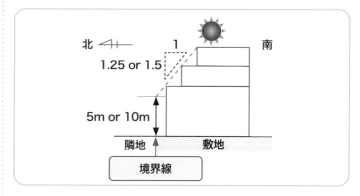

（6）日影による中高層の建築物の高さの制限（日影規制）

 令2 (10月)-18

日影規制は、冬至の日（一年で最も太陽の位置が低くなる日）
の午前8時から午後4時の間（北海道では午前9時から午後3
時の間）、**周辺の敷地に、長時間に渡って日影ができないように
制限する**、周囲の敷地の日照を確保するための高さ制限である
（建基法56条の2第1項、別表第四（い）欄〜（は）欄）。

そして、日照時間の確保について、さほど神経質になる必要
がない**商業地域、工業地域、工業専用地域には、日影規制の対
象となる区域を指定できない**。

よって、**これら以外の用途地域**と、**都市計画区域及び準都市
計画区域内の用途地域の指定のない区域**では、地方公共団体が、
条例で、日影規制の対象となる区域を指定する。

また、日影規制の対象となる建築物は、次ページのとおりである。

◆ 日影規制の対象となる建築物

①第一種・第二種低層住居専用地域・田園住居地域
　軒高が7mを超える建築物、又は3階建て以上の建築物
②それ以外の用途地域
　高さ10m超の建物

◆ 日影規制のイメージ

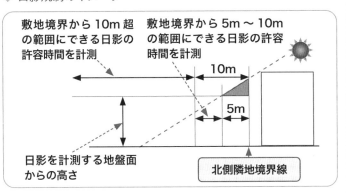

ポイント　Ⅰ　建築物の高さなどの制限の対象地域

① 「絶対高さ制限」「外壁の後退距離の限度」の対象地域は？
　➡第一種・第二種低層住居専用地域内、田園住居地域内。

　↓

　高さ制限により「隣地」の環境は保護される

　↓

② 「隣地斜線制限」の対象地域は？
　➡第一種・第二種低層住居専用地域、田園住居地域以外

③ 「北側斜線制限」の対象地域は？
　➡①に第一種・第二種中高層住居専用地域が加わる。

④ 「道路斜線制限」の対象地域は？　➡すべての用途地域

⑤ 「日影規制」の対象地域は？
　➡商業地域、工業地域、工業専用地域以外の用途地域。
　➡都市計画区域及び準都市計画区域内の用途地域の指定
　　のない区域

プラスα
③の第一種・第二種
中高層住居専用地域
は、⑤の日影規制が
適用されない場合に
限られる。

❷ 防火地域・準防火地域とその制限

防火地域・準防火地域は、市街地における火災の危険を防除するために定められる地域である（都計法 9 条 21 項）。「防火」地域では、火災の危険を防ぐための最も厳しい制限、「準防火」地域では、防火地域に次いで厳しい制限が定められる。

防火地域は建物が密集する市街地の繁華街に指定されることが多く、その防火地域の外側で広範囲に指定されるのが準防火地域である。また、準防火地域のさらにその外側に、制限がより緩やかな法 22 条区域が指定されるのが一般的である。

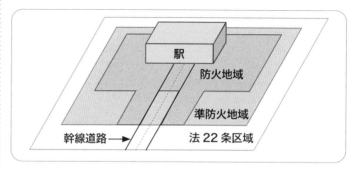

そして、防火・準防火地域内の制限には、次のものがあるので、それぞれ確認していく。

---

(1) 防火地域・準防火地域内内の建築物の技術的基準
(2) 屋根
(3) 隣地境界線に接する外壁
(4) 看板等の防火措置
(5) 建築物が防火地域又は準防火地域の内外にわたる場合の措置

---

(1) 防火地域・準防火地域内の建築物の技術的基準

火災の際に、他に火災の危険が及ばないよう**防火地域又は準防火地域内にある建築物は**、一定の場合を除き、**その外壁の開口部で延焼のおそれのある部分に防火戸その他の政令で定める**

防火設備を設けなければならない。

　さらに、**壁、柱、床**その他の建築物の部分及び**防火設備**を通常の火災による周囲への延焼を防止するためにこれらに必要とされる性能に関して防火地域及び準防火地域の別並びに建築物の規模に応じて政令で定める**技術的基準に適合する一定のものとしなければならない**（建基法61条1項）。ここにいう政令で定める技術的基準とは、次のとおりである（同法施行令136条の2第1号〜4号）。

◆ 防火地域内の建築物の技術的基準

	延べ面積 100m^2 以下	延べ面積 100m^2 超
3階建て以上 （地階を含む）	耐火建築物 延焼防止建築物	
1〜2階建て	準耐火建築物以上 準延焼防止建築物以上	耐火建築物 延焼防止建築物

◆ 準防火地域内の建築物の技術的基準

過 平28-18

	延べ面積 500m^2 以下	延べ面積 500m^2 超 1,500m^2 以下	延べ面積 1,500m^2 超
4階建て 以上	耐火建築物 延焼防止建築物		
3階建て	準耐火建築物以上 準延焼防止建築物以上		耐火建築物 延焼防止建築物
1〜2階 建て	木造・非木造の区別に応じて政令で定める一定の技術的基準適合建築物以上	準耐火建築物以上 準延焼防止建築物以上	耐火建築物 延焼防止建築物

（2）屋根

　防火地域又は準防火地域内の建築物の屋根の構造は、市街地における火災を想定した**火の粉による火災の発生を防止するた**

めに、政令で定める**技術的基準に適合する一定のものとしなければならない**（建基法 62 条）。

（3）隣地境界線に接する外壁

　建物の築造には、境界線から 50cm 以上の距離を保たなければならないのが原則だが（民法 234 条 1 項）、例えば、鉄筋コンクリート造のビルなどであれば、延焼の危険が小さい。

令3 (10月)-17

　そこで、**防火地域又は準防火地域内にある建築物で、外壁が耐火構造のものについては、その外壁を隣地境界線に接して設けることができる**（建基法 63 条）。ここは「防火」構造と混同しないように気を付けよう。

◆「耐火」構造と「防火」構造

> ・**耐火構造**…火災による建築物の**倒壊**、及び**延焼を防止**するために当該建築物の部分に必要とされる性能に適合する構造（建基法 2 条 7 号）。
> ・**防火構造**…周囲で火災が発生した場合に、**外壁や軒裏が延焼を抑制**するための一定の性能を持つ構造（同条 8 号）。

プラス
「不燃材料」とは、建築材料のうち、通常の火災時の火熱により燃焼しないことその他の政令で定める性能に関して政令で定める技術的基準に適合する一定のもの（建基法 2 条 9 号）。

令元 -17

耐火構造は建物「内部」からの延焼や倒壊を防ぐことが目的、防火構造は「外部」からの延焼を防ぐことが目的と考えよう。

（4）看板等の防火措置

　繁華街にあるビルの看板や屋上にある広告塔などが、火災の際に簡単に延焼しては危険である。

　そこで、**防火地域内にある看板、広告塔、装飾塔その他これらに類する工作物で、建築物の屋上に設けるもの又は高さ 3 m を超えるものは、その主要な部分を不燃材料で造り、又は覆わなければならない**（建基法 64 条）。

(5) 建築物が防火地域又は準防火地域の内外にわたる場合

　ここまで防火・準防火地域内の建築物への規制を確認してきたが、次はこれらの地域にまたがる建築物の扱い方の話である。

①建築物が防火地域又は準防火地域と、

　これらの地域に指定されていない区域にわたる場合

　一定の場合を除き、**建築物の全部について、それぞれ防火地域又は準防火地域内の建築物に関する規定が適用される**（建基法65条1項）。

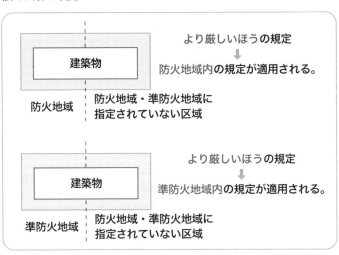

②建築物が防火地域及び準防火地域にわたる場合

　一定の場合を除き、**建築物の全部について、防火地域内の建築物に関する規定が適用される**（建基法65条2項）。敷地の属する面積が大きい方の地域内の建築物に関する規定が適用されるわけではない点に注意だ。

 令2(12月)-17

ポイント **Ⅱ** 防火地域・準防火地域内の制限

①隣地境界線に接する外壁

防火地域又は準防火地域内にある建築物で、外壁が耐火構造のものについては、その外壁を隣地境界線に接して設けることができる。

②看板等の防火措置

防火地域内にある看板、広告塔、装飾塔その他これらに類する工作物で、建築物の屋上に設けるもの又は高さ3mを超えるものは、その主要な部分を不燃材料で造り、又は覆わなければならない。

③敷地・建築物が制限の異なる区域にまたがる場合

結局は、より厳しい方の規定が敷地の全部に適用される。

❸ 建築協定

　建築協定は、敷地や建築物に関する民間の自主的なルール（協定）であり、特定行政庁の認可を受けたもののことである（建基法70条1項）。

　建築協定では、ある**地域の土地所有者等**（土地所有者、借地権者）**の全員の合意**により、敷地の最低面積や建築物の耐火性等々をきめ細かく規制し統一できる。これにより統一的で良好な街並みが形成し、環境が保全されるメリットがあるのだ。

　なお、**建築協定は、土地所有者が1人しかいない場合でも締結できる**（同法76条の3第1項）。これは、宅地の分譲業者などが分譲前にあらかじめ建築協定を締結する場合などだ。

　そして、特定行政庁の認可の公告のあった建築協定は、一定の場合を除き、**その公告日以後に協定区域内の土地の所有者等となった者に対しても、その効力が及ぶ**（同法75条）。

　また、**建築協定の目的となる建築物に関する基準が、建築物の借主の権限に係る場合、その建築協定については、当該建築物の借主は、土地の所有者等とみなされる**（同法77条）。

プラス**α**

同じようなきめ細かい法的規制である「地区計画」は、都市計画の決定手続を経なければならないのに対して、「建築協定」は住民の合意という比較的簡便な手続で設定できる。

プラス**α**

建築協定の廃止の場合は、土地所有者等の過半数の同意で足りる（建基法76条1項）。

 平27-18

316

> **過去問題を
> チェック！**

❶ 第一種住居地域内においては、建築物の高さは、10 m又は12 mのうち当該地域に
関する都市計画において定められた建築物の高さの限度を超えてはならない。（令
4-18）

　答　✕　「**絶対高さ制限**」は、第一種・第二種**低層住居**専用地域又は**田園住居**地域
に対する制限である（建基法55条1項）。**第一種住居地域には適用されない。**

❷ 第一種住居地域内における建築物の外壁又はこれに代わる柱の面から敷地境界線ま
での距離は、当該地域に関する都市計画においてその限度が定められた場合には、
当該限度以上でなければならない。（平28-19）

　答　✕　「**外壁の後退距離の限度**」は、第一種・第二種**低層住居**専用地域又は**田園
住居**地域に対する制限である（建基法54条1項）。**第一種住居地域には適用されない。**

❸ 田園住居地域内の建築物に対しては、法第56条第1項第3号の規定（北側斜線制限）
は適用されない。（令2-12月-18）

　答　✕　「**北側斜線制限**」は、第一種・第二種**低層住居**専用地域又は**田園住居**地域
内又は一定の第一種・第二種**中高層住居**専用地域内の建築物に対する制限である（建
基法56条1項3号）。

❹ 日影による中高層の建築物の高さの制限に係る日影時間の測定は、夏至日の真太陽
時の午前8時から午後4時までの間について行われる。（令2-10月-18）

　答　✕　日影規制における日影時間の測定は、**冬至日**において建築物が午前8時
から午後4時（北海道の区域内においては9時から15時）の間で行われる。

❺ 防火地域又は準防火地域内にある建築物で、外壁が防火構造であるものについては、
その外壁を隣地境界線に接して設けることができる。（令3-10月-17）

　答　✕　**防火地域又は準防火地域内**にある建築物で、**外壁が耐火構造**のものにつ
いては、その外壁を隣地境界線に接して設けることができる（建基法63条）。防
火構造ではない。

❻ 防火地域内にある看板で建築物の屋上に設けるものは、その主要な部分を不燃材料
で造り、又はおおわなければならない。（令元-17）

　答　◯　本問の記述のとおりである（建築基準法64条）。

テーマ 1 「宅地造成等工事規制区域」を狙い打て！ 盛土規制法その1

重要度 A

従来の宅造法が改正され「盛土規制法」という法律となったが、新法の施行後も出題傾向に変化はないと予想する。つまり、これまで出題肢の約75％を占めていた「宅地造成等規制区域」に関する出題が大半を占めるだろう。

❶ 盛土規制法の三本柱（全体像）

プラスα

旧宅造法では、ほぼ同じ内容の選択肢が繰り返し出題されており、今後もその傾向に変わりはないと予想する。本書と過去問を反復学習すれば確実に得点できるという意味で、重要度はAだ。

　宅地造成及び特定盛土等規制法（盛土規制法）は、令和3年7月に静岡県熱海市で発生した盛土の崩落による大規模な土石流災害を契機として行われた盛土の総点検の結果を受け、従来の宅地造成等規制法（宅造法）を改正し、**土地の用途にかかわらず、危険な宅地造成工事や盛土等を包括的に規制**するものである。

　要するに、**「旧宅造法→盛土規制法」**という改正が行われたということだ。まず確認したいこととして、**盛土規制法には三本柱といえる規制**がある。

プラスα

この区域「内」の工事に規制がかかる。問題では、そもそも区域「外」というヒッカケ（規制なし）に注意だ。

（1）宅地造成等工事規制区域

　土砂の流出やがけ崩れが起こりやすい場所で、ずさんな宅地の造成工事が行われると、極めて危険である。

　そこで、**盛土規制法は、都道府県知事が、宅地造成工事や盛土などによって被害が出る可能性がある場所を「宅地造成等工事規制区域」に指定し、この区域内の宅地造成等の工事を許可制としている**（同法10条1項、12条1項）。

　そのうえで区域内での一定の工事については、**届出**（同法21条）、**保全**（同法22条）、**報告**（同法25条）**を義務づけている。**この届出、保全、報告等については331ページ以降で解説する。

(2) 特定盛土等規制区域

　また**盛土規制法は**、令和3年に発生した土砂災害などを踏まえ、都道府県知事が、**特定盛土等又は土石の堆積に伴う災害により市街地等区域などの区域の居住者等の生命又は身体に危害を生ずるおそれが特に大きいと認められる区域を「特定盛土等規制区域」として指定し、区域内の特定盛土等又は土石の堆積に関する工事を許可制とし**（同法26条1項、30条1項）、**区域内の一定の工事などについての届出**（同法27条）、**保全**（同法41条）、**報告**（同法38条）**を義務付ける**など、前ページ（1）の宅地造成等工事規制区域と同様の規制ができるとしている。

プラスα

特定盛土等規制区域は、改正法による新しい区域だ。ひとまず左の内容を押さえておけば対応できるだろう。

3章

盛土規制法

(3) 造成宅地防災区域

　さらに、現在は**宅地造成等工事規制区域として指定されていない既存の宅地**でも、地滑り的な崩落が発生したことを踏まえ、**都道府県知事が、宅地造成又は特定盛土等に伴う災害で相当数の居住者等に危害を生ずるものの発生のおそれが大きい一団の造成宅地の区域を「造成宅地防災区域」に指定**し、その**区域内の土地の所有者などに災害防止のための措置を講ずる努力義務を課している**（盛土規制法45条1項、46条1項）。

 令 5-19

プラスα

都道府県とは、地方自治法に基づく指定都市、中核市にあってはその長をいい、その長を含めて都道府県知事という（盛土規制法4条1項かっこ書、5条1項かっこ書、地方自治法252条の19第1項等）。覚える必要はないが、問題文に出てくることがある。

◆ 盛土規制法の規制の三本柱

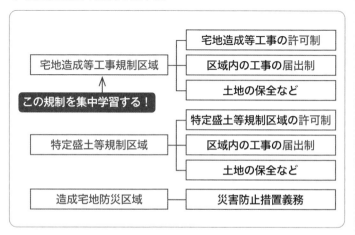

❷ 基礎調査のための土地立入り等と損失補償

（1）基礎調査

　都道府県は、おおむね5年ごとに、前ページの3つの区域の**指定**その他盛土規制法に基づき行われる宅地造成、特定盛土等又は土石の堆積に伴う災害の防止のための**対策に必要な基礎調査を行う**（盛土規制法4条1項）。

（2）基礎調査のための土地の立入り等

　都道府県知事は、基礎調査のために他人の占有する土地に立ち入って測量又は調査を行う必要があるときは、その必要の限度において、**他人の占有する土地に、自ら立ち入り、又はその命じた者若しくは委任した者に立ち入らせることができる**（盛土規制法5条1項）。

過 令2 (12月)-19

　この場合、**土地の占有者は、正当な理由がない限り、この立入りを拒み、又は妨げてはならない**（同条5項）。

（3）土地の立入り等に伴う損失の補償

過 令2 (12月)-19

　都道府県は、**基礎調査又は基礎調査のための土地の立入りなどの行為により他人に損失を与えたときは、その損失を受けた者に対して、通常生ずべき損失を補償しなければならない**（盛土規制法8条1項）。

ポイント Ⅰ　基礎調査のための土地立入り等と損失補償

①**基礎調査のための土地の立入り等**
　土地の占有者は、正当な理由がない限り、測量又は調査のための都道府県知事などの立入りを拒み、又は妨げてはならない。
②**都道府県は、基礎調査のための土地の立入りなどの行為により他人に損失を与えたときは、その損失を受けた者に対して、通常生ずべき損失を補償しなければならない。**

❸ 「宅地造成等工事規制区域」の指定

　都道府県知事は、基礎調査の結果を踏まえ、**宅地造成、特定盛土等又は土石の堆積（宅地造成等）に伴い災害が生ずるおそれが大きい市街地若しくは市街地となろうとする土地の区域又は集落の区域、これらの区域に隣接し、又は近接する土地の区域（市街地等区域）**であって、**宅地造成等に関する工事について規制を行う必要があるものを、宅地造成等工事規制区域として指定することができる**（盛土規制法 10 条 1 項）。

　都市計画区域の内でも外でも土砂災害の危険を防止する必要性に変わりはないから、**宅地造成等工事規制区域は、都市計画区域の内外にかかわりなく指定できる。**

ポイント **Ⅱ** 「宅地造成等工事規制区域」の指定

> ① 「宅地造成等工事規制区域」は誰が指定するか？
> ➡都道府県知事
>
> ② 指定できる区域は？
> **宅地造成、特定盛土等又は土石の堆積（宅地造成等）に伴い災害が生ずるおそれが大きい市街地、市街地となろうとする土地の区域、集落の区域、これらの区域に隣接又は近接する土地の区域**

❹ 宅地造成等に関する工事の許可制

（1）宅地造成等に関する工事の許可

　宅地造成等工事規制区域内において行われる**宅地造成等に関する工事**については、宅地造成等に伴う災害の発生のおそれがないと認められるものとして政令で定める工事を除き、**工事主は、当該工事の着手前に、主務省令で定めるところにより、都道府県知事の許可を受けなければならない**（盛土規制法 12 条 1 項）。

　そして、**都道府県知事から許可証の交付を受けた後でなけれ**

過 令2 (12月)-19

3章
盛土規制法

プラスα
許可を受けなければならない者が「造成主」から「工事主」に改正されている。

過 令4-19

ば、工事をすることができない（同法14条3項）。

旧宅造法では、開発許可（都計法29条1項、2項）の内容に適合した宅地造成に関する工事は許可制の例外とされていたが、盛土規制法では、このような例外は設けられておらず、開発許可の内容に適合した宅地造成に関する工事であっても許可を受けなければならない。

過 令2 (10月)-19

なお、これは宅地造成等に関する「工事の許可」の話であり、工事を伴わない土地の転用については、都道府県知事の許可を受ける必要はない。

（2）そもそも「宅地」と「宅地造成」とは？

そもそも盛土規制法にいう宅地とは、農地、採草放牧地及び森林（農地等）並びに道路、公園、河川その他政令で定める公共の用に供する施設の用に供されている土地（公共施設用地）以外の土地をいう（盛土規制法2条1号）。

過 令2 (10月)-19

また、宅地造成とは、宅地以外の土地を宅地にするために行う盛土その他の土地の形質の変更で政令で定めるものをいう（同条2号）。具体的には次の①〜⑤のいずれかに当たるものだ（同法施行令3条各号）。

①高さが1mを超える崖を生ずることとなる盛土

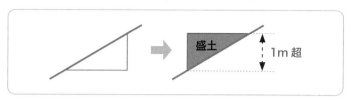

過 令3 (10月)-19、平30-20、平27-19

プラスα

盛土は新たに土を盛るため1m、切土は既存の地盤を切り取るので2mとされている。

②高さが2mを超える崖を生ずることとなる切土

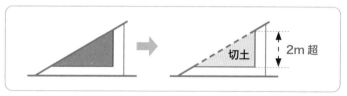

③盛土と切土を同時にする場合で、盛土をした部分に生じた崖の高さが1m以下であっても、盛土と切土部分を合わせた崖の高さが2mを超えるもの

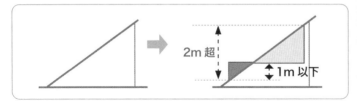

④高さが2mを超える①③に当たらない盛土

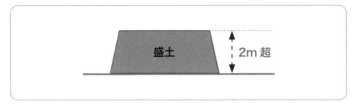

⑤盛土又は切土をする土地の面積が500m²を超える①〜④に該当しない盛土又は切土

過　令3 (10月)-19

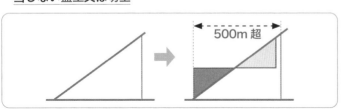

①高さが1mを超える崖を生ずることとなる盛土
②高さが2mを超える崖を生ずることとなる切土
③盛土 ＋ 切土 ＋ 高さが2mを超える崖 ＋ 盛土部分に高さが1m以下の崖
④高さが2mを超える一定の盛土
⑤盛土又は切土をする土地の面積が500m²を超える一定の盛土又は切土

ポイント III 宅地造成等に関する工事の許可

> 原則：工事主は、工事の着手前に、都道府県知事の許可を受けなければならない。
>
> 例外：宅地造成等に伴う災害の発生のおそれがないと認められるものとして政令で定める工事
>
> ＜注意点＞
>
> ①都市計画法の開発許可の内容に適合した宅地造成に関する工事であっても、許可は必要。
>
> ②「工事を伴わない」土地の転用は、許可が不要。

（3）宅地造成等に関する工事の許可の手続

①許可・不許可の処分

 令3 (10月)-19

　都道府県知事は、宅地造成等に関する工事の許可の申請があつたときは、遅滞なく、**許可又は不許可の処分をしなければならず**（盛土規制法 14 条 1 項）、**許可の処分をしたときは許可証を交付し、不許可の処分をしたときは文書をもってその旨を通知しなければならない**（同条 2 項）。

 平 30-20

　また、**都道府県知事は、宅地造成等に関する工事の許可に、工事の施行に伴う災害を防止するため必要な条件を付することができる**（同法 12 条 3 項）。

②宅地造成等に関する工事の技術的基準等

　宅地造成等工事規制区域内において行われる宅地造成等に関する工事は、宅地造成等に伴う災害の発生のおそれがないと認められるものとして政令で定める工事を除き、**政令で定める技術的基準に従い**、擁壁、排水施設その他の政令で定める施設の設置その他宅地造成等に伴う**災害を防止するため必要な措置**が講ぜられたものでなければならない（盛土規制法 13 条 1 項）。

　そして**次ページの場合、この設計は、政令で定める資格を有する者の設計**によらなければならない（同条 2 項、同法施行令 21 条）。

プラスα

有資格者による設計が必要な措置は、同じような内容の選択肢が繰り返し出題されている**頻出ポイント**である。

324

◆ 有資格者の設計によらなければならない場合

①高さが5mを超える擁壁を設置する場合

②盛土又は切土をする土地の面積が1,500m²を超える土
地における排水施設を設置する場合

 令3(12月)-19、
令2(12月)-19、
平28-20

また、都道府県知事は、その地方の気候、風土又は地勢の特
殊性により、宅地造成、特定盛土等又は土石の堆積に伴う崖崩
れ又は土砂の流出の防止の目的を達し難いと認める一定の場合
には、都道府県の規則で、宅地造成及び特定盛土等規制法に規
定する技術的基準を強化し、又は必要な技術的基準を付加する
ことができる（盛土規制法施行令20条2項）。

 令5-19、
令3(10月)-19、
平29-20

③工事の「変更」の許可等

　宅地造成等工事規制区域内において行われる宅地造成等に関
する工事の許可を受けた者は、当該許可に係る宅地造成等に関
する工事の計画の変更をしようとするときは、原則として、都
道府県知事の許可を受けなければならない。

　ただし、工事主、設計者又は工事施行者の氏名若しくは名称
又は住所の変更などの軽微な変更をしようとするときは、遅滞
なく、その旨を都道府県知事に届け出なければならない（盛土
規制法16条1項、2項、同法施行規則38条1項1号）。

 令2(10月)-19、
令元-19、平27-19

工事計画の「変更」でも、改めて許可を受ける必要
があるが、「軽微な変更」では、届出で足りるという
ことだ。

（4）盛土等の安全性の確保（報告と検査）

　盛土規制法では、盛土などを行うエリアの地形・地質などに
応じて、許可基準に沿った安全対策が行われているかを確認す
るために、①工事の施工状況の定期報告、②施工中の中間検査、
③工事完了時の完了検査等に関する規定が設けられている。

プラスα

定期報告、中間検査
に関する規定は、盛
土規制法で新設され
た規定である。出題
可能性は未知数だが、
念のため、確認して
おきたい。
なお、「**特定工程**」と
は、**工事完了後に確
認が困難**となる宅地
造成又は特定盛土等
に関する工事におけ
る政令で定める工程
をいう。排水施設を
地中に埋設する工程
などだ。

①定期報告

　政令で定める規模の宅地造成等工事の許可を受けた者は、主務省令で定めるところにより、主務省令で定める期間ごとに、当該許可に係る宅地造成等に関する**工事の実施の状況その他主務省令で定める事項を都道府県知事に報告しなければならない**（盛土規制法19条1項）。

　また、この報告について**都道府県は**、宅地造成等に伴う災害を防止するために必要があると認める場合、政令で定める宅地造成等の規模未満で条例で定める規模とし、主務省令で定める期間より短い期間で条例で定める期間とし、又は主務省令で定める事項に条例で必要な事項を付加することができる（同条2項）。

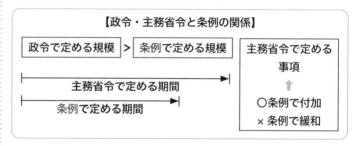

②施工中の「中間検査」

　宅地造成等工事の許可を受けた者は、政令で定める規模の当該許可に係る宅地造成又は特定盛土等に関する**工事が特定工程を含む場合、当該特定工程に係る工事を終えたときは、その都度**、主務省令で定める期間内に、主務省令で定めるところにより、**都道府県知事の検査を申請しなければならない**（盛土規制法18条1項）。

　そして、**都道府県知事は**、中間検査の結果、当該特定工程に係る工事が宅地造成等に関する工事の**技術的基準等に適合している**と認めた場合、当該特定工程に係る**中間検査合格証を宅地造成等工事の許可を受けた者に交付しなければならず**（同条2項）、特定工程ごとに政令で定める**当該特定工程後の工程に係る工事は、当該特定工程に係る中間検査合格証の交付を受けた後**

プラスα

　なお、都道府県知
事は、**中間検査にお
いて工事の技術的基
準等に適合すること
を認められた特定工
程に係る工事の部分
については、工事の
完了検査をする必要
はない**（同条5項）。

でなければ、することができない（同条3項）。

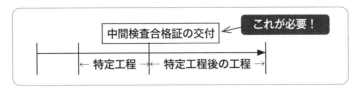

③工事完了後の「完了検査」

　**宅地造成又は特定盛土等に関する工事についての許可を受け
た者は、当該許可に係る工事を完了したときは、一定の期間内
に、その工事が宅地造成等に関する工事の技術的基準に適合し
ているか**どうかについて、**都道府県知事の検査を申請しなけれ
ばならず**（盛土規制法17条1項）、**申請を受けた都道府県知事
は**、検査の結果、**工事の技術的基準に適合していると認めた場合、
検査済証を**宅地造成又は特定盛土等に関する工事についての**許
可を受けた者に交付しなければならない**（同条2項）。

　また、土石の堆積に関する工事についても、宅地造成又は特
定盛土等に関する工事についての許可を受けた者は、当該許可
に係る堆積したすべての土石を除却する工事を完了したときは、
一定の期間内に、堆積されていたすべての土石の除却が行われ
たかどうかについて、都道府県知事の確認を申請しなければな
らない（同条4項）。この確認の結果、堆積されていたすべての
土石が除却されたと認めた場合、都道府県知事は、確認済証を
交付しなければならない（同条5項）。

令2 (12月)-19

プラスα

土石の除却について
の確認に関する規定
は、盛土規制法で新
設された規定である。
この規定は、検査を
免れる方法として悪
用されることが多
かった一時的な堆積
などの逃げ道を封じ
ることを目的として
いる。

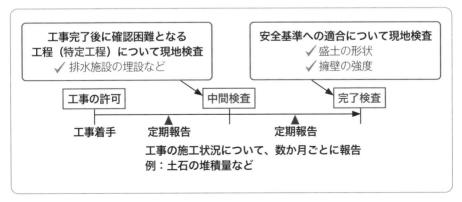

327

❶ 土地の占有者は、都道府県知事又はその命じた者若しくは委任した者が、宅地造成
等工事規制区域の指定のために当該土地に立ち入って測量又は調査を行う場合、正
当な理由がない限り、立入りを拒み、又は妨げてはならない。(令 2-10 月 -19 改題)

答 〇　土地の**占有者**は、正当な理由がない限り、基礎調査のための測量又は調査
立を**拒み、又は妨げてはならない**（盛土規制法 5 条 5 項）。

❷ 宅地造成等工事規制区域は、宅地造成に伴い災害が生ずるおそれが大きい市街地又
は市街地になろうとする土地の区域であって、宅地造成に関する工事につき規制を
行う必要があるものについて、国土交通大臣が指定することができる。(令 2-12 月
-19 改題)

答 ✕　宅地造成等工事規制区域を指定するのは、**都道府県知事**である（盛土規
制法 10 条 1 項）。

❸ 都道府県（地方自治法に基づく指定都市、中核市の区域にあっては、それぞれ指定
都市、中核市）は、宅地造成等工事規制区域の指定のために行う測量又は調査のた
め他人の占有する土地に立ち入ったことにより他人に損失を与えた場合において
は、その損失を受けた者に対して、通常生ずべき損失を補償しなければならない。(令
2-12 月 -19 改題)

答 〇　本問の記述のとおりである（盛土規制法 8 条 1 項）。

❹ 宅地を宅地以外の土地にするために行う土地の形質の変更は、宅地造成に該当しな
い。(平 30-20 改題)

答 〇　宅地造成は**「宅地以外」を「宅地」**にするために行うものである（盛土
規制法 2 条 2 号）。

❺ 宅地造成等工事規制区域内において、宅地以外の土地を宅地に転用する者は、宅地
造成に関する工事を行わない場合でも、都道府県知事の許可を受けなければならな
い (令 2-10 月 -19 改題)

答 ✕　工事主が、都道府県知事の許可を受けなければならないのは、宅地造成等
工事規制区域内において行われる**宅地造成等に関する工事**である（盛土規制法 12
条 1 項）。**工事を伴わない土地の転用**については、**許可を受ける必要はない**。

328

❻宅地造成等工事規制区域内において、森林を宅地にするために行う切土であって、高さ3mの崖を生ずることとなるものに関する工事については、工事主は、都市計画法第29条第1項又は第2項の許可を受けて行われる当該許可の内容に適合した工事を除き、工事に着手する前に、都道府県知事の許可を受けなければならない。(令4-19改題)

答　✕　都計法29条1項又は2項の許可(開発許可)を受けて行われる工事は、本問の許可の例外と**されていない**(盛土規制法12条1項)。

❼都道府県知事は、法第12条第1項本文の工事の許可の申請があった場合においては、遅滞なく、文書をもって許可又は不許可の処分を申請者に通知しなければならない。(令3-10月-19改題)

答　✕　都道府県知事は、宅地造成等に関する工事の許可の申請があったときは、遅滞なく、許可又は不許可の処分をしなければならず(盛土規制法14条1項)、**許可の処分をしたときは許可証を交付する**。文書をもって申請者に通知しなければならないのは、**不許可の処分をするときだけ**である(同条2項)。

❽宅地造成等工事規制区域内において行われる宅地造成に関する工事について許可をする都道府県知事は、当該許可に、工事の施行に伴う災害を防止するために必要な条件を付することができる。(平30-20改題)

答　○　本問の記述のとおりである(盛土規制法12条3項)。

❾宅地造成等に関する工事の許可を受けた者が、工事施行者を変更する場合には、遅滞なくその旨を都道府県知事に届け出ればよく、改めて許可を受ける必要はない。(平27-19改題)

答　○　本問の記述のとおりである(盛土規制法16条1項、2項、同法施行規則38条1項1号)。

❿盛土規制法第12条第1項本文の許可を受けた宅地造成に関する工事が完了した場合、宅地造成又は特定盛土等に関する工事について許可を受けた者は、都道府県知事(地方自治法に基づく指定都市、中核市にあってはその長)の検査を受けなければならない。(令2-12月-19改題)

答　○　本問の記述のとおりである(盛土規制法17条1項)。

テーマ **2**

様々な処分を整理整頓しよう！ 盛土規制法その2

 重要度 **A**

ここでは都道府県知事により違反者への処分であったり、災害防止のための勧告・命令等を確認する。都道府県知事は様々な行為を行えるが、「何ができるのか」を意識しながら、知識を整理整頓しておこう。

❶「違反者」に対する監督処分

過 令3(12月)-19

（1）許可の取消し

　都道府県知事は、偽りその他不正な手段により宅地造成等に関する工事の許可若しくは宅地造成等に関する工事の計画の変更の許可を受けた者又はその許可に付した条件に違反した者に対して、その許可を取り消すことができる（盛土規制法20条1項）。

プラスα

1つめは「違反者」に「許可の取消し」ができるという話だ。

（2）工事施行の停止と災害防止措置の命令

　都道府県知事は、宅地造成等工事規制区域内において行われている宅地造成等に関する次の場合について、工事主等に対して、当該工事の施行の停止を命じ、又は相当の猶予期限を付けて、擁壁等の設置その他宅地造成等に伴う災害の防止のため必要な措置（災害防止措置）をとることを命ずることができる（盛土規制法20条2項）。

プラスα

2つめは「違反者」である「工事主等」に「工事の停止、災害防止措置」を命じることができるという話だ。

◆「工事主等」に災害防止措置等を命ずることができる場合

> ①宅地造成等に関する工事の許可、変更の許可等を受けないで施行する工事
> ②許可に付した条件に違反する工事
> ③工事の技術的基準等に適合しない工事
> ④中間検査を申請しないで施行する工事

（3）土地の使用禁止等

　都道府県知事は、宅地造成等工事規制区域内の次の土地について、土地所有者等に対して、その土地の使用を禁止・制限し、又は相当の猶予期限を付けて、災害防止措置をとることを命ずることができる（盛土規制法 20 条 3 項）。

◆「土地使用者等」に災害防止措置等を命ずることができる場合

①宅地造成等に関する工事の許可、変更の許可等を受けないで施行する工事が施行された土地
②完了検査を申請せず、又は完了検査の結果、工事の技術的基準等に適合していないと認められた土地
③土石の堆積に関する工事についての都道府県知事の確認を申請せず、又は土石の堆積に関する工事についての確認の結果、堆積されていたすべての土石が除却されていないと認められた土地
④中間検査を申請しないで宅地造成・特定盛土等に関する工事が施行された土地

❷ 土地の保全義務と災害防止の勧告

（1）土地の保全義務

　宅地造成等工事規制区域内の土地の所有者、管理者又は占有者は、宅地造成等に伴う災害が生じないよう、その土地を常時安全な状態に維持するように努めなければならない。

　ここにいう宅地造成等には、宅地造成等工事規制区域の指定前に行われたものを含む（盛土規制法 22 条 1 項）。

　したがって、現在の所有者が工事主とは異なる者であっても、「所有者」である以上、土地を保全する努力義務を負うことになる。

プラスα

3つめは「問題のある土地」について、「土地所有者等」に「土地の使用禁止等、災害防止措置」を命じることができるという話だ。
なお、「土地所有者等」とは、土地の所有者、管理者若しくは占有者又は当該工事の工事主のことである（盛土規制法 20 条 3 項かっこ書）。

 令 4-19、平 30-20

（2）災害防止措置に関する勧告

　都道府県知事は、宅地造成等工事規制区域内の土地について、宅地造成等に伴う災害の防止のため必要があると認める場合には、その土地の所有者、管理者又は占有者、工事主又は工事施行者に対し、擁壁等の設置又は改造その他宅地造成等に伴う災害の防止のため必要な措置をとることを勧告することができる（盛土規制法22条2項）。

❸ 改善命令（擁壁等の設置の命令）

　都道府県知事は、宅地造成等工事規制区域内の土地で、宅地造成若しくは特定盛土等に伴う災害の防止のため**必要な擁壁等が設置されておらず**、若しくは極めて不十分であるために、これを放置するときは、**宅地造成等に伴う災害の発生のおそれが大きい**と認められるものがある場合には、一定の限度において、当該宅地造成等工事規制区域内の**土地又は擁壁等の所有者、管理者又は占有者に対して**、相当の猶予期限を付けて、**擁壁等の設置などの工事を行うことを命ずることができる**（盛土規制法23条1項）。

　また、**都道府県知事は、一定の場合には、原因行為者に対して、是正措置の全部又は一部を行うことを命ずることもできる**（同条2項）。

❹ 工事の状況についての報告の徴収

　都道府県知事は、宅地造成等工事規制区域内の土地の所有者、管理者又は占有者に対して、当該土地又は当該土地において行われている工事の状況について報告を求めることができる（盛土規制法25条）。

過 令5-19、
平27-19

プラスα
4つめは右の者に「災害防止措置」の「勧告」ができるという話だ。

過 平29-20

プラスα
5つめは右の者に「改善命令（擁壁等の設置）」ができるという話だ。

プラスα
「原因行為者」とは、宅地造成等に関する不完全な工事などを行った土地所有者等以外の者である。

過 令3（12月）-19、
平29-20

プラスα
6つめは右の者に「報告を求める」ことができるという話だ。

ポイント **I** 許可の取消し、改善命令、報告の徴収など

① 「許可の取消し」ができる場合

・偽りその他不正な手段により宅地造成等に関する工事の許可・計画の変更の許可を受けた者

・許可に付した条件に違反した者

② 土地の保全義務を負う者

宅地造成等工事規制区域内の土地の { 所有者　管理者　占有者

➡ 宅地造成等工事規制区域の指定前に行われた宅地造営等を含む。

③ 災害防止措置に関する勧告

擁壁等の設置又は改造その他宅地造成等に伴う災害の防止のため必要な措置をとることを勧告することができる。

宅地造成等工事規制区域内の土地の { 所有者　管理者　占有者　工事主　工事施行者

④ 「改善命令（擁壁等の設置）」の対象者

宅地造成等工事規制区域内の土地又は擁壁等の { 所有者　管理者　占有者

⑤ 工事の状況「報告の徴収」の対象者

宅地造成等工事規制区域内の土地の { 所有者　管理者　占有者

プラス α
これらは土地の保全義務を除き、主体者はすべて都道府県知事である。

3章 盛土規制法

プラス α
「勧告」だけ、対象者に工事主と工事施工者が含まれていると覚えよう。

❺ 宅地造成等に関する工事の「届出制」

　前ページまでは「都道府県知事が行う」話だったが、ここは都道府県知事への**届出が必要となる工事がある**、という話である。

（1）指定の際に行われている宅地造成等に関する工事の届出

令3 (12 月)-19、令元 -19、平27-19

　宅地造成等工事規制区域の**指定の際、当該区域内で既に行われている宅地造成等に関する工事の工事主は、その指定があった日から 21 日以内に、当該工事について都道府県知事に届け出なければならない**（盛土規制法 21 条 1 項）。

（2）擁壁等に関する工事の届出

令 5-19、令 4-19

　宅地造成等工事規制区域内の土地（公共施設用地を除く）において、**擁壁等に関する工事その他の工事で、政令で定めるものを行おうとする者は、**宅地造成等に関する工事の許可若しくは変更の許可・届出をした者を除き、**その工事に着手日の 14 日前までに、都道府県知事に届け出なければならない**（盛土規制法 21 条 3 項）。

◆ 政令で定める工事（盛土規制法施行令 26 条 1 項）

平 29-20、平 28-20

> ①**擁壁若しくは崖面崩壊防止施設で高さが 2 mを超えるもの**
> ②**地表水等を排除するための排水施設又は地滑り抑止ぐい等の全部又は一部の除却の工事**

（3）公共施設用地の転用の届出

平 28-20

　宅地造成等工事規制区域内において、公共施設用地を宅地又は農地等に転用した者は、宅地造成等に関する工事の許可若しくは変更の許可・届出をした者を除き、**転用した日から 14 日以内に、都道府県知事に届け出なければならない**（盛土規制法 21 条 4 項）。

ポイント Ⅱ 宅地造成等に関する工事の届出制

届出義務者	届出期間	届出先
宅地造成等工事規制区域の指定の際、当該区域内で行われている宅地造成等に関する工事の工事主	指定があった日から21日以内	都道府県知事
宅地造成等工事規制区域内の土地において、擁壁等に関する工事その他の工事で政令で定めるものを行おうとする者 ↑ ①擁壁若しくは崖面崩壊防止施設で高さが2mを超えるもの ②地表水等を排除するための排水施設又は地滑り抑止ぐい等の全部又は一部の除却の工事	工事に着手する日の14日前まで	
宅地造成等工事規制区域内において、公共施設用地を宅地又は農地等に転用した者	転用した日から14日以内	

❻ 造成宅地防災区域

　ここでまた「都道府県知事が行う」話に戻る。

　都道府県知事は、宅地造成等工事規制区域外の宅地において行われる**宅地造成又は特定盛土等に伴う災害で相当数の居住者等に危害を生ずるものの発生のおそれが大きい一団の造成宅地の区域**であって**政令で定める基準に該当するものを、造成宅地防災区域として指定することができる**（盛土規制法45条1項）。

　造成宅地防災区域は、**過去に工事が行われた区域に指定する**ものであり、**現在工事が進行**している区域に指定する**宅地造成**

過 令5-19、令3（10月）-19、令元-19

等工事規制区域内の土地を指定することはできない。

　また、造成宅地防災区域を指定する基準は、以下のものである（盛土規制法施行令35条1項1号イ、2号）。

◆ 造成宅地防災区域の指定基準

> ①盛土をした土地の面積が3,000㎡以上であり、かつ、盛土をしたことにより、当該盛土をした土地の地下水位が盛土をする前の地盤面の高さを超え、盛土の内部に浸入している。
> ②盛土をする前の地盤面が水平面に対し20°以上の角度をなし、かつ、盛土の高さが5m以上である。
> ③盛土又は切土をした後の地盤の滑動、宅地造成又は宅地において行う特定盛土等に関する工事により設置された擁壁の沈下、盛土又は切土をした土地の部分に生じた崖の崩落その他これらに類する事象が生じている一団の造成宅地の区域である。

令4-19

プラスα
右の①～③のいずれかに該当すれば指定できるので、例えば、盛土の高さが5m未満であっても、盛土の土地面積が3,000㎡以上であれば指定できる。

ポイント III 造成宅地防災区域の指定

> ・造成宅地防災区域の指定場所
> 　都道府県知事が、宅地造成等工事規制区域外の宅地に指定。
>
> ↓
>
> 宅地造成等工事規制区域「内」の土地を指定できない。
>
> ・押さえたい造成宅地防災区域の指定基準
> 　①盛土をした土地の面積が3,000㎡以上
> 　②盛土の高さが5m以上

❶ 都道府県知事は、偽りその他不正な手段によって宅地造成等工事規制区域内において行われる宅地造成に関する工事の許可を受けた者に対して、その許可を取り消すことができる。（令3-12月-19 改題）

　答　○　本問の記述のとおりである（盛土規制法20条1項）。

❷ 都道府県知事は、宅地造成等工事規制区域内の宅地で、宅地造成に伴う災害の防止のため必要な擁壁が設置されていないために、これを放置するときは、宅地造成に伴う災害の発生のおそれが大きいと認められる場合、一定の限度のもとに、当該宅地の所有者、管理者又は占有者に対して、擁壁の設置を命ずることができる。（平成29-20 改題）

　答　○　本問の記述のとおりである（盛土規制法23条1項）。

❸ 都道府県知事は、宅地造成等工事規制区域内における宅地の所有者、管理者又は占有者に対して、当該宅地又は当該宅地において行われている工事の状況について報告を求めることができる。（令3-12月-19 改題）

　答　○　本問の記述のとおりである（盛土規制法25条）。

❹ 宅地造成等工事規制区域内において、公共施設用地又は農地等を宅地又は農地等に転用した者は、一定の場合を除き、その転用した日から14日以内にその旨を都道府県知事に届け出なければならない。（平28-20 改題）

　答　○　宅地造成等工事規制区域内において、**公共施設用地**を**宅地**又は**農地等**に転用した者は、一定の場合を除き、その**転用した日**から**14日以内**に、その旨を都道府県知事に**届け出なければならない**（盛土規制法21条4項）。

❺ 都道府県知事は、関係市町村長の意見を聴いて、宅地造成等工事規制区域内で、宅地造成に伴う災害で相当数の居住者その他の者に危害を生ずるものの発生のおそれが大きい一団の造成宅地の区域であって一定の基準に該当するものを、造成宅地防災区域として指定することができる。（令3-10月-19 改題）

　答　×　宅地造成等工事規制区域「**内**」の土地を造成宅地防災区域として指定することはできない（盛土規制法45条1項）。

テーマ 1 土地区画整理事業と組合を押さえよ！ 区画法その1

重要度 A

区画法の直近10回の出題肢のデータは、①土地区画整理組合（25％）、②換地処分（25％）、③仮換地の指定（15％）、④換地計画（12.5％）、⑤土地区画整理事業（建築行為等の制限、建築物等の移転及び除却、12.5％）だ。まずは①の組合だ！

住みやすい街づくりを行う**都市計画区域内**で区画整理を行うものだ！

❶ いびつな宅地を整える！（土地区画整理事業）

道路が狭く、建物が無秩序に建ち並んだ街並みでは、災害時の安全や生活環境面の問題がある。このような状態を改善し、安心して暮らせる快適な街をつくるため、道路や公園、上下水道などの都市基盤施設を整備するとともに、不整形（＝いびつな形）の宅地の形状を整えて道路に面する配置するなど、宅地の使い勝手をよくする事業が**土地区画整理事業**だ。

区画法では、**土地区画整理事業**とは、都市計画区域内の土地について、**公共施設の整備改善**及び**宅地の利用の増進**を図るために行われる**土地の区画形質の変更及び公共施設の新設又は変更に関する事業**であると定義されている（同法2条1項）。

都市計画区域外で土地区画整理事業を施行することはできないという点がポイントだ。

また、土地区画整理法にいう**公共施設とは、道路、公園、広場、河川その他政令で定める公共の用に供する施設をいう**（同条5項）。この2点は押さえておこう。

 平30-21

 令3(12月)-20

ポイント Ⅰ 土地区画整理事業

①土地区画整理事業…都市計画区域外での施行はできない。
②公共施設とは、道路、公園、広場、河川その他政令で定める公共の用に供する施設である。

❷ 土地区画整理事業の手法

　土地区画整理事業は、減歩と換地という手法で行われる。

　減歩とは、宅地の一部を所有者から一定の割合で、**少しずつ提供してもらう**ことをいい、提供された土地を集めて道路や公園などの公共施設の用地にする。

　一方、**換地とは、**土地区画整理事業により整理され、**従前の宅地（＝土地区画整理事業の施行前の宅地）の換わりに交付される宅地**のことをいう。従前の宅地と別の宅地を換地により入れ換えることによって、減歩により提供された土地を集めて、道路や公園の予定地とすることができるのだ。

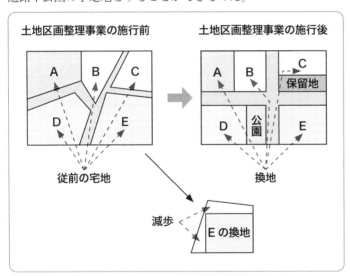

土地区画整理事業の施行前　　　土地区画整理事業の施行後

従前の宅地　　　換地

減歩　　Eの換地

❸ 土地区画整理事業の流れ

　土地区画整理事業の手続について、踏み込んだ出題がされる可能性は低いが、これから学習する内容が手続のどの段階に位置づけられているのかを理解すれば、体系的な理解と記憶につながる。

　そこで、最初に一般的な土地区画整理事業の流れを概観しておこう。

プラスα

減歩には、公共施設を整備するための公共減歩と、売却して事業費を生み出すための保留地減歩がある。

プラスα

「保留地」とは、土地区画整理事業において、売却して事業費にあてる土地のこと。

◆ 一般的な土地区画整理事業の流れ

プラス*α*

①都市計画決定：土地区画整理事業の施行区域を都市計画で決定し、土地区画整理事業を行う施行者を決めるところから、土地区画整理事業はスタートする。

④仮換地の指定：工事期間中、従前の宅地の所有者がそのまま宅地を使用すると工事の障害になる。そこで、工事期間中に仮に使用できる土地として仮換地が指定され、従前の宅地の使用収益権が仮換地に移行する。

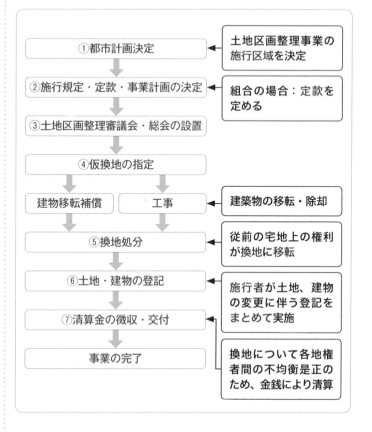

なお、⑦の清算金の徴収・交付とは、換地についての各権利者間の不均衡を是正するため、金銭での清算を行うことを意味する。

④ 土地区画整理事業の施行者（誰が行う？）

次は土地区画整理事業を**誰が行うか**の話だ。土地区画整理事業の施行者には、次ページの種類がある（区画法3条1項〜5項、4条1項、14条1項、51条の2第1項、52条1項、66条1項、71条の2第1項）。

◆　土地区画整理事業の施行者

民間施行	個人	土地所有者若しくは借地権者が、1人又は数人で施行
	土地区画整理組合	土地所有者又は借地権者が、7名以上で土地区画整理組合を設立して施行
	区画整理会社	土地の所有者又は借地権者を株主とする区画整理会社が施行
公的施行	国土交通大臣	国土交通大臣が施行
	地方公共団体	都道府県、市町村が施行
	機構等	独立行政法人都市再生機構（UR）、地方住宅供給公社などが土地所有者、借地権者の同意を得て施行

なお、上の「公的施行」の場合、具体的には、**国土交通大臣、都道府県、市町村、機構等が施行する土地区画整理事業では、事業ごとに、土地区画整理審議会が設置され**、換地計画、仮換地の指定及び減価補償金の交付に関する事項について区画法に定める権限を行う（同法56条1項、3項、70条1項、3項、71条の4第1項、3項）。

上記6種の施行者のうち、試験では**土地区画整理組合**についての出題が大半を占めるので、土地区画整理組合に的を絞って解説していく。

❺　土地区画整理組合

（1）土地区画整理組合の設立

　土地区画整理組合を設立しようとする者は、7人以上共同して、定款及び事業計画を定め、その組合の設立について都道府県知事の認可を受けるのが原則である（区画法14条1項前段）。
　ただし、**事業計画の決定に先立って組合を設立する必要がある**と認める場合には、**定款及び事業基本方針を定め、その組合**

プラスα

「公的施行」とは、都道府県、市町村、国土交通大臣、都市再生機構（UR）などの公的機関が土地区画整理事業を施行する場合である。

令3（12月）-20

プラスα

土地区画整理組合は、区域内の土地所有権者などが集まって「皆で土地を綺麗にしようか！」という場合に組織されるものだ。

過　平29-21

の設立について都道府県知事の認可を受けることができる（同条２項）。

過 令2 (10月)-20

　なお、土地区画整理組合の設立の認可を申請しようとする者は、定款及び事業計画又は事業基本方針について、施行地区となるべき区域内の宅地について所有権を有するすべての者及び借地権を有するすべての者のそれぞれの３分の２以上の同意を得なければならない（同法18条１項前段）。

　施行地区となるべき区域内の宅地について、未登記の借地権を有する借地権者には、借地権の申告をする義務があり（同法19条３項）、この申請者は同意の対象となる。

(2) 組合員・参加組合員
①組合員

過 令3 (12月)-20、平29-21

プラスα
資力や信用を有することなどは、参加組合員となるための要件とされていない。

　組合が施行する土地区画整理事業に係る施行地区内の宅地について所有権又は借地権を有する者は、すべてその組合の組合員とされる（区画法25条１項）。したがって、施行地区内の宅地について借地権のみを有する者も、その土地区画整理組合の組合員となる。

　これに対して、施行地区内の「建物」の賃借人は、組合員とはならない。

【土地区画整理組合施行】

```
定款・事業計画の決定
        ↓
施行地区の公告・縦覧
    （２週間）
        ↓
組合設立の認可申請・
  事業計画提出
        ↓
事業計画の縦覧（２週間）
        ↓
組合設立の認可・公告       ↑
        ↓               建
仮換地の指定             築
        ↓               行
換地計画の認可申請        為
        ↓               等
換地計画の認可           の
        ↓               制
換地処分・公告           限
                        ↓
```

②参加組合員

　組合員のほか、**独立行政法人都市再生機構、地方住宅供給公社その他政令で定める者**であって、**組合が都市計画事業として施行する土地区画整理事業に参加することを希望し、定款で定められた者は、参加組合員として、組合の組合員となる**（区画法 25 条の 2）。

令 2（10 月）-20

（3）組合員の権利義務の移転

　施行地区内の宅地について組合員の有する所有権又は借地権の全部又は一部を承継した者がある場合には、**その組合員が**その所有権又は借地権の全部又は一部について**組合に対して有する権利義務は、その承継した者に移転する**（区画法 26 条 1 項）。

平 29-21

（4）総会の会議及び議事

　総会の会議は、定款に特別の定めがある場合を除くほか、**組合員の半数以上が出席しなければ開くことができず、その議事は**、定款に特別の定めがある場合を除くほか、**出席組合員の過半数で決し、可否同数の場合においては、議長の決するところによる**（区画法 34 条 1 項）。

令 2（10 月）-20

（5）役員

　組合には、役員として、総会で組合員のうちから選挙により選出される**理事及び監事が置かれる**（区画法 27 条 1 項、3 項）。理事は、組合の業務を執行するとともに組合を代表する（同法 28 条 1 項）。また、監事は組合の業務の執行及び財産の状況を監査する（同条 3 項）。

　組合員は、組合員の 3 分の 1 以上の連署をもって、その代表者から理由を記載した書面を組合に提出して、理事又は監事の解任を請求することができる（同条 27 項）。

令 3（10 月）-20

（6）経費の賦課徴収

　組合は、その事業に要する経費に充てるため、**賦課金として**

参加組合員以外の組合員に対して金銭を賦課徴収することができ（区画法40条1項）、この賦課金の額は、一律ではなく、組合員が施行地区内に有する宅地又は借地の位置、地積等を考慮して公平に定めなければならない（同条2項）。

（7）組合の解散

　組合は、①総会の議決、②定款で定めた解散事由の発生、③事業の完成又はその完成の不能により解散しようとする場合には、その解散について、都道府県知事の認可を受けなければならない（区画法45条2項前段）。

　これに対して、④設立についての認可の取消、⑤合併、⑥事業の引継による解散の場合は、都道府県知事の認可は不要である。

ポイント　II　土地区画整理組合の重要ポイント

①土地区画整理組合の設立
- ・7人以上共同して、定款及び事業計画を定め、その組合の設立について都道府県知事の認可を受ける。
- ・事業計画の決定に先立って組合を設立する場合は、定款及び事業基本方針を定め、その組合の設立について都道府県知事の認可を受けることができる。
- ・定款及び事業計画又は事業基本方針については、施行地区内の宅地について所有権・借地権を有するすべての者の3分の2以上の同意を得なければならない。

②組合員・参加組合員
- ・施行地区内の宅地について所有権又は借地権を有する者は、すべて組合員となる。
- ・都市再生機構などで土地区画整理事業に参加することを希望し、定款で定められたものは、参加組合員となる。

③組合員の権利義務の移転

その組合員がその所有権又は借地権について組合に対して有する権利義務は、所有権又は借地権を承継した者に移転する。

④総会の会議及び議事

・会議を開くには、組合員の半数以上の出席が必要。

・議事は、出席組合員の過半数で決する。

⑤役員

組合員は、組合員の3分の1以上の連署をもって、理事又は監事の解任を請求することができる。

⑥経費の賦課徴収

賦課金の額は、組合員が施行地区内に有する宅地又は借地の位置、地積等を考慮して公平に定めなければならない。

⑦組合の解散

・総会の議決

・定款で定めた解散事由の発生　⎱により解散

・事業の完成又はその完成の不能事由

　　　　　　↓

都道府県知事の認可を受けなければならない。

❶ 土地区画整理事業とは、公共施設の整備改善及び宅地の利用の増進を図るため、土地区画整理法で定めるところに従って行われる、都市計画区域内及び都市計画区域外の土地の区画形質の変更に関する事業をいう。（平 30-21）

答　✕　都市計画区域**外**で土地区画整理事業を施行することはできない（区画法 2 条 1 項）。

❷ 土地区画整理法において、「公共施設」とは、道路、公園、広場、河川その他政令で定める公共の用に供する施設をいう。（令 3-12 月 -20 改題）

答　〇　本問の記述のとおりである（区画法 2 条 5 項）。

❸ 組合を設立しようとする者は、事業計画の決定に先立って組合を設立する必要があると認める場合においては、7 人以上共同して、定款及び事業基本方針を定め、その組合の設立について都道府県知事の認可を受けることができる。（平 29-21）

答　〇　本問の記述のとおりである（区画法 14 条 2 項）。

❹ 土地区画整理組合が施行する土地区画整理事業に係る施行地区内の宅地について借地権のみを有する者は、その土地区画整理組合の組合員とはならない。（令 3-12 月 -20）

答　✕　**土地区画整理組合**が施行する土地区画整理事業に係る施行地区内の宅地について所有権又は借地権を有する者は、**すべてその組合の組合員**とされる（区画法 25 条 1 項）。

❺ 組合の設立認可を申請しようとする者は、施行地区となるべき区域内の宅地について借地権を有するすべての者の 3 分の 2 以上の同意を得なければならないが、未登記の借地権を有する者の同意を得る必要はない。（令 2-10 月 -20）

答　✕　公告された施行地区となるべき区域内の宅地について、未登記の借地権を有する者は、借地権の種類及び内容を申告する義務を負い（区画法 9 条 3 項）、この申告をした未登記の借地権者は、登記をした借地権者と同じく同意の対象と**なる**。

❻ 組合の総会の会議は、定款に特別な定めがある場合を除くほか、組合員の半数以上が出席しなければ開くことができない。（令 2-10 月 -20）

答　〇　本問の記述のとおりである（区画法 34 条 1 項）。

テーマ 2

換地計画と換地処分も 出題場所は限られる！ 区画法その2

重要度 A

このテーマでは、過去の本試験における出題肢データとともに各知識を紹介しよう。換地計画・換地処分はこのデータも参考に、的を絞った学習を行っていくとよい。

4章

区画法

① 換地計画（出題率12.5%）

(1) 換地計画とは

　換地計画は、整理前の宅地に対して交付される換地や徴収・交付が行われる清算金、公共用地の消滅や帰属といった**地区内のすべての土地が区画整理によって最終的にどうなるかを定めた計画**である。

　この計画は、各筆換地明細や清算金明細、換地図といった調書等で構成され、原則として、**都道府県知事の認可によって計画が確定**し、その後の換地処分で実現する。

(2) 換地計画の決定及び認可

　施行者は、施行地区内の宅地について**換地処分を行うため、換地計画を定めなければならず、施行者が個人施行者、土地区画整理組合、区画整理会社、市町村又は機構等であるときは**、国土交通省令で定めるところにより、その**換地計画について都道府県知事の認可を受けなければならない**（区画法86条1項）。

　また、**個人施行者以外の施行者が、換地計画を定めようとする場合**には、政令で定めるところにより、その**換地計画を2週間公衆の縦覧に供しなければならない**（同法88条2項）。

(3) 換地照応の原則

　換地計画において換地を定める場合においては、**換地及び従**前の宅地の位置、地積、土質、水利、利用状況、環境等が照応

プラスα
換地は、区画整理の施行により、整理前の宅地の代わりに交付される整理後の宅地のことだ。

 令元-20

プラスα
施行者が都道府県知事・国土交通大臣「以外」の場合に、都道府県知事の認可を要するということだ。

 令元-20

 令2 (12月)-20

するように定めなければならない（区画法 89 条 1 項）。これを**換地照応の原則**という。

> 換地計画で換地を定めるときは、宅地の位置などの 6 つの要素が**従前の宅地との釣り合いがとれていなければならない**ということだ。

（4）宅地地積の適正化

令 2 (12 月)-20

プラスα
宅地地籍の適正化は、組合などの私的施行の場合はできないことがポイントだ。

公的施行（都道府県施行、市町村施行、国土交通大臣施行など）による土地区画整理事業の換地計画では、災害を防止し、及び衛生の向上を図るため**宅地の地積の規模を適正にする特別な必要がある**と認められる場合、**その換地計画に係る区域内の地積が小さい宅地について、過小宅地とならないように換地を定めることができる**（宅地地積の適正化、区画法 91 条 1 項）。

ポイント I 換地計画のポイント

①**換地計画の決定及び認可**
・都道府県・国土交通大臣「**以外**」の施行の換地計画について**都道府県知事の認可が必要**。
・**個人施行者以外**の施行者が、換地計画を定めようとする場合、**換地計画を 2 週間公衆の縦覧に供しなければならない**。

②**換地照応の原則**
換地計画において換地を定める場合、換地及び従前の宅地の位置、地積、土質、水利、利用状況、環境等が**照応するように定めなければならない**。

③**宅地地積の適正化**
公的施行による土地区画整理事業の換地計画では、一定の場合に、その換地計画に係る区域内の**地積が小さい宅地について、過小宅地とならないように換地を定めることができる**。
→ 私的施行の場合は、宅地地積の適正化はできない。

❷ 建築行為等の制限など（出題率 12.5%）

（1）建築行為等の制限

　土地区画整理事業の事業計画が決定、公告されると、工事の邪魔となる建築行為等を制限し、建てたばかりの建物がすぐに移転しなければならなくなるなどの損失を抑える必要がある。

　そこで、**土地区画整理組合の設立の認可などの公告があった後、換地処分の公告がある日までは、施行地区内で、次のような土地区画整理事業の施行の障害となるおそれがある行為をする者は、都道府県知事などの許可を受けなければならない**（区画法76条1項、同法施行令70条）。

> ①**土地の形質の変更**
> ②**建築物その他の工作物の新築、改築若しくは増築**
> ③**重量が5tを超える移動の容易でない物件の設置若しくは堆積**

　なお試験では、組合施行の場合の建築行為等の制限について、同じような問題が繰り返し出題されているから、確実に得点できるように知識を整理・記憶しておこう。

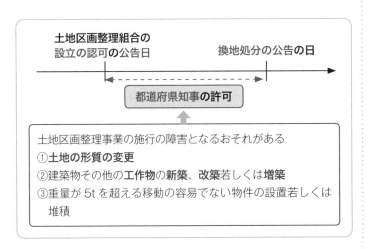

過 令4-20、
令3（10月）-20、
平30-21、平28-21

プラスα
「土地の形質の変更」とは、私道の造成や土地の切土、盛土などである。

過 平30-21

プラスα
仮換地については、
すぐ下で解説する。

（2）建築物等の移転及び除却

　土地区画整理事業の施行者は、仮換地などを指定した場合、一定の場合において、従前の宅地又は公共施設の用に供する土地に存する建築物その他の工作物又は竹木土石等（建築物等）を移転し、又は除却することが必要となったときは、これらの建築物等を移転し、又は除却することができる（区画法 77 条 1 項）。

ポイント **II** 建築行為の制限など

①建築行為等の制限
　　地区画整理組合の設立の認可などの公告後から、換地処分の公告がある日まで、施行地区内で、土地区画整理事業の施行の障害となるおそれがある行為

⬇

　　・土地の形質の変更
　　・建築物その他の工作物の新築、改築若しくは増築など

⬇

　　都道府県知事の許可が必要。
②建築物等の移転及び除却
　　土地区画整理事業の施行者は、仮換地などを指定した場合、従前の宅地又は公共施設の用に供する土地に存する建築物等を移転・除却することができる。

❸ 仮換地（出題率 15%）

（1）仮換地とは

　土地区画整理事業は、いびつな土地を整形したり、道路・公園等の公共施設を整備するなどの多くの工事を伴うため、完了するまでに期間を要する。

　この工事期間中に、従前の宅地の所有者が、その土地を事業開始前と同じ状態のまま使用していたのでは工事の邪魔になるので、**工事期間中、従前の宅地のかわりに、仮に使ってもらう土地**として提供されるのが仮換地である。

350

（2）仮換地の指定

　土地区画整理事業の施行者は、換地処分を行う前において、次の場合には、**施行地区内の宅地**について**仮換地を指定することができる**（区画法 98 条 1 項前段）。

◆ 仮換地の指定ができる場合

> ①土地の区画形質の変更、公共施設の新設・変更に係る工事のため必要がある場合
> ②換地計画に基づき換地処分を行うため必要がある場合

 平 28-21

（3）仮換地の指定の方法

　仮換地の指定は、仮換地となる土地の所有者及び従前の宅地の所有者に対し、仮換地の位置及び地積並びに仮換地の指定の効力発生の日を通知してする（区画法 98 条 5 項）。

 平 27 -20

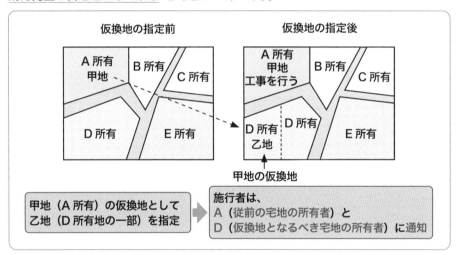

仮換地の指定前　　　　　　仮換地の指定後

甲地（A 所有）の仮換地として乙地（D 所有地の一部）を指定

施行者は、
A（従前の宅地の所有者）と
D（仮換地となるべき宅地の所有者）に通知

（4）仮換地の指定の効果

　仮換地が指定された場合、従前の宅地について権原に基づき使用し、又は収益することができる者は、仮換地の指定の効力発生の日から換地処分の公告がある日まで、仮換地などについて、従前の宅地について有する権利の内容である使用又は収益

 平 28-21

と同じ使用又は収益をすることができる（区画法99条1項）。

　これを前ページ図の例に当てはめると、**仮換地の指定があると、仮換地指定の効力発生の日から換地処分公告の日まで、Aは従前の宅地（甲地）に対して、処分権はあるが、使用収益権はない状態、仮換地（乙地）に対して、使用収益権はあるが、処分権はない状態となる。**

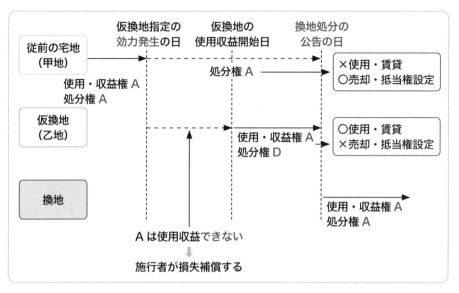

過 平30-21、
平28-21

　なお、**土地区画整理事業の施行者は、仮換地を指定した場合、その仮換地に使用又は収益の障害となる物件が存するときその他特別の事情があるときは、その仮換地について使用又は収益を開始することができる日を仮換地の指定の効力発生の日と別に定めることができる**（区画法99条2項前段）。

（5）仮換地に指定されない土地の管理

過 令4-20

　仮換地などを指定した場合において、その処分により使用・収益することができる者のなくなった従前の宅地又はその部分については、その処分により当該宅地又はその部分を使用・収益することができる者のなくなった時から換地処分の公告がある日までは、施行者がこれを管理する（区画法100条の2）。

ポイント・Ⅲ・仮換地のポイント

①仮換地の指定
・土地の区画形質の変更若しくは公共施設の新設若しく
　は変更に係る工事のため必要がある場合
・換地計画に基づき換地処分を行うため必要がある場合
↓
地区画整理事業の施行者は、換地処分を行う前に、仮換
地を指定することができる。

②仮換地の指定の方法
仮換地となるべき土地の所有者及び従前の宅地の所有者
に対し、仮換地の位置及び地積並びに仮換地の指定の効
力発生の日を通知してする。

③仮換地の指定の効果
・従前の宅地について権原に基づき使用・収益できる者は、
　仮換地の指定の効力発生の日から換地処分の公告があ
　る日まで、仮換地について、従前の宅地について有す
　る権利の内容と同じ使用・収益ができる。
・仮換地に使用・収益の障害となる物件が存するときそ
　の他特別の事情があるとき、施行者は、その仮換地に
　ついて使用又は収益を開始することができる日を仮換
　地の指定の効力発生の日と別に定めることができる。

④仮換地に指定されない土地の管理
仮換地の指定により使用・収益することができる者のな
くなった従前の宅地について、その宅地を使用・収益す
ることができる者のなくなった時から換地処分の公告が
ある日までは、施行者が管理する。

❹ 換地処分（出題率 25%）

（1）換地処分とは

　換地処分は、**区画整理を行った施行地区内の土地**について、
従前の宅地の権利者に対して、**権利を割り当てる確定的な処分**
である。

プラスα
整理が終わった土地
を割り当てることだ。

（2）換地処分の時期と方法

　換地処分は、原則として、**換地計画に係る区域の全部について土地区画整理事業の工事が完了後、遅滞なく、しなければならない**。ただし、**規準、規約、定款又は施行規程に別段の定めがある場合は**、換地計画に係る区域の全部について**工事が完了する以前**においても**換地処分をすることができる**（区画法103条2項）。

（3）換地処分の効果

　換地処分の効果は、時期を分けて整理しておこう。

◆ 換地処分の効果（区画法104条）

換地処分の公告があった日が終了した時に生じる効果	換地処分の公告の日の翌日に生じる効果
①換地を定めなかった従前の宅地に存する権利→消滅 ②行使する必要がなくなった地役権→消滅 ③仮換地指定の効果→消滅	①清算金→確定 ②保留地→施行者が取得 ③換地→従前の宅地とみなされる。 ④公共施設→原則、市町村の管理に属する。 ⑤公共施設用地→原則、公共施設を管理する者に帰属。

①換地を定めなかった従前の宅地

　換地処分の公告があった場合、換地計画において定められた換地は、換地処分の公告があった日の翌日から従前の宅地とみなされ、換地計画において換地を定めなかった従前の宅地について存する権利は、換地処分の公告があった日が終了した時において消滅する（区画法104条1項）。

②地役権

　施行地区内の宅地について存する地役権は、換地処分の公告があった日の翌日以後においても、なお従前の宅地の上に存するが（区画法104条4項）、**土地区画整理事業の施行により行**

使する利益がなくなった地役権は、換地処分の公告があった日が終了した時に消滅する（同条5項）。

 平27-10

③仮換地指定の効果

　仮換地指定の効果は、仮換地の指定の効力発生の日から換地処分の公告がある日までであるから（区画法99条1項）、**仮換地指定の効果は、換地処分の公告があった日の終了時に消滅する**。

④清算金の確定

　換地計画において定められた清算金は、換地処分の公告があった日の翌日において確定する（区画法104条8項）。したがって、**清算金を徴収・交付できるのは換地処分の公告があった日の翌日以後であり、仮換地指定の時には清算金は確定していないから、清算金を徴収することも交付することもできない**。

 令5-20、令4-20、令2（12月）-20

⑤保留地

　換地計画において定められた保留地は、換地処分の公告があった日の翌日において、施行者が取得する（区画法104条11項）。

 平27-20

プラスα
すべて市町村に帰属するわけではないことに注意だ。

⑥公共施設の用に供する土地の帰属

　土地区画整理事業の施行により生じた公共施設の用に供する土地は、一定の場合を除き、換地処分の公告があった日の翌日において、その公共施設を管理すべき者に帰属する（区画法105条3項）。

 平27-20

プラスα
最判昭48.12.21
清算金に関する権利義務は、換地処分の公告があり、換地についての所有権が確定するとともに、整理事業施行者とそのときにおける換地所有者との間に確定的に発生し、その後、土地所有権の移転に伴い当然に移転する性質のものではない。

⑦土地区画整理事業の施行により設置された公共施設の管理

　土地区画整理事業の施行により設置された公共施設は、一定の場合を除き、換地処分の公告があった日の翌日において、その公共施設の所在する市町村の管理に属する（区画法106条1項）。

ポイント **IV** 換地処分

①換地処分の時期
・原則：換地計画に係る区域の全部について土地区画整理
　　　　事業の工事が完了後に、遅滞なくしなければなら
　　　　ない。
・例外：規準、規約、定款又は施行規程に別段の定めがあ
　　　　る場合は、工事完了以前にもできる。

②従前の宅地
・換地計画において定められた換地は、換地処分の公告が
　あった日の翌日から従前の宅地とみなされる。
・換地計画において換地を定めなかった従前の宅地につい
　て存する権利は、換地処分の公告があった日が終了した
　時において消滅する。

③地役権
・施行地区内の宅地について存する地役権は、原則として、
　換地処分の公告があった日の翌日以後も、従前の宅地の
　上に存する。
・土地区画整理事業の施行で行使する利益がなくなった地
　役権は、換地処分の公告があった日が終了した時に消滅
　する。

④清算金の確定
・換地計画において定められた清算金は、換地処分の公告
　があった日の翌日において確定する。

⬇

・仮換地指定の時には、清算金の徴収・交付はできない。
・清算金に関する権利義務は、換地処分の公告があり、換
　地についての所有権が確定する。

⬇

・整理事業施行者とそのときにおける換地所有者との間に
　確定的に発生し、その後、土地所有権の移転に伴い当然
　に移転しない。
⑤保留地：換地処分の公告があった日の翌日に、施行者が
　　　　　取得する。

⑥公共施設の用に供する土地の帰属

　原則として、換地処分の公告があった日の翌日において、その公共施設を管理すべき者に帰属する。

　➡すべて市町村に帰属するわけではない。

❺ 換地処分に伴う登記等

　施行者は、換地処分の公告があった場合、直ちに、その旨を換地計画に係る区域を管轄する登記所に通知しなければならない（区画法107条1項）。

令3(12月)-20

　また、施行者は、換地処分の公告があった場合において、施行地区内の土地及び建物について土地区画整理事業の施行により変動があったときは、政令で定めるところにより、遅滞なく、その変動に係る登記を申請し、又は嘱託しなければならない（同条2項）。

平5-20

　なお、換地処分の公告があった日後においては、施行地区内の土地及び建物に関しては、土地区画整理事業の施行による施行地区内の土地及び建物の変動に係る登記がされるまでは、登記の申請人が確定日付のある書類によりその公告前に登記原因が生じたことを証明した場合を除き、他の登記をすることができない（同条3項）。

令元-20

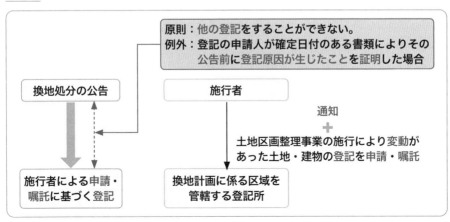

❶施行者が個人施行者、土地区画整理組合、区画整理会社、市町村、独立行政法人都市再生機構又は地方住宅供給公社であるときは、その換地計画について都道府県知事の認可を受けなければならない。（令元-20）

　答　〇　本問の記述のとおりである（区画法86条1項）。

❷個人施行者以外の施行者は、換地計画を定めようとする場合においては、その換地計画を2週間公衆の縦覧に供しなければならない。（令元-20）

　答　〇　本問の記述のとおりである（区画法88条2項）。

❸換地計画において換地を定める場合においては、換地及び従前の宅地の位置、地積、土質、水利、利用状況、環境等が照応するように定めなければならない。（令3-10月-20）

　答　〇　本問の記述のとおりである（換地照応の原則、区画法89条1項）。

❹土地区画整理組合が施行する土地区画整理事業の換地計画においては、災害を防止し、及び衛生の向上を図るために宅地の地積の規模を適正にする特別な必要があると認められる場合は、その換地計画に係る区域内の地積が小である宅地について、過小宅地とならないように換地を定めることができる。（令2-12月-20）

　答　✕　宅地地籍の適正化が該当するのは、**公的**施行の場合である（区画法91条1項）。本問の組合施行などの**私的**施行の場合は、宅地地積の適正化は**できない**。

❺土地区画整理組合の設立の認可の公告があった日以後、換地処分の公告がある日までは、施行地区内において、土地区画整理事業の施行の障害となるおそれがある建築物の新築を行おうとする者は、土地区画整理組合の許可を受けなければならない。（令4-20）

　答　✕　本問の場合、**都道府県知事**の許可を受けなければならない（区画法76条1項柱書、2号）。

❻土地区画整理事業の施行者は、仮換地を指定した場合において、従前の宅地に存する建築物を移転し、又は除却することが必要となったときは、当該建築物を移転し、又は除却することができる。（平30-21）

　答　〇　本問の記述のとおりである（区画法77条1項）。

❼ 施行者は、換地処分を行う前において、換地計画に基づき換地処分を行うため必要がある場合においては、施行地区内の宅地について仮換地を指定することができる。（平 28-21）

　答　○　本問の記述のとおりである（区画法 98 条 1 項前段）。

❽ 仮換地の指定は、その仮換地となるべき土地の所有者及び従前の宅地の所有者に対し、仮換地の位置及び地積並びに仮換地の指定の効力発生の日を通知してする。（平 27-20）

　答　○　本問の記述のとおりである（区画法 98 条 5 項）。

❾ 仮換地が指定された場合においては、従前の宅地について権原に基づき使用し、又は収益することができる者は、仮換地の指定の効力発生の日から換地処分の公告がある日まで、仮換地について、従前の宅地について有する権利の内容である使用又は収益と同じ使用又は収益をすることができる。（平 28-21）

　答　○　本問の記述のとおりである（区画法 99 条 1 項）。

❿ 土地区画整理組合は、定款に別段の定めがある場合においては、換地計画に係る区域の全部について工事が完了する以前においても換地処分をすることができる。（令 4-20）

　答　○　本問の記述のとおりである（区画法 103 条 2 項）。

⓫ 換地処分の公告があった場合においては、換地計画において定められた換地は、その公告があった日の翌日から従前の宅地とみなされ、換地計画において換地を定めなかった従前の宅地について存する権利は、その公告があった日が終了した時において消滅する。（令元 -20）

　答　○　本問の記述のとおりである（区画法 104 条 1 項）。

⓬ 土地区画整理事業の施行により生じた公共施設の用に供する土地は、換地処分があった旨の公告があった日の翌日において、すべて市町村に帰属する。（平 27-20）

　答　✕　土地区画整理事業の施行により生じた公共施設の用に供する土地は、一定の場合を除き、換地処分の公告があった日の翌日において、その公共施設を管理すべき者に帰属する（区画法 105 条 3 項）。すべて市町村に帰属するわけではない。

得点荒稼ぎ！
農地法のポイント！

テーマ 1

農地法は「1問出題法令」の中でも易しい内容が問われ、正解しやすい法令だ。ここで紹介する内容を押さえておけば、正解できる可能性が高い。特に「用語の定義」から判断できる問題も多く、定義は正確に覚えよう。

❶ 「実際に農地」ならば、登記は関係ない！

農地法の目的を一言で言えば、**国民への食料の安定供給の確保**のために**農地等を守る**ことにある。農地等がどんどん宅地化されてしまうと、食料の安定供給の面で問題があることはわかるであろう。

過 令元-21

語弊を恐れずにいえば、**農地等が宅地化されすぎないよう規**制するのが農地法のイメージであり、逆に言えば、「**宅地→農地等**」へと変更する場合は歓迎されるべきことなので、**農地法の規制対象とはならない**のだ。

そこで、まず問題となるのは**同法の規制対象となる「農地」**等の定義であり、それは以下のものである。

ポイント Ⅰ 規制対象となる「農地」等の定義

・**「農地」とは、耕作の目的に供される土地。**

⬇

過 令3(12月)-21、令2(12月)-21、平30-22

①**農地に該当するかは、客観的な土地の現況で判断する。**
　登記上「宅地」となっていても、現況が農地であれば、
　農地法上は「農地」と扱われる。
②**一時的に休耕していたとしても「農地」と扱う。**

プラスα

家庭菜園は「農地」に当たらない。国民への食糧の安定供給という観点から考えよう。

登記簿上が「宅地」でも、現況が農地ならば農地！

・**「採草放牧地」**とは、農地以外の土地で、主として耕作又は**養畜**の**事業**のための**採草又は家畜**の放牧の目的に供されるもの。

プラスα
「採草放牧地」はほぼ出題されないので、一読しておけばよい。

❷ とても重要な「権利移動」と「転用」の定義

前述のとおり、いわば農地等を宅地化させすぎないことを目的とする農地法だが、具体的な規制方法としては、**3条と5条で農地等の「権利移動」**に対して、**4条と5条で農地等の「転用」**に対して許可等を義務付けている。

そこで、これら**「権利移動」**と**「転用」**の意味を把握することが重要となる。これらに該当しないのならば、**農地法の規制対象とならない**からだ。

プラスα
農地法は60条以上の条文があるが、出題箇所は3条〜5条に集中している。

ポイント ⅠⅠ 「権利移動」と「転用」の定義

・**「権利移動」**とは、有償か無償かを問わず、**使用・収益権者が変わる**こと。具体的には、**所有権の移転**や、**地上権等の設定**など。

⬇

①売買のみならず、**贈与や抵当権**実行による**競売も該当**。
②**抵当権の設定（や移転）は、該当しない**。

> 抵当権は、目的物を設定者のもとに留めておく担保物権であり、**設定するだけでは使用者が変わらない**。でも、**競売されると使用者が変わる**ぞ！

・**「転用」**とは、農地を農地以外の土地にすること。

過 令3(12月)-21、
令2(12月)-21、
令2(10月)-21、
令元-21、平29-15

プラスα
「贈与」と「遺贈」を区別して考えること。

では、具体的に**農地法3条〜5条の規制内容**を見ていこう。

❸ 「3条許可」に、市街地区域の特例なし！

農地法3条は、**農地又は採草放牧地**について**所有権を移転**し、又は地上権、永小作権、質権、使用貸借による権利、賃借権若しくはその他の使用及び収益を目的とする権利を設定し、若しくは移転する場合には、政令で定めるところにより、**当事者が農業委員会の許可を受けなければならない**とする。

要するに、**農地等の「権利移動」**には、**農業委員会の許可が必要**ということだ。ただし、これには**いくつかの例外**があり、その他の知識とともにポイントをまとめたのが以下の内容だ。

ポイント III 農地法3条のポイント

①**農地又は採草放牧地の「権利移動」**には、農業委員会の**許可が必要**である。➡**許可のない契約は無効。**

②原則として、**農地所有適格法人ではない法人**は、農地について、**権利の取得ができない。**

⬇ ただし、

一定の要件で**使用貸借と賃貸借は可能**（3項）。

③この許可については、**以下の例外がある（許可が不要）。**
・**国や都道府県が権利を取得**する場合
・**土地収用法により強制的に収用、使用される場合**
・**相続、遺産分割、相続人への特定遺贈**などは、**許可が不要**となるが、**権利取得後に遅滞なく、農業委員会への届出が必要**となる。

④**市街化区域内での特例はない。**

令4-21、
平30-22、平28-22

令5-21、
令3（10月）-21、
令2（10月）-21、
平30-22

プラスα
相続人「以外」への特定遺贈は、通常の贈与と変わらず、許可は**必要**。

平29-15

上記②の農地所有適格法人とは、農地法の要件を満たし、農業経営を行うことのできる法人のことだ。このような農地法で

認められた法人でない限り、**株式会社等の法人は、農地の権利を取得することができない**。ただし、一定の要件で**農地を借り受けることなどは認められる**ということだ。

そして、農地法３条の最大のポイントは、③の相続関連での**農地等の取得**について、**農業委員会の許可は不要**だけれども、**権利取得後は、農業委員会への届出が必要**となること、また、**④の市街化区域内での特例がない**ことである。この特例については、次の４条の話で解説する。

❹「４条許可」では、市街地区域の特例あり！

農地法４条は、**農地を農地以外**のものにする者は、都道府県知事等の許可を受けなければならないとする。要するに、**農地の「転用」には、都道府県知事等の許可が必要**ということだが、やはりこれにも**いくつかの例外**があるので、その他の知識とともにポイントをまとめたのが以下の内容だ。

ポイント　Ⅳ　農地法４条のポイント

①**農地の「転用」には、都道府県知事等の許可が必要。**
　➡ **一時的な転用であっても、許可は必要**となる。
　➡ **農地の規模は、関係ない**（許可が必要）。

②**この許可には、以下の例外がある**（許可が不要）。
・**国や都道府県等による転用**（道路等への転用）
・**土地収用法により強制的に転用、使用**される場合

③**学校、医療施設、社会福祉施設等**をつくるための転用については、「**国・都道府県等**」と「**都道府県知事等**」の**協議が成立**することで、**許可があったものとみなされる。**

④**市街化区域内では、あらかじめ農業委員会への届出をすることで、許可は不要。**

過 令5-21、令2(12月)-21、平29-15

プラスα
③については、許可ありと「みなされる」だけで、許可不要ではない。

過 令3(12月)-21、令2(10月)-21、令元-21、平28-22

④の「**市街化区域**」は、いわば**都市化を進めたい地域**であり、むしろ「**農地→宅地**」への転用が推奨される。よって、あらかじめ農業委員会への届出をすることを前提に、**都道府県知事等の許可は不要**となるのだ。

---

❺「5条許可」では、市街地区域の特例あり！

農地法5条は、農地と採草放牧地を「**転用目的で権利移動**」する場合、都道府県知事等の許可を受けなければならないとする。ここでもポイントをまとめるが、実は「**農地法4条**」と内容はほぼ同じである。

ポイント V　農地法5条のポイント

①農地又は採草放牧地の転用目的の「**権利移動**」には、都道府県知事等の許可が必要。

⟹ **一時的な転用**であっても、**許可は必要**となる。

②この許可には、**以下の例外がある**（許可が不要）。

・国や都道府県等による転用目的での取得（道路等へ転用するための取得等）

・土地収用法により強制的に転用、使用される場合

③学校、医療施設、社会福祉施設等をつくるための取得については、「国・都道府県等」と「都道府県知事等」の協議が成立することで、許可があったものとみなされる。

④市街化区域内では、あらかじめ農業委員会への届出をすることで、許可は不要。

令3（10月）-21、
令元-21

令3（10月）-21

過 平30-22

❻ その他、農地法の押さえたい知識

　最後に、ここまで紹介したもの以外の押さえておきたい知識と、主に問われる3条～5条の概観をまとめておく。

ポイント・Ⅵ・その他、押さえておきたい農地法の知識

①農地法の適用に関して、**土地の面積は、登記簿の地積による**が、それが**著しく事実と相違**する場合及び**登記簿の地積がない**場合は、**実測に基づき農業委員会が認定**したところによる（同法56条）。

 令4-21

②農地の**「賃貸借」は、登記がなくても、引渡しがあれば、その後に農地の所有権を取得した第三者に対抗することができる**（農地法16条）。
　➡ここに**「使用貸借」は含まれない。**

 令4-21

③**3条・5条（権利移動）に関する許可のない契約は、無効**となる。

 令5-21、
令3(10月)-21、
令2(10月)-21、
平28-22

④農地法18条1項では、農地又は採草放牧地の**賃貸借の当事者**は、都道府県知事の許可を受けなければ、**賃貸借の解除、一定の場合を除き、解約の申入れ、合意による解約、賃貸借の更新をしない旨の通知をしてはならない。**

 令3(12月)-21

⑤都道府県知事等は、**一定の違反転用者等**に対して、土地の農業上の利用の確保及び他の公益並びに関係人の利益を衡量して特に必要があると認めるときは、必要の限度において、4条・5条の許可の取消し、条件の変更し、新たに条件を付すこと、工事その他の行為の停止、相当の期限を定めて原状回復その他違反を是正するため必要な措置**（原状回復等の措置）を講ずべきことを命ずることができる**（農地法51条1項）。

令4-21

➡ この**「違反転用者等」**には、4条・5条の**規定に違反した者又はその一般承継人、許可に付した条件に違反している者**のみならず、これらの者から当該違反に係る土地について工事その他の行為の**請負人、下請人も含まれる**。

◆許可を受けなかった場合のまとめ

項　目		3　条	4　条	5　条
行為の効力		無効	—	無効
違反是正措置		—	知事等は違反転用者に**工事停止、原状回復**命令が可	
罰　則	個　人	3年以下の懲役、または、300万円以下の罰金		
	法　人	300万円以下の罰金	1億円以下の罰金	

◆ 農地法3条〜5条の概観

3条：農地等の**「権利移動」**について、**農業委員会の許可が必要**。

➡ **市街化区域内**における**特例がない**。
➡ 相続、遺産分割、相続人へ特定遺贈される場合などでは、許可が**不要**だが、権利取得後に遅滞なく、**農業委員会への届出**が必要。

4条：農地の**「転用」**について、**都道府県知事等の許可が必要**。

5条：農地等の**転用目的**の**「権利移動」**について、**都道府県知事等の許可が必要**。

4条・5条共通で…
➡ 協議の成立によって、**許可ありとみなされる**制度あり。
➡ **市街化区域内**における**特例がある**（あらかじめの農業委員会への届出）。

❶ 登記簿の地目が宅地となっている場合には、現況が農地であっても法の規制の対象とはならない。（令3-12月-21）

答 **✕** 農地法の「農地」に当たるか否かは、土地登記簿上の地目によって判断するのではなく、現況が農地であるか否かで判断される（農地法2条1項）。

❷ 自己所有の農地に住宅を建設する資金を借り入れるため、当該農地に抵当権の設定をする場合には、法第3条第1項の許可を受ける必要がある。（令3-12月-21）

答 **✕** 農地法3条は農地の「権利移動」に農業委員会の許可を求める規定だが、抵当権の設定は、使用者の変更を伴わず「権利移動」に当たらない。

❸ 遺産分割によって農地を取得する場合には、法第3条第1項の許可は不要であるが、農業委員会への届出が必要である。（令3-10月-21）

答 **○** 農地の「権利移動」については、原則として、農業委員会の許可が必要だが、相続や遺産分割などでは、遅滞なく、農業委員会へ届け出ることで足りる（農地法3条の3）。

❹ 法第3条第1項の許可を受けなければならない場合の売買については、その許可を受けずに農地の売買契約を締結しても、所有権移転の効力は生じない。（令3-10月-21）

答 **○** 農地法3条や5条の許可を受けない契約は無効であり、罰則もある（農地法3条6項、5条3項）。

❺ 市街化区域内の自己所有の農地を駐車場に転用するため、あらかじめ農業委員会に届け出た場合には、法第4条第1項の許可を受ける必要がない。（令3-12月-21）

答 **○** 農地法4条は農地の「転用」に都道府県知事等の許可を求める規定だが、都市化を進める地域である市街化区域内の特例があり、この場合は、あらかじめ農業委員会へ届け出ることで足りる（農地法4条1項7号）。

❻ 農業者が、市街化調整区域内の耕作しておらず遊休化している自己の農地を、自己の住宅用地に転用する場合、あらかじめ農業委員会へ届出をすれば、法第4条第1項の許可を受ける必要がない。（平28-22）

答 **✕** 農地の「転用」については、原則として、都道府県知事等の許可が必要だが、「市街化区域内」については特例がある（農地法4条1項7号）。しかし、本問は「市街化調整区域内」の農地であるため、許可が必要となる。

事後届出は ニ・ゴ・ジュウで攻略！ 国土法その1

重要度 Ⓐ

国土法では「事後届出」に関する出題がほぼすべてを占める。直近 10 回分の選択肢のデータは、①事後届出（約 97%）、②遊休土地に関する措置（約 3%）であり、②は 1 つの選択肢で出題されただけで、他はすべて事後届出だ。

❶ 国土法による規制の 3 本柱

プラスα
上記データから、「事後届出」に重点を置いて学習し、「規制区域の許可制」「注視区域」「監視区域」の事前届出制は、事後届出との相違点を確認しておけば十分である。

　国土法は、計画的な国土の利用を図るため、土地取引に対する規制などを定めた法律だ。高度経済成長期の地価高騰を背景に、土地の投機的取引などの地価高騰による弊害を除去し、適正で合理的な土地利用の確保を図ることを目的として制定された。しかし、その後の社会経済情勢の変化に伴い、現在では、地価の抑制から**土地の有効利用の促進**へと法律の目的がシフトしている。

　そして、**国土法による土地取引の規制は、①全国に一般的に適用**される**「事後」届出制**と、②地価の上昇の程度等によって**区域や期間を限定して適用される「事前」届出制**である注視区域制度と監視区域制度、そして、③**許可制である規制区域制度**という 3 本の柱で構成されている。

プラスα
事前届出と許可制が必要であるものとして指定されている区域は、ほとんどない。結果、事後届出について押さえておけばよい。

◆ 地価上昇の程度、規制の厳しさのイメージ

◆ 国土法の3本柱の規制の概要

区 域	規 制	指定される区域	指定権者
指定のない区域	事後届出制	注視区域、監視区域、規制区域以外の区域	都道府県知事orまたは指定都市の長
注視区域	事前届出制	地価が一定の期間内に**相当な程度を超えて上昇**し、又は上昇するおそれがある区域	
監視区域		地価が**急激に上昇**し、又は上昇するおそれがある区域	
規制区域	許可制	**土地の投機的取引**が相当範囲にわたり**集中して行われ**又は行われるおそれがあって、**地価が急激に上昇し**又は上昇するおそれがあると認められる区域	

 平28-15

プラスα
「指定都市」とは、政令で指定する人口50万以上の市である（国土法44条、地方自治法252条の19第1項）。

❷ 事後届出制とはどのようなものか？

　事後届出制は、注視区域、監視区域、規制区域のいずれにも属さない土地について売買等の契約を締結した場合に、当事者のうち当該土地売買等の契約により**土地に関する権利の移転又は設定を受けることとなる者（権利取得者）**が、都道府県知事**に届け出なければならないとする制度**である（国土法23条1項柱書）。

ポイント Ⅰ 事後届出制が適用される区域

・**注視区域**、**監視区域**、**規制区域**のいずれにも**属さない土地**
　事前届出制　事前届出制　許可制

プラスα
注視区域、監視区域、規制区域に「事後」届出は不要である。

❸ 事後届出が必要な場合（事後届出の要否）

　一定の場合、土地の権利取得者に対して、事後的に**都道府県知事への届出**が必要となるということはわかった。

　では、どのような場合に、この事後届出が必要となるかを確認していく。

（1）事後届出の対象となる取引（土地売買等の契約）

　次の**3つの要件をすべて満たす土地売買等の契約**を締結した場合に、**事後届出の対象となる**土地売買等の契約に当たる（国土法23条1項柱書、14条1項、同法施行令5条）。

◆ 事後届出の対象となる3つの取引の要件

過 令3（12月）-22

過 令2（10月）-20、令元-22、平27-21

過 令2（10月）-22

> ①**権利性**…土地に関する権利（所有権、地上権、賃借権など）の移転又は設定であること。
>
> ②**対価性**…土地に関する権利の移転又は設定が「対価」の授受を伴うものであること。
> ➡ 交換も対価の授受を伴うから、事後届出が必要。
> ➡ 贈与や相続は、無償で土地に関する権利を取得するものなので、事後届出は不要。
> ➡ 権利金などの対価の授受を伴わない地上権や賃借権の設定は、事後届出は不要。
>
> ③**契約性**…土地に関する権利の移転又は設定が「契約」により行われるものであること。
> ➡ 土地に関する権利の取得の「予約」も事後届出が必要。
> ➡ 相続による土地に関する権利の取得は、契約による取得ではないから、事後届出は不要。

（2）事後届出の対象となる土地の面積

①届出対象面積

　大きな土地取引は、地域の土地利用や地価の動向に大きな影

響を与える。そこで、土地の投機的取引や地価の高騰を抑制するため、一定の面積以上の一団の土地の取引をしたときには、事後届出をしなければならない（国土法23条2項1号イ〜ハ）。

　この**届出対象面積は頻度ポイント**なので、下表を確実に記憶しておこう。なお、**届出をすべき期間の基準日は、契約締結日**である。

 令2 (10月)-22

◆ 事後届出が必要となる届出対象面積

区　域	届出対象面積
市街化区域	2,000m² 以上
市街化区域以外の都市計画区域 （主に市街化調整区域・非線引区域）	5,000m² 以上
都市計画区域外（準都市計画区域を含む）	10,000m² 以上

 平 30-15、平 28-15

 令 4-22

過 令 4-22

滋賀から・調整して・外へ
（市街化区域、市街化調整区域、都市計画区域**外**）

ニ・ゴ・ジュウ！
（2,000m² 以上、5,000m² 以上、10,000m² 以上）

まず調整！
パワー2　パワー10　パワー5

プラスα
左のゴロ合わせを使いこなすことが事後届出の問題攻略のポイントだ。

②一団の土地

　取引される土地の面積が届出対象面積に満たない場合、国土法に基づく届出は必要ない。しかし、**土地売買等の契約の当事者の一方又は双方が、当該土地を含む「一団の土地」で、届出対象面積以上のもの**について土地売買等の契約を締結する場合は、取引される**個々の土地が届出対象面積未満であっても、すべて最初の契約から届出が必要**となる。

　ここにいう「一団の土地」とは、**土地利用上、現に一体の土地を構成**しているか、又は、**一体としての利用に供することが可能なひとまとまりの土地で**（利用上の一体性）、**当事者の一方**

プラスα
国土法に基づく規制を逃れることを防止するためである。

又は双方が、一連の計画の下に（計画的一貫性）、**土地売買等の契約によって取得する届出対象面積以上の土地**のことを指す。

これは、買いの一団と売りの一団に分けることができるので確認していこう。

ア　買いの一団

個々の土地は届出対象面積未満であっても、**権利取得者（買主など）が隣り合った複数の土地を同一目的で買い集めた**ために、**届出対象面積以上になるような場合、「一団の土地」として、合計面積で届出が必要か**が判断される。

このような場合を「**買いの一団**」といい、**事後届出の場合、権利取得者が届出義務を負う**。

令4-22、
令3 (12月)-22、
令元 -22、平 28-15

◆「買いの一団」として事後届出が必要な例

> ・個々の土地は面積要件未満でも、同一の利用目的を持って順次買い集める土地の合計が面積要件以上となるとき。
>
> ↓
>
> 例：**市街化区域内**において、**同一の利用目的**で、A 土地 450m²、B 土地 600m²、C 土地 500m²、D 土地 500m² を X が**順次買い集める**場合、個々の土地は **2,000m² 未満**だが、**合計面積が 2,050m²** であるため、X は事後届出をしなければならない。
>
>

> ・面積要件以上の土地の権利を取得して土地売買等届出書を提出後、一連の事業計画のもと、さらに隣接地を取得するとき。
>
> ↓
>
> 例：**市街化区域内**に所在する **3,000m²** の甲土地を取得して事後届出をした Y が、その **2 年後**に一連の事業計画に基づいて、新たに**隣接する 500m² の乙土地**を取得

する場合、乙土地は届出対象面積未満であるが、Yは事後届出をしなければならない。

甲土地取得済み 3,000m²	乙土地今回取得 500m²

イ　売りの一団

　個々の土地の面積は届出対象面積未満であっても、**権利譲渡予定者（売主など）が権利を譲渡する土地の合計が届出対象面積以上**となる場合を「売りの一団」という。事前届出の場合は、この場合も届出が必要だが、**事後届出は必要ない**。

 令元 -22

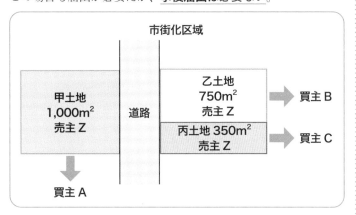

（3）事後届出が不要となる例外

　届出対象面積以上の土地の売買等の契約であっても、次の場合には、事後届出を行う必要はない（国土法23条2項3号、同法施行令17条1号、6条7号、18条）。

◆ 事後届出が不要となる例外

①**民事調停法による調停に基づく場合**
②**当事者の一方又は双方が国、地方公共団体（都道府県、市町村）その他の法令で定める法人である場合**
③**農地法3条1項の許可を受けることを要する場合**　など

 令 2 (12 月)-22、令元 -22、平 30-15

 平 27-21

・事後届出の対象となる取引（土地売買等の契約）の３要件

①権利性…土地に関する権利（所有権、地上権、賃借権など）

の移転又は設定であること。

②対価性…土地に関する権利の移転又は設定が「対価」の

授受を伴うものであること。

交換➡事後届出が必要

贈与・相続による権利取得➡事後届出は不要

対価の授受を伴わない地上権・賃借権の設定

➡事後届出は不要

③契約性…土地に関する権利の移転又は設定が「契約」に

より行われるものであること。

権利取得の予約　　➡事後届出が必要

相続による権利の取得➡事後届出は不要

・届出対象面積

区　域	届出対象面積
市街化区域	2,000m² 以上
市街化区域以外の都市計画区域 （市街化調整区域・非線引区域）	5,000m² 以上
都市計画区域外（準都市計画区域を含む）	10,000m² 以上

・「一団の宅地」

買いの一団➡権利取得者が事後届出を行う。

売りの一団➡事後届出は不要。

・事後届出が不要となる例外

・当事者の一方又は双方が国、都道府県、市町村などの

場合

・農地法３条１項の許可を要する場合　　など

過去問題を
チェック！

❶Ａが所有する監視区域内の土地（面積 10,000m²）をＢが購入する契約を締結した場合、Ａ及びＢは事後届出を行わなければならない。（平 28-15）

　答　✕　**規制区域**、**注視区域**、**監視区域**に所在する土地について、土地売買等の契約を締結した場合、**事後届出を行う必要はない**（国土法 23 条 2 項 2 号）。

❷Ｅが所有する市街化区域内の 2,000m² の土地をＦが購入した場合、Ｆは当該土地の所有権移転登記を完了した日から起算して 2 週間以内に事後届出を行う必要がある。（令 2-10 月 -22）

　答　✕　**市街化区域内**では、2,000m² 以上の土地売買等の契約を締結した日から起算して 2 週間以内に事後届出を行う必要がある（国土法 23 条 1 項柱書、2 項 1 号イ）。「所有権移転登記を完了した日」から**ではない**。

❸市街化区域を除く都市計画区域内において、一団の土地である甲土地（Ｃ所有、面積 3,500m²）と乙土地（Ｄ所有、面積 2,500m²）を宅地建物取引業者Ｅが購入した場合、Ｅは事後届出を行わなければならない。（令 4-22）

　答　○　**市街化区域を除く都市計画区域内**では、5,000m² 以上の土地に関する権利の移転又は設定を受けるときは、事後届出を行う必要がある（国土法 23 条 2 項 1 号ロ）。また、本問は「買いの一団」のケースであり、甲土地と乙土地の合計で考える。

❹都市計画区域外において、Ａ市が所有する面積 15,000m² の土地を宅地建物取引業者Ｂが購入した場合、Ｂは事後届出を行わなければならない。（令 4-22）

　答　✕　本問の売主は「Ａ市」であり、契約当事者の一方又は双方が国、地方公共団体などの場合、事後届出は**不要**である（国土法 23 条 2 項 3 号、同法施行規則 18 条）。

❺個人Ａが所有する都市計画区域外の 12,000m² の土地に、個人Ｂが地上権の設定を受ける契約を締結した場合、Ｂは一定の場合を除き事後届出を行う必要がある。（令 3-12 月 -22）

　答　○　事後届出を要する**使用及び収益を目的とする権利**は、土地に関する**地上権及び賃借権**であるから（国土法 23 条 1 項、14 条 1 項、同法施行令 5 条）、Ｂは一定の場合を除き、事後届出を行う必要がある。

❻ I が所有する都市計画区域外の 10,000m² の土地と J が所有する市街化調整区域内の 10,000m² の土地を交換した場合、I 及び J は事後届出を行う必要はない。（令 2-10 月 -22）

🈁 ✕　事後届出の対象となる土地売買等の契約は、対価を得て行われる土地に関する権利の移転又は設定であり（国土法 14 条 1 項）、**交換も含まれる**。また、市街化区域以外の都市計画区域内では、**5,000m² 以上**の土地売買等の契約をするときは事後届出が必要であり（同法 23 条 2 項 1 号ロ）、J は事後届出を行う必要が**ある**。さらに、**都市計画区域以外**の区域内では、**10,000m² 以上**の土地売買の契約をするときには事後届出が必要であり（同号ハ）、I も事後届出を行う必要が**ある**。

❼ G が所有する都市計画区域外の 15,000m² の土地を H に贈与した場合、H は事後届出を行う必要がある。（令 2-10 月 -22）

🈁 ✕　事後届出の対象となる土地売買等の契約は、**対価を得て行われる土地に関する権利の移転又は設定に限られる**（国土法 14 条 1 項）。**H は贈与により無償**で土地に関する権利を取得したにすぎないから、事後届出を行う必要は**ない**。

❽ 市街化区域に所在する一団の土地である甲土地（面積 1,500m²）と乙土地（面積 1,500m²）について、甲土地については売買によって所有権を取得し、乙土地については対価の授受を伴わず賃借権の設定を受けた A は、事後届出を行わなければならない。（平 27-21）

🈁 ✕　**市街化区域内**では、売買等の契約により **2,000m² 以上**の土地に関する権利の移転又は設定を受ける場合、事後届出を行う必要が**ある**（国土法 23 条 2 項 1 号イ）。また、**対価の授受を伴わない**土地に関する地上権及び賃借権の移転又は設定は、事後届出を行う必要は**ない**（同条 1 項、14 条 1 項、同法施行令 5 条）。よって、A は事後届出を行う必要は**ない**。

❾ 乙県が所有する都市計画区域内の土地（面積 6,000m²）を買い受けた者は、売買契約を締結した日から起算して 2 週間以内に、事後届出を行わなければならない。（平 30-15）

🈁 ✕　当事者の**一方**又は**双方が国、都道府県、市町村**などの場合には、事後届出を行う必要は**ない**（国土法 23 条 2 項 3 号、同法施行令 17 条 1 号、6 条 7 号、18 条）。したがって、乙県が所有する土地を買い受けた者は、事後届出を行う必要は**ない**。

事後届出の手続を押さえて、国土法の学習は終了！

最後に「事後届出の手続」に関するポイントを確認するが、「事後届出」に関する事項の重要度はAだ。なお、「事前届出制」と「許可制」については、現実の運用もほぼないので、出題可能性が低い。

6章
国土法

❶ 事後届出の手続

　前テーマまでは、そもそも国土法における事後届出が必要となる場合の確認を行ってきたが、ここでは**届出が必要**となった場合の**手続**の確認をする。

(1) 届出期間・届出事項など

　事後届出を行わなければならない場合、**当事者のうち当該土地売買等の契約により土地に関する権利の移転又は設定を受けることとなる者（権利取得者）は、その契約を締結した日から起算して2週間以内に**、次のような事項を、国土交通省令で定めるところにより、**当該土地が所在する市町村の長を経由して、都道府県知事に届け出なければならない**（国土法23条1項）。

令3(10月)-22、
平28-15

平30-15

◆ 事後届出の届出事項

①土地売買等の契約に係る土地の所在及び面積
②土地売買等の契約に係る土地に関する権利の種別及び内容
③土地売買等の契約による土地に関する権利の移転又は設定後における土地の利用目的
④土地売買等の契約に係る土地の土地に関する権利の移転又は設定の対価の額など

令3(10月)-22

令3 (10月)-22

(2) 助言

　都道府県知事は、事後届出をした者に対し、その届出に係る土地に関する権利の移転又は設定後における土地の利用目的について、当該土地を含む周辺の地域の適正かつ合理的な土地利用を図るために必要な助言をすることができる（国土法 27 条の 2）。ただし、対価の額について助言をすることはできないことに注意しよう。

(3) 勧告・公表

　都道府県知事は、事後届出に係る土地に関する権利の移転又は設定後における土地の利用目的に従った土地利用が土地利用基本計画その他の一定の土地利用に関する計画に適合せず、当該土地を含む周辺の地域の適正かつ合理的な土地利用を図るために著しい支障があると認めるときは、土地利用審査会の意見を聴いて、事後届出をした者に対し、その届出に係る土地の利用目的について必要な変更をすべきことを勧告することができる（国土法 24 条 1 項）。

令2 (12月)-22

令3 (12月)-22、令2 (12月)-22、平 30-15

　また、この勧告に従わないときは、その旨及びその勧告の内容を公表できる（同法 26 条）。

①勧告内容を必ず公表しなければならないわけではないこと、②都道府県知事が、勧告できるのは、届出をした者に対してであり、事後届出を行わなかった者に対しては、勧告ではなく、次の罰則が科されることを押さえておこう。

(4) 罰則

令3 (10月)-22、令2 (12月)-22

　事後届出を行わなかった者に対しては、6 か月以下の懲役又は 100 万円以下の罰金が科される（国土法 47 条 1 号）。

ポイント Ⅰ 事後届出の手続

①届出義務者

土地売買等の契約により土地に関する権利の移転又は設定を受けることとなる者（権利取得者）

②届出期間

契約を締結日から起算して2週間以内

③届出手続

土地が所在する市町村の長を経由➡都道府県知事に届出

④押さえておきたい届出事項

・土地の利用目的

・対価の額など

⑤都道府県知事の助言　　土地の利用目的➡助言できる。

対価の額　　　➡助言できない。

⑥都道府県知事による勧告・公表

事後届出をした者に対し、その届出に係る土地の利用目的について必要な変更をすべきことを勧告できる。

⬇

その勧告に従わない場合、その旨及びその勧告の内容を公表できる。

⑦罰則は誰に科すか？

➡事後届出を行わなかった者（懲役又は罰金）。

➡「届出をした者」にできるのは、助言と勧告。

❷ 遊休土地に関する措置

遊休土地である旨の通知を受けた者は、その通知があった日から起算して6週間以内に、国土交通省令で定めるところにより、その通知に係る遊休土地の利用又は処分に関する計画を、当該土地が所在する市町村の長を経由して、都道府県知事に届け出なければならない（国土法29条1項）。

6章

国土法

 令3（12月）-22、

❶ 市街化区域内の土地（面積 2,500m²）を購入する契約を締結した者は、その契約を締結した日から起算して 3 週間以内に事後届出を行わなければならない。（平 28-15）

答　✕　事後届出については、いわゆる権利取得者が、その契約を締結した日から起算して 2 週間以内に、当該土地が所在する市町村の長を経由して、都道府県知事に届け出なければならない（国土法 23 条 1 項柱書）。3 週間以内ではない。

❷ 指定都市（地方自治法に基づく指定都市をいう。）の区域以外に所在する土地について、事後届出を行うに当たっては、市町村の長を経由しないで、直接都道府県知事に届け出なければならない。（平 30-15）

答　✕　上記①の解説のとおり、事後届出は、当該土地が所在する市町村の長を経由して、都道府県知事に届け出なければならない（国土法 23 条 1 項柱書）。

❸ 事後届出において、土地売買等の契約に係る土地の土地に関する権利の移転又は設定の対価の額については届出事項ではない。（令 4-22）

答　✕　事後届出の場合、土地の利用目的だけではなく、権利の移転又は設定の対価の額も届出事項である（国土法 23 条 1 項 5 号、6 号）。

❹ 都道府県知事は、事後届出をした者に対し、その届出に係る土地に関する権利の移転若しくは設定後における土地の利用目的又は土地に関する権利の移転若しくは設定の対価の額について、当該土地を含む周辺の地域の適正かつ合理的な土地利用を図るために必要な助言をすることができる。（令 3-10 月 -22）

答　✕　都道府県知事の助言は、対価の額についてすることはできない。

❺ 都道府県知事は、事後届出があった場合において、土地の利用目的に係る必要な勧告を行うことができ、その勧告を受けた者がその勧告に従わないときは、その旨及びその内容を公表しなければならない。（令 3-12 月 -22）

答　✕　都道府県知事の勧告を受けた者がその勧告に従わないときは、その旨及びその勧告の内容を公表することができる（国土法 26 条）。公表しなければならないわけではない。

テーマ① 短時間攻略! 税の基本用語と 不動産取得税のポイント!

重要度 B

例年、税の分野からは２問出題される。本格的な学習は効率的ではないので、頻出の知識に的を絞って学習したい。仮に解けない問題が出たとしても、他の受験者も正解できないから「合否には影響しない」と割り切ってしまおう。

❶ 税に関する基本的な専門用語

　税には、**課税主体が国である「国税」**と、**地方公共団体（都道府県、市町村）である「地方税」**がある。試験で出題される税のうち、印紙税、所得税、登録免許税、贈与税は国税、不動産取得税、固定資産税は地方税だ。

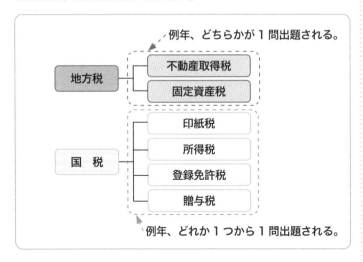

例年、どちらかが１問出題される。

地方税
- 不動産取得税
- 固定資産税

国　税
- 印紙税
- 所得税
- 登録免許税
- 贈与税

例年、どれか１つから１問出題される。

　まずは税法の学習を進めるに当たって、理解しておかなければならない基本的な専門用語の確認からはじめる。

（1）課税主体

　課税権に基づいて、税を賦課徴収する国、都道府県及び特別区を含む市町村を**課税主体**という。これら以外に課税権を有す

7章
税
法

プラスα
税の学習は「解ける選択肢で確実に得点する」と割り切ることが効率的だ。例年、8つの選択肢（2問）中、6肢は過去問の焼き直しのような問題が出題されるので、そのような問題を取りこぼさないように準備しておこう。

プラスα
令和5年度は「不動産取得税」が出題されたので、令和6年度試験は「固定資産税」の可能性が高い。その点で、不動産取得税の重要度はBだ。

るものはない。「**誰が税を徴収するのか？**」を表す用語である。

（2）課税客体

課税の対象となる物、行為、事実を**課税客体**という。「**何に対して税が課されるのか**」という用語である。

（3）課税標準

プラスα

課税標準という用語の定義が出題されるわけではないが、覚えておかないと問題が解けない。

課税客体である物、行為又は事実を金額、価格、数量などで表したものを**課税標準**という。**課税客体を金銭で評価したもの**というイメージでよい。

この**課税標準に税率を適用**することで**税額が産出**される（下図参照）。

（4）税率

プラスα

収入の使い道を特定せず、一般経費に充てるために課される税を普通税、特定の目的のために課される税（使い道が定められている）を目的税というが、不動産取得税は**普通税**である。

課税標準に対して適用される税の比率を税率という。税率は、課税標準が金額や価格で定められている場合には**通常パーセントなどで定められ**、課税標準が数量で定められている場合には課税標準の一単位につき一定の金額で示される。

税率が一定の率をもって定められている場合は、通常、次の算式により税額を算出する。

（5）標準税率

地方税法により定められている税率であり、通常、**地方公共団体が課税する場合**によるべき**税率を標準税率**という。なお、財政上、特別の必要がある場合は、これを上回る税率を定めることが**できる**。

(6) 税額

　課税標準に税率を適用して算出される金額を税額といい、実際に**納税する額**のことだ。これが納税義務の内容となる。ただし、このようにして算出された**税額からさらに一定の額を控除（税額控除）する場合**があり、この場合は、所定の税額控除をした残額が最終的な納税義務の内容となる。

(7) 普通徴収

　地方税の徴収方法の１つで、徴税吏員が**納税通知書を当該納税者に交付**することによって**税を徴収する方法**をいう。不動産取得税、固定資産税などで行われている。

(8) 納税義務者

　法律上税を**納税する義務を負う者を納税義務者**という。個人、法人のほか、法人格のない社団なども法人とみなされて納税義務者となることがある。

(9) 税に関する特例

　土地や建物に関する税には、様々な特例が設けられている。詳しくは、後述するが、ここでは枠組みだけを押さえておこう。

◆ 税額が決まるイメージ（それぞれに特例あり）

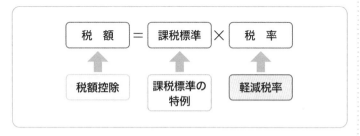

❷ 不動産取得税の課税主体と納税義務者

令5-24

プラスα
「取得」税なので、「取得」に対して課されるということだ。

令5-24

不動産取得税は、**不動産（土地・家屋）を取得した者**に対して、その不動産が所在する**都道府県が課す**税である（地方税法73条の2第1項、73条1号）。

ここにいう「取得」とは、原則として、所有権を取得することをいい、有償・無償の別や、登記の有無を問わないが、**どの時点、また、何をもって「取得」**というかが問題となる。

なお、**不動産取得税は、国、都道府県、市町村、特別区（23区）、非課税独立行政法人、国立大学法人**などによる不動産の取得には、**課されない**。

（1）家屋の新築の場合

家屋が新築された場合、当該家屋について最初の使用又は譲渡が行われた日において家屋の取得があったものとみなされる。

過 令3（10月）-24、
平28-24

しかし、**家屋が新築された日から6か月を経過しても、なお、当該家屋について最初の使用又は譲渡が行われない場合**には、**当該家屋が新築された日から6か月を経過した日**において**家屋の取得があったものとみなし**、当該家屋の所有者を取得者とみなして、不動産取得税が課される（地方税法73条の2第2項）。

（2）家屋の改築の場合

過 令2（12月）-24、
平30-24

家屋を改築したことにより、その**家屋の価格が増加した場合には、当該改築をもって家屋の取得とみなされ、不動産取得税が課される**（地方税法73条の2第3項）。

プラスα
改築も「価格の増加」を前提に「取得」とみなすということだ。

（3）形式的な所有権の移転等に対する非課税

形式的な所有権の移転等に対して、不動産取得税を課税することはできない（地方税法73条の7）。不動産取得税が課税されない形式的な所有権の取得とは、次ページのものだ。

◆ 不動産取得税が課税されない形式的な所有権の取得

①相続、包括遺贈及び被相続人から相続人に対してなされた遺贈による不動産の取得（同条1号）
②法人の合併又は政令で定める分割による不動産の取得（同条2号）
③共有物の分割による不動産の取得（同条2号の3）
　※当該不動産の取得者の分割前の当該共有物に係る持分の割合を超える部分の取得を除く。

過 平30-24、
平28-24、
令2（12月）-24

③ 不動産取得税の課税標準

（1）不動産取得税の課税標準（本則）
　不動産取得税の課税標準は、不動産を取得した時における不動産の価格であり（不動産取得税73条の13第1項）、**家屋の改築**で家屋の取得とみなした場合は、**当該改築により増加した価格である**（同条2項）。

プラスα
おさらいしておくと、課税客体を金銭で評価したものが課税標準であり、これに税率を適用したものが税率となる。

（2）不動産取得税の課税標準の特例
①既存住宅の場合
　個人が床面積50m^{2}以上240m^{2}以下の既存住宅を自己の居住のために取得した場合、その既存住宅の築年数に応じて最高1,200万円が不動産取得税の課税標準から控除される（地方税法73条の14第3項、地方税法施行令37条の18第1項、3項）。
　この控除は、当該既存住宅の新築時に施行されていた不動産取得税の軽減措置であるから、平成9年4月1日以降に新築された住宅であれば、1,200万円が課税標準から控除される。

過 令3（10月）-24

プラスα
平成9年4月以降なので、面積要件等をクリアすれば、控除されると考えていてよい。

②新築住宅の場合
　床面積50m^{2}以上240m^{2}以下の住宅の建築をした場合における当該住宅の取得に対して課する不動産取得税の課税標準の算定については、一戸について1,200万円が価格から控除され

7章
税
法

る（地方税法73条の14第1項、同法施行令37条の17）。したがっ
て、**新築住宅の場合、1,200万円が課税標準から控除される**。

❹ 不動産取得税の免税点

プラスα

不動産取得税の免税
点は、**課税標準**とな
るべき額が基準とさ
れる点は注意しよう。

　課税標準となるべき額が、次の額に満たないときは、**不動産
取得税を課すことはできない**。これを**免税点**という（地方税法
73条の15の2第1項）。要するに、**対象の評価額が低い場合、
課税しない**ということだ。具体的に、**土地の取得**に対しては、
課税標準が10万円未満であれば課税されないが、**10万円になっ
た途端に課税される**ことになる。

◆ 不動産取得税の免税点

平28-24、
令2（12月）-24、
平30-24

土　地		10万円未満
家　屋	建築（新築・改築・増築）	23万円未満
	その他（売買・贈与・交換など）	12万円未満

❺ 不動産取得税の税率

（1）不動産取得税の標準税率（本則）

　不動産取得税の標準税率は**100分の4（4%）**である（地方
税法73条の15）。ただし、地方団体が課税する場合に通常よる
べき税率でその**財政上その他の必要があると認める**場合は、**標
準税率によることを要しない**（同法1条1項5号）。

令3（10月）-24

プラスα

増額もできるという
ことだ。

（2）不動産取得税の税率の特例

　令和6年3月31日までの間に住宅又は土地の取得が行われ
た場合における不動産取得税の標準税率は、**100分の3（3%）**
とされている（同法附則11条の2第1項）。**4%とされている
のは住宅用以外の建物だけ**であることに注意しよう。

令2（12月）-24、
平28-24

◆ 不動産取得税の税率（本則と特例）

不動産の取得日	税率		
	土地	家屋	
		住宅用	住宅用以外
令和6年（2024年）3月31日まで	3%	3%	4%（本則）

❻ 不動産取得税の徴収の方法

不動産取得税の徴収の方法は、普通徴収である（地方税法73条の17第1項）。**申告納付ではない。**

ポイント Ⅰ 不動産取得税のポイント

項　目	内　容
課税主体	都道府県
納税義務者	不動産（土地・家屋）を**取得した者**
課税客体	**不動産（土地・家屋）の取得** **①家屋の新築** 原則：**最初の使用又は譲渡が行われた日**に家屋の取得があったものとみなされる。 例外：**新築日から6か月**を経過しても、当該家屋の**最初の使用又は譲渡**が行われない場合、新築日から6か月を経過した日に家屋の取得があったものとみなされる。 **②家屋の改築** 家屋の価格が増加した場合には、当該改築をもって**家屋の取得とみなされ、不動産取得税が課される。** ③相続、法人の合併、共有物の分割には、**不動産取得税は課税されない。**
課税標準（本則）	不動産の取得時における不動産の価格 ※**家屋の改築 ➡ 改築により増加した価格**

プラスα
なお、住宅用土地の取得に対する税額控除の特例（地方税法73条の24）は、出題頻度が低いため、本書では触れていない。

過 令5-24、令3（10月）-24、平30-24

プラスα
おさらいすると「普通徴収」とは、通知書を送付して納税させる方式だ。

項　目	内　容
課税標準 (特例)	①既存住宅の場合 　個人が床面積 50m^2 以上 240m^2 以下の既存住宅を自己の居住のために取得した場合、築年数に応じて最高 1,200 万円を課税標準から控除。 　　　　　⬇結果 　平成 9 年 4 月 1 日以降に新築された住宅は、1,200 万円が控除される。 ②新築住宅の場合 　床面積が 50m^2 以上 240m^2 以下の新築住宅の場合、一戸について 1,200 万円を控除。
免税点	①土地：10 万円未満 ②家屋の新築・増築・改築：23 万円未満 ③家屋の売買・贈与・交換：12 万円未満
標準税率	100 分の 4（4%） ➡地方団体が課税する場合に通常よるべき税率で財政上その他の必要があると認める場合は、標準税率によることを要しない。
税率の特例	令和 6 年 3 月 31 日までに取得された不動産 　　　　　⬇ ・土地：3% ・住宅用家屋：3%（非住宅用家屋：4%）
徴収の方法	普通徴収

❶不動産取得税は、不動産の取得に対して課される税であるので、家屋を改築したことにより、当該家屋の価格が増加したとしても、不動産取得税は課されない。（令2-10月-24）

　答　✕　家屋の**改築**で、その家屋の**価格**が増加した場合は、当該改築をもって家屋の**取得**とみなされ、不動産取得税が**課される**（地方税法73条の2第3項）。

❷家屋が新築された日から3年を経過して、なお、当該家屋について最初の使用又は譲渡が行われない場合においては、当該家屋が新築された日から3年を経過した日において家屋の取得がなされたものとみなし、当該家屋の所有者を取得者とみなして、これに対して不動産取得税を課する。（令3-10月-24）

　答　✕　**家屋が新築**された場合、当該家屋に**最初の使用**又は**譲渡**が行われた日に家屋の取得があったものとみなされるが、家屋の新築日から**6か月**を経過して、なお、当該家屋に**最初の使用**又は**譲渡**が行われない場合は、当該家屋が**新築された日**から**6か月**を経過した日に家屋の取得があったとみなし、不動産取得税が課される（地方税法73条の2第2項）。

❸相続による不動産の取得については、不動産取得税は課されない。（平30-24）

　答　○　本問の記述のとおりである（地方税法73条の7第1号）。

❹不動産取得税は、不動産の取得に対して課される税であるので、法人の合併により不動産を取得した場合にも、不動産取得税は課される。（平28-24）

　答　✕　**法人の合併**による不動産の取得については、不動産取得税を課すことはできない（地方税法73条の7第2号）。

❺床面積240m² である新築住宅に係る不動産取得税の課税標準の算定については、当該新築住宅の価格から1,200万円が控除される。（平28-24改題）

　答　○　床面積が **50m² 以上240m² 以下の住宅**の建築をした場合における当該住宅の取得に対して課する不動産取得税の課税標準の算定については、**一戸について1,200万円が価格から控除**される（地方税法73条の14第1項、地方税法施行令37条の17）。したがって、床面積240m² の新築住宅であれば、**1,200万円**が当該住宅の価格から控除される。

❻一定の面積に満たない土地の取得に対しては、狭小な不動産の取得者に対する税負担の排除の観点から、不動産取得税を課することができない。（令2-10月-24）

答 ✕　土地の取得において、課税標準となるべき額が**10万円**に満たないときは、不動産取得税は課されない（地方税法73条の15の2第1項）。**免税点について、取得した土地の面積は基準とならない。**

❼不動産取得税は、不動産を取得するという比較的担税力のある機会に相当の税負担を求める観点から創設されたものであるが、不動産取得税の税率は4%を超えることができない。（令3-10月-24）

答 ✕　原則として、不動産取得税の標準税率は**100分の4**（**4%**）だが（地方税法73条の15第1項5号）、地方団体が課税する場合に通常よるべき税率でその財政上その他の必要があると認める場合は、標準税率によることを**要しない**（同法1条1項5号）。したがって、不動産取得税の税率は、4%を超えることができないとは**言い切れない。**

❽平成28年4月に個人が取得した住宅及び住宅用地に係る不動産取得税の税率は3%であるが、住宅用以外の家屋及びその土地に係る不動産取得税の税率は4%である。（平28-24改題）

答 ✕　不動産取得税の本則税率は**100分の4**（**4%**）だが（地方税法73条の15）、平成18年4月1日から**令和6年3月31日**までの間に住宅又は土地の取得が行われた場合における不動産取得税の標準税率は、**100分の3**（**3%**）とされている（同法附則11条の2第1項）。4%とされているのは**住宅用以外の建物**だけである。

❾不動産取得税は、不動産の取得があった日の翌日から起算して2か月以内に当該不動産の所在する都道府県に申告納付しなければならない。（令3-10月-24）

答 ✕　不動産取得税の徴収は、**普通徴収**である（地方税法73条の17第1項）。申告納付では**ない。**

令和 6 年度は出題可能性大！固定資産税のポイント！

テーマ 2　　重要度 A

固定資産税も、過去問を焼き直したような問題が繰り返し出題されている。中でも「納税義務者等」「小規模住宅用地の課税標準の特例」は出題頻度が高い。また、令和 6 年度は固定資産税の出題可能性が高いので重要度は A だ。

❶ 固定資産税の課税主体

　固定資産税は、固定資産（土地、家屋、償却資産）の所有者に対して、その固定資産の所在する市町村が課す税である（地方税法 342 条 1 項、341 条 1 号）。不動産取得税が不動産を「取得」した者に課されるのに対し、固定資産税は固定資産の所有者に課される（同法 343 条 1 項）。

プラスα

課税主体
不動産取得税
　➡都道府県
固定資産税
　➡市町村

7 章

税

法

❷ 固定資産税の賦課期日

　税が課される基準となる日を賦課期日という。固定資産税の賦課期日は、当該年度の初日の属する年の 1 月 1 日である（地方税法 359 条）。

　つまり、毎年 1 月 1 日の時点で固定資産を所有している者に課税されるということだ。例えば、年度の途中で家屋を新築した場合、固定資産税が課税されるのは翌年度からである。

過　令 4-24、平 27-24

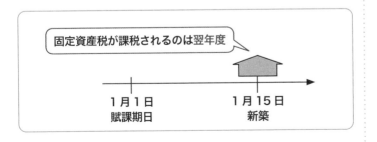

固定資産税が課税されるのは翌年度

1 月 1 日
賦課期日

1 月 15 日
新築

❸ 固定資産税の納税義務者等

（1）原則

令3（12月)-24、
令2（12月）-24

　土地又は家屋の固定資産税は、原則として、**賦課期日（当該年度の初日の属する年の1月1日）に、登記簿又は土地補充課税台帳若しくは家屋補充課税台帳に所有者として登記又は登録がされている者に課される**（地方税法343条1項、2項、359条）。

　したがって、**年度の途中で土地、家屋の売買が行われた場合、その年度の1月1日現在の所有者である売主が納付する**ことになる。この点は引っかけ問題に注意しよう。

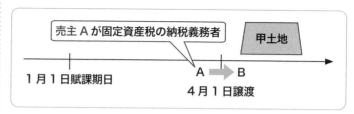

（2）土地の質権者・地上権者

令元-24、
平29-24

　固定資産税は、固定資産の所有者に課されるのが原則だが、**質権又は100年より永い存続期間の定めのある地上権の目的である土地については、その質権者又は地上権者に課される**（地方税法343条1項）。なお、**固定資産の賃借権者には課されない**。

（3）区分所有建物の敷地

平27-24

　区分所有に係る家屋の敷地の用に供されている土地に対して課される固定資産税は、原則として持分の割合により按分した額を、区分所有に係る家屋の各区分所有者が納付する義務を負う（地方税法352条の2第1項）。この点も、「各区分所有者が連帯して納税義務を負う」といった引っかけ問題に惑わされないように注意しよう。

❹ 土地又は家屋に対して課する固定資産税の課税標準

　土地又は家屋に対して課する**固定資産税の課税標準は**、当該
土地又は家屋の基準年度に係る賦課期日における価格で、土地課
税台帳若しくは土地補充課税台帳又は家屋課税台帳若しくは家屋
補充課税台帳に**登録されたものである**（地方税法 349 条 1 項）。

　ここは端的に「**固定資産課税台帳に登録されている価格**」と
覚えておけばよい。

❺ 住宅用地に対する固定資産税の課税標準の特例

　**もっぱら人の居住の用に供する家屋又はその一部を人の居住
の用に供する家屋で政令で定めるものの敷地の用に供されてい
る土地で政令で定めるものに対して課する固定資産税の課税標
準は、当該住宅用地に係る固定資産税の課税標準となるべき価
格の 3 分の 1 の額とされる**（地方税法 349 条の 3 の 2 第 1 項、
地方税法施行令 52 条の 11 第 1 項）。

 平 29-24

　**この特例は、現に居住用家屋の敷地となっている土地に適用
され、住宅の建設が予定されていても、その年度の 1 月 1 日現
在において更地である土地には適用されない。**

❻ 小規模住宅用地に対する固定資産税の課税標準の特例

　固定資産税の課税標準について、繰り返し出題されているの
が**小規模住宅用地の課税標準の特例**である。

　**小規模住宅用地に対して課される固定資産税の課税標準のう
ち、200m² 以下の部分は、当該小規模住宅用地に係る固定資産
税の課税標準となるべき価格の 6 分の 1 の額、200m² を超え
る部分は当該小規模住宅用地に係る固定資産税の課税標準とな
るべき価格の 3 分の 1 の額**とされている（地方税法 349 条の 3
の 2 第 2 項）。

 令 3（12 月）-24、
令 2（12 月）-24、
令元 -24

　上記の住宅地の特例とは異なり、小規模住宅用地の特例で

は、一律に○分の１の額とされるわけではないことに注意しよう。

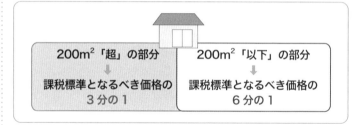

❼ 固定資産税の標準税率

固定資産税の標準税率は、100 分の 1.4（1.4％）である（地方税法 350 条 1 項）。

また、**市町村は、一定の場合には、当該市町村の議会において、納税義務者の意見を聴いて、固定資産税の税率を変更して 100 の 1.7（1.7％）を超える税率で固定資産税を課する旨の条例を制定することができる**（同条 2 項）。

プラスα
固定資産税には、制限税率（税率の上限）は設けられていない。

過 令 2（12 月）-24、平 27-24

❽ 新築された住宅に対する固定資産税の減額

令和 6 年 3 月 31 日までの間に新築された住宅には、次のような固定資産税の**税額を減額する特例**が適用される（地方税法附則 15 条の 6）。

◆ 令和 6 年 3 月 31 日までの間に新築された住宅への特例

住宅の種類	期　間	減額割合	対象床面積
3 階建て以上の中高層耐火構造の住宅	5 年度	税額 ×1/2	居住部分の床面積が 120m² まで 120m² を超えるもの ↓ 120m² 相当分まで
上記以外の一般住宅	3 年度		

394

❾ 区分所有に係る家屋に対して課する固定資産税の税額

（1）一般のマンションの場合

　区分所有に係る家屋（マンション）に対して課する固定資産税は、区分所有に係る**一棟の家屋を一括して評価して当該家屋（マンション全体）の固定資産税額を算定し、当該税額を各区分所有者の専有部分の床面積割合によって按分する**（地方税法352条1項）。

（2）タワーマンションの場合

　平成30年度以降に、高さが60mを超える区分所有に係る超高層建築物（いわゆる「タワーマンション」）の**居住部分に対して課税する固定資産税については、各区分所有者の専有部分の床面積を、居住部分の所在する階層ごとの床面積当たりの取引価格の傾向を勘案して補正したうえで、当該家屋の固定資産税額を各区分所有者の補正後の床面積の割合によって按分して求める**こととされている（地方税法352条2項）。

　その結果、高層階の税額は高くなり、低層階の税額は安くなるが、タワーマンション1棟全体の固定資産税総額は変わらない。

過 令元-24

❿ 固定資産税の免税点

　市町村は、財政上その他特別の必要がある場合を除き、同一の者について当該市町村の区域内におけるその者の所有に係る土地、家屋又は償却資産に対して課する**固定資産税の課税標準となるべき額が、次の額に満たないときは、固定資産税を課することができない**（地方税法351条）。

過 平27-24

◆ 固定資産税の免税点

①**土地：30万円未満**　　　②**家屋：20万円未満**
③償却資産：150万円未満

395

令4-24

令2(12月)-24、
令元-24

⓫ 固定資産税の徴収の方法・納期

　固定資産税の徴収は、普通徴収の方法によらなければならない（地方税法364条1項）。

　また、固定資産税の納期は、4月、7月、12月及び2月中において、当該市町村の条例で定められるが、特別の事情がある場合には、これと異なる納期を定めることもできる（同法362条1項）。

⓬ 土地価格等縦覧帳簿及び家屋価格等縦覧帳簿の縦覧

令4-24、
平29-24

プラスα
固定資産課税台帳
は「いつでも」「閲
覧」できる（地方税
法382条の2第1項）。

　市町村長は、災害その他特別の事情がある場合を除き、土地価格等縦覧帳簿及び家屋価格等縦覧帳簿を、毎年4月1日から、4月20日又は当該年度の最初の納付期限の日のいずれか遅い日以後の日までの間、固定資産税の納税者の縦覧に供しなければならない（地方税法416条1項）。

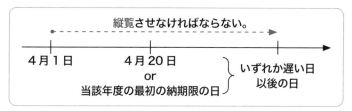

⓭ 固定資産の価格等の決定又は修正等

令3(12月)-24

　市町村長は、固定資産課税台帳に登録すべき固定資産の価格等のすべてを登録した旨の公示の日以後において、固定資産の価格等の登録がなされていないこと又は登録された価格等に重大な錯誤があることを発見した場合には、直ちに固定資産課税台帳に登録された類似の固定資産の価格と均衡を失しないように価格等を決定し、又は決定された価格等を修正して、これを固定資産課税台帳に登録しなければならない（地方税法417条1項前段）。

⑭　固定資産課税台帳に登録された価格に関する審査の申出

　固定資産税の納税者は、一定の場合を除き、その納付すべき当該年度の固定資産税に係る固定資産について**固定資産課税台帳に登録された価格について不服がある場合、固定資産課税台帳に登録すべき固定資産の価格等のすべてを登録した旨の公示の日から納税通知書の交付を受けた日後3か月を経過する日まで、文書をもって、固定資産評価審査委員会に審査の申出をすることができる**（地方税法432条1項）。

過 令3（12月）-24、平29-24

ポイント　Ⅰ　**固定資産税のポイント**

課税主体	市町村
納税義務者等	①原則 ・賦課期日（当該年度の初日の属する年の1月1日）に、登記簿又は土地補充課税台帳若しくは家屋補充課税台帳に所有者として登記又は登録されている者 ↓ ・年度の途中で土地、家屋の売買が行われた場合、その年度の1月1日現在の所有者である売主が納付する。 ②土地の質権者・地上権者 ・質権の目的である土地 ・100年より永い存続期間の定めのある地上権の目的である土地 ↓ 質権者又は地上権者 ↓ ・賃借権者には、固定資産税は課税されない。 ③区分所有建物の敷地 ・持分の割合により按分した額を、各区分所有者が納付する義務を負う。

賦課期日	・当該年度の初日の属する年の1月1日 　　　↓ ・年度の途中で家屋を新築した場合、固定資産税が課税されるのは翌年度から。
住宅用地の課税標準の特例	課税標準となるべき価格の3分の1
小規模住宅用地の課税標準の特例	・200m² 以下の部分 　➡課税標準となるべき価格の6分の1 ・200m² を超える部分 　➡課税標準となるべき価格の3分の1
標準税率	100分の1.4（1.4%）
条例による税率	市町村は、一定の場合には、当該市町村の議会において、固定資産税の税率を変更して100の1.7（1.7%）を超える税率で固定資産税を課する旨の条例を制定することができる。 ※納税義務者の意見を聴く必要あり。

新築住宅に対する固定資産税の減額

令和6年3月31日までの間に新築された住宅には、税額を減額する特例が適用される。

住宅の種類	期間	減額割合	対象床面積
3階建以上 ＋ 中高層耐火構造	5年	税額 × 1/2	居住部分の床面積が120m² まで 120m² を超えるもの ↓ 120m² 相当分まで
上記以外の一般住宅	3年		

区分所有に係る家屋の税額	①一般のマンション 一棟の家屋の固定資産税額を各区分所有者の専有部分の床面積割合によって按分する。 ②タワーマンション 高さが 60 mを超える区分所有に係る家屋の居住部分の固定資産税 ↓ 居住部分の所在する階層ごとの床面積当たりの取引価格の傾向を勘案して補正 ↓ 家屋の固定資産税額を各区分所有者の補正後の床面積の割合によって按分する。
免税点	・土地：30 万円未満 ・家屋：20 万円未満
徴収の方法	普通徴収
納　期	4 月、7 月、12 月及び 2 月中において、当該市町村の条例で定められる。 ↓ 特別の事情がある場合：異なる納期を定めることもできる。
土地（家屋）価格等縦覧帳簿の縦覧	市町村長は、特別の事情がある場合を除き、土地価格等縦覧帳簿及び家屋価格等縦覧帳簿を、毎年 4 月 1 日から、4 月 20 日又は当該年度の最初の納期限の日のいずれか遅い日以後の日までの間、固定資産税の納税者の縦覧に供しなければならない。
固定資産課税台帳登録価格に関する審査	固定資産税の納税者は、一定の場合を除き、固定資産課税台帳に登録された価格について不服がある場合、公示の日から納税通知書の交付を受けた日後 3 か月を経過する日まで、文書をもって、固定資産評価審査委員会に審査の申出をすることができる。

❶ 年度の途中において家屋の売買が行われた場合、売主と買主は、当該年度の固定資産税を、固定資産課税台帳に所有者として登録されている日数で按分して納付しなければならない。（令 3-12 月 -24）

🈁 ✕ 　土地又は家屋の固定資産税は、原則として、**賦課期日**（当該年度の初日の属する年の **1 月 1 日**）に、登記簿又は**土地補充課税台帳**若しくは**家屋補充課税台帳**に所有者として**登記又は登録**されている者に課される（地方税法 343 条 1 項、2 項、359 条）。年度の途中に家屋の売買が行われた場合、その年度の 1 月 1 日現在の所有者である**売主**が納付する。

❷ 固定資産税は、固定資産の所有者に対して課されるが、質権又は 100 年より永い存続期間の定めのある地上権が設定されている土地については、所有者ではなくその質権者又は地上権者が固定資産税の納税義務者となる。（令元 -24）

🈁 〇 　本問の記述のとおりである（地方税法 343 条 1 項）。

❸ 固定資産税は、固定資産の所有者に課するのが原則であるが、固定資産が賃借されている場合は、当該固定資産の賃借権者に対して課される。（令 4-24）

🈁 ✕ 　固定資産の賃借権者は、固定資産税の納税義務を**負わない**。

❹ 区分所有家屋の土地に対して課される固定資産税は、各区分所有者が連帯して納税義務を負う。（平 27-24）

🈁 ✕ 　区分所有に係る家屋の敷地の用に供されている土地対して課される固定資産税は、原則として、**持分の割合**により**按分**した額を、区分所有に係る家屋の**各区分所有者**が納付する義務を負う（地方税法 352 条の 2 第 1 項）。

❺ 住宅用地のうち小規模住宅用地に対して課する固定資産税の課税標準は、当該小規模住宅用地に係る固定資産税の課税標準となるべき価格の 3 分の 1 の額である。（令 3-12 月 -24）

🈁 ✕ 　小規模住宅用地に対して課される固定資産税の課税標準のうち、**200m²以下の部分**は当該小規模住宅用地に係る固定資産税の課税標準となるべき価格の **6分の 1 の額**、**200m² を超える部分**は当該小規模住宅用地に係る固定資産税の課税標準となるべき価格の **3 分の 1 の額**とされる（地方税法 349 条の 3 の 2 第 2 項）。

過去問題を
チェック！

❻固定資産税の税率は、1.7％を超えることができない。（令2-12月-24）
　　答　×　市町村は、一定の場合には、当該市町村の議会において、納税義務者の
　意見を聴いて、固定資産税の税率を変更して100の1.7（1.7％）を超える税率で
　固定資産税を課する旨の条例を制定することができる（地方税法350条2項）。

❼市町村は、財政上その他特別の必要がある場合を除き、当該市町村の区域内におい
　て同一の者が所有する土地に係る固定資産税の課税標準額が30万円未満の場合に
　は課税できない。（平27-24）
　　答　○　本問の記述のとおりである（地方税法351条）。

❽固定資産税の徴収については、特別徴収の方法によらなければならない。（令4-24）
　　答　×　固定資産税の徴収については、普通徴収の方法による（地方税法364条
　1項）。

❾固定資産税の納期は、4月、7月、12月及び2月中において、当該市町村の条例で
　定めることとされているが、特別の事情がある場合においては、これと異なる納期
　を定めることができる。（令2-12月-24）
　　答　○　本問の記述のとおりである（地方税法362条1項）。

❿土地価格等縦覧帳簿及び家屋価格等縦覧帳簿の縦覧期間は、毎年4月1日から、4
　月20日又は当該年度の最初の納期限の日のいずれか遅い日以後の日までの間であ
　る。（令4-24）
　　答　○　本問の記述のとおりである（地方税法416条1項）。

⓫市町村長は、固定資産課税台帳に登録された価格等に重大な錯誤があることを発見
　した場合においては、直ちに決定された価格等を修正して、これを固定資産課税台
　帳に登録しなければならない。（令3-12月-24）
　　答　○　本問の記述のとおりである（地方税法417条1項前段）。

令和6年度では、出題可能性が低い。印紙税のポイント！

重要度 **C**

例年、国税からは印紙税、登録免許税、所得税、贈与税のいずれか1つが出題されるが、令和5年度に印紙税は出題されたので、令和6年度での出題可能性は低い。今年度に限っては、読み飛ばしてしまっても大丈夫だろう。

❶ 印紙税の課税主体・課税客体

印紙税は、取引に伴って作成される**契約書や領収書など、一定の文書に国が課す税**である。つまり、特定の文書（の作成）に対して課す税だが、すべての文書に課税されるわけではなく、**印紙税法で定められた文書（課税文書）の作成に対して課される**（印紙税法2条、印紙税法別表第一）。

プラスα

課税文書を3通作成すれば、その3通それぞれに印紙税が課されるが、契約当事者以外の者に交付する文書は、課税文書に該当しない。ただし、契約の仲介人や保証人などは、契約当事者以外の者には含まれない（課税される）。

❷ 印紙税の納税義務者

印紙税を納める義務を負うのは、**課税文書の作成者**である（印紙税法3条1項）。そして、1つの**課税文書を2人以上の者が共同して作成**した場合、これらの者は**連帯して印紙税を納める義務がある**（同条2項）。

❸ 課税文書・非課税文書・不課税文書

上記のとおり、印紙税が課税されるのは「課税物件表」（印紙税法別表第一）に掲げられている**20種類の文書（課税文書）**に限られる。

ただし、20種類もの課税文書をすべて覚えるのは効率が悪いので、出題頻度の高い文書だけを覚えておけばよいであろう。そこで、頻出の課税文書、不課税文書、非課税文書について、まとめて紹介する。

プラスα

「不課税文書」とは、印紙税法の**課税文書ではない文書**であり、「非課税文書」とは、印紙税法の**課税文書に該当するが、例外的に課税されない文書**である。

（1）課税文書

印紙税が課税される文書のうち、押さえておくべきものは、次のものだ。

◆ 押さえておくべき課税文書（これらに課税される）

> ①**不動産**などの譲渡（**売買**）・交換・贈与**契約書**など（別表第一1号の1、印紙税法基本通達13条）
> ②**地上権又は土地の賃貸借契約書**（別表第一1号の2）
> ③**請負契約書**（別表第一2号）

令2（10月）-23、平28-23

上記に関し、**印紙税法が規定する契約書とは、契約当事者の間において、契約**（その予約を含む）**の成立、更改又は内容の変更若しくは補充の事実を証明する目的で作成される文書をいう**（印紙税法基本通達12条）。

例えば、契約期間を5年から10年に変更する旨を記載した覚書は、契約内容を変更する事実を証明する目的で作成される文書であるから、印紙税法が規定する契約書に当たる。

また、**予約契約書、仮契約書、仮領収書**であっても、課税物件表印紙税法別表第一に掲げられている20種類の文書により証されるべき事項（**課税事項**）**を証明する目的で作成されるものは、印紙税の課税対象となる。**したがって、後日、正式文書を作成することとして、一時的に作成する「仮文書」であっても、当該文書が課税事項を証明する目的で作成するものであるときは、課税文書に該当**する**（印紙税法基本通達58条）。

また例えば、土地の譲渡を証した覚書は、契約当事者間で契約の成立の事実を証明する目的で一時的に作成される仮文書であるから、課税文書として印紙税が課税**される**ことになる。

令4-23

プラスα

文書中に契約の成立等に関する事項が記載されていて、契約の成立等を証明することができるとしても、社債券のようにその文書の作成目的が契約に基づく権利を表彰することにあるものは、契約書に該当しない。

（2）不課税文書（建物などの賃貸借契約書）

建物や施設、物品などの賃貸借契約書は、印紙税の課税対象とはならない。

令4-23

そのため、**駐車場の賃貸借契約書**には注意が必要である。その賃貸借契約の内容が**「土地」の賃貸借**に当たるのか、あるいは**駐車場という「施設」の賃貸借**に当たるのかによって、**印紙税の取扱いが異なる**からである（「駐車場を借りたときの契約書」国税庁、印紙税法別表第一1号の2）。

過 令4-23

例えば、「車両を駐車場としての設備のある土地の特定の区画に駐車させる」旨の賃貸借契約書を作成したような場合、それだけでは**駐車場としての施設の賃貸借契約なのか、土地の賃貸借契約なのかが不明**であるから、**土地の賃借権の設定に関する契約書として印紙税が課されるかどうかは判断できない**。このような契約書について「土地の賃借権の設定に関する契約書として印紙税が課される」といった内容の選択肢は**誤り**となる。

（3）非課税文書

①**国、地方公共団体などが作成した文書には、印紙税は課税されない**（印紙税法5条2号、印紙税法別表第二）。

過 令2 (10月)-23

②**国等（国、地方公共団体など）と国等以外の者とが共同して作成した文書は、次のように扱われる**（印紙税法4条5項、5条2号）。

◆ 国等と国等以外が共同作成した文書の扱い

①**国等が保存するもの**
 →**国等以外の者が作成**したものとみなされ、**印紙税が課税される**。

②**国等以外の者が保存するもの**
 →**国等が作成**したものとみなされ、**印紙税は課税されない**。

《例》

X県を売主、Y株式会社を買主とする土地の売買契約において、共同で売買契約書を2通作成し、X県とY株式会社がそれぞれ1通ずつ保存することとした場合

・**X県が保存する売買契約書**
　➡ **Yが作成したものとみなされ、印紙税が課税される。**

・**Yが保存する売買契約書**
　➡ **Xが作成したものとみなされ、印紙税は課税されない。**

③**記載された受取金額が5万円未満の受取書、営業に関しない受取書には、印紙税は課税されない**（印紙税法別表第一17項非課税物件1・2）。

 平28-23

❹ 印紙税の課税標準・税率

　印紙税の課税標準及び税率は、課税物件表（印紙税法別表第一各号）の定めるところによる（印紙税法7条）。細かいことはさておき、印紙税額は200円から60万円まで段階的に、**「課税文書の種類」**と「記載金額」（後述）によって、**同表で定められている**と考えよう。

　そしてここでは、**1つの文書に、課税物件表の同一の号の課税事項の記載金額が2以上ある場合の取扱い**がポイントとなるが、この場合、**印紙税の課税標準は、当該記載金額の合計額となる**（印紙税基本通達24条（1））。

過 令5-23、令4-23

《例》

1つの契約書に甲土地の譲渡契約（譲渡金額5,000万円）と、乙建物の譲渡契約（譲渡金額4,000万円）を区分して記載した場合

⬇

土地の譲渡と建物の譲渡に関する契約書は、不動産の譲渡として課税物件表の同一の号に規定されている（印紙税法

別表第一 1 号の 1）。

⬇

印紙税の課税標準となる当該契約書の記載金額は、甲土地の譲渡金額 5,000 万円と乙建物の譲渡金額 4,000 万円を合計した 9,000 万円となる。

❺ 印紙税の課税文書の記載金額

記載金額とは、契約金額など文書に記載されている金額であり、**当該文書において**契約の成立等に関し**直接証明の目的となっているもの**をいう（印紙税基本通達 23 条）。押さえておきたいものを紹介しておく。

（1）譲渡（売買）・交換に関する契約書（印紙税法別表第一 1 号の 1）

①**売買：売買金額**（印紙税基本通達 23 条（1）イ）

《例》

土地売買契約書において、**時価 60 万円の土地を 50 万円で売買すると記載**したもの ➡ **50 万円**

②**交換：交換金額**（印紙税基本通達 23 条（1）ロ）

交換契約書に交換対象物の双方の価額が記載されているときは、**いずれか高い方**（等価交換のときは、いずれか一方）の金額が、**交換差金のみが記載**されているときは当該交換差金が、それぞれ**交換金額とされる**。

《例》

・土地の交換契約書において、**甲の所有する土地（価額 100 万円）と乙の所有する土地（価額 110 万円）**とを**交換**し、甲は乙に 10 万円支払うと記載したもの
➡ **110 万円**

この契約書では、**双方の価額が記載**されており、高い方が交換金額（記載金額）となる。

プラスα
記載金額が大きければ、納税額も大きくなる。そこで、記載金額の判断の仕方が問題となる。

プラスα
60 万円は、評価額であって売買金額ではない。

過 令 2（10 月）-23、平 28-23

プラスα
交換差金とは、交換で**取得する資産**と、**譲渡する資産**の価額（時価）が**等しくない**場合、その差を補うために授受される**金銭**その他の資産のこと。

・土地の交換契約書において、甲の所有する土地と乙の所有する土地とを交換し、**甲は乙に 10 万円支払う**と記載したもの

　➡ **10 万円**（交換差金のみの記載）

③贈与：契約金額なし（印紙税法基本通達 23 条（1）ホ）

　贈与契約では、譲渡の対価たる金額はないから、契約金額は**ないものとして取り扱われる**（印紙税法基本通達 23 条（1）ホ）。

 令 5-23、平 28-23

《例》

「Aの所有する甲土地（価額 3,000 万円）をBに贈与する」旨の贈与契約書

　➡ 契約金額なし

（2）地上権又は土地の賃借権の設定又は譲渡に関する契約書（印紙税法別表第一 1 号の 2）

　設定又は譲渡の対価たる金額が記載金額であり、賃貸料を除き、権利金その他名称のいかんを問わず、契約に際して相手方当事者に交付し、後日の返還が予定されていない金額がこれに当たる。

　したがって、**後日返還されることが予定されている保証金、敷金等は、契約金額には該当しない**（印紙税法基本通達 23 条（2））。

 令 2 (10 月)-23

プラスα

前ページからの（1）〜（3）はそれぞれ 1 号、1 号の 2、2 号と号数が異なり、「同一の号」で規定されていない。

《例》

「契約期間は 10 年間、賃料は月額 20 万円、権利金の額は 200 万円とする」旨が記載された土地の賃貸借契約書

　➡ **200 万円**

（3）請負に関する契約書（印紙税法別表第一 2 号）

　請負金額が記載金額である（印紙税法基本通達 23 条（5））。

（4）消費税等の額が区分記載された契約書等の記載金額

　消費税の課税事業者が消費税及び地方消費税（消費税額等）の課税対象取引に当たって課税文書を作成する場合に、**消費税額等が区分記載**されているとき、又は**税込価格及び税抜価格が記載**されていることにより、その取引に当たって**課されるべき消費税額等が明らか**となる場合には、その消費税額等は印紙税の記載金額に**含めない**。

　なお、この取扱いの適用がある課税文書は、次の３つに限られている（「消費税等の額が区分記載された契約書等の記載金額」国税庁、「消費税法の改正等に伴う印紙税の取扱いについて」国税庁法令解釈通達）。

◆ 消費税等の額が区分記載された契約書等の記載金額の適用

令2 (10月)-23

> ①**不動産の譲渡等に関する**契約書
> ②**請負に関する**契約書
> ③**金銭又は有価証券の受取書**

（5）契約金額を変更する契約書の記載金額（印紙税法別表第一課税物件表の適用に関する通則４の二）

①契約金額を増加させるもの

　当該契約書により増加する金額が記載金額となる（印紙税法基本通達30条2項（1））。

プラスα
⑤は細かい知識であり、過去10回の試験で１つの選択肢が出題されているだけなので、一読しておく程度でよい。

《例》
- ・土地の売買契約の変更契約書において、当初の売買金額1,000万円を**100万円増額**すると記載したもの
  ➡ **100**万円
- ・当初の**売買金額1,000万円を1,100万円に増額**すると記載したもの
  ➡ **100**万円

②契約金額を減少させるもの

　<u>記載金額のないものとなる</u>（印紙税法基本通達30条2項(2)）。

 令 5-23

《例》
- ・土地の売買契約の変更契約書において、当初の売買金額 1,000 万円を **100 万円減額**すると記載したもの
  - ➡**記載金額なし**
- ・当初の**売買金額 1,100 万円**を **1,000 万円に減額**すると 記載したもの
  - ➡**記載金額なし**

❻ 印紙税の納付

（1）印紙税の納付方法

　印紙税の納付方法について、課税文書の作成者は、一定の場合を除き、当該課税文書に課されるべき**印紙税に相当する金額の印紙を、当該課税文書の作成の時までに、当該課税文書にはり付ける方法**により納付しなければならない（印紙税法8条1項）。

　また、課税文書の作成者は、当該課税文書に印紙をはり付ける場合には、政令で定めるところにより、当該課税文書と印紙の彩紋とにかけ、判明に印紙を消さなければならない（同条2項）。

（2）過怠税 _{かたい}

　印紙税を納付すべき課税文書の作成者が納付すべき印紙税を当該課税文書の作成の時までに**納付しなかった**場合には、<u>納付しなかった印紙税の額とその2倍に相当する金額との合計額に相当する過怠税を徴収される</u>（印紙税法20条1項）。

　要するに、印紙税の納付を怠ると、結果的に**3倍**の額を納付しなければならなくなるということだ。

 平 28-23

項　目	内　容
課税主体	国
課税客体	課税文書の作成
納税義務者	課税文書の作成者 １つの課税文書を２以上の者が共同して作成した場合は、連帯して納める義務ある
課税文書	①**不動産**などの譲渡（売買）契約書、交換契約書、贈与契約書など ②**地上権又は土地の賃貸借契約書** ③**請負契約書**
契約書の意義	契約当事者間において、**契約**（予約を含む）の**成立、更改、内容の変更、補充の事実を証明する目的**で作成される文書
予約契約書 仮契約書 仮領収書	**課税事項を証明する目的で作成される**ものは、課税対象となる。 ➡後日、正式文書を作成する場合の一時的に作成する仮文書も、課税事項を証明する目的で作成されれば、課税文書に該当する。
建物・施設などの賃貸借契約書	課税されない。
国、地方公共団体などの作成文書	課税されない。
国・地方公共団体などと国等以外の者が共同して作成した文書	・国等が保存 　➡国等以外の者が作成したものとなる。 　➡課税される。 ・国等「以外」が保存 　➡国等が作成したものとなる。 　➡課税されない。
課税されない受取書	①受取金額が５万円未満 ②営業に関しない受取書

項　目	内　容
1つの文書に、課税物件表の同一の号の課税事項の記載金額が2以上ある場合の課税標準	当該記載金額の合計額となる。 ※1つの契約書に、課税物件表の2以上の号の課税事項が記載されているものについて、その記載金額を課税事項ごとに区分することができる場合（印紙税法基本通達24条（2））。 ➡当該文書の所属することとなる号の課税事項に係る記載金額 例：不動産売買及び請負契約書の場合 不動産売買：400万円 請　　負：600万円 ⎫2号文書：600万円
記載金額	①不動産などの譲渡に関する契約書 　➡売買金額 ②1つの文書に、課税物件表の同一の号の課税事項の記載金額が2以上ある場合 ・交換➡交換金額 ・交換契約書に交換対象物の双方の価額が記載されているときは、いずれか高い方の交換金額 ・交換差金のみが記載されているときは、交換差金 ③贈与契約書➡契約金額なし ④請負契約書➡請負金額 ⑤契約金額を変更する契約書 　➡金額を増加させるものは、増加金額 　➡金額を減少させるものは、記載金額なし
納付方法	印紙税に相当する金額の印紙を、当該課税文書の作成時までに、当該課税文書にはり付ける方法により納付
過怠税	納付しなかった印紙税の額 ＋ その2倍に相当する金額 ⎫合計額

❶当初作成した土地の賃貸借契約書において「契約期間は 5 年とする」旨の記載がされていた契約期間を変更するために、「契約期間は 10 年とする」旨を記載した覚書を貸主Cと借主Dが作成した場合、当該覚書には印紙税が課される。（令 4-23）

答 ○ 契約期間を 5 年から 10 年に変更する旨を記載した覚書は、契約の内容を変更する事実を証明する目的で作成される文書であり、印紙税が課される。

❷国を売主、株式会社Cを買主とする土地の売買契約において、共同で売買契約書を 2 通作成し、国とC社がそれぞれ 1 通ずつ保存することとした場合、C社が保存する契約書には印紙税は課されない。（令 2-10 月 -23）

答 ○ 国、地方公共団体など（国等）とそれ以外の者とが共同して作成した文書について、国等以外の者が保存するものは国等が作成したものとみなされ（印紙税法 4 条 5 項）、印紙税は課されない（同法 5 条 2 号）。

❸売上代金に係る金銭の受取書（領収書）は記載された受取金額が 3 万円未満の場合、印紙税が課されないことから、不動産売買の仲介手数料として、現金 49,500 円（消費税及び地方消費税を含む。）を受け取り、それを受領した旨の領収書を作成した場合、受取金額に応じた印紙税が課される。（平 28-23 改題）

答 × 記載された受取金額が 5 万円未満の受取書には、印紙税は課税されない（印紙税法別表第一 17 号）。

❹一の契約書に甲土地の譲渡契約（譲渡金額 6,000 万円）と、乙建物の譲渡契約（譲渡金額 3,000 万円）をそれぞれ区分して記載した場合、印紙税の課税標準となる当該契約書の記載金額は、6,000 万円である。（令 4-23）

答 × 一の文書に、課税物件表の同一の号の課税事項の記載金額が 2 以上ある場合、印紙税の課税標準は、当該記載金額の合計額である（印紙税基本通達 24 条（1））。土地の譲渡と建物の譲渡に関する契約書は、不動産の譲渡として課税物件表の同一の号に規定されており、本問では、甲土地の譲渡金額 6,000 万円と乙建物の譲渡金額 3,000 万円を合計した 9,000 万円が契約書の記載金額である。

❺「Aの所有する甲土地（価額 3,000 万円）をBに贈与する」旨の贈与契約書を作成した場合、印紙税の課税標準となる当該契約書の記載金額は、3,000 万円である。（平 28-23）

答 × 贈与契約においては、契約金額はないものと扱われる（印紙税法基本通達 23 条（1）ホ）。

個人用住宅の所有権移転登記の軽減措置だけで、登録免許税を攻略！

重要度 A

登録免許税では「住宅用家屋の所有権の移転登記についての税率の軽減措置」が出題の大半を占める。そこで、登録免許税の基本知識を解説したうえで、「住宅用家屋の所有権の移転登記についての税率の軽減措置」に重点を置いて確認する。

❶ 登録免許税の課税主体・課税客体

　登録免許税は、所有権の保存登記や所有権の移転登記などの登記、登録、免許などに対して、国が課す税である（登録免許税法２条、同法別表第一）。

❷ 登録免許税の納税義務者

　登録免許税の納税義務者は、登記等を受ける者であり、登記等を受ける者が２人以上あるときは、連帯して登録免許税を納付する義務を負う（登録免許税法３条）。

❸ 登録免許税の課税標準・税率

　登録免許税の課税標準は多くの場合不動産の価額であり、税率は登記の種類で異なる（登録免許税法９条、同法別表第一）。

◆ 不動産登記に関する登録免許税の本則

不動産の登記の種類		課税標準	税率
所有権の保存登記		不動産の価額	4/1,000
所有権の移転登記	相続・合併		4/1,000
	共有物の分割		4/1,000
	その他の登記原因		20/1,000

プラスα
上記の軽減措置について、具体的には、直近10回の本試験で出題された12の選択肢のうち、11の選択肢がこの軽減措置に関する出題である。

7章
税法

プラスα
近年の試験では、登録免許税の本則税率については出題されていないから、不動産登記に関する主な本則税率だけを一読しておけばよい。

413

プラスα

令和5年度試験では、国税からは印紙税が出題された。よって、令和6年度試験では「登録免許税」と「所得税」のどちらかの出題可能性が高い。

なお、**登録免許税の課税標準となる不動産の価額は、当分の間、当該登記の申請の日の属する年の前年 12 月 31 日現在、又は当該申請の日の属する年の 1 月 1 日現在において固定資産課税台帳に登録された当該不動産の価格を基礎として政令で定める価額によることができる**（登録免許税法附則7条）。実際の取引価格ではないことに注意しよう。

❹ 登録免許税の納付方法など

（1）納付方法

　登録免許税の納付は、現金納付が原則である（登録免許税法 21 条）。ただし、当該登記等につき課されるべき**登録免許税の額が 3 万円以下である場合**、その他政令で定める場合には、**印紙納付が認められる**（同法 22 条）。

（2）登録免許税の納税地

　登録免許税の納税地は、一定の場合を除き、**納税義務者が受ける登記等の事務をつかさどる登記所などの所在地である**（登録免許税法8条）。

（3）登録免許税の納期限

　登録免許税を納付すべき期限は、登録免許税の区分に応じて異なるが、**不動産登記に係る登録免許税の納期限は、その登録免許税の納付の基因となる登記等を受ける時である**（登録免許税法 27 条 1 号）。

❺ 土地の売買による所有権の移転登記等の税率の軽減措置

　土地の売買による所有権の移転登記及び土地の所有権の信託登記に係る登録免許税の税率は、次のとおり軽減される（租税特別措置法 72 条 1 項）。

◆ 土地売買による登録免許税の軽減措置

登記の種類	税 率	
	本 則	特 例
土地の売買による所有権の移転登記	**20/1,000** (2%)	**15/1,000** (1.5%)
土地の所有権の信託登記	4/1,000 (0.4%)	3/1,000 (0.3%)

❻ 住宅用家屋に係る登記の税率の軽減措置

　個人が自己の居住の用に供する家屋について、その家屋を新築・取得した場合における所有権の保存・移転登記又はその家屋の取得資金の貸付け等を受けた場合における抵当権の設定登記に係る登録免許税の税率は、次のとおり軽減される（租税特別措置法72条の2、73条、75条）。

◆ 住宅用家屋に係る登記の税率の軽減措置

登記の種類	対象となる家屋	税 率	
		本 則	特 例
①所有権 保存登記	・個人の住宅の用に供される床面積50m² 以上の家屋	4/1,000 (0.4%)	1.5/1,000 (0.15%)
②所有権 **移転登記**	**・個人の住宅の用に供される床面積50m² 以上の家屋**	**20/1,000** (2%)	**3/1,000** (0.3%)
③抵当権 設定登記	**・既存住宅の場合** **昭和57年1月1日以降に建築されたもの** 又は **一定の耐震基準等に適合するもの**	4/1,000 (0.4%)	1/1,000 (0.1%)

プラスα
土地の売買による所有権の移転登記等の税率の軽減措置は、令和8年3月31日までの時限措置である。

プラスα
住宅用家屋に係る登記の税率の軽減措置は、令和6年3月31日までの時限措置であり、期間延長の有無は、本書編集時では未確定である。

以上の税率の軽減措置のうち、集中的に出題されているのが、前ページ「◆住宅用家屋に係る登記の税率の軽減措置」の②の**所有権移転登記の税率の軽減措置**である。ここを重点的に確認しておきたいので、ポイントをまとめる。

ポイント・Ⅰ・住宅用家屋に係る所有権移転登記の税率の軽減措置

過 令3 (12月)-23

①**適用対象**：**自己居住用の家屋の所有権移転登記**

　　　　　　　➡**敷地の所有権移転登記には、適用されない。**

過 令3 (12月)-23、平30-23

②**対象の床面積（新築・既存住宅）：50m² 以上**

　➡**共有での購入でも、家屋全体が基準となる。**

過 平30-23

③**既存住宅の場合：昭和 57 年 1 月 1 日以降に建築されたもの、又は一定の耐震基準等に適合するものであること。**

過 令3 (12月)-23、令2 (12月)-23

④**登記原因：売買又は競落による取得に限る。**

　　　　　　➡**交換、相続などによる取得には適用されない。**

過 令2 (12月)-23

⑤**登記時期：適用対象となる住宅用家屋の取得後 1 年以内に登記を受けなければならない。**

過 令2 (12月)-23

⑥**適用回数に制限はない**。したがって、**過去に税率の軽減措置の適用を受けた者も、再度この適用を受けることができる。**

過 令3 (12月)-23、平30-23

⑦**手続：適用要件のすべてに該当する家屋であることにつき、当該個人の申請に基づき当該家屋の所在地の市町村長又は特別区の区長の証明が必要である。**

　　　　　➡**都道府県知事や税務署長などの証明書ではない。**

過去問題をチェック！

❶住宅用家屋の所有権の移転登記に係る登録免許税の税率の軽減措置に係る登録免許税の課税標準となる不動産の価額は、売買契約書に記載されたその住宅用家屋の実際の取引価格である。（令2-12月-23改題）

答 ✕ 登録免許税の課税標準となる不動産の価額は、固定資産課税台帳に登録された当該不動産の価格を基礎として**政令で定める価額**によることができるとされている（登録免許税法附則7条）。実際の取引価格では**ない**。

❷個人が他の個人と共有で住宅用の家屋を購入した場合、当該個人は、その住宅用の家屋の所有権の移転登記について、床面積に自己が有する共有持分の割合を乗じたものが50㎡以上でなければ、住宅用家屋の所有権の移転登記に係る登録免許税の税率の軽減措置の適用を受けることができない。（平30-23改題）

答 ✕ 住宅用家屋の所有権の移転登記の税率の軽減措置の適用対象となる住宅家屋は、**個人の住宅**の用に供される床面積**50m²以上**でなければならない（租税特別措置法73条、同法施行令42条1項1号、41条1号）。共有で購入した場合であっても、**全体で床面積が50m²以上**であればこの軽減措置の適用を受けることができる。

❸住宅用家屋の所有権の移転登記に係る登録免許税の税率の軽減措置は、一定の要件を満たせばその住宅用家屋の敷地の用に供されている土地の所有権の移転登記についても適用される。（令3-12月-23改題）

答 ✕ 住宅用家屋の所有権の移転登記の税率の軽減措置の適用対象は、**住宅用家屋だけ**である（租税特別措置法73条、同法施行令42条1項）。土地の売買による所有権の移転登記等は、**別に**税率の軽減措置が**設けられている**（租税特別措置法72条1項）。

❹住宅用家屋の所有権の移転登記に係る登録免許税の税率の軽減措置は、住宅用家屋を相続により取得した場合に受ける所有権の移転登記についても適用される。（令2-12月-23改題）

答 ✕ 住宅用家屋の所有権の移転登記の税率の軽減措置の適用対象となる登記原因は、**売買又は競落**に限られる（租税特別措置法73条、同法施行令42条3項）。

❺過去に住宅用家屋の所有権の移転登記に係る登録免許税の税率の軽減措置の適用を受けたことがある者は、再度この措置の適用を受けることはできない。（令2-12月-23改題）

答 ✕ 適用回数に制限は**設けられていない**（租税特別措置法73条）。

まずは特例手前までを
理解する！ 所得税その 1

令和 6 年度では「国税」のうち「所得税」か「登録免許税」の出題可能性が高い。
所得税で押さえたい内容は大きく「譲渡所得の計算方法」と「特例」に分けられる
が、ここでは「譲渡所得の計算方法」までを確認する。

❶ 所得税の課税主体・課税客体

プラスα

所得は、収入から諸々
のかかった費用を差
し引いた**純粋なプラ
ス財産**と考えよう。
これにかかる税金で
ある。

　所得税は、1 年間に得た**個人の所得に対して国が課税する税
である**。所得は、性質によって次の 10 種類に分かれ、それぞれ
の所得について、収入や必要経費の範囲あるいは所得の計算方
法などが定められている。

◆ 10 種類の所得

プラスα

試験では、主に⑧の
譲渡所得について出
題されているので、
譲渡所得に絞って解
説をする。

①利子所得	②配当所得	③不動産所得	④事業所得
⑤給与所得	⑥退職所得	⑦山林所得	**⑧譲渡所得**
⑨一時所得	⑩雑所得		

❷ 譲渡所得

（1）譲渡所得とは

　譲渡所得とは、土地、建物、株式、ゴルフ会員権などの**資産
の譲渡による所得をいう**（所得税法 33 条 1 項）。例えば、2,000
万円で譲り受けた土地を 2,500 万円で譲渡した場合、500 万円
の差益が生じるが、この 500 万円の利得が譲渡所得となり、所
得税が課税される。

過 平 29-23

プラスα

右の例は「④事業所
得」となる。

　ただし、**事業用の商品などのたな卸資産**（これに準ずる資産
として政令で定めるものを含む）**の譲渡その他営利を目的とし
て継続的に行われる資産の譲渡による所得は、譲渡所得に含ま**

れない（同条2項1号）。

（2）建物等の所有を目的とする借地権・地役権の設定の対価

　不動産**「賃貸」**による所得は、原則として「**③不動産所得**」となり、譲渡所得とはならない（所得税法26条1項）。

　しかし、**建物若しくは構築物の全部の所有を目的とする借地権又は地役権の設定の場合、対価として支払を受ける権利金などの金額が、土地価額の10分の5に相当する金額を超えるときは、資産の譲渡とみなされ、譲渡所得として課税される**（同法33条1項、同法施行令79条1項1号）。この場合、借地権の設定であっても、**不動産所得として課税されない**。

（3）譲渡所得税額の計算方法（土地・建物の譲渡の場合）

　譲渡所得税額は、土地・建物の譲渡の場合、算出した課税譲渡所得金額に、税率をかけて計算する。問題はこの計算の基礎となる「**課税譲渡所得金額**」の出し方だ。

$$\boxed{課税譲渡所得金額} \times \boxed{税\ 率} = \boxed{税\ 額}$$

（4）課税譲渡所得金額の計算方法（土地・建物の譲渡の場合）

　課税譲渡所得金額は、土地や建物を売った金額から取得費と譲渡費用、特別控除額を差し引いて計算する（所得税法33条3項柱書）。

　収入金額とは、土地や建物を譲渡したことで**買主から受け取る金銭の額**であり（同法36条1項）、**取得費とは、譲渡した土地や建物を購入したときの購入代金や、購入手数料などの資産**

過 令3（10月）-23、平29-23

プラスα
よくわからない部分があると思うが、まずは最後まで読み進めてほしい。

7章
税
法

プラスα
「譲渡費用」には、土地や建物を譲渡するために支出した費用で、仲介手数料、売買契約書の印紙代などがある。

過 令3（10月）-23

平29-23

の取得に要した金額に、その後支出した改良費、設備費を加えた合計額である（同法38条1項）。

　なお、**贈与、相続（限定承認に係るものを除く）又は遺贈（包括遺贈のうち限定承認に係るものを除く）により取得した譲渡所得の基因となる資産を譲渡した場合における譲渡所得の金額の計算については、前所有者が引き続き、その資産を所有していたものとみなされる**（所得税法60条1項1号、59条1項1号）。

　つまり、相続等により資産を取得した場合、**前所有者（被相続人など）の取得費等を相続人などが引き継いだものとみなして譲渡所得の金額が計算される。**

プラスα

例えば、相続で土地を取得した場合、「被」相続人のところでかかった取得費等が計算の基礎となる。よって、相続人の取得費は、相続時の土地の価額に相当する額になるといったことはない。

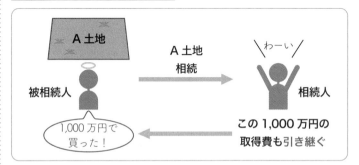

（5）短期譲渡所得と長期譲渡所得

　ここまで「譲渡所得」は1種類であるかのように話をしてきたが、実は**土地や建物の譲渡所得**には**「長期譲渡所得」と「短期譲渡所得」の2種類**がある。

　長期譲渡所得とは、譲渡した年の1月1日現在で所有期間が5年を超える土地・建物を譲渡したことによる所得をいい、**短期譲渡所得とは、譲渡した年の1月1日現在で所有期間が5年以下の土地・建物を譲渡**したことによる所得をいう（所得税法33条3項1号、2号）。

要するに、**長い期間、所有していた不動産を売って得た利益が「長期譲渡所得」**、短期間所有していた不動産を売って得た利益が「**短期譲渡所得**」になるということだ。

そして、この2つの譲渡所得は、それぞれ適用される税率が異なる（短期譲渡所得のほうが税率は高い）。

つまり、**土地・建物の譲渡所得は、**他の所得（給与所得など）と合計せず、**分離して計算する分離課税制度が採用されており、**譲渡所得の税額は、次のように計算する。

> ①**長期譲渡所得：課税長期譲渡所得金額×15％**
> ②**短期譲渡所得：課税短期譲渡所得金額×30％**

（6）譲渡所得の特別控除額

次に「特別控除」の話だ。

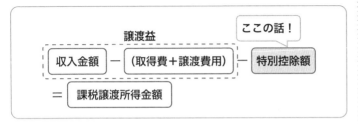

譲渡所得では、譲渡年の長期の譲渡益と短期の譲渡益の合計額に対して**50万円が特別控除**される。ただし、譲渡益の合計額が50万円以下であれば、その金額までの控除となる（所得税法33条4項）。

そして、**譲渡益から特別控除をする場合、まずは譲渡益のうち、政令で定めるもの以外の資産の取得の日以後5年以内にされたものによる所得に係る部分の金額から控除し、なお控除しきれない特別控除がある場合には、それ以外の資産の譲渡による所得から控除する**（同条5項）。

つまり、**譲渡年に短期と長期の譲渡益があるときは、先に短期の譲渡益から50万円を控除する**ということだ。

（7）生活に通常必要でない資産の災害による損失の控除

居住者が、災害又は盗難若しくは横領により、生活に通常必要でない一定の資産について受けた損失の金額は、その者のそ

プラスα
譲渡益が30万円ならば、30万円が控除されるということだ。

過 令3（10月）-23

過 平29-23

7章
税
法

の損失を受けた日の属する年分又はその翌年分の譲渡所得の金額の計算上控除すべき金額とみなされる（所得税法62条1項）。

生活に通常必要でない資産とは、通常居住の用に供しない家屋で主として趣味、娯楽又は保養の用に供する目的で所有する資産いい、別荘などがこれに当たる（同法施行令178条1項2号）。

例えば、別荘を譲渡した場合、災害等の損失分を控除できるということだ。

❸ 所得税の課税標準

令3（10月）-23

「短期」譲渡所得の金額は全額が課税の対象になるが、「長期」譲渡所得の金額はその2分の1が課税の対象になる（所得税法22条2項2号）。

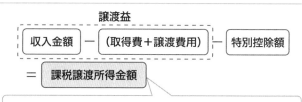

譲渡益

収入金額 －（取得費＋譲渡費用）－ 特別控除額

＝ 課税譲渡所得金額

「課税譲渡所得金額」に「税率」を適用することで、税額が決まる。
「長期」譲渡所得については、この「課税譲渡所得金額」が2分の1になるということ。

❹ 土地・建物の譲渡所得に対する税率

土地・建物の譲渡所得に対しては、原則として、次の税率で所得税が課税される（租税特別措置法31条1項、32条1項）。

①長期譲渡所得：100分の15（15%）
②短期譲渡所得：100分の30（30%）

色々とあって出した「課税譲渡所得金額」に対し、上記の税率を適用して、具体的な税金額が決まる。ここまでの話をまとめよう！

ポイント Ⅰ 所得税のポイント（その1）

①譲渡所得税は、**売買等で得た利益への税**である。

➡ **継続的な営業**で行っていれば、**事業所得**として課税。

➡ **賃貸は、不動産所得**として課税。

　ただし、建物所有目的等の借地権・地役権の場合、対価として支払を受ける権利金が、土地価額の10分の5を超えるときは、譲渡所得として課税。

②譲渡所得の税額は、**課税譲渡所得金額 × 税率**で決まる。

⬇

課税譲渡所得金額は、以下の計算で決まる。

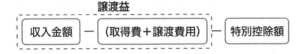

$$\underbrace{\boxed{収入金額} - \boxed{（取得費＋譲渡費用）}}_{譲渡益} - \boxed{特別控除額}$$

〔取得費について〕

・資産の改良費や設備費も**含まれる**！

・**相続**や**贈与**等による資産の取得の場合、**前所有者**の取得費で計算する！

〔特別控除について〕

・土地建物の譲渡には、長期譲渡所得と短期譲渡所得があり、特別控除は先に**短期**から控除する（最大50万円）。

・別荘等の通常は生活に必要でない資産について、**災害**で損失があった場合、その損失分も控除できる。

③**長期**譲渡所得は、**課税譲渡所得金額の2分の1**が課税標準となる。

プラスα

ここまでの話に加えて、所得税ではいくつかの特例措置がある。次テーマから確認しよう。

7章 税 法

❶建物の所有を目的とする土地の賃借権の設定の対価として支払を受ける権利金の金額が、その土地の価額の 10 分の 5 に相当する金額を超えるときは、不動産所得として課税される。(平 29-23)

答 ✕　本問の場合、**譲渡所得**として課税される（所得税法 33 条 1 項、同法施行令 79 条 1 項 1 号）。不動産所得として課税**されない**。

❷譲渡所得とは資産の譲渡による所得をいうので、不動産業者である個人が営利を目的として継続的に行っている土地の譲渡による所得は、譲渡所得として課税される。(平 29-23)

答 ✕　たな卸資産の譲渡や**営利を目的**として**継続的**に行われる資産の譲渡による所得は、譲渡所得に**含まれない**（所得税法 33 条 2 項 1 号）。**事業所得**となる。

❸譲渡所得の金額の計算上、資産の譲渡に係る総収入金額から控除する資産の取得費には、その資産の取得時に支出した購入代金や購入手数料の金額は含まれるが、その資産の取得後に支出した設備費及び改良費の額は含まれない。(令 3-10 月 -23)

答 ✕　譲渡所得額の計算上控除する資産の取得費には、別段の定めがあるものを除き、資産の取得に要した金額並びに**設備費及び改良費の額が含まれる**（所得税法 38 条 1 項）。

❹譲渡所得の特別控除額（50 万円）は、譲渡益のうち、まず、資産の取得の日以後 5 年以内にされた譲渡による所得で政令で定めるものに該当しないものに係る部分の金額から控除し、なお控除しきれない特別控除額がある場合には、それ以外の譲渡による所得に係る部分の金額から控除する。(令 3-10 月 -23)

答 〇　本問の記述のとおりである（所得税法 33 条 3 項 1 号、2 号、5 項）。

❺個人が台風により主として保養の用に供する目的で所有する別荘について受けた損失の金額（保険金等により補てんされる部分の金額を除く。）は、その損失を受けた日の属する年分又はその翌年分の譲渡所得の金額の計算上控除される。(平 29-23)

答 〇　本問の記述のとおりである（所得税法施行令 178 条 1 項 2 号）。

❻居住者がその取得の日以後 5 年以内に固定資産を譲渡した場合には、譲渡益から譲渡所得の特別控除額（50 万円）を控除した後の譲渡所得の金額の 2 分の 1 に相当する金額が課税標準とされる。(令 3-10 月 -23)

答 ✕　本問の取扱いは、**長期譲渡所得**だけに行われる（所得税法 22 条 2 項 2 号）。

その他の特例等は、大まかな概要と重複適用を押さえる！ 所得税その2

重要度 A

所得税の特例措置も出題されるが、大まかな内容を押さえていれば判断できるものが多い。それぞれの内容は、「特例措置の重複適用ができるか？」という判断ができる程度に押さえていれば十分である。

❶ 所得税に関する特例措置

　前テーマでも課税譲渡所得金額に対する2つの特別控除（譲渡所得の特別控除50万円、災害による損失）の話をしたが、それ以外にも特例措置がある。それぞれの特例措置について確認していくが、税額計算上の位置づけは以下のとおりである。

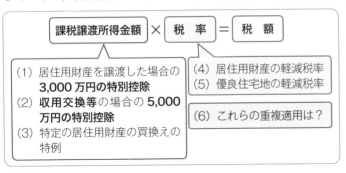

（1）居住用財産を譲渡した場合の3,000万円の特別控除

　個人が居住している建物やその敷地を譲渡し、譲渡利益が生じた場合、所有期間の長短に関係なく、譲渡所得から最高3,000万円まで控除できる特例がある（租税特別措置法35条1項）。まずは具体例で、この特別控除のイメージを把握してほしい。

《例》①

譲渡利益が3,000万円以下の場合

土地・建物の譲渡価額（収入金額）が4,000万円、取得費が2,000万円、譲渡費用が500万円である場合、譲渡益で

プラスα

特例措置のうち、重要なのは、(1) 居住用財産を譲渡した場合の3,000万円の特別控除と、(4) 居住用財産の軽減税率、そして、その後に解説する「特例措置の適用関係（重複適用の可否）」である。

7章

税法

ある 1,500 万円から 3,000 万円が特別控除される。その結果、課税譲渡所得が**ない**ことになり、所得税は課税**されない**。

《例》②

譲渡利益が 3,000 万円超の場合

土地・建物の譲渡価額（収入金額）が 6,000 万円、取得費が 2,000 万円、譲渡費用が 500 万円である場合、譲渡益である 3,500 万円から 3,000 万円が特別控除され、課税譲渡所得は **500** 万円となる。

そして問題は、この**特別控除の適用要件**である。ポイントは次のとおりだ（同条 2 項）。

◆ 3,000 万円の特別控除の適用要件

①**現に居住の用に供している**一定の**家屋の譲渡**又は居住用家屋とともにする**その敷地の用に供されている土地**若しくは**その土地上に存する権利の譲渡**をした場合であること。

→現に住んでいる家屋を売るか、家屋とともにその敷地や借地権を売った場合でなければならないということ。

②**譲渡する居住用家屋が居住の用に供されなくなった日から 3 年を経過する日の属する年の 12 月 31 日までの間に家屋又は土地の上に存する権利を譲渡**した場合であること。

→以前に住んでいた家屋や敷地などの譲渡の場合、住まなくなった日から 3 年を経過する日の**属する年の 12 月 31 日までに売ることが必要**ということ。

逆に、この**特別控除の適用が受けられない**場合のポイントは、次のとおりだ（同条 2 項柱書、1 号、同法施行令 23 条 2 項、20 条の 3 第 1 項各号）。

①**譲渡年の前年又は前々年に、この特例や特定の居住用財産の買換え特例などの適用を受けている場合**

過 令元 -23

426

②配偶者その他の当該個人と政令で定める**特別の関係**がある者に対する譲渡の場合

➡ **譲受人**が、**配偶者、直系血族、生計を同じくする親族**などであれば、この特例の適用を受けることはできない。

令元 -23

(2) 収用交換等の場合の 5,000 万円の特別控除

　この特例は、公共事業のために**土地などが収用**された場合などに、**その補償金の課税譲渡所得から最高 5,000 万円までの特別控除**を行う特例である（租税特別措置法 33 条の 4 第 1 項）。

　この他、収用等の場合の課税の特例には、**収用等に伴い代替資産を取得**した場合の課税の繰り延べ特例などがあるが、上記の **5,000 万円までの特別控除**とは別のものである。

(3) 特定の居住用財産の買換え特例

①特定の居住用財産の買換え特例とは

　居住用財産（譲渡資産）**を譲渡して、代わりの居住用財産**（買換資産）**に買い換えた場合**、一定の要件で、**譲渡益に対する課税を将来に繰り延べる**ことができる（租税特別措置法 36 条の 2 第 1 項）。

　課税の繰り延べとは、譲渡年分では譲渡益への課税を行わず、代わりに買い換えた居住用財産を将来譲渡したときまで譲渡益に対する課税を先延ばしにすることである。

> 資産を譲渡したタイミングでは課税を行わず、買換資産を譲渡したタイミングで、まとめて課税するということだ。

《例》

　1,000 万円で購入したマイホーム（居住用財産：譲渡資産）を 5,000 万円で売却し、7,000 万円のマイホーム（買換資産）に買い換えた場合

　➡ 本来であれば、4,000 万円の譲渡益が課税対象となるが、

プラスα

この特例は、425 ページの特例措置の適用関係が理解できるよう「5,000 万円の特別控除がある」という点を把握すれば十分だ。

7章
税
法

427

この特例の適用を受けることで、売却した年分で譲渡益への課税は行われず、買い換えたマイホームを将来譲渡したときまで譲渡益に対する課税が繰り延べられる。

→その結果、買い換えたマイホームを将来8,000万円で売却した場合に、売却価額8,000万円と購入価額7,000万円との差額である1,000万円の譲渡益（実際の譲渡益）に対して課税されるのではなく、実際の譲渡益1,000万円に特例の適用を受けて課税が繰り延べられていた4,000万円の譲渡益（課税繰延べ益）を加えた5,000万円が、譲渡益として課税されることになる。

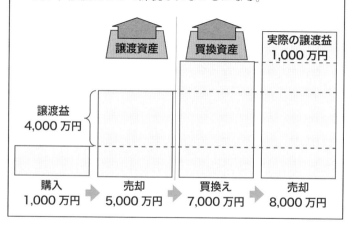

なお、売却代金よりも少ない金額で居住用財産を買い換えた場合（上記の例で、売却価格5,000万円より安い3,000万円のマイホームに買い換えた場合）には、差額（2,000万円）を収入金額として譲渡所得の金額が計算される。

買換え特例の適用要件については踏み込んだ出題がされる可能性が低いので、「適用が受けられない場合」を押さえておこう。

②特定の居住用財産の買換え特例の適用が受けられない場合

　収用等の場合の特別控除など、**他の特例の適用を受ける場合**には、特定の居住用財産の買換えの特例の適用を受けることはできない。

　また、**譲渡年、譲渡年の前年及び譲渡年の前々年に、一定の特例の適用を受けている場合には、特定の居住用財産の買換えの特例の適用を受けることはできない**（租税特別措置法36条の2第1項）。

　さらに、居住用財産を譲渡した場合の3,000万円の特別控除と同じく、**譲受人が配偶者や子や孫などの直系血族、生計を同じくする親族などの特別の関係がある者である場合にも、この特例の適用を受けることはできない**（同条項、同法施行令24条の2第1項、20条の3第1項）。

（4）居住用財産を譲渡した場合の長期譲渡所得の課税の特例

　個人が所有する一定の**居住用財産を譲渡**した場合には、**「長期」譲渡所得の税額**を本来よりも低い税率で計算する**軽減税率の特例**の適用を受けることができる（租税特別措置法31条の3第1項）。

> 425ページの（1）の特例も「居住用財産」を譲渡した場合の話だが、ここは「**長期**」譲渡所得が前提となるという違いを意識しよう。

　そして、この軽減税率の適用を受けるための要件のポイントは、次ページのとおりである（同条2項、租税特別措置法施行令20条の3第2項）。

> 居住用財産の3,000万円の特別控除と異なるのは、所有期間が**10年超**とされている点だけ、という覚え方でもよい。

プラスα

主な左の特例
①居住用財産の3,000万円の特別控除
②居住用財産を譲渡した場合の長期譲渡所得の課税の特例

7章

税

法

429

◆「長期」譲渡所得の軽減税率の特例の要件（ポイント）

①個人がその居住の用に供している家屋や敷地で政令で定めるもののうち国内にあるものを譲渡した場合であること。
　・現に自己が居住している家屋等の譲渡
　・以前居住していた家屋等の居住しなくなった日から3年を経過する日の属する年の12月31日までの譲渡
②譲渡年の1月1日において所有期間が10年を超えること。
③特定の居住用財産の買換えの特例などの他の特例の適用を受けていないこと。
　➡居住用財産を譲渡した場合の3,000万円の特別控除の特例と軽減税率の特例は、重ねて受けることができる。

　逆に、この**特例の適用を受けることができない場合のポイントは、以下のものだ**（租税特別措置法31条の3第1項柱書、同法施行令20条の3第1項各号）。

◆「長期」譲渡所得の軽減税率の特例が受けられない場合

①譲渡年の前年又は前々年において既にこの特例の適用を受けている場合
②配偶者その他の当該個人と政令で定める特別の関係がある者に対する譲渡の場合
　➡譲受人が、配偶者、子や孫などの直系血族、生計を同じくする親族などであるときは、この特例の適用を受けることはできない。

過 令元-23

プラスα
この特別控除については、そのようなものがあるという程度でよい。

(5)「優良住宅地の造成等」のために土地等を譲渡した場合の長期譲渡所得の課税の特例

　譲渡年の1月1日において、所有期間が5年を超える土地などを優良住宅地の造成等のために譲渡した場合には、分離課税

の長期譲渡所得に対する税率が軽減される（租税特別措置法31条の2第1項）。

（6）特例措置の適用関係（重複適用の可否）

ここまで確認してきた特例に関しては、適用要件を満たした場合に、2つ以上の特例を重ねて受けることができるかどうかも出題される。

これは複雑に考えず、**3,000万円の特別控除又は収用等が行われた場合の5,000万円の特別控除と、「長期」居住用財産の軽減税率の組合せだけが重ねて適用を受けることができる**と覚えておこう。

過 令元-23

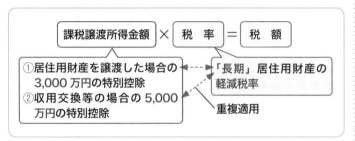

「居住用財産を譲渡した場合の3,000万円の特別控除」と「居住用財産を譲渡した場合の**長期**譲渡所得の課税の特例」は混同しないようにしよう。

（7）住宅借入金等を有する場合の所得税額の特別控除

最後にもう1つの特別控除の概要だけ触れておく。**個人が住宅ローンなどを利用して居住用家屋（マイホーム）の新築、取得又は増改築などをした場合で、令和7年12月31日までの間に自己の居住の用に供した**ときは、一定の要件を満たせば、その取得などに係る**住宅ローンなどの年末残高**（3,000万円が限度）**に応じて、居住の用に供した年分以後の各年分の所得税額から0.7%を最大13年間控除する「住宅借入金等特別控除（住宅ローン控除）」の適用を受けることができる**（租税特別措置法41条1項）。

プラスα
いわゆる「住宅ローン控除」のことである。

431

・押さえておきたい所得税の特別控除と特例措置
　①譲渡所得の 50 万円の特別控除（テーマ 5 で解説）
　②災害による損失分の控除（テーマ 5 で解説）
　③**居住用財産を譲渡**した場合の **3,000 万円の特別控除**
　④**収用交換等**の場合の **5,000 万円の特別控除**
　⑤特定の居住用財産の**買換え特例**
　⑥**居住用財産を譲渡**した場合の**「長期」譲渡所得の軽減税率**

・居住用財産を譲渡した場合の 3,000 万円の特別控除が受けられない場合
　①譲渡年の前年又は前々年に、特例の適用を受けている。
　②譲受人が、配偶者、直系血族、生計を同じくする親族など。

　　　　　　　　　　⬇

　この 2 つのケースは「長期」譲渡所得の軽減税率の特例でも受けられない！

・これらの特別控除や特例措置の重複適用ができる場合

　　　　　　　　　　⬇

　①**居住用財産を譲渡**した場合の **3,000 万円の特別控除**
　②**収用等**が行われた場合の **5,000 万円の特別控除**
　（収用等で「代替資産を取得した場合」とは区別！）

　　　　　　　　　　⬇

　　　　　　の 2 つと

　　　　　　　　　　⬇

　「長期」譲渡所得の軽減税率の組合せだけが可能。
　（他の組合せは、重複適用できない）

❶個人が令和X年中に令和X年1月1日において所有期間が10年を超える居住用財産を譲渡した場合、居住用財産の譲渡所得の3,000万円特別控除は、その個人がその個人と生計を一にしていない孫に譲渡した場合には、適用を受けることができない。（令元-23改題）

　答　**○**　居住用財産の譲渡所得の3,000万円特別控除は、適用を受けようとする個人の**配偶者**や**直系血族**などの**特別の関係がある者**に対する譲渡の場合、適用を受けることはできない（租税特別措置法35条2項1号かっこ書）。

❷個人が令和X年中に令和X年1月1日において所有期間が10年を超える居住用財産を譲渡した場合、居住用財産を譲渡した場合の軽減税率の特例は、その個人が前々年において既にその特例の適用を受けている場合であっても、令和X年中の譲渡による譲渡益について適用を受けることができる。（令元-23改題）

　答　**×**　居住用財産を譲渡した場合の軽減税率の特例は、その個人が適用を受けようとする年の**前年**又は**前々年**において既にその適用を受けている場合には、適用を受けることはできない（租税特別措置法31条の3第1項柱書）。

❸個人が令和X年中に令和X年1月1日において所有期間が10年を超える居住用財産を譲渡した場合、その譲渡について収用交換等の場合の譲渡所得等の5,000万円特別控除の適用を受ける場合であっても、その特別控除後の譲渡益について、居住用財産を譲渡した場合の軽減税率の特例の適用を受けることができる。（令元-23改題）

　答　**○**　本問の特例については、重複適用ができる（租税特別措置法33条の4、31条の3）。

❹個人が令和X年中に令和X年1月1日において所有期間が10年を超える居住用財産を譲渡した場合、その譲渡について収用等に伴い代替資産を取得した場合の課税の特例の適用を受ける場合には、その譲渡があったものとされる部分の譲渡益について、居住用財産を譲渡した場合の軽減税率の特例の適用を受けることができない。（令元-23改題）

　答　**○**　本問の特例については、重複適用が**できない**（租税特別措置法33条1項、31条の3第1項柱書）。「収用等」という問題文から「収用交換等の場合の譲渡所得等の5,000万円特別控除」と勘違いしないよう注意しよう。収用等の特例については、本問のように「代替資産を取得」した場合の課税の特例もある。

時間がなければ、捨てても OK! 贈与税のポイント

テーマ 7

贈与税は、過去10回の試験で1回しか出題されていない。他に学習すべきことは多いため、時間がなければ捨ててしまってよい。念のため、気になる人のためにポイントだけは解説しておく。

❶ 贈与税の基本的な仕組み

　贈与税は、贈与による財産の取得に対して、国が課税する税である。贈与税の課税方法には、暦年課税と相続時精算課税の2つがあり、暦年課税が原則であるが、一定の要件を満たせば、相続時精算課税を選択できる。

(1) 暦年課税

　暦年課税は、贈与を受けた年の1月1日から12月31日までの1年間に贈与を受けた財産の価額の合計額から、基礎控除額110万円を差し引いたものを課税価格として課税する制度である（相続税法21条の2第1項、21条の5、21条の7）。

> （課税価格 − 基礎控除110万円）
> ×税率（累進税率10%〜55%）＝税額

(2) 相続時精算課税

①相続時精算課税とは

　相続時精算課税制度は、原則として、60歳以上の父母又は祖父母などが、18歳以上の子又は孫などに対し財産を贈与した場合、贈与税と相続税を一体化し、贈与時の贈与税額を低くしたうえで、相続時に精算することを選択できる制度である（相続税法21条の9第1項）。

　一度、相続時精算課税を選択すると、その選択に係る贈与者

プラスα

累進税率とは、課税標準（対象金額）が大きくなるほど、税率が高くなること。贈与額が大きくなればなるほど、税率が高くなるということだ。

から贈与を受ける財産については、選択をした年分**以降すべて
この制度が適用され、暦年課税への変更ができなくなる**。

②相続時精算課税の要件など

　相続時精算課税の要件などは、次のとおりである（相続税法
21条の9第1項、2項、21条の12第1項、21条の13、28条
1項）。

◆　相続時精算課税の要件

贈与者	贈与年の1月1日現在60歳以上の父母又は祖父母など
（特定）**受贈者**	贈与を受けた年の1月1日現在18歳以上の子又は孫など
手　続	最初に贈与を受けた年の翌年の2月1日から3月15日までに、税務署長に**届出**
税　額	（課税価格－特別控除2,500万円）×20%

　相続時精算課税を選択すると、**相続時に、贈与額の累計と相
続額を合計（精算）して、相続税（10%〜55%の累進税率）が
課税される**（相続税法21条の15第1項、16条）。

---

❷ 直系尊属から住宅取得等資金の贈与を受けた場合の贈与税の非課税特例

　父母や祖父母など**直系尊属からの贈与**により、**自己の居住の
用に供する住宅用の家屋の新築、取得又は増改築など**（新築等）
の対価に充てるための金銭（住宅取得等資金）を取得した場合に、
一定の要件を満たせば、**非課税限度額までの金額について、贈
与税が非課税となる特例である**（租税特別措置法70条の2第1
項）。

　住居を買うために親から援助をしてもらう場合、一定の要件
で、一定の贈与税がかからないという特例だ。

この特例について、押さえておくべきポイントは次のとおりである。

◆ 直系尊属からの住宅取得等資金の贈与の特例

平 27-23

①**対象となる住宅用の家屋は、**相続税法の施行地である**日本国内にあるものでなければならない**（租税特別措置法70条の2第2項2号、同法施行令40条の4の2第2項柱書）。

平 27-23、
平 22-23

②この特例は、**あくまでも住宅取得等「資金」の贈与を受けた場合の特例であり、「住宅用家屋」そのものの贈与を受けた場合、受けることはできない**。

平 27-23、
平 22-23

③**贈与者の年齢要件はない**。
　➡なお、**相続時精算課税では、贈与者が 60 歳以上である**ことが必要。

平 27-23、
平 22-23

④**住宅取得等資金を取得する特定受贈者は、贈与を受けた日の属する年分の所得税に係る合計所得金額が 2,000 万円以下でなければならない**（租税特別措置法70条の2第2項1号）。

プラスα
贈与税は、平成 27 年
度と平成 22 年度で出
題されているが、こ
の特例からの出題だ。

上記④について、受贈者がお金持ちすぎてはダメということだ。

過去問題を
チェック！

❶ 直系尊属から住宅用の家屋の贈与を受けた場合でも、直系尊属から住宅取得等資金の贈与を受けた場合の贈与税の非課税の特例の適用を受けることができる。（平27-23 改題）

　答　**✕**　直系尊属から住宅取得等資金の贈与を受けた場合の贈与税の非課税の特例は、あくまでも住宅取得等「**資金**」の贈与を受けた場合の話であり、「**住宅用家屋**」そのものの贈与を受けた場合には、適用を受けることが**できない**（租税特別措置法 70 条の 2 第 1 項）。

❷ 贈与者が住宅取得等資金の贈与をした年の 1 月 1 日において 60 歳未満の場合でも、直系尊属から住宅取得等資金の贈与を受けた場合の贈与税の非課税の特例の適用を受けることができる。（平 27-23 改題）

　答　**○**　直系尊属から住宅取得等資金の贈与を受けた場合の贈与税の非課税の特例は、贈与者の年齢に**かかわりなく**適用を受けることが**できる**（租税特別措置法 70 条の 2 第 1 項）。

❸ 受贈者について、住宅取得等資金の贈与を受けた年の所得税法に定める合計所得金額が 2,000 万円を超える場合でも、直系尊属から住宅資金等の贈与を受けた場合の贈与税の非課税の特例の適用を受けることができる。（平 27-23 改題）

　答　**✕**　直系尊属からの贈与により住宅取得等資金を取得する特定受贈者は、贈与を受けた日の属する年分の所得税に係る合計所得金額が **2,000 万円以下**でなければならない（租税特別措置法 70 条の 2 第 2 項 1 号）。

❹ 日本国外に住宅用の家屋を新築した場合でも、直系尊属から住宅取得等資金の贈与を受けた場合の贈与税の非課税の特例の適用を受けることができる。（平 27-23 改題）

　答　**✕**　直系尊属から住宅取得等資金の贈与を受けた場合の贈与税の非課税の対象となる住宅用の家屋は、相続税法の施行地である**日本国内**にあるものでなければ**ならない**（租税特別措置法 70 条の 2 第 2 項 2 号、同法施行令 40 条の 4 の 2 第 2 項柱書）。

出題パターンが決まっている！不動産の鑑定評価のポイント！

重要度 **B**

不動産の価格の評定についてては例年、「不動産の鑑定評価（不動産鑑定評価基準」と「地価公示法」のいずれかが出題される。不動産の鑑定評価は出題項目がある程度決まっているので、そこを押さえれば正解できる可能性が高い。

❶ 不動産の鑑定評価で学ぶこと

プラスα

不動産の鑑定評価は、令和５年度で出題されたので、令和６年度の出題可能性は下がっている。その点で重要度はＢだ。
ただし、過去には２年連続で出題されたこともあるので、試験前に赤字部分くらいは押さえておこう。

　不動産の鑑定評価とは、不動産の経済価値を判定し、その結果を価額に表示することをいう（不動産の鑑定評価に関する法律２条１項）。ある建物や土地、その賃料の適正な価格は何かを評価するということだ。

　というのも、不動産の価格は様々な事情が影響するため、適正な価格というものが求めづらい。そこで、**どのように不動産の価格を評価していくか**という点について、**拠り所となる統一的な基準として不動産鑑定評価基準**が設けられ、この**基準の内容**が問われるということだ。

　そして、先にここで学ぶ内容を紹介しておくと、以下のものである。このうち③と⑥が頻出なので、少なくともこの２つは押さえておきたい。

◆ 不動産の鑑定評価で学ぶこと

> ①不動産の価格に関する諸原則
> ②（評価の）対象不動産の確定について
> ③（求める）不動産の価格の種類　➡頻出！
> ④（求める）不動産の賃料の種類
> ⑤地域分析と同一需給圏という用語確認
> ⑥鑑定評価の方式　➡頻出！

❷ 不動産の価格に関する諸原則

　まず、不動産鑑定評価基準は、11 の諸原則を活用すべきとしている（同基準第 4 章）。試験では「**最有効使用の原則**」だけが繰り返し出題されているため、これだけを押さえておこう。

◆ 最有効使用の原則（不動産鑑定評価基準第 4 章Ⅳ）

> **不動産の価格は、その不動産の効用が最高度に発揮される可能性に最も富む使用（最有効使用）を前提として把握される価格を標準として形成される。**
> ➡ とはいえ、**不動産についての現実の使用方法は、必ずしも最有効使用に基づいているものではなく、不合理な又は個人的な事情による使用方法のために、当該不動産が十分な効用を発揮していない場合がある**ことに留意すべきである。

過 令 2 (10 月)-25、平 30-25

プラス**α**
不動産の価格は、最高にその効用が発揮されたものとして評価すべきだが、現実はそうでもない、ということに留意しておこうということだ。

❸ 鑑定評価の基本事項

　不動産の鑑定評価に当たっては、基本的事項として、**対象不動産、価格時点、価格又は賃料の種類**を確定しなければならない（不動産鑑定評価基準第 5 章）。どの不動産に対し、どの時点の、どんな価格を求めるかを決めるということだ。

プラス**α**
「価格時点」とは、不動産価格の判定の基準日だ。

◆ 不動産鑑定評価の流れ

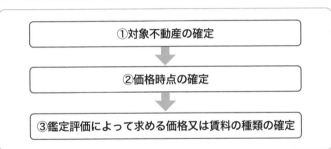

①対象不動産の確定

↓

②価格時点の確定

↓

③鑑定評価によって求める価格又は賃料の種類の確定

8 章　鑑定評価・地価公示

439

まず、ここで押さえたいことは「①対象不動産の確定」のうち、対象確定条件と調査範囲等条件というものだ。

（1）対象確定条件（不動産鑑定評価基準第5章第1節Ⅰ）

　対象確定条件とは、対象不動産の確定に当たって必要となる鑑定評価の条件のことであり、**ある不動産をどういう状態のものとして評価していくか**という話である。対象確定条件には、**依頼目的に応じて**次の条件がある。

◆ 対象確定条件の条件

> ①独立鑑定評価
>
> 　不動産が土地及び建物等の結合により構成されている場合において、その**土地のみを建物等が存しない独立のもの（更地）として鑑定評価の対象**とする。
>
> ②未竣工建物等鑑定評価
>
> 　造成に関する**工事が完了していない土地**又は建築に係る**工事（新築だけではなく増改築等を含む）**が完了していない建物について、当該工事の**完了を前提として鑑定評価の対象**とする、など。

（2）調査範囲等条件（不動産鑑定評価基準第5章第1節Ⅲ）

　通常の調査の範囲では、対象不動産の**価格への影響**の程度を判断するための**事実の確認が困難**な特定の**価格形成要因**が存する場合、価格形成要因について**調査の範囲に係る条件（調査範囲等条件）を設定**することができる。

　ただし、これは調査範囲等条件を設定しても、**鑑定評価書の利用者の利益を害するおそれがない**と判断される場合に限られる。

プラスα

例えば、土壌汚染の程度といった事実の確認は、専門家に依頼しなければならない。この場合、依頼者の事情によって、**調査範囲を限定することもできる**ということだ。

❹ 不動産の価格の種類

　評価対象となる不動産、また、どの時点の評価をするか（評価時点）が確定したとして、次に、**どのような価格を求めるのか**という問題がある。

　不動産鑑定評価基準によれば、**不動産の鑑定評価によって求める価格は、基本的には、①正常価格であるが、鑑定評価の依頼目的及び条件に応じて、②限定価格、③特定価格又は④特殊価格を求める場合があり**、これらの内容等がよく出題される（同基準第5章第3節Ⅰ）。

プラスα
この4つの価格の定義は、後述するイメージとともにキーワードを押さえておこう。

◆ 4つの不動産の価格の種類

①正常価格	**市場性を有する不動産**について、現実の社会経済情勢の下で合理的と考えられる条件を満たす市場で形成されるであろう**市場価値**を表示する適正な価格
②限定価格	**市場性を有する不動産について**、不動産と取得する他の不動産との併合又は不動産の一部を取得する際の分割等に基づき正常価格と同一の市場概念の下において形成されるであろう市場価値と乖離することにより、**市場が相対的に限定される場合**における取得部分の**当該市場限定に基づく市場価値**を適正に表示する価格
③特定価格	**市場性を有する不動産について、法令等**による社会的要請を背景とする鑑定評価目的の下で、**正常価格の前提となる諸条件を満たさないことにより**、正常価格と同一の市場概念の下において形成されるであろう市場価値と乖離することとなる場合における**不動産の経済価値**を適正に表示する価格
④特殊価格	文化財等の一般的に市場性を有しない不動産について、その利用現況等を前提とした不動産の経済価値を適正に表示する価格

過 平28-25、平30-25

過 令2 (10月)-25

8章 鑑定評価・地価公示

プラス α
①～③の価格は、対象不動産が、一応は市場に出回っている。

　まず、**①の正常価格**とは、**通常はそういう価格になるよね…**という一般的な価格のことだ。購入者に特段の事情がない場合の成立する価格という言い方もできる。これはよいであろう。

　②の限定価格とは、例えば、借地人が地主からその借地を買い取るときなどのように、**市場が相対的に限定**される場合における価格のことである。**この場合には…という限定された状態**の価格だ。

　③の特定価格も**限定された状態**の価格だが、投資家の投資採算価値を求める場合、**民事再生法**の下で、早期売却を前提とした価格を求める場合、**会社更生法又は民事再生法**の下で、現況の事業の継続を前提とした価格を求める場合などが該当する。

　③の特定価格は、民事再生を念頭にするとイメージしやすい。前提条件が正常の状態から崩れている場合だ。

　④の特殊価格は、文化財の指定を受けた建造物などについて、その**保存等に主眼**をおいた鑑定評価を行う場合であり、本当に特殊な場合だ。もちろん、**その不動産に市場性はない**。

　これらの価格のポイントは、**それぞれの価格が市場性を有する価格なのか、有しない価格なのか**である。

　例えば、正常価格、限定価格、特定価格は、市場性を有する不動産についての価格なので、文化財等の**市場性を有しない不動産について、これらの価格を求めることはない**。

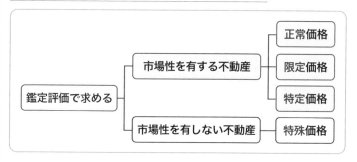

❺ 不動産の「賃料」の種類

　不動産の鑑定評価では、その不動産の賃料も評価される。賃料の価格について、**一般的には、正常賃料又は継続賃料であるが、鑑定評価の依頼目的に対応した条件により、限定賃料を求めることができる**場合がある（不動産鑑定評価基準第5章第3節Ⅱ）。

令3 (10月)-25

◆ 3つの不動産の「賃料」の価格の種類

①正常賃料	**正常価格と同一の市場概念の下**において、**新たな賃貸借等の契約において成立する**であろう経済価値を表示する適正な賃料
②限定賃料	**限定価格と同一の市場概念の下**において、**新たな賃貸借等の契約において成立する**であろう経済価値を適正に表示する賃料
③継続賃料	**不動産の賃貸借等の継続に係る特定の当事者間において成立する**であろう経済価値を適正に表示する賃料

❻ 地域分析と同一需給圏

　ここで鑑定評価に関する2つの用語の確認をする。地域分析と同一需給圏という用語だ。

　地域分析とは、その対象不動産が**どのような地域に存するか、その地域はどのような特性**を有するか、また、対象不動産に係る**市場はどのような特性**を有するか、及び**それらの特性**はその地域内の不動産の利用形態と価格形成について**全般的にどのような影響力を持っているかを分析し、判定する**ことである（不動産鑑定評価基準第6章第1節Ⅰ）。

　端的にいえば、「地域分析」という言葉のとおり、**不動産のある地域の特性を分析・判定**することだ。

　そして、地域分析に当たって特に重要な地域として「同一需給圏」というものがある。

プラスα

地域分析のほかに、対象不動産の個別的要因が対象不動産の利用形態と価格形成についてどのような影響力を持っているかを分析して、その最有効使用を判定する個別分析というものもある。

8章 鑑定評価・地価公示

平28-25

同一需給圏とは、一般に対象不動産と代替関係が成立して、その価格の形成について相互に影響を及ぼすような関係にある他の不動産の存する圏域をいい、不動産の種類、性格及び規模に応じた需要者の選好性によってその地域的範囲を異にするものであるから、その地域的範囲は狭められる場合もあれば、広域的に形成される場合もある（不動産鑑定評価基準第6章第1節Ⅱ-1（2））。

　噛み砕いていえば、**ある不動産を買おうと思っている人が「こっちもよいよね…」と迷ってしまうような別の不動産が立地している圏域**であり、**買おうと思っている人の好みによって、**同一需給圏の地域的範囲が**狭くなる**こともあれば、より**広く**なることもあるということだ。

❼ 価格を求める鑑定評価の方式

（1）鑑定評価の手法の適用

平30-25

　不動産の価格を求める鑑定評価の基本的な手法は、原価法、取引事例比較法及び収益還元法に大別され、この他これら**3手法の考え方を活用した開発法等**の手法がある（不動産鑑定評価基準第7章第1節）。

　不動産鑑定評価基準では、**これらの鑑定評価の手法の適用に**当たっては、鑑定評価の手法を**当該案件に即して適切に適用すべき**であり、この場合、地域分析及び個別分析により把握した対象不動産に係る市場の特性等を適切に反映した**複数の鑑定評価の手法を適用すべき**とされている（同基準第8章第7節）。

（2）事例の収集及び選択

平28-25

　鑑定評価の各手法の適用に当たって必要とされる**取引事例等**については、取引事情が正常なものと認められるものであるもの、又は正常なものに補正することができるものから選択すべきであるが、取引事例が売り急ぎ、買い進み等の特殊な事情を含み、これが当該事例に係る取引価格に影響していると認めら

れるときであっても、**適切な事情補正をすることにより、取引事例として選択することができる**（不動産鑑定評価基準第 7 章第 1 節Ⅲ -2（2）、3）。

プラスα

要するに、評価に際して使用する過去の取引事例は、**正常な事例でなくとも、補正ができれば使用できる**ということだ。

（3）原価法

　原価法は、価格時点における対象不動産の再調達原価を求め、この再調達原価について減価修正を行って、対象不動産の試算価格を求める手法であり、この手法による試算価格を積算価格という（不動産鑑定評価基準第 7 章第 1 節Ⅱ -1）。

　再調達原価とは、対象不動産を価格時点において再調達することを想定した場合において必要とされる**適正な原価の総額を**いい、建設資材、工法等の変遷により、**対象不動産の再調達原価を求めることが困難な場合**には、**対象不動産と同等の有用性を持つものに置き換えて求めた原価（置換原価）が再調達原価とみなされる**（同節Ⅱ -2（1））。

令 5-25、令 2（10 月）-25

令 3（10 月）-25

再調整原価とは、既にある不動産をもう**一度、調達する**とした場合にどれだけお金がかかるかという価格である。
また、**減価修正**とは、既にある不動産の**経年劣化**による**価値の減少分を差し引く**作業のことと考えよう。

　そして、**原価法は、対象不動産が建物又は建物及びその敷地である場合**において、**再調達原価の把握及び減価修正を適切に行うことができるときに有効である。**
　また、**対象不動産が土地のみの場合**にも、**再調達原価を適切に求めることができるときは、適用できる**（同節Ⅱ -1）。

令 5-25

原価法は「再調達原価＋減価修正」を行うものなので、これらが適切に行えれば適用できると考えよう。

（4）取引事例比較法

プラスα
取引事例比較法は、近隣地域や同一需給圏内の類似地域等で類似の取引が行われている場合などに有効だ。

　取引事例比較法は、まず**多数の取引事例を収集**して、**適切な事例の選択**を行い、これらに係る取引価格に必要に応じて**事情補正及び時点修正を行い**、かつ、**地域要因の比較及び個別的要因の比較**を行って求められた価格を比較考量し、これによって**対象不動産の試算価格を求める**手法であり、**この手法による試算価格を比準価格という**（不動産鑑定評価基準第7章第1節Ⅲ-1）。

　事情補正とは、取引事例が特殊な事情を含み、これが当該事例に係る取引価格に影響していると認められるときに、**適切な補正を行う**ことである（同節Ⅲ-2（2））。

過 令5-25、令3（10月）-25

プラスα
例えば、取引事例が割安な価格で売り急ぎ、割高な価格で買い進められたようなときに行う補正である。

　一方、**時点修正は、取引事例に係る取引の時点が価格時点と異なる**ことにより、**その間に価格水準の変動がある**と認められるときに、当該事例の価格を**価格時点の価格に修正することである**（同節Ⅲ-2（2））。

（5）収益還元法

過 平30-25、平28-25

　収益還元法は、対象不動産が将来生み出すであろうと期待される純収益の現在価値の総和を求めることにより対象不動産の試算価格を求める手法であり、この手法による試算価格を収益価格という（不動産鑑定評価基準第7章第1節Ⅳ-1）。

プラスα
「収益」還元法というくらいなので、**賃貸用**不動産やそれ以外の事業の用に供するといった、**収益を生むケースに有用**と考えよう。

　収益還元法は、文化財の指定を受けた建造物等の一般的に市場性を有しない不動産以外のものには、基本的にすべて適用すべきものであり、賃貸用不動産又は賃貸以外の事業の用に供する不動産の価格を求める場合に特に有効である。自用の不動産といえども、賃貸を想定することにより適用される。

　なお、収益還元法には、ある一定期間の純収益を還元利回りで割ることで収益価格を求める直接還元法と、連続する複数の

期間に発生する純収益を、その発生時期に応じて現在価値へ換算し、それらの価値を合計するDCF法がある（同節Ⅳ-2）。

ポイント　Ⅰ　特に押さえておきたい鑑定評価のポイント

・4つの不動産の価格の種類
　　⇒ **正常価格、限定価格、特定価格、特殊価格。**
　　⇒ **この中で市場性を有しない不動産の価格は、特殊価格（文化財等）。**
　　⇒ **民事再生等を前提にした価格は、特定価格。**

・鑑定評価の基本的な3つの手法
　　⇒ **原価法、取引事例比較法、収益還元法。**
　　⇒ **これらの手法は、複数を用いるべき**とされる。

・原価法は、価格時点における**対象不動産の再調達原価を求め、この再調達原価について減価修正を行って**、対象不動産の試算価格を求める手法。
　　⇒ **再調達原価と減価修正が適切に行えれば、適用できる。**
　　⇒ **土地のみにも適用できる。**
　　⇒ **自用の不動産にも適用できる。**
　　⇒ **市場性を有しない不動産（文化財等）以外の不動産には、基本的にすべて適用すべき**である。

❶ 不動産の価格は、その不動産の効用が最高度に発揮される可能性に最も富む使用を前提として把握される価格を標準として形成されるが、不動産についての現実の使用方法は当該不動産が十分な効用を発揮していない場合があることに留意すべきである。（令 2-10 月 -25）

　　答　〇　本問の記述のとおりである（不動産鑑定評価基準第 4 章Ⅳ）。

❷ 不動産の鑑定評価によって求める価格は、基本的には正常価格であるが、市場性を有しない不動産については、鑑定評価の依頼目的及び条件に応じて限定価格、特定価格又は特殊価格を求める場合がある。（平 28-25）

　　答　✕　不動産の鑑定評価で価格は、基本的には**正常価格**であるが（不動産鑑定評価基準第 5 章第 3 節Ⅰ）、限定価格と特定価格は市場性を**有する**不動産についての価格であり、市場性を有しない不動産について求めることは**ない**（同節Ⅰ-2、Ⅰ-3）。

❸ 限定価格とは、市場性を有する不動産について、法令等による社会的要請を背景とする鑑定評価目的の下で、正常価格の前提となる諸条件を満たさないことにより正常価格と同一の市場概念の下において形成されるであろう市場価値と乖離することとなる場合における不動産の経済価値を適正に表示する価格のことをいい、民事再生法に基づく鑑定評価目的の下で、早期売却を前提として求められる価格が例としてあげられる。（平 30-25）

　　答　✕　本問の価格は、**特定価格**である（不動産鑑定評価基準第 5 章第 3 節Ⅰ-3）。

❹ 特殊価格とは、一般的に市場性を有しない不動産について、その利用現況等を前提とした不動産の経済価値を適正に表示する価格をいい、例としては、文化財の指定を受けた建造物について、その保存等に主眼をおいた鑑定評価を行う場合において求められる価格があげられる。（令 2-10 月 -25）

　　答　〇　本問の記述のとおりである（不動産鑑定評価基準第 5 章第 3 節Ⅰ-4）。

❺ 不動産の鑑定評価によって求める賃料は、一般的には正常賃料又は継続賃料であるが、鑑定評価の依頼目的に対応した条件により限定賃料を求めることができる場合がある。（令 3-10 月 -25）

　　答　〇　本問の記述のとおりである（不動産鑑定評価基準第 5 章第 3 節Ⅱ）。

過去問題を
チェック！

❻鑑定評価の基本的な手法は、原価法、取引事例比較法及び収益還元法に大別され、実際の鑑定評価に際しては、地域分析及び個別分析により把握した対象不動産に係る市場の特性等を適切に反映した手法をいずれか1つ選択して、適用すべきである。（平30-25）

　🈸 ✕　前半は**正しい**が（不動産鑑定評価基準第7章第1節）、これらの手法は、**複数**の鑑定評価の手法を適用すべきとされている（同基準第8章第7節）。

❼原価法は、対象不動産が建物及びその敷地である場合において、再調達原価の把握及び減価修正を適切に行うことができるときに有効な手法であるが、対象不動産が土地のみである場合には、この手法を適用することはできない。（令2-10月-25）

　🈸 ✕　対象不動産が土地のみである場合でも、再調達原価を適切に求めることができるときは、この手法を適用**できる**（不動産鑑定評価基準第7章第1節Ⅱ-1）。

❽対象不動産を価格時点において再調達することを想定した場合において必要とされる適正な原価の総額を再調達原価というが、建設資材、工法等の変遷により、対象不動産の再調達原価を求めることが困難な場合には、対象不動産と同等の有用性を持つものに置き換えて求めた原価を再調達原価とみなすものとする。（令3-10月-25）

　🈸 ◯　本問の記述の**とおり**である（不動産鑑定評価基準第7章第1節Ⅱ-2(1)）。

❾取引事例等に係る取引が特殊な事情を含み、これが当該取引事例等に係る価格等に影響を及ぼしている場合に、適切に補正することを時点修正という。（令3-10月-25）

　🈸 ✕　本問の内容は、**事情補正**である（不動産鑑定評価基準第7章第1節Ⅰ-3）。

❿収益還元法は、対象不動産が将来生み出すであろうと期待される純収益の現在価値の総和を求めることにより対象不動産の試算価格を求める手法であるが、市場における土地の取引価格の上昇が著しいときは、その価格と収益価格との乖離が増大するものであるため、この手法の適用は避けるべきである。（平28-25）

　🈸 ✕　前半は**正しい**が、市場における不動産の取引価格の上昇が著しいときは、取引価格と収益価格との乖離が増大するので、先走りがちな取引価格に対する有力な検証手段として、収益還元法が活用**されるべき**である（不動産鑑定評価基準第7章第1節Ⅳ-1）。

テーマ 2 標準地をどこから選び、どう評価するか　地価公示法のポイント

地価公示法も同一論点が繰り返し出題されているので、学習の的を絞りやすいテーマだ。令和5年度では「不動産鑑定評価」が出題されたので、令和6年度は地価公示法の出題可能性が高い。ここで紹介する内容は押さえておこう。

プラスα

土地売買を行う者のため、取引の指標となる正常な地価を定期的に公示する制度だ。

令3 (12月)-25

❶ 似ているサンプル（標準地）を売買の参考に！

　地価公示とは、地価公示法に基づき、国土交通省の土地鑑定委員会が毎年1月1日時点で設定した標準地（調査地点）の地価の正常な価格を公示する制度である。

　地価公示法は1条において、都市及びその周辺の地域等において、標準地を選定し、その正常な価格を公示することにより、一般の土地の取引価格に対して指標を与え、及び公共の利益となる事業の用に供する土地に対する適正な補償金の額の算定等に資し、もって適正な地価の形成に寄与することを目的とするとしている。

令元-25

　そして、地価公示法は、都市及びその周辺の地域等において、土地の取引を行う者は、取引の対象土地に類似する利用価値を有すると認められる標準地について公示された価格を指標として取引を行うよう努めなければならないとしている（同法1条の2）。

「類似する利用価値を有する」標準地の価格を指標とするのであり、最も近い標準地の価格を指標とするのではない。

過 平29-25

　なお、土地取引の当事者は、あくまでも公示価格を「指標として取引を行う」ことが求められているだけで、「公示された価格により」取引を行う義務までは求められていない。

❷ 地価公示の手続

　地価公示の手続は、下図のような流れで行われる。最後まで学習した後に、戻ってきて各論点の位置を確認してほしい。

◆ 地価公示の手続

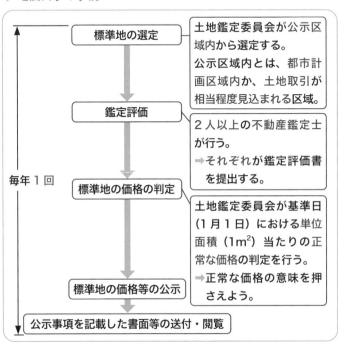

8章 鑑定評価・地価公示

❸ 標準地の選定　〜通常の環境から選ぶ〜

　標準地は、<u>土地鑑定委員会が</u>、国土交通省令で定めるところにより、自然的及び社会的条件からみて**類似の利用価値を有すると認められる地域**において、土地の**利用状況**、**環境等が通常**と認められる**一団の土地について選定する**（地価公示法3条）。

　例えば、一定の住宅地（←住宅地という類似の利用価値）や商業地（←商業地という類似の利用価値）などの中で、**環境等が通常**であると認めた**一団の土地**が、**標準地に選定**される。

　また、この**標準地は公示区域内から選定**されるが、**公示区域**

 令2(12月)-25、令元-25、平29-25

令4-25、令元-25、平27-25

451

とは、都市計画区域その他の土地取引が相当程度見込まれるものとして国土交通省令で定める区域をいい、国土利用計画法で指定された規制区域は、公示区域から除外される（同法2条1項）。

❹ 2人以上の不動産鑑定士による鑑定評価

　公示区域内から標準地が選定されれば、標準地についての正常な価格を公示するために鑑定評価が行われる。ここはポイントで確認してしまおう。

ポイント I 鑑定評価のポイント

①鑑定評価は、**2人以上の不動産鑑定士が行う**（地価公示法2条1項）。

②**近傍類地の取引価格から算定される推定価格、近傍類地の地代等から算定される推定価格及び同等の効用を有する土地の造成に要する推定の費用額を勘案**して鑑定評価する（同法4条）。

③鑑定評価の準則として、**公示区域内の土地について鑑定評価を行う場合に正常な価格を求めるときは、公示価格を規準としなければならない**（同法8条）。

→ **「規準とする」とは、標準地の公示価格と対象土地の価格との間に均衡を保たせること**を意味する（同法11条）。

→ **実際の取引価格を規準とはしない。**

> 標準地は「公示区域」から選定されるので、地価が公示されており、その地価との均衡を保つようにするということだ。

④鑑定評価が終われば、**土地鑑定委員会に対して、それぞれが鑑定評価額などを記載した鑑定評価書を提出しなければならない**（同法5条）。

→ **連名で提出するわけではない。**

プラスα
公示区域は、地価が公示される「区域」であり、その中から取引の指標となる「標準地」が選定される。

 平27-25

 令3 (12月)-25

過 令4-25、令3 (12月)-25

過 令2 (12月)-25

❺ 標準地の価格の判定など

　鑑定評価が終わると、土地鑑定委員会により、その結果についての審査が行われる。**土地鑑定委員会は、公示区域内の標準地について、毎年１回、２人以上の不動産鑑定士の鑑定評価を求め、その結果を審査し、必要な調整を行って、基準日（１月１日）における当該標準地の単位面積（1m²）当たりの正常な価格を判定し、公示する**(地価公示法２条１項、同法施行規則２条)。

 平 27-25

　ここでいう**正常な価格とは、土地について、自由な取引が行われた場合において、通常成立すると認められる価格**をいう。

 平 27-25

　そして、**ここにいう取引には、農地、採草放牧地、森林を、これらのもの以外のもの（住宅地など）にするための取引も含まれる**（地価公示法２条２項）。

　また、**①当該土地に建物その他の定着物がある場合、又は②当該土地に関して地上権その他当該土地の使用若しくは収益を制限する権利が存する場合には、これらの定着物又は権利が存しないものとして、通常成立すると認められる価格が正常な価格となる。**

 令 4-25、令元 -25、平 29-25

土地上に建物等があったり、土地が地上権等で制限されていても、更地として価格を判定するということだ。

❻ 標準地の価格等の公示・閲覧など

（１）標準地の価格等の公示

　土地鑑定委員会は、標準地の単位面積当たりの正常な価格を判定したときは、速やかに、次ページの事項を官報で公示しなければならない（地価公示法６条）。

プラスα

価格の「総額」や前回公示からの**変化率**などは公示事項ではない。

◆ 土地鑑定委員会が公示すべき事項

①標準地の所在の郡、市、区、町村及び字並びに地番
②標準地の**単位面積当たり**の**価格**
③価格判定の**基準日**
④標準地の**地積及び形状**
⑤標準地及びその周辺の土地の利用の現況
⑥その他国土交通省令で定める事項

令4-25、令2(12月)-25、平29-25、平27-25

（2）公示事項を記載した書面等の閲覧

　関係市町村の長は、政令で定めるところにより、**土地鑑定委員会が公示した事項のうち、当該市町村が属する都道府県に存する標準地に係る部分を記載した書面及び当該標準地の所在を表示する図面を当該市町村の事務所において一般の閲覧に供しなければならない**（地価公示法 7 条 2 項、1 項）。

❼ 公示価格の効力

　地価公示がされると、450 ページで述べたように、**土地取引を行う者は、取引の対象土地に類似する利用価値を有すると認められる標準地の公示価格を指標として取引を行うよう努めなければならない**。

　また、**土地収用法**その他の法律によって**土地を収用する事業を行う者は**、公示区域内の土地を取得する場合などにおいて、**その土地の取得価格を定めるときは、公示価格を規準としなければならない**とされている（地価公示法 9 条）。ただし、必ずしも公示価格と同額としなければならない**わけではない**。

　さらに、公示区域内の土地について、当該土地に対する土地収用事業の認定の告示の時における相当な価格を算定するときは、公示価格を規準として算定した当該土地の価格を考慮しなければならないとされている（同法 10 条）。

過去問題を
チェック！

❶土地の取引を行なう者は、取引の対象となる土地が標準地である場合には、当該標準地について公示された価格により取引を行なう義務を有する。（平 29-25）

答　✕　公示価格を**指標**として取引を行うよう**努めなければならないが**（地価公示法 1 条の 2）、公示価格により取引を行う**義務はない**。

❷都市及びその周辺の地域等において、土地の取引を行う者は、取引の対象土地から最も近傍の標準地について公示された価格を指標として取引を行うよう努めなければならない。（令元 -25）

答　✕　取引の対象土地から「最も近傍」の標準地の公示価格を指標とする**のではなく**、取引の対象土地に**類似する**利用価値を有すると認められる標準地の公示価格を指標として取引を行うよう努めなければならない（地価公示法 1 条の 2）。

❸土地鑑定委員会は、自然的及び社会的条件からみて類似の利用価値を有すると認められる地域において、土地の利用状況、環境等が特に良好と認められる一団の土地について標準地を選定する。（令元 -25）

答　✕　標準地は、土地の利用状況、環境等が**通常**と認められる一団の土地について選定する（地価公示法 3 条）。「特に良好」と認められる一団の土地で**はない**。

❹土地鑑定委員会は、その土地に地上権が存する場合であっても、標準地として選定することができる。（令 2-12 月 -25）

答　〇　本問の記述のとおりである。

❺標準地は、都市計画区域外や国土利用計画法の規定により指定された規制区域内からは選定されない。（令元 -25）

答　✕　標準地は、**土地取引が相当程度見込まれる**区域であれば、都市計画区域外から選定**しうる**が、国土利用計画法の規定により指定された規制区域は**除外**されている（地価公示法 2 条 1 項）。

❻土地鑑定委員会が標準地の単位面積当たりの正常な価格を判定する際は、二人以上の不動産鑑定士の鑑定評価を求めなければならない。（平 27-25）

答　〇　本問の記述のとおりである（地価公示法 2 条 1 項）。

⑦ 土地鑑定委員会は、標準地について、2人以上の不動産鑑定士の鑑定評価を求める
ものとし、当該2人以上の不動産鑑定士は、土地鑑定委員会に対し、鑑定評価書を
連名で提出しなければならない。（令2-12月-25）

答 ✕　鑑定評価を行った2人以上の不動産鑑定士は、**それぞれが鑑定評価書を**
提出する。

⑧ 不動産鑑定士は、公示区域内の土地について鑑定評価を行う場合において、当該土
地の正常な価格を求めるときは、公示価格と実際の取引価格を規準としなければな
らない。（令3-12月-25）

答 ✕　**公示価格を規準としなければならない**のであり（地価公示法8条）、実際
の取引価格を規準とは**しない**。

⑨ 土地鑑定委員会は、公示区域内の標準地について、毎年2回、2人以上の不動産鑑
定士の鑑定評価を求め、その結果を審査し、必要な調整を行って、一定の基準日に
おける当該標準地の単位面積当たりの正常な価格を判定し、これを公示するものと
されている。（平29-25）

答 ✕　標準地の価格の判定と公示は、**毎年1回**である（地価公示法2条1項）。

⑩ 正常な価格とは、土地について、自由な取引が行われるとした場合におけるその取
引（一定の場合を除く。）において通常成立すると認められる価格をいい、当該土
地に建物がある場合には、当該建物が存するものとして通常成立すると認められる
価格をいう。（令4-25）

答 ✕　正常な価格とは、土地に建物等がある場合や土地に地上権等の制限する
権利が存する場合、これらが**ないもの**として通常成立すると認められる価格をいう（地
価公示法2条2項）。

⑪ 正常な価格とは、土地について、自由な取引が行われるとした場合におけるその取
引において通常成立すると認められる価格をいい、この「取引」には住宅地とする
ための森林の取引も含まれる。（平27-25）

答 ○　本問の記述のとおりである（地価公示法2条2項参照）。

第3編
宅建業法

※上記の各テーマのタイトルは簡略化しています。

テーマ 1 宅建業の定義を押さえることが、学習のスタート！

重要度 A

宅建業法の学習の出発点が「宅地建物取引業」の定義の理解である。この定義に関する内容は出題パターンも出尽くした感があり、「宅地」「取引」「業」の意義を押さえたうえで、過去問を反復学習しておけば確実に得点できる。

❶ 宅建業法の規制の概要

プラスα

宅建業法は、例年、20問分（1問は履行確保法）が出題される。平均的な難易度の年ならば、16〜18問程度の正解を目標にしたい。高めの目標かもしれないが、出題内容が偏っており、過去問の焼き直し的な出題が多いので、ポイントを押さえて、過去問を反復学習すれば、十分に可能だ。

　宅地建物取引業（宅建業）とは、ざっくりといえば**不動産の売買やその仲介**などを行うことであり、このような業務を営む者が、**宅地建物取引業者（宅建業者）**である。街の不動産屋さんをイメージしておけばよいだろう。

　そして、**宅建業法は**、顧客の利益を守り、円滑に業務が進められるように、**不動産取引において宅建業者が遵守すべき基本的なルール**を定めた法律だ。宅建業法の学習を始めるに当たって、どのような規制がなされているのかの概要を、業務の流れに沿って確認しておこう。

（1）宅建業者の開業まで

　宅建業については、**法定数以上の宅地建物取引士（宅建士）を設置**したうえで、国土交通大臣又は都道府県知事の免許を受けなければ、業者として業務を営むことはできない。

　また、業者と取引をした顧客がその取引により損害を受けた場合に備えて、**事務所の数に応じた営業保証金を供託**するか、保証協会に加入しなければならない。

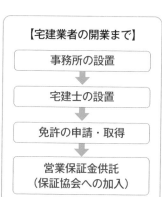

【宅建業者の開業まで】

事務所の設置
↓
宅建士の設置
↓
免許の申請・取得
↓
営業保証金供託
（保証協会への加入）

（2）宅建業者の開業後（具体的な業務）

　宅建業者の業務には、①他人が所有する物件の売買などを媒介（仲介）する場合と、②自らが所有する物件について、業者自らが売主となる場合がある。

①他人が所有する物件の売買などを媒介（仲介）する場合

　宅建業者が、顧客（売主）から依頼を受けて、売買契約の仲介をする場合などがこれに当たる。宅建業者が、依頼をした顧客との間で媒介契約を締結し、買主となる者を探して売買契約を締結する。契約前には、宅建士に重要事項の説明を行わせ、契約成立後には37条書面（いわゆる契約書面）を当事者双方に交付しなければならない。そして、契約を成立させた業者は、宅建業法の定める限度で報酬を受けとることができる。

②宅建業者自らが売主となる場合

　宅建業者が分譲マンションや建売住宅などの自社物件を販売する場合がこれに当たる。自ら売主となる場合には、販売価格に業者の利益が組み込まれているため、報酬の規制はないが、宅建業者が自ら売主となる場合に限り適用される8種類の制限がある。

プラスα

媒介契約、重要事項説明、37条書面などの詳しい内容は、この先に学習する。今は気にせず読んでいってほしい。

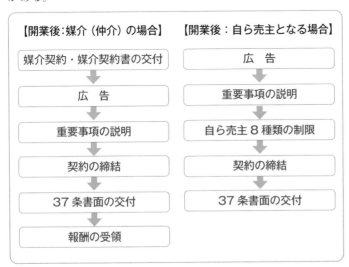

【開業後：媒介（仲介）の場合】	【開業後：自ら売主となる場合】
媒介契約・媒介契約書の交付	広告
↓	↓
広告	重要事項の説明
↓	↓
重要事項の説明	自ら売主8種類の制限
↓	↓
契約の締結	契約の締結
↓	↓
37条書面の交付	37条書面の交付
↓	
報酬の受領	

❷ 宅建業とは？

宅建業とは、文字通り**「宅地」**や**「建物」**の**「取引」**を**「業」**として行う**ことである。これらの用語の意義を正しく理解することが、宅建業法の学習の出発点だ。

(1)「宅地」の意義

宅地とは、**建物の敷地に供せられる土地**をいい、都計法の用途地域内のその他の土地で、道路、公園、河川その他政令で定める公共の用に供する施設の用に供せられているもの（広場、水路）以外のもの**である（宅建業法2条1号、同法施行令1条、解釈・運用の考え方第2条1号関係）。

プラスα
道路、公園、河川、公共用施設（広場、水路）「以外」なので、これらは「宅地」に当たらない。

簡単に言えば、**現に建物が建っている土地**や、**建物を建てる目的で取引される土地**が、**宅建業法上の「宅地」**だ。

また、用途地域は、基本的に市街化区域内に指定されるものである。よって、**用途地域内の土地**は、街中にある土地であり、現時点で建物が建っていなくても、**いずれは建物が建てられる**と考えられるから、**「宅地」に当たる**ということだ。

ただし、**道路、公園、河川、広場、水路に建物が建てられるとは考えにくい**ことから、**「宅地」から除外**されている。

ポイント Ⅰ 宅建業法の「宅地」

過 令3(12月)-34、令2(12月)-44、令元-42、平27-26

①建物の敷地に供せられる土地
- ➡ 現に建物が建っているか、（将来）建物を建てる目的で取引される土地。
- ➡ 建物の敷地に供せられる土地であれば、用途地域の内外は問われない（宅地に該当）。
- ➡ 地目、現況がどうなっているかは問わない。

過 令3(12月)-34、令2(12月)-44、令元-42

②道路、公園、河川、広場、水路以外の用途地域内の土地
- ➡ 用途地域内にあれば、農地、倉庫用地、資材置場用地も宅地である。

(2)「建物」の意義

　宅建業法には、建物の定義規定は置かれていないが、**建基法上の建築物とほぼ同じ**と考えてよい。建基法によれば、**建築物とは、土地に定着する工作物のうち、屋根及び柱若しくは壁を有するもの**をいい、これに附属する門若しくは塀、観覧のための工作物又は地下若しくは高架の工作物内に設ける事務所、店舗、倉庫などの施設も含まれる（建基法2条1号）。

　要するに、**屋根や柱、壁を備え、風雨をしのげる構造を備えていれば、「建物」に当たる**と考えよう。したがって、**学校、病院、官公庁施設等の公共的な施設も、宅建業法上の「建物」に当たる**。

プラスα
建物の一部も宅建業法上の建物に当たる。

過 令3(12月)-34

ポイント II 宅建業法の「建物」

・土地に定着する工作物のうち、屋根及び柱若しくは壁を有するもの
　➡ 学校、病院、官公庁施設等の公共的な施設も当たる。

(3)「取引」の意義

　宅建業法における**「取引」**とは、**宅地若しくは建物（建物の一部を含む）について行う次の行為**をいう（宅建業法2条2号）。

◆ 宅建業法の「取引」

①**売買、交換を自ら行う行為**
②**売買、交換、貸借の代理を行う行為**
③**売買、交換、貸借の媒介を行う行為**

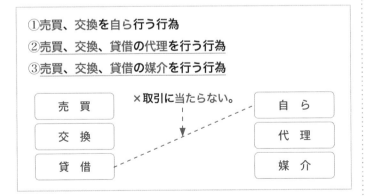

過 令5-38、
令3(12月)-34、
平30-1、平27-26

461

ポイントは、**自ら貸主として貸借を行う行為が除外**されている点だ。よって例えば、**建物を自ら賃貸人となって賃貸する行為を業として行う場合、宅建業の免許を取得する必要がない。**

(4)「業」の意義

平 27-26

　　宅地建物の取引を「業」として行うとは、①不特定多数の者を相手方として、②反復又は継続して行うことである（解釈・運用の考え方第2条2号関係1)。それぞれ確認しておこう。

①不特定多数の者を相手方とすること

　　例えば、ある企業が自社の社員だけを対象に分譲地を販売したり、ある大学が自らの大学に通う学生向けに賃貸マンションを仲介することは、不特定多数の者を相手方として**いない**ため、「業」には**当たらない。**

プラスα
ビル管理や宅地造成も、宅建業法上の取引には当たらない。

②反復又は継続して行うこと（反復継続性）

　　1回限りの取引は「業」には**当たらない。**例えば、会社員がマイホームにすべく分譲マンションを購入することは、「建物」の「取引」には当たるが、反復継続性が**ない**ため、「業」には**当たらない。**しかし、**目的物の「一部」の売買等は該当する。**

ポイント　Ⅲ　宅建業の「取引」と「業」

・**自ら貸借する場合は「取引」に当たらない。**宅建業の**免許不要。**

	自　ら	代　理	媒　介
売　買	○	○	○
交　換	○	○	○
貸　借	×	○	○

・**宅地建物の取引を「業」として行うとは？**
　①**不特定多数の者を相手方として、**
　②**反復又は継続して行うこと。**

❶宅地とは、建物の敷地に供せられる土地をいい、道路、公園、河川、広場及び水路
に供せられているものは宅地には当たらない。（令 3-12 月 -34）
　答　○　本問の記述のとおりである（宅建業法 2 条 1 号、同法施行令 1 条）。

❷宅地には、現に建物の敷地に供されている土地に限らず、将来的に建物の敷地に供
する目的で取引の対象とされる土地も含まれる。（令 2-12 月 -44）
　答　○　本問の記述のとおりである（宅建業法 2 条 1 号、解釈・運用の考え方第
2 条 1 号関係）。

❸農地は、都市計画法に規定する用途地域内に存するものであっても、宅地には該当
しない。（令 2-12 月 -44）
　答　×　用途地域内の土地であれば、道路、公園、河川、公共用施設（広場、水
路）以外の用に供するものを除いて、農地も宅地に該当する（宅建業法 2 条 1 号、
同法施行令 1 条）。

❹建物の敷地に供せられる土地であれば、都市計画法に規定する用途地域外に存する
ものであっても、宅地に該当する。（令 2-12 月 -44）
　答　○　建物の敷地に供せられる土地は、宅地に該当する（宅建業法 2 条 1 号）。
用途地域の内外は問われない。

❺都市計画法に規定する準工業地域内において、建築資材置場の用に供せられている
土地は宅地である。（令元 -42）
　答　○　用途地域内にあれば、資材置場の用に供せられている土地も宅地である。

❻建物とは、土地に定着する工作物のうち、屋根及び柱若しくは壁を有するものをい
うが、学校、病院、官公庁施設等の公共的な施設は建物には当たらない。（令 3-12
月 -34）
　答　×　学校、病院、官公庁施設等の公共的な施設は、建基法上の特殊建築物であ
るから、宅建業法上の建物に当たる（建基法 2 条 1 項）。

❼建物の一部の売買の代理を業として行う行為は、宅地建物取引業に当たらない。（令
3-12 月 -34）
　答　×　本問の行為は、宅建業に当たる（宅建業法 2 条 2 号）。

テーマ 1 免許の基準（欠格事由）はしっかり学習！ 免許その1

重要度 A

宅建業の免許は、毎年出題される最重要項目の1つだ。「免許の基準」は覚えるべき知識が多いが、過去問と本書を行き来して反復学習すれば確実に得点できるようになる。焦らずに根気よく学習しよう。

① 免許がなくても宅建業を行える場合あり

プラスα

免許を受けて宅建業を営む者を「宅建業者」という。

　宅地建物取引業（宅建業）に当たる行為をする者は、原則として、宅建業の免許を受けなければならない（宅建業法3条1項）。ただし、以下の場合は、免許なくして宅建業を営むことができる。

◆ 免許なくして宅建業を営むことができる場合

過 令3 (10月)-32

①国、地方公共団体、都市再生機構、地方住宅供給公社などには、宅建業法が全面的に適用されず、免許を受けずに宅建業を営むことができる（宅建業法78条1項など）。
　→国・地方公共団体等を「相手方」として取引をする者や、国・地方公共団体等が所有する土地・建物についての取引の「媒介や代理」を行う者には、宅建業法が適用され、免許が必要。

過 令2 (10月)-26

②信託業法の免許を受けた一定の信託会社、信託業務を兼営する金融機関には、宅建業法の免許に関する規定が適用されず、免許を受けずに宅建業を営むことができる（宅建業法77条1項、同法施行令9条2項）。
　→なお、信託会社等は、宅建業を営む旨を国土交通大臣に届け出なければならず、この届出により宅建業者とみなされる（同法77条2項、3項、同法施行令9条3項）。

❷ 無免許事業等・名義貸しの禁止

（1）無免許事業等の禁止

　宅建業の免許を受けない者は、宅建業を営んではならず（宅建業法12条1項）、宅建業を営む旨の表示をし、又は宅建業を営む目的をもって、広告をしてはならない（同条2項）。

 令元-26

（2）名義貸しの禁止

　宅建業者は、自己の名義をもって、他人に宅建業を営ませてはならず（宅建業法13条1項）、自己の名義をもって、他人に、宅建業を営む旨の表示をさせ、又は宅建業を営む目的をもってする広告をさせてはならない（同条2項）。

 令元-26

> 宅建業者は、免許のない他人に自己の宅建業を行わせたり、自己の名義であっても、他人に宅建業を営むことの表示や広告を行わせることもできないということだ。

❸ 誰の免許かは、事務所の場所で決まる

（1）誰の免許を受けなければならないか（免許権者）

　宅建業の免許には、①国土交通大臣免許と、②都道府県知事免許があり、どちらの免許を受けなければならないのかは、どこに事務所を設置するかで決まる（宅建業法3条1項）。

ポイント　Ⅰ　宅建業は誰の免許を受けるのか？

① 2以上の都道府県の区域内に事務所を設置してその事業を営もうとする場合
　➡ 国土交通大臣免許

② 1つの都道府県の区域内にのみ事務所を設置してその事業を営もうとする場合
　➡ 当該事務所の所在地を管轄する都道府県知事免許

国土交通大臣免許	甲県知事免許	乙県知事免許
甲県 事務所 ／ 乙県 事務所	甲県 事務所	乙県 事務所 事務所
2以上の都道府県の区域内に事務所を設置	1つの都道府県の区域内にのみ事務所を設置	複数の事務所すべてが1つの都道府県内にある

（2）宅建業法上の事務所

　そもそも宅建業法上の事務所とは、次のものをいう（宅建業法3条1項、同法施行令1条の2）。

◆ 宅建業法における事務所

> ①**本店**（商人以外の者：**主たる事務所**）
> ②**支店**（商人以外の者：**従たる事務所**）
> ③**継続的**に**業務を行うことができる施設**を有する場所で、**宅建業に係る契約を締結する権限を有する使用人を置くもの**

プラスα

③は、いわゆる営業所のことで、商業登記簿に登載されているかどうかは、関係ない。なお、契約を締結する権限を有する使用人とは、支店長や営業所長のことである。

 令4-26

　ここでのポイントは、**本店が宅建業を行っていなくても、いずれかの支店で宅建業を行っていれば、本店が事務所に当たる**点だ。

　これに対して、**支店は、その支店で宅建業を行っている場合に限り、事務所に当たる**（解釈・運用の考え方第3条第1項関係）。

　次ページの図のように、例えば、「甲県内」に所在する「本店」では建設業のみを行い、「乙県内」に所在する「支店」が建設業と併せて宅建業を行っている場合、本店・支店ともに、宅建業法上の事務所に当たる。

　よって、誰の免許を受けなければならないかについては、甲県と乙県内の2以上の都道府県に事務所を置くものとして、**国土交通大臣**免許を受けなければならない。

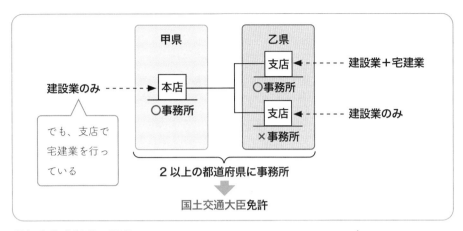

（3）免許申請書の提出

　免許を受けようとする者は、**2 以上の都道府県の区域内に事務所を設置**してその事業を営もうとする場合には、**国土交通大臣に**、**1 の都道府県の区域内にのみ**事務所を設置してその事業を営もうとする場合には、**当該事務所の所在地を管轄する都道府県知事に**、一定の事項を記載した**免許申請書を提出しなければならない**（宅建業法 4 条 1 項）。

❹　免許の基準

　宅建業を行うためには免許が必要であること、また、誰が免許を与えるかがわかったとして、次にどのような基準で免許は与えられるのだろうか。この点、宅建業法は、免許を与えるべきではない者のリストを設けている。

　このリストの該当者（又は法人）が免許を申請した場合、免許を与えることができないのだが、これがいわゆる**免許の欠格事由・欠格要件**である（宅建業法 5 条 1 項各号）。

　この欠格事由は、（1）**免許を受けようとする者（法人）自身に問題がある**グループ、（2）免許を受けようとする者自身ではなく、その関係者に問題があるグループ、（3）**申請手続に問題がある**グループという、3 つのグループに分けて整理すると覚えやすい（次ページの図表参照）。

プラス**α**

このテーマ 1 のポイントは、この欠格事由だ。これをいかにして覚えて試験に臨めるかがポイントとなる。

467

◆ 免許の欠格事由の概観

免許の欠格事由

(1) 免許を受けようとする者（法人）自身に問題があるグループ

①破産手続開始の決定を受けて復権を得ない者

5年以内に

②「3大悪事」により免許を取り消された者（取消しに係る聴聞の期日・場所の公示日前60日以内にその法人の役員であった者）

③「3大悪事」に該当するとして、免許取消処分の聴聞の公示をされた後、処分・不処分の決定の日までに、相当の理由なく解散・廃業の届出を行った者（偽装廃業等）

④ ③の期間内に合併消滅、解散・廃業の届出をした法人の聴聞の期日・場所の公示日前60日以内にその法人の役員であった者

⑤禁錮以上の刑に処せられた者

⑥宅建業法・暴力団対策法違反、一定の暴力的犯罪・脅迫罪・背任罪により、罰金刑に処せられた者

⑦暴力団員等であった者

⑧宅建業に関して不正又は著しく不当な行為をした者

⑨宅建業に関し不正又は不誠実な行為をするおそれが明らかな者

⑩精神の機能の障害により宅地建物取引業を適正に営むに当たって必要な認知、判断及び意思疎通を適切に行うことができない者

(2) 免許を受けようとする者（法人）の関係者に問題があるグループ

⑪法定代理人が左の①〜⑩のいずれかに該当する営業に関し成年者と同一の能力を有しない未成年者

⑫役員、政令使用人が左の①〜⑩のいずれかに該当する法人

⑬政令使用人が左の①〜⑩のいずれかに該当する個人

⑭暴力団員等が事業活動を支配する者

【3大悪事】
・不正の手段により免許を受けたこと
・業務停止処分事由に該当し情状が特に重いこと
・業務停止処分に違反したこと

(3) 申請手続に問題があるグループ

⑮事務所に従業者の5人に1人以上の割合で専任の宅地建物取引士を設置していない者

⑯免許申請書や添付書類中の重要な事項についての虚偽記載、重要な事実の記載が欠けている者

申請手続に問題があるグループは、気にしなくてよい。

（1）免許を受けようとする者（法人）自身に問題があるグループ

①破産手続開始の決定を受けて復権を得ない者について

　破産手続開始の決定を受けて復権を得ない者は、免許を受けることができない（宅建業法5条1項1号）。自分の財産を管理できない者には、免許を与えないという趣旨だ。

　ただし、**復権を得た場合は、直ちに免許を受けることができる**。この場合、5年の経過は必要ない点に注意しよう。

 令3（10月）-27、令2（12月）-31、令2（10月）-43

②「3大悪事」で免許を「取り消された」者などについて

　宅建業を営んでいた者が、宅建業法66条1項8号又は9号に該当する**業者として特に悪質な行為**をしたことで**免許を取り消された場合、取消しの日から5年間は再び免許を受けることができない**。宅建業法66条1項8号又は9号に該当する**特に悪質な行為**は「**3大悪事**」として、まとめて覚えよう。

◆ 免許が受けられない「3大悪事」

①**不正の手段**により宅建業の**免許を受けた**場合 ②**業務停止処分事由**に該当し、**情状が特に重い**場合 ③**業務停止処分に違反した**場合

 令3（10月）-27

　また、**3大悪事**のいずれかに該当することにより、**免許を取り消されたのが「法人」**である場合、当該取消しに係る**聴聞の期日及び場所の公示日前60日以内にその法人の役員であった者**は、**免許取消しの日から5年間宅建業の免許を受けることができない**（同法5条1項2号かっこ書）。

プラスα

聴聞とは、行政機関が、ある決定に先立って、相手方や関係人に意見を述べる機会を与える手続のこと。

なお、ここにいう**役員とは、業務を執行する社員、取締役、執行役又はこれらに準ずる者**をいい、相談役、顧問、その他**いかなる名称を有する者であるかを問わず、法人に対し業務を執行する社員、取締役、執行役又はこれらに準ずる者と同等以上の支配力を有するものと認められる者**をいう。

ただし、単なる専任の宅建士や支店長などの政令使用人は、ここにいう役員には当たらない。

③偽装廃業等について

さらに、3大悪事に該当するとして免許取消処分を受けそうになった場合、その処分前に解散・廃業してしまい、ほとぼりが冷めてから免許を申請すれば、5年待たなくて済むのでは…という悪知恵を働かせる者もいる。

そこで、**3大悪事に該当するとして免許の取消処分の聴聞の期日及び場所の公示日から取消処分をする日、又は当該処分をしないことを決定する日までの間に**、合併及び破産手続開始の決定以外の理由による**解散、又は廃業の届出をした者**は、相当の理由がある者を除き、**その届出日から5年間は、宅建業の免許を受けることができない**（同項3号）。

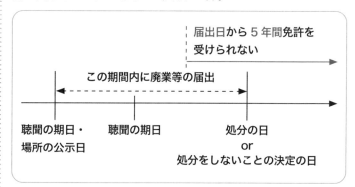

また、上記とほぼ同じ方法で、免許取消処分を回避しようとした法人の「役員」であった者も、5年間免許を受けることができない。これは468ページの④の話である。

過 平27-27

⑤禁錮以上の刑に処せられた場合について

　禁錮以上の刑に処せられ、**その刑の執行が終わった日、又は執行を受けることがなくなった日から5年を経過しない者は、宅地建物取引業の免許を受けることができない**（同項5号）。

　この**「禁錮以上」**の刑とは、懲役刑、禁錮刑に処せられた場合を指す。

【刑の種類】（重い順）

死刑 ＞ 懲役 ＞ 禁錮 ＞ 罰金 ＞ 科料 ＞ 没収

　ここで注意したいのは、**執行猶予付きの刑**に処せられた場合である。執行猶予とは、刑の言渡しはするが、情状によって**刑の執行は一定期間猶予**し、その**猶予期間を無事経過したときに、刑の言渡しの効力を消滅させる制度**である。

　つまり、**執行猶予期間を無事経過**したときは、**刑の言渡しを受けなかったことになる**から、5年待つ必要はなく、執行猶予期間満了日の翌日から免許を受けることができる。

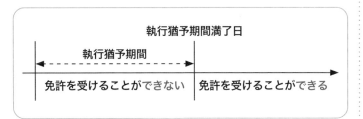

　また、**「刑に処せられた場合」**とは、**刑が確定**した場合をいうため、**控訴や上告により裁判が係属中**である場合は、**欠格事由には当たらない**ことにも注意しよう。

⑥一定の暴力的犯罪などで罰金刑に処せられた場合について

　宅建業法、暴力団員による不当な行為の防止等に関する法律（暴力団対策法）に違反したことにより、又は刑法が規定する**傷害罪、傷害現場助勢罪、暴行罪、凶器準備集合罪、脅迫罪、背**

プラスα
禁錮とは、刑務所等に閉じ込めておく刑罰、懲役とは、さらに労働をさせる刑罰と考えよう。

2章
免許

過 令5-29、令3（10月）-27、令2（10月）-43、令元-43、平30-36、令27-27

プラスα
裁判が「係属中」とは、裁判が進行中と考えよう。

過 令5-29、令3（10月）-27

471

プラスα

ここは「宅建業法違反、一定の暴力的犯罪、背任罪で罰金刑」と覚えておけば対応できるだろう。

任罪若しくは暴力行為等処罰に関する法律の罪を犯したことにより、罰金の刑に処せられ、その刑の執行が終わった日、又は執行を受けることがなくなった日から5年を経過しない者は、宅地建物取引業の免許を受けることができない（同項6号）。

⑦〜⑨の宅建業者として相応しくない者について

次の者は、宅建業の免許を受けることができない（同項7号〜9号）。

過 平27-27

過 平28-37

> ・暴力団対策法に規定する暴力団員又は暴力団員でなくなった日から5年を経過しない者（暴力団員等）
> ・免許の申請前5年以内に宅建業に関し不正又は著しく不当な行為をした者
> 　➡無免許で宅建業を営んでいた者や、宅建業の取引において相手方の無知につけ込むような行為などを行った経歴がある者などがこれ当たる。
> ・宅建業に関し不正又は不誠実な行為をするおそれが明らかな者
> 　➡宅建業の取引において詐欺や脅迫等の不正行為や、重大な契約違反を行うおそれが明らかな者がこれに当たる。

⑩心身の故障がある者について

心身の故障により宅建業を適正に営むことができない者は、宅建業の免許を受けることができない（同項10号、同法施行規則3条の2）。

過 令3 (10月)-40

なお、宅建業者（個人に限り、未成年者を除く）が宅建業の業務に関し行った行為は、行為能力の制限を理由とする取消しはできない（同法47条の3）。

（2）免許を受けようとする者（法人）の関係者に問題があるグループ

次の者は、宅建業の免許を受けることができない（宅建業法5条11号〜14号）。

---

①営業に関し**成年者と同一の行為能力を有しない未成年者**で、その**法定代理人**（法定代理人が法人である場合においては、その役員）が**①〜⑩のいずれかの欠格事由に該当するもの**

 平27-27

②**法人でその役員又は政令で定める使用人のうちに、①〜⑩のいずれかの欠格事由に該当する者があるもの**

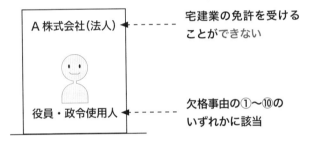

A 株式会社（法人）　←----　宅建業の免許を受けることができない

役員・政令使用人　←----　欠格事由の①〜⑩のいずれかに該当

③**個人でその政令で定める使用人**のうちに、①〜⑩のいずれかの欠格事由に該当する者があるもの

④**暴力団員等がその事業活動を支配**する者

 令5-29、令3（10月）-27、令2（12月）-31、令2（10月）-43、令元-43、平27-27

最後に、免許を受けようとする者自身に問題があるグループについて、468ページの図をまとめ直した表を次ページに掲載しておく。覚えやすい、使いやすいほうを使ってほしい。

免許を受けようとする者（法人）自身に問題があるグループ

該当者	内容・備考
破産手続開始の決定を受けて復権を得ない者	復権を得れば、直ちに免許を受けることができる。
３大悪事により免許を取り消された場合	取消日から５年間は免許を受けることができない。
３大悪事により免許を取り消された法人の聴聞の期日及び場所の公示日前60日以内にその法人の役員であった者	
３大悪事による取消処分を回避するため、業者が偽装廃業などをした場合	一定の場合を除き、解散・廃業の届出日から５年間、免許を受けることができない。
３大悪事による取消処分を回避するため、偽装廃業などをした法人の聴聞の期日及び場所の公示日前60日以内にその法人の役員であった者	一定の場合を除き、解散による消滅・届出日から５年間、免許を受けることができない。
禁錮以上の刑に処せられた場合	その刑の執行を終わり、又は執行を受けることがなくなった日から５年を経過しない者は、免許を受けることができない。
執行猶予が付された場合	執行猶予期間を無事満了すれば、満了日の翌日から免許を受けることができる。
控訴・上告により裁判が係属中の場合	免許を受けることができる。
宅建業法違反、一定の暴力的犯罪、背任罪で罰金刑に処せられた場合	その刑の執行が終わり、又は執行を受けることがなくなった日から５年を経過しない者は、免許を受けることができない。
上記以外の罪名で罰金刑、拘留・科料に処せられた場合	直ちに免許を受けることができる。
暴力団員又は暴力団員でなくなった日から５年を経過しない者	免許を受けることができない。
免許の申請前５年以内に宅地建物取引業に関し不正又は著しく不当な行為をした者	
心身の故障がある者	なお、宅建業者（個人に限り、未成年者を除く）が宅建業の業務に関し行った行為は、行為能力の制限を理由とする取消しはできない。

過去問題を
チェック！

❶ D社が、地方公共団体が定住促進策としてその所有する土地について住宅を建築しようとする個人に売却する取引の媒介をしようとする場合、免許は必要ない。（令3-10月-32）

答 ✕　地方公共団体には宅建業法が適用されないため、免許を受けずに宅建業を営むことができる（同法78条1項）。しかし、地方公共団体の所有する土地についての取引の媒介を行う者には、原則どおり、宅建業法が適用**され**、免許が**必要**である。

❷ 信託業法第3条の免許を受けた信託会社が宅地建物取引業を営もうとする場合には、国土交通大臣の免許を受けなければならない。（令2-10月-26）

答 ✕　信託業法の免許を受けた一定の信託会社は、国土交通大臣への届出により、免許を受けずに宅建業を営むことが**できる**（宅建業法77条1項～3項）。

❸ 宅地建物取引業の免許を受けていない者が営む宅地建物取引業の取引に、宅地建物取引業者が代理又は媒介として関与していれば、当該取引は無免許事業に当たらない。（令元-26）

答 ✕　宅建業者が関与していたとしても、宅建業に当たる行為を行うのであれば、宅建業の免許を**受けなければならない**（宅建業法3条1項、12条1項）。

❹ 宅地建物取引業者は、自己の名義をもって、他人に、宅地建物取引業を営む旨の表示をさせてはならないが、宅地建物取引業を営む目的をもってする広告をさせることはできる。（令元-26）

答 ✕　宅建業者は、自己の名義をもって、他人に宅建業を営ませてはならないだけでなく（宅建業法13条1項）、**自己の名義**をもって、他人に、宅建業を営む旨の**表示**をさせ、又は宅建業を営む目的をもってする**広告**をさせてはならない（同条2項）。

❺ 宅地建物取引業を営まず他の兼業業務のみを営んでいる支店は、事務所には該当しない。（令4-26）

答 〇　本問の記述のとおりである（解釈・運用の考え方第3条1項関係）。

❻ 宅地建物取引業を営もうとする個人Cが、懲役の刑に処せられ、その刑の執行を終えた日から5年を経過しない場合、Cは免許を受けることができない。（平30-36）

答 〇　禁錮以上の刑に処せられ、その刑の執行を終わり、又は執行を受けることがなくなった日から**5年**を経過しない者は、宅建業の免許を受けることができ**ない**（宅建業法5条1項5号）。

❼ 宅地建物取引業の免許を受けようとするE社の取締役について、破産手続開始の決定があった場合、復権を得た日から5年を経過しなければ、E社は免許を受けることができない。（令2-10月-43改題）

答 ✕ 破産手続が開始されても、復権を得た場合は、5年を経過しなくても、**直ちに**免許を受けることができる（宅建業法5条1項1号）。

❽ 個人Aが不正の手段により宅地建物取引業の免許を受けた後、免許を取り消され、その取消しの日から5年を経過した場合、その間に免許を受けることができない事由に該当することがなかったとしても、Aは再び免許を受けることはできない。（令3-10月-27改題）

答 ✕ 不正の手段により宅建業の免許を受けたことにより免許を取り消され、その取消しの日から**5年を経過**した場合、その間に免許を受けることができない事由に該当することがなければ、再び宅建業の免許を受けることが**できる**（宅建業法5条1項2号）。

❾ 免許を受けようとするA社の取締役が刑法第204条（傷害）の罪により懲役1年執行猶予2年の刑に処せられた場合、刑の執行猶予の言渡しを取り消されることなく猶予期間を満了し、その日から5年を経過しなければ、A社は免許を受けることができない。（令2-10月-43）

答 ✕ 刑の執行猶予の言渡しを取り消されることなく猶予期間を満了した場合、刑の言渡しは**効力を失う**から、執行猶予期間満了の日の**翌日**から、宅建業の免許を受けることが**できる**（宅建業法5条1項5号）。

❿ 宅地建物取引業の免許を受けようとするC社の役員Dが刑法第211条（業務上過失致死傷等）の罪により地方裁判所で懲役1年の判決を言い渡された場合、当該判決に対してDが高等裁判所に控訴し裁判が係属中であっても、C社は免許を受けることができない。（令3-10月-27改題）

答 ✕ 控訴や上告により裁判が係属中であれば、**刑は確定していない**から、欠格事由に**は当たらない**（宅建業法5条1項12号）。

⓫ 成年である宅地建物取引業者は、宅地建物取引業の業務に関し行った行為について、行為能力の制限を理由に取り消すことができる。（令3-10月-40）

答 ✕ 宅建業者（個人に限り、未成年者を除く）が宅建業の業務に関して行った行為は、行為能力の制限を理由とする取消しが**できない**（宅建業法47条の3）。

「免許の効力」と「廃業等の届出」は力を入れて学習！ 免許その2

重要度 A

ここで紹介する内容も繰り返し出題されている事項だ。特に「免許の効力」と「廃業等の届出」は頻出なので、特に力を入れて学習しておこう。覚えるべき知識は少ないので、容易に攻略できるはずだ。

❶ 免許は与えるけど「条件あり」は可能！

　前テーマで述べたように、免許権者（国土交通大臣又は都道府県知事）は、免許を申請した者に対して、免許の基準に従って、免許を与えるか否かを決定する。そして、国土交通大臣又は都道府県知事は、免許を与えるとき、申請者に**免許証を交付**しなければならない（宅建業法 6 条）。

　その際、国土交通大臣又は都道府県知事は、免許に条件を付し、及びこれを変更することができる（同法 3 条の 2 第 1 項）。

プラスα
免許の「更新」をするときにも条件を付し、変更することができる。

過 令 2 (12 月)-31

❷ 宅建業者名簿の登載事項など

（1）宅建業者名簿

　免許を受けた者について、**国土交通省及び都道府県には、それぞれ宅建業者名簿が備えられ**、一定事項が登載される（宅建業法 8 条）。この名簿の登載事項は、以下の変更の届出を要する事項とリンクするので、次ページで両者を比較しながら解説する。

（2）変更の届出

　宅建業者名簿の登載情報は、**常に最新のものでなければならない**。よって、**宅建業者は、宅建業者名簿の登載事項のうち一定のものに変更があったときは、30 日以内に、その旨をその免許を受けた**国土交通大臣又は都道府県知事に届け出なければな

過 令 2 (12 月)-31、平 30-36、平 29-36

477

らない（宅建業法9条）。

　宅建業者名簿の「登録事項」と「変更の届出を要する事項」は、両者に共通する事項を覚えるのがポイントだ。

◆ 宅建業者名簿の「登録事項」と「変更の届出を要する事項」

宅建業者名簿登録事項	変更の届出を要する事項
免許証番号・免許年月日	届出不要
商号・名称	
【法人の場合】役員・政令使用人の氏名	
【個人の場合】その個人・政令使用人の氏名	
事務所の名称・所在地	
事務所ごとに置かれる専任の宅建士の氏名	
指示処分・業務停止処分を受けている場合、その内容・年月日	届出不要
宅建業以外に営んでいる兼業の種類	届出不要

過 令2 (12月)-31

過 平29-36

ポイント　I　宅建業者名簿の登録事項と変更の届出を要する事項

①役員の「住所」は、宅建業者名簿の登録事項か？
　→登録事項ではないので、変更の届出も不要。

②事務所の「所在地」は、宅建業者名簿の登録事項か？
　→登録事項であり、変更の届出も必要。

③宅建業以外の兼業の種類は、宅建業者名簿の登録事項か？
　→登録事項であるが、変更の届出は不要。

（3）宅建業者名簿等の閲覧

　国土交通大臣又は都道府県知事は、**宅建業者名簿**並びに**免許の申請及び変更の届出に係る書類**又はこれらの**写し**を一般の閲覧に供しなければならない（宅建業法10条）。

❸ 免許は「その人（法人）だけ」に与えられる！

（1）免許の効力

　宅建業者は、**国土交通大臣、都道府県知事のいずれの免許**を受けた場合でも、**全国で宅建業を営むことができる**。例えば、甲県知事の免許を受けた宅建業者が、乙県内で物件の売買の媒介（仲介）などの、宅建業を行うことができる。

　ただし、**免許は、宅建業を営もうとする者に、個別的に与えられるもの**である。したがって、例えば、**法人である宅建業者が、免許を受けていない法人に吸収される形で合併消滅しても、存続会社が消滅会社の免許を承継することはできない**。

　同様に、**個人の宅建業者が、その事業を法人化するために、新たに株式会社（法人）を設立してその代表取締役に就任したとしても、新たに設立された株式会社（法人）が個人の免許を承継することはできない**。

 平 30-36

 平 29-44

（2）免許の有効期間・更新手続
①免許の有効期間

　宅建業の免許の有効期間は5年であり（宅建業法3条2項）、免許の有効期間の満了後も引き続き宅建業を営もうとするときは、**免許の更新を受けなければならない**（同条3項）。なお、更新後の免許の有効期間も5年である。

 令 3（12 月）-29

②免許の更新手続

　免許の更新を受けようとする者は、免許の有効期間満了日の90日前から30日前までの間に免許申請書を提出しなければならない（宅建業法施行規則3条）。

 令 3（12 月）-29、平 29-36

平30-36

免許の更新の申請をしたにもかかわらず、有効期間の満了日までにその申請について処分がなされないときは、**従前の免許は**、その有効期間の満了後もその処分がなされるまでの間は、**なお効力を有する**（宅建業法3条4項）。

この場合において、免許の更新がなされたときは、更新後の免許の有効期間は、従前の免許の有効期間の満了日の翌日から起算される（同条5項）。

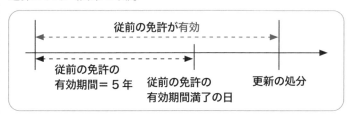

なお、**業務停止処分の期間中でも、免許の更新を申請することはできる**。免許の更新申請ができないと、免許が失効してしまい業務停止処分期間の終了後に宅建業を営むことができなくなってしまうからである。

ポイント II 免許の効力・有効期間・更新

①宅建業の免許は、**個別的（その人のみ）**に与えられる。
　➡免許を受けた人が法人を設立しても、その法人に免許なし！

②宅建業の免許の有効期間は**5年間**。
　➡免許の更新は、免許の有効期間満了日の**90日前から30日前までの間**に免許申請書を提出する。
　➡申請したのに処分がされない場合、処分までの間は、従前の免許の効力あり。
　➡**業務停止処分中**でも、**免許更新の申請はできる！**

❹ 免許換え

（1）免許換えが必要な場合

　465 ページでも述べたように、誰が免許権者となるかは、ど
こに事務所を設置するのかによって決まる。すると、**事務所の
新設や廃止、移転**などで、**新たに**免許を**受けなおす**ことが必要
となることがある。これを**免許換え**という。**免許換えには、次
の 3 つのパターン**がある。逆に言うと、**この 3 つのパターンで
なければ「免許換え」の申請は不要だ。**

①**国土交通大臣免許を受けた者が、1 つの都道府県内にのみ事
　務所を有することになるパターン**（宅建業法 7 条 1 項 1 号）

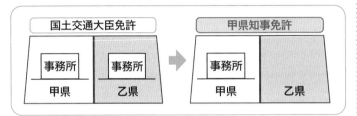

　この場合、都道府県知事（甲県知事）に対して、直接免許換
えを申請する。

②**都道府県知事の免許を受けた者が、その都道府県の区域内に
　おける事務所を廃止して、他の 1 つの都道府県の区域内に事
　務所を設置することになるパターン**（同項 2 号）

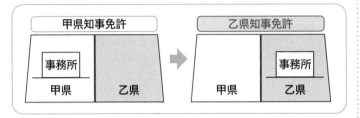

　この場合も、新たに事務所を設置する都道府県の知事（乙県
知事）に対して、直接免許換えを申請する。

 令 2（10 月）-26、
平 30-36

プラスα
免許換えを受けた者
の従前の免許は、自
動的に効力を失う（宅
建業法 7 条 1 項柱書）。

481

③都道府県知事の免許を受けた者が、2以上の都道府県の区域
　内に事務所を有することになるパターン（同項3号）

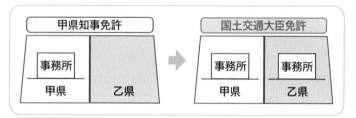

　この場合は、**主たる事務所の所在地を管轄する都道府県知事
を経由して、国土交通大臣に免許換えを申請しなければならな
い**（同法 78 条の 3 第 1 項）。

（2）新しい免許の効力

令2 (12 月)-29

　免許換えは、新たに免許を受けなおすことである。よって、
**免許換えにより受けた免許の有効期間は、新たに免許を受けた
日から 5 年であり**（宅建業法 3 条 2 項）、免許番号も新たな番
号になる。

令3 (12 月)-36

　なお、**免許換えを申請中**であっても、**従前の免許は有効であり、
宅建業を行うことはできる**。

平 28-37

　また、**免許換えを申請しなければならない**にもかかわらず、
これを**怠っている**ことが判明したときには、国土交通大臣又は
都道府県知事は、**その宅建業者の免許を取り消さなければなら
ない**（同法 66 条 1 項 5 号）。

❺ 廃業等の届出など

（1）廃業等の届出

　**宅建業者が死亡したり、廃業した場合などには、免許権者へ
の届出が必要**である（宅建業法 11 条 1 項、2 項）。いわゆる廃
業等の届出だ。

　この廃業等の届出については、次ページの表を使って、誰が
（届出義務者）、いつまでに（届出期間）、いつ免許が失効するの
か（免許の失効時期）を押さえておこう。

ポイント Ⅲ 宅建業の廃業等の届出

届出事由	届出義務者	届出期間	免許の失効時期
死亡	相続人（一般承継人）	死亡を知った日から 30 日以内	死亡の時
法人の合併による消滅	消滅会社の代表役員	その日から 30 日以内	合併の時
破産手続開始の決定	破産管財人		届出の時
解散	清算人		
廃業	・本人 ・法人の代表者		

令 3（12 月）-29、令 3（12 月）-36、平 29-44、平 28-35

（2）免許の失効・取消しに伴う取引の結了

　宅建業者の免許が失効した場合でも、免許の失効前に取引を行った相手方は保護しなければならない。

　そこで、次の場合、**宅建業者であった者又はその一般承継人は、当該宅建業者が締結した契約に基づく取引を結了する目的の範囲内においては、なお宅建業者とみなされる**（宅建業法 76 条）。

令 2（10 月）-43、平 29-36、平 28-37

> ①**有効期間の満了**により**免許が失効**したとき。
> ②**免許を取り消された**とき。
> ③**廃業等の届出**をしたとき。
> ④**宅建業者が死亡**したとき、**合併で消滅**したとき。

（3）免許証の返納

　宅建業者は、①**免許換え**により、**従前の免許がその効力を失ったとき**、②**廃業等の届出**をするとき、③**免許が取り消された**とき、④亡失した免許証を発見したとき、遅滞なく、免許を受けた国土交通大臣又は都道府県知事に免許証を返納しなければならない（宅建業法 14 条、同法施行規則 4 条の 4 第 1 項、2 項）。ただし、**免許の更新を怠って有効期限が満了**した場合には、**免許証の返納義務はない**。

令 3（12 月）-36、平 28-35

❶ 免許権者は、免許に条件を付することができ、免許の更新に当たっても条件を付することができる。（令 2-12 月 -31）

　答　○　本問の記述のとおりである（宅建業法 3 条の 2 第 1 項）。

❷ 宅建業者の役員の住所に変更があったときは、30 日以内に免許権者に変更を届け出なければならない。（令 2-12 月 -31 改題）

　答　×　役員の住所は、宅建業者名簿の登載事項ではない（宅建業法 8 条 2 項 3 号）。したがって、役員の住所に変更があっても、変更の届出は必要ない（同法 9 条）。

❸ 宅建業者 C は、宅地又は建物の売買に関連し、兼業として、新たに不動産管理業を営むこととした。この場合、C は兼業で不動産管理業を営む旨を、免許権者である国土交通大臣又は都道府県知事に届け出なければならない。（平 29-36 改題）

　答　×　宅建業以外に営んでいる兼業の種類は、宅建業者名簿の登載事項である（宅建業法 8 条 2 項 8 号等）。しかし、変更の届出の必要はない（同法 9 条）。

❹ 甲県に事務所を設置する宅建業者 B（甲県知事免許）が、乙県所在の宅地の売買の媒介をする場合、B は国土交通大臣に免許換えの申請をしなければならない。（平 30-36）

　答　×　いずれの免許を受けた場合であっても、全国で宅建業を営むことができる。

❺ 個人である宅建業者 C がその事業を法人化するため、新たに株式会社 D を設立しその代表取締役に就任する場合、D 社は C の免許を承継することができる。（平 29-44）

　答　×　免許は、宅建業を営もうとする者に、個別的に与えられるものであり、本問の D 社が、個人 C の免許を承継することはできない。

❻ 宅建業の免許の有効期間は 5 年であり、免許の更新の申請は、有効期間満了の日の 90 日前から 30 日前までの間に行わなければならない。（令 3-12 月 -29 改題）

　答　○　本問の記述のとおりである（宅建業法施行規則 3 条）。

❼ 宅建業者 A が免許の更新の申請を行った場合において、免許の有効期間の満了の日までにその申請について処分がなされないときは、A の従前の免許は、有効期間の満了によりその効力を失う。（平 30-36 改題）

　答　×　本問の場合、従前の免許は、その有効期間の満了後もその処分がなされるまでの間は、なお効力を有する（宅建業法 3 条 4 項）。

❽ 法人である宅建業者 B（乙県知事免許）が、乙県知事から業務の停止を命じられた場合、B は、免許の更新の申請を行っても、その業務の停止期間中は免許の更新を受けることができない。（平 28-35）

　🈶　✕　業務停止処分の期間中でも、免許の更新を受けることはできる。

❾ 宅建業者 E（乙県知事免許）は、乙県内に 2 以上の事務所を設置してその事業を営もうとする場合には、国土交通大臣に免許換えの申請をしなければならない。（令 2-10 月 -26）

　🈶　✕　本問の場合、免許換えを申請する必要は**ない**（宅建業法 7 条 1 項各号）。

❿ 法人である宅建業者 B（乙県知事免許）が合併により消滅した場合、B を代表する役員であった者は、その日から 30 日以内に、その旨を乙県知事に届け出なければならない。（令 3-12 月 -29）

　🈶　◯　本問の記述のとおりである（宅建業法 11 条 1 項 2 号）。

⓫ 法人である宅建業者 C（国土交通大臣免許）について破産手続開始の決定があった場合、その日から 30 日以内に、C を代表する役員 D は、その旨を主たる事務所の所在地を管轄する都道府県知事を経由して、国土交通大臣に届け出なければならない。（平 28-35）

　🈶　✕　宅建業者について破産手続開始の決定があった場合の届出義務者は、**破産管財人**である（宅建業法 11 条 1 項 3 号）。

⓬ 宅建業者 F 社（乙県知事免許）が株主総会の決議により解散することとなった場合、その清算人は、当該解散の日から 30 日以内に、その旨を乙県知事に届け出なければならない。（平 29-44）

　🈶　◯　本問の記述のとおりである（宅建業法 11 条 1 項 4 号）。

⓭ 個人である宅建業者 A（甲県知事免許）が、免許の更新の申請を怠り、その有効期限が満了した場合、A は、遅滞なく、甲県知事に免許証を返納しなければならない。（平 28-35）

　🈶　✕　免許の**更新を怠り有効期限が満了**した場合には、免許証の返納義務はない（宅建業法 14 条、同法施行規則 4 条の 4 第 1 項）。

宅建士の登録欠格事由は、出題箇所を中心に！

テーマ 1 ｜ 重要度 A ｜ 宅建士その1

宅建士にまつわる知識は、毎年出題される重要項目の1つである。出題知識は多岐にわたるが、このテーマでは「登録手続」と「登録欠格事由」について確認する。登録欠格事由の数は多いが、出題箇所だけでも押さえれば正解率は上がる。

❶ 宅建士の登録手続

プラスα

ここは「業者」になるための話ではなく「宅建士」になるための話だ。

過 令5-38

　宅建士になるためには、**宅建士試験に合格し、**合格後に試験を行った都道府県知事に対して**登録申請を行い、宅建士証の交付**を受けることが必要である。

　つまり、**合格→登録→宅建士証の交付という3つのステップを踏むことで、はじめて宅建士となる**わけだ。まずは、この手続の流れがよく出題されるので、確認する。

（1）登録の申請先

過 令3（10月）-28、令2（10月）-28、令2（10月）-34

　宅建士試験に合格した者は、**試験を実施した都道府県知事に登録の申請をすることができる**（宅建業法18条1項柱書）。

　試験合格後の転勤、転職などにより試験に合格した都道府県以外の都道府県に所在する事務所や宅建業者に勤務することになったとしても、登録先は**試験を実施した都道府県知事**だ。

　なお、登録を受けるかどうかは自由であり、**合格という状態に有効期限はない。**したがって、**登録をしていなくても合格が無効になることはなく、**不正受験により合格を取り消されない限り、**合格の効力は一生有効である。**

（2）登録の基準

過 平29-37

　登録に当たっては、①**試験に合格している**こと、②**宅地建物の取引に関し2年**（国土交通省令で定める期間）**以上の実務経験を有する**こと、③**登録の欠格事由に該当しない**ことという、3

つの要件を満たす必要がある。

　ただし、**②の実務経験**については、**登録実務講習を修了**することで、国土交通大臣がその実務の経験を有するものと同等以上の能力を有すると認めたものとされ、**代えることができる**（宅建業法 18 条 1 項、同法施行規則 13 条の 15、13 条の 16）。

◆ 宅建士の登録手続の流れ

❷ 登録欠格事由

　上記のとおり、登録欠格事由に該当する者は、登録を受けることができない（宅建業法 18 条 1 項各号）。まずは欠格事由を掲載するので、その後にポイントの補足解説を行おう。

◆ 宅建士の登録欠格事由

> 【免許の欠格事由とほぼ同じもの】
> ①宅建業に係る営業に関し成年者と同一の行為能力を有しない未成年者
> ②破産手続開始の決定を受けて復権を得ない者
> ③3 大悪事に該当して宅建業の免許を取り消され、取消日から 5 年を経過しない者
> 　➡法人の場合：取消しに係る聴聞の期日及び場所の公示の日前 60 日以内にその法人の役員であった者でその取消しの日から 5 年を経過しないもの
> ④3 大悪事に該当して免許の取消処分の聴聞の期日及び場所が公示された日から当該処分をする日、又は当該処分をしないことを決定する日までの間に、廃業の届出をした者で、届出の日から 5 年を経過しないもの（相当の理由がある者を除く）

右上タブ：

3 章　宅建士

サイドバー（右段）：

 令元 -44

プラスα

「宅建士証の交付」を申請する際には、**法定講習を受講しなければならない**が、合格後 1 年以内であれば免除される（501 ページ参照）。

 令 4-33、令 3（12 月）-37

過 令元 -44

487

⑤④の期間内に合併により消滅した法人、又は解散若しくは廃業の届出があった法人の聴聞の期日及び場所の公示の日前 60 日以内に役員であった者で、当該消滅又は届出の日から 5 年を経過しないもの（相当の理由がある者を除く）

⑥禁錮以上の刑に処せられ、その刑の執行を終わり、又は執行を受けることがなくなった日から 5 年を経過しない者

⑦宅建業法、暴力団員による不当な行為の防止等に関する法律（暴力団対策法）に違反、又は刑法が規定する傷害罪、傷害現場助勢罪、暴行罪、凶器準備集合罪、脅迫罪、背任罪若しくは暴力行為等処罰に関する法律の罪を犯したことにより、罰金の刑に処せられ、その刑の執行が終わり、又は執行を受けることがなくなった日から 5 年を経過しない者

⑧暴力団員等

【免許の欠格事由とほぼ同じもの】

⑨心身の故障により宅建士の事務を適正に行うことができない者として国土交通省令で定めるもの

【宅建士の登録のみのもの】
⑩不正な手段により登録・宅建士証の交付を受けたなどの理由で登録の消除を受け、処分の日から 5 年を経過しない者

⑪⑩の登録消除処分の聴聞の期日及び場所が公示された日から当該処分をする日又は当該処分をしないことを決定する日までの間に、相当の理由もなく、登録の消除の申請をした者で、当該登録が消除された日から 5 年を経過しないもの

⑫事務禁止処分期間中に本人の申請に基づき登録が消除され、まだその期間が満了しない者

（1）免許の欠格事由とほぼ同じもの（①〜⑧）について

④以外は、①〜⑧は、免許の欠格事由と同じである。

（2）免許の欠格事由とほぼ同じもの（⑨）について

心身の故障により宅建士の事務を適正に行うことができない者とは、精神の機能の障害により、宅建業を適正に営むに当たって必要な認知、判断及び意思疎通を適切に行うことができない者をいう（宅建業法施行規則 3 条の 2）。

（3）宅建士の登録のみの欠格事由（⑩〜⑫）について

　⑩については、免許の欠格事由でも「3大悪事」というものがあったが、**宅建士の登録にも「4つの悪事」がある。この4つの悪事のいずれかに該当することで登録の消除（＝抹消）を受けた者は、処分の日から5年間登録を受けることはできない**（宅建業法 68 条）。このような者に、すぐに再度の登録を認めては、宅建士制度に対する信頼が揺らいでしまうからである。

◆ 宅建士が行ってはならない4つの悪事

> ①不正な手段で登録・宅建士証の交付を受けた。
> ②事務の禁止処分に違反した。
> ③事務の禁止処分事由に該当し、情状が特に重い。
> ④登録は受けているが宅建士証の交付を受けていない者が、宅建士としてすべき事務を行い、情状が特に重い。

　⑪については、偽装廃業等が宅建業者に「逃げ得」を許さないように、免許の欠格事由とされていることを思い出してほしい。登録についても、消除処分前に自分から登録を消除して、ほとぼりが冷めた頃に登録し直せば、5年も待たなくて済むだろう…という悪知恵を排除するため、**消除処分を逃れるために宅建士の登録を自ら消除した者も、5年間登録ができない。**

　⑫についても、やはり逃げ得を防止するルールだ。**宅建士が事務の禁止処分を受けた**場合、その**期間中は、宅建士として事務を行うことはできない。**

　しかし、一度自ら登録の消除を申請し、改めて別の都道府県で登録すれば…という行為を封じるために、**事務禁止処分期間中に、自ら申請して登録を消除された者は、事務禁止処分期間中は新たな登録をすることができない。**

プラスα

免許の欠格事由における3大悪事は、以下のものである。
①不正の手段により宅建業の免許を受けた場合。
②業務停止処分事由に該当し、情状が特に重い場合。
③業務停止処分に違反した場合。

(1) 免許の欠格事由とほぼ同じもの	
①宅建業の**営業**に関し**成年者と同一**の行為能力を有しない**未成年者**	登録できない。
②**破産手続開始**の決定を受けて**復権**を得ない者	
③**3大悪事**に該当して、免許を**取り消された**場合	取消日から**5年間**登録できない。
④**3大悪事**に該当して、免許を**取り消された法人**の**聴聞期日及び場所の公示の日前60日以内**にその法人の**役員**であった者	
⑤**3大悪事**による取消処分を回避するために**偽装廃業**などをした者	一定の場合を除き、**廃業の届出日から5年間**登録できない。
⑥**3大悪事**による取消処分を回避するために**偽装廃業**などをした**法人**の**聴聞期日及び場所の公示の日前60日以内**にその法人の**役員**であった者	一定の場合を除き、**解散による消滅・届出の日から5年間**登録できない。
⑦**禁固以上の刑**に処せられた場合	**刑の執行**を終わり、又は**執行を受けることがなくなった日から5年間**登録できない。
⑧**宅建業法違反**、一定の**暴力的犯罪**（傷害罪など）、**脅迫罪**、**背任罪**で**罰金刑**に処せられた者	
⑨**暴力団員等**	登録できない。
(2) 免許の欠格事由と「ほぼ同じ」もの	
心身の故障により、宅建士の**事務**を適正に行うことができない者 ⬇ **精神の機能の障害**により、宅建業を適正に営むに当たって必要な**認知、判断及び意思疎通**を適切に行うことが**できない**者	登録できない。
(3) 登録固有の欠格事由	
①**4つの悪事**のいずれかに該当して登録の**消除**を受けた者 ⬇ **不正な手段**により登録・宅建士証の交付を受けたなど	登録消除処分の日から**5年間**登録できない。
②上記の**登録消除処分の聴聞期日及び場所が公示**された日から**当該処分日又は当該処分をしないことを決定する日**までの間に、相当の理由なく、登録の消除の**申請**をした者	
③**事務禁止処分**期間中に、**本人の申請**に基づき登録が**消除された**者	**事務禁止処分**期間中は、登録できない。

490

❶ 甲県で宅地建物取引士資格試験を受け、合格したFは、乙県に転勤することとなっ
たとしても、登録は甲県知事に申請しなければならない。（令3-10月-28）

　答　**○**　宅建士試験に合格した者は、**試験を実施した都道府県知事に登録の申請
をする**（宅建業法18条1項）。したがって、本問では、**甲県知事に登録を申請する**。

❷ 宅地建物取引士の登録を受けるには、宅地建物取引士資格試験に合格した者で、2
年以上の実務経験を有するもの又は国土交通大臣がその実務の経験を有するものと
同等以上の能力を有すると認めたものであり、法で定める事由に該当しないことが
必要である。（平29-37）

　答　**○**　**本問の記述のとおりである**（宅建業法18条1項柱書、同法施行規則13
条の15、13条の16）。

❸ 宅地建物取引士資格試験に合格した者は、宅地建物取引に関する実務経験を有しな
い場合でも、合格した日から1年以内に登録を受けようとするときは、登録実務講
習を受講する必要はない。（令元-44）

　答　**×**　宅地建物の取引に関し**2年以上の実務経験を有しない者**は、登録実務講
習を**修了する必要がある**（宅建業法18条1項柱書、同法施行規則13条の16）。
合格後1年以内であれば免除されるものは、宅建士証の交付を受ける際に受講しな
ければならない**法定講習**である。

❹ 宅地建物取引士資格試験に合格した者は、合格した日から10年以内に登録の申請
をしなければ、その合格は無効となる。（令2-10月-28）

　答　**×**　合格は**一生有効**であり、合格後の一定期間内に登録をしなければならな
いといった有効期限は**ない**。

❺ 未成年者は、宅地建物取引業に係る営業に関し成年者と同一の行為能力を有してい
たとしても、成年に達するまでは登録を受けることができない。（令3-12月-37）

　答　**×**　成年に達するまでは登録を受けることができないのは、**宅建業に係る営
業に関し成年者と同一の行為能力を有しない未成年者**である（宅建業法18条1
項1号）。宅建業に関し成年者と同一の行為能力を有しているのであれば、未成年
者でも登録を受けることができる。

❻業務停止の処分に違反したとして宅地建物取引業の免許の取消しを受けた法人の政令で定める使用人であった者は、当該免許の取消しの日から5年を経過しなければ、登録を受けることができない。(令元-44)

　答　✕　3大悪事の1つである業務停止の処分に違反したとして宅建業の免許の取消しを受けた法人の取消しに係る聴聞の期日及び場所の公示の日前60日以内にその法人の役員であった者は、その取消しの日から**5年間**は宅建士の登録を受けることができない(宅建業法18条1項3号)。しかし、政令使用人は、ここにいう役員には**含まれない**から、登録を受けることが**できる**。

❼宅地建物取引士が、刑法第204条(傷害)の罪により罰金の刑に処せられ、登録が消除された場合、当該登録が消除された日から5年を経過するまでは、新たな登録を受けることができない。(令3-12月-37)

　答　✕　傷害の罪を犯したことにより、罰金の刑に処せられ、その刑の執行が終わった日、又は執行を受けることがなくなった日から5年を経過しない者は、宅建士の登録を受けることができない(宅建業法18条1項7号)。登録を消除された日からではない。

❽宅地建物取引士が、刑法第222条(脅迫)の罪により、罰金の刑に処せられ、登録が消除された場合、刑の執行を終わり又は執行を受けることがなくなった日から5年を経過するまでは、新たな登録を受けることができない。(令2-12月-43)

　答　〇　脅迫の罪を犯したことにより、罰金の刑に処せられ、その刑の執行が終わった日、又は執行を受けることがなくなった日から5年を経過しない者は、宅建士の登録を受けることができない(宅建業法18条1項7号)。

❾成年被後見人又は被保佐人は、宅地建物取引士として都道府県知事の登録を受けることができない。(令2-12月-38)

　答　✕　成年被後見人や被保佐人であるために、心身の故障により宅建士の事務を適正に行うことができないのであれば、登録の欠格事由に当たり、登録を受けることはできない(宅建業法18条1項12号)。しかし、単に成年被後見人や被保佐人であるだけで、宅建士としての事務を適正に行うことができるのであれば、登録を受けることは可能である。ただし、実際に宅建士としての事務を支障なく行えるかどうかとは、別の問題である。

「変更」と「移転」の宅建士登録は、場面を区別！ 宅建士その2

重要度 A

宅建士資格登録簿については「変更の登録」と「登録の移転」の出題頻度が高く、内容も易しいので得点源にしやすい。業務処理の原則についても同じことがいえる。このテーマで紹介する知識はすべて押さえて損はない。

❶ 登載事項に変更があれば、変更の登録が必要

（1）宅建士資格登録簿への登載等

前テーマで確認した**宅建士の登録は、都道府県知事が、宅建士資格登録簿に次の事項を登載**することによって行われる（宅建業法18条2項、同法施行規則14条の2の2第1項）。赤字の事項を覚えておこう。

◆ 宅建士資格登録簿の登載事項

①氏名、生年月日、**住所**

②**本籍**、性別

③試験の合格年月日、合格証書番号

④実務経験を有する場合

　➡申請時現在の実務経験の期間・内容、従事していた宅建業者の商号・名称・免許証番号

⑤国土交通大臣がその実務の経験を有するものと同等以上の能力を有すると認めた者

　➡その認定の内容及び年月日

⑥宅建業者の業務に従事する者

　➡勤務している**宅建業者の商号・名称・免許証番号**

プラスα

登載事項に「変更」があった場合、「**変更の登録**」が**必要**となる。どの場合に変更登録が必要となるかを判断するために、一定の登載事項は覚える必要がある。

過 令3（10月）-28、令3（10月）-35、令2（10月）-34、令元-44

上記の、宅建士資格登録簿の**登載事項に変更**があった場合、**遅滞なく、登録を受けている免許権者に変更の登録を申請**しな

過 令3(12月)-37

けれ**ばならない**（宅建業法 20 条）。

「宅建業者」名簿が一般の閲覧に供されるのとは異なり、**「宅・建士」資格登録簿は一般の閲覧には供されない**。その結果、**専・任の宅建士の氏名は、宅建業者名簿に登載される**ことから（同法 4 条 1 項 5 号）、**一般の閲覧に供される**ことになる。

過 令4-33

❷ 登録の効力は全国で一生有効！

宅建士資格登録簿の登録に、有効期限はない。また、**どの都道府県知事の登録**を受けたとしても、**全国で宅建士としての事務を行うことができる**。

プラスα

「宅建士資格登録簿」と「宅建士証」の有効期間は分けて考えること。**「宅建士証」の有効期間は 5 年で**ある（宅建業法 22 条の 2 第 3 項、503 ページ参照）。

❸ 宅建士は信用・品位を失墜させてはいけない！（業務処理の原則など）

以前は、宅地建物取引主任者という名称の資格であった宅建士が、宅建士という名称となるに際して、いわゆる「士業」に相応しい品位を持たせるために、次のような業務処理の原則などに関する規定が追加された。

（1）宅建士の業務処理の原則

宅建士は、宅建業の業務に従事するときは、宅地又は建物の取引の専門家として、**購入者等の利益の保護及び円滑な宅地又は建物の流通**に資するよう、**公正かつ誠実に宅建業法に定める事務を行う**とともに、**宅建業に関連する業務に従事する者との連携に努めなければならない**（宅建業法 15 条）。

過 平27-35

「専ら宅建業に従事し、これに専念しなければならない」とまでは規定されていない。

過 令4-29、平27-35

（2）信用失墜行為の禁止

宅建士は、宅建士の信用又は品位を害するような行為（信用

失墜行為）をしてはならない（宅建業法 15 条の 2）。ここにいう
信用失墜行為には、**宅建士としての職務に直接関係しない行為や
私的な行為も含まれる**（解釈・運用の考え方第 15 条の 2 関係）。

（3）知識及び能力の維持向上
　宅建士は、宅地又は建物の取引に係る事務に必要な**知識及び
能力の維持向上に努めなければならない**（宅建業法 15 条の 3）。
また、宅建業者にも、その従業者に対し、その業務を適正に実
施させるため、必要な教育を行うよう努めるべき従業者の教育
に関する努力義務が課されている（同法 31 条の 2）。

 令 5-38、
平 27-35

❹　登録の「移転」は出題ポイントの宝庫！

　ここは登録の「変更」ではなく、「**移転**」の話だ。まずはそれ
を意識しよう。
　宅建士登録を受けている者は、**登録をしている都道府県知事
の管轄する都道府県「以外」の都道府県に所在する宅建業者の
事務所の業務に従事し、又は従事しようとするときに、移転先
の事務所の所在地を管轄する都道府県知事に対し、現在登録を
している都道府県知事を経由して、登録の移転の申請ができる**
（宅建業法 19 条の 2 本文）。
　宅建士の登録は全国で有効であり、どの都道府県で登録したと
しても、全国で宅建士の事務を行うことができる。
　しかし例えば、東京都知事の登録を受けた宅建士が、大阪府
の支店に転勤となった場合、宅建士証の**更新の際**、東京まで法
定講習を受講しに行くのは面倒である。そこで、更新の便宜を
図る趣旨で、登録の「**移転**」も「**できる**」ということだ。

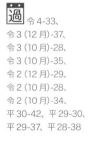 令 4-33、
令 3（12 月）-37、
令 3（10 月）-28、
令 3（10 月）-35、
令 2（12 月）-29、
令 2（10 月）-28、
令 2（10 月）-34、
平 30-42、平 29-30、
平 29-37、平 28-38

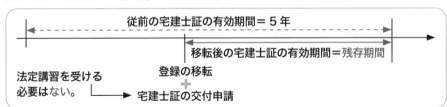

登録の「移転」は出題知識が多いので、解説していく。

（1）登録の移転は義務ではない

過 令3 (12月)-37、
平30-42、平29-37

　前述のように、登録の移転は、あくまでも宅建士の便宜を図るものであるため、**登録の移転を申請するかしないかは任意であり、義務ではない**。この点は、繰り返し問われている。

（2）登録の移転は、現在登録している都道府県知事を経由して、移転先の都道府県知事に申請する（同項本文）。

（3）登録の移転は、転勤 OK、引っ越し NG。

過 令3 (10月)-35

　登録の移転を申請できるのは、あくまでも**現在登録をしている都道府県知事が管轄している都道府県以外の都道府県に所在する宅建業者の事務所の業務に従事し、又は従事しようとする**ときである。

　そのため、例えば、**東京都知事の登録を受けている宅建士が、転職や転勤などで北海道に所在する事務所に勤務**することになった場合は、（東京都知事を経由して北海道知事への）**登録の移転を申請できるが、住まいを引っ越しただけ（従来の事務所への勤務は変わらない）では、申請はできない**。

（4）事務禁止処分期間中は、申請できない。

　事務禁止処分の期間中は、登録の移転を申請できない（同項但書）。登録の移転が登録者の（更新時の）便宜を図る制度である以上、いわば謹慎処分を受けている者にまで、便宜を図る必要はないというわけである。

（5）登録の移転後の宅建士証の有効期間は変わらない。

過 令2 (12月)-29、
令2 (10月)-34、
平28-38

　登録の移転があった場合、**従前の「宅建士証」は失効するが**（同法22条の2第4項）、**登録移転後の宅建士証の有効期間は、変わらず、移転後の宅建士証の有効期間は、従前の宅建士証の有効期間が経過するまでの期間、つまり従前の宅建士証の有効期**

間の残存期間である（同項）。

　なお、登録の移転により交付される宅建士証は、宅建士証の更新（同法 22 条の 3）を受けたもの**ではない**。したがって、**登録の移転をするときには、法定講習を受ける必要はない**（同法 22 条の 2 第 2 項参照）。

❺ 誰がいつまでに行うかがポイント！

　宅建士が、宅建士ではなくなった場合、登録を受けている都道府県知事に届け出なければならない。これを**死亡等の届出**という（宅建業法 21 条）。

　ここは下表のように、誰が、いつまでに届け出なければならないのかを覚えるのが定番である。

ポイント Ⅰ　宅建士の死亡等の届出

届出事項	届出義務者	届出期間
死亡したとき	相続人	死亡の事実を知った日から 30 日以内
心身の故障により宅建士の**事務を適正に行うことができない者**として国土交通省令で定めるもの（精神の機能の障害により宅建士の事務を適正に行うに当たって必要な認知、判断及び意思疎通を適切に行うことができない者）に**該当したとき**	本人 法定代理人 同居の親族	その日から 30 日以内
禁錮以上の刑に処せられたなど、一定の欠格事由に該当したとき	**本人**	

過 令4-29、令 2（12 月）-43、平 28-38

プラス𝛂
心身の故障による場合も本人が届出を行える。

・押さえたい宅建士資格登録簿の登載事項

　　→①氏名、生年月日、**住所**

　　　②**本籍**、性別

　　　③業務に従事している**宅建業者**の商号・**名称**・免許証
　　　　番号

　　→**これらの登載事項に変更があれば、遅滞なく、登録を**
　　　受けている都道府県知事に、**変更の登録を申請**しなけ
　　　ればならない。

・宅建士資格登録簿は、一般の閲覧には**供されない**。

　　→しかし、「**専任の宅建士の氏名**」は、「**宅建業者**」名簿
　　　の登載事項なので、一般の閲覧に供されることとなる。

・登録の「**移転**」の申請は、宅建士証の**更新の際の便宜**を
　図るために行うことができるものであり、**義務ではない**。

　　　　　　　　　　　　⬇そして、

　　登録の**移転の手続は、現在登録している**都道府県知事を
　　経由して、**移転先**の都道府県知事に申請する。

　　　　　　　　　　　　　⬇

　　登録の**移転を申請できるのは、現在登録している**都道府
　県知事が管轄している都道府県**以外**の都道府県に所在する
　宅建業者の事務所の**業務に従事**し、又は**従事しよう**とする
　とき。

　　→**転職、転勤の場合：申請できる。**

　　→**住所の変更の場合：申請できない。**

過去問題を
チェック！

❶宅地建物取引士の氏名等が登載されている宅地建物取引士資格登録簿は一般の閲覧
に供されることはないが、専任の宅地建物取引士は、その氏名が宅地建物取引業者
登録簿に登載され、当該名簿は一般の閲覧に供される。（平 28-38）

　答　○　本問の記述のとおりである（宅建業法 8 条 2 項 6 号、10 条参照）。

❷登録を受けている者は、住所に変更があっても、登録を受けている都道府県知事に
変更の登録をする必要はない。（令 2-10 月 -34）

　答　✕　住所は宅建士資格登録簿の登載事項である。住所に変更があった場合、変
更の届出をする必要がある（宅建業法 18 条 2 項、20 条）。

❸宅地建物取引士（甲県知事登録）が本籍を変更した場合、遅滞なく、甲県知事に変
更の登録を申請しなければならない。（令 3-10 月 -35）

　答　○　本籍は宅建士資格登録簿の登載事項である。よって、本籍に変更があった
場合、変更の届出をする必要がある（宅建業法 20 条、同法施行規則 14 条の 2 の
2 第 1 項 1 号）。

❹宅地建物取引業者 A（甲県知事免許）に勤務する宅地建物取引士（甲県知事登録）が、
宅地建物取引業者 B（乙県知事免許）に勤務先を変更した場合は、乙県知事に対して、
遅滞なく勤務先の変更の登録を申請しなければならない。（令元 -44）

　答　✕　変更の登録は、登録を受けている都道府県知事（甲県知事）に対して行
う（宅建業法 19 条の 2）。

❺宅地建物取引士 C（甲県知事登録）は、宅地建物取引業者 D 社を退職し、宅地建物
取引業者 E 社に再就職したが、C は D 社及び E 社の専任の宅地建物取引士ではない
ので、変更の登録を申請しなくてもよい。（令 3-10 月 -28）

　答　✕　勤務している宅建業者の商号・名称及び免許証番号は、宅建士資格登録
簿の登載事項である。よって、登録を受けている者は、業務に従事する宅建業者に
変更があった場合、変更の届出をする必要がある（宅建業法 20 条、同法施行規則
14 条の 2 の 2 第 1 項 5 号）。専任の宅建士であるかどうかは、関係がない。

❻甲県知事登録の宅地建物取引士が、宅地建物取引業者（乙県知事免許）の専任の宅地建物取引士に就任するためには、宅地建物取引士の登録を乙県に移転しなければならない。（令4-33）

答 ✕ 登録の効力は、**全国で一生有効**である。甲県知事登録であっても、**全国で宅建士の事務を行うことができる**から、乙県知事の登録に移転する必要は**ない**。

❼宅地建物取引士Ａが（甲県知事登録）が、乙県に所在する宅地建物取引業者の事務所の業務に従事することとなったときは、Ａは甲県知事を経由せずに、直接乙県知事に登録の移転を申請しなければならない。（令3-10月-28）

答 ✕ 登録の「移転」は義務**ではない**。また、登録の移転は、**現在登録している都道府県知事を経由**して、移転先の都道府県知事に申請する（宅建業法19条の2本文）。よって、Ａは、**甲県知事を経由**して、乙県知事に登録の移転を申請する**ことができる**。

❽宅地建物取引士（甲県知事登録）が甲県から乙県に住所を変更したときは、乙県知事に対し、登録の移転を申請することができる。（令3-10月-35）

答 ✕ 自宅の引っ越し（住所の変更）をしただけでは、登録の移転を申請することは**できない**（宅建業法19条の2本文）。

❾宅地建物取引士（甲県知事登録）が、乙県に所在する宅地建物取引業者の事務所の業務に従事することとなったため、乙県知事に登録の移転の申請とともに宅地建物取引士証の交付の申請をしたときは、乙県知事から、有効期間を5年とする宅地建物取引士証の交付を受けることとなる。（令2-12月-29）

答 ✕ 登録の移転後の宅建士証の有効期間は、**従前の宅建士証の有効期間5年**から、登録の移転を受けるまでの期間を差し引いた**残存期間である**（宅建業法22条の2第5項）。

❿宅地建物取引士が、心身故障により宅地建物取引士の事務を適正に行うことができない者として国土交通省令で定めるものに該当したときは、本人又はその法定代理人若しくは同居の親族は、3月以内にその旨を登録をしている都道府県知事に届け出なければならない。（平28-43）

答 ✕ 宅建士が本肢の欠格事由に該当した場合、本人又はその法定代理人若しくは同居の親族が、**30日以内に登録をしている都道府県知事に届け出なければならない**（宅建業法21条3号）。3か月以内では**ない**。

宅建士証の更新申請、提示すべき場合が狙われる！ 宅建士その3

ここでは「宅建士証」についての記載事項や交付手続等を学習する。特に試験に出題されるのが宅建士証の「更新の申請」と「提示すべき場合」だ。得点源にしやすいテーマの1つなので、過去問も用いてしっかり学習していこう。

❶ 最後のワン・ステップ「宅建士証の交付」

（1）宅建士証の交付申請に必要なこと

「合格→登録→宅建士証の交付」という3つのステップの最後となる宅建士証の交付を受ければ、晴れて宅建士となる。

宅建士証の交付を申請できるのは、登録を受けた者が前提だ。そして、この**交付申請は、登録を受けている都道府県知事に対して行う**（宅建業法22条の2第1項）。

また、**宅建士証の交付を受けようとする者は、次の者を除き、登録をしている都道府県知事が指定する講習で、交付申請前6か月以内に行われるもの（法定講習）を受講しなければならない**（同条2項、5項）。

過 令4-29、平29-30

◆ 法定講習を受講しないでも交付申請できる者

①**試験合格日から1年以内**に、宅建士証の交付を受ける者
②**登録の移転申請**とともに、宅建士証の交付を受ける者

①について、**法定講習は最新の法律（改正法令）**などについて学習するためのものであり、**合格後1年以内ならば、最新法令を身に付けている**だろう…という趣旨だ。

プラスα

497ページで触れたとおり、登録の移転とともに宅建士証の交付を申請する場合は、従前の宅建士証の交付時に法定講習を受講しているため、受講が免除されている。

（2）宅建士証の記載事項

　宅建士証には、次の事項が記載される（宅建業法施行規則14条の10）。

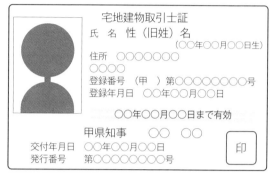

①申請者の**氏名、生年月日及び住所**
②**登録番号**
③宅建業者の業務に従事している場合は、その**宅建業者の商号**又は**名称**及び**免許証番号**
④**試験に合格後1年を経過しているか否かの別**

　これらの記載事項のうち、氏名、住所に変更があった場合には、変更の登録の申請とあわせて、宅建士証の書換え交付の申請が義務付けられている（同規則14条の13第1項）。

ポイント Ｉ 宅建士証の交付申請

・宅建士証の交付申請先は？
　⇒**登録**を受けている**都道府県知事**。

・宅建士証の交付申請に当たり、**申請前6か月以内**に行われる**登録**を受けている**都道府県知事が指定する法定講習**を受講する。
　⇒講習の指定者は、国土交通大臣**ではない**。
　⇒法定講習の免除者は、
　　①試験**合格日**から**1年以内**の者
　　②**登録の移転**の申請とともに交付を受けようとする者

❷ 宅建士証の有効期間など

（1）宅建士証の有効期間は免許と同じ5年！

　宅建士証の有効期間は、原則として、**5年だ**（宅建業法22条の2第3項）。例外として、**登録の移転の申請とともに宅建士証の交付の申請**をしたときは、**従前の宅建士証の有効期間とされる**ことは思い出しておこう（同条5項）。

（2）宅建士証の有効期間の更新は、ギリギリでもOK！

　宅建士証の有効期間の更新は、**有効期間満了までに申請すればよい**（宅建業法施行規則3条参照）。有効期間満了間際に駆け込みで更新してもかまわないということだ。なお、**更新後の有効期間も5年である**（宅建業法22条の3第2項）。

　ここは「有効期間満了の90日前から30日前までに更新の申請をしなければならない」といった宅建業の「免許の更新」と混同させるヒッカケ問題に注意しよう。

　また、**宅建士証の有効期間の更新を受ける者も、登録をしている都道府県知事が指定する講習で交付申請前6か月以内に行われるもの（法定講習）を受講しなければならない**。

 令4-29、令2（10月）-28

ポイント・Ⅱ・宅建士証の有効期間・有効期間の更新

①宅建士証の有効期間は？

　➡原則として**5年**。更新後の有効期間も**5年**。

　➡**登録の移転**の申請とともに交付を申請したときは、**従前の宅建士証の有効期間**。

②宅建士証の更新の申請期間は？

　➡**有効期間満了まで**。

　➡なお、**更新**についても**法定講習の受講が必要**。

❸ 宅建士証に関する３つの義務

(1)「必ず提示」か、「求められたら提示」か？

過 令2 (12月)-38、
令2 (10月)-28、
平30-42、平29-37

　宅建士は、**重要事項説明をするときは、説明の相手方から提示を求められなくても（＝必ず）、相手方に対し、宅建士証を提示しなければならない**（宅建業法35条4項）。

　例えば、**物件の買受けの申込前に取引の関係者からの請求に応じて宅建士証を提示していたとしても、後日の重要事項説明の際には、改めて宅建士証を提示しなければならない。**

　ただし、**取引の相手方が宅建業者である場合は、相手方である宅建業者から請求があったときに提示すれば足りる**（同条6項）。

プラスα
重要事項説明や従業
者証明書については、
後述する。

　他方、**重要事項説明「以外」の場合は、取引の関係者から請求があったときに、宅建士証を提示する義務がある**（同法22条の4）。

　そして、**これらの提示義務は、専任の宅建士であるか否かにかかわらず、課されている**ことにも注意だ。

　また、**「宅建士証」と「従業者証明書」は、全くの別ものであるから、一方の提示をもって、他方の提示に代えることはできない。**

(2) 悪用防止！宅建士証の「返納」義務

　使えなくなった宅建士証の悪用を防止するため、**次の場合には、速やかに、宅建士証を交付を受けた都道府県知事に返納することが義務付けられている**（宅建業法22条の2第6項）。

◆ 宅建士証の返納をしなければならない場合

①登録が**消除された**とき ②宅建士証が**効力を失った**とき

504

（3）事務禁止処分を受けたら、登録知事に「提出」！

　事務の禁止処分は、いわば謹慎処分であり、禁止処分期間中は宅建士としての事務を行うことができない。にもかかわらず、宅建士証を所持させたままだと悪用する者がいるかもしれない。

　そこで、**事務の禁止の処分を受けたときは、速やかに、宅建士証をその交付を受けた都道府県知事に提出することが義務付けられている**（宅建業法22条の2第7項）。

　例えば、宅建士A（甲県知事登録）が、乙県知事から事務の禁止処分を受けた場合、処分をした乙県知事**ではなく**、宅建士証を**交付した甲県**知事に提出する。

　そして、返納・提出を怠ると、**罰則（10万円以下の過料）の適用を受けることがある**ことも押さえておこう（同法86条）。

> 前ページの「返納」と違い、ここは「提出」だ。提出については、場合により返してもらえるぞ。

過　令4-29、
令3（10月）-35、
令2（12月）-29、
平30-42

3章　宅建士

プラスα

「提出」を受けた都道府県知事は、**事務禁止処分期間が満了**した場合、提出者から**返還の請求があった**ときは、直ちに、その宅建士証を返還しなければならない（宅建業法22条の2第8項）。

ポイント　Ⅲ　宅建士証の提示・返納・提出義務

①宅建士証の提示義務

　⇒**重要事項説明**の際は、**必ず提示。**

　⇒**それ以外**の場合は、取引関係者から**請求があれば提示。**

②宅建士証の**「返納」義務**があるのは…

　⇒**登録が消除**されたときと、宅建士証が**効力を失った**とき。

③宅建士証の**「提出」義務**があるのは…

　⇒**事務禁止処分**を受けた場合に、速やかに、**交付を受けた都道府県知事**に提出する。

　⇒返納・提出を怠ると、10万円以下の過料（罰則）あり。

❹ 5人に1人は「専任の宅建士」！

　宅建業者の業務には、重要事項説明などの宅建士だけしか行うことができない業務がある。

令3(12月)-41

　そこで、**宅建業者の事務所には、業務に従事する者の5人に1人以上、一定の契約の締結や申込みを受ける案内所などには、1人以上の成年者である専任の宅建士を設置しなければならない**（宅建業法31条の3第1項、同法施行規則15条の5の3）。

◆ 事務所に設置しなければならない専任の宅建士数（成年者）

事務所の従業者数	成年者である専任の宅建士の数
1人～5人	1人以上
6人～10人	2人以上
11人～15人	3人以上

令3(12月)-41

　また、**宅建業者は、既存の事務所等が、専任の宅建士の設置義務に抵触するに至ったときは、2週間以内に、専任の宅建士の設置義務に適合させる**ため必要な措置を執らなければならない（宅建業法31条の3第3項）。要するに、**専任の宅建士の設置要件を満たさなくなったら、2週間以内に補充せよ**ということだ。

❺ 未成年者も「専任の宅建士」になれる！

（1）未成年者でも登録できる場合がある

　登録の欠格事由で学習したように、**営業に関し成年者と同一の行為能力を有しない未成年者は、宅建士の登録を受けることはできない**（宅建業法18条1項1号）。

　これは裏を返せば、営業に関し**成年者と同一の行為能力を有する未成年者、つまり宅建業の営業の許可を受けた未成年者なら、許可の範囲内で、成年者と同一の行為能力を有するものとみなされる**ということだ。したがって、**登録を受けることもで**

きるし、宅建士証の交付を受けて、宅建士になることもできる。

(2)「宅建業者＝宅建士」なら専任の宅建士とみなされる！
（みなし専任）

　原則として、事務所や一定の案内所に設置が義務付けられている**専任の宅建士は、成年者**でなければならない（宅建業法31条の3第1項）。したがって、未成年者は、事務所などに置かれる専任の宅建士にはなれないのが原則である。

　しかし、例外的に、未成年者でも、専任の宅建士になれる場合がある。

　具体的には、**個人の宅建業者が宅建士であるときは、その者が自ら主として業務に従事する事務所等**については、**その者は、その事務所等に置かれる成年者である専任の宅建士とみなれさる**（同条2項）。

　このような専任の宅建士は、便宜的に「**みなし専任**」と呼ばれているが、このみなし専任を使えば、**未成年者でも専任の宅建士になることができる**のだ。

　なお、**宅建業者が法人である場合は、役員が宅建士であれば、その役員が専任の宅建士とみなされる**（同項かっこ書）。

 令3 (12月)-41

ポイント・Ⅳ・みなし専任

以下の場合は、「**専任の宅建士**」とみなされる！

①個人の宅建業者が宅建士である場合
　（主として業務に従事する事務所等では）
　➡この場合の個人の宅建業者（宅建士）が未成年者である場合、その未成年者は「専任の宅建士」となる。

②法人の宅建業者の役員が宅建士である場合

❶ 宅地建物取引士資格試験合格後 18 月を経過した C（甲県知事登録）が、甲県知事から宅地建物取引士証の交付を受けようとする場合は、甲県知事が指定する講習を交付の申請前 6 月以内に受講しなければならない。（平 29-30）

答 〇 法定講習の受講が免除されるのは、宅建士試験の合格日から 1 年以内に宅建士証の交付を受けようとする者である（宅建業法 22 条の 2 第 2 項但書）。18 か月を経過しているので、法定講習を受講しなければならない。

❷ 宅地建物取引士は、有効期間の満了日が到来する宅地建物取引士証を更新する場合、国土交通大臣が指定する講習を受講しなければならず、また、当該宅地建物取引士証の有効期間は 5 年である。（令 4-29）

答 ✕ 更新後の宅建士証の有効期間は 5 年だが（宅建業法 22 条の 2 第 2 項）、法定講習は都道府県知事が指定する（同条 2 項）。国土交通大臣ではない。

❸ 宅地建物取引士証の有効期間の更新の申請は、有効期間満了の 90 日前から 30 日前までにする必要がある。（令 2-10 月 -28）

答 ✕ 宅建士証の有効期間の更新の申請は、有効期間の満了までにすればよい（宅建業法施行規則 3 条参照）。免許の更新と混同しないようにしよう。

❹ 宅地建物取引士は、重要事項の説明をするときは説明の相手方からの請求の有無にかかわらず宅地建物取引士証を提示しなければならず、また、取引の関係者から請求があったときにも宅地建物取引士証を提示しなければならない。（令 2-10 月 -28）

答 〇 本問の記述のとおりである（宅建業法 35 条 4 項、22 条の 4）。

❺ 宅地建物取引士は、重要事項説明書を交付するに当たり、相手方が宅建業者である場合、相手方から宅地建物取引士証の提示を求められない限り、宅地建物取引士証を提示する必要はない。（令 2-12 月 -38）

答 〇 宅建士証を提示しなければならないのは重要事項の「説明」のときである（宅建業法 35 条 6 項）。

❻ 宅地建物取引士は、法第 37 条に規定する書面を交付する際、取引の関係者から請求があったときは、専任の宅地建物取引士であるか否かにかかわらず宅地建物取引士証を提示しなければならない。（平 30-42）

答 〇 本問の記述のとおりである（宅建業法 22 条の 4）。

過去問題を
チェック！

❼宅地建物取引士（甲県知事登録）が事務禁止処分を受けた場合、宅地建物取引士証を甲県知事に速やかに提出しなければならず、速やかに提出しなかったときは10万円以下の過料に処せられることがある。（令3-10月-35）

答　○　本問の記述のとおりである（宅建業法86条）。

❽宅地建物取引業者Aは、一団の宅地建物の分譲をするため設置した案内所には、契約を締結することなく、かつ契約の申込みを受けることがないときでも、1名以上の専任の宅地建物取引士を置かなければならない。（令3-12月-41）

答　×　契約の締結をする案内所や、申込みを受ける案内所には、1人以上の成年者である専任の宅建士を設置しなければならない（宅建業法31条の3第1項、同法施行規則15条の5の2）。そうではない案内所には、専任の宅建士を設置する義務はない。

❾宅地建物取引業者Cが、20戸の一団の分譲建物の売買契約の申込みを受ける案内所甲を設置した場合、売買契約の締結は事務所乙で行うとしても、甲にも専任の宅地建物取引士を置かなければならない。（令3-12月-41）

答　○　宅建業者（C）は、契約の締結を行う事務所（乙）だけでなく、契約の申込みを受ける案内所（甲）にも、1人以上の成年者である専任の宅建士を設置しなければならない（宅建業法31条の3第1項、同法施行規則15条の5の2）。

❿法人である宅地建物取引業者D社の従業者であり、宅地建物取引業に係る営業に関し成年者と同一の行為能力を有する18歳未満の宅建士Eは、D社の役員であるときを除き、D社の専任の宅地建物取引士となることができない。（令3-12月-41）

答　○　未成年者は、原則として専任の宅建士になることはできない（宅建業法31条の3第1項）。しかし、宅建業者が法人である場合、役員が宅建士であれば、その役員は専任の宅建士とみなされる（同条2項）。

⓫宅地建物取引業者Bは、その主たる事務所に従事する唯一の専任の宅地建物取引士が退職したときは、2週間以内に、宅地建物取引業法31条の3第1項の規定に適合させるため必要な措置を執らなければならない。（令3-12月-41）

答　○　宅建業者は、既存の事務所等が、専任の宅建士の設置義務に抵触するに至ったときは、2週間以内に、専任の宅建士の設置義務に適合させるため必要な措置を執らなければならない（宅建業法31条の3第3項）。

出題ポイントの学習のみで、営業保証金は攻略できる！

 重要度 Ⓐ

営業保証金については、①営業保証金制度の概要、②供託額・供託場所、③保管替え、④還付、⑤取戻し、というすべての項目から出題される。内容は易しく、問われるポイントも決まっているので、紹介する内容は押さえよう。

「供託」とは、法令の規定により、金銭、有価証券その他の物件を地方法務局などにある供託所などに預けることである。

❶ 万が一のための営業保証金！

（1）万が一のための営業保証金

　営業保証金は、**宅建業者が取引を開始する前に、供託所に供託しなければならない金銭など**のことだ。例えば、顧客が宅建業者との間に宅建業に関する取引から生じた債権を有しているのに、宅建業者が倒産してしまった場合、宅建業者が供託所に預けておいたお金から債権を回収できるようにしておこうというのが営業保証金である。

（2）営業保証金制度は3段階

　営業保証金制度は、下図のように3つの段階に分けることができる。

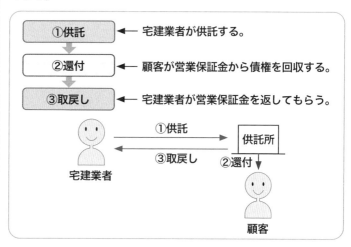

(3)「供託→届出」をしてから事業開始！

　万が一の場合の…という営業保証金制度の趣旨から、**宅建業者は、供託所に営業保証金を供託し、供託した旨を免許を受けた国土交通大臣又は都道府県知事（免許権者）に届け出なければならない**（宅建業法 25 条 4 項）。この「免許の取得→供託→届出→事業開始」という流れは意識しておこう。

◆ 宅建業の免許の取得から、事業開始までの流れ

> **免許の取得➡営業保証金の供託➡供託の届出➡事業開始**

ゴロ合わせ

たっくさん届け出てから、
（供託→その届出をしてから）

事業開始！
（事業開始できる）

国土交通省

営業保証金です！

　また、**宅建業者は、供託の届出**をするときは、**その供託物受入れの記載のある供託書の写しを添付する必要がある**（同項）。

　さらに、**事業開始後、新たに事務所を設置した場合、新たに設置した事務所の分の営業保証金を供託しなければならず、やはり免許権者に供託の届出をした後でなければ、増設した事務所で事業を開始することはできない**（同法 26 条 1 項）。

(4) 3 か月以内に供託をしないと免許取消し!?

　宅建業の免許を受けたのに、いつまでも事業を開始しない宅建業者を放置しておくわけにはいかない。

　そこで、**免許権者は、免許をした日から 3 か月以内に、宅建業者が営業保証金を供託した旨の届出をしないときは、供託した旨の届出をすべき旨の催告をしなければならない**（宅建業法 25 条 6 項）。

プラスα
供託とその届出をしてからでないと宅建業は始められない。

過 令5-30、
令3（10月)-34、
令2（10月)-35、
平30-43、平29-32

過 令5-30

4章
営業保証金

令 5-30、
令 2 (12 月)-33、
平 30-43

さらに、**この催告到達日から 1 か月以内に、宅建業者が供託した旨の届出をしないときは、免許権者は、その免許を取り消すことができる**（同条 7 項）。

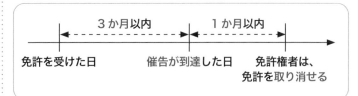

❷ 「いくらを」「どの供託所」に供託するか？

（1）本店 1,000 万円、支店ごとに 500 万円

供託する**営業保証金の額は、事務所の数で決まり、主たる事務所（本店）は 1,000 万円、従たる事務所ごとに 500 万円である**（宅建業法 25 条 2 項、同法施行令 2 条の 4）。

例えば、宅建業者 A が本店と支店の 2 つを設けて開業する場合、**1,000 万円（本店）＋（500 万円× 2）＝ 2,000 万円**を供託するということだ。

そして、さらに A が新たに支店を 1 つ増設するのであれば、**500 万円**を追加供託することとなる。

なお、**営業保証金は、金銭だけではなく、一定の有価証券を供託に充てることもできる**。また、**金銭と有価証券を混ぜて供託することや、種類の異なる有価証券を混ぜて供託に充てることもできる**。供託できる有価証券の種類と評価額は、次のとおりだ（同法施行規則 15 条 1 項、15 条の 2）。

令 3 (10 月)-34、
平 30-43

プラスα
ただし、株式、約束手形、小切手の供託は認められていない。

令 2 (10 月)-36

◆ 有価証券の種類と評価額

①国債証券：額面金額の 100%（額面どおり）
②地方債証券・政府保証債証券：額面金額の 90%
③その他の債券（社債券など）：額面金額の 80%

(2) 供託所は「本店最寄り」の供託所に

　次に供託をするとしても、どこの供託所に供託すべきかという点について、**営業保証金は、主たる事務所（本店）の最寄りの供託所**に供託しなければならない（宅建業法25条1項）。

令2 (12月)-33

---

❸ 本店の引っ越しで、営業保証金も引っ越し

(1) 簡単な方法と面倒な方法

　上記のとおり、営業保証金は、主たる事務所（本店）の最寄りの供託所に供託するため、**主たる事務所が移転**して、最寄りの供託所が変わった場合には、**移転先の最寄りの供託所に**営業保証金を供託し直さなければならない。

　そして、その方法には、次のような2通りの方法があるので、それぞれ確認する。

◆ 本店移転による営業保証金の引っ越し方法

①**金銭のみで供託**している場合：保管替え
②**有価証券、金銭と有価証券で供託**している場合：新たに供託

(2) 金銭のみ供託は、簡単な保管替え

　金銭のみで営業保証金を供託している宅建業者は、その主たる事務所を移転したため、その最寄りの供託所が変更したときは、法務省令・国土交通省令の定めるところにより、**遅滞なく、費用を予納**して、**営業保証金を供託している供託所に対し、移転後の主たる事務所の最寄りの供託所への営業保証金の保管替えを請求しなければならない**（宅建業法29条1項前段）。

平 29-32

　この保管替えは、供託所間で現実に金銭を移動させるのではなく、帳簿上で「**移転前**」の最寄りの供託所から、「**移転後**」の供託所に供託金を移動したことにする手続である。よって、宅建業者は、**移転前の供託所に「保管替えをしてください」**と請

求するだけでよいのだ。

(3) 有価証券が絡めば「新たに供託→取戻し」

過 令2（12月）-33、平28-40

　有価証券又は金銭と有価証券で営業保証金を供託している場合において、主たる事務所の移転により、その最寄りの供託所が変更したときは、**遅滞なく、移転後の主たる事務所の最寄りの供託所に、新たに供託**しなければならない。そのうえで、**移転前の供託所から営業保証金を取り戻す**（宅建業法29条1項後段、30条）。

> 一時的には**移転前・移転後の供託所に二重に供託**をしている状態となる。有価証券は帳簿のやり取りだけではすまず、先に取戻しを認めると供託の空白期間が生じるからだ。

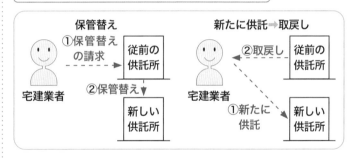

---

❹ すべての債権が還付を受けられるわけではない！

(1) 還付は、宅建業に関し取引をした者のみ！

　営業保証金制度は、顧客を保護するための制度であるので、**供託された営業保証金の還付を受けられるのは、宅建業者と宅建業に関し取引をした者だけ**だ（宅建業法27条1項）。

過 令3（10月）-34、令2（10月）-35、平30-43

　例えば、宅建業者に家賃収納代行を委託した者が有する債権や、建設業者が有する建築請負代金債権などは、営業保証金から還付を受けることは**できない**。

　また、**宅建業者は、宅建業に関する取引により生じた債権であっても、還付を受けることはできない**（同項かっこ書）。

(2) 還付は、営業保証金の範囲内

　還付を受けようとするときは、供託所に対して還付請求をすることになるが（宅地建物取引業者営業保証金規則2条）、常にその全額の還付を受けられるわけではない。

　還付を受けられる限度額は、宅建業者が供託している営業保証金の合計額である。

　例えば、ある顧客が有している宅建業の取引に関する債権の額が5,000万円であっても、宅建業者が供託している営業保証金の額が3,000万円であれば、その顧客が還付を受けられるのは**3,000万円まで**となる。

　なお、**還付を受けることができる限度額を考えるときに、主たる事務所と従たる事務所に分けて考える必要はなく、供託されている営業保証金の合計額がいくらであるかを考えればよい。**

平 28-40

プラスα
取引をしたのが本店でも支店でも、還付額は変わらないということだ。

(3)「補充」は2週間以内！

　営業保証金が**還付**された場合、当然その分だけ**営業保証金に不足額が生じる**。そこで、**宅建業者は営業保証金の不足額を供託する必要がある**（補充供託）。具体的には、以下の流れで不足額を供託する（宅建業法28条1項、2項、宅地建物取引業者営業保証金規3条〜5条）。

---

①営業保証金に不足額が生じると、その旨が**供託所から免許権者に通知**される。

     ⬇

②**通知を受けた免許権者は**、不足額を供託すべき旨の**通知書を宅建業者に送付**する。

     ⬇

③**通知書の送付を受けた宅建業者は**、通知を受けた日から**2週間以内に不足額を供託**する。

     ⬇

④**宅建業者は、供託した日から2週間以内に、供託書の写しを添付して、供託した旨を免許権者に届け出る。**

令 5-30、
令 2 (10月)-35、
平 29-32、平 28-40

515

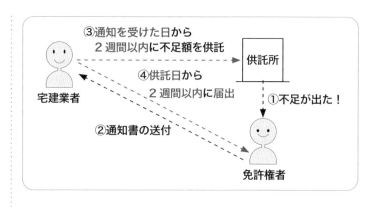

③通知を受けた日から
2週間以内に不足額を供託

供託所

④供託日から
2週間以内に届出

①不足が出た！

宅建業者

②通知書の送付

免許権者

---

❺ 宅建業をやめれば営業保証金は取り戻せる

（1）取戻しはアナウンスをしてから！

　宅建業者が**宅建業を廃業**したり、**事務所の一部を廃止**したような場合には、**供託所から営業保証金を取り戻す**ことができる（宅建業法 30 条 1 項）。

　しかし、何の前触れもなく営業保証金の取戻しを認めてしまうと、還付請求権者が還付を受ける機会を逸してしまうかもしれない。

　そこで、**一定の場合には、公告をしてからでなければ、営業保証金の取戻しをすることができない**（同条 2 項）。

令5-30、
令2 (12月)-33、
平 29-32、平 28-40

> 要するに、「廃業して営業保証金を取り戻す予定なので、還付を受けたいと思っている方は申し出てください」と**アナウンス（公告）をしてから取り戻しなさい**ということだ。

　なお、この公告は、還付請求権者に還付を受ける機会を与えるものなので、短いと気が付かないかもしれない。そこで、**6か月を下回らない（6か月以上）一定期間内に申し出るべき旨を公告し、その期間内にその申出がなかった場合でなければ、営業保証金の取戻しをすることができない**（同項）。

プラスα
取戻事由の発生時から 10 年を経過したときは除かれる。

（2）最寄りの供託所の変更は、公告不要！

　前述のとおり、営業保証金の取戻しは、原則として、公告が必要となるが、**公告なくしてできる**場合もある。これについては、**①主たる事務所の移転により、最寄りの供託所が変更され、新たに営業保証金を供託**したときと、**②保証協会の社員になった**ときの２つを覚えておこう。

プラスα

最寄りの供託所が変わる場合は、新たな供託所に営業保証金は供託されるので、取り戻しますか？…というアナウンスは不要だ。
なお、保証協会については、次章で学習する。

ポイント　Ⅰ　営業保証金のポイント

①営業保証金の供託なくして宅建業を開始できるか？
→できない。「免許の取得➡供託➡届出➡事業開始」だ。
➡**届出は、宅建業者が行い、供託書の写しを添付する！**
➡３か月以内に届出をしない宅建業者には、免許権者が催告をして、催告到達日から１か月以内に届出をしないと、**免許を取り消す**ことができる。

②営業保証金の額：主たる事務所：1,000万円
　　　　　　　　　　　 従たる事務所：500万円 × 事務所数

③有価証券を使った供託について、評価額
・国債証券：額面金額の100％
・地方債証券・政府保証債証券：額面金額の90％
・その他の債権（社債券など）：額面金額の80％

④どこの供託所に供託するか？
➡**主たる事務所の最寄りの供託所**

⑤還付により供託額が不足した場合、免許権者は補充供託の通知書を宅建業者に送付し、**通知を受けた日から２週間以内に不足額を供託**し、供託日から２週間以内に、供託書の写しを添付して、供託した旨を免許権者に届け出る。

❶ 宅地建物取引業者 A（甲県知事免許）は、営業保証金を供託したときは、その供託物受入れの記載のある供託書の写しを添付して、その旨を甲県知事に届け出なければならず、当該届出をした後でなければ、その事業を開始することができない。（令5-30 改題）

🈞 〇 本問の記述のとおりである（宅建業法 25 条 4 項、5 項）。

❷ 宅地建物取引業者は、宅地建物取引業の開始後 1 週間以内に、供託物受入れの記載のある供託所の写しを添付して、営業保証金を供託した旨を、免許を受けた国土交通大臣又は都道府県知事に届け出なければならない。（平 30-43）

🈞 ✕ 営業保証金の供託とその届出は、宅建業の取引開始**前**にしなければならない（宅建業法 25 条 4 項、5 項）。

❸ 国土交通大臣から免許を受けた宅地建物取引業者が、営業保証金を主たる事務所のもよりの供託所に供託した場合、当該供託所から国土交通大臣にその旨が通知されるため、当該宅地建物取引業者は国土交通大臣にその旨を届け出る必要はない。（令3-10 月 -34）

🈞 ✕ 営業保証金を供託した旨は、**宅建業者**が届け出る（宅建業法 25 条 4 項）。

❹ 宅地建物取引業者は、新たに事務所を 2 か所増設するための営業保証金の供託について国債証券と地方債証券を充てる場合、地方債証券の額面金額が 800 万円であるときは、額面金額が 200 万円の国債証券が必要となる。（平 30-43）

🈞 ✕ 新たに事務所を 2 か所増設する場合の追加供託額は **500 万円** × 2 ＝ **1,000 万円**である。そして、地方債証券は券面金額の **90%**で評価され、800 万円× **90%** ＝ **720 万円**が評価額となる。よって、**1,000 万円** － **720 万円** ＝ **280 万円**の国債証券が必要となる（宅建業法 25 条 2 項、同法施行令 2 条の 4、同法施行規則 15 条 1 項、15 条の 2）。

❺ 宅地建物取引業者 A（甲県知事免許）が免許を受けた日から 6 か月以内に甲県知事に営業保証金を供託した旨の届出を行わないとき、甲県知事はその届出をすべき旨の催告をしなければならず、当該催告が到達した日から 1 か月以内に A が届出を行わないときは、その免許を取り消すことができる。（令 5-30 改題）

🈞 ✕ 宅建業者への催告は、宅建業者が**免許を受けた日から 3 か月以内**に供託の届出を行わない場合である（宅建業法 25 条 6 項、7 項）。

過去問題を
チェック！

❻ 宅地建物取引業者は、主たる事務所を移転したことにより、その最寄りの供託所が変更となった場合において、金銭のみをもって営業保証金を供託しているときは、従前の供託所から営業保証金を取り戻した後、移転後の最寄りの供託所に供託しなければならない。（平 29-32）

答　✕　金銭のみをもって営業保証金を供託しているときは、従前の供託所に保管替えを請求するだけでよい（宅建業法 29 条 1 項）。

❼ 宅地建物取引業者は、主たる事務所を移転したためその最寄りの供託所が変更した場合、国債証券をもって営業保証金を供託しているときは、遅滞なく、従前の主たる事務所の最寄りの供託所に対し、営業保証金の保管替えを請求しなければならない。（令 2-12 月 -33）

答　✕　有価証券により営業保証金を供託しているときは、保管替えの請求はできない。この場合、新たに供託したうえで、取戻しをする（宅建業法 29 条 1 項）。

❽ 宅地建物取引業者と宅地建物取引業に関し取引をした者は、その取引により生じた債権に関し、当該宅建業者が供託した営業保証金について、その債権の弁済を受ける権利を有するが、取引をした者が宅地建物取引業者に該当する場合は、その権利を有しない。（令 3-10 月 -34）

答　〇　本問の記述のとおりである（宅建業法 27 条 1 項かっこ書）。

❾ 宅地建物取引業者 A（甲県知事免許）は、営業保証金が還付され、甲県知事から営業保証金が政令で定める額に不足が生じた旨の通知を受け、その不足額を供託したときは、30 日以内に甲県知事にその旨を届け出なければならない。（令 5-30 改題）

答　✕　営業保証金の不足額を供託したときは、供託した日から 2 週間以内に、その旨を免許権者に届け出なければならない（宅建業法 28 条 2 項）。

❿ 宅地建物取引業者 A（甲県知事免許）は、本店を移転したため、その最寄りの供託所が変更した場合において、従前の営業保証金を取り戻すときは、営業保証金の還付を請求する権利を有する者に対し、一定期間内に申し出るべき旨の公告をしなければならない。（平 28-40 改題）

答　✕　主たる事務所の移転により、最寄りの供託所が変更され、新たに営業保証金を供託したときは、還付請求権者に対して公告をすることなく、移転後の最寄りの供託所から営業保証金を取り戻すことができる（宅建業法 30 条 2 項かっこ書）。

頻出論点は山盛り！ 保証協会のポイント！

重要度 Ⓐ

ここでは「保証協会」と「弁済業務保証金」の学習をする。これらは例年1問は出題されており、頻出知識が多いテーマだ。ここで紹介する知識はどこから出題されてもおかしくはないので、すべて押さえておいて損はない。

❶ 保証協会の社員になれば、営業保証金が安上がり！

（1）塵も積もれば山となる。保証協会の概要

　営業保証金は、消費者保護のために必要なものだが、高額であり、宅建業者の負担も大きい。そこで、多数の宅建業者が少しずつお金を出しあって、集団で万が一のトラブルに備えるのが**保証協会と弁済業務保証金**の制度だ。業者が出しあったお金を**宅地建物取引業保証協会（保証協会）がまとめて供託**することで、個々の宅建業者の金銭的負担を抑えつつ、いざという時の備えとして、まとまった額のお金を用意しておこうというものなのだ。

　個々の宅建業者が出しあう（納付する）お金を**弁済業務保証金分担金**といい、**保証協会が供託するお金を弁済業務保証金**という。

◆ 営業保証金制度のイメージ

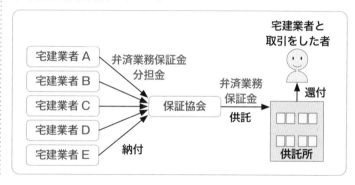

(2) 保証協会の掛け持ちはできない。

　保証協会は、弁済業務保証金の運営などを行うために設けられた、**宅建業者のみを社員**とする団体である。保証協会には「公益社団法人全国宅地建物取引業保証協会」と「公益社団法人不動産保証協会」の２つがあり、どちらも宅建業者のみで構成される。

　そして、**一の（1 つの）保証協会の社員である者**は、たとえ顧客に対する保証を手厚くするためであっても、**他の保証協会の社員となることができない**（宅建業法 64 条の 4 第 1 項）。

　要するに、上記２つの保証協会のうち、**どちらか一方の保証協会にしか加入できない**ということだ。

保証協会に加入した宅建業者を**社員**と呼ぶ。保証協会の会員（メンバー）のようなものだ。

過　令 2 (12 月)-30、平 28-31

5章

保証協会

(3) 苦情の解決が頻出ポイント！（保証協会の業務）

　保証協会の業務は、弁済業務（宅建業者が宅地建物取引上の債権を有する者に対し不履行があった場合に弁済する業務）だけではない。様々な業務があるが、**必ず行わなければならない必須業務**と、**任意業務のポイント**を押さえておこう。

①必須業務（宅建業法 64 条の 3 第 1 項）

> **①苦情の解決**とその結果の社員への周知
> ②宅建業に関する**研修**
> ③**弁済業務**

過　令 5-44、令 4-41、令 3 (12 月)-39、令 3 (10 月)-31、平 30-44

　必須業務について出題されているのは、**上記①の苦情の解決**だけである。そこで、**苦情の解決**について、次のア〜ウの業務を押さえておこう。

ア　苦情に対する解決の申出

　保証協会は、宅建業者の相手方等から社員の取り扱った宅建業に係る取引に関する**苦情について**解決の申出があったときは、**その相談に応じ**、申出人に**必要な助言**をし、当該苦情に係る**事情を調査**するとともに、当該社員に対し当該苦情の内容を通知

して、その迅速な処理を求めなければならない（同法64条の5第1項）。

イ　社員に対する説明・資料の提出の求め

　<u>保証協会は、苦情の解決について必要がある</u>と認めるときは、<u>当該社員に対し、文書若しくは口頭による説明を求め、又は資料の提出を求めることができる</u>（同条2項）。

ウ　説明・資料提出の拒否の禁止

　<u>社員は、保証協会から説明、又は資料の提出の求めがあったときは、正当な理由がある場合でなければ、これを拒んではならない</u>（同条3項）。

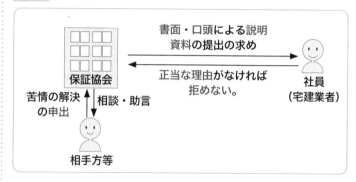

②任意業務（同法64条の3第2項、3項）

　任意業務には以下のものがあるが、ほとんど出題されないので、一読しておけばよい。

◆　任意業務

①一般保証業務
②**手付金等保管事業**
③宅建士等に対する研修の実施に要する費用の助成
④宅建業の健全な発達を図るために必要な業務

令5-44

（4）保証協会が免許権者に報告（社員の加入等の報告）

　免許権者は、宅建業者が保証協会に加入し、弁済業務保証金制度を利用するのかを把握しておく必要がある。

　そこで、**保証協会は、新たに社員が加入し、又は社員が社員の地位を失ったときは、直ちに、その旨を当該社員である宅建業者が免許を受けた国土交通大臣又は都道府県知事に報告しなければならない**（宅建業法64条の4第2項）。

過 令3（12月）-39、令3（10月）-31

ポイント Ⅰ　保証協会のポイント

①**宅建業者は、複数の保証協会に加入できるか？**
　➡ どちらか一方の保証協会にしか加入できない。

②**必須業務である苦情の解決について、保証協会は社員に対し、何ができる？**
　➡ **文書・口頭**による説明、**資料の提出**を求めることができる。
　➡ 社員は、**正当な理由**がある場合でなければ、拒めない。

③**保証協会が直ちに免許権者に報告しなければならない場合は？**
　➡ **新たに社員が加入**したとき
　➡ 社員がその**地位を失った**とき

❷ 分担金は、宅建業者が納付する

（1）保証協会は、宅建業者と供託所の間の架け橋

　保証協会は、宅建業者が納付した弁済業務保証金分担金を取りまとめて、弁済業務保証金を供託所に供託する。

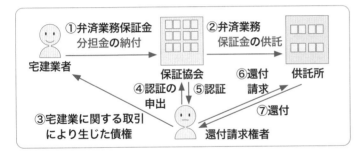

プラスα

弁済業務保証金制度では、宅建業者と供託所の間で保証協会が橋渡しする役割を果たす。

（2）保証協会に加入すれば本店 60 万円、支店 30 万円！
　　（弁済業務保証金分担金の納付額）

　保証協会に加入する業者は、営業保証金を供託する必要がなく、下記のとおり、営業保証金よりもかなり低額な**弁済業務保証金分担金を納付するだけでよい**（宅建業法 64 条の 9 第 1 項柱書、同法施行令 7 条）。

 令 2 (12 月)-30

◆　弁済業務保証金分担金の納付額

> ・**主たる事務所（本店）** ➡ **60 万円**
> ・**従たる事務所（支店）** ➡ **事務所ごとに 30 万円**

　例えば、**本店と 2 つの支店を有する宅建業者**であれば、60 万円＋ 30 万円× 2 ＝ 120 万円となるが、もしこれが営業保証金であれば 2,000 万円を供託しなければならない。

 平 27-42

　ただし、**弁済業務保証金分担金については**、有価証券による納付を認める規定は置かれておらず、**全額を金銭のみで納付しなければならない**。

（3）弁済業務保証金分担金の納付期限
①新規加入の場合

 令 3 (12 月)-39、令元 -33

　保証協会に加入しようとする宅建業者は、その加入しようとする日までに弁済業務保証金分担金を納付しなければならない（宅建業法 64 条の 9 第 1 項 1 号）。

②事務所の「増設」の場合

令元 -33、平 28-31

　保証協会の社員である宅建業者は、弁済業務保証金分担金を納付した後に、**新たに事務所を設置したときは、事務所の設置日から 2 週間以内に、弁済業務保証金分担金を保証協会に納付しなければならない**（同条 2 項）。

③社員（宅建業者）が弁済業務保証金分担金を納付しない場合

　保証協会の社員が②などの期日までに、<u>弁済業務保証金分担金を納付しないときは、社員の地位を失う</u>（同条3項）。

ポイント II 弁済業務保証金分担金の納付額、時期等

---

①弁済業務保証金「分担金」の納付額は？

・主たる事務所（本店）：60万円

・従たる事務所（支店）：事務所ごとに30万円

②弁済業務保証金「分担金」の納付期限は？

・新規加入の場合：加入日まで

・事務所増設の場合：増設日から2週間以内

⬇

　期日までに、弁済業務保証金分担金を納付しないときは、社員の地位を失う。

---

❸ 弁済業務保証金は、1週間以内に供託！

（1）弁済業務保証金の供託は、1週間以内

　保証協会が弁済業務保証金分担金の納付を受けたときは、納付を受けた日から1週間以内に、その納付額に相当する額の弁済業務保証金を供託しなければならない（宅建業法64条の7第1項）。

（2）弁済業務保証金の供託先

　弁済業務保証金は、法務大臣及び国土交通大臣の定める供託所（東京法務局）に供託する（宅建業法64条の7第2項）。

営業保証金のように、宅建業者の主たる事務所の最寄りの供託所に供託するのではないぞ！

プラスα

営業保証金、弁済業務保証金分担金では「2週間」という期限がよく出てくる。よって、「1週間」など、2週間以外のケースを覚えるのがコツだ。

過 令4-39

（3）有価証券でも弁済業務「保証金」は供託できる

弁済業務保証金は、営業保証金と同じく**国債証券などの有価証券で供託することもできる**（宅建業法64条の7第3項、25条3項）。

また、**保証協会は、弁済業務保証金を供託したときは**、供託物受入れの記載のある供託書の写しを添付して、**弁済業務保証金を供託した旨を社員である宅建業者の免許権者に届け出なければならない**（同法64条の7第3項、25条4項）。

ポイント **III** 弁済業務保証金の供託期限と供託先

供託期限	弁済業務保証金分担金の納付日から1週間以内
供託先	弁済業務保証金は、法務大臣及び国土交通大臣の定める供託所

❹ 還付額は営業保証金と同じ！

（1）分担金は低額でも、還付額は営業保証金と同額！

令4-41、
令2（10月）-36、
平28-31、平27-42

弁済業務保証金分担金は営業保証金と比べて格安だが、**保証協会の社員である宅建業者と取引をした者が**、トラブルがあった際に**還付を受けられる額は、営業保証金の額に相当する額の範囲内である**（宅建業法64条の8第1項）。

例えば、本店と2つの支店を設置する宅建業者であれば、弁済業務保証金分担金は60万円＋30万円×2＝120万円だが、還付を受けられる範囲は、営業保証金と同じ2,000万円である。

（2）還付請求権者について、宅建業者はダメ！

令4-39、
令3（10月）-31、
平29-39

還付請求権者は、基本的には営業保証金と同じであり、**保証協会の社員である宅建業者と宅建業に関して取引をし、その取引により生じた債権を有する者である。**

なお、**宅建業者が保証協会の社員となる前に宅建業に関し取引をした者でも、還付を受けることができる。**

　ただし、弁済業務保証金制度は、あくまでも消費者保護を目的とする制度なので、**宅建業者と取引をした者が、宅建業者である場合には還付を受けることはできない**（宅建業法64条の8第1項かっこ書）。

（3）還付請求は、保証協会の認証を受けてから

　弁済業務保証金から還付を受けるためには、まず弁済を受けることができる額について、保証協会の認証を受ける必要がある（宅建業法64条の8第2項）。

　そして、この保証協会の認証を受けた後に、**保証協会ではなく、供託所に還付請求をする**（宅地建物取引業保証協会弁済業務保証金規則2条1項）。したがって、実際に**還付をするのも、保証協会ではなく、供託所である**。

令4-39、
令2（12月）-30

令5-44、
令2（10月）-36

プラスα

保証協会の**認証事務**は、認証申出書に記載された取引が成立した時期の順序ではなく、**認証申出書の受理の順序に従って処理される**（宅建業法施行規則26条の7第1項）。

ポイント **IV** 弁済業務保証金の還付額、請求権者、認証等

①弁済業務保証金の還付額は？
　➡**営業保証金額に相当する額**の範囲内

②弁済業務保証金の還付請求権者は？
　➡保証協会の社員である宅建業者と**宅建業に関して取引**をし、その**取引により生じた債権**を有する者。
　➡**宅建業者が保証協会の社員となる前に取引**をした者でも、還付を受けることが**できる**。
　➡宅建業者が還付を受けることは**できない**。

③弁済業務保証金から還付を受ける流れは？
　弁済を受ける額について、**保証協会の認証**が必要。
　　　　　　　　　　　　⬇
　供託所に還付請求をして、**供託所が還付**する。

❺ 保証協会が補充供託して、社員が充当金を納付

(1) 還付で生じた不足額は、保証協会が補充供託

　<u>弁済業務保証金からの還付で生じる弁済業務保証金の不足額は、保証協会が補充供託する。</u>

　<u>保証協会は、国土交通大臣から還付の通知書の送付を受けた日から、2週間以内に、還付された弁済業務保証金の額に相当する額の弁済業務保証金を供託しなければならない</u>（宅建業法64条の8第3項、宅地建物取引業保証協会弁済業務保証金規則1条）。

(2) 還付充当金の納付は2週間以内！

　保証協会が補充供託した場合、問題を起こした社員である宅建業者は、その額を補填する。この金銭を**還付充当金**という。

　まず、<u>保証協会は、還付請求権の実行により弁済業務保証金の還付があったときは、還付に係る社員又は社員であった者に対し、還付額に相当する額の還付充当金を保証協会に納付すべきことを通知する</u>（宅建業法64条の10第1項）。

　<u>この通知を受けた社員等は、その通知を受けた日から2週間以内に、その通知された額の還付充当金を保証協会に納付しなければならず</u>（同条2項）、<u>保証協会の社員は、還付充当金を納付しないときは、社員の地位を失う</u>（同条3項）。

◆ 弁済業務保証金の全体の流れ

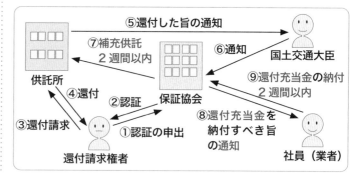

過 令2 (10月)-36

プラスα

補充供託をした保証協会は、供託書の写しを添付して、供託した旨を社員である宅建業者の免許権者に届け出なければならない（宅建業法64条の8第4項、25条4項）。

過 令3 (10月)-31、令2 (10月)-36、令元-33、平29-39、平28-31

プラスα

還付充当金の未納により社員の地位を失った社員が、2週間以内に弁済業務保証金を供託すれば、社員の地位を回復するという選択肢が出題されたことがあるが、このような規定は**ない**。

ポイント **V** 補充供託・還付充当金

①補充供託の期限は？

➡国土交通大臣から**還付の通知書の送付を受けた日**から、**2 週間以内**。

②補充供託の額は？

➡還付された**弁済業務保証金額**に相当する額。

③還付充当金の納付の流れは？

保証協会は、弁済業務保証金の還付があったときは、還付に係る**社員又は社員であった者**に対し、還付相当額の還付充当金を保証協会に納付すべきことを**通知**する。

⬇

通知を受けた**社員又は社員であった者**は、その**通知を受けた日**から**2 週間以内**に、還付充当金を保証協会に納付。

➡還付充当金を納付しないときは、**社員の地位**を失う。

---

❻ 弁済業務保証金の取戻しは、公告の要否がポイント

（1）一部事務所の廃止は、公告不要！

保証協会は、次の場合に、弁済業務保証金を供託所から取り戻すことができる（宅建業法 64 条の 11 第 1 項）。**取戻しをするのは保証協会であること**と、**公告の要否**を押さえておこう。

◆ 保証協会が弁済業務保証金を取り戻せる場合

①**社員である宅建業者が社員の地位を失ったとき**

➡**公告必要**

②**社員である宅建業者が一部の事務所**（従たる事務所）を**廃止したとき**

➡**公告不要**

令 5-44、平 30-44、平 27-42

529

保証協会は、弁済業務保証金を取り戻したときは、①社員で
あった者、又は②社員に対し、その取戻額に相当する額の弁済
業務保証金分担金を返還する（同条2項）。

(2) 公告は保証協会が行う！

過 平30-44

　保証協会は、社員が社員の地位を失ったときは、その社員で
あった者に係る還付請求権を有する者に対し、6か月以上の一
定期間内に、認証を受けるため申し出るべき旨を公告しなけれ
ばならない（宅建業法64条の11第4項）。この公告は、社員であっ
た宅建業者ではなく、保証協会が行うことに注意しよう。

---

❼ 社員の地位を失った場合は、1週間以内に供託！

　保証協会に加入していないし、営業保証金も供託していない
宅建業者が取引をしたのでは、消費者保護という弁済業務保証
金制度の趣旨にそぐわない。そこで、宅建業者は、一定の日以
後に保証協会の社員の地位を失ったときは、社員の地位を失っ
た日から1週間以内に、営業保証金を供託しなければならない
とされている（宅建業法64条の15前段）。

　なお、営業保証金と保証協会については、「1週間以内」と「2
週間以内」という期間が度々登場したので、最後に整理してお
こう。

◆「営業保証金」と「保証協会」にまつわる期限

2週間以内	①営業保証金の不足額の供託・届出 ②事務所増設時の弁済業務保証金分担金の納付 ③補充供託 ④還付充当金の納付
1週間以内	①弁済業務保証金の供託 ②社員の地位を失ったときの営業保証金の供託

過去問題を
チェック！

❶保証協会に加入している宅地建物取引業者は、保証を手厚くするために、更に別の保証協会に加入することができる。(令2-12月-30)

　答　**×**　1つの保証協会の社員は、他の保証協会の社員となることが**できない**（宅建業法64条の4第1項）。

❷保証協会は、社員である宅建業者Aの取引の相手方から宅地建物取引業に係る取引に関する苦情を受けた場合は、Aに対し、文書又は口頭による説明を求めることができる。(平30-44改題)

　答　**○**　本問の記述のとおりである（宅建業法64条の5第2項）。

❸保証協会の社員は、自らが取り扱った宅地建物取引業に係る取引の相手方から当該取引に関する苦情について解決の申出が保証協会にあり、保証協会から関係する資料の提出を求められたときは、正当な理由がある場合でなければ、これを拒んではならない。(令5-44)

　答　**○**　本問の記述のとおりである（宅建業法64条の5第1項〜3項）。

❹保証協会は、新たに社員が加入したときは、直ちに、その旨を当該社員である宅地建物取引業者が免許を受けた国土交通大臣又は都道府県知事に報告しなければならない。(令3-12月-39)

　答　**○**　本問の記述のとおりである（宅建業法64条の4第2項）。

❺還付充当金の未納により保証協会の社員がその地位を失ったときは、保証協会は、直ちにその旨を当該社員であった宅地建物取引業者が免許を受けた国土交通大臣又は都道府県知事に報告しなければならない。(令3-10月-31)

　答　**○**　本問の記述のとおりである（宅建業法64条の4第2項）。

❻本店と3つの支店を有する宅地建物取引業者が保証協会に加入しようとする場合、当該保証協会に、110万円の弁済業務保証金分担金を納付しなければならない。(令2-12月-30)

　答　**×**　弁済業務保証金分担金は、主たる事務所は**60万円**、従たる事務所は**事務所ごとに30万円**である（宅建業法64条の9第1項柱書、同法施行令7条）。したがって、本肢事例では、本店**60万円**＋支店**30万円**×3＝**150万円**を納付しなければならない。

❼宅地建物取引業者で保証協会に加入した者は、その加入の日から2週間以内に、弁済業務保証金分担金を保証協会に納付しなければならない。（令元 -33）

　答　✕　保証協会に加入しようとする宅建業者は、その**加入日**までに弁済業務保証金分担金を納付しなければならない（宅建業法64条の9第1項1号）。

❽保証協会に加入している宅地建物取引業者（甲県知事免許）は、甲県の区域内に新たに支店を設置した場合、その設置した日から1月以内に当該保証協会に追加の弁済業務保証金分担金を納付しないときは、社員の地位を失う。（平 28-31）

　答　✕　保証協会の社員である宅建業者は、弁済業務保証金分担金を納付した後に、新たに事務所を設置したときは、**事務所の設置日から2週間以内**に、弁済業務保証金分担金を保証協会に納付しなければならない（宅建業法64条の9第2項、3項）。

❾保証協会は、当該保証協会の社員から弁済業務保証金分担金の納付を受けたときは、その納付を受けた額に相当する額の弁済業務保証金を当該社員の主たる事務所の最寄りの供託所に供託しなければならない。（令 4-39）

　答　✕　弁済業務保証金は、法務大臣及び国土交通大臣の定める供託所に供託する（宅建業法64条の7第2項）。

❿宅地建物取引業者と宅地の売買契約を締結した買主（宅地建物取引業者ではない。）は、当該宅地建物取引業者が保証協会の社員となる前にその取引により生じた債権に関し、当該保証協会が供託した弁済業務保証金について弁済を受ける権利を有する。（令 4-39）

　答　〇　本問の記述のとおりである（宅建業法64条の8第1項かっこ書）。

⓫宅地建物取引業保証協会の社員（甲県知事免許）と宅地建物取引業に関し取引をした者が、その取引により生じた債権に関し、当該保証協会が供託した弁済業務保証金について弁済を受ける権利を実行しようとするときは、弁済を受けることができる額について甲県知事の認証を受ける必要がある。（令 2-12月 -30 改題）

　答　✕　弁済業務保証金から還付を受ける際に、弁済を受けることができる額について認証をするのは**保証協会**である（宅建業法64条の8第2項）。

⓬保証協会は、宅地建物取引業者の相手方から、社員である宅地建物取引業者の取り扱った宅地建物取引業に係る取引に関する損害の還付請求を受けたときは、直ちに弁済業務保証金から返還しなければならない。（令 5-44）

　答　✕　弁済業務保証金から還付を行うのは、**供託所**である（宅地建物取引業保証協会弁済業務保証金規則2条1項）。

覚えるべき事項は 多くない！ 媒介契約のポイント

重要度 Ⓐ

媒介契約は、例年１問分は出題されている。３種類ある媒介契約について、①有効期限、②業務処理状況の報告義務、指定流通機構への登録義務と、媒介契約書面の記載事項のポイントは押さえておこう。

❶ 「媒介」とは、いわゆる仲介のこと！

　マイホームを購入しようというとき、自分１人で物件を探して、契約までに至る人は少ないだろう。多くの人は、宅建業者に頼んで手ごろな物件を探してもらう。宅建業者が宅地や建物の購入希望者などから、**契約の相手方を探すことなどの依頼を受けたときに締結するのが媒介契約である。**

　そして、依頼を受けた宅建業者は、依頼内容にあう物件を探し、依頼者の希望どおりの契約が締結できれば、法定された額までの報酬を受けとることができる。

　なお、**媒介・代理契約に関する規制は、宅地又は建物の売買又は交換の媒介・代理契約にのみ適用され、貸借の媒介・代理契約には適用されない**（宅建業法 34 条の２第１項）。

❷ 媒介契約にもタイプがあり、規制も異なる！

　媒介契約には、一般媒介契約と専任媒介契約がある。さらに一般媒介契約は、①非明示型と②明示型に分かれ、専任媒介契約は、③専任媒介契約と④専属専任媒介契約に分かれる。

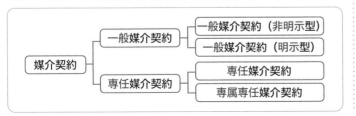

プラスα

宅建業法は、宅建業者が依頼者を代理して契約をする場合に、媒介契約の規定を準用している（同法 34 条の 3）。ここでは媒介契約の解説をするが、**代理の場合も同じと考えてよい。**

 令 3（10 月）-33、平 29-43、平 27-30、平 27-28

（1）他の業者への依頼や自己発見取引ができる一般媒介契約

　一般媒介契約では、**依頼者は他の宅建業者にも重ねて依頼することができる**。その際、**明示型では他の宅建業者を明示する義務があり、非明示型ではそのような義務がない**（宅建業法施行規則 15 条の 9 第 3 号）。

　また、**一般媒介契約では、依頼者自身が発見した相手方と契約をすること（自己発見取引）も許される**。

（2）自己発見取引が許されるかどうかが異なる専任媒介契約！

　専任媒介契約では、依頼者は他の宅建業者に重ねて依頼することは許されない。

　さらに、**専属専任媒介契約では、依頼者が自己発見取引をすることも許されない**（宅建業法施行規則 15 条の 9 第 2 号）。

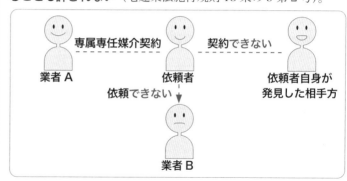

ポイント I　媒介契約の種類

契約の種類	他の宅建業者に重ねて依頼	自己発見取引
一般媒介契約	できる	許される
専任媒介契約	できない	許される
専属専任媒介契約	できない	許されない

「一般」媒介契約の規制は少なく、専任や専属専任は、**名前が長くなる**にしたがって**制約が大きくなる**と覚えてもよい。

プラスα
自己発見取引とは、例えば、自宅を売却したいと考えている人が、たまたま自宅の購入を検討している親戚に売却するような場合のことだ。

❸ 媒介契約の種類に応じて規制も異なる！

媒介契約の種類に応じて、宅建業法の規制も異なる。端的に言えば、宅建業者への依存度が低い「一般」媒介契約は規制が緩く、依存度が高い「専属専任」媒介契約では、規制が厳しい。

（1）期間制限がない一般、制限される（専属）専任媒介！

一般媒介契約では、依頼した宅建業者がなかなか相手方を見つけられず契約ができなければ、他の宅建業者へ依頼したり、自分で相手方を見つけることも**できる**。そのため、**一般媒介契約の有効期間には制限がない**。

一方、**（専属）専任媒介契約**では、他の宅建業者への依頼が許されない。そのため、**（専属）専任媒介契約の有効期間は３か月以内に制限されている**（宅建業法34条の2第3項）。

> 他の宅建業者に依頼できない以上、宅建業者が相手を見つけてくれないと話が進まない。そこで、期間制限があるのだ。

なお、**（専属）専任媒介契約の有効期間**は、更新の時から3か月を超えない範囲であれば、**依頼者の申出により、更新することができる**（同条4項）。

一般媒介契約は、申出がなくても自動更新される特約を付すことができるが、（専属）専任媒介契約は、依頼者の申出があるときに限り更新できるだけで、依頼者が希望しても、自動的に更新される旨の特約を付すことはできない。

（2）依頼者への報告について

一般媒介契約では、依頼者への報告は、義務付けられていない。

一方、**専任媒介契約では**、依頼者がタイムリーに状況を把握できるように、**2週間に1回以上、専属専任媒介契約では1週間に1回以上の業務処理状況の報告が義務付けられている**（宅建業法34条の2第9項）。

プラスα

媒介契約は、当事者の合意だけで成立するが、後々のトラブルを避けるために、媒介契約書面の作成・交付が宅建業者に義務付けられている。

6章

媒介契約

 令4-42、
令3(10月)-38、
令元-31

過 令4-42、
令3(12月)-33、
令3(10月)-38、
令2(12月)-28、
令元-31、平27-30

プラス

指定流通機構は
REINS（レインズ）と
呼ばれている。

過 令5-40、
令4-42、
令3（12月）-33、
令3（10月）-33、
令2（12月）-28、
令2（10月）-29、
令2（10月）-38、
令元-31、平30-33、
平29-43、平28-27、
平27-28、平27-30

（3）指定流通機構への登録の義務付け

　指定流通機構とは、宅地又は建物の所在、規模、売買価額などを登録している、国土交通大臣の指定を受けた流通機構の**不動産物件情報に関するネットワーク**である。

　一般媒介契約でも、指定流通機構への登録は可能だが、登録が義務付けられているわけではない。

　一方、**専任媒介契約では、媒介契約の締結日から7日以内（宅建業者の休業日を除く）、専属専任媒介契約では、5日以内（宅建業者の休業日を除く）に指定流通機構への登録が義務付けられている**（宅建業法34条の2第5項、同法施行規則15条の10第1項、2項）。

　指定流通機構への登録をした宅建業者は、登録を証する書面を遅滞なく、依頼者に引き渡さなければならず（同法34条の2第6項）、**登録に係る宅地又は建物の売買又は交換の契約が成立したときは、遅滞なく、その旨を当該登録に係る指定流通機構に通知しなければならない**（同条7項）。

過 令5-40、
平29-43

（4）契約の申込みで、依頼者に報告！

　媒介契約を締結した宅建業者は、当該契約の目的物である宅地又は建物の売買又は交換の申込みがあったときは、遅滞なく、その旨を依頼者に報告しなければならない（宅建業法34条の2第8項）。

ポイント Ⅱ 一般媒介契約と（専属）専任媒介契約のまとめ

項　目	一般媒介契約	専任媒介契約	専属専任媒介契約
他の宅建業者への依頼	できる	できない	
自己発見取引	できる	できる	できない
有効期間の制限	なし	3か月以内	
更　新	できる	依頼者の申出があるときに限る	
指定流通機構への登録	義務なし（登録は可能）	7日以内（休業日を除く）	5日以内（休業日を除く）
業務処理状況の報告義務	なし	2週間に1回以上	1週間に1回以上
申込時の報告	遅滞なく、報告する義務あり		

④ 媒介契約の締結で、契約書面を作成・交付！

(1) 媒介契約書面を依頼者に交付しなければならない

　宅建業者は、媒介契約を締結したときは、**遅滞なく、一定の事項を記載した書面（媒介契約書面）を作成して、記名押印し、依頼者に交付しなければならない**（宅建業法 34 条の 2 第 1 項柱書）。記名押印をするのは、あくまでも宅建業者であり、**宅建士にさせる必要はない**。

　なお、**宅建業者は、媒介契約書面の交付に代えて、政令で定めるところにより、依頼者の承諾を得て、媒介契約書面に記載すべき事項を、一定の電磁的方法により提供することもできる**（同条 11 項）。

令 3 (12 月)-33、
令 2 (10 月)-38、
平 28-27、平 27-28

(2) 媒介契約書面の記載事項

　媒介契約書面の記載事項は、次のとおりである（宅建業法 34 条の 2 第 1 項各号、同法施行規則 15 条の 9）。数は多いが、すべてを覚える必要はない。出題実績のある**②④⑤⑧⑪の 5 つ**と、後の補足知識を覚えておけば十分だ。

◆ 媒介契約書面の記載事項

> ①宅地の所在、地番その他当該宅地を特定するために必要な表示又は当該建物の所在、種類、構造その他当該建物を特定するために必要な表示
> ②**宅地又は建物を売買すべき価額又はその評価額**
> ③当該宅地又は建物について、依頼者が他の宅地建物取引業者に重ねて売買又は交換の媒介又は代理を依頼することの許否（＝専任媒介契約かどうか）、及びこれを許す場合の他の宅地建物取引業者を明示する義務の存否に関する事項（＝明示型一般媒介契約か、非明示型一般媒介契約か）。
> ④**既存の建物の場合、依頼者に対する建物状況調査を実施**

令 4-31、
平 28-27

令 5-40、
令元 -31

令2 (10月)-38

 平30-33

 令2 (10月)-29、
平28-27

する者のあっせんに関する事項

⑤媒介契約の有効期間及び解除に関する事項

⑥指定流通機構への登録に関する事項

⑦報酬に関する事項

⑧専任媒介契約の場合、依頼者が他の宅建業者の媒介又は代理によって売買又は交換の契約を成立させたときの措置

⑨専属専任媒介契約の場合、依頼者が宅建業者が探索した相手方以外の者と売買又は交換の契約を締結したときの措置

⑩明示型一般媒介契約の場合、依頼者が明示していない他の宅建業者の媒介又は代理によって売買又は交換の契約を成立させたときの措置

⑪国土交通大臣が定める標準媒介契約約款に基づくものであるか否かの別

「標準媒介約款契約とは、国土交通大臣が定めた、これに沿って契約書を作ればよいという媒介契約書の標準モデルである。

 令4-42、
令3 (12月)-33、
令2 (10月)-38

　なお、②に関して、**宅建業者は、売買すべき価額又は評価額について意見を述べるときは、その根拠を明らかにしなければならない**（宅建業法34条の2第2項）。

　そして、この**根拠は必ずしも書面で示す必要はなく、口頭で示してもよい**（解釈・運用の考え方第34条の2関係8（1）②）。

 令5-40、
令元-31

プラスα

建物状況調査は、重要事項の説明事項、37条書面の記載事項でもある。

　また、**④**について、**建物状況調査（インスペクション）とは、建物の構造耐力上主要な部分又は雨水の浸入を防止する部分として国土交通省令で定めるものの状況の調査**であって、経年変化その他の建物に生じる事象に関する知識及び能力を有する者として国土交通省令で定める者（**国土交通大臣が定める講習を修了した建築士**）**が実施するものをいう**（宅建業法34条の2第1項4号、同法施行規則15条の8第1項）。

ポイント **III** 媒介契約書面のポイント

・媒介契約書面は、誰が作成するか？

　➡**宅建業者**が遅滞なく作成。

　➡**宅建業者**が**記名押印**し、依頼者に交付する。

　➡「宅建士」に記名や説明をさせる必要は**ない**。

・媒介契約書面の記載事項のうち、覚えておきたい5つは？

①宅地又は建物を**売買すべき価額又はその評価額**

　➡これについて**意見を述べる**ときは、その**根拠を明らか**
　にしなければならない。これは**口頭で示してもよい**。

②依頼者に対する**建物状況調査**を実施する者の**あっせん**に
　関する事項

③媒介契約の**有効期間及び解除**に関する事項

④**専任**媒介契約の場合、依頼者が他の宅建業者の媒介又は
　代理によって売買又は交換の契約を成立させたときの措置

⑤**標準媒介契約約款**に基づくものであるか否かの別

・建物状況調査の実施者は？

　➡国土交通大臣が定める講習を修了した**建築士**。

❺ 物件の調査費用などは、宅建業者の負担！

　次の費用・料金は、宅建業者の負担となり、**依頼者に、報酬**
とは別に請求することはできない（解釈・運用の考え方第34条
の2関係6、7）。

令4-31、平30-33、平29-43

◆ 宅建業者の負担となる費用

①指定流通機構への登録費用

②宅建業者が価額について意見を述べるために行った価額
　の査定に要した費用

③建物状況調査を実施する者のあっせんを行った場合の
　あっせんに係る料金

❶ 宅地建物取引業者Aが、BからB所有の宅地の売却を依頼された場合において、Aは、Bとの間で専任媒介契約を締結したときは、Bの要望に基づく場合を除き、当該契約の有効期間について、有効期間満了時に自動的に更新される旨の特約をすることはできない。（令2-10月-29改題）

答　✕　専任媒介契約の有効期間は、依頼者の要望があっても自動的に更新される旨の特約を付すことは**できない**（宅建業法34条の2第4項）。

❷ 宅地建物取引業者Aが、BからB所有の宅地の売却を依頼され、Bと専属専任媒介契約を締結した場合、AはBに対して、契約の相手方を探索するために行った措置など媒介契約に係る業務処理状況を2週間に1回以上報告しなければならない。（令4-42改題）

答　✕　専属専任媒介契約の場合、**1週間**に1回以上報告しなければならない（宅建業法34条の2第9項）。

❸ 宅地建物取引業者Aが、BからB所有の中古住宅の売却の依頼を受け、専任媒介契約（専属専任媒介契約ではないものとする。）を締結した場合、Aは、当該中古住宅について法で規定されている事項を、契約締結の日から休業日数を含め7日以内に指定流通機構へ登録する義務がある。（令5-40改題）

答　✕　専属ではない専任媒介契約における指定流通機構への登録は、**媒介契約の締結日から7日以内**（宅建業者の**休業日を除く**）の登録が義務付けられている（宅建業法34条の2第5項、同法施行規則15条の10第1項）。

❹ 宅地建物取引業者Aが、BからB所有の中古住宅の売却の依頼を受け、専任媒介契約（専属専任媒介契約ではないものとする。）を締結した場合、Aは、当該中古住宅について購入の申込みがあったときは、遅滞なく、その旨をBに報告しなければならないが、Bの希望条件を満たさない申込みだとAが判断した場合については報告する必要はない。（令5-40改題）

答　✕　媒介契約を締結した宅建業者は、当該媒介契約の目的物である宅地又は建物の売買又は交換の申込みがあったときは、**遅滞なく**、その旨を**依頼者**に報告しなければならない（宅建業法34条の2第8項）。本問のような例外は**ない**。

❺宅地建物取引業者Aが、BからB所有の土地付建物の売却について媒介の依頼を受けた場合、Aは、Bとの間で締結した媒介契約が一般媒介契約であるときには、専任媒介契約の場合とは異なり、法34条の2第1項の規定に基づく書面（第11項の規定による電磁的方法を含む）に、売買すべき価額を記載する必要はない。（令4-31改題）

答　✕　一般媒介契約でも、専任媒介契約でも、宅地又は建物を売買すべき価額又はその評価額は、媒介契約書面の記載事項である（宅建業法34条の2第1項2号）。

❻宅地建物取引業者Aが、BからB所有の甲住宅の売却に係る媒介の依頼を受けて締結する一般媒介契約において、Aは、媒介契約の有効期間及び解除に関する事項を、法第34条の2第1項の規定に基づき交付すべき書面に記載しなければならない。（令2-10月-38改題）

答　〇　媒介契約の有効期間及び解除に関する事項は、媒介契約書面の記載事項である（宅建業法34条の2第1項5号）。

❼宅地建物取引業者Aが、BからB所有の中古住宅の売却の依頼を受け、専任媒介契約（専属専任媒介契約ではないものとする。）を締結した場合、Aは、Bが他の宅地建物取引業者の媒介又は代理によって売買の契約を成立させたときの措置を法第34条の2第1項の規定に基づく書面に記載しなければならない。（令5-40改題）

答　〇　本問の記述のとおりである（宅建業法施行規則15条の9第1号）。

❽宅地建物取引業者Aが、BからB所有の宅地の売却を依頼された場合において、Aは、Bとの間で媒介契約を締結したときは、当該契約が国土交通大臣が定める標準媒介契約約款に基づくものであるか否かの別を、法第34条の2第1項の規定に基づき交付すべき書面（第11項の規定により提供される電磁的方法を含む）に記載しなければならない。（令2-10月-29改題）

答　〇　標準媒介契約約款に基づくものであるか否かの別は、媒介契約書面の記載事項であり、電磁的方法により提供することも可能である（宅建業法34条の2第1項8号、11項、同法施行規則15条の9第4号）。

❾建物状況調査とは、建物の構造耐力上主要な部分又は雨水の浸入を防止する部分として国土交通省令で定めるものの状況の調査であって、経年変化その他の建物に生じる事象に関する知識及び能力を有する者として国土交通省令で定める者が実施するものをいう。（令5-27）

答　〇　本問の記述のとおりである（宅建業法34条の2第1項4号）。

広告に関する規制は、得点源にできる！

重要度

「広告に関する規制」については、虚偽広告等の禁止、広告開始時期の制限、取引態様の明示、という3つの論点から例年出題されるが、どの論点も覚える知識が少なく、同じ内容が問われる傾向にある。得点源にできるテーマだ！

❶ 誇大広告等の禁止は厳しい！

 令3(10月)-30

（1）利用制限について誤認させる表示はダメ！

　宅建業者は、その業務に関して広告をするときに、**次の事項について、著しく事実に相違する表示をし、又は実際のものよりも著しく優良であり、若しくは有利であると人を誤認させるような表示をしてはならない**（宅建業法32条）。

　これがいわゆる誇大広告等の禁止だが、実際のものととても**違っていたり、すごく良いものと勘違いさせてはならない**のだ。

プラスα
例えば、「駅まで1km」と広告に表示されているが、それは直線距離であり、実際の道のりでは4km ある場合などは「誇大広告」に該当する。

◆ 誇大広告等の禁止にかかわる内容

> ①宅地又は建物の**所在、規模、形質**
> ②**現在**若しくは**将来の利用の制限**
> ③**現在**若しくは**将来の環境**若しくは**交通その他の利便**
> ④代金、借賃等の**対価の額**若しくはその**支払方法**
> ⑤代金若しくは交換差金に関する金銭の貸借のあっせん

 平29-42

　なお、上記②の現在又は将来の利用の制限には、**取引物件に係る現在又は将来の公法上の制限**（都計法、建基法、農地法等に基づく制限の設定又は解除等）だけではなく、**私法上の制限**（借地権、定期借地権、地上権等の有無及びその内容等）**も含まれる**（解釈・運用の考え方第32条関係2（4））。

(2) 媒体の種類は問われない！

　上記規制に係る広告媒体は、**新聞の折込チラシ、配布用のチ**
ラシ、新聞、雑誌、テレビ、ラジオ又はインターネットのホー
ムページ等種類を問わない（解釈・運用の考え方第32条関係1）。

 令2 (12月)-27

(3) 実際に誤認した人がいなくても…抵触！

　この規制における**「誤認させる表示」とは**、宅地建物につい
ての専門的知識や物件の情報を有していない**一般購入者等を誤**
認させる程度の表示をいう（解釈・運用の考え方第32条関係4）。

　そのため、**誤認させるような表示を行えば、①その広告につ**
いて問い合せや申込みがなかったとき、②契約成立には至らな
かったとき、③誤認による損害が実際に発生していない場合に
も、誇大広告等の禁止に抵触する。

 令4-37

　また、**誤認させる方法の限定はない。**したがって、宅地又は
建物に係る現在又は将来の利用の制限の**一部を表示しないこと**
により誤認させることも禁止される。

 平30-26

(4)「おとり広告」「虚偽広告」も禁止！

　おとり広告とは、顧客を集めるために売る意思のない条件の
良い物件を広告し、実際は「他の物件」を販売しようとする広
告である。

　また、**虚偽広告とは、実際には存在しない物件等を広告して、**
実際は「他の物件」を販売しようとする広告である。要するに、
これらは「釣り」広告だ。

　前ページの良いものなどと勘違いさせる誇大広告だけではな
く、**これらの広告も誇大広告等の禁止に抵触して許されない**（解
釈・運用の考え方第32条関係1）。

 平30-26、
平29-42

(5) 誇大広告等の違反には、監督処分と罰則！

　誇大広告等の禁止に違反したときは、監督処分の対象となる
だけでなく（宅建業法65条2項2号、4項2号）、**懲役若しく**
は罰金に処せられ、又はこれらを併科されることがある（同法

プラス**α**

監督処分や罰則は、
604ページ以降を参
照。

81条1号)。

ポイント I 「誇大広告等の禁止」のポイント

①誇大広告とは？
➡ **著しく事実に相違**する表示

実際よりも**著しく優良**、有利と誤認させるような表示

②誇大広告等の禁止の**広告媒体は、何でもよい？**
➡ **よい**。種類は**問われない**。

③この規制に**抵触する表示**を行っただけでも**違反**となる？
➡ **なる**。
➡ 広告への**問合せ**や**申込み**がなかったとき、契約成立には至らなかったとき、損害が実際に発生していない場合も**違反**。

④利用制限の**一部を表示しない**ことにより誤認させることも禁止される？
➡ **される**。誤認方法の制限はない。

⑤**「おとり広告」**とは？
➡ **売る意思のない**条件の良い物件を広告し、**他の物件を販売**しようとする広告。

⑥**「虚偽広告」**とは？
➡ **存在しない物件**等を広告して、実際は**他の物件を販売**しようとする広告

⑦誇大広告等の禁止に**違反**した場合
・**監督処分**の対象となる。
・**懲役、罰金**又はこれらを**併科**されうる。

544

❷ 出題ポイントは限られる（広告開始時期の制限）

（1）未完成物件は、開発許可、建築確認後！

　宅建業者は、宅地の造成又は建物の建築に関する工事の完了前においては、当該工事に関し必要とされる開発許可、建築確認その他法令に基づく許可等の処分で政令で定めるものがあった後でなければ、当該工事に係る宅地又は建物の**売買その他の業務に関する広告をしてはならない**（宅建業法33条）。

　要するに、法令上の必要な手続がある場合、それらの処理後でないと広告できないということだ。

　ここにいう**売買その他の業務とは、宅建業者のすべての業務を意味し、貸借に関する広告も該当する。**

（2）建築確認の申請中は未完成物件の広告ができない！

　また、**実際に開発許可や建築確認を受けるまでは、たとえ「建築確認申請中」といった表示をしていても、広告することができない。**

　ただし、**建築確認を受けた後、「変更の確認」の申請書を建築主事へ提出している期間に、当初の確認内容で広告を継続することは、差し支えない**（解釈・運用の考え方第33条関係（2））。

ポイント　Ⅱ　広告開始時期の制限

> ①**工事の完了前は、開発許可、建築確認などの処分後**でなければ、**すべての業務に関する広告をしてはならない。**
>
> ②開発許可や建築確認の**申請中に「申請中」である旨を表示しても、広告をすることはできない。**
> 　➡ただし、**建築確認を受けた後に「変更の確認」を申請**している場合、当初の確認内容で広告を継続することはできる。

 令2（12月）-27、令2（10月）-27、令元-30、平28-32、平27-37

過 令5-31、平30-26

過 令4-37、令3（12月）-30、令3（10月）-30、令2（12月）-27、平28-32、平27-37

7章　広告規制

プラスα
上記の出題履歴を見ればわかるとおり、このページの内容は必須だ。絶対に押さえておこう。

❸ 出題ポイントは３つだけ！（取引態様の明示）

（1）どういうパターンの取引かを広告に明示せよ！

　取引態様の別とは、自己が「**契約当事者**」となって売買、交換を成立させるのか、「**代理人**」として売買、交換、貸借を成立させるのか、「**媒介**」をして売買、交換、貸借を成立させるのかの別のことである。

　宅建業者は、取引に関する広告をするときには、これら取引態様の別を明示をしなければならない（宅建業法34条1項）。要するに、「**自ら貸借**」以外の場合、**どの取引に当たるのかを広告に明示**せよということだ。

（2）取引態様の別は、注文を受けたときも明示する！

令5-31、令2（10月)-27、平29-42

　宅建業者は、宅地又は建物の売買、交換、貸借に関する注文を受けたときにも、遅滞なく、その注文者に対して、取引態様の別を明らかにしなければならない（宅建業法34条2項）。

　ここでのポイントは、上記（1）のように**広告に取引態様の別を明示し、注文者がその広告を見て「注文」したときであっても、取引態様の別を明らかにする必要がある**点だ。

（3）複数回に分けた広告すべてにも、取引態様を明示！

令4-37、令2（10月)-27、令元-30

　複数回に分けて広告をするときは、**すべての広告に取引態様の別を明示**しなければならない（宅建業法34条1項）。つまり、**最初に行う広告に取引態様の別を明示すれば、それで足りるわけではない**。

（4）広告を見て問合せがなく、契約成立に至らなかったときも、明示する！

　取引態様の別の明示は、広告をするときにしなければならないものであり、取引態様の別を明示せずに広告を掲載しただけで、取引態様の明示義務に違反する（宅建業法 34 条 1 項）。

　つまり、広告を見た者からの問合せがなく、契約成立には至らなかったという結果は、関係がない。

令 3（10 月）-30

ポイント　III　「取引態様の別の明示」のポイント

①宅建業者は、取引に関する広告をするときには、取引態様の別を明示する。
　➡「自ら貸借」以外の場合が該当する。

②宅建業者は、宅地又は建物の売買に関する注文を受けたときにも、注文者に対して、取引態様の別を明らかにする。
　➡注文者が「取引態様が明示された広告」を見て注文したときでも、取引態様の別を明らかにする。

③複数回に分けて広告をするとき、すべての広告に取引態様の別を明示しなければならないか？
　➡明示しなければならない。

④取引態様の別の明示は、問合せがなく、契約成立には至らなかったとしても行わないと違反となる？
　➡違反となる。結果は関係がない。

❶ 宅地の販売広告において、宅地に対する将来の利用の制限について、著しく事実に相違する表示をしてはならない。（令3-10月-30）

　答　○　本問の記述のとおりである（宅建業法32条）。

❷ 宅地建物取引業者がその業務に関して行う宅地又は建物に係る広告の表示項目の中に、取引物件に係る現在又は将来の利用の制限があるが、この制限には、都市計画法に基づく利用制限等の公法上の制限だけではなく、借地権の有無等の私法上の制限も含まれる。（平29-42改題）

　答　○　本問の記述のとおりである（解釈・運用の考え方第32条関係2（4））。

❸ 宅地建物取引業者がその業務に関して行う広告をするに当たり、実際のものよりも著しく優良又は有利であると人を誤認させるような表示をしてはならないが、誤認させる方法には限定がなく、宅地又は建物に係る現在又は将来の利用の制限の一部を表示しないことにより誤認させることも禁止されている。（令2-10月-27改題）

　答　○　誤認させる方法には限定がなく、宅地又は建物に係る現在又は将来の利用の制限の一部を表示しないことにより誤認させることも禁止される。

❹ 宅地建物取引業者Aが新築住宅の売買に関する広告をインターネットで行った場合、実際のものより著しく優良又は有利であると人を誤認させるような表示を行ったが、当該広告について問合せや申込みがなかったときは、法第32条に定める誇大広告等の禁止の規定に違反しない。（令4-37改題）

　答　×　実際のものより著しく優良又は有利であると人を誤認させるような表示を行えば、その広告について問合せや申込みがなかったときでも、誇大広告等の禁止に抵触する（解釈・運用の考え方第32条1）。

❺ 宅地建物取引業者が、顧客を集めるために売る意思のない条件の良い物件を広告することにより他の物件を販売しようとした場合、取引の相手方が実際に誤認したか否か、あるいは損害を受けたか否かにかかわらず、監督処分の対象となる。（平29-42改題）

　答　○　本問の記述のとおりである（宅建業法65条2項2号、4項2号、解釈・運用の考え方第32条関係1）。

❻ 宅地建物取引業者が販売する宅地又は建物の広告に関し、著しく事実に相違する表示をした場合、監督処分の対象となるだけでなく、懲役若しくは罰金に処せられ、又はこれを併科されることもある。（令5-31）

　　答 **○** 本問の記述のとおりである（宅建業法65条2項2号、4項2号、81条1号）。

❼ 宅地建物取引業者は、これから建築工事を行う予定である建築確認申請中の建物については、当該建物の売買の媒介に関する広告をしてはならないが、貸借の媒介に関する広告はすることができる。（令5-31改題）

　　答 **×** 宅建業者は、建物の建築に関する工事の完了前においては、当該工事に関し必要とされる建築確認があった**後**でなければ、当該工事に係る建物の売買その他の業務に関する広告をしては**ならない**（宅建業法33条）。ここにいう「売買その他の業務に関する広告」とは**すべての取引**を意味するから、貸借に関する広告も**することができない**。

❽ 宅地建物取引業者Aが未完成の建売住宅を販売する場合、建築基準法第6条第1項に基づく確認を受けた後、同項の変更の確認の申請書を提出している期間においては、変更の確認を受ける予定であることを表示し、かつ、当初の確認内容を合わせて表示すれば、変更の確認の内容を広告することができる。（令4-37改題）

　　答 **○** 建築確認後に「変更の確認」の申請書を提出している期間は、**当初の確認内容で広告を継続できる**（解釈・運用の考え方第33条関係（2））。

❾ 宅地建物取引業者が、宅地又は建物の売買に関する注文を受けたときは、遅滞なくその注文をした者に対して取引態様の別を明らかにしなければならないが、当該注文者が事前に取引態様の別を明示した広告を見てから注文してきた場合においては、取引態様の別を遅滞なく明らかにする必要はない。（令5-31改題）

　　答 **×** 宅建業者は、宅地又は建物の売買に関する**注文を受けたとき**は、遅滞なく、その注文者に**取引態様の別**を明らかにしなければならない（宅建業法34条2項）。本問の場合でも、**取引態様の別を明らかにする必要がある**。

❿ 宅地建物取引業者が、複数の区画がある宅地の売買について、数回に分けて広告するときは、最初に行う広告に取引態様の別を明示すれば足り、それ以降は明示する必要はない。（令3-10月-30改題）

　　答 **×** 複数回に分けた広告すべてに取引態様の別を明示しなければならない（宅建業法34条1項）。

「説明事項（内容）」が最大の山場！ 重要事項説明

重要事項説明は、例年3問程度出題される超頻出事項だ。出題内容は「説明の方法」と「説明事項（内容）」であり、「説明事項」は宅建士試験の最大の山場といえる。ここは一覧と過去問を行き来して、少しずつ知識を定着させよう。

❶ 重要事項説明の目的と方法

　念願のマイホーム購入時や、賃貸マンションを借りるときには、契約をしようする物件や契約内容について十分な情報がほしい。そこで、宅建業法は、重要事項説明という制度を設けることで、契約の目的物に関する情報提供を業者に義務付けている。

プラスα

「説明方法」について出題された場合、確実に得点したい。

　そして、この重要事項説明は**宅建士しか行えない**スペシャルなものであるがゆえ、超頻出事項の1つだ。**出題内容は説明の「方法」と「内容」**であり、数が多い**「内容」の攻略が山場**となる。まずは、説明「方法」から確認しよう。

過 令4-28、
令3（12月）-35、
令3（10月）-26、
平27-29

（1）契約成立までに、宅建士に説明させる！（説明義務）

　宅建業者は、売買、交換、貸借の契約が成立するまでの間に、宅建士をして、法定された事項について、これらの事項を記載した重要事項説明書を交付して、説明をさせなければならない（宅建業法35条1項柱書）。

　なお、重要事項説明書の記載内容が事実と異なっていた場合、たとえそれが意図的（故意）ではなくても、宅建業法違反だ。また、複数の宅建業者が取引に関与する場合、すべての宅建業者に重要事項の説明義務がある。

過 令5-33、
令5-42、令4-28、
平29-33、平27-29

（2）説明の相手方について、「交換」は「当事者双方」！

　重要事項説明は、物件を取得する者や借りる者に対して行う。**「売主」や「貸主」には不要**ということだ。**売買では買主**、交換

では取得者（＝当事者双方）、貸借では借主である（同項柱書）。

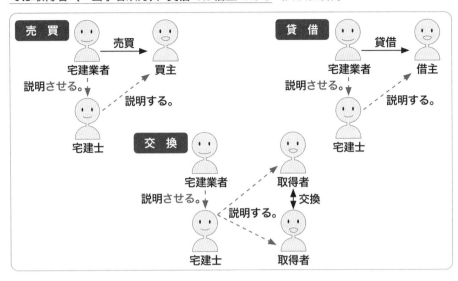

（3）請求がなくても「宅建士証を提示」！

　　重要事項の説明は、宅建士が記名した重要事項説明書を相手方に交付し、相手方の請求がなくても宅建士証を提示したうえでしなければならない（宅建業法 35 条 4 項、5 項）。

　　なお、**相手方が宅建業者の場合、宅建士が記名した重要事項説明書の交付で足り、説明の必要はない**（同条 6 項）。

 令 5-42、
令 4-28、
令 3 (12 月)-35、
平 27-29

ポイント　I　重要事項説明の「時期」と「方法」

①**重要事項説明は「いつ」行う？**　→契約成立まで。

②**重要事項説明は「誰が」行う？**　→宅建士。

③**重要事項説明は「どのように」行う？**

　→宅建士が記名した重要事項説明書を交付し、さらに、必ず宅建士証を提示したうえで行う。

　→相手方が宅建業者の場合、宅建士が記名した重要事項説明書の交付のみでもよい。

　→重要事項説明書の記載内容が異なっていた場合、意図的ではなくても、宅建業法違反。

 令 5-42、
令 3 (12 月)-35、
平 30-35、平 30-39

プラスα

記名する宅建士は、専任の宅建士でなくてもよい。

❷ 説明事項（内容）は、4つのグループに分けて攻略

プラスα

覚えるコツは、「これも説明しなくちゃならないの？」と感じる事項を意識して覚えることだ。逆に「これは説明してほしいよね」というものは現場で判断できる。最終的には、どの事項も判断できるようになりたい。

　重要事項として説明すべき事項（内容）については、「○○の**重要事項説明を行わなければならない**」（→正誤を回答）という形で問われる。しかし、説明事項は数が多く、細かい内容も多い。そこで、**説明事項は4つのグループに分けて記憶**しよう。

　そして、まずは説明事項の一覧と補足説明をするので一読し、**間違えそうな事項、間違った事項を書き出して**みてほしい。その事項が出題された際に間違う可能性があるからだ。

　後は**一覧と書き出した説明事項を直前にチェック**すれば、少なくとも試験時間中は対応できる可能性が高い。

　なお、重要事項説明については、ほとんどが出題されているので、側注の出題実績は省略する。

グループⅠ	取引対象の「宅地・建物」に関する重要説明事項 （宅建業法35条1項1号～5号、6号の2、同法施行規則16条の2の2、16条の4の3）。

①当該宅地又は建物の上に存する**登記された権利**の種類及び内容並びに**登記名義人**又は登記簿の**表題部に記録**された**所有者**の氏名など

②**法令に基づく制限**に関する事項の概要

③私道に関する**負担**に関する事項（**建物の貸借の契約以外**のものであるとき）

　➡**貸借の場合**、敷地に私道負担があっても借主には関係がないため、**説明事項とはされていない。**

④飲用水、電気及び**ガス**の供給並びに**排水**のための施設の**整備**の状況（これらの施設が整備されていない場合においては、整備の**見通し**及びその整備についての**特別の負担**に関する事項）

⑤**未完成**物件の場合、完了時における**形状**、**構造**など

⑥建物が**既存建物**であれば、次の事項

・建物状況調査を実施しているか、及び実施している場合の**結果の概要**

　➡**既存建物**とは、**中古**の戸建て住宅やマンションのことである。

　➡原則として、**1年以内**に実施されたもの。

　➡**貸借の場合も説明**する。

・設計図書、点検記録その他の建物の建築及び維持保全の状況に関する一定の**書類の保存状況**

552

→書類の保存状況は、書類の有無だけを説明すればよく、記載内容の説明は不要。

→貸借の場合は、説明は不要。

◆ 既存建物についての重要事項説明

項　目	売　買	貸　借
建物状況調査の実施の有無・結果の概要	説明する	説明する
書類の保存状況	説明する	説明不要

⑦宅地又は建物が造成宅地防災区域内にあるときは、その旨

⑧宅地又は建物が土砂災害警戒区域内にあるときは、その旨

⑨宅地又は建物が津波災害警戒区域内にあるときは、その旨

⑩水防法施行規則により当該宅地又は建物が所在する**市町村の長が提供する図面**に当該**宅地又は建物の位置**が表示されているときは、図面における**宅地又は建物の所在地**

⑪建物に石綿（アスベスト）の使用の有無の調査結果が記録されているときは、その内容

　→あくまでも「調査結果が記録されている」ときに、その内容の説明が必要とあり、宅建業者に調査義務は課されていない。この場合は「調査結果なし」と説明する。

⑫建物が昭和56年6月1日以前に新築の工事に着手したもので、一定の耐震診断を受けたものであるときは、その内容

　→新耐震基準が施行された**昭和56年6月1日以降の新築建物**は、一定の耐震性能が確保されているため、それ以前の新築建物が対象となる。

⑬建物が**住宅性能評価**を受けた**新築住宅**であるときは、その旨

　1つ補足しておくと、⑩の「水防法…市町村の長が提供する図面」は、いわゆる水害ハザードマップのことだ。

　市町村が「複数」の種類のハザードマップ（洪水、雨水出水、高潮など）を作成している場合、すべてのハザードマップを提示しなければならない。

　また、水害ハザードマップは、所在地に〇を付けるなどの方法により説明をしなければならず、ハザードマップを添付するだけでは説明したことにはならない。

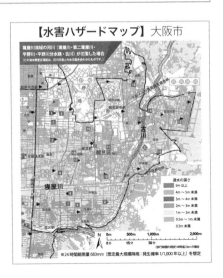

【水害ハザードマップ】大阪市

なお、**市町村に照会して水害ハザードマップを作成・公表していないことが確認された場合は、その照会によって調査義務を果たしたことになる。**

　そして、危険なものは危険である以上、**貸借の場合も説明が必要である。**

以上を前提に、557 ページに**間違えそうなもの**、過去問を解いて**間違えたもの**を下に**メモ書き**しておこう。後は**試験直前**に**再確認**するのだ。

グループ II	「取引条件」に関する重要説明事項

(宅建業法 35 条 1 項 7 号 〜 13 号、2 項)。

①代金、交換差金、借賃以外に授受される金銭額及び授受の目的
　➡代金と借賃は、重要説明事項ではない。それ以外の手付金や敷金、保証金、礼金、権利金などの額と授受の目的だ。

②契約の解除に関する事項

③損害賠償額の予定又は違約金に関する事項
　➡②③の定めがないときは、「定めなし」と説明書に記載する。

④手付金等の保全措置の概要
　➡保全措置を行う機関の種類と名称を説明する。

⑤支払金又は預り金を受領しようとする場合において、保全措置を講ずるかどうか、及びその措置を講ずる場合の措置の概要
　➡預り金が 50 万円未満であれば、説明の必要はない。

⑥代金又は交換差金に関する金銭の貸借のあっせんの内容及びあっせんに係る金銭の貸借が成立しないときの措置
　➡「代金又は交換差金に関する金銭の貸借のあっせん」とは、**住宅ローンなどのあっせん**のことだ。住宅ローンの融資の条件や住宅ローンが成立しないときの措置を説明する。

⑦宅地建物が種類又は品質に関して**契約不適合である場合、その不適合を担保すべき責任の履行に関する措置を講ずるかどうか、その措置の概要**

⑧**宅地建物の割賦販売**に関する事項

・現金販売価格

・割賦販売価格

・宅地又は建物の引渡しまでに支払う金銭の額及び賦払金の額並びにその支払の時期及び方法

　なお、「**取引条件**」に関する説明事項は、**重要事項の説明事項
とされていない**ものを、**37条書面の記載事項**と関連付けて覚え
ておくと効果的である。

◆ 37条書面の記載事項との比較

事　項	重要事項説明	37条書面
代金・借賃の額、支払時期・方法	×	○
物件の引渡時期	×	○
移転登記の申請時期	×	○
契約不適合責任の「内容」についての定め	×	○
天災その他不可抗力による損害の負担（危険負担）に関する定め	×	○

グループⅢ　「**区分所有建物**」の場合に加わる重要説明事項
（宅建業法35条1項6号、同法施行規則16条の2各号）。

①区分所有建物を所有するための一棟の建物の敷地に関する権利の種類及び内容
②共用部分に関する規約の定め（その案を含む）があるときは、その内容
③専有部分の用途その他の利用の制限に関する規約の定め（その案を含む）があるときは、その内容
④一棟の建物又はその敷地の一部を特定の者にのみ使用を許す旨の規約の定め（その案を含む）があるときは、その内容
⑤一棟の建物の計画的な維持修繕のための費用、通常の管理費用その他の当該建物の所有者が負担しなければならない費用を特定の者にのみ減免する旨の規約の定めがあるときは、その内容
⑥一棟の建物の計画的な維持修繕のための費用の積立てを行う旨の規約の定めがあるときは、その内容及び既に積み立てられている額
⑦建物の所有者が負担しなければならない通常の管理費用額
⑧一棟の建物及びその敷地の管理が（管理会社などに）委託されているときは、その委託を受けている者の氏名（法人の場合は、その商号又は名称）及び住所（法人の場合は、その主たる事務所の所在地）
⑨一棟の建物の維持修繕の実施状況が記録されているときは、その内容

　目的物が「区分所有建物（マンション等）」の場合、グループ
Ⅲの事項が追加される。②～④は「その案を含む」とされてい

る点は注意しよう。また、③の「専有部分の用途その他の利用の制限に関する規約の定め」は、例えば、「ピアノ禁止」や「ペットの飼育不可」といった利用制限に関する規約だ。これは**貸借の場合でも説明する**。

④の「建物又はその敷地の一部を**特定の者にのみ使用を許す旨の規約**の定め」は、例えば、駐車場やバルコニーなどの専用使用権に関する規約である。

また、⑤の区分所有建物の維持修繕などは、区分所有者が共同で負担するのが原則だが、「売れ残り住戸がある場合でも、分譲業者は修繕費などを負担しない」旨が分譲マンションの規約やその案に定められている場合もある。このような購入者に不利な規約やその案は重要事項として説明しなければならない。

グループⅣ **「貸借」に加わる説明事項**
(宅建業法 35 条 1 項 14 号、同法施行規則 16 条の 4 の 3 各号)。

①台所、浴室、便所その他の当該建物の設備の整備状況
　➡台所、浴室等の有無や、ユニットバスか独立型の浴室か、エアコンの設置有無など。
　➡**これが「貸借で加わる」ということは、売買時には説明事項ではない。**
②契約期間及び契約の更新に関する事項（更新時の賃料改定方法など）
③定期借地権、定期建物賃貸借、終身建物賃貸借の場合には、その旨
④宅地建物（区分所有建物を除く）の用途その他の利用に係る制限に関する事項
⑤敷金その他の契約終了時に精算する金銭（いかなる名義かは問わない）の精算に関する事項（精算方法）
⑥宅地・建物の管理が委託されているときは、その委託を受けている者の氏名（法人の場合は、その商号又は名称）及び住所（法人の場合は、その主たる事務所の所在地）
⑦契約終了時の宅地上の建物の取壊しに関する事項を定めるときは、その内容

◆「建物の貸借」の場合に説明不要である事項（間違いやすいもの）

①法令に基づく制限（容積率、建蔽率、用途規制など）
②私道の負担
③住宅性能評価を受けた旨
④契約不適合責任の履行に関する措置

◆「重要事項説明」　間違えそうな事項、間違った事項

項　目	メ　モ

> 問題を解くと「これは説明してほしいよね」と感じる「説明事項ではない」ものが出てくる。その間違ったものもメモ書きするのだ。

557

❸ IT重説は相手方の承諾を得て、説明書を送付！

　重要事項説明は、直接対面で行うのが原則だが、**事前に相手方の書面か電磁的方法での承諾を得て、重要事項説明書を送付する、画面上で宅建士証を提示するなどの要件を満たせば、TV会議などのITを活用した方法で行うこともできる**（宅建業法35条8項、9項）。なお、**電話によるIT重要事項説明はできない。**

❹ 供託所等に関する説明

　宅建業法は、**営業保証金や弁済業務保証金が供託**されている**供託所などについての説明**も宅建業者に義務付けている。
　具体的には、**宅建業者は**、取引の相手方に対して、**売買、交換又は貸借の契約が成立するまでに、次の事項を説明しなければならない**（宅建業法35条の2）。ただし、**これは宅建士でなくてもよいし、口頭での説明でもよい。**

◆ 供託所等の説明

①業者が保証協会の「社員ではない」場合
　　営業保証金を供託した主たる事務所の最寄りの供託所・その所在地
②業者が保証協会の「社員である」場合
　　・保証協会の社員である旨
　　・保証協会の名称・住所・事務所の所在地
　　・弁済業務保証金が供託されている供託所・その所在地

　なお、宅建業者が営業保証金や弁済業務保証金から還付を受けることはあり得ないから、**取引の相手方が宅建業者であるときは、供託所等に関する説明は不要だ**（同条柱書かっこ書）。

558

過去問題を
チェック！

❶ 売主及び買主が宅地建物取引業者ではない場合、当該取引の媒介業者は、売主及び
買主に重要事項説明書を交付し、説明を行わなければならない。（令 5-42）
🔖 ✕ 売買契約における重要事項説明は**買主**に対して行う。売主に重要事項の説
明をする必要は**ない**（宅建業法 35 条 1 項）。

❷ 甲宅地を所有する宅地建物取引業者 A が、乙宅地を所有する宅地建物取引業者では
ない個人 B と、甲宅地と乙宅地の交換契約を締結するに当たって、B に対して、甲
宅地に関する重要事項の説明を行う義務はあるが、乙宅地に関する重要事項の説明
を行う義務はない。（令 5-33）
🔖 ◯ 交換の場合、**当事者双方**が取得者となるが、宅建業者が自分自身に重要
事項説明をする必要は**ない**（宅建業法 35 条 1 項）。

❸ 宅地建物取引士は、重要事項説明をする場合、取引の相手方から請求されなければ、
宅地建物取引士証を相手方に提示する必要はない。（令 5-42）
🔖 ✕ 重要事項の説明をする場合、宅建士が相手方の**請求がなくても**、宅建士
証を提示したうえでしなければならない（宅建業法 35 条 4 項）。

❹ 宅地の売買について売主となる宅地建物取引業者は、買主が宅地建物取引業者であ
る場合、重要事項説明書を交付しなければならないが、説明を省略することはでき
る。（令 5-42）
🔖 ◯ **相手方が宅建業者**の場合、宅建士が**記名**した重要事項説明書を交付すれ
ば足り、宅建士の説明は必要**ない**（宅建業法 35 条 6 項）。

❺ 宅地建物取引業者が昭和 55 年に新築の工事に着手し完成した建物の売買の媒介を
行う場合、当該建物が地方公共団体による耐震診断を受けたものであるときは、そ
の内容を説明しなければならない。（令 2-10 月 -44 改題）
🔖 ◯ 取引を行う建物が、**昭和 56 年 5 月 31 日以前**に新築工事に着手したも
のであり、一定の**耐震診断**を受けたものであるときは、その内容を説明しなければ
ならない（宅建業法 35 条 1 項 14 号、同法施行規則 16 条の 4 の 3 第 5 号）。

❻ 宅地建物取引業者が土地の売買の媒介を行う場合、移転登記の申請の時期の定めが
あるときは、その内容を説明しなければならない。（平 29-41 改題）
🔖 ✕ 移転登記の申請時期は、重要事項の説明事項で**はない**（宅建業法 35 条 1
項参照）。

❼ 宅地建物取引業者が建物の貸借の媒介を行う場合において、当該建物が既存の建物である場合、石綿使用の有無の調査結果の記録がないときは、石綿使用の有無の調査を自ら実施し、その結果について説明しなければならない。（令元 -28 改題）

答 ✕ 　石綿の使用の有無の調査結果は、**記録されているとき**にその内容を説明し、宅建業者に調査義務は課されていない。この場合は「**調査結果なし**」と説明する。

❽ 宅地建物取引業者である売主は、宅地建物取引業者ではない買主に対して、重要事項として代金並びにその支払時期及び方法を説明しなければならない。（令 5-42）

答 ✕ 　代金並びにその支払時期及び方法は、重要事項の説明事項**ではない**（宅建業法 35 条 1 項 7 号参照）。

❾ 宅地建物取引業者が区分所有建物の売買の媒介を行う場合、当該 1 棟の建物及びその敷地の管理が委託されているときは、その委託を受けている者の氏名（法人にあっては、その商号又は名称）及び住所（法人にあっては、その主たる事務所の所在地）を説明しなければならない。（平 29-41 改題）

答 〇 　本問の記述のとおりである（宅建業法施行規則 16 条の 2 第 8 号）。

❿ 宅地建物取引業者が建物の貸借の媒介を行う場合、私道に関する負担について、説明しなければならない。（平 29-33 改題）

答 ✕ 　建物の貸借の場合、私道の負担は重要事項の説明事項**ではない**（宅建業法 35 条 1 項 3 号参照）。

⓫ 重要事項説明書の電磁的方法による提供については、重要事項説明を受ける者から電磁的方法でよいと口頭で依頼があった場合、改めて電磁的方法で提供することについて承諾を得る必要はない。（令 5-33）

答 ✕ 　電磁的方法で重要事項説明書を提供することの**承諾**は、**書面又は電子情報処理組織を使用する方法**でなければならない（宅建業法施行令 3 条の 3 第 1 項）。よって、口頭で依頼があったとしても、改めて**電磁**的方法で**承諾**を得る必要がある。

⓬ 建物の貸借の媒介を行う場合における、「台所、浴室、便所その他の当該建物の設備の整備の状況」は、少なくとも宅地建物取引業者が行う宅地建物取引業法第 35 条に規定する重要事項として説明しなければならない。（令 3-10 月 -36 改題）

答 〇 　本問の記述のとおりである（宅建業法施行規則 16 条の 4 の 3 第 4 号）。

重要事項説明書との違いを意識！ 37 条書面のポイント！

重要度 A

「37 条書面」については例年 2 問程度が出題される。重要事項説明に比べれば知識が少ない反面、重要事項説明書との記載事項の相違があるため、これらを整理しながら学習を進めておきたい。

❶ 37 条書面は、契約書をイメージ！

　契約は当事者の合意だけで成立するのが原則だが、口頭の合意だけでは後日「言った」「言わない」の紛争となる可能性がある。そこで、**宅建業法は、宅建業者に対して、契約内容を書面にして当事者に交付することを義務付けている**（宅建業法 37 条 1 項)。この書面を、**37 条書面**という。

　なお、**37 条書面に記載すべき事項が記載されていれば、契約書をもって 37 条書面に代えることもできる**（解釈・運用の考え方第 37 条関係「書面の交付について」)。

❷ 作成と交付、交付の相手方で確実に得点しよう!

(1) 37 条書面は、宅建業者が作成・交付、宅建士が記名！

　37 条書面は、契約内容を記載する書面であるから、**宅建業者は、契約の成立後、遅滞なく作成し、交付しなければならない**（宅建業法 37 条 1 項柱書、2 項柱書)。

　また、**宅建業者は、宅建士をして 37 条書面に記名させなければならないが**（同条 3 項)、**宅建士に説明させる必要はなく、記名をする宅建士は、専任の宅建士でなくてもよい。**

　なお、**複数の宅建業者が関与する場合、それぞれの宅建業者に 37 条書面の作成義務があり、それぞれの宅建業者の宅建士が記名しなければならない。**

プラスα

37 条書面の作成者や交付者は、覚える知識が限られ、内容も易しいので、確実に得点したい。

過 令 5-43、
令 4-35

過 令 5-43、
令 4-32、35、
令 3（12 月)-26、
令 2（12 月)-35、
令 2（10 月)-33、37、
令元 -34、平 29-40

過 令 4-32、
令 3（12 月)-40、
令 3（10 月)-41、
平 29-40、平 28-42

9 章
37 条書面

561

（2）37条書面の交付相手

　重要事項説明書は、これから契約をしようとする者に、物件に関する情報を提供することが目的であるから、契約対象である物件についてよく知っている「売主」に交付する必要はない。

　これに対して、**37条書面は**、後日のトラブル防止を目的とするものであるから、**契約当事者双方に交付する**。つまり、**売買であれば売主と買主、貸借であれば貸主と借主、交換であれば物件の取得者双方に交付しなければならない**（宅建業法37条1項柱書、2項柱書）。

　なお、**契約の相手方が宅建業者でも、37条書面の作成・交付は省略できない**ことに注意しよう。

平29-38、
平29-40、平28-42

令5-43、
令4-35、
令3（10月）-40、41、
平30-28

ポイント・Ⅰ・**37条書面と重要事項説明書の作成・交付**

	37条書面	重要事項説明書
作成義務者	宅建業者	
作成時期	契約成立後遅滞なく	契約が成立するまで
宅建士の記名	必　要	
交付の相手方	・売主、買主 ・貸主、借主 ・取得者双方	・買主 ・借主 ・取得者双方
説　明	不　要	宅建士が説明

❸ 記載事項は、重要事項説明書との比較が重要！

（1）重要事項説明書に記載しないものを重点的に覚えよう！
　　（必要的記載事項）

　37条書面への記載事項は、重要事項説明書への記載事項と混乱しやすい。そこで、やはりこの2つをセットで覚える努力をしよう。

　まず、**37条書面に必ず記載**しなければならない事項（必要的記載事項）は、次のとおりである（宅建業法37条1項、2項）。

ポイント II 37条書面の「必要的」記載事項

37条書面の 必要的記載事項	売買	貸借	重要事項 説明書
①当事者の氏名及び住所 （法人の場合：名称）	○	○	○
②宅地建物の特定に必要な 表示	○	○	○
③代金（借賃）又は交換差 金の額並びにその支払の 時期及び方法	○	○	×
④宅地建物の引渡時期	○	○	×
⑤移転登記の申請時期	○	×	×
⑥既存建物であるとき、建 物の構造耐力上主要な部 分等の状況について当事 者の双方が確認した事項	○	×	×

過 令5-43、
3令(12月))-26、
令2(12月)-37、
令2(10月)-33、
令2(10月)-37、
令元-34、令元-36、
平30-34、平29-40、
平28-39、平28-42、
平27-38

なお、上記④の宅地建物の引渡時期が決まっていない場合は、「引渡しの時期：未定」と記載しなければならず、⑥の当事者双方が確認した事項がない場合は、「確認した事項なし」と記載しなければならない。

（2）37条書面の任意的記載事項

任意的記載事項とは、定めがあるときに37条書面に記載しなければならない事項である。これは、次ページのとおりである（宅建業法37条1項、2項）。

> 次ページの表では「重要事項説明書の記載事項では·ない」ものを赤字にしてある。これを中心に覚えておくとよい。

プラスα
次ページの任意的記
載事項①～⑧につい
ては、すべて出題さ
れている事項なので、
後述の一部を除いて、
出題履歴は省略する。

37条書面の任意的記載事項		売買	貸借	重要事項説明書
①代金（借賃）及び交換差金以外の金銭の授受に関する定めがあるとき	額と金銭授受の時期及び目的	○	○	○ 額と授受の目的のみ
②契約解除に関する定めがあるとき	その内容	○	○	○
③損害賠償額の予定又は違約金に関する定めがあるとき	その内容	○	○	○
④代金又は交換差金についての金銭の貸借のあっせんに関する定めがあるとき	あっせんに係る金銭の貸借が成立しないときの措置	○	×	○ あっせんの内容及びそのあっせんに係る金銭の貸借が成立しないときの措置
⑤契約不適合責任を担保すべき責任又はその履行に関して講ずべき措置に関する定めがあるとき	その内容	○	×	○ 講じるかどうかの措置の概要
⑥天災その他不可抗力による損害の負担に関する定めがあるとき	その内容	○	○	×
⑦租税その他の公課の負担に関する定めがあるとき	その内容	○	×	×

前ページの表について、いくつか補足しておこう。

①の「代金（借賃）及び交換差金以外の金銭の授受に関する定めがあるとき」は、任意的記載事項の中では最も出題頻度が高い。**重要事項説明書では額と目的が記載事項**であったが、**37条書面では、授受される額と目的に加えて、授受の時期も記載事項とされている。**

令4-44、
令3（12月）-26、
令3（12月）-42、
令3（10月）-37

次に④の「金銭の貸借のあっせん」とは住宅ローンのあっせんのことだ。業者が住宅ローンのあっせんをするときは、**重要事項説明書**には、あっせんする住宅ローンの「内容」と「成立しないときの措置」を記載し、**37条書面には、**住宅ローンが「**成立しないときの措置**」を記載するという枠組みになっている。

令2（12月）-37、
令2（10月）-33、
令元-36

⑤は、契約不適合責任の履行を担保するための措置（手段）として保証保険契約などを締結するのであれば、その内容を記載するということである。中古マンションの売買契約などに宅建業者ではない売主が契約不適合責任を負わないといった特約を付けることがあり、このような契約不適合責任の内容そのものを記載するということだ。

なお、**重要事項説明書**には、**契約不適合責任の履行に関して「講ずべき措置を講じるかどうか」と「措置の概要」**を記載するが、**37条書面には、契約不適合責任の履行に関して「講ずべき措置」の「内容」を記載する。**

令4-32、
令3（12月）-40、
平30-34、平29-38、
平27-38

⑥の「天災その他不可抗力による損害の負担」とは、危険負担のことである。危険負担についての**「定め」は、重要事項説明書には記載しないが、37条書面には記載する。**

⑦の「租税」等について、貸借の場合、借主に関係がないので、記載しないと覚えておこう。これは④⑤⑦もそうだ。住宅ローンは借主には関係がないし、土地や建物に課される税金も借主が支払う必要はない。

令3（12月）-42、
令2（12月）-35、
平28-39

❹ 電磁的方法による交付には相手方の承諾が必要

宅建業者は、あらかじめ契約の相手方から承諾を得なければ、37条書面の電磁的方法による提供をすることができない（宅建業法37条4項、5項、同法施行令3条の4第1項）。

これは重要事項説明書もほぼ同じ内容だが、電磁的方法による提供ができる主な書面をまとめておこう。

ポイント Ⅳ 電磁的方法による提供ができる主な書面（4つ）

①媒介契約書（宅建業法34条の2第11項）
②指定流通機構への登録を証する書面（同条12項）
③重要事項説明書（同法35条8項、9項）
④37条書面（同法37条4項、5項）

なお、電磁的方法により提供する方法については、電子メール、Webページからのダウンロード形式による提供、USBメモリ等の交付などとなる。

また、書面を電磁的方法により提供する際に満たすべき主な規準としては、以下のものがあるので参考程度に一読しておこう。

◆ 書面を電磁的方法で提供する際に満たすべき主な規準

①あらかじめ相手方の承諾を得る。
②書面が出力（プリントアウト）できる。
③電子署名等により改変が行われていないかを確認できる。
④重要事項説明書と37条書面を電磁的方法により交付する場合は、宅建士証が明示されている。

過去問題を
チェック！

❶宅地建物取引業者Aが媒介により宅地の売買契約を成立させた場合、Aは、37条書面を売買契約成立前に、各当事者に交付しなければならない。（令5-43 改題）

答　✕　37条書面は、契約の成立後、遅滞なく作成しなければならない（宅建業法37条1項柱書）。売買契約成立前ではない。

❷宅地建物取引業者Aが媒介により宅地の売買契約を成立させた場合、Aは、37条書面を作成したときは、専任の宅地建物取引士をして37条書面に記名させる必要がある。（令5-43 改題）

答　✕　37条書面に記名する宅建士は、専任の宅建士でなくてもよい（宅建業法37条3項）。

❸宅地建物取引業者Aが媒介により宅地の売買契約を成立させた場合、Aは、買主が宅地建物取引業者であるときは、37条書面に移転登記の申請時期を記載しなくてもよい。（令5-43 改題）

答　✕　契約の相手方が宅建業者でも、37条書面の作成・交付は省略できない。よって、Aは、買主が宅建業者であっても、37条書面に移転登記の申請時期を記載しなければならない（宅建業法37条1項5号）。

❹宅地建物取引業者は、37条書面を交付するに当たり、宅地建物取引士をして、その書面に記名の上、その内容を説明させなければならない。（令3-12月-26 改題）

答　✕　宅建業者は、宅建士に、37条書面の内容を説明させる必要はない。

❺宅地建物取引業者である売主Aは、宅地建物取引業者であるBの媒介により、宅地建物取引業者ではないCと宅地の売買契約を令和4年4月1日に締結した。AとBが共同で作成した37条書面にBの宅地建物取引士の記名がなされていれば、Aは37条書面にAの宅地建物取引士をして記名をさせる必要はない。（令4-32 改題）

答　✕　複数の宅建業者が関与する場合には、それぞれの宅建業者に37条書面の作成義務があるから、それぞれの宅建業者の宅建士が記名しなければならない。

❻宅地建物取引業者が媒介により既存建物の貸借の契約を成立させた場合、契約の解除に関する定めがあるときは、その内容を37条書面に記載しなければならない。（令3-12月-42改題）

答　〇　契約の解除に関する定めは、37条書面の**任意的記載事項**である（宅建業法37条1項7号）。定めがあるときは、その内容を37条書面に記載**しなければならない**。

❼宅地建物取引業者Aが媒介により建物の貸借の契約を成立させたときは、37条書面に借賃の額並びにその支払の時期及び方法を記載しなければならず、また、当該書面を契約の各当事者に交付しなければならない。（令2-10月-33改題）

答　〇　貸借における借賃の額並びにその支払の時期及び方法は、37条書面の**必要的記載事項**である。よって、Aは借賃の額並びにその支払の時期及び方法を記載した37条書面を契約の各当事者に交付**しなければならない**（宅建業法37条2項2号）。

❽宅地建物取引業者Aが媒介により宅地の貸借の契約を成立させた場合において、当該宅地の引渡しの時期について重要事項説明書に記載して説明を行ったときは、その内容を37条書面に記載する必要はない。（令2-10月-33改題）

答　✕　物件の引渡しの時期は、37条書面の**必要的記載事項**である（宅建業法37条2項1号）。任意に重要事項説明書に記載して説明を行ったとしても、37条書面への記載を省略することは**できない**。

❾既存の建物の構造耐力上主要な部分等の状況について当事者双方が確認した事項がない場合、確認した事項がない旨を37条書面に記載しなければならない。（令2-12月-37）

答　〇　既存の建物の構造耐力上主要な部分等の状況について当事者双方が確認した事項は、37条書面の**必要的記載事項**であり（宅建業法37条1項2号の2）、当事者双方が確認した事項がない場合は、「確認した事項なし」と記載しなければならない。

❿損害賠償額の予定又は違約金に関する定めがない場合、定めがない旨を37条書面に記載しなければならない。（令2-12月-37）

答　✕　損害賠償額の予定又は違約金に関する定めは、37条書面の任意的記載事項であり（宅建業法37条1項8号）、その定めがないときは記載しなくてよい。

テーマ 1　「できない場所」と「効果」を把握！クーリング・オフのポイント！　重要度 A

この章では「自ら売主制限」の概要と「クーリング・オフ」を学習する。クーリング・オフは例年1問分が出題され、「自ら売主制限」では断トツの出題頻度（約40%）だ。「できない場所」の判断がポイントとなるぞ。

❶ 双方が対等ならば、適用ナシ（自ら売主制限）

　いわゆる**「自ら売主制限」**とは、**宅建業者が売主**となり、**宅建業者でない者が買主**となる**宅地・建物の売買契約にのみ適用される8種類の制限**をいう。

　このような**売買契約**では、不動産取引のプロである宅建業者と素人である買主とでは、知識や経験に大きな差がある。そこで弱い立場にある買主を保護するため、契約内容などを制限しているのが自ら売主制限なのだ。

　以上の趣旨から、**自ら売主制限は、売主・買主双方が宅建業者である取引（業者間取引）や売主・買主双方が宅建業者ではない取引には適用されない**（宅建業法78条2項）。

プラスα

クーリング・オフで繰り返し出題されている4つのポイントは、①できる場所とできない場所、②できなくなる場合、③方法と効力、④申込者・買主に不利になる特約の効力、である。

過 令4-38、平27-39

10章 自ら売主制限

◆ 自ら売主制限の全体像

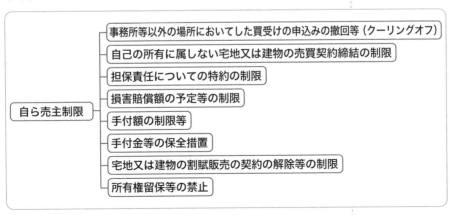

自ら売主制限
- 事務所等以外の場所においてした買受けの申込みの撤回等（クーリングオフ）
- 自己の所有に属しない宅地又は建物の売買契約締結の制限
- 担保責任についての特約の制限
- 損害賠償額の予定等の制限
- 手付額の制限等
- 手付金等の保全措置
- 宅地又は建物の割賦販売の契約の解除等の制限
- 所有権留保等の禁止

❷ 申込等の場所で可否が決まるクーリング・オフ

では、自ら売主制限の具体的な内容に入ろう。１つ目はクーリング・オフだ。**クーリング・オフ**とは、**一度契約の申込みや契約の締結をした場合でも、一定の期間**であれば、**無条件で撤回や契約の解除ができる**制度だ。

ただし、場合により、できたりできなかったりするわけで、**どの場合にできて、どの場合にできないか**を把握すればよい。これは**「できなくなる」ケース**を押さえてしまおう。

ポイント Ⅰ クーリング・オフができない場合（その１）
【主な買受けの申込み・契約締結場所】

①宅建業者の事務所

②宅建業者の事務所以外だが、**継続的に業務を行うことができる施設を有する場所**
→事務所としての物的施設を有しているが、契約締結権限を有する者が置かれていないモデルハウスや営業所など。

③宅建業者が一団の宅地建物の分譲を行う案内所
→**土地に定着する建物内に設けられるもの**に限る。
→テント張りの案内所などは当たらない。

④売主である宅建業者が、**他の宅建業者に代理又は媒介の依頼**をした場合の**依頼を受けた他の宅建業者の①～③の場所**

⑤相手方（買主）が自宅又は勤務場所で宅地建物の売買契約に関する説明を受ける旨を申し出た場合の相手方（買主）の自宅又は勤務する場所

プラス**α**
勢いで契約してしまったが、後で「やっぱりやめた」と言える制度だ。

 令3（12月）-43、令元-38

プラス**α**
①～④は「専任の宅建士の設置義務」がある場所でもある。

 令2（10月）-40

 令5-35、令3（12月）-43

 令5-35、令4-38、平30-37

 平30-37、平29-31

570

前ページの話は、**一定の場所で物件の買受けの申込みや契約の締結をしたときには、クーリング・オフができない**という話だ（宅建業法37条の2第1項柱書、同法施行規則16条の5、解釈・運用の考え方第37条の2第1項関係1（2））。

前ページ⑤がわかりにくいかもしれないが、**買主が自ら自宅や勤務先で説明を受けます…と申し出た場合**、その場所は宅建業者の事務所等と同じと考えればよい。あくまで買主が申し出た場合であり、**宅建業者が申し出た場合はクーリング・オフできる**。

ポイント **II** ．．クーリング・オフができなくなる場合（その2）
【期間と履行】

⑥申込者等が、**書面でクーリング・オフができる旨及びその方法について告げられた**場合において、その**告げられた日から起算して8日を経過**したとき（宅建業法37条の2第1項1号、同法施行規則16条の6）

⑦申込者等が、契約の**目的物である宅地又は建物の引渡し**を受け、かつ、その代金の全部を支払ったとき

⑥について、まず**宅建業者が書面で告知しなければ、この8日間という期間は開始しない。申込者等はいつまででもクーリング・オフができる**。また、8日間は、**告知日を含めて計算**する。例えば、下記のように日曜日に告知された場合、次週の日曜日までクーリング・オフができる。

告知された日➡1日目に含む						ここまでできる！	
1日目	2日目	3日目	4日目	5日目	6日目	7日目	**8日目**
日曜日	月曜日	火曜日	水曜日	木曜日	金曜日	土曜日	**日曜日**

クーリング・オフができる

プラスα

宅建業者の事務所など、冷静に判断できる場所で申込み等をする場合、購入者もそれなりのつもりで出向いているので、クーリング・オフができない。しかし、イベント会場などでは、その場の勢いで契約しかねないということだ。

過 令2（12月）-39、令2（10月）-40、平30-37、平28-44

プラスα

8日間という期間設定は、休日が含まれることで、熟慮できる可能性を高めるためだ。

また、⑦について、**申込者等が、契約の目的物である宅地又は建物の「引渡し＋代金全額支払」をした場合、クーリング・オフができない**（宅建業法37条の2第1項2号）。

ここでの注意は「**引渡し**」と「**代金全額支払**」の両方が必要なことと、代金は「**全額**」であることだ。

❸ クーリング・オフで、契約はなかったものに！

最後にクーリング・オフの方法と効果も確認する。

（1）クーリング・オフの方法（発信主義）

クーリング・オフは書面でする必要があり、この書面は発信したときに効力を生じる（宅建業法37条の2第2項）。つまり、**8日間以内に「クーリング・オフする！」と書面で発送すれば、**その**到着が期間後**であったとしても、**クーリング・オフできる。**

　なお、現在、**電磁的方法によるクーリング・オフは認められていない。**

（2）クーリング・オフの効果

クーリング・オフがされたとき、宅建業者は、申込者等に対し、速やかに、申込みや契約締結に際して受領した手付金その他の金銭を返還しなければならず（宅建業法37条の2第3項）、**クーリング・オフに伴う損害賠償又は違約金の支払を請求することができない**（同条1項）。これを認めると意味がないからだ。

（3）申込者等に不利な特約は無効！

クーリング・オフに関する特約で、申込者等に不利なものは無効である（宅建業法37条の2第4項）。これも特約を行っておくことで、クーリング・オフ制度を回避しようとする業者を防ぐためだ。

過去問題を
チェック！

❶ 宅地建物取引業者が自ら売主となる宅地の売買契約について、喫茶店で買受けの申込みをした者が宅地建物取引業者であった場合、クーリング・オフについて告げられていなくても、申込みを行った日から起算して8日を経過するまでは、書面により買受けの申込みを撤回できる。（令4-38 改題）

答 ✕ クーリング・オフに関する規定は、**宅建業者間の取引には適用されない**。

❷ 宅地建物取引業者Aが、自ら売主として、宅地建物取引業者ではない買主Bから宅地の買受けの申込みを受けた場合、Aが売却の媒介を依頼している宅地建物取引業者Cの事務所でBから買受けの申込みを受けた場合、Bは、申込みの日から8日以内に書面により当該申込みの撤回を申し出ても、申込みの撤回を行うことができない。（令5-35 改題）

答 ◯ 売主である**宅建業者**が、他の宅建業者に代理又は媒介の依頼をした場合の代理又は媒介の依頼を受けた**他の宅建業者の事務所で買受けの申込み**をした場合には、クーリング・オフをすることが**できない**（宅建業法施行規則16条の5第1号ハ）。

❸ 宅地建物取引業者が自ら売主となる宅地の売買契約について、売主業者の申出により、買受けの申込みをした者の勤務先で売買契約を行った場合、クーリング・オフによる当該売買契約の解除を行うことはできない。（令4-38 改題）

答 ✕ 勤務先で買受けの申込み等をしたときにクーリング・オフができなくなるのは、**相手方である買主**が申し出たときだけである（宅建業法施行規則16条の5第2号）。

❹ 宅地建物取引業者Aが、自ら売主として、宅地建物取引業者ではないBとの間で宅地の売買契約を締結した場合において、Bが喫茶店で当該宅地の買受けの申込みをしたときは、Bが、Aからクーリング・オフについて書面で告げられた日の翌日から起算して8日目にクーリング・オフによる契約の解除の書面を発送し、10日目にAに到達した場合、Bはクーリング・オフによる契約の解除を行うことができる。（令2-10月-40 改題）

答 ✕ 書面によりクーリング・オフについて告げられた場合、その**告げられた日から起算して8日**を経過したときは、クーリング・オフが**できない**（宅建業法37条の2第1項1号、同法施行規則16条の6）。本問は書面で告げられた日から9日目にクーリング・オフをする旨の書面を発している。

❺ 宅地建物取引業者が自ら売主となる宅地の売買契約について、買受けの申込みをした者が、売買契約締結後、当該宅地の引渡しを受けた場合、クーリング・オフによる当該売買契約の解除を行うことができない。（令4-38 改題）

答 ✕ クーリング・オフができなくなるのは、目的物である宅地又は建物の**引渡し**を受け、**かつ、その代金の全部を支払った**ときである（宅建業法37条の2第1項2号）。

10章
自ら売主制限

出題ポイントが限られる！ 3つの自ら売主制限のポイント！

重要度 **A**

「自ら売主制限」のうち「自己の所有に属しない物件の売買契約締結の制限」「担保責任の特約の制限」「損害賠償額の予定等の制限」を学習する。これらは学習すべき内容が少なく、出題ポイントも限られているので得点源にできる。

❶ 自己の所有に属しない宅地・建物は2種類！

自己の所有に属しない宅地又は建物とは、①いわゆる**他人物売買**のケース、又は、②**未完成の宅地・建物**のことをいう。

（1）停止条件付売買契約もダメ！（他人物売買の禁止）

他人物売買が行われた場合、売主は所有者から権利を取得して、買主に移転できない危険がある。そこで、宅建業法では、**宅建業者が自ら売主になる他人物売買やその予約は、原則として禁止されている**（宅建業法33条の2柱書）。

ただし、権利を取得できない危険がない、宅建業者が**目的物を取得できることが明らかな**一定の場合、具体的には、**当該目的物の取得契約又は予約契約を締結しているときは、例外的に許される**（同項1号）。

とはいえ、**効力の発生が条件に係るもの（停止条件付取得契約）は、やはり権利を取得できない危険が残るので禁止**だ。

例えば、**宅建業者が、農地の所有者と宅地に転用するために「農地法5条の許可を条件」とする売買契約を締結したとする場合などがこれに当たる**（解釈・運用の考え方第33条の2第1号関係2）。

このような場合は、取得契約が停止条件に係り、宅建業者が実際にその農地を取得できるかどうかが不確実であるから、売買契約を締結することはできない。

 令元-27

 令3(12月)-38、令元-27、35、平27-34

プラスα
取得契約に停止条件が付されているケースは、繰り返し出題されているぞ！

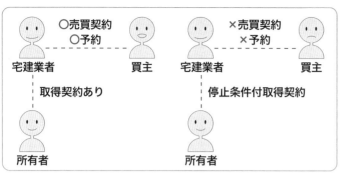

（2）未完成物件の売買は、手付金等の保全措置を講じてから！

　宅建業者は、原則として、自ら売主として工事の完了前の宅地・建物（未完成物件）の売買契約を締結できない（宅建業法33条の2柱書）。

　これは、いわゆる青田売りのケースであり、先に売買契約を結んだものの、工事完成までに宅建業者の資金繰り等が悪化し、物件が未完成となるようなリスクを買主に負わせないための規制である。そこで、買主がリスクを負わない場合、つまり、手付金等の保全措置を講じた場合には、宅建業者は売買契約を締結できる（同条2号）。

ポイント Ⅰ　2つの自己所有に属しない契約制限（自ら売主制限）

①宅建業者が自ら売主となる他人物の売買契約・予約は、許されるか？

　⇒原則：禁止
　　例外：宅建業者が当該物件の取得契約又は予約契約を締結しているとき
　　再例外：ただし、停止条件付取得契約の場合は禁止。

②宅建業者が自ら売主となる未完成物件の売買契約は、許されるか？

　⇒原則：禁止
　　例外：手付金等の保全措置を講じた場合

❷ 民法より買主に不利な特約は無効！ （担保責任についての特約の制限）

プラスα

民法の「担保責任（契約不適合責任）」は、①履行の追完請求、②代金減額請求、③損害賠償請求、④契約の解除だ（116ページ参照）。

民法では、売主が契約の内容に適合しない目的物を買主に引き渡した場合の**担保責任（契約不適合責任）を追及**するためには、**買主がその不適合を知った時から1年以内にその旨を売主に通知**しなければならないとしている（民法566条）。

また、この**民法の規定は任意規定**であり、当事者の特約により、売主が契約不適合責任を負わないとしたり、責任を負う期間を短縮する特約も、**民法上は有効**だ。

そのため、過去には、売主である宅建業者が、買主が法律に詳しくないことを利用して、買主に不利な特約を設ける事例が発生した。そこで買主を保護するため、宅建業法に担保責任についての特約を制限する規定が設けられたのだ。

具体的には、**宅建業者が自ら売主となる宅地又は建物の売買契約における担保責任についての特約に関して、次の制限が設けられている**（宅建業法40条1項、2項）。

過 令4-43、令2（10月）-42、令元-27、平30-29、平29-27、平27-34、平27-39

ポイント ⅠⅠ 担保責任の特約の制限（自ら売主制限）

①契約内容不適合の担保責任に関し、**民法が規定する期間より、買主に不利な特約をしてはならない**。

②目的物の引渡日から**2年以上とする特約は有効である**。

③**①②に反する特約は、無効である**。
　➡宅建業者は、**民法の規定どおりの責任を負う**。

◆ 上記②について民法の規定

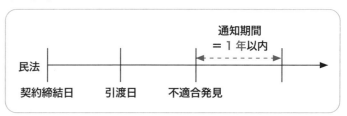

◆ 前記②について宅建業法の規定

❸ 「超える部分」が無効となる（損害賠償額の予定等の制限）

　高額すぎる損害賠償額の予定は、当事者に酷な場合がある。例えば、代金2,000万円の宅地の売買契約に際し、損害賠償額の予定を2,000万円と定めるような場合だ。

　そこで、宅建業法では、**宅建業者が自ら売主となる売買契約における損害賠償額の予定等に関して**、次の制限を設けている（宅建業法38条1項、2項）。

ポイント　**Ⅲ**　**損害賠償額の予定の制限（自ら売主制限）**

①当事者の債務不履行を理由とする契約解除に伴う損害賠償額の予定、違約金は、これらを合算した額が代金額の10分の2を超えることとなる特約をしてはならない。

②これに反する特約は、代金の額の10分の2を超える部分が無効である。

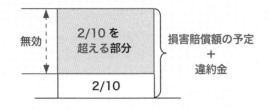

過　令4-43、令3（12月）-27、令3（10月）-42、平29-31、平28-28、平27-39

プラスα
特約自体が無効になるのではなく、10分の2を超える部分が無効になる点がポイントだ。

❶ 宅地建物取引業者は、宅地建物取引業者ではない相手方と自己の所有に属しない宅地又は建物についての自ら売主となる売買契約を締結してはならないが、当該売買契約の予約を行うことはできる。（令元-27）

答 ✕ 宅建業者が**自ら売主**になる他人物売買やその**予約**は、原則として、**禁止**される（宅建業法33条の2柱書）。

❷ 宅地建物取引業者Hは、農地の所有者Iと建物の敷地に供するため農地法第5条の許可を条件とする売買契約を締結したので、自ら売主として宅地建物取引業者ではない個人JとI所有の農地の売買契約を締結しても、宅建業法には違反しない。（令3-12月-38改題）

答 ✕ 宅建業者が**自ら売主**となる売買契約の目的物である宅地建物の取得契約を締結しているときでも、その効力の発生が**条件に係るもの**（停止条件付取得契約）であるときは、売買契約を締結**できない**（宅建業法33条の2）。本問のように農地法5条の許可を条件とする売買契約を締結する場合はこれに当たる（解釈・運用の考え方第33条の2第1号関係2）。

❸ 宅地建物取引業者Aが、自ら売主として、土地付建物の売買契約を締結する場合において、宅地建物取引業者ではない買主との間で、「売主は、売買物件の引渡しの日から1年間に限り当該物件の種類又は品質に関して契約の内容に適合しない場合におけるその不適合を担保する責任を負う」とする旨の特約を設けることができる。（令4-43改題）

答 ✕ 宅建業者は、**自ら売主**となる売買契約において、目的物が契約内容に適合しない場合の担保責任に関し、買主から**通知**すべき期間を引渡日から**2年以上**とする特約を**除き**、民法より買主に不利な特約をすることは**できず**、これに反する特約は**無効**である（宅建業法40条1項、2項）。本問は、契約不適合責任の通知期間を引渡しの日から1年間としている点が誤っている。

❹ 宅地建物取引業者Aが、自ら売主として、宅建業者ではないBとの間で建物の売買契約を締結する場合において、当事者の債務の不履行を理由とする契約の解除に伴う損害賠償の額についての特約を、代金の額の10分の2を超えて定めた場合、当該特約は全体として無効となる。（令3-12月-27）

答 ✕ 損害賠償額の予定等の制限に違反する特約は、特約全体が無効となるのではなく、**10分の2を超える部分**が無効になる（宅建業法38条2項）。

手付金等の保全措置が頻出！ その他の「自ら売主制限」

「自ら売主制限」のうち「手付額の制限等」「手付金等の保全措置」「割賦販売の契約の解除等の制限」「所有権留保等の禁止」を学習する。「自ら売主制限」でクーリング・オフに次いで出題されるのが「手付金等の保全措置」だ。

❶ 手付解除の実効性を確保！（手付額の制限等）

　宅建業者が買主と売買契約を締結する際に、宅建業者が買主からの**法外な手付**をとり、買主との紛争が激増した時期があった。そこで、**宅建業法は手付額の制限等**を設けている。ポイントをまとめると、以下のものだ。

プラスα

手付が高額だと、放棄して手付解除をしにくくなる。

ポイント I **手付額の制限等（自ら売主制限、宅建業法39条）**

①**手付額の制限**

宅建業者は、自ら売主となる宅地建物の売買契約の締結に際し、代金額の10分の2を超える額の手付を受領できない。

➡これは、**買主の承諾があっても許されない。**

令3(12月)-27、平30-29、平27-36

②**宅建業者が、自ら売主となる宅地建物の売買契約の締結に際して手付を受領**したときは、手付がいかなる性質のものであっても**解約手付としての性質**を持つ。

➡**これに反する買主に不利な特約は、無効。**

　　　　　⬇よって、

相手方の契約の履行着手後を除き、買主は、その手付を放棄することで、売主（宅建業者）は、倍額を現実に提供して、解除できる。

平4-43、令2(10月)-32、令元-37、平29-28、平28-28、平27-40

平27-40

❷ 手付金等の保全措置

　宅建業者は、**買主に手付金等を返還**しなければならないにもかかわらず、**資金繰りの悪化などで返還できない**ような場合に備え、**銀行の保証や保険**などで返還できるようにしておかなければならない。これが**手付金等の保全措置**だ。

プラス𝛂

銀行による「保証」
とは、手付金等の返
還について「連帯保
証人になって！」と
依頼する保証委託契
約だ。

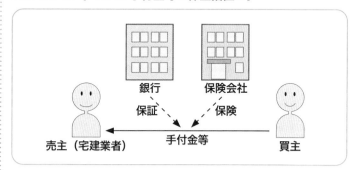

過 令5-39、
令元-37

（1）保全される「手付金等」とは

　保全措置の対象となる手付金等とは、**代金の全部又は一部として、金銭及び手付金その他の名義をもって授受される金銭で代金に充当されるもの**であって、**契約締結日以後、当該宅地又は建物の引渡前に支払われるもの**をいう（宅建業法41条1項かっこ書）。

　要するに、**どういう名前かは別として、代金に充てるもので、目的物の引渡前に支払われるもの**だ。

　したがって、**「引渡しと同時」又は「引渡後」に支払われる金銭（残代金など）**については、手付金等に当たらず、保全措置を講じる必要がない。

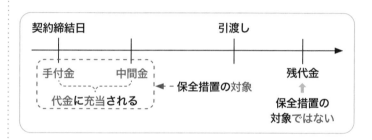

(2) 完成物件と未完成物件では、保全措置方法が違う！

　手付金等の保全措置の方法には、①銀行等による連帯保証（保証委託契約）、②保険事業者による保証保険、③指定保管機関による保管（手付金等寄託契約）という 3 つの方法がある（宅建業法 41 条 1 項、41 条の 2 第 1 項 1 号）。

　①②を利用する場合、保証料や保険料は宅建業者が負担するが、未完成物件を自ら売主として売買する業者は、比較的規模の大きい業者が多く、保証料や保険料の負担にも耐えられるが、完成物件を取引する宅建業者には中小の宅建業者も多いため、**完成物件**については、①②に加えて、より**負担の少ない③の方法が用意**されている。

◆ 手付金等の保全措置の方法

物　件	保全措置の方法
未完成物件	①銀行等の金融機関による連帯保証契約 ②保険事業者による保証保険契約
完成物件	上記①②に加えて、 ③指定保管機関による保管契約

(3) 手付金等の受領は、保全措置を講じた後！

　宅建業者は、自らが売主となる売買契約においては、原則として、**保全措置を講じた後でなければ、買主から手付金等を受領できず**（宅建業法 41 条 1 項、41 条の 2 第 1 項）、**宅建業者が手付金等の保全措置を講じないとき、買主は、手付金等を支払わないことができる**（同法 41 条 4 項、41 条の 2 第 5 項）。

(4) 保全措置を講じなくてもよい場合

　宅建業者は、営業保証金を供託するか、保証協会に加入している。営業保証金は少なくとも 1,000 万円であるから、たとえ宅建業者の財務状況が悪化しても、1,000 万円までなら営業保証金や弁済業務保証金から還付を受けることが見込める。

プラスα
保証協会が、指定保管機関となる。

 令 5-39、
平 30-38

 令 3 (12 月)-27、
平 30-38

 令 3 (12 月)-27、
平 28-43

10章
自ら売主制限

そのため、以下の①②のように、**手付金等の額が比較的少額、かつ 1,000 万円以下**であるときは、手付金等の保全措置を講じなくてもよい。

ポイント Ⅱ 保全措置を講じずに手付金等を受領できる場合
（宅建業法 41 条 1 項但書、41 条の 2 第 1 項但書、同法施行令 3 条の 5）

①**未完成物件**

　手付金等の額が代金額の **5%以下＋ 1,000 万円以下**

②**完成物件**

　手付金等の額が代金額の **10%以下＋ 1,000 万円以下**

③上記①②の**手付金等に加えて中間金などを受領するとき**は、その中間金などの加算額についても保全措置を講じる。

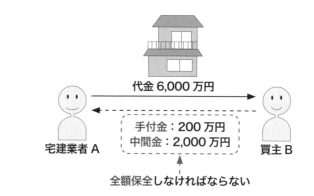

代金 6,000 万円

手付金：200 万円
中間金：2,000 万円

宅建業者 A　　　　　　　　　　　買主 B

全額保全しなければならない

④**買主に所有権移転登記がされた、買主がしたとき**

ここはわかりにくいので、次ページの事例で考えてみよう。

582

《事例》

> 宅建業者Ａは、自ら売主として宅建業者でないＢと、工事完了前の建物の売買契約を締結した。代金額は、6,000万円である。契約に際して、Ａは、手付金等の保全措置を講じずに手付金200万円を受領後、保全措置を講じたうえで中間金2,000万円を受領した。

　この事例の物件は**「工事完了前」とあるため未完成物件であり、代金額6,000万円×5％＝300万円までは、保全措置を講ずることなく手付金等を受領できる**。よって、手付金200万円は保全措置を講ずることなく受領できる。

　しかし、**中間金2,000万円を受領**した時点では、**上記例外の300万円を超え、保全措置を講ずる必要がある**。その場合、中間金2,000万円と手付金200万円を合計した**2,200万円全額**について、保全措置を講ずる必要がある。

❸ 割賦販売契約の解除等の制限

　割賦販売とは、いわゆる**分割払い**のことだ。分割払いの代金（割賦金）の支払が1回でも遅れた場合、売主である宅建業者が直ちに解除できるとすると、買主に酷である。

　そこで宅建業法は、**宅建業者は、自ら売主となる宅地又は建物の割賦販売契約の賦払金支払義務が履行されない**場合、**30日以上の相当の期間**を定めて支払を書面で催告し、その**期間内にその義務が履行されないときでなければ**、賦払金の支払の遅滞を理由に契約を解除し、又は支払時期の到来していない**賦払金の支払を請求できない**としている（宅建業法42条1項）。

> また、この制限に反する買主に不利となる特約は、無効になるぞ（宅建業法42条2項）。

過　令4-30、
令3(10月)-42、
令2(10月)-32、
平28-29

プラスα

催告には30日以上の期間を設けること、書面で催告しなければならないことがポイントだ。

❹ 受領額が代金の10分の3以下で所有権留保！

　所有権留保とは、売主の買主に対する**売買代金請求権**を担保するために、**買主が代金を完済するまで、目的物の所有権を売主に留めておく**ことである。

◆ 所有権留保のイメージ

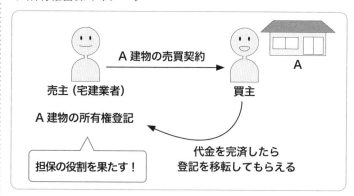

A建物の売買契約

売主（宅建業者）　　　買主

A建物の所有権登記

担保の役割を果たす！

代金を完済したら
登記を移転してもらえる

　宅建業法では、原則として、所有権留保は禁止されているが、**次の場合には、例外的**に認められる（宅建業法43条1項）。

◆ 宅建業法上でも所有権留保が認められる場合

①引渡しまでに代金の**10分の3を超える支払を受けていないとき**。
　→代金の**10分の3を超える額**の支払を受けるまでに、登記その他引渡し以外の売主の義務を履行しなければならない。

②代金債務について、買主が抵当権・先取特権の設定登記をしたり、保証人を立てる見込みがないとき。

過去問題を
チェック！

❶宅地建物取引業者 A が、自ら売主として、宅地建物取引業者ではない B との間で
建物の売買契約を締結する場合において、A は、あらかじめ B の承諾を書面で得た
場合に限り、売買代金の額の 10 分の 2 を超える額の手付を受領することができる。
（令 3-12 月 -27 改題）

　答　✕　宅建業者は、**自ら売主となる宅地又は建物の売買契約**の締結に際して、
買主の承諾があっても、**代金額の 10 分の 2 を超える**額の手付を受領できない（宅
建業法 39 条 1 項）。

❷宅地建物取引業者 A が、自ら売主として行う宅地又は建物の売買契約に際して手
付を受領した場合、その手付がいかなる性質のものであっても、A が契約の履行に
着手するまでの間、買主はその手付を放棄して契約の解除をすることができる。（令
4-43 改題）

　答　〇　本問の記述のとおりである（宅建業法 39 条 2 項）。

❸宅地建物取引業者 A が、自ら売主として宅地建物取引業者でない買主 B との間で
建築工事完了後の建物に係る売買契約（代金 3,000 万円）において、「A が契約の
履行に着手するまでは、B は、売買代金の 1 割を支払うことで契約の解除ができる」
とする特約を定め、B から手付金 10 万円を受領した。この場合、この特約は有効
である。（平 27-40 改題）

　答　✕　宅建業者が、**自ら売主となる宅地又は建物の売買契約**の締結に際して**手
付（10 万円）を受領した**ときは**解約手付の性質を有する**。売買代金（3,000 万円）
の 1 割（300 万円）の支払で解除ができる特約は、買主に不利な特約であり、**無
効**となる（宅建業法 3 条 3 項）。

❹宅地建物取引業者 A が、自ら売主として、宅地建物取引業者でない買主 B との間
で建築工事完了前の建物の売買契約を締結する場合において、A が B から保全措置
が必要となる額の手付金を受領する場合、A は、事前に、国土交通大臣が指定する
指定保管機関と手付金等寄託契約を締結し、かつ、当該契約を証する書面を買主に
交付した後でなければ、B からその手付金を受領することができない。（令 3-12 月
-27 改題）

　答　✕　**手付金等寄託契約による保全措置**ができるのは、**完成物件の場合だけ**で
ある（宅建業法 41 条 1 項）。

コツコツ覚えて得点！
業務上の規制のポイント！

重要度 Ⓐ

ここではその他の「業務上の規制」を学習する。内容は多岐にわたるが、変に深入りしなければ、個々の規制は単純なものが多く、覚えるべき知識も少ない。コツコツと知識を確認していこう。

❶「正当な理由」の具体例がポイント（守秘義務）

　宅建業者やその使用人・従業者は、業務上、顧客の経済状態や家族関係など秘密を知ることがある。そこで、宅建業法は、宅建業者や使用者・従業者に**守秘義務**を課している。これは以下のポイントで押さえればよい。

ポイント Ⅰ　守秘義務（宅建業法45条、75条の3等）

令4-30

- 宅建業者、その使用者と従業者は、正当な理由がある場合でなければ、業務上取り扱ったことについて知り得た秘密を他に漏らしてはならない。
  - ➡宅建業を営まなくなった後、使用者・従業者でなくなった後も同様である。

令2（12月）-36、令元-27

- 「正当な理由」は、次のような場合に認められる（解釈・運用の考え方第45条関係）。
  ①本人の承諾がある場合
  ②法律上秘密事項を告げる義務がある場合

令3（10月）-40、令2（12月）-36

  - ➡裁判の証人として証言を求められた場合や、税務署等の職員から質問検査権の規定に基づき質問を受けた場合
  ③価額又は評価額について意見を述べる義務を果たすため、必要限度で取引事例を顧客や他の宅建業者に提示する場合

❷ 出題回数が多い「手付貸与等の禁止」！

　手付の貸与とは、その名のとおり**手付金を貸してあげる**ことだ。購入意思が固まっていない顧客に、宅建業者が手付金を貸与して契約を誘引すると、支払能力に見合わない契約をしてしまう可能性がある。

　そこで、宅建業法は、**宅建業者が手付の貸付けその他信用の供与をすることによる契約締結の誘引行為を禁止している**（宅建業法 47 条 3 号、解釈・運用の考え方第 47 条 3 号関係）。これも以下のポイントで押さえておこう。

ポイント　Ⅱ　**手付貸与等の禁止**

> ①**宅建業者は、手付の貸付け、その他信用の供与をすることで、契約の締結を誘引する行為が禁止**される。
>
> ➡信用の供与とは、手付の**分割受領**など。
>
> ➡**契約締結後に手付が返還された場合も違反となる。**
>
> ➡**契約締結に至らなかった場合も違反となる。**
>
> ⬇以上に対して…
>
> ②**顧客と銀行で手付金相当額を融資する契約をあっせんする行為、手付を値引きする行為は、違反しない。**

❸ 常識で判断できないものだけを覚えよう！（業務に関する禁止事項）

　以上のほか、業務に関する禁止事項は多いが、これをすべて覚えていくのは学習効率が非常に悪い。また、**常識的に考えて、禁止されて当然**…と判断できるものが多いため、ここからは常識的な判断では解答しづらいものに限定して解説を進める。それで十分に試験では対応可能だ。

プラスα

「信用の供与」とは、「手付を分割で受領してもよいですよ」などとすることだ。また、手付として約束手形を受領することも該当する。

過　令 5-36、令 3（10 月）-43、令 2（12 月）-40、平 30-34、平 29-34、平 28-29、平 28-34、平 27-41

令5-28、
平28-34

（1）重要な事実の不告知等の禁止

　宅建業者は、その業務に関して、取引の相手方等に対し、**次の事項について、故意に事実を告げず、又は不実のことを告げる行為が禁止されている**（宅建業法47条1項1号）。

要するに、取引に関する重要事項について、**隠したり、ウソをついてはいけない**ということだ。

ポイント III 重要な事実の不告知等の禁止内容

①**重要事項説明の対象事項**
②**供託所等の説明の対象事項**
③**37条書面の記載事項**
④**相手方等の判断に重要な影響を及ぼす宅建業者・取引関係者の資力若しくは信用などに関する事項**

（2）断定的判断の提供の禁止

 令5-28、
令元-27、平28-34、
平27-41

　宅建業者又はその代理人、使用人その他の従業者は、宅建業に係る**契約締結の勧誘**をするに際し、相手方等に対して、**次のような断定的判断を提供する行為が禁止**される（宅建業法47条の2第1項、同法施行規則16条の11第1号イ、解釈・運用の考え方第47条の2第1項関係）。

ポイント IV 断定的判断の提供の禁止内容

①**将来利益を生ずることが確実であると誤解させる断定的判断**
②**契約の目的物である宅地建物の将来の環境又は交通その他の利便について誤解させるような断定的判断**

　なお、**断定的判断を告げる行為は、故意ではなくても違反となる**（解釈・運用の考え方第47条の2第1項関係）。

　①**については**、例えば、「2～3年後には、物件価格の上昇が

確実」「この物件を購入したら、一定期間、確実に収入が得られ
る。損はしない」などと告げることが該当する。

　また、**②については**、例えば、「将来南側に 5 階建て以上の建
物が建つ予定は全くない」「2 ～ 3 年後には、○○に国道が必ず
開通する」といった行為である。

(3) その他の禁止事項は、常識で判断できる

　その他の業務に関する禁止事項は、常識的に考えれば判断で
きるものが大半である。よって、そのイメージが浮かぶように
概要だけは紹介しておこう。

①強引な営業行為は禁止！

　次のような**強引な営業行為は禁止**されている（宅建業法施行
規則 16 条の 11 第 1 号ロ～へ）。

◆ 強引な営業行為の具体例

・正当な理由なく、当該契約を締結するかどうかを判断す
るために**必要な時間を与えることを拒む**こと。
・勧誘に先立って、**宅建業者の商号又は名称及び当該勧誘
を行う者の氏名**並びに当該契約の締結について**勧誘目的
である旨を告げずに、勧誘を行う**こと。
・宅建業者の相手方等が当該**契約を締結しない旨の意思**（当
該勧誘を引き続き受けることを希望しない旨の意思を含
む。）を表示したにもかかわらず、当該**勧誘を継続**すること。
・**迷惑を覚えさせるような時間に電話し、又は訪問**すること。
・**深夜又は長時間の勧誘**その他の**私生活又は業務の平穏を
害する**ような方法によりその者を**困惑させる**こと。

 令 3 (10 月)-43

 令 5-36、
令 3 (10 月)-43、
平 29-28、平 29-34

 令 5-28、
令 2 (12 月)-40、
平 30-40

 令 5-28

読めばわかると思うが、これはダメだよね…という
行為ばかりだ。

589

②預り金の返還拒否は禁止！

平3 (10月)-43、平27-41

　宅建業者の**相手方等が契約の申込みの撤回**を行うに際し、既に**受領した預り金の返還を拒むことは禁止**される（宅建業法施行規則16条の11第2号）。これも当たり前の話である。

③手付放棄による契約解除の申出拒否は禁止！

　宅建業者の相手方等が**手付解除**を行うに際し、**正当な理由なく、当該契約の解除を拒み、又は妨げることは禁止**される（宅建業法施行規則16条の11第3号）。

---

❹ **宅建業者の従業者であることを明確に！**
（従業者証明書と従業者名簿）

　宅建業者の「**従業者ですよ**」ということを証明する「**従業者証明書**」と、従業者一覧である「**従業者名簿**」というものがある。これらについては、以下の規制がある。

ポイント：**V** 従業者証明書と従業者名簿
（宅建業法48条1項等）

令5-37、令2 (10月)-39、令元-40

①従業者証明書
　➡宅建業者は、**従業者に携帯させなければ、業務に従事させてはならない。**
　➡携帯すべき者には、**代表者（社長）、非常勤役員、単に一時的に事務の補助をする者も含まれる。**
　➡取引関係者の**請求があれば提示**しなければならない。

令5-37、令3 (10月)-29、令2 (10月)-39

②従業者名簿
　➡**事務所ごと**に備え付ける。
　➡取引関係者の**請求があれば閲覧**させる。
　➡最終記載日から**10年間保存**する。

❺「帳簿」も事務所ごとに備え付ける！

　前ページの従業員名簿などとは別に、**宅建業者は、国土交通省令の定めるところにより、その事務所ごとに、その業務に関する帳簿を備え、宅建業に関し取引のあったつど、一定事項を記載しなければならない**（宅建業法 49 条）。

　また、帳簿の記載事項が、電子計算機に備えられたファイル又は電磁的記録媒体に記録され、必要に応じ当該事務所において電子計算機その他の機器を用いて明確に紙面に表示されるときは、**電磁的記録（電子媒体）をもって帳簿への記載に代えることができる**（同法施行規則 18 条 2 項）。

　そして、**宅建業者は、帳簿を各事業年度の末日をもって閉鎖し、閉鎖後 5 年間（宅建業者が自ら売主となる新築住宅に係るものは 10 年間）、保存しなければならない**（同条 3 項）。

過 令 5-36、
令 3（10 月）-40、
令 2（12 月）-26、
令 2（12 月）-41、
令元 -40、平 29-28、
平 29-35、平 28-29

ポイント Ⅵ 宅建業者の帳簿

①**帳簿の備付けの単位は？**　➡ **事務所ごと。**

②**帳簿への記載のタイミングは？**　➡ **取引のつど。**

③**帳簿の記載事項は？**
　➡ **取引年月日**、取引に係る**宅地又は建物の所在及び面積**など。

④**請求があれば、帳簿を閲覧させなければならないか？**
　➡ **応じる義務なし。**

⑤**帳簿の閉鎖時期は？**　➡ **各事業年度の末日**

⑥**帳簿の保存期間は？**
　➡ 原則：閉鎖後 **5 年間。**
　　例外：宅建業者が**自ら売主**となる**新築住宅：10 年間。**

6 事務所等に関する規制

（1）事務所等に対する義務は3点セットがある

　宅建業者の事務所等にも、いくつかの規制（義務）があり、これは**3点セット**として覚えておこう。

令3(10月)-29

【3点セット①】成年である専任の宅建士を設置！

　宅建業者は、以下の**事務所等ごとに、成年者である専任の宅建士を置かなければならない**（宅建業法31条の3第1項、同法施行規則15条の5の2）。

◆ 成年の専任の宅建士を置くべき「事務所等」

「一団の宅地」とは、10区画以上の宅地で、「一団の建物」とは、10戸以上の建物のこと。

事務所等（3点セットが必要な場所）	契約行為の有無
①事務所	－
②事務所以外で継続的に業務を行う場所	契約の締結・申込みの受付をする場所に限る。
③一団の宅地建物の分譲を行う案内所	
④他の宅建業者が行う一団の宅地建物の分譲の代理又は媒介を行う案内所	
⑤宅建業者が業務に関し展示会などの催しを実施する場所	

　上記④のイメージは、以下のものである。

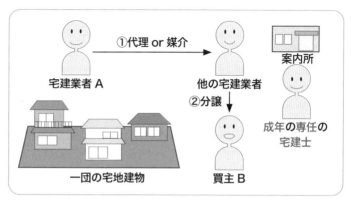

592

【3 点セット②】　標識の掲示義務

　宅建業者は、事務所等ごとに、公衆の見やすい場所に、国土交通省令で定める標識を掲げなければならない（宅建業法 50 条 1 項）。

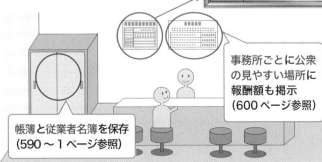

事務所ごとに公衆の見やすい場所に報酬額も掲示（600 ページ参照）

帳簿と従業者名簿を保存（590 〜 1 ページ参照）

【3 点セット③】　業務開始 10 日前までに事務所等の届出！

　宅建業者は、事務所等について、業務開始 10 日前までに、所在地、業務内容、業務を行う期間、専任の宅建士の氏名を、免許権者及びその所在地を管轄する都道府県知事に届け出なければならない（宅建業法 50 条 2 項、同法施行規則 19 条 3 項）。

過 令 5-32、平 27-44

（2）契約締結・申込みがない事務所等は「標識」だけ！

　宅建業者は、次の場所ごとに、公衆の見やすい場所に、国土交通省令で定める標識を掲げなければならない（宅建業法 50 条 1 項、同法施行規則 19 条 1 項）。

過 令 3（10 月）-29、令 3（10 月）-40、令元 -40、平 28-29、平 27-44

「標識の掲示のみ」が必要な場所	契約行為等の有無
①事務所以外で継続的に業務を行う場所	契約・予約の締結、契約の申込みの受付をしない場所
②一団の宅地建物の分譲を行う案内所	
③他の宅建業者が行う一団の宅地建物の分譲の代理・媒介を行う案内所	
④展示会などの催しを実施する場所	
⑤宅建業者が行う一団の宅地建物の分譲を行う一団の宅地建物の所在場所	契約行為等をするか否かを問わない

❶宅地建物取引業者は、業務上取り扱ったことについて知り得た秘密に関し、税務署
の職員から質問検査権の規定に基づき質問を受けたときであっても、回答してはな
らない。（令 3-10 月 -40）

答 ✕ 宅建業者は、業務上知り得た秘密を他に漏らしてはならないが、**正当の理
由があるときは除かれる**（宅建業法 45 条）。税務署等の職員から質問検査権の規
定に基づき質問を受けたときは、正当の理由に**当たる**（解釈・運用の考え方第 45
条関係）。

❷宅地建物取引業者 A が、売主としてマンションの売買契約を締結するに際して、買主
が手付として必要な額を今すぐには用意できないと申し出たので、手付金の分割払い
を買主に提案する行為は、宅地建物取引業法の規定に違反しない。（令 5-36 改題）

答 ✕ 手付の分割受領は、手付貸与等の禁止に**違反する**（宅建業法 47 条 3 号）。

❸宅地建物取引業者 A が、賃貸アパートの媒介に当たり、入居申込者が無収入である
ことを知っており、入居申込書の収入欄に「年収 700 万円」とあるのは虚偽の記載
であることを認識したまま、その事実を告げずに貸主に提出した行為は法に違反す
る。（平 28-34 改題）

答 ◯ 入居申込者が無収入であることは、取引関係者の**資力**若しくは**信用**に関
する事項であり、その事実を告げない行為は宅建業法に**違反する**（宅建業法 47 条
1 号ニ）。

❹宅地建物取引業者は、その業務に従事させる者に従業者証明書を携帯させなければ
ならないが、その者が非常勤の役員や単に一時的に事務の補助をする者である場合
には携帯させなくてもよい。（令 2-10 月 -39）

答 ✕ 従業者証明書を携帯させるべき者には、非常勤の役員、単に一時的に事務
の補助をする者も**含まれる**（解釈・運用の考え方第 48 条 1 項関係）。

❺宅地建物取引業者は、従業者名簿を最終の記載をした日から 5 年間保存しなければ
ならない。（令 5-37）

答 ✕ 従業者名簿の保存期間は、最終記載日から **10 年間**である（宅建業法施
行規則 17 条の 2 第 4 項）。

❻宅地建物取引業者は、一団の宅地建物の分譲をする場合における当該宅地又は建物
の所在する場所に国土交通省令で定める標識を掲示しなければならない。（令 3-10
月 -40）

答 ◯ 本問の記述のとおりである（宅建業法 50 条 1 項、同法施行規則 19 条 1
項 2 号）。

テーマ 1　どこよりもわかりやすく！報酬の上限額の計算方法

重要度 **A**

毎年のように問題文の事例を前提に、宅建業者の「報酬の上限額」が問われる。できるだけわかりやすく解説するので、ここは正面突破する覚悟を決めて、報酬計算方法をマスターしていこう。

❶ 報酬の計算で行うこと

　宅建業者の報酬の上限計算がややこしい理由は、**「場合分けが多い（＝各ケースの計算方法を把握しなければならない）」**ことに加えて、**「税の計算」**も必要になることだろう。そこで、まずは**報酬の上限計算では何を行うのか**の一覧をまとめる。

ポイント **I**　報酬の上限計算で行うこと一覧

> ①まずは場合分け！
>
> ┬ 売買の「媒介」─┬ 400万円以下➡通常の計算式
> │　　　　　　　　└ 400万円超　➡速算式 ← ここの計算がベース！
> ├ 売買の「代理」　➡「媒介」の２倍
> ├ 400万円以下の特例あり（低廉な空家等）
> ├ 1つが「媒介」、1つが「代理」➡合計で「代理」の額が上限
> │　　　　　← 問題では、だいたい違反している！
> └ 賃貸借
> 　├「居住用」建物賃貸借の「媒介」
> 　│　├ 原則　一方から賃料の２分の１
> 　│　└ 例外　依頼者の承諾で、１か月分
> 　│　　　　　（貸主・借主双方から受領する場合、合計でも１か月分）
> 　└ それ以外
> 　　├ 原則　貸主・借主双方の合計で１か月分
> 　　└ 例外　権利金があれば、その額を「売買」とみなして計算OK
> 　　　　　　（貸主・借主双方から受領できる）

プラスα
宅建業者は、国土交通大臣の定める報酬額の上限を超える報酬を受領してはならない（宅建業法46条1項、2項）。これは依頼者が承諾していても同じだ。

プラスα
計算に慣れるまでは、過去問を解く際にもこの一覧表の「どのケース」なのかを確認するとよい。

プラスα
次ページからの解説も含めて、まずは最後まで読んで、実際の問題にトライしてほしい。

12章
報酬

595

②そのうえで**消費税の計算をする！**

    ➡**課税事業者**を押さえていれば、まず大丈夫。

    ➡**費用の上乗せ額**についても、**消費税を課す！**

❷ 各ケースの具体的な計算方法

（1）売買・交換の「媒介」の場合

　売買・交換の**「媒介」**の場合、**依頼者の一方から受領できる報酬の限度額**は、物件価格を以下のように区分して、一定率を乗じたものの合計額となる。

　ただし、**物件価格が 400 万円を超える場合は「物件価格 × 0.03+6 万円」という速算式**が便利だ。

物件価格	率（消費税抜き）
イ　200 万円以下の部分	5%
ロ　200 万円超〜 400 万円以下の部分	4%
ハ　400 万円超の部分	3%

〔400 万円超の速算式〕　物件価格× 0.03（3%）＋ 6 万円

> 最後の 6 万円を忘れないこと！

（例：200 万円の物件の場合）
　200 万円× 0.05 ＝ 10 万円（消費税課税事業者は 11 万円）

（例：400 万円の物件の場合）
　200 万円× 0.05 ＝ 10 万円　＋　200 万円× 0.04 ＝ 8 万円
　＝ 18 万円（消費税課税事業者は 19 万 8,000 円）

> 200 万円超〜 400 万円以下の部分

（例：1,000 万円の物件の場合）　速算式を使う！
　1,000 万円× 0.03 ＋ 6 万円＝ 30 万円＋ 6 万円
　＝ 36 万円（消費税課税事業者は 39 万 6,000 円）

(2) 売買・交換の「代理」の場合

　代理をした宅建業者の受領できる報酬額の上限額は、**媒介の2倍**とされる。よって、問題文で**「代理」**とある場合は、前ページの**媒介の計算を行い、2倍すればよい**だけだ。

(3) 売買・交換の媒介・代理における「400万円以下の物件（低廉な空家等）」の場合

　「低廉な空家等」の売買・交換の媒介・代理における**報酬額には、特例**が設けられている。**費用額**について、**あらかじめ売主に説明する**ことを前提に、**通常の計算で求めた報酬額**に加えて、**現地調査等に要する費用を報酬額に上乗せできる**というものだ。

　「低廉な空家等」とは、**代金400万円以下（消費税別）の宅地又は建物**のことをいい、この特例の適用は**「売主」「交換の相手方」から受領する報酬**に限られる。

　ただし、この**特例が適用**されたとしても、**報酬上限額は18万円（消費税課税事業者は19万8,000円）**となる。

プラスα

左の特例は、「宅地建物取引業者が宅地又は建物の売買等に関して受けることができる報酬の額」という告示の第7、第8が根拠となる。

(4) 売買・交換で、一方から「媒介」、他方から「代理」の依頼を受ける場合

　宅建業者が売主から「媒介」の依頼を受け、買主からも「代理」の依頼を受けた場合などでは、これらの報酬の上限額は、**双方の合計額が「代理」の場合の上限額**までとなる。

　これは例えば、宅建業者Aが売主から「代理」、宅建業者Bが買主から「媒介」の依頼を受けるなど、**複数の宅建業者が絡む場合でも同じ**である。

> 複数の宅建業者が絡む問題はチャンスだ。このケースの問題は、だいたい合計額が代理の上限額を超えている。つまり、誤っている選択肢になっている可能性が高い。

プラスα

ちゃんと計算をしなくとも、**「代理」の上限額**がおよそこのくらいというイメージを持っていれば、ぱっと見て合計額が大きく超えているケースばかりだ。

12章
報酬

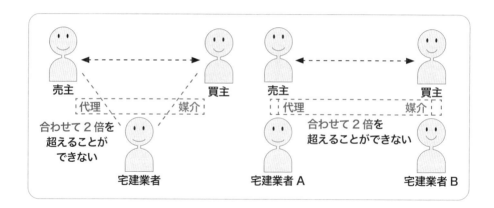

売主 ⟷ 買主
代理 媒介
宅建業者
合わせて2倍を
超えることが
できない

売主 ⟷ 買主
代理 媒介
宅建業者A 宅建業者B
合わせて2倍を
超えることが
できない

プラスα

正確には「媒介」の
場合は、当事者の一
方からしか受領でき
ない点はコメントし
ておく。

(5) 賃貸借で「居住用」建物の「媒介・代理」をする場合

この場合、原則として、**一方から賃料の2分の1までが報酬**の上限額となる。**1か月の賃料が10万円ならば、5万円まで**だ。

しかし、**依頼を受けるに当たって、依頼者の承諾があれば、賃料1か月分までは受領できる**（貸主・借主双方から受領する場合も同じ）。

> このケースの事例も、だいたい合計額が1か月分を超えている。「賃貸」「居住用」「媒介（代理）」「承諾」というキーワードを見た際、「報酬額の合計」と「1か月分の賃料」を見比べればよい。

(6) 賃貸借の上記以外（店舗・事務所用など）

この場合、**貸主・借主双方から受ける報酬の合計で、賃料1か月分**（消費税等相当額を含まない。）**までは受領できる。この限度内であれば、貸主と借主から、どのような割合で報酬を受けるかは自由だ**（一方のみからの受領でもよい）。

ただし、**権利金がある場合は、その権利金額を「売買」の場合とみなして計算し、この額を双方から受領できる。**

これらの ⬇ うえで

消費税の計算（上乗せ）を忘れない！

プラスα

次ページから「消費
税の計算」の確認に
入る。

❸ 消費税の計算について

　消費税について、基本的には「報酬の上限額」に消費税 10％を上乗せすればよいので、1.1 倍すればよい。

　ただし、「追加費用」がある場合は、これへの消費税の上乗せを忘れがちなので注意すること！

　なお、建物代金は、税抜価格が計算の基礎となるので、問題文が「税込み」の価格となっている場合は、計算の基礎となる建物価格を求めなければならない。土地は非課税なので気にしないでよい。

◆ 消費税の計算の基本

> ①建物代金が「消費税込み」の場合は、「税抜価格」を求める。
>
> ②課税事業者の場合、報酬限度額に 10％の上乗せ。
>
> ③免税事業者の場合、報酬限度額に 4％の上乗せ。

《消費税（報酬の上限額）の計算例》
> 建物 2,200 万円（消費税込み）、土地 3,000 万円の「売買の媒介」をした場合、報酬の上限額はいくらになるか。

①物件価格が「消費税込み」なので、建物の税抜価格を求める。

　　　2,200 万円 ÷ 1.1 ＝ 2,000 万円、が建物の税抜価格

建物 2,000 万円＋土地 3,000 万円で、合計 5,000 万円が計算の基礎となる。

報酬の上限額は、速算式より…

　　　5,000 万円 × 3％＋ 6 万円＝ 156 万円。

プラス**α**
左の①の処理は近年はなく、だいたいは②の処理で済む。

12
章
報
酬

プラス**α**
土地の売買代金には、消費税は課税されない。

⬇

前ページの計算を前提に、媒介の依頼者の一方から、宅建業者が受領できる報酬限度額は、以下の②又は③となる。

⬇

② **課税事業者**の場合は、156 万円× 1.1 ＝ 171 万 6,000 円
③ **免税事業者**の場合は、156 万円× 1.04 ＝ 162 万 2,400 円

❹ 報酬にまつわるその他の規制

　報酬については、以上のほかにも規制があるので、まとめて確認しよう。

（1）別途受領の料金・特別の費用は、依頼が必要！
　宅建業者は、宅地建物の売買、交換、貸借の代理・媒介に関し、ここまで解説してきたもの以外に報酬を受けることができない。

令 5-34、
令 4-27、
令 3（12 月）-31、
平 2（12 月）-34、
平 30-30、平 29-26、
平 28-33

　ただし、**依頼者の依頼で行う広告料金や、依頼者の特別の依頼で支出する特別の費用（遠隔地の現地調査費用など）は、事前に依頼者の承諾があれば別途受領できる**（解釈・運用の考え方第 46 条第 1 項関係 1（8））。

（2）不当に高額な報酬は、要求自体が禁止！

平 2（12 月）-34

　不当に高額な報酬は「要求すること」自体が禁止されている（宅建業法 47 条 2 号）。たとえ**実際に受領していなくても、要求するだけで違反することに注意しよう。**
　なお、これに**違反した宅建業者は、1 年以下の懲役、若しくは 100 万円以下の罰金、又はこれらを併科される**（同法 80 条）。

（3）事務所には、報酬額を掲示しなければならない！
　宅建業者は、その事務所ごとに、公衆の見やすい場所に、国土交通大臣が定めた報酬額を掲示しなければならない（宅建業法 46 条 4 項）。

(4)「使用貸借の媒介」の不動産鑑定は必要に応じて求める！

595 ページでは「賃貸借」の場合しか触れていなかったが、**使用貸借の媒介**の場合は、宅地又は建物の**通常の賃料の 1 か月分**の 1.1 倍に相当する金額以内が、宅建業者の受領できる報酬額の限度である（報酬告示第 4 かっこ書）。

「宅地又は建物の**通常の借賃**」とは、宅地又は建物が**賃貸借される場合の通常定められる適正かつ客観的な賃料**を指し、その算定に当たっては、**必要に応じて不動産鑑定業者の鑑定評価**を求めることとされている（解釈・運用の考え方第 46 条第 1 項関係 1（3）②）。

令4-27

(5) 定期建物賃貸借の媒介にも、同じルールが適用！

定期建物賃貸借の「再」契約に関して宅建業者が受ける報酬についても、ここまで説明してきた**賃貸借に関する宅建業法のルールが適用される**（解釈・運用の考え方第 46 条第 1 項関係 4）。

平 30-30

(6)「交換」で「差額がある」場合の報酬

順番が前後するようで申し訳ないが、**交換する宅地・建物の価額に差があるときは、これらの価額のうちいずれか多い価額を基準として報酬額の限度を計算する**（報酬告示第 2 かっこ書）。

プラスα
まず出題されないケースなので、一読しておけばよい。

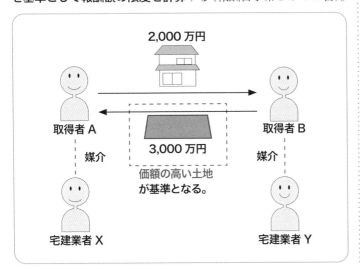

2,000 万円

取得者 A　　　　　　　　　　　取得者 B

3,000 万円

価額の高い土地
が基準となる。

媒介　　　　　　　　　　　　　　媒介

宅建業者 X　　　　　　　　　　宅建業者 Y

12章
報酬

❶ 宅地建物取引業者が受けることができる報酬は、依頼者が承諾していたとしても、国土交通大臣の定める報酬額の上限を超えてはならない。（令 2-12 月 -34）

　答　○　本問の記述のとおりである（宅建業法 46 条 1 項、2 項）。

❷ 土地付中古住宅（代金 500 万円、消費税等相当額を含まない。）の売買について、宅地建物取引業者（消費税課税事業者）A が売主 B から媒介を依頼され、現地調査等の費用が通常の売買の媒介に比べ 5 万円（消費税等相当額を含まない。）多く要する場合、その旨を B に説明した上で、A が B から受け取る報酬の上限額は286,000 円である。（平 30-31 改題）

　答　×　売買の媒介で、代金額が 500 万円なので、速算式を用いて、（500 万円× 3％＋ 6 万円）×1.1 ＝ 23 万 1,000 円が A の受領できる報酬額の限度となる（報酬告示第 2）。なお、代金額が 500 万円なので、低廉な空き家等の特例により現地調査等の費用を加算できない（報酬告示第 7）。

❸ 宅地（代金 1,000 万円、消費税等相当額を含まない。）の売買について、売主から代理の依頼を受け、買主から媒介の依頼を受け、売買契約を成立させて買主から303,000 円の報酬を受領する場合、宅地建物取引業者 A（消費税課税事業者）は、売主からは 489,000 円を上限として報酬を受領することができる。（令 3-10 月 -44改題）

　答　○　売買の媒介で、代金額が 1,000 万円の場合、速算式を用いて、（1,000万円× 3％＋ 6 万円）×1.1 ＝ 39 万 6,000 円までを依頼者から受領できる（報酬告示第 2）。そして、代理の場合は、その 2 倍の 79 万 2,000 円を依頼者から受領できる（報酬告示第 3）。ただし、当事者双方から媒介・代理の報酬を受領するときは、その合計額は「代理」の場合の上限額までとなる。よって、A が売主から受領できる報酬の限度額は 79 万 2,000 円－ 30 万 3,000 円＝ 48 万 9,000円である。

❹ 宅地建物取引業者 A（消費税課税事業者）は、土地付建物について、売主 B から媒介を依頼され、代金 300 万円（消費税等相当額を含み、土地代金は 80 万円である。）で契約を成立させた。現地調査等の費用については、通常の売買の媒介に比べ 5 万円（消費税等相当額を含まない。）多く要する旨、B に対して説明し、合意の上、媒介契約を締結した。この場合、A が B から受領できる報酬の限度額は 20 万 200円である。（令 4-27 改題）

　答　×　売買の媒介で、代金額が 300 万円であり、現地調査等の費用の説明もあるので、低廉な空き家等の特例の適用がある。ただし、特例適用時の報酬額は18 万円の 1.1 倍に相当する金額（19 万 8,000 円）を超えることはできない。

過去問題を
チェック！

❺ 宅地建物取引業者A（消費税課税事業者）は貸主Bから建物の貸借の媒介の依頼を受け、宅地建物取引業者C（消費税課税事業者）は借主Dから建物の貸借の媒介の依頼を受け、BとDとの間で、1か月分の借賃を12万円（消費税等相当額を含まない。）とする賃貸借契約（本件契約）を成立させた場合において、本件契約が建物を住居として貸借する契約である場合に、Cは、媒介の依頼を受けるに当たってDから承諾を得ないまま、132,000円の報酬を受領した。この場合、Cは、宅地建物取引業法の規定に違反する。（令5-34 改題）

答 ◯ 居住用建物の**賃貸借の媒介**について**依頼者の一方からの報酬額**は、賃料の**2分の1**まで、**依頼者の承諾があれば1か月分**となる（報酬告示第4）。よって、本問はDの承諾がない以上、**6万円×1.1＝6万6千円**となり、宅建業法に違反する。

❻ 宅地建物取引業者A（消費税課税事業者）が、単独で貸主と借主の双方から店舗用建物の貸借の媒介の依頼を受け、1か月の借賃25万円、権利金330万円（権利設定の対価として支払われるもので、返還されないものをいい、消費税等相当額を含む。）の賃貸借契約を成立させた場合、Aが依頼者の一方から受けることができる報酬の上限額は、30万8,000円である。（令2-10月-30 改題）

答 ✕ 店舗用建物の**賃貸借の媒介**について、**当事者双方から受ける報酬額の上限**は、**賃料1か月分**である。ただし、**権利金がある場合**は、その**権利金額を「売買」の場合とみなして計算**し、この額を双方から受領**できる**。よって、**借賃25万円を基準**にすると25万円×1.1＝**27万5,000円**までが限度となり（報酬告示第4）、**権利金330万円から消費税を抜いた300万円を基準**にすると（200万円×0.05×1.1）＋（100万円×0.04×1.1）＝11万円＋4万4,000円＋**15万4,000円**までとなるため、依頼者の一方から30万8,000円を受領することは**できない**。

❼ 宅地建物取引業者A（消費税課税事業者）は、借主Bから事前に特別な広告の依頼があったので、依頼に基づく大手新聞掲載広告料金に相当する額をBに請求し、受領した。この場合、宅地建物取引業法の規定に違反する。（令5-34 改題）

答 ✕ 依頼者の**依頼によって行う広告料金**は、報酬とは別に**実費を受領できる**（解釈・運用の考え方第46条1項関係1（8））。

❽ 宅地建物取引業者は、その業務に関し、相手方に不当に高額の報酬を要求した場合、たとえ受領していなくても宅地建物取引業法違反となる。（令2-12月-34）

答 ◯ 本問の記述のとおりである（宅建業法47条2号）。

テーマ 1　出題実績のあるところだけ！監督処分・罰則のポイント！

重要度 **B**

「監督処分」はだいたい1問分は出題され、「罰則」は選択肢の1つとして出題されることがある程度だ。監督処分・罰則が出題されなかった年もあるので、細かい規定には深入りせず、出題実績のあるものを学習しておけば十分だ。

❶「宅建業者」と「宅建士」に分けて整理！（監督処分の全体像）

監督処分とは、"やらかした"際に何かしらのペナルティを与えるものだ。これには**宅建業者**に対するものと、**宅建士**に対するものがある。

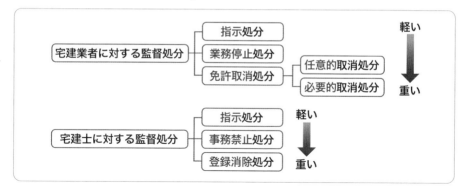

❷「宅建業者」に対する指示処分

指示処分とは、対象となる事由を行った場合、**必要な指示**（禁止、改善命令等）がされることだ。**これができるのは、免許権者**(国土交通大臣又は都道府県知事)**と管轄知事**である（宅建業法65条1項柱書、3項）。

なお、**管轄知事とは、その都道府県の区域内で業務を行う他の免許権者の免許を受けた宅建業者が、その区域内の業務に関して、やらかした場合に処分を行う都道府県知事のことだ**（同

プラスα
この章では、右の都道府県知事を「管轄知事」とする。

条3項)。

ポイント **I** 宅建業者に対する「指示処分」のポイント

指示処分の処分権者	免許権者と管轄知事
指示処分の対象事由	①宅建業法に違反したとき。 ②業務に関し他の法令に違反し、宅建業者として不適当であるとき。 ③宅建士が指示処分、事務禁止処分、登録消除処分を受けたことについて、宅建業者の責めに帰すべき事由があるとき。

❸ 業務停止処分の内容は、指示処分とほぼ同じ！

　業務停止処分は、1年以内の停止期間を定めて、宅建業者の業務の全部又は一部の禁止を命ずる処分である（宅建業法65条2項）。

　押さえるべき内容は指示処分とほぼ同じなので、対象事由も含めて、以下のポイントで押さえておこう。

ポイント **II** 「業務停止処分」のポイント

業務停止処分の処分権者	免許権者と管轄知事
主な業務停止処分の対象事由	①一定の宅建業法の規定に違反したとき。 ②業務に関し他の法令に違反し、宅建業者として不適当であると認められるとき。 ③宅建士が指示処分、事務禁止処分、登録消除処分を受けたことについて、宅建業者の責めに帰すべき事由があるとき。 ④指示処分に従わないとき。 ⑤宅建業に関し不正又は著しく不当な行為をしたとき。

過 平30-32、平29-29、平27-43

プラスα
なお例えば、不動産管理業は、そもそも宅建業法の規制対象ではないから、マンション管理業に関しマンションの管理の適正化の推進に関する法律に違反しても、②にはあたらない。

過 平28-26、平27-43

プラスα
①の「一定の宅建業法の規定に違反」とは、重要事項の説明義務に違反したような場合だ。

❹ 免許取消処分は「必ず」と「できる」場合あり

　免許取消処分は、その名のとおり**免許の取消**だ。これには必ず取り消さなければならない場合（**必要的取消事由**）と、取り消すことができる場合（**任意的取消事由**）がある。

　つまり、**免許権者**（国土交通大臣又は都道府県知事）**は、宅建業者が取消事由に該当する場合、必ず取り消したり、取り消すことが「できる」**（宅建業法66条、67条）。ここも以下のポイントで押さえておこう。

ポイント **Ⅲ** 「免許取消処分」のポイント

プラスα

免許取消処分ができるのは、免許権者だけであることに注意。

過 令3（12月）-28、令元-29、平27-43

過 令3（12月）-28、平29-29

免許取消処分の処分権者	免許権者のみ
必要的取消事由	①免許を受けてから1年以内に事業を開始せず、又は引き続いて1年以上事業を休止したとき。 ②不正の手段で免許を取得したとき。 ③業務停止処分事由に該当し情状が特に重いとき、又は業務停止処分に違反したとき。
任意的取消事由	①宅建業者が、免許の条件に違反したとき。 ②免許権者が、免許を受けた宅建業者の事務所の所在地又は所在を確知できないとき。 ➡その事実の公告日から30日を経過しても当該宅建業者から申出がないとき。

　以上が「宅建業者」に対する処分の話であり、**次ページからが「宅建士」に対する処分の話**だ。

❺ 「宅建士」への監督処分は業者とほぼ同じ

（1）管轄知事も指示処分ができる

　都道府県知事は、その**登録を受けている宅建士が指示処分事由に該当**する場合、**当該宅建士に必要な指示ができる**（宅建業法 68 条 1 項）。また、**当該都道府県の区域内において、他の都道府県知事の登録を受けている宅建士が指示処分事由に該当する場合にも、必要な指示ができる**（同条 3 項）。要するに、**登録先知事だけではなく、管轄知事も指示処分ができる**ということだ。

 令 5-41

（2）事務禁止処分の期間も 1 年以内！

　宅建業者に対する業務停止処分と同じく、**宅建士に対する事務禁止処分の期間も 1 年以内である**（宅建業法 68 条 2 項）。

（3）登録消除処分は、登録先知事しかできない！

　都道府県知事は、その**登録を受けている宅建士が登録消除処分事由に該当する場合には、当該登録を消除しなければならない**（宅建業法 68 条の 2 第 1 項）。

 令 5-41、平 30-32

「宅建業者」に対しては「免許取消」だったが、「宅建士」に対しては「登録消除」という細かな違いに注意しよう。

ポイント IV **宅建士に対する監督処分**

指示処分の処分権者	登録先知事と管轄知事
指示処分事由	専任の宅建士として従事している事務所以外の事務所に対して、専任の宅建士である旨の表示を許し、当該宅建業者が表示をしたときなど。
事務禁止処分の期間	1 年以内
事務禁止処分事由	指示処分事由＋指示処分に従わないとき。
登録消除処分事由	不正の手段により登録を受けたときなど。

❻ 監督処分に関する様々な手続

(1) 監督処分をするには、公開による聴聞手続が必要

　聴聞とは、各種監督処分をする前に、対象者から**事情を聴く手続**である。そして、**監督処分の処分権者は、監督処分をするとき、原則として、公開による聴聞を行わなければならない**（宅建業法 69 条 1 項）。

　なお、所在不明を理由とする任意的取消の場合には、聴聞の必要はない。所在不明なので、そもそも処分対象者に出頭を命じることができないからである。

(2) 監督処分をしたら公告する！

　国土交通大臣又は都道府県知事が監督処分をしたときは、国土交通省令の定めるところにより、**その旨を公告しなければならない**（宅建業法 70 条 1 項）。

(3) 監督処分の内容には、報告の求めや立入り検査も

　国土交通大臣はすべての宅建業者に対して、都道府県知事は当該都道府県の区域内で宅建業を営む宅建業者に対して、指導、助言及び勧告や報告の求め及び立入り検査ができる（宅建業法 71 条、72 条 1 項）。

(4) 内閣総理大臣に協議しなければならない場合

　国土交通大臣が監督処分をするときは、あらかじめ内閣総理大臣に協議しなければならない（宅建業法 71 条の 2 第 1 項）。

❼ 罰則は「宅建業者」に対するものを重点に

(1) ほぼすべての義務規定には、罰則がある

　何について罰則があるのかをすべて覚えるのは困難であり、その必要もない。宅建業法の宣言的な規定以外のほぼすべての義務規定には、罰則があると考えよう。例えば、過去に出題さ

れた罰則のある義務規定には、次のようなものがある。

平3（12月）-28、令元-29、平29-29

◆ 出題実績のある罰則付きの義務規定（50万円以下の罰金）

> ①報酬額の掲示義務違反
> ②従業者名簿への虚偽記載
> ③免許権者への報告義務違反
> ④立入り検査の拒否

　また、近年では出題されていないが、宅建業者に対する罰則のうち、重いものには次のようなものがある（宅建業法79条）。

◆ 3年以下の懲役若しくは300万円以下の罰金又は併科

> ・不正な手段による免許取得
> ・名義貸し禁止違反
> ・業務停止処分違反
> ・無免許営業

プラスα

法人の代表者、代理人、使用人その他の**従業者が**、業務に関し、**重い罰則が適用されるような違反行為**をした場合は、行為者を罰するほか、その法人に対しても最高で1億円の罰金が科せられる（宅建業法84条）。これを**両罰規定**という。

(2)「宅建士」に対する罰則は「50万円以下の罰金」と「10万円以下の過料」だけ！

　免許権者への**報告義務違反**があった場合には、**宅建士に50万円以下の罰金**が科される（宅建業法83条1項5号）。

　また、次の場合には、**宅建士に10万円以下の過料**が科される（同法86条）。

◆ 宅建士に10万円以下の過料が科される場合

> ①**宅建士証の返納義務違反**
> ②**宅建士証の提出義務違反**
> ③**重要事項説明時の宅建士証の提示義務違反**

❶ 宅地建物取引士が都道府県知事から指示処分を受けた場合において、宅地建物取引業者（国土交通大臣免許）の責めに帰すべき理由があるときは、国土交通大臣は、当該宅地建物取引業者に対して指示処分をすることができる。（平30-32）

答 〇 本問の記述のとおりである（宅建業法65条1項4号）。

❷ 宅地建物取引業者A（甲県知事免許）は、甲県知事から指示処分を受けたが、その指示処分に従わなかった。この場合、甲県知事は、Aに対し、1年を超える期間を定めて、業務停止を命ずることができる。（平28-26改題）

答 ✕ 指示処分に従わないことは、業務停止処分の対象事由であるが（宅建業法65条2項3号）、業務停止処分の期間は1年以内である（同項柱書）。

❸ 丙県知事は、宅地建物取引業者C（丙県知事免許）が免許を受けてから1年以内に事業を開始しないときは、免許を取り消さなければならない。（令元-29）

答 〇 本問の記述のとおりである（必要的取消事由、宅建業法66条1項6号）。

❹ 宅地建物取引士が不正の手段により宅地建物取引士証の交付を受けた場合においては、その登録をしている都道府県知事は、情状が特に重いときは、当該宅地建物取引士の登録を消除することができる。（令5-41）

答 ✕ 宅建士が不正の手段により宅建士証の交付を受けたときは、登録をしている都道府県知事は、当該宅建士の登録を消除しなければならない。この登録の消除は、情状が特に重いときに限られない。

❺ 乙県知事は、宅地建物取引業者B（乙県知事免許）に対して指示処分をしようとするときは、聴聞を行わなければならず、聴聞の期日における審理は、公開により行わなければならない。（令元-29）

答 〇 本問の記述のとおりである（宅建業法69条1項）。

❻ 宅地建物取引業者D（丁県知事免許）は、法第72条第1項の規定に基づき、丁県知事から業務について必要な報告を求められたが、これを怠った。この場合、Dは50万円以下の罰金に処せられることがある。（令元-29）

答 〇 宅建業者は、立入検査を拒み、妨げ、又は忌避した者は、50万円以下の罰金に処せられる（宅建業法83条1項5号）。

履行確保法は「保護対象」「履行確保方法」と4つのポイントで攻略せよ！

重要度 A

例年「問45」で出題される履行確保法は、出題箇所がほぼ限られている。
この出題パターンを押さえれば正解できる可能性は高いため、その点で重要度はA
だ。

---

❶ 前提知識の確認から

　建築した**建物に一定の欠陥**がある場合、宅建業者がその建物
を注文・購入した買主に対して負う責任については、民法や宅
建業法、さらに住宅品質確保法に規定がある。

　しかし、これらの法律によって業者等に責任ありとなったと
ころで、その**宅建業者に補修や損害賠償を行える資力がなけれ
ば**、欠陥住宅を手にした買主が泣き寝入りするしかなく、責任
を認める規定に実効性はない。

　そこで、登場したのが**履行確保法**である。この法律は、**住宅
品質確保法が規定する「新築住宅」に関する10年間の瑕疵担
保責任の「履行」を「確保」するために**制定されたのだ。なお、
住宅品質確保法では、**この責任に反する特約で買主に不利なも
のは無効**となるとしている（同法95条1項、2項）。

 令5-45

❷ 保護の対象は「新築住宅」の瑕疵（欠陥）

　履行確保法の保護対象について、建物の瑕疵（欠陥）であれば、
何でもかんでも対象となるわけではない。

　まず、「新築住宅」であること、そして、その**建物の「構造耐
力上主要な部分」と「雨水の浸入を防止する部分」の瑕疵（欠陥）
に関する業者等の責任**について、保護されることとなる。例えば、
「給水設備又はガス設備の隠れた瑕疵」については、保護されな
い。

 令2（12月）-45、
平30-45

14
章

履行確保法

◆ 構造耐力上主要な部分（左）と、雨水の浸入を防止する部分（右）

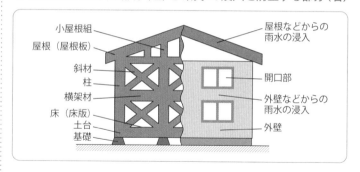

❸ 履行の確保方法は2種類！

（1）2種類の履行確保方法

　前述のとおり、履行確保法は、宅建業者に発生した責任の履行を確実にするための法律である。そして、どのように履行を確実にするのかといえば、**宅建業者が資力を供託**するか、**保険に入っておく**ことになり、これが「**資力確保措置**」というものである。この資力確保措置には、次の2種類がある。

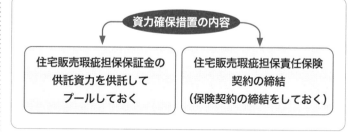

　これらの**資力確保措置**について、**宅建業者は「していなければならない」**と規定されており（履行確保法11条1項）、**買主の承諾があろうと必ず行う義務**を負う。

（2）出題が増えている「保険契約」の規制

　近年では、住宅販売瑕疵担保責任**保険契約に関する規制**についての出題が増えているので、先に確認しておきたい。

 令2 (12月)-45、
令2 (10月)-45

プラスα
供託する場所は、宅建業者の主たる事務所の最寄りの供託所だ（履行確保法11条6項）。

 令3 (12月)-45、
令3 (10月)-45

プラスα
保険契約を行うのは宅建業者であり、新築建物の買主ではない。

まず、**住宅販売瑕疵担保責任保険契約は、保険金額が2,000万円以上であることを要件とする保険契約をいい**（履行確保法2条7項3号）、**買主の承諾があろうと任意の額とすることはできない**。

 令3 (12月)-45

さらに、**当該保険契約は、新築住宅の引渡しを受けた時から10年以上の期間にわたって有効なものでなければならない**という規制がある（同項4号）。

 令4-45、令3 (10月)-45

そして、**当該保険契約は、国土交通大臣の承認を受けた場合を除いては、変更や解除ができない**（同項5号）。例えば、買主が住宅を転売したとしても、勝手に保険契約を解除できないのだ。

 令2 (12月)-45

プラスα

なお、保証金の供託金額が、基準日において、算定基準額を超えた場合、免許権者の承認を受けた上で、超過額を取り戻すことができる（履行確保法9条1項、2項、16条）。

④ 集中している4つの出題箇所！

ここまでの知識に加えて、履行確保法の出題箇所は次の4つに集中している。先にポイントを紹介してから、それぞれの解説を行うこととする。

ポイント Ⅰ　履行確保法の出題ポイント

①履行確保法は、**宅建業者が自ら売主となる場合にのみ適用**される。
　➡**宅建業者が売買契約の「媒介」をする場合や、宅建業者が買主**となる場合には、**適用されない！**

 令4-45、令2 (10月)-45、令元-45、平30-45

②住宅販売瑕疵担保**保証金を供託する場合の新築住宅の戸数の算定方法は、住宅の床面積が55m² 以下の場合、住宅2戸をもって1戸**と数える。

 令2 (12月)-45

③**資力確保措置**についての**買主への説明義務は、書面を交付して、売買契約の締結まで**に行う。

④宅建業者は**資力確保措置の状況**について、**基準日ごと（基準日から3週間以内）**に、**免許権者への届出**が必要。
　➡この届出をしない場合、宅建業者は、**基準日の翌日から起算して50日経過日以後、自ら売主となる新たな売買契約ができなくなる！**

 令2 (10月)-45、令元-45、平30-45

平30-45

まず、**ポイント①**だが、そもそも履行確保法は、住宅に関して高度な知識がない一般人の買主の保護を目的としている。よって、**買主が宅建業者の場合、この法律は適用されない**のだ。なお、**買主が「建設業者」**である場合には**適用される**点には注意しておこう。

次に、**ポイント②**については、多数の住宅を販売する業者の負担を考慮した規定である。いわば**小さい住宅は２戸をもって１戸**と算定することで、業者の供託する負担を減らしているということだ。

そして、**ポイント③**について、**宅建業者には、資力確保措置について買主への説明義務**がある。この説明を行うタイミングは、**売買契約の締結まで**だ。この措置をちゃんと知ったうえで、契約を行ってもらうためである。なお、**買主の承諾を得れば、電磁的方法による提供もできる**（同法15条２項等）。

さらに、資力確保措置をしっかりと理解してもらうため、この説明については、**書面の交付が必要**となる。

ポイント④について、資力確保措置を行っていれば、それで終了というわけではない。ちゃんと措置が行われているかのチェックがあるのだ。宅建業者は資力確保措置の状況について、基準日ごと（基準日から３週間以内）に、免許権者への届出が必要となり、この届出をしない場合、宅建業者は、その基準日の翌日から起算して50日経過日以後、自ら売主となる新たな売買契約ができなくなる。

🏠 **ゴロ合わせ**

適応しないで、
（履行確保法の適応なし）
バイバイ言ってる場合かい！
（売買の媒介）
ゴーゴーイカ！　　**ニコイチ！**
（55m² 以下の場合）（２戸を１戸と数える）

過去問題を
チェック！

❶ 宅地建物取引業者は、自ら売主として宅地建物取引業者である買主との間で新築住宅の売買契約を締結し、その住宅を引き渡す場合、住宅販売瑕疵担保保証金の供託又は住宅販売瑕疵担保責任保険契約の締結を行う義務を負う。(令 4-45)

答　✕　買主が宅建業者である場合、住宅販売瑕疵担保保証金の供託又は住宅販売瑕疵担保責任保険契約の締結を行う義務を**負わない**（履行確保法 2 条 7 項 2 号ロ）。

❷ 住宅販売瑕疵担保責任保険契約は、新築住宅の引渡し時から 10 年以上有効でなければならないが、当該新築住宅の買主の承諾があれば、当該保険契約に係る保険期間を 5 年間に短縮することができる。(令 4-45)

答　✕　住宅販売瑕疵担保責任保険契約は、当該新築住宅の引渡しを受けた時から 10 年以上有効でなければならない（履行確保法 2 条 7 項 4 号）。買主の承諾があったとしても、保険契約に係る保険期間を 5 年間に短縮することはできない。

❸ 宅地建物取引業者は、自ら売主として新築住宅を販売する場合だけでなく、新築住宅の売買の媒介をする場合においても、住宅販売瑕疵担保保証金の供託又は住宅販売瑕疵担保責任保険契約の締結を行う義務を負う。(令元 -45)

答　✕　宅建業者が新築住宅の売買の**媒介**をする場合、資力確保措置の義務を**負わない**。

❹ 宅地建物取引業者 A が自ら売主として、宅地建物取引業者ではない買主 B に新築住宅を販売する場合において、A が、住宅販売瑕疵担保保証金を供託する場合、当該住宅の床面積が 100m² 以下であるときは、新築住宅の合計戸数の算定に当たって、2 戸をもって 1 戸と数えることになる。(令 2-12 月 -45 改題)

答　✕　住宅販売瑕疵担保保証金の供託において、当該住宅の床面積が 55m² 以下の場合は、新築住宅の合計戸数の算定に当たって、2 戸をもって 1 戸と数える（履行確保法 11 条 3 項、同法施行令 6 条）。

❺ 自ら売主として新築住宅を宅地建物取引業者でない買主に引き渡した宅地建物取引業者は、その住宅を引き渡した日から 3 週間以内に、住宅販売瑕疵担保保証金の供託又は住宅販売瑕疵担保責任保険契約の締結の状況について、宅地建物取引業の免許を受けた国土交通大臣又は都道府県知事に届け出なければならない。(平 30-45)

答　✕　免許権者に届け出なければならない期間は、基準日から 3 週間以内である（履行確保法施行規則 16 条 1 項）。「住宅を引き渡した日から」ではない。

14章
履行確保法

過去問題をチェック！

❻ 宅地建物取引業者 A が、自ら売主として、宅地建物取引業者ではない買主 B に新築住宅を販売する場合において、AB 間の売買契約において、当該住宅の構造耐力上主要な部分に瑕疵があっても A が瑕疵担保責任を負わない旨の特約があった場合においても、A は住宅販売瑕疵担保保証金の供託又は住宅販売瑕疵担保責任保険契約の締結を行う義務を負う。(令 5-45 改題)

答 〇 特定住宅瑕疵担保責任に反する特約で、**買主に不利なものは無効となる**（住宅品確法 95 条 1 項、2 項）。よって、本問の特約があったとしても、A は住宅販売瑕疵担保保証金の供託又は住宅販売瑕疵担保責任保険契約の締結を行う義務を**負う**。

❼ 宅地建物取引業者 A が、自ら売主として、宅地建物取引業者ではない買主 B に新築住宅を販売する場合において、A は、住宅販売瑕疵担保保証金の供託をする場合、当該住宅の最寄りの供託所へ住宅販売瑕疵担保保証金の供託をしなければならない。(令 5-45 改題)

答 × 宅建業者は、住宅販売瑕疵担保保証金の供託をする場合、宅建業者の**主たる事務所**の最寄りの供託所へ住宅販売瑕疵担保保証金の供託をしなければならない（履行確保法 11 条 6 項）。「住宅の」最寄りの供託所ではない。

❽ 宅地建物取引業者 A が、自ら売主として、宅地建物取引業者ではない買主 B に新築住宅を販売する場合において、A は、B の承諾を得た場合には、B に引き渡した新築住宅について、住宅販売瑕疵担保保証金の供託又は住宅販売瑕疵担保責任保険契約の締結を行わなくてもよい。(令 3-12 月 -45 改題)

答 × 宅建業者は、自ら売主となる売買契約に基づき買主に引き渡した新築住宅について、住宅販売瑕疵担保保証金の供託又は住宅販売瑕疵担保責任保険契約の締結をしていなければならない（履行確保法 11 条 1 項、2 項）。買主の承諾があったとしても義務を**負う**。

❾ 宅地建物取引業者 A が、自ら売主として、宅地建物取引業者ではない買主 B に新築住宅を販売する場合において、A は、基準日に係る住宅販売瑕疵担保保証金の供託及び住宅販売瑕疵担保責任保険契約の締結の状況について届出をしなければ、当該基準日の翌日から起算して 1 月を経過した日以後においては、新たに自ら売主となる新築住宅の売買契約を締結することができない。(令 3-12 月 -45 改題)

答 × 本問届出をしない場合、当該基準日の翌日から起算して **50 日**を経過した日以後は、新たに自ら売主となる新築住宅の売買契約の締結ができない（履行確保法 13 条、12 条 1 項）。「1 月」ではない。

第4編
その他免除科目

第4編では「免除科目」の学習をします。「**免除科目**」とは、国土交通大臣の登録を受けた**登録講習機関が行う登録講習を修了**することで、**「機構法」「景表法・公正競争規約」「統計」「土地」「建物」の5つの科目**について、**試験が免除される科目**です。登録講習を修了した受験生は学習の必要がありません。

この第4編でも、学習効率を高めるため、過去問を分析した結果、合格に必要な頻出知識を厳選して解説しています。出題可能性のある知識を完全に網羅しているわけではありませんが、紹介する知識を押さえることで合格可能性がぐんと上がります。

機構法は「正解肢」を一本釣れ！

様々な知識が出題される機構法だが、「正解肢」については、易しい内容が繰り返し出題されている。よって、ポイントを押さえておけば正解できる可能性が高く、その意味で重要度はAだ。

❶ 住宅金融支援機構の意義と業務

機構法については、ここで紹介している以外の知識も問われる。

過去問を見ると、知らない知識が出てくるので不安になるかもしれないが、「正解肢」を見つけられれば、その問題は正解できる。そして、「正解肢」については同じような選択肢が繰り返し出題されているのだ。

(1) 住宅金融支援機構とは何か?

　不動産である建物や土地は高価であり、そうそう買えるものではない。よって、不動産を購入する方法としては、金融機関で住宅ローンを組んで、つまり、お金を借りて購入することが多いであろう。

　とはいえ、金融機関は貸したお金が返済されないと困るため、おいそれとお金を貸せるわけでもない。他方、なかなかお金を貸してくれない状態を放置すると、今度は国民の住まいがなくなりかねない。

　そこで、「国民生活の安定と社会福祉の増進に寄与」すべく（機構法4条）、民間の金融機関が資金を融資しやすいよう、民間の金融機関を支援することを主な業務として、住宅金融支援機構（以下「機構」）がつくられた。

　つまり、**民間の金融機関を支援**することで、間接的に住宅の購入等を考えている人を支援するものであり、**機構法は、住宅ローンを利用して家を買いやすくするための法律**といえる。

　なお、以前にあった「住宅金融公庫」では、住宅の購入者等に対して直接の融資を行っていたが、現在の機構は、あくまでも民間の金融機関に対する支援がメインであり、直接個人への融資の範囲は限定されている（直接の融資を行っていないわけではない）。

（2）機構の業務

　機構の業務は、大きく以下の5つに分けることができる。まずは業務を概観したうえで、特に押さえておきたいポイントについて解説していく。

◆ 機構の業務の概観

業　務	内　　容
①証券化支援業務	民間の金融機関が住宅購入者等に行う**貸付債権**（住宅ローン債権）を証券化して、**それを買い受ける**ことで、民間の金融機関が**資金を貸し付けやすくなるよう支援**する業務。 ➡ 「**買取型**」と「**保証型**」がある（詳細は後述）。
②融資保険に関する業務	・ 住宅融資保険法による**保険を行う**こと。 ➡住宅ローンの返済が不能となった場合、金融機関に対して保険金を支払う。 ・ **貸付けを受けた者とあらかじめ契約**を締結することで、貸付けを受けた者が**死亡した場合（重度障害となった場合も含む）**に支払われる**生命保険金**を当該貸付けにかかる**債務の弁済に充当する（団体信用生命保険という）**。
③情報提供・相談等の援助業務	住宅の建設、購入、改良や移転をしようとする者、住宅の建設等に関する事業を行う者に対し、資金の調達又は良質な住宅の設計もしくは建設等に関する情報の提供、相談その他の援助をする業務。
④資金の貸付業務（直接の融資）	国民生活の安定という観点から、重要性が高いものについては、**機構が住宅の購入者等に対して、直接に融資**を行う業務。
⑤住宅金融公庫が貸し付けた債権の回収等	以前にあった「住宅金融公庫」が貸し付けた債権について、管理や回収を行う業務。

　では、次ページより、特に重要な上記の①と④について確認していく。

❷ 証券化支援業務について

　前述のとおり、民間の金融機関が住宅購入者等に行う**貸付債権（住宅ローン債権）を証券化**することで、民間の金融機関が資金を貸し付けやすくなるよう支援する業務である。これには「買取型」と「保証型」があり、「買取型」がイメージしやすい。

（1）買取型の証券化支援業務

　住宅の建設又は購入に必要な資金の貸付けに係る金融機関の**貸付債権を証券化**して、**譲受け（買い取り）** を行う。

過 令4-46、
令2（10月）-46、
平30-46

プラスα

機構は、金融機関から買い取った住宅ローン債権を担保として MBS（資産担保証券）を発行して、債券市場（投資家）から資金を調達する。

ポイント Ⅰ　買取型の証券化支援業務のポイント

過 令5-46、
令元-46

①新築住宅のみならず、**「中古」** 住宅に対する貸付債権も対象となる。

　➡国民の住まいの確保からは、**「中古」** でもよい。

過 令4-46、
令2（12月）-46、
平30-46

②**建設・購入に付随する土地、借地権の取得、改良資金**に必要な資金の貸付債権についても、**譲受けの対象となる**。

過 令3（12月）-46

③譲り受ける貸付債権は、**自ら居住する住宅、親族が居住する住宅**についてでなければならない。

過 令3（10月）-46、
令2（10月）-46

④**「賃貸」** 住宅の建設・購入に必要な資金の貸付債権の譲受けは、**含まれない**。

⑤**貸付金の利率**については、諸々の事情を勘案して機構が定め、**取扱金融機関ごとに異なる利率を定めることができる。**

⑥**住宅の改良資金**の貸付債権の譲受けは**含まれない。**
　➡②の「付随する」話とは区別しよう。

過　令2（12月）-46

プラスα
「建設や購入に付随する…改良資金」のケースではなく、単なる住宅の改良資金の場合は含まれないということだ。

ポイントⅠの④について、以前の「住宅金融公庫」の時代は「賃貸」住宅の「建設」に係る貸付債権も買い取っていた。賃貸住宅が増えれば、それだけ国民の住まいが確保されるからだ。

しかし、**「機構」では、建設であろうと購入であろうと、「賃貸」住宅への貸付債権の譲受けは業務に含まれない。**これは、以前に比べて住宅難が解消され、その分、少子高齢化対策（後述のポイントⅡ参照）にシフトしているものと考えてよい。

（2）保証型の証券化支援業務

機構は、金融機関が貸し付けた住宅ローンについて、**住宅融資保険**を引き受けている。つまり、**住宅の購入者等が返済不能**となった際、**民間の金融機関に対して保険金の支払**を行う業務を行っている。

過　平30-46

❸ 資金の貸付業務（直接の融資）について

前述のとおり、機構は主に「民間の金融機関」への支援を行っているが、住宅の購入者等に対して、**直接の融資を行う場合もある。**

ただし、民間の金融機関では融資が難しいが、**国民生活の安定**という観点から**重要性が高いものに限定**されているのだ。

この機構が直接の融資を行える業務については、次ページのポイントで押さえておこう。

プラスα
判断に悩んだ場合、国民生活の安定に重要性が高いかで判断しよう。

令3 (12月)-46、令2 (10月)-46、令元-46

①災害により滅失した建築物など（災害復興建築物）の**建設・購入・被災建築物の補修資金の貸付け**。

➡ この建設・購入に係る貸付金については、**元金据置期間（元金部分の返済を行わず、利息部分の返済のみを行う期間）を設定することができる**。

令2 (12月)-46

②**災害予防関連工事に必要な資金又は地震に対する安全性の向上を主たる目的とする住宅の改良資金の貸付け**。

③合理的土地利用建築物（市街地の土地の合理的な利用に寄与する建築物など）の建設・購入資金の貸付け。

令5-46、令3 (12月)-46、平30-46

④**子どもを育成する家庭又は高齢者の家庭に適した良好な居住性能及び居住環境を有する賃貸住宅**や賃貸の用に供する住宅部分が大部分を占める建築物の**建設資金又は当該賃貸住宅の改良資金の貸付け**。

⑤高齢者の家庭に適した良好な居住性能及び居住環境を有する住宅とすることを主目的とする**住宅改良資金**（高齢者が**自ら居住**する住宅について行うものに限る）又はサービス付き高齢者向け賃貸住宅とすることを主目的とする人の居住の用に供したことのある住宅購入資金の貸付け。

令5-46、令3 (12月)-46、令1-46

⑥**マンションの共有部分の改良に必要な資金の貸付け**。

　細かい知識だが、上記④⑤において、子どもや高齢者に適した住宅については「賃貸」住宅であっても、各種資金の貸付けが認められている。これは少子高齢化対策の一環だ。

過去問題を
チェック！

❶機構は、住宅の建設又は購入に必要な資金の貸付けに係る金融機関の貸付債権の譲受けを業務として行っているが、当該住宅の建設又は購入に付随する土地又は借地権の取得に必要な資金については、譲受けの対象としていない。(令 4-46)

答 ✕ 機構は、**住宅の建設又は購入に必要な資金**の貸付けに係る金融機関の**貸付債権の譲受けを業務として**行っており（機構法 13 条 1 項 1 号）、これには、**住宅の建設に付随する土地又は借地権の取得に必要な資金**も含まれる（同法施行令 5 条 1 項 1 号）。

❷機構は、子どもを育成する家庭又は高齢者の家庭に適した良好な居住性能及び居住環境を有する賃貸住宅の建設に必要な資金の貸付けを業務として行っていない。(令 3-12 月-46)

答 ✕ 機構は、本問の業務を行っている（機構法 13 条 1 項 8 号）。

❸機構は、証券化支援事業（買取型）において、賃貸住宅の購入に必要な資金の貸付けに係る金融機関の貸付債権を譲受けの対象としている。(令 3-10 月-46)

答 ✕ 証券化支援事業（買取型）において、機構は、「**賃貸住宅**」の購入に必要な資金の貸付けに係る金融機関の貸付債権は、譲受けの対象としていない。

❹証券化支援業務（買取型）において、機構による譲受けの対象となる住宅の購入に必要な資金の貸付けに係る金融機関の貸付債権には、当該住宅の購入に付随する改良に必要な資金は含まれない。(令 2-12 月-46)

答 ✕ 証券化支援業務（買取型）において、機構は、本問の業務を行っている（機構法 13 条 1 項 1 号、同法施行令 5 条 1 項 2 号）。

❺機構は、災害により住宅が滅失した場合におけるその住宅に代わるべき住宅の建設又は購入に係る貸付金については、元金据置期間を設けることができない。(令 2-10 月-46)

答 ✕ 機構は、**災害により住宅が滅失**した場合、その住宅に代わるべき**住宅の建設又は購入に係る貸付金**について、**一定の元金返済の据置期間を設けることができる**（業務方法書 24 条 2 項）。

未出題部分を狙い打て！景表法・公正競争規約

テーマ 1

例年「問47」で出題される景表法（公正競争規約）は、実質的には「公正競争規約施行規則」の知識がメインで出題される。そして、出題箇所が被らない傾向があるため、近年に出題されていない知識を狙い打とう！

❶ ここで学習すべき内容は…

プラスα

公正競争規約及び同法施行規則は、令和4年9月1日施行の改正法が施行されている。

　例年「問47」では、冒頭の設問文において**「不当景品類及び不当表示防止法（不動産の表示に関する公正競争規約を含む。）の規定によれば」**という形式の問題が出題される。

　不動産取引に限らず、消費者が商品等を購入するきっかけの多くは広告である。しかし、その広告にウソや行き過ぎた表現がある場合、特に不動産取引では価格が大きいため、消費者の損害も計りしれない。

　そこで、**不動産取引における広告等**については、**景表法で不当な景品を付けることや、表示が規制**されているのだ。

　そして、不動産取引に関する広告等について、**より細かく規制**をしているのが「不動産の表示に関する**公正競争規約**」であり、**さらに細部にまで規制**をしているのが「不動産の表示に関する公正競争規約施行規則」（**公正競争規約施行規則**）なのだ。

プラスα

出題数が毎年1問分であることも考えると、他の法令の学習が終わった後に余力があれば、加点をめざして公正競争規約施行規則を学習するという作戦がお勧めだ。

　つまり、設問文とは裏腹に、問47ではかなりの部分が「公正競争規約施行規則」から出題されるので、**本問を得点する最短ルートは「公正競争規約施行規則」を学習**することなのだ。

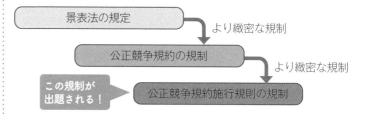

そうであれば、公正競争規約施行規則の知識が頭に入っていれば、問47は正解できる。しかも、**出題内容の多くは同規則の7条と9条**だ。

ただし、同規則7条には（1）〜（16）の16個の規定、同規則9条には（1）〜（46）の46個もの規定があり、過去問を見る限り、**試験ではこれらの規定からまんべんなく出題**されている。

> まんべんなく出題されるのは、景表法（公正競争規約）が毎年1問しか出題されない反面、公正競争規約の規定数が多いからであろう。

つまり、他の科目で見られるような、過去の選択肢と同じような選択肢があまり繰り返して出題されないのが、景表法（公正競争規約）の出題パターンである。

しかし、**まんべんなく出題される（＝出題が被らない）**ということは、**近年で出題されていない規定**が、**今後の試験で出題される可能性が高い。**

そこで、**同規則7条と9条について、近いうちに出題されそうな規定と、過去10回の試験で「出題されていない」規定**を中心に紹介するので、ここで紹介する規定を確認しておけば、正解できる可能性が高まるだろう。

> ただし、9条については繰り返し出題されている規定もあるので、それは紹介する。なお、余力があり、気になる受験生は、ここで紹介していない他の規定も試験前に一読しておけるとよい。

プラスα

合計60個以上の規定から、まんべんなく出題されるため、的を絞りにくい科目ではある。その点で重要度はBだ。

プラスα

平成25年度以降の試験では、平成29年度、令和元年度、令和5年度の3回の試験を除き、規則7条と9条の知識で正解できる。

❷ 公正競争規約施行規則 7 条（特定事項の明示義務）

まずは公正競争規約施行規則 7 条から、過去 10 回分の試験で出題されていない規定を紹介する。なお、規定の番号は、同規則の番号のまま掲載する。

ポイント Ⅰ 公正競争規約施行規則 7 条のポイント

(3) 道路法 18 条 1 項の規定により道路区域が決定され、又は都市計画法 20 条 1 項の告示が行われた**都市計画施設の区域に係る土地**については**その旨**を明示すること

(4) **建築基準法 42 条に規定する道路に 2 メートル以上接していない土地**については、「**再建築不可**」又は「**建築不可**」**と明示**すること。ただし、建築する建物が同法 43 条 2 項各号の規定に該当することとなる場合には、この限りでない。

(5) 建築基準法 40 条の規定に基づく地方公共団体の条例により附加された**敷地の形態に対する制限に適合しない土地**については、「**再建築不可**」又は「**建築不可**」と明示すること。

(9) **傾斜地を含む土地**であって、**傾斜地の割合が当該土地面積のおおむね 30 パーセント以上を占める**場合（**マンション及び別荘地等を除く。**）は、**傾斜地を含む旨及び傾斜地の割合又は面積**を明示すること。

　ただし、傾斜地の割合が **30 パーセント以上**を占めるか否かにかかわらず、**傾斜地を含む**ことにより、**当該土地の有効な利用が著しく阻害**される場合（**マンションを除く。**）は、**その旨及び傾斜地の割合又は面積**を明示すること。

(10) **土地の有効な利用が阻害される著しい不整形画地及び区画の地盤面が 2 段以上に分かれている**等の**著しく特異な地勢の土地**については、**その旨**を明示すること。

プラス α

7 条については、過去 10 回の試験で出題されていないものを紹介するので、出題履歴は掲載していない。
ただし、後に紹介する、ここで紹介する規定のうち、過去に出題されたことがあるものは要注意だ。

プラス α

景表法の問題では「正しいもの」を選ぶ問題ばかりが出題されているため、この知識を覚えて、問題文の違和感を感じとれれば正解できる。

(11) 土地が擁壁によっておおわれないがけの上又はがけの下にあるときは、その旨を明示すること。この場合において、当該土地に建築（再建築）するに当たり、制限が加えられているときは、その内容を明示すること。

(12) 土地の全部又は一部が高圧電線路下にあるときは、その旨及びそのおおむねの面積を表示すること。

この場合において、建物その他の工作物の建築が禁止されているときは、併せてその旨を明示すること。

(13) 地下鉄の線路を敷設する場合等において、土地の全部又は一部の地下の範囲を定めた地上権が設定されているときは、その旨を表示すること。

この場合において、地上権の行使のために土地の利用に制限が加えられているときは、併せてその旨を明示すること。

(14) 建築工事に着手後、同工事を相当の期間にわたり中断していた新築住宅又は新築分譲マンションについては、建築工事の着手した時期及び中断していた期間を明示すること。

(15) 沼沢地、湿原又は泥炭地等については、その旨を明示すること。

(16) 国土利用計画法による許可又は事前届出を必要とする場合は、その旨を明示して表示すること。

 令元 -47

なお、7条の話ではないが、**建築工事完了後1年未満であって、居住の用に供されたことがないものに対しては、広告に「新築」と表示してもよい**（公正競争規約 18 条 1 項 (1)）。

これは 7 条と 9 条以外の知識で正解肢となったことがあるものなので押さえておいてほしい。

プラスα

各規定は「明示すること」と規定されているものが多い。問題文で「明瞭に表示すること」と書かれていた場合は、「明示する」ことと同義である。

令2 (12月)-47、
平 30-47

令3 (10月)-47、
令2 (10月)-47、
平 29-47

❸ 公正競争規約施行規則 9 条（物件の内容・取引条件等に係る表示基準）について

　公正競争規約施行規則 9 条の規定は数が多いので、出題されそうな規定をピックアップして紹介する。なお、ここでも規定の番号は、同規則の番号のまま掲載する。

ポイント **Ⅱ** 公正競争規約施行規則 9 条のポイント

〔取引態様〕

(1) 取引態様は、「売主」、「貸主」、「代理」又は「媒介」（「仲介」）の別をこれらの用語を用いて表示すること。

〔各種施設までの距離又は所要時間〕

(9) 徒歩による所要時間は、道路距離 80 メートルにつき1 分間を要するものとして算出した数値を表示すること。この場合において、1 分未満の端数が生じたときは、1 分として算出すること。

(10) 自動車による所要時間は、道路距離を明示して、走行に通常要する時間を表示すること。この場合において、表示された時間が有料道路（橋を含む。）の通行を含む場合のものであるときは、その旨を明示すること。ただし、その道路が高速自動車国道であって、周知のものであるときは、有料である旨の表示を省略することができる。

(11) 自転車による所要時間は、道路距離を明示して、走行に通常要する時間を表示すること。

〔面　積〕

(13) 面積は、メートル法により表示すること。この場合において 1 平方メートル未満の数値は、切り捨てて表示することができる。

〔写真・絵図〕

(23) **宅地又は建物のコンピュータグラフィックス、見取図、完成図又は完成予想図は、その旨を明示して用い、当該物件の周囲の状況について表示するときは、現況に反する表示をしない**こと。

〔設備・施設等〕

(25) ガスは、**都市ガス又はプロパンガスの別**を明示して表示すること。

(26) **温泉法による温泉**については、次に掲げる事項を明示して表示すること。

　ア　温泉に**加温**したものについては、その旨

　イ　温泉に**加水**したものについては、その旨

　ウ　温泉源から採取した温泉を給湯管によらずに供給する場合（運び湯の場合）は、その旨

　エ　**共同浴場を設置する場合において、循環装置又は循環ろ過装置を使用**する場合は、その旨

🏠 **ゴロ合わせ**

明治から
（その旨を**明示**する）

温泉の顔
（**温泉**に**加温**したもの）

(27) **団地内又は物件内のプール、テニスコート、スポーツジム、シアタールーム等の共用施設**について表示するときは、それらの**施設の内容、運営主体、利用条件及び整備予定時期**を明示すること。

 令3（10月）-47、平 30-47

プラスα

左の（23）の規定は、問題文が現況に反する表示を行っていることで誤りとなるのがパターンである。

〔価格・賃料〕

(34) **土地の価格**については、**上下水道施設・都市ガス供給施設の設置のための費用その他宅地造成に係る費用**（これらの費用に消費税及び地方消費税（以下「消費税等」という。）が課されるときは、その額を含む。）を**含めて表示**すること。

(41) **管理費**（マンションの事務を処理し、設備その他共用部分の維持及び管理をするために必要とされる費用をいい、共用部分の公租公課等を含み、修繕積立金を含まない。）については、**1戸当たりの月額（予定額であるときは、その旨）**を表示すること。

　ただし、**住戸により管理費の額が異なる場合**において、その**すべての住宅の管理費を示すことが困難**であるときは、**最低額及び最高額のみで表示することができる**。

(42) **共益費**（借家人が共同して使用又は利用する設備又は施設の運営及び維持に関する費用をいう。）については、**1戸当たりの月額（予定額であるときは、その旨）**を表示すること。

　ただし、**住戸により共益費の額が異なる場合**において、その**すべての住宅の共益費を示すことが困難**であるときは、**最低額及び最高額のみで表示することができる**。

過 令4-47、
令2（10月）-47

プラスα
建物面積については、パンフレット等の媒体を除き、最小面積及び最大面積のみで表示できる（公正競争規約別表4（15））。

　特に9条については、規定の数が多いため他の規定が気になる受験生も多いかもしれない。しかし、景表法（公正競争規約）は的を絞った学習が難しい科目なので、この科目にこだわりすぎるのは得策ではない。

　まずは重要度の高いテーマを優先的に押さえ、本書で紹介した知識を押さえた後で、また余力がある場合は、試験直前に公正競争規約施行規則（特に7条と9条）を一読しておくという学習スタンスをお勧めする。

❶販売しようとしている土地が、都市計画法に基づく告示が行われた都市計画道路の区域に含まれている場合は、都市計画道路の工事が未着手であっても、広告においてその旨を明示しなければならない。（平 27-47）

　答　○　本問の記述のとおりである（公正競争規約施行規則 7 条（3））。工事が未着手であっても変わりはない。

❷建築工事に着手した後に、その工事を相当の期間にわたり中断していた新築分譲マンションについては、建築工事に着手した時期及び中断していた期間を明瞭に表示しなければならない。（平 26-47）

　答　○　本問の記述のとおりである（公正競争規約施行規則 7 条（14））。

❸取引態様については、「売主」、「貸主」、「代理」又は「媒介（仲介）」の別を表示しなければならず、これらの用語以外の「直販」、「委託」等の用語による表示は、取引態様の表示とは認められない。（令 2-12 月 -47）

　答　○　取引態様は、「売主」、「貸主」、「代理」又は「媒介（仲介）」の別をこれらの用語を用いて表示しなければならない（公正競争規約施行規則 9 条（1））。

❹物件からスーパーマーケット等の商業施設までの徒歩所要時間は、道路距離 80m につき 1 分間を要するものとして算出し、1 分未満の端数が生じたときは、端数を切り捨てて表示しなければならない。（令 4-47）

　答　×　徒歩による所要時間は、道路距離 80m につき 1 分間を要するものとして算出した数値を表示し、1 分未満の端数が生じたときは、1 分として算出しなければならない（公正競争規約施行規則 9 条（9））。

❺新築分譲マンションを完成予想図により表示する場合、完成予想図である旨を表示すれば、緑豊かな環境であることを訴求するために周囲に存在しない公園等を表示することができる。（令 3-10 月 -47）

　答　×　宅地又は建物のコンピュータグラフィックス、見取図、完成図又は完成予想図は、その旨を明示して用い、当該物件の周囲の状況について表示するときは、現況に反する表示をしてはならない（公正競争規約施行規則 9 条（23））。

統計は、5つのデータで確実に1点を取る！

重要度 A

統計問題は、問われる内容がある程度固まっているため、試験直前に特定の統計情報を確認さえすれば、短時間の学習で正解できる可能性が高い。「労力対効果」が高く、その意味で重要度はAである。

❶ 出題のベースとなる統計情報は、ほぼ5つ！

プラスα
確認しておきたい最新の統計情報は、本書専用ブログ（アドレスは最終ページ）においても公開するので、活用しよう。

統計の問題は、国土交通省から公表される新設住宅着工戸数（床面積10m²超の住宅の着工数）や、地価公示（全国の標準地の土地の価格）などから、その数値（データ）が正しいかどうかという問題で出題される。そして、毎年新しいデータを前提に出題されるので、統計問題については、過去問題を学習していても得点できない。

また、宅建士試験は、毎年10月に行われるが、出題のベースとなる統計情報は、試験が行われる年の6月頃までに公表されるものも含まれるため、**試験直前に最新の各統計情報を確認する必要**がある。

テキストには載っていない…

最新のデータを確認

ここで大事なことは、過去問を見る限り、**出題のベースとなる統計情報はほぼ5つに限られ**、どれも難しい情報ではない。**試験直前にこれらの情報を確認しておけば、統計問題は確実な得点源となる**のだ。ここでは、どのような統計情報を確認しておけばよいのかを紹介しておこう。

出題のベースとなる統計情報は次の5つだ。稀にこれら以外の統計情報から出題されることもあるが、正解肢に絡むことはまずない。

プラスα
試験会場にもよるが、会場の出入口付近において、資格試験予備校が直前チェック用の統計情報を配布することがある。しかし、確実に入手できるとは限らないため、事前に準備した簡単な確認用のメモなどを準備しておくとよいだろう。

◆ 出題のベースとなる統計データ

統計の名称	公表元	公表時期
①新設住宅着工戸数（年）	国土交通省	試験年の1月
②地価公示	国土交通省	試験年の3月
③年次別法人企業統計調査	財務省	試験前年の9月
④土地白書	国土交通省	試験年の5～6月
⑤国土交通白書	国土交通省	試験年の6月

3章 統計

プラスα

①の新設住宅着工戸数には、その年の1月～12月の統計である「年」の数値と、4月～翌年3月までの「年度」の数値があるので、間違わないようにしよう。
なお、以前は「年度」の数値について出題されていたが、近年では出題されていない。

❷ チェックポイントは、前年比「増」か「減」か？

　上記の統計情報のうち、確認すべき内容をまとめたのが下表である。これらを確認しておけば、統計問題は攻略できる可能性が跳ね上がる。

　そして、データを確認する際の最大のポイントは、**各情報についての対前年比データで「増」か「減」か?**…という部分だ。

統計の名称	確認すべき内容
①新設住宅着工戸数（年）	**持家、貸家、分譲住宅（全部）**、分譲住宅（マンション）、分譲住宅（一戸建て住宅）について、前年比の増減
②地価公示	・**住宅地の全国平均、三大都市圏平均**、地方圏平均について、前年比の増減 ・**商業地の全国平均**、三大都市圏平均、地方圏平均について、前年比の増減
③年次別法人企業統計調査	・**不動産業の売上高**について、前年比の増減 ・**不動産業の経常利益**について、前年比の増減 ・**全産業の売上高**について、前年比の増減
④土地白書	**土地所有権の移転登記の件数**について、前年比の増減
⑤国土交通白書	**宅建業者数**について、おおよその人数と前年比の増減

プラスα

⑤の宅建業者数について、令和4年度3月末では、**12万8,597業者**である。

一例として、次の統計問題を見てほしい。

令和元年度　問48

> 次の記述のうち、正しいものはどれか。
> 1　平成29年度法人企業統計年報（平成30年9月公表）によれば、平成29年度における**全産業の経常利益は前年度に比べ**11.4%**増加**となったが、**不動産業の経常利益は**13.8%**減少**した。
> 2　平成31年地価公示（平成31年3月公表）によれば、平成30年1月以降の1年間の地価変動率は、**全国平均では住宅地、商業地、工業地のいずれについても上昇**となった。

プラスα

令和4年度の問題では、問題に不備があったため受験生全員が正解と扱われることとなった。
なお、令和5年度の問題では、**宅建業者の全事業者数**が14万業者を超えているかという選択肢が誤っているものを選ぶ問題の正解肢となった（超えていない）。

　選択肢1ついて、平成29年度における**全産業の経常利益**は、**前年度に比べ**11.4%**増加**し、**不動産業の経常利益**も13.8%**増加**していた。

　これらのデータについて**「前年度と比べて」の「増減」**を知っていれば、「不動産業の経常利益は…減少」という部分で誤りと判断できる。

　そして、**選択肢2**について、平成30年1月以降の1年間の**地価変動率の全国平均は、住宅地、商業地、工業地のいずれについても上昇**していたので、これを知っていれば本肢が正しいと判断でき、本問は正解できるのだ。

　ちなみに、本当に「前年比の増減」だけ覚えておけばよいのか、具体的な数値（上記の「11.4%」など）を覚えなくてもよいのかという点について、過去20年以上の本試験を見ると、具体的な数値の部分で正解を判断させる「選択肢」は、平成17年度、令和元年度、令和2年度（10月）の3回しか出題されていない。

　しかも、その3回の問題においても結局のところ、**「正解肢」は具体的な数値を覚えていなくても判断できる**のだ。

　なお、「このように出題される」という参考に過去問を紹介するが、古いデータなので数値は覚えなくてよい。

過去問題を
チェック！

❶ 令和 3 年版国土交通白書（令和 3 年 6 月公表）によれば、宅地建物取引業者数は、令和元年度末において 10 万業者を下回っている。（令 3-12-48）

答　×　令和 3 年版国土交通白書（令和 3 年 6 月公表）によれば、**宅建業者数**は、令和元年度末において、12 万 5,638 業者となっており、**10 万業者を上回っている。**

❷ 令和 3 年地価公示（令和 3 年 3 月公表）によれば、令和 2 年 1 月以降の 1 年間の地価の変動を見ると、全国平均の用途別では、住宅地、商業地及び工業地のいずれの用途も下落に転じた。（令 3-12-48）

答　×　令和 3 年地価公示（令和 3 年 3 月公表）によれば、令和 2 年 1 月以降の 1 年間の**地価の変動**について、**全国平均**では**住宅地**で **5 年ぶりに**、**商業地**で **7 年ぶりに下落**となったが、**工業地**で **5 年連続上昇**となった。

❸ 令和 3 年版土地白書（令和 3 年 6 月公表）によれば、令和元年における我が国の国土面積は約 3,780 万 ha であり、このうち住宅地、工業用地等の宅地は約 197 万 ha となっており、宅地及び農地の合計面積は、森林の面積を超えている。（令 3-12-48）

答　×　令和 3 年版土地白書（令和 3 年 6 月公表）によれば、令和元年における我が国の国土面積は約 3,780 万 ha であり、このうち**森林が約 2,503 万 ha、農地が約 440 万 ha** となっており、住宅地、工業用地等の**宅地は約 197 万 ha** となっている。よって、**宅地及び農地の合計面積は、森林の面積より下回っている。**

森林・農地・宅地の面積という変わった数値が出題されているが、本肢は正解肢ではない。

❹ 建築着工統計（令和 3 年 1 月公表）によれば、令和 2 年 1 月から令和 2 年 12 月までのマンション着工戸数は、「三大都市圏計」及び「その他の地域」のいずれにおいても前年を下回っている。（令 3-12-48）

答　○　建築着工統計（令和 3 年 1 月公表）によれば、令和 2 年 1 月から令和 2 年 12 月までの**マンション着工戸数**は、三大都市圏計で前年比 6.3％減少及びその他の地域で前年比 17.3％減少で、**いずれにおいても前年を下回っている。**

土地の問題は、頻出知識と常識で攻略！

土地に関する問題はシンプルで易しい問題が多く、出題内容も比較的偏っている。また、常識的に判断できる問題が多いので得点したい。その点で重要度は A だ。

❶「宅地」に適している土地かが問われる！

「土地」に関する知識の問題では、**その土地（場所）が「宅地」に適しているか？**…にかかわる知識が問われる。ぼんやりと「土地に関する知識」といった場合、様々な内容を出題できるが、宅建士試験である以上、あくまで特定の土地を前提に、それが「宅地」としてふさわしい土地であるのか、また、災害や住居とするには何らかの障害を発生しやすい土地であるのか、といった点が出題される。

「土地」に関する問題が苦手な人は、そもそも「用語」の意味がわからないことが多い。日常では使用しない用語も出てくるので、まずは「用語」の知識をまとめておく。

ポイント Ⅰ 知っておきたい土地に関する用語等

プラスα

右の用語は覚える必要はないが、問題文で出てくるので、読めばイメージができるようにしておくこと。これで解ける選択肢も多い。

用　語	内　容
不等沈下 （ふとうちんか）	地盤の局部的（部分的）な強度不足により、**構造物などが不均一に沈下する**こと。地盤が部分的に沈下し、でこぼこの状態で建物も沈下してしまうイメージ。 軟弱地盤　　良質地盤

用　語	内　容
水源涵養 (すいげんかんよう)	**山地に水を蓄え、河川の流量を調節**して渇水しないようにすること。その目的で設けられた森林を水源涵養林という。
火山麓 (かざんろく)	**火山のふもと**、下の方の部分。「麓」は、"ふもと"を意味する。活動度の高い火山の火山麓では、火山活動に伴う災害にも留意する必要がある。
林相 (りんそう)	木の種類や生え方などの**森林の様子**
急峻 (きゅうしゅん)	傾斜が**急で険しい**こと。山地はかなり急峻な地形であり、大部分は森林である。
比高 (ひこう)	ある**2地点間の高さの差**。
液状化 (えきじょうか)	地震の揺れによって**地盤が液体のようにドロドロ**になってしまう現象
旧河道 (きゅうかどう) (川)	蛇行が激しい川などで、河川を直線に改修したあとに残る**元の川の流れ（の跡）**。**地震により地盤が液状化することがあるため、対策が必要である。**

 令3 (10月)-49

 令3 (10月)-49

 令2 (12月)-49

 令元 -49

大都市の大部分は低地に立地しているが、かつては湿地や上記の旧河道であった地域が多い。この点で地震災害には弱いといえる。

637

用　語	内　容
天井川 （てんじょうがわ）	川底が、周辺の地面の高さよりも高い位置にある川。 堤防は建物より低い 川底は低い 堤防を高くする 川底が人家より 高くなり天井川となる　土砂がたまり川底が上がる 川底が上がるたびに堤防を高くしていく
土石流	山腹や川底の**石や土砂**が、長雨や集中豪雨などで**一気に下流へ押し流される**もの。
砂礫 （されき）	**砂と小石。**
深層崩壊 （しんそうほうかい）	山崩れ・崖崩れなどの**斜面崩壊**のうち、**すべり面が深部で発生**し、表土層だけではなく**深層の地盤までもが崩壊して土の塊となる比較的規模の大きな崩壊**。 表層崩壊　　　　深層崩壊 表土層 岩盤 表土層だけが崩れる　岩盤から根こそぎ崩れる
縁辺部 （えんぺんぶ）	ものの周り。

用　語	内　容
マサ （真砂）土	**花崗岩が風化**してできた**砂状の土壌**のこと。一般に凝灰岩（火山から噴出された火山灰が地上や水中に堆積してできた岩石）、頁岩（小さな泥の粒子が水中で水平に堆積したものが脱水・固結してできた岩石のうち、堆積面に沿って薄く層状に割れやすい性質があるもの）と並んで崩壊しやすい。

令3（12月）-49

花崗岩 → 風化

② 頻出の知識はこれだ！

　用語を理解したうえで、土地に関する頻出の知識をまとめたのがポイントⅡである。これらを押さえておけば、本試験に対応できる可能性が高い。

ポイント　Ⅱ　知っておきたい土地（地形）に関する知識

用　語	内　容
崖錐 （がいすい）	急斜面の上から落ちてきた岩屑（がんくつ）（小岩や岩片）が、その麓（ふもと）に溜まってできた半円錐形の地形のこと。基盤との境付近は水の通り道となり、**土石流の危険が高く、地すべりも生じやすい**。また、**崖錐等の上の杉の植林地は、豪雨に際して崩壊することがある**。 正面　　側面　　崖錐

プラスα

国土交通省が運営するハザードマップポータルサイトでは、洪水、土砂災害、高潮、津波のリスク情報などを地図や写真に重ねて表示できる。
また、地形や地質的な条件については、宅地に適しているかを調査する必要があり、周辺住民の意見を聴くことも重要である。

プラスα

都市の中小河川の氾濫の原因の１つには、急速な都市化、宅地化に伴い、降雨時に雨水が短時間に大量に流れ込むようになったことがある。

令3（10月）-49

用　語	内　容
段丘 （だんきゅう）	海岸や湖岸に沿って、**平坦な面と急ながけが階段状に配列している地形のこと。段丘は、水はけがよく、自然災害に対して安全度が高いことから、宅地や農地として利用されている。** ただし、**縁辺部では**、集中豪雨などにより**がけ崩れの危険がある**点は、丘陵地等と同じである。 段丘面　　　　　　　段丘面
扇状地 （せんじょうち）	**山地から河川により運ばれてきた砂礫等が堆積（積み重なって）して形成された地盤のこと。**
三角州 （デルタ地域）	**河口付近**において、河川によって運ばれた物質が堆積することにより形成された地形のこと。 山地 扇状地 山地から平地に物質が運ばれる 三角州 平地から海（河口）に物質が運ばれる 海
丘陵地	なだらかな起伏や小山（丘）が続く、低い山地のこと。 丘を削り、谷に盛土をして盛土造成をする際には、大雨の崖崩れ等を防ぐべく、地下水位を下げるため排水施設を設け、締め固める等の必要がある。

過 令元-49

過 令5-49

用　語	内　容
台地	表面が平坦で、周囲より高く、一方ないし四方をがけで縁どられた台状の地域のこと。**台地は、水はけがよく、一般に地盤が安定しているため、低地に比べると**自然災害に対しての**安全度が高い。宅地として積極的に利用されている**。ただし、台地の上の浅い谷は、水はけが悪く、豪雨時には一時的に浸水することがある。
埋立地	湾、湖、低湿地などに廃棄物や土砂などを大量に積み上げることによって、人工的に造成された土地のこと。**平均海面に対し比高があり、護岸が強固であれば、住宅地としても利用が可能**である。一般的に、埋立地は海面に対して数 m の比高を持ち、**干拓地に比べると、自然災害に対して危険度が低くなる。**海浜の埋立てでは、液状化対策が必要となる。
干拓地	海浜や湖沼などで排水し、陸地とした土地のこと。
微高地	周囲の土地よりわずかに高い土地（河川が押し流した土砂が堆積してできた自然堤防など）
低地	周囲に比べて低い土地。大部分が**水田**や**宅地**として利用され、**大都市**の大部分もここに立地している。ただし、一般的に供水や地震に対して**弱く**、地盤が**軟弱**なので、防災的見地からは、宅地には適していない。
こうはいしっち 後背湿地	川によって運ばれた土砂等でできた自然堤防の背後に、洪水であふれた水が溜まった湿地。砂が緩く堆積していて、地下水位も浅いため、地震時に液状化被害が生じやすい。 川　後背湿地　自然堤防

過 令 4-49、
令 2 (12 月)-49、
令元 -49、平 30-49

過 令 4-49、
令 2 (12 月)-49

過 令 4-49、
令 3 (12 月)-49、
令 2 (12 月)-49、
平 30-49

過 令 5-49、

4 章　土地の知識

❸ 常識で解ける問題もよく出る！

「土地」に関する問題は、常識で判断できる問題が多いことも特徴だ。こういった問題は改めて学習するというより、日常で見聞きしたニュース等の情報から落ち着いて判断すればよい。最後に参考まで、常識的に判断できるであろう問題を紹介しておく。

令和3年度（12月） 問49

> **土地に関する次の記述のうち、最も不適当なものはどれか。**
> 1　沿岸地域における地震時の津波を免れるためには、巨大な防波堤が必要であるが、それには限度があり、完全に津波の襲来を防ぐことはできない。
> 4　平地に乏しい都市の周辺では、住宅地が丘陵や山麓に広がり、土砂崩壊等の災害を引き起こす例も多い。

　選択肢1は**適切**である。自然災害については、絶対に大丈夫ということは**ない**。東日本大震災においては、いわゆるスーパー防波堤（堤防）のある地域においても、津波による被害が出たことは記憶に新しいであろう。

　選択肢4も**適切**である。山あいに住宅が点在している景色を見たことがある人は多いと思うが、このように住宅地が丘陵や山麓に広がっている場所では、土砂崩壊等の災害を引き起こす例も**多い**。

> このような問題は、学習で身に付けるというよりかは常識的な判断でまかなおう。

過 令3（12月）-49

プラスα
1923年の関東地震の際には、東京の谷底低地で多くの水道管や建物が被害を受けた。谷底低地は軟らかい泥層などの**軟弱層**の分布が多く、地震動が**増幅**されたためである。

642

過去問題を
チェック！

❶台地の上の浅い谷は、豪雨時には一時的に浸水することがあり、注意を要する。
（令令 4-49）

　答　○　本問の記述のとおりである。

❷低地は、一般に洪水や地震などに対して強く、防災的見地から住宅地として好ましい。（令 4-49）

　答　×　低地は、一般に洪水に対して**弱く**、地盤が**軟弱**なので、地震に対しても**弱い**。防災的見地から住宅地としては**好ましくない**。

❸埋立地は、平均海面に対し 4 〜 5m の比高があり護岸が強固であれば、住宅地としても利用が可能である。（令 4-49）

　答　○　本問の記述のとおりである。

❹低地は、大部分が水田や宅地として利用され、大都市の大部分もここに立地している。（令 3-12 月 -49）

　答　○　本問の記述のとおりである。

❺一般に凝灰岩、頁岩、花崗岩（風化してマサ土化したもの）は、崩壊しにくい。
（令 3-12 月 -49）

　答　×　一般に本問の岩石は、崩壊しやすい。

❻森林は、木材資源としても重要で、水源涵養、洪水防止等の大きな役割を担っている。（令 3-10 月 -49）

　答　○　本問の記述のとおりである。

❼崖錐や小河川の出口で堆積物の多い所等は、土石流の危険が少ない。
（令 3-10 月 -49）

　答　×　一崖錐や小河川の出口で堆積物の多い所では、土石流の危険が**高まる**。

❽埋立地は、一般に海面に対して数 m の比高を持ち、干拓地に比べ自然災害に対して危険度が高い。（令 2-12 月 -49）

　答　×　埋立地は、干拓地に比べると自然災害の危険度は**低い**。

テーマ 1 「材料」と「構造」が頻出！建物の知識の重要ポイント！

重要度 **B**

建物に関する問題では、出題内容の偏りが比較的少なく、土地に関する問題と比べて的が絞りづらい。コツコツと知識を積み重ねておく必要があるため、重要度はBだ。

❶ 「材料」と「構造」の特徴を押さえる！

　建物に関する問題は、**建築物の「材料」と「構造」についての問題がかなりを占め、それぞれの長所と短所を把握できれば正解できる可能性が高まる。**

　ただし、注意点としては、問題文に「○○構造（造）」などと「構造」という言葉が使われている場合でも、次元（視点）の異なる話が混在していることがあることだ。

　例えば、「**鉄骨構造（造）**」という場合、**鉄骨という素材**で造る構造の建築物を指し、これは建築物の「**材料**」を前提とした分類方法の1つである。

　しかし、「**組積式構造**」という場合、**ブロックなどを積み上げて壁をつくる構造**の建築物を意味し、どちらかといえば建築物の「**造り方**」を前提とした分類方法の1つなのだ。

　つまり、同じ「○○構造（造）」という言葉が出てきても、**「材料」「造り方」「形（構造形式）」**という、どの話を前提とした分類なのかを意識して学習しよう。

プラスα
同じ「鉄骨構造」という言葉についても、試験年度によって「鉄骨構造」又は「鉄骨造」と表記が異なることがある。これは同じものを指すと考えてよい。

❷ 建築物の構成

（1）基礎（構造）

　建築物の部分は、大きく**基礎構造**と**上部構造**に分けることができる。

　基礎とは、建築物の最も下の部分であり、地面に据え付けら

プラスα
基礎は、硬質の支持地盤に設置し、上部構造とも堅固に緊結する必要がある。

れて、建築物を下から支える部分である。この基礎構造は、さらに**地業（地盤に施される基礎工事）**と**基礎盤（上部構造を支える水平面）**に分類できる。

過 令2(10月)-50

◆ 基礎の種類

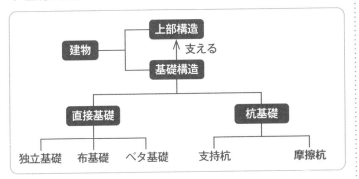

また、基礎の種類としては、基礎の底面が地面に直接接する**直接基礎**と、建物を支持する地盤が深い場合に使う**杭基礎（杭地業）**がある。

過 令2(10月)-50

◆ 基礎の種類

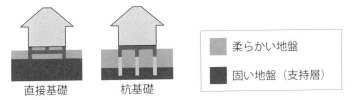

柔らかい地盤
固い地盤（支持層）

直接基礎　　　杭基礎

◆ 直接基礎の種類

独立基礎	布基礎	ベタ基礎
柱の下だけに基礎を置く	柱に対する基礎を一体化させる	建物の底部全体に設ける

令2 (10月)-50

（2）上部構造

　上部構造は、**主要構造**と**仕上げ部分等**から構成され、**主要構造は柱など、重力、風力、地震力等の荷重に耐える役目**を負う部分で、**仕上げ部分は屋根、壁、床等の部分**である。

令4-50

　なお、壁には、真壁と大壁というものがあり、一般的に、真壁のみで構成するのは**和風構造**で、大壁のみで構成するのは**洋風構造**である。また、これらを併用する場合もある。

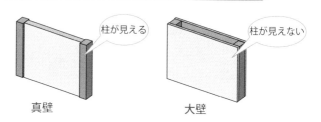

真壁　　　　　　　　　　大壁

❸ 建築物の「材料」と建築構造の分類

ここの話が建物の知識のメインだ。覚えることは多いのでコツコツと学習していこう。

　建築物の主要な骨組みに用いる材料には、**木材、鉄筋、鉄骨、コンクリートブロック、れんが**等、様々なものがある。

　そして、どの材料が使われているかによって建築構造を分類することで、これらの内容と特徴をまとめると次のポイントのようになる。

ポイント I 主な「材料」と建築構造の特徴

 平30-50、平29-50

令2 (12月)-50

材料(建築構造)	内容と特徴
木（構造）	・含水率が小さいと、強度が**高まる**。 　➡**乾燥**しているほうが強い。 ・構造形式は、**ラーメン構造**が一般的。 ・辺材よりも心材（中心部に近い部分）の方が腐朽や虫害が発生しにくい。 ・木造建物を耐震、耐風的な構造にするためには、できるだけ建物の形態を単純にすることが適切である。

材料（建築構造）	内容と特徴	
鉄筋コンクリート（構造）	・耐火性、耐久性、耐震性、耐風性に優れる。 　➡鉄筋は炭素含有量が多いほど、引張強度が**増大**。 ・アルカリ性であるコンクリートが、酸性物質により中性化すると、鉄筋に錆が発生し、コンクリートのひび割れを招く。**中性化と ひび割れ**防止を行うとよい。なお、コンクリートが強固に固まるには日数がかかる。 ・近年は強度が向上し、超高層共同住宅建物にも利用。ただし、建物の自重が**大きい**。 ・一般に、骨組の形式は**ラーメン式**の構造が用いられる。	令5-50、 平29-50 平30-50 令5-50 平28-50
鉄筋鉄骨コンクリート（構造）	鉄骨の周囲を鉄筋コンクリートで固めたもので、鉄筋コンクリートの強度と靱性をさらに高めたもの。	平28-50
鉄骨（構造）	鉄骨を使用したもの。 ・強度が高く、**靱性は大きい、重量が軽い**。 　➡長い梁に利用でき、柱の本数も少なくてすむので、**大空間**の建築や**高層**建築に使用される。 ・**不燃**構造だが、**耐火構造**ではないため、耐火構造にするためには**耐火被覆**が必要。 ・鋼材の**防錆処理**が必要である。 ・風や地震などによる揺れの影響を**受けやすい**。 ・構造形式としては、**ラーメン、トラス、アーチ**構造に用いられることが多く、高層建築の骨組みに**適している**。 　➡工場、体育館、倉庫等の**単層・大空間**の建物に利用。 ・加工性が**高く**、住宅・店舗等の建物にも**用いられている**。	平28-50 平30-50 令2（12月）-50 令3（10月）-50
補強コンクリートブロック（構造）	コンクリートブロックを鉄筋で耐震的に補強改良した「鉄筋コンクリート」を使用したもの。「壁式構造」の一種。 小規模の建物に**多く**使用。	令3（12月）-50

❹ 建築物の「造り方」について

建築構造は、骨組みの「造り方」によって、以下の分類がある。

◆主な骨組みの「造り方」と建築構造

造り方 （建築構造）	内容と特徴
架構式構造	**柱や梁等の細長い部材で床や屋根等を支える**構造である。
組積式構造	コンクリートブロックなどの**材料を積み上げて壁をつくる**構造。構造形式としては**壁式**構造に当たるため、壁量が**多く**必要。 熱・音を遮断する性能に**優れている**。 耐震性は**劣り**、耐震性を上げるには、壁厚を**大きく**、大きな開口部をつくることを**避ける**。 ポイントⅠでの「補強コンクリートブロック（構造）」などが、これに該当する。

過 令3 (12月)-50

❺ 建築物の骨組みの「形（構造形式）」について

建築構造は、骨組みの「形」によって、以下の分類がある。

◆主な骨組みの「形」と建築構造

骨組みの形 （建築構造）	内容と特徴
ラーメン構造	垂直方向の柱と、水平方向で柱をつなぐ梁によって、建物全体を支える構造。
トラス構造	部材で三角形を構成し、その集合体によって建築物を作る構造。鉄橋や屋根をイメージするとよい。 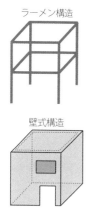

ラーメン構造

壁式構造

648

アーチ構造	部材が円弧を描く形式の構造。 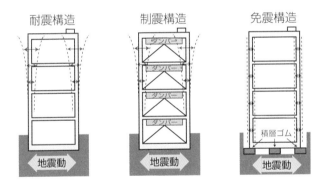
壁式構造	柱と梁の代わりに**壁で建物の荷重を支える**構造。ポイントⅠでの「補強コンクリートブロック（構造）」などが、これに該当する。

❻「耐震」「制震」「免震」構造について

また、地震に対する建物の安全確保に対して、耐震、制震、免震という３つの考え方があり、この視点から構造を分けることもできる。

「**耐震**」構造とは、建物自体の剛性（強さ）や粘り（変形能力）を高めて、地震力に抵抗する建築構造である。要するに、**建物自体を頑丈につくる**イメージだ。これは現在の建築基準法の耐震関係の規定に適合しない既存不適格建築物に対する補強にも利用されている。

「**制震**」構造とは、**建物に入った地震力を吸収**できるよう、ダ**ンパーなどを設置**する建築構造である。

そして、「**免震**」構造とは、**基礎（下部構造）と建物本体（上部構造）との間にゴムなどのクッション（免震装置）を設けて、地震による揺れを低減**させる建築構造である。

❶補強コンクリートブロック造は、壁量を多く必要とはせず、住宅等の小規模の建物
には使用されていない。(令 3-12 月 -50)

答 ✕ 補強コンクリートブロック造は、壁式構造なので壁量を多く必要とし、ま
た、小規模の建物に多く使用**されている**。

❷鉄骨構造は、耐火被覆や鋼材の加工性の問題があり、現在は住宅、店舗等の建物に
は用いられていない。(令 3-10 月 -50)

答 ✕ 鉄骨構造は加工性が高く、住宅、店舗等の建物にも用いられている。

❸鉄骨造は、不燃構造であり、靭性が大きいことから、鋼材の防錆処理を行う必要は
ない。(令 2-12 月 -50)

答 ✕ 鉄骨造は、不燃構造であり、靭性が大きいが、鋼材の防錆処理を行うこ
とが必要である。

❹直接基礎の種類には、形状により、柱の下に設ける独立基礎、壁体等の下に設ける
べた基礎、建物の底部全体に設ける布基礎(連続基礎)等がある。(令 2-10 月 -50)

答 ✕ 直接基礎には、形状によって、柱の下に設ける独立基礎、建物の底部全体
に設けるべた基礎、壁体等の下に設ける布基礎(連続基礎)等がある。べた基礎
と布基礎(連続基礎)の説明が逆になっている。

❺耐震は、建物の強度や粘り強さで地震に耐える技術であるが、既存不適格建築物の
地震に対する補強には利用されていない。(令元 -50)

答 ✕ 耐震は、建物の強度や粘り強さによって地震に耐える技術であり、既存不
適格建築物の地震に対する補強に利用されている。

❻鉄骨構造は、不燃構造であり、耐火材料による耐火被覆がなくても耐火構造にする
ことができる。(平 30-50)

答 ✕ 鉄骨構造は、不燃構造だが、耐火構造ではない。耐火構造にするには耐
火材料による耐火被覆が必要である。

❼木材の強度は、含水率が小さい状態の方が低くなる。(平 29-50)

答 ✕ 木材の強度は、含水率が小さい状態の方が高くなる。

650

索 引

本書の正誤情報や、本書編集時点から 2024 年 4 月 1 日（2024 年度試験の出題法令基準日〈予定〉）までに施行される法改正情報等は、下記のアドレスでご確認ください。
http://www.s-henshu.info/tkgt2402/

上記掲載以外の箇所で正誤についてお気づきの場合は、**書名・発行日・質問事項（該当ページ・行数・問題番号**などと**誤りだと思う理由）・氏名・連絡先**を明記のうえ、お問い合わせください。
• web からのお問い合わせ：上記アドレス内【正誤情報】へ
• 郵便または FAX でのお問い合わせ：下記住所または FAX 番号へ
※電話でのお問い合わせはお受けできません。

[宛先] コンデックス情報研究所
『いちばんわかりやすい！ 宅建士合格テキスト '24 年版』係
住　所：〒 359-0042　所沢市並木 3-1-9
FAX 番号：04-2995-4362（10:00 ～ 17:00　土日祝日を除く）

※**本書の正誤以外に関するご質問にはお答えいたしかねます。**また、受験指導などは行っておりません。
※ご質問の受付期限は、**2024 年 10 月の試験日の 10 日前必着**といたします。
※回答日時の指定はできません。また、ご質問の内容によっては回答まで 10 日前後お時間をいただく場合があります。
あらかじめご了承ください。

イラスト：ひらのんさ

■ 監修：串田誠一（くしだ　せいいち）
弁護士。元法政大学大学院教授。法政大学法学部卒。司法試験、公認会計士試験、大手ゼネコンでの宅建士試験指導を長年担当。司法試験合格後、宅建士指導のために宅建士試験にも合格。

■ 編著：コンデックス情報研究所
1990 年 6 月設立。法律・福祉・技術・教育分野において、書籍の企画・執筆・編集、大学および通信教育機関との共同教材開発を行っている研究者・実務家・編集者のグループ。

いちばんわかりやすい! 宅建士合格テキスト '24年版

2024年 4 月20日発行

監　修　串田誠一
編　著　コンデックス情報研究所
発行者　深見公子
発行所　成美堂出版
　　　　〒162-8445　東京都新宿区新小川町 1 - 7
　　　　電話(03)5206-8151 FAX(03)5206-8159
印　刷　大盛印刷株式会社

別冊

'24年版
いちばんわかりやすい！
宅建士合格テキスト

直前チェック用
ポイント集

※矢印の方向に引くと
　取り外せます。

本書で出てきた「ポイント」を集め
たポイント集です。出題数の多い「第
3編 宅建業法」をメインとして、「第
1編 権利関係」からも特に押さえた
いポイントを掲載しました。試験直
前に活用しましょう。

成美堂出版

ポイント I　宅建業法の「宅地」　☞ P.460

チェック ✓

①建物の敷地に供せられる土地

　➡現に建物が建っているか、（将来）建物を建てる目的で取引される土地。

　➡建物の敷地に供せられる土地であれば、用途地域の内外は問われない（宅地に該当）。

　➡地目、現況がどうなっているかは問わない。

②道路、公園、河川、広場、水路以外の用途地域内の土地

　➡用途地域内にあれば、農地、倉庫用地、資材置場用地も宅地である。

ポイント II　宅建業法の「建物」　☞ P.461

チェック ✓

・土地に定着する工作物のうち、屋根及び柱若しくは壁を有するもの

　➡学校、病院、官公庁施設等の公共的な施設も当たる。

ポイント III　宅建業の「取引」と「業」　☞ P.462

チェック ✓

・自ら貸借する場合は「取引」に当たらない。宅建業の免許不要。

	自　ら	代　理	媒　介
売　買	○	○	○
交　換	○	○	○
貸　借	×	○	○

・宅地建物の取引を「業」として行うとは？

　①不特定多数の者を相手方として、

　②反復又は継続して行うこと。

ポイント I 宅建業は誰の免許を受けるのか？　☞ P.465

① 2以上の都道府県の区域内に**事務所を設置**してその事業を営もうとする場合
→ 国土交通大臣免許

② 1つの都道府県の区域内に**のみ事務所を設置**してその事業を営もうとする場合
→ 当該事務所の所在地を管轄する都道府県知事免許

国土交通大臣免許

甲県	乙県
事務所	事務所

2以上の都道府県の区域内に事務所を設置

甲県知事免許

甲県
事務所

1つの都道府県の区域内にのみ事務所を設置

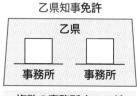

乙県知事免許

乙県	
事務所	事務所

複数の事務所すべてが1つの都道府県内にある

チェック ✓

ポイント II 免許の欠格事由　☞ P.474

免許を受けようとする者（法人）自身に問題があるグループ

該当者	内容・備考
破産手続開始の決定を受けて復権を得ない者	復権を得れば、直ちに免許を受けることができる。
3大悪事により免許を取り消された場合	取消日から5年間は免許を受けることができない。
3大悪事により免許を取り消された法人の聴聞の期日及び場所の公示日前60日以内にその法人の役員であった者	取消日から5年間は免許を受けることができない。
3大悪事による取消処分を回避するため、業者が偽装廃業などをした場合	一定の場合を除き、解散・廃業の届出日から5年間、免許を受けることができない。

３大悪事による取消処分を回避するため、偽装廃業などをした法人の聴聞の期日及び場所の公示日前 60 日以内にその法人の役員であった者	一定の場合を除き、解散による消滅・届出日から５年間、免許を受けることができない。
禁錮以上の刑に処せられた場合	その刑の執行を終わり、又は執行を受けることがなくなった日から５年を経過しない者は、免許を受けることができない。
執行猶予が付された場合	執行猶予期間を無事満了すれば、満了日の翌日から免許を受けることができる。
控訴・上告により裁判が係属中の場合	免許を受けることができる。
宅建業法違反、一定の暴力的犯罪、背任罪で罰金刑に処せられた場合	その刑の執行が終わり、又は執行を受けることがなくなった日から５年を経過しない者は、免許を受けることができない。
上記以外の罪名で罰金刑、拘留・科料に処せられた場合	直ちに免許を受けることができる。
暴力団員又は暴力団員でなくなった日から５年を経過しない者	免許を受けることができない。
免許の申請前５年以内に宅地建物取引業に関し不正又は著しく不当な行為をした者	
心身の故障がある者	なお、宅建業者（個人に限り、未成年者を除く）が宅建業の業務に関し行った行為は、行為能力の制限を理由とする取消しはできない。

 ポイント **Ⅰ** 宅建業者名簿の登載事項と変更の届出を要する事項

☞ P.478

 チェック ✓

①役員の「住所」は、宅建業者名簿の登載事項か？

　➡登載事項ではないので、変更の届出も**不要**。

②事務所の「所在地」は、宅建業者名簿の登載事項か？

　➡登載事項であり、変更の届出も**必要**。

③宅建業以外の兼業の種類は、宅建業者名簿の登載事項か？

　➡登載事項であるが、変更の届出は**不要**。

ポイント II 免許の効力・有効期間・更新　☞ P.480

①宅建業の免許は、**個別的（その人のみ）**に与えられる。

　➡免許を受けた人が法人を設立しても、その法人に免許なし！

②宅建業の免許の有効期間は**5年間**。

　➡免許の更新は、免許の有効期間満了日の**90日前から30日前まで**の間に免許申請書を提出する。

　➡申請したのに処分がされない場合、処分までの間は、従前の免許の効力あり。

　➡業務停止処分中でも、免許更新の申請はできる！

ポイント III 宅建業の廃業等の届出　☞ P.483

届出事由	届出義務者	届出期間	免許の失効時期
死亡	相続人（一般承継人）	死亡を知った日から30日以内	死亡の時
法人の合併による消滅	消滅会社の代表役員	その日から30日以内	合併の時
破産手続開始の決定	破産管財人		届出の時
解散	清算人		
廃業	・本人 ・法人の代表者		

廃業等の届出は「届出義務者」と「届出期間」が集中的に出題されているぞ。

ポイント **I**　宅建士の登録欠格事由　　　☞ P.490

(1) 免許の欠格事由とほぼ同じもの	
①宅建業の**営業**に関し**成年者と同一**の行為能力を有しない未成年者	登録できない。
②**破産手続開始**の決定を受けて**復権**を得ない者	
③**3大悪事**に該当して、免許を**取り消された**場合	**取消日**から**5年間**登録できない。
④**3大悪事**に該当して、免許を**取り消された法人**の聴聞期日及び場所の**公示の日前60日以内**にその法人の**役員**であった者	
⑤**3大悪事**による取消処分を回避するために**偽装廃業**などをした者	一定の場合を除き、**廃業の届出日**から**5年間**登録できない。
⑥**3大悪事**による取消処分を回避するために**偽装廃業**などをした**法人**の聴聞期日及び場所の**公示の日前60日以内**にその法人の**役員**であった者	一定の場合を除き、**解散**による**消滅・届出の日**から**5年間**登録できない。
⑦**禁固以上の刑**に処せられた場合	**刑の執行を終わり**、又は執行を受けることがなくなった日から**5年間**登録できない。
⑧**宅建業法違反**、一定の暴力的犯罪（**傷害罪**など）、**脅迫罪**、**背任罪で罰金刑**に処せられた者	
⑨**暴力団員等**	登録できない。
(2) 免許の欠格事由と「ほぼ同じ」もの	
心身の故障により、宅建士の事務を適正に行うことができない者 ⬇ **精神の機能の障害**により、宅建業を適正に営むに当たって必要な**認知、判断及び意思疎通**を適切に行うことが**できない**者	登録できない。
(3) 登録固有の欠格事由	
①**4つの悪事**のいずれかに該当して登録の**消除**を受けた者 ⬇ **不正な手段**により登録・宅建士証の**交付**を受けたなど	**登録消除処分の日**から**5年間**登録できない。
②上記の登録消除処分の聴聞期日及び**場所が公示された日**から当該処分日又は当該処分をしないことを決定する日までの間に、相当の理由なく、登録の**消除の申請**をした者	
③**事務禁止処分**期間中に、**本人**の**申請**に基づき登録が**消除**された者	**事務禁止処分期間中**は、登録できない。

ポイント I　宅建士の死亡等の届出　　☞ P.497

届出事項	届出義務者	届出期間
死亡したとき	相続人	死亡の事実を知った日から30日以内
心身の故障により宅建士の**事務を適正に行うことができない者**として国土交通省令で定めるもの（精神の機能の障害により宅建士の事務を適正に行うに当たって必要な認知、判断及び意思疎通を適切に行うことができない者）に**該当したとき**	本人法定代理人同居の親族	その日から30日以内
禁錮以上の刑に処せられたなど、**一定の欠格事由に該当したとき**	本人	

ポイント II　宅建士資格登録簿の「変更の登録」と「登録の移転」
☞ P.498

・**押さえたい宅建士資格登録簿の登載事項**
　➡①氏名、生年月日、**住所**
　　②**本籍**、性別
　　③業務に従事している宅建業者の商号・名称・免許証番号
　➡**これらの登載事項に変更があれば、遅滞なく、登録を受けている都道府県知事に、変更の登録を申請しなけ**ればならない。

・宅建士資格登録簿は、一般の閲覧には**供されない**。
　➡しかし、「**専任の宅建士の氏名**」は、「**宅建業者**」名簿の登載事項なので、一般の閲覧に供されることとなる。

・登録の「移転」の申請は、宅建士証の**更新の際の便宜**を図るために行うことができるものであり、**義務ではない。**

⬇そして、

登録の移転の手続は、現在登録している都道府県知事を**経由**して、**移転先**の都道府県知事に申請する。

⬇

登録の**移転を申請できる**のは、現在登録している都道府県知事が管轄している都道府県**以外**の都道府県に所在する宅建業者の事務所の**業務に従事**し、又は**従事しようとする**とき。

➡**転職、転勤の場合：申請できる。**

➡**住所の変更の場合：申請できない。**

ポイント **I** 宅建士証の交付申請　　　　☞ P.502

チェック ✓

・宅建士証の交付申請先は？

➡**登録を受けている都道府県知事。**

・宅建士証の交付申請に当たり、**申請前6か月以内**に行われる**登録を受けている都道府県知事が指定する法定講習**を受講する。

➡講習の指定者は、国土交通大臣**ではない。**

➡法定講習の免除者は、

①試験合格日から**1年以内**の者

②**登録の移転**の申請とともに交付を受けようとする者

7

ポイント・II 宅建士証の有効期間・有効期間の更新
☞ P.503

①宅建士証の有効期間は？

➡原則として **5年**。更新後の有効期間も **5年**。

➡**登録の移転**の申請とともに交付を申請したときは、**従前の宅建士証の有効期間**。

②宅建士証の更新の申請期間は？

➡**有効期間満了**まで。

➡なお、**更新**についても**法定講習の受講が必要**。

ポイント・III 宅建士証の提示・返納・提出義務 ☞ P.505

①宅建士証の提示義務

➡**重要事項説明**の際は、**必ず提示**。

➡**それ以外**の場合は、取引関係者から**請求があれば**提示。

②宅建士証の**「返納」義務**があるのは…

➡**登録が消除されたとき**と、宅建士証が**効力を失ったとき**。

③宅建士証の**「提出」義務**があるのは…

➡**事務禁止処分**を受けた場合に、速やかに、**交付を受けた都道府県知事**に提出する。

➡返納・提出を怠ると、**10万円以下の過料**（罰則）あり。

ポイント・IV みなし専任 ☞ P.507

以下の場合は、**「専任の宅建士」**とみなされる！

①**個人の宅建業者**が**宅建士**である場合
（主として業務に従事する事務所等では）

➡この場合の個人の宅建業者（宅建士）が未成年者である場合、その未成年者は「専任の宅建士」となる。

②**法人の宅建業者の役員**が**宅建士**である場合

ポイント　I　営業保証金のポイント　　☞ P.517

①営業保証金の供託なくして宅建業を開始できるか？

　➡ できない。「免許の取得➡供託➡届出➡事業開始」だ。

　➡ 届出は、宅建業者が行い、供託書の写しを添付する！

　➡ 3か月以内に届出をしない宅建業者には、免許権者が
　　催告をして、催告到達日から1か月以内に届出をしな
　　いと、免許を取り消すことができる。

②営業保証金の額：主たる事務所：1,000万円

　　　　　　　　　　従たる事務所：500万円 × 事務所数

③有価証券を使った供託について、評価額

　・国債証券：額面金額の100%

　・地方債証券・政府保証債証券：額面金額の90%

　・その他の債権（社債券など）：額面金額の80%

④どこの供託所に供託するか？

　➡ 主たる事務所の最寄りの供託所

⑤還付により供託額が不足した場合、免許権者は補充供託
　の通知書を宅建業者に送付し、通知を受けた日から2週
　間以内に不足額を供託し、供託日から2週間以内に、供
　託書の写しを添付して、供託した旨を免許権者に届け出
　る。

9

チェック ✓
☐ ☐ ☐

ポイント Ⅰ 保証協会のポイント　　☞ P.523

①宅建業者は、複数の保証協会に加入できるか？

➡どちらか一方の保証協会にしか加入できない。

②必須業務である**苦情の解決について、保証協会は社員に**
対し、何ができる？

➡**文書・口頭による説明、資料の提出**を求めることができる。

➡社員は、**正当な理由**がある場合でなければ、拒めない。

③保証協会が直ちに**免許権者に報告しなければならない場**
合は？

➡新たに社員が加入したとき

➡社員がその地位を失ったとき

ポイント Ⅱ 弁済業務保証金分担金の納付額、時期等
☞ P.525

チェック ✓
☐ ☐ ☐

①弁済業務保証金「**分担金**」の納付額は？

・主たる事務所（本店）：60 万円

・従たる事務所（支店）：事務所ごとに 30 万円

②弁済業務保証金「**分担金**」の納付期限は？

・新規加入の場合：加入日まで

・事務所増設の場合：増設日から 2 週間以内

⬇

期日までに、弁済業務保証金分担金を納付しないときは、
社員の地位を失う。

ポイント **III** 弁済業務保証金の供託期限と供託先

☞ P.526

供託期限	弁済業務保証金分担金の納付日から1週間以内
供託先	弁済業務保証金は、法務大臣及び国土交通大臣の定める供託所

ポイント **IV** 弁済業務保証金の還付額、請求権者、認証等

☞ P.527

①弁済業務保証金の還付額は？

➡**営業保証金額に相当する額**の範囲内

②**弁済業務保証金の還付請求権者は？**

➡保証協会の社員である宅建業者と**宅建業に関して取引**をし、その**取引により生じた債権**を有する者。

➡**宅建業者が保証協会の社員となる前に取引**をした者でも、還付を受けることができる。

➡宅建業者が還付を受けることは**できない**。

③**弁済業務保証金から還付を受ける流れは？**

弁済を受ける額について、**保証協会の認証**が必要。

↓

供託所に還付請求をして、供託所が**還付**する。

ポイント Ⅴ 補充供託・還付充当金　　🖙 P.529

①補充供託の期限は？

➡国土交通大臣から**還付の通知書の送付を受けた日**から、**2週間以内**。

②補充供託の額は？

➡還付された**弁済業務保証金額**に相当する額。

③還付充当金の納付の流れは？

保証協会は、弁済業務保証金の還付があったときは、還付に係る**社員又は社員であった者**に対し、還付相当額の還付充当金を保証協会に納付すべきことを**通知**する。

⬇

通知を受けた**社員又は社員であった者**は、その**通知を受けた日から2週間以内**に、還付充当金を保証協会に納付。

➡還付充当金を納付しないときは、**社員の地位**を失う。

◆ 弁済業務保証金の全体の流れ

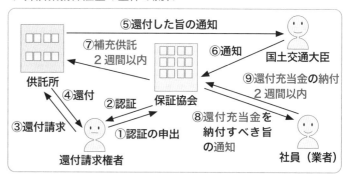

ポイント　I　媒介契約の種類　　☞ P.534

チェック ✓ □ □ □

契約の種類	他の宅建業者に重ねて依頼	自己発見取引
一般媒介契約	できる	許される
専任媒介契約	できない	許される
専属専任媒介契約	できない	許されない

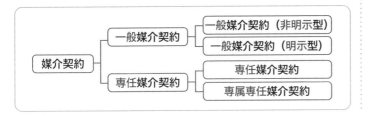

チェック ✓ □ □ □

ポイント　II　一般媒介契約と（専属）専任媒介契約のまとめ　　☞ P.536

項　目	一般媒介契約	専任媒介契約	専属専任媒介契約
他の宅建業者への依頼	できる	できない	
自己発見取引	できる	できる	できない
有効期間の制限	なし	3か月以内	
更　新	できる	依頼者の申出があるときに限る	
指定流通機構への登録	義務なし（登録は可能）	7日以内（休業日を除く）	5日以内（休業日を除く）
業務処理状況の報告義務	なし	2週間に1回以上	1週間に1回以上
申込時の報告	遅滞なく、報告する義務あり		

13

ポイント **III** 媒介契約書面のポイント　☞ P.539

・媒介契約書面は、誰が作成するか？

➡**宅建業者**が遅滞なく作成。

➡**宅建業者**が**記名押印**し、依頼者に交付する。

➡「宅建士」に記名や説明をさせる必要は**ない**。

・媒介契約書面の記載事項のうち、覚えておきたい5つは？

①宅地又は建物を**売買すべき価額又はその評価額**

➡これについて**意見を述べる**ときは、その**根拠を明らかにしなければならない**。これは**口頭で示してもよい**。

②依頼者に対する**建物状況調査**を実施する者の**あっせんに**関する事項

③媒介契約の**有効期間**及び**解除**に関する事項

④**専任媒介契約**の場合、依頼者が他の宅建業者の媒介又は代理によって売買又は交換の契約を成立させたときの措置

⑤**標準媒介契約約款**に基づくものであるか否かの別

・建物状況調査の実施者は？

➡**国土交通大臣が定める講習を修了した建築士**。

建物状況調査（インスペクション）は、建物の構造耐力上主要な部分又は雨水の浸入を防止する部分として国土交通省令で定めるものの状況の調査で、国土交通大臣が定める講習を修了した建築士が実施するものだ。

ポイント　**I**　「誇大広告等の禁止」のポイント　☞ P.544

①**誇大広告とは？**

➡**著しく事実に相違する表示**

実際よりも**著しく優良**、有利と誤認させるような表示

②誇大広告等の禁止の**広告媒体は、何でもよい？**

➡よい。種類は**問われない**。

③この規制に**抵触する表示**を行っただけでも**違反**となる？

➡なる。

➡広告への**問合せや申込み**がなかったとき、契約成立には至らなかったとき、損害が実際に発生していない場合も違反。

④利用制限の**一部を表示しない**ことにより誤認させることも禁止される？

➡される。誤認方法の制限はない。

⑤**「おとり広告」とは？**

➡**売る意思のない条件の良い物件**を広告し、**他の物件を販売**しようとする広告。

⑥**「虚偽広告」とは？**

➡**存在しない物件等**を広告して、実際は**他の物件を販売**しようとする広告

⑦**誇大広告等の禁止に違反した場合**

・**監督処分**の対象となる。

・**懲役、罰金**又はこれらを**併科**されうる。

15

ポイント **II** 広告開始時期の制限　　　☞ P.545

①**工事の完了前**は、**開発許可、建築確認**などの**処分後**でなければ、**すべての業務に関する広告**をしてはならない。

②開発許可や建築確認の**申請中**に「**申請中**」である旨を表示しても、**広告をすることはできない**。

➡ただし、**建築確認を受けた後に「変更の確認」を申請している場合、当初の確認内容で広告を継続することはできる。**

ポイント **III** 「取引態様の別の明示」のポイント　☞ P.547

①**宅建業者は、取引に関する広告をするときには、取引態様の別を明示する。**

➡「**自ら貸借**」**以外**の場合が該当する。

②**宅建業者は、宅地又は建物の売買に関する注文を受けたときにも、注文者に対して、取引態様の別を明らかにする。**

➡注文者が「取引態様が明示された広告」を見て注文したときでも、取引態様の別を**明らかにする**。

③複数回に分けて広告をするとき、すべての広告に取引態様の別を明示しなければならないか？

➡明示**しなければならない**。

④取引態様の別の明示は、問合せがなく、契約成立には至らなかったとしても行わないと違反となる？

➡**違反**と**なる**。結果は関係が**ない**。

ポイント Ⅰ　重要事項説明の「時期」と「方法」☞ P.551

チェック ✓

①重要事項説明は「いつ」行う？　➡契約成立まで。

②重要事項説明は「誰が」行う？　➡宅建士。

③重要事項説明は「どのように」行う？

　➡宅建士が記名した重要事項説明書を交付し、さらに、必ず宅建士証を提示したうえで行う。

　➡相手方が宅建業者の場合、宅建士が記名した重要事項説明書の交付のみでもよい。

　➡重要事項説明書の記載内容が異なっていた場合、意図的ではなくても、宅建業法違反。

チェック ✓

☞ P.552

グループⅠ　取引対象の「宅地・建物」に関する重要説明事項
（宅建業法35条1項1号〜5号、6号の2、同法施行規則16条の2の2、16条の4の3）。

①当該宅地又は建物の上に存する**登記された**権利の種類及び内容並びに**登記名義人**又は登記簿の**表題部**に記録された**所有者の氏名**など

②**法令に基づく制限**に関する事項の概要

③**私道**に関する**負担**に関する事項（建物の貸借の契約**以外**のものであるとき）

　➡貸借の場合、敷地に私道負担があっても借主には関係がないため、**説明事項とはされていない。**

④飲用水、電気及び**ガス**の供給並びに**排水**のための施設の**整備の状況**（これらの施設が整備されていない場合においては、整備の**見通し**及びその整備についての**特別の負担**に関する事項）

⑤**未完成物件**の場合、**完了時**における**形状、構造**など

⑥建物が**既存建物**であれば、次の事項

・建物状況調査を実施しているか、及び実施している場合の**結果の概要**

　➡**既存建物**とは、**中古**の戸建て住宅やマンションのことである。

　➡原則として、**1年以内**に実施されたもの。

　➡**貸借の場合も説明する。**

・設計図書、点検記録その他の建物の建築及び維持保全の状況に関する一定の書類の保存状況

   ➡書類の保存状況は、書類の有無だけを説明すればよく、記載内容の説明は不要。

   ➡貸借の場合は、説明は不要。

◆ 既存建物についての重要事項説明

項　　目	売　買	貸　借
建物状況調査の実施の有無・結果の概要	説明する	説明する
書類の保存状況	説明する	説明不要

⑦宅地又は建物が造成宅地防災区域内にあるときは、その旨

⑧宅地又は建物が土砂災害警戒区域内にあるときは、その旨

⑨宅地又は建物が津波災害警戒区域内にあるときは、その旨

⑩水防法施行規則により当該宅地又は建物が所在する**市町村の長が提供する図面**に当該**宅地又は建物の位置が表示**されているときは、図面における**宅地又は建物の所在地**

⑪建物に石綿（アスベスト）の使用の有無の調査結果が記録されているときは、その内容

   ➡あくまでも「調査結果が記録されている」ときに、その内容の説明が必要とあり、**宅建業者に調査義務は課されていない**。この場合は「調査結果なし」と説明する。

⑫建物が昭和56年6月1日以前に新築の工事に着手したもので、一定の耐震診断を受けたものであるときは、その内容

   ➡新耐震基準が施行された**昭和56年6月1日以降**の新築建物は、一定の耐震性能が確保されているため、それ以前の**新築建物が対象**となる。

⑬建物が住宅性能評価を受けた新築住宅であるときは、その旨

チェック ✓

☐☐☐

☞ P.554

グループⅡ 　**「取引条件」に関する重要説明事項**
（宅建業法35条1項7号〜13号、2項）。

①代金、交換差金、借賃以外に授受される金銭額及び授受の目的

   ➡**代金と借賃**は、重要説明事項ではない。それ以外の手付金や敷金、保証金、礼金、権利金などの額と授受の目的だ。

②契約の解除に関する事項

③損害賠償額の予定又は違約金に関する事項

   ➡②③の定めがないときは、「定めなし」と説明書に記載する。

④手付金等の保全措置の概要

　➡保全措置を行う機関の種類と名称を説明する。

⑤支払金又は預り金を受領しようとする場合において、保全措置を講ずるかどうか、及びその措置を講ずる場合の措置の概要

　➡預り金が 50 万円未満であれば、説明の必要はない。

⑥代金又は交換差金に関する金銭の貸借のあっせんの内容及びあっせんに係る金銭の貸借が成立しないときの措置

　➡「代金又は交換差金に関する金銭の貸借のあっせん」とは、**住宅ローンなどのあっせん**のことだ。住宅ローンの融資の条件や**住宅ローンが成立しないときの措置**を説明する。

⑦宅地建物が種類又は品質に関して**契約不適合である場合、その不適合を担保すべき責任の履行に関する措置**を講ずるかどうか、その措置の概要

⑧**宅地建物の割賦販売**に関する事項

・現金販売価格

・割賦販売価格

・宅地又は建物の引渡しまでに支払う金銭の額及び賦払金の額並びにその支払の時期及び方法

☞ P.555

グループⅢ	「区分所有建物」の場合に加わる重要説明事項 (宅建業法 35 条 1 項 6 号、同法施行規則 16 条の 2 各号)。

①区分所有建物を所有するための一棟の建物の敷地に関する権利の種類及び内容

②共用部分に関する規約の定め（その案を含む）があるときは、その内容

③専有部分の用途その他の利用の制限に関する規約の定め（その案を含む）があるときは、その内容

④一棟の建物又はその敷地の一部を特定の者にのみ使用を許す旨の規約の定め（その案を含む）があるときは、その内容

⑤一棟の建物の計画的な維持修繕のための費用、通常の管理費用その他の当該建物の所有者が負担しなければならない費用を特定の者にのみ減免する旨の規約の定めがあるときは、その内容

⑥一棟の建物の計画的な維持修繕のための費用の積立てを行う旨の規約の定めがあるときは、その内容及び既に積み立てられている額

⑦建物の所有者が負担しなければならない通常の管理費用額

⑧一棟の建物及びその敷地の管理が（管理会社などに）委託されているときは、その委託を受けている者の氏名（法人の場合は、その商号又は名称）及び住所（法人の場合は、その主たる事務所の所在地）

⑨一棟の建物の維持修繕の実施状況が記録されているときは、その内容

チェック ✓

☐ ☐ ☐

グループⅣ	「貸借」に加わる説明事項 （宅建業法 35 条 1 項 14 号、同法施行規則 16 条の 4 の 3 各号）。

①台所、浴室、便所その他の当該建物の設備の整備状況

　➡台所、浴室等の有無や、ユニットバスか独立型の浴室か、エアコンの設置有無など。

　➡これが「貸借で加わる」ということは、売買時には説明事項ではない。

②契約期間及び契約の更新に関する事項（更新時の賃料改定方法など）

③定期借地権、定期建物賃貸借、終身建物賃貸借の場合には、その旨

④宅地建物（区分所有建物を除く）の用途その他の利用に係る制限に関する事項

⑤敷金その他の契約終了時に精算する金銭（いかなる名義かは問わない）の精算に関する事項（精算方法）

⑥宅地・建物の管理が委託されているときは、その委託を受けている者の氏名（法人の場合は、その商号又は名称）及び住所（法人の場合は、その主たる事務所の所在地）

⑦契約終了時の宅地上の建物の取壊しに関する事項を定めるときは、その内容

MEMO

ポイント Ⅰ　37 条書面と重要事項説明書の作成・交付

☞ P.562

☞ P.562

チェック ✓

	37 条書面	重要事項説明書
作成義務者	宅建業者	
作成時期	契約成立後遅滞なく	契約が成立するまで
宅建士の記名	必　要	
交付の相手方	・売主、買主 ・貸主、借主 ・取得者双方	・買主 ・借主 ・取得者双方
説　明	不　要	宅建士が説明

ポイント Ⅱ　37 条書面の「必要的」記載事項

☞ P.563

チェック ✓

37 条書面の 必要的記載事項	売　買	貸　借	重要事項 説明書
①当事者の氏名及び住所 　（法人の場合：名称）	○	○	○
②宅地建物の特定に必要な 　表示	○	○	○
③代金（借賃）又は交換差 　金の額並びにその支払の 　時期及び方法	○	○	×
④宅地建物の引渡時期	○	○	×
⑤移転登記の申請時期	○	×	×
⑥既存建物であるとき、建 　物の構造耐力上主要な部 　分等の状況について当事 　者の双方が確認した事項	○	×	×

ポイント Ⅲ 37条書面の「任意的」記載事項　　☞ P.564

37条書面の任意的記載事項		売買	貸借	重要事項説明書
①代金（借賃）及び交換差金以外の金銭の授受に関する定めがあるとき	額と金銭授受の時期及び目的	○	○	○ 額と授受の目的のみ
②契約解除に関する定めがあるとき	その内容	○	○	○
③損害賠償額の予定又は違約金に関する定めがあるとき	その内容	○	○	○
④代金又は交換差金についての金銭の貸借のあっせんに関する定めがあるとき	あっせんに係る金銭の貸借が成立しないときの措置	○	×	○ あっせんの内容及びそのあっせんに係る金銭の貸借が成立しないときの措置
⑤契約不適合責任を担保すべき責任又はその履行に関して講ずべき措置に関する定めがあるとき	その内容	○	×	○ 講じるかどうかの措置の概要
⑥天災その他不可抗力による損害の負担に関する定めがあるとき	その内容	○	○	×
⑦租税その他の公課の負担に関する定めがあるとき	その内容	○	×	×

ポイント Ⅳ 電磁的方法による提供ができる主な書面（4つ）
☞ P.566

①媒介契約書（宅建業法34条の2第11項）

②指定流通機構への登録を証する書面（同条12項）

③重要事項説明書（同法35条8項、9項）

④**37条書面**（同法37条4項、5項）

10章　自ら売主制限

ポイント Ⅰ **クーリング・オフができない場合（その1）
【主な買受けの申込み・契約締結場所】**
☞ P.570

①**宅建業者の事務所**

②宅建業者の事務所以外だが、**継続的に業務を行うことができる施設**を有する場所
➡事務所としての物的施設を有しているが、契約締結権限を有する者が置かれていないモデルハウスや営業所など。

③**宅建業者が一団の宅地建物の分譲を行う案内所**
➡**土地に定着する建物内に設けられるもの**に限る。
➡**テント張りの案内所などは当たらない。**

④売主である宅建業者が、**他の宅建業者に代理又は媒介の依頼をした場合の依頼を受けた他の宅建業者の①～③の場所**

⑤相手方（買主）が自宅又は勤務場所で宅地建物の売買契約に関する説明を受ける旨を申し出た場合の相手方（買主）の自宅又は勤務する場所

ポイント **II** クーリング・オフができなくなる場合（その2）
【期間と履行】

☞ P.571

⑥申込者等が、**書面でクーリング・オフができる旨及びその方法について告げられた**場合において、その**告げられた日から起算して8日を経過した**とき（宅建業法37条の2第1項1号、同法施行規則16条の6）

⑦申込者等が、契約の**目的物である宅地又は建物の引渡し**を受け、かつ、その**代金の全部を支払った**とき

ポイント **I** 2つの自己所有に属しない契約制限（自ら売主制限）

☞ P.575

①宅建業者が自ら売主となる他人物の売買契約・予約は、許されるか？

→原則：禁止

例外：宅建業者が当該物件の**取得契約**又は**予約契約**を締結しているとき

再例外：ただし、**停止条件付取得契約**の場合は禁止。

②宅建業者が自ら売主となる未完成物件の売買契約は、許されるか？

→原則：禁止

例外：**手付金等の保全措置**を講じた場合

ポイント **II** 担保責任の特約の制限（自ら売主制限）

☞ P.576

①契約内容不適合の担保責任に関し、**民法が規定する期間より、買主に不利な特約**をしてはならない。

②目的物の**引渡日から2年以上**とする特約は有効である。

③①②に反する特約は、無効である。

→宅建業者は、民法の規定どおりの責任を負う。

ポイント III 損害賠償額の予定の制限（自ら売主制限）
☞ P.577

①当事者の債務不履行を理由とする契約解除に伴う損害賠償額の予定、違約金は、これらを合算した額が代金額の10分の2を超えることとなる特約をしてはならない。

②これに反する特約は、代金の額の10分の2を超える部分が無効である。

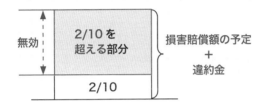

ポイント I 手付額の制限等（自ら売主制限、宅建業法39条）
☞ P.579

①手付額の制限

宅建業者は、自ら売主となる宅地建物の売買契約の締結に際し、代金額の10分の2を超える額の手付を受領できない。

➡これは、買主の承諾があっても許されない。

②宅建業者が、自ら売主となる宅地建物の売買契約の締結に際して手付を受領したときは、手付がいかなる性質のものであっても解約手付としての性質を持つ。

➡これに反する買主に不利な特約は、無効。

⬇よって、

相手方の契約の履行着手後を除き、買主は、その手付を放棄することで、売主（宅建業者）は、倍額を現実に提供して、解除できる。

ポイント II 保全措置を講じずに手付金等を受領できる場合
（宅建業法41条1項但書、41条の2第1項但書、同法施行令3条の5）

☞ P.582

①未完成物件

手付金等の額が代金額の5%以下＋1,000万円以下

②完成物件

手付金等の額が代金額の10%以下＋1,000万円以下

③上記①②の手付金等に加えて中間金などを受領するとき
は、その中間金などの加算額についても保全措置を講じ
る。

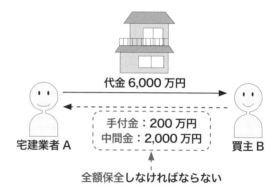

代金6,000万円

手付金：200万円
中間金：2,000万円

宅建業者A　　　買主B

全額保全しなければならない

④買主に所有権移転登記がされた、買主がしたとき

ポイント I 守秘義務（宅建業法45条、75条の3等）
☞ P.586

☞ P.586

チェック ✓

・宅建業者、その使用者と従業者は、正当な理由がある場合でなければ、業務上取り扱ったことについて知り得た秘密を他に漏らしてはならない。

　➡宅建業を営まなくなった後、使用者・従業者でなくなった後も同様である。

・「正当な理由」は、次のような場合に認められる（解釈・運用の考え方第45条関係）。

　①本人の承諾がある場合

　②法律上秘密事項を告げる義務がある場合

　　➡裁判の証人として証言を求められた場合や、税務署等の職員から質問検査権の規定に基づき質問を受けた場合

　③価額又は評価額について意見を述べる義務を果たすため、必要限度で取引事例を顧客や他の宅建業者に提示する場合

ポイント II 手付貸与等の禁止
☞ P.587

☞ P.587

チェック ✓

①宅建業者は、手付の貸付け、その他信用の供与をすることで、契約の締結を誘引する行為が禁止される。

　➡信用の供与とは、手付の分割受領など。

　➡契約締結後に手付が返還された場合も違反となる。

　➡契約締結に至らなかった場合も違反となる。

　　⬇以上に対して…

②顧客と銀行で手付金相当額を融資する契約をあっせんする行為、手付を値引きする行為は、違反しない。

27

ポイント III 重要な事実の不告知等の禁止内容 ☞ P.588

①重要事項説明の対象事項

②供託所等の説明の対象事項

③37 条書面の記載事項

④相手方等の判断に重要な影響を及ぼす宅建業者・取引関係者の資力若しくは信用などに関する事項

ポイント IV 断定的判断の提供の禁止内容 ☞ P.588

①将来利益を生ずることが確実であると誤解させる断定的判断

②契約の目的物である宅地建物の将来の環境又は交通その他の利便について誤解させるような断定的判断

ポイント V 従業者証明書と従業者名簿（宅建業法 48 条 1 項等） ☞ P.590

①従業者証明書

➡宅建業者は、従業者に携帯させなければ、業務に従事させてはならない。

➡携帯すべき者には、代表者（社長）、非常勤役員、単に一時的に事務の補助をする者も含まれる。

➡取引関係者の請求があれば提示しなければならない。

②従業者名簿

➡事務所ごとに備え付ける。

➡取引関係者の請求があれば閲覧させる。

➡最終記載日から 10 年間保存する。

ポイント **VI** 宅建業者の帳簿

①帳簿の備付けの単位は？ ➡事務所ごと。

②帳簿への記載のタイミングは？ ➡取引のつど。

③帳簿の記載事項は？

➡取引年月日、取引に係る**宅地又は建物の所在及び面積**
など。

④**請求があれば、帳簿を閲覧させなければならないか？**

➡応じる義務**なし**。

⑤帳簿の閉鎖時期は？ ➡各事業年度の末日

⑥帳簿の保存期間は？

➡原則：閉鎖後 **5 年間**。

例外：宅建業者が**自ら売主**となる**新築住宅：10 年間**。

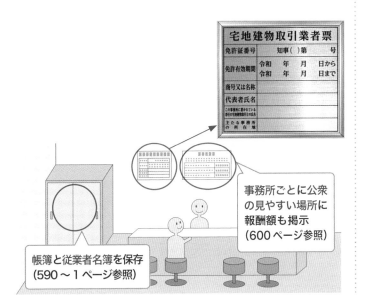

宅地建物取引業者票

免許証番号	知事（ ）第　　号	
免許有効期間	令和　年　月　日から	
	令和　年　月　日まで	
商号又は名称		
代表者氏名		
この事務所に置かれている専任の宅地建物取引士の氏名		
主たる事務所の所在地		

事務所ごとに公衆
の見やすい場所に
報酬額も掲示
（600 ページ参照）

帳簿と従業者名簿を保存
（590～1 ページ参照）

12章 報酬

ポイント **I** 報酬の上限計算で行うこと一覧　☞ P.595

①まずは場合分け！

─ 売買の「媒介」─┬─ 400 万円以下 ➡ 通常の計算式
　　　　　　　　 └─ 400 万円超　➡ 速算式 ─┐
　　　　　　　　　　　　　　　　　　　　　　　　　　ここの計算が
─ 売買の「代理」 ➡「媒介」の 2 倍　　　　　　　ベース！

─ 400 万円以下の特例あり（低廉な空家等）

─ 1 つが「媒介」、1 つが「代理」➡ 合計で「代理」の額が上限

　　　　　　　　　　　　　　　　　　　　　　問題では、だいたい
　　　　　　　　　　　　　　　　　　　　　　違反している！

─ 賃貸借
　├─「居住用」建物賃貸借の「媒介」
　│　├─ 原則　一方から賃料の 2 分の 1
　│　└─ 例外　依頼者の承諾で、1 か月分
　│　　　（貸主・借主双方から受領する場合、合計でも
　│　　　　1 か月分）
　└─ それ以外
　　　├─ 原則　貸主・借主双方の合計で 1 か月分
　　　└─ 例外　権利金があれば、その額を「売買」とみなして計
　　　　　　　　算 OK
　　　　　　　　（貸主・借主双方から受領できる）

②そのうえで**消費税の計算**をする！

　➡ **課税事業者**を押さえていれば、まず大丈夫。

　➡ **費用の上乗せ額**についても、消費税を課す！

　物件価格が 400 万円を超える場合は「物件価格 ×0.03+6 万円」という速算式が便利だ。

物件価格	率（消費税抜き）
イ　**200 万円以下**の部分	5%
ロ　**200 万円超～ 400 万円以下**の部分	4%
ハ　400 万円超の部分	3%

〔400 万円超の速算式〕 物件価格× 0.03（3%）＋ 6 万円

最後の 6 万円を忘れないこと！

ポイント I　宅建業者に対する「指示処分」のポイント

☞ P.605

チェック ✓ □ □ □

指示処分の処分権者	免許権者と管轄知事
指示処分の対象事由	①宅建業法に違反したとき。 ②業務に関し他の法令に違反し、宅建業者として不適当であるとき。 ③宅建士が指示処分、事務禁止処分、登録消除処分を受けたことについて、宅建業者の責めに帰すべき事由があるとき。

ポイント II　「業務停止処分」のポイント

☞ P.605

チェック ✓ □ □ □

業務停止処分の処分権者	免許権者と管轄知事
主な業務停止処分の対象事由	①一定の宅建業法の規定に違反したとき。 ②業務に関し他の法令に違反し、宅建業者として不適当であると認められるとき。 ③宅建士が指示処分、事務禁止処分、登録消除処分を受けたことについて、宅建業者の責めに帰すべき事由があるとき。 ④指示処分に従わないとき。 ⑤宅建業に関し不正又は著しく不当な行為をしたとき。

上の2つは、それぞれの処分の対象事由が出題されるぞ。

ポイント **III** **「免許取消処分」のポイント**   ☞ P.606

免許取消処分の 処分権者	免許権者のみ
必要的取消事由	①免許を受けてから1年以内に事業を開始せず、又は引き続いて1年以上事業を休止したとき。 ②不正の手段で免許を取得したとき。 ③業務停止処分事由に該当し情状が特に重いとき、又は業務停止処分に違反したとき。
任意的取消事由	①宅建業者が、免許の条件に違反したとき。 ②免許権者が、免許を受けた宅建業者の事務所の所在地又は所在を確知できないとき。 ➡その事実の公告日から30日を経過しても当該宅建業者から申出がないとき。

ポイント **IV** **宅建士に対する監督処分**   ☞ P.607

指示処分の処分権者	登録先知事と管轄知事
指示処分事由	専任の宅建士として従事している事務所以外の事務所に対して、専任の宅建士である旨の表示を許し、当該宅建業者が表示をしたときなど。
事務禁止処分の期間	1年以内
事務禁止処分事由	指示処分事由＋指示処分に従わないとき。
登録消除処分事由	不正の手段により登録を受けたときなど。

ポイント Ⅰ 履行確保法の出題ポイント　☞ P.613

①履行確保法は、**宅建業者が自ら売主となる場合にのみ適用**される。

➡**宅建業者が売買契約の「媒介」をする場合や、宅建業者が買主**となる場合には、**適用されない！**

②住宅販売瑕疵担保**保証金を供託する場合の新築住宅の戸数の算定方法は、住宅の床面積が 55m² 以下の場合、住宅 2 戸をもって 1 戸**と数える。

③**資力確保措置**についての**買主への説明義務は、書面を交付して、売買契約の締結までに行う。**

④宅建業者は**資力確保措置の状況**について、**基準日ごと（基準日から 3 週間以内）**に、**免許権者への届出**が必要。

➡**この届出をしない**場合、宅建業者は、**基準日の翌日から起算して 50 日経過日以後、自ら売主となる新たな売買契約ができなくなる！**

◆ 構造耐力上主要な部分（左）と、雨水の浸入を防止する部分（右）

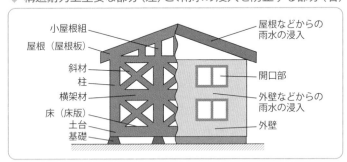

資力確保措置の内容

住宅販売瑕疵担保保証金の供託資力を供託してプールしておく	住宅販売瑕疵担保責任保険契約の締結（保険契約の締結をしておく）

第1編　権利関係

1章　民法総則

チェック ✓
□ □ □

ポイント・I・錯誤が成立するための要件のポイント ☞ P.25

・錯誤は**重要なもの**でなければならない（**要素の錯誤**）
・**動機の錯誤**は、その動機が**表示**されていなければならない。
・**表意者に重大な過失**があれば、**取り消せない**。

↓ただし…

①**相手方が錯誤を知っていた**
②**相手方にも重大な過失があった**
③**相手方も表意者と同一の錯誤に陥っていた**

　　という場合は、**表意者に重大な過失があっても取り消せる**。

チェック ✓
□ □ □

ポイント・II・意思表示の瑕疵(かし)に関する第三者の処理 ☞ P.27

瑕疵ある意思表示	原則的な効果	第三者が現れた場合の処理
心裡留保	有効	直接の相手方が心裡留保を知っているなどで無効となる場合でも、善意の第三者には、無効を主張できない。
虚偽表示	無効	善意の第三者には、無効を主張できない。 →一度善意の第三者が現れると、その後の転得者(てんとくしゃ)にも無効を主張できない。
錯誤	取消し	善意・無過失の第三者には、取消しを主張できない。
詐欺	取消し	善意・無過失の第三者には、取消しを主張できない。
強迫	取消し	第三者に、取消しを主張できる。 →第三者が強迫の事実について善意無過失であっても主張できる。

①他人の物を、②所有の意思を持って、③平穏かつ公然に、④一定期間、⑤占有した者は、その物の所有権を取得する。

↓

①他人の物 → 自分の物を時効取得することもできる。

②所有の意思
- → **「自分の物」**とのつもりで占有すること。自主占有ともいう。逆に「自分の物ではない（借りているだけ）」という認識で占有することを他主占有という。
- → **「所有の意思」は、占有取得原因で外形的、客観的に決まる**（最判昭 45.6.18）。例えば、売買での取得ならば、自分の物のつもりだよね（所有の意思あり）…と判断する。

③平穏かつ公然…こそこそ隠れたりせずに、ということ。

④一定期間とは、**占有の開始時に善意・無過失 → 10 年間**
　　　　　　　　　占有の開始時に有過失・悪意 → 20 年間

↓

善意無過失は、占有開始時点で判断する。**占有開始時に善意無過失**であれば、**その後に自分のものでないことがわかり、悪意となっても、10 年間で取得時効が完成**する。

⑤占有
- → 自ら占有するだけではなく、**他人に賃貸した場合**など、**代理人を介した間接的な占有でもよい**（民法 181 条）。
- → **占有を奪われた場合**でも、**占有回収の訴え**を提起して**占有を回復**したときは、現実に占有をしてなかった間も**占有を継続**していたと擬制される（最判昭 44.12.2）。

ポイント・Ⅰ・登記なく不動産物権変動を対抗できる者
☞ P.52

①無権利者

②不法占有者

③背信的悪意者

④詐欺又は強迫によって登記の申請を妨げた第三者（不登法5条1項）

⑤他人のために登記を申請する義務を負う第三者（同条2項）

上記に加えて…

⑥物権変動の当事者

➡「A → B → C → D」と所有権が移転した場合のA とD も当事者の関係となる。

ポイント・Ⅱ・「○○と登記」の問題の処理まとめ
☞ P.55

項　目	「○○前」の第三者	「○○後」の第三者
詐欺・錯誤の取消し	第三者が善意無過失であれば保護される。	先に登記をしたほうが保護される（二重譲渡類似の関係）。
制限行為能力者・強迫による取消し	第三者保護規定がないため、第三者が保護されることはない。	先に登記をしたほうが保護される（二重譲渡類似の関係）。
解　除	・保護要件として登記があれば保護される。 ・善意・悪意は問われない。	先に登記をしたほうが保護される（二重譲渡類似の関係）。
取得時効	時効取得した者が、登記なくして、保護される。	先に登記をしたほうが保護される（二重譲渡類似の関係）。

ポイント II　代価弁済と抵当権消滅請求　☞ P.77

チェック ✓

①**代価弁済**（民法 378 条）

抵当権者の請求に応じて、**抵当目的物の第三取得者が**、抵当権者に**代価を弁済**したときは、抵当権はその第三者のために消滅する。なお、債務者の同意は**不要**だ。

②**抵当権消滅請求**（同法 379 条）

第三取得者が、抵当権者に一定金額を支払うことで抵当権を消滅させてほしいと**請求し**、**抵当権者が承諾**したときは、抵当権は消滅する。

➡**主たる債務者、保証人及びこれらの者の承継人は、抵当権消滅請求はできない**（同法 380 条）。自らの債務を弁済すればよいからだ。

4章　債権総論

ポイント I　損害賠償請求の範囲（民法 416 条）☞ P.87

チェック ✓

①**原則：通常生ずべき損害**（通常人であれば誰でも予見できる損害）の範囲。

⬇

②**特別の事情**で生じた損害でも、**当事者（債務者）**がその事情を**予見すべき**であったときは、損害賠償請求ができる。

ポイント II　損害賠償額の予定（民法 420 条等）☞ P.87

チェック ✓

①**特約のない限り、債務者は**損害が発生しなかったとか、**損害が予定額より少ないとの主張はできない。**

➡逆に**債権者も、損害が予定額より多いと主張できない。**

②この予定があっても、**履行の請求や解除はできる。**

③**裁判所が、その額を増減することはできる。**

ポイント・I・契約の解除のポイント　　☞ P.91

①**契約の解除**をするには、**帰責事由は不要！**
　→**損害賠償請求**をするためには**必要**である点と区別！

②**債務不履行**が**軽微**であるときは、**解除できない！**

③**相手方に同時履行の抗弁権がある**場合、自分の債務を履行しないと**解除できない！**

④**債務が履行不能**であったり、**債務者が履行をしない意思を明確に表示**したような場合は、**無催告解除ができる！**

⑤解除がされると、**当事者は原状回復義務を負う。**
　→**原状回復義務も同時履行の関係に立つ！**
　→**原状回復義務により金銭や物を返還する**ときは、その受領の時以後に生じた果実も返還する！

ポイント・I・連帯債務の絶対効となる場合　　☞ P.95

①更改（民法 438 条）
　連帯債務者の 1 人と債権者の更改で、債権はすべて消滅。

②混同（同法 440 条）
　連帯債務者の 1 人と債権者との間に**混同**があれば、連帯債務は、**弁済されたものとみなされる**（＝**他の債務者の債務も消滅**）。

③相殺（民法 439 条）
　・**連帯債務者の 1 人**が**相殺をすると、債権はすべて消滅。**
　・**連帯債務者が相殺できるのに相殺をしない場合、他の連帯債務者は、その相殺をしない連帯債務者の負担部分の限度**で、債務の履行を拒むことができる。

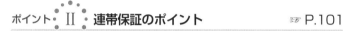

ポイント II 連帯保証のポイント   ☞ P.101

①**連帯保証人には、分別の利益がない。**

➡数人の連帯保証人がいても、**それぞれの保証人が**、主
たる債務**全額の保証債務を負担する。**

②**連帯保証には、催告の抗弁権・検索の抗弁権がない。**

③**主たる債務者について生じた事由**の効力は、原則として、
すべて連帯保証人に及ぶ。

➡ただし、時効利益の放棄は、**相対効**である。

④**連帯保証人について生じた事由**の効力は、**連帯債務の規
定が準用される。**

➡つまり、**更改、混同、相殺**について絶対効となる。

ポイント I 債権譲渡のポイント   ☞ P.106

・債権譲渡の意思表示時点で発生していない**将来の債権**も
譲渡できる？   ➡できる！

・「**債務者**」への対抗要件は？
➡①**譲渡人**による**債務者への通知**か、
②**債務者の承諾**(譲渡人・譲受人どちらに対してもよい)

・「**第三者**」への対抗要件は？
➡①**譲渡人**による**債務者**への**確定日付による通知**か、
②**債務者の確定日付による承諾**

・債権に**譲渡制限の意思表示がある場合**に債権譲渡が行わ
れても、**原則として、有効**
➡ただし、**譲受人や第三者が譲渡制限について悪意又は
重過失の場合、債務者は**弁済を請求されても**履行を拒
む**ことができ、かつ、譲渡人に対する弁済その他の債
務を消滅させる事由をもってその第三者に対抗するこ
とができる。

チェック ✓

ポイント I 契約不適合責任のポイント（民法 562 条以下）

☞ P.116

①追完請求権

→具体的な内容は、**目的物の修補、代替物・不足分の引渡し**であり、どの方法によるかは買主が請求する。

→**買主に不相当な負担がなければ**、売主は、**買主が請求した方法と異なる方法で追完できる**。

→**売主に帰責事由は必要ない（契約不適合があれば可能）**。

②代金減額請求権

→買主は**相当の期間を定めて**、上記①の履行の追完の催告をし、その**期間内に履行の追完がないときには**、不適合の程度に応じて**代金の減額を請求できる**。

→①の履行の追完が不能、売主が**履行の追完を拒絶する意思を明確に表示**したときなど、履行の追完の催告をしても見込みがないことが明らかである場合、買主は履行の追完の催告なくして、直ちに代金減額請求ができる。

③損害賠償請求権

契約不適合について**売主に帰責事由があれば**、買主は**債務不履行責任としての損害賠償請求ができる**。

→これは債務不履行に基づく損害賠償請求と考えてよい。

→①の追完請求、②の代金減額請求ができる場合も**可能**。

④買主の契約解除権

これは債務不履行に基づく契約の解除と考えてよい。

よって、**売主の帰責事由は不要**である。

⑤**「買主」に帰責事由**がある場合、**買主は契約不適合責任の追及ができない**。

⑥「種類」と「品質」に関する責任（＝数量以外）については、買主がその契約不適合を知った時から１年以内にその旨を売主に通知しないときには、契約不適合責任を追及できない。

　→ただし、買主に目的物を**引き渡した時**に、契約不適合について売主が**悪意又は重過失の場合を除く**。

⑦契約不適合責任は**任意規定**であり、当事者の**特約によって、責任を加重**したり、**軽減（排除）できる**。

　→ただし、特約をしたときであっても、**売主が契約不適合を知りながら、それを買主に告げなかった場合**などは、**責任を免れることができない**（民法 572 条）。

ポイント **II** 敷金に関するポイント（民法 622 条の 2 等）

☞ P.127

チェック ✓
☐ ☐ ☐

①賃貸借契約中に未払賃料が発生した場合

　→**賃貸人**は、敷金から未払分を**充当できる**。

　→賃借人から「敷金を充てといて！」と**請求できない**。

②**敷金の返還時期**について特約がない場合、賃貸借契約の終了後、**賃借人が建物を明け渡した後に請求できる**。

　→賃借人は「敷金を返還するまで建物を引き渡さない」とは**言えない**。建物を明け渡してはじめて、敷金返還請求権が発生するからだ。

③賃貸借契約中に賃貸人の地位が移転した場合

　→敷金の権利や義務は、**新賃貸人に承継される**。承継されないと、新賃貸人の担保がなくなるからだ。

ポイント I （一般の）不法行為のポイント ☞ P.134

①損害賠償請求権の消滅時効の起算点は？

→ 被害者又はその法定代理人が、**損害及び加害者を知っ
た時から3年**（民法724条）。

↓さらに

→ 人の**生命**又は**身体**を害する不法行為による損害賠償請
求権の消滅時効は、**5年**となる（同法724条の2）。

↓ただし

→ **不法行為の時から20年**が経過すると、消滅時効は完成。
これは消滅時効の期間のカウントがスタートしていな
くても消滅する（証拠もなくなるため）。

②損害賠償債務は、いつから履行遅滞となるか？

→ **損害の発生時から！**被害者保護のためだ。

**③不法行為について「被害者」に過失があった場合、過失
相殺できるか？**

→ できる。

→ しかし、裁判所は**必ず**過失相殺をする必要はない。

↓さらに

**④過失相殺について、減額だけではなく、責任まで免除で
きるか？**

→ できない。**不法行為の場合は「額」だけである。**

**⑤不法行為によって被害者が損害を受けたと同時に、費用
の支出を免れるなどの利益も受けた場合、この利益を損
害賠償請求額から控除できるか？**

→ できる（損益相殺）。

→ ただし、被害者が受けた**保険金は控除されない**（最判
昭50.1.31）。これは保険料の対価だからだ。

ポイント **I** 借地借家法の適用を受ける借地権　☞ P.155

借地借家法の適用を受ける場合	建物の所有を目的とする地上権又は土地の賃借権
借地借家法の適用を受けない場合	①建物の所有を目的としない地上権・土地の賃借権 ②臨時設備の設置その他一時使用のために借地権を設定したことが明らかな場合

ポイント **V** 借地権の対抗力　☞ P.160

・借地権の対抗要件は？

　①**借地権の登記**

　②借地上の建物の登記

　③建物が**滅失**したときの**掲示**（**2年間**に限る）

・借地権の対抗力に関する重要判例

①**長男名義の登記**をした建物を所有していても、その土地の所有権を取得した第三者に対し、**借地権を対抗できない**（最判昭41.4.27）。**建物の登記名義は借地権者自身のものでなければならない**ということだ。

②**建物の「表示の登記」でもよい**（最判昭50.2.13）。

③**登記に軽微な相違があってもよい**（最大判昭40.3.17）。

　➡土地上の建物登記が、建物所在地番の表示において実際と多少相違していても、その登記の表示全体において、当該建物の同一性を認識できる程度の軽微な相違であれば、**登記された建物を有する場合に当たる**。

④**対抗力は、建物登記に所在の地番として記載されている土地についてのみ対抗力が認められる**（最判昭44.12.23）。

⑤一筆の土地上に登記した建物が 1 棟でもあれば、同一土地上に登記のない建物があろうと、土地全部について対抗力が認められる（大判大 3.4.4）。

⑥賃借人だけではなく、「転借人」も賃借人の借地権を援用して転借権を第三者に主張できる（最判昭 39.11.20）。

・建物が滅失してしまったときは、どうなる？

一定の事項を土地の上の見やすい場所に掲示すれば、滅失日から 2 年間に限り、借地権を対抗できる。

チェック ✓

ポイント **VI** 借地権の賃料の増減請求 ☞ P.162

①契約にかかわらず、当事者は地代等の増減請求ができる。

⬇

②「増額しない」という特約がある場合、増額請求できない。

③「減額しない」という特約がある場合、減額請求できる。

チェック ✓

ポイント **VII** 3 つの定期借地権 ☞ P.164

項　　目	事業用 定期借地権	一般定期 借地権	建物譲渡特 約付借地権
存続期間	10 年以上 50 年未満	50 年以上	30 年以上
更　　新	×	×	×
建物買取請求	×	×	―
書面の要否	公正証書が 必要	書面が必要	不要
建物の用途の 制限	専ら事業用で ある必要	なし	なし

ポイント **I** 建物賃貸借の存続期間　　　☞ P.168

		民　法	借地借家法
期間の定めがある賃貸借	最長	50 年を超えることはできない	制限なし
	最短	制限なし	期間を 1 年未満とする建物の賃貸借は、期間の定めがない建物の賃貸借とみなされる。
期間の定めのない賃貸借		制限なし	制限なし

ポイント **IV** 建物賃貸借終了の場合における転借人の保護
☞ P.172

①期間の満了によって終了

②解約の申入れによって終了

↓

建物の賃貸人は、建物の転借人にその旨の通知をしなければ、その終了を建物の転借人に対抗することができない（借地借家法 34 条 1 項）。

↓

そして、**建物の転貸借は、その通知日から 6 か月の経過で終了**する（同条 2 項）。

③**賃借人の債務不履行**で賃貸借契約が**解除**される場合
　賃貸人は、転借人に解除を対抗できる。そして、原則として、**賃貸人が転借人に対して目的物の返還を請求した時に、賃貸人の承諾のある建物の転貸借は終了する**（最判平 9.2.25）。

④賃貸人と賃借人が賃貸借契約を**合意解除**する場合
　賃貸人は、転借人に合意解除を対抗できない。

MEMO

チェック ✓

チェック ✓

ポイント・**Ⅶ**・**定期建物賃貸借**　☞ P.177

①**定期建物賃貸借の契約には、書面の交付が必要？**

➡**必要**。ただし、公正証書による必要は**必ずしもない**。

➡契約書とは**別個独立の書面**であることを要する。

➡説明も要するが、説明がないとき、契約の**更新がない**こととする定めは無効。

②**定期建物賃貸借の期間が１年以上である場合の終了**

建物の**賃貸人**は、原則として、**期間の満了の１年前から６か月前までの間に建物の賃借人に対し期間の満了により建物の賃貸借が終了する旨の通知をしなければならない。**

➡通知を怠った場合、終了を賃借人に**対抗できない。**

③**賃借人からの中途解約の申入れはできる？**

居住用建物の賃貸借において、転勤、療養、親族の介護その他の**やむを得ない事情**により、建物の賃借人が建物を自己の**生活の本拠**として使用することが**困難**となったときはできる。

➡解約申入日から１か月の経過で終了する。

④**賃貸人からの賃貸借が終了する旨の通知、又は賃借人からの中途解約の申入れに関する規定に反する特約で、建物の賃借人に不利なものは、無効。**

⑤**借賃の改定に特約がある場合、借賃増減額請求に関する借地借家法の規定は適用されない。**

⑥**定期建物賃貸借契約でも造作買取請求はできる。**

ポイント **I** **共用部分の管理等に関する決議要件** ☞ P.183

行　為	決議要件	規約による別段の定め
保存行為	各区分所有者が単独でできる。 ➡単独でできるので、集会の決議は不要！	規約により別段の定めができる。
管理行為	区分所有者及び議決権の各過半数による集会の決議で決する。	
形状又は効用の著しい変更を伴わない（軽微）変更行為		
変更行為（軽微変更を除く）	区分所有者及び議決権の各４分の３以上による集会の決議により決する。	区分所有者の定数は、規約で過半数まで減じることができる。

ポイント **II** **「管理組合」と「管理者」のポイント**

☞ P.185

①区分所有者は、管理組合の構成員となるか？
　➡当然になる。

②管理組合が管理組合法人となる要件は？
　➡区分所有者及び議決権の各４分の３以上の多数による
　　集会の決議

③管理者は、法人でもよいか？　➡よい。

④管理者は、区分所有者「以外」の者からも選任できるか？
　➡できる。

⑤管理者の選任と解任の方法は？
　➡規約による別段の定めがない限り、**集会の決議**による。

⑥管理者が区分所有者のために原告・被告になる要件は？
　➡規約又は集会の決議による。
　➡規約により原告又は被告となったときは、遅滞なく、区分所有者にその旨を通知しなければならない。

⑦管理所有とは？
　➡規約に特別の定めがあるとき、共用部分を所有できること。

⑧管理者は、集会において、毎年1回一定の時期に、事務に関する報告をしなければならない。
　また、少なくとも毎年1回、集会を招集しなければならない。

チェック✓

ポイント III 規約のポイント　P.187

①規約の設定及び改廃の要件は？
　➡区分所有者及び議決権の各4分の3以上の多数による集会の決議による。

②公正証書により、規約共用部分の定めを設定できる者は？
　➡最初に建物の専有部分の全部を所有する者。

③「管理者がある」場合、誰が規約を保管するか？
　➡管理者。

④「管理者がない」場合、誰が規約を保管するか？
　➡建物を使用する区分所有者又はその代理人で、規約又は集会の決議で定める者。

⑤規約の保管場所について、どのような義務がある？
　➡建物内の見やすい場所に掲示しなければならない。

⑥規約の閲覧について
　原則：利害関係人の請求があれば、閲覧を拒めない。
　例外：正当な理由があれば、拒める。
　　　➡正当な理由なく拒むと、過料に処される。

※矢印の方向に引くと取り外せます。